LIÇÕES DE DIREITO PREVIDENCIÁRIO E ADMINISTRATIVO NO SERVIÇO PÚBLICO

INÁCIO MAGALHÃES FILHO

Prefácio
J. U. Jacoby Fernandes

LIÇÕES DE DIREITO PREVIDENCIÁRIO E ADMINISTRATIVO NO SERVIÇO PÚBLICO

4ª edição revista, ampliada e atualizada com a EC nº 103/2019

Belo Horizonte
FORUM
CONHECIMENTO JURÍDICO
2023

FÓRUM
CONHECIMENTO JURÍDICO

Luís Cláudio Rodrigues Ferreira
Presidente e Editor

Coordenação editorial: Leonardo Eustáquio Siqueira Araújo
Aline Sobreira de Oliveira

Rua Paulo Ribeiro Bastos, 211 – Jardim Atlântico – CEP 31710-430
Belo Horizonte – Minas Gerais – Tel.: (31) 99412.0131
www.editoraforum.com.br – editoraforum@editoraforum.com.br

Técnica. Empenho. Zelo. Esses foram alguns dos cuidados aplicados na edição desta obra. No entanto, podem ocorrer erros de impressão, digitação ou mesmo restar alguma dúvida conceitual. Caso se constate algo assim, solicitamos a gentileza de nos comunicar através do *e-mail* editorial@editoraforum.com.br para que possamos esclarecer, no que couber. A sua contribuição é muito importante para mantermos a excelência editorial. A Editora Fórum agradece a sua contribuição.

Dados Internacionais de Catalogação na Publicação (CIP) de acordo com a AACR2

M188l Magalhães Filho, Inácio
Lições de direito previdenciário e administrativo no serviço público / Inácio Magalhães Filho. 4. ed. rev., ampl. e atual. – Belo Horizonte : Fórum, 2023.
536p.
ISBN 978-65-5518-472-3

1. Direito Previdenciário. 2. Direito Administrativo. 3. Direito Constitucional. I. Título.

CDD: 341.362
CDU: 342.98

Elaborado por Daniela Lopes Duarte – CRB-6/3500

Informação bibliográfica deste livro, conforme a NBR 6023:2018 da Associação Brasileira de Normas Técnicas (ABNT):

MAGALHÃES FILHO, Inácio. *Lições de direito previdenciário e administrativo no serviço público.* 4. ed. Belo Horizonte: Fórum, 2023. 536p. ISBN 978-65-5518-472-3.

Dedico este trabalho à minha amada mãe, Maria de Jesus da Costa Magalhães, fonte inspiradora de toda minha existência, sobretudo pelos ensinamentos da área de gestão de pessoas, advindos de sua magnífica experiência profissional, por mais de duas décadas, no Tribunal de Contas da União.

Agradeço, primeiramente, a Deus pelas lições sempre atuais. Agradeço também à Cláudia, minha esposa, pela paciência e apoio, e aos meus queridos filhos, Guilherme e Danielle.

Agradeço, ainda, às contribuições de meus diletos amigos e amigas, os quais serão elencados em ordem alfabética para evitar sugestões de preferência: Ana Beatriz Silva Carvalho, Augusto José dos Santos, Carlos Henrique Vieira Barbosa, Isabel Nunes Teixeira de Souza, Marco Antônio Marinho Paz, Raquel Nogueira de Oliveira e Sérgio Roberto Damasceno Paula.

SUMÁRIO

CAPÍTULO 13

SEGUNDA PARTE
CÁLCULOS REFERENTES À EMENDA CONSTITUCIONAL Nº 103/2019

Nos últimos 30 anos, houve expressivo aumento do funcionalismo público, em especial em nível municipal, o que pode ser atribuído ao incremento no número de municípios, à ampliação de competências constitucionais e à maior autonomia.

Embora tenha havido retração nos últimos dois anos na esfera estadual, estados e União também tiveram aumento no número de vínculos de trabalho, conforme mostra o Atlas do Estado Brasileiro, publicado pelo Ipea. Relatórios fiscais evidenciam o aumento de mais de 40% das despesas com pessoal federal nos últimos 5 anos, com 1,04 milhões de servidores federais em exercício, sendo 98.767 afastados pelos mais diversos motivos, como licenças ou cessões. A despesa executada com pessoal no ano de 2019 foi de 228,61 milhões, sendo que mais de 123,43 milhões se referem à remuneração dos inativos.

A remuneração do servidor, portanto, em especial os proventos de aposentadorias e pensões, é um tema relevante, não somente para a área financeira e contábil, mas especialmente a jurídica, tendo em vista que, além de impactar os cofres públicos, impacta diretamente os direitos do servidor público das três esferas de Governo.

O tema, regulado por diversas emendas constitucionais, incluindo a intrincada EC nº 103/2019, com ampla gama de divergências, apresenta-se complexo, exsurgindo, inclusive situações em que sentenças criam normas jurídicas com eficácia restrita às partes e ao objeto do pedido. Como norma revelada em palavras – e, como tal, sendo um mau veículo do pensamento –, fica sujeita à interpretação. Aqui, pode-se dizer que há gravíssima dicotomia administrativa que amplia, ainda mais, a divergência: o intérprete da decisão é um agente administrativo, normalmente sem domínio da hermenêutica e da própria ciência jurídica.

É nesse complexo contexto que urge clareza e aguçada inteligência, que nasce a obra *Lições de direito administrativo e previdenciário*, de Inácio Magalhães Filho. Duas disciplinas que caminham de mãos dadas na seara da remuneração dos servidores públicos ativos e inativos da União, envolvendo atos de controle interno e externo, com as quais o autor apresenta íntima relação, em razão dos anos de atuação e magistério.

Fazendo uso de sua inteligência, o autor nos brinda com teoria e prática sobre o tema, tecendo considerações sobre conceitos e história da Seguridade e Previdência Social, servidores públicos, formas de acesso, sistema remuneratório e aposentadoria. Trata, com peculiar sapiência, de cada uma das formas de aposentadoria, pensão e outros benefícios à luz das emendas constitucionais pertinentes, relevando sempre o direito adquirido daqueles servidores que cumpriram os requisitos. Aborda, ainda, temas delicados como a paridade, o reajuste de benefícios, a acumulação de cargos, o limite remuneratório e a fiscalização pelos Tribunais de Contas. Fecha sua obra, apresentando um capítulo com situações distintas e o cálculo de aposentadoria e pensão para cada uma delas.

Toda essa contribuição decorre, com certeza, das experiências colhidas ao longo do caminho trilhado pelo autor.

Inácio Magalhães criou uma carreira muito peculiar que lhe deu uma sólida formação no sistema de controle e, em especial, no tema servidor e inativações. A ideia, talvez formulada pelo Criador, é que o seu destino se iniciou pela porta do mérito do concurso público para analista. Ascendeu, por mérito também, ao órgão que dirige a unidade das aposentadorias e pensões dos servidores públicos civis do Distrito Federal que, à época, eram regidos pela Lei nº 8.112, de 11.12.1990. Enfrentou o desafio de controlar a remuneração, os proventos, o abono provisório dos servidores do Distrito Federal e uniformizar a jurisprudência da Corte, ainda no período de transição de várias legislações. Naquela oportunidade, o verdadeiro cipoal de normas, extremamente casuísticas, foi tratado de modo mais racional.

Novamente, enfrentou a porta do mérito, agora do Ministério Público especializado que funciona junto ao Tribunal Contas do Distrito Federal, destacando-se no concurso e, inclusive, sendo nomeado ao cargo de Procurador-Geral do Ministério Público. O modo afável, ponderado e inteligente de se colocar sobre os temas logo passou a merecer o crédito dos conselheiros que buscavam a melhor orientação. Teve um papel fundamental na harmonização do Ministério Público com o Tribunal de Contas e, talvez por isso mesmo, foi escolhido para ocupar a vaga de Conselheiro destinada ao Ministério Público de Contas.

Sua trajetória, portanto, é um daqueles casos peculiares em que o mérito encontra a formação moral do profissional. Mas Inácio Magalhães, que é Doutor pela Universidade Autónoma de Lisboa, Mestre em Administração Pública pelo IDP e Bacharel em Ciências Contábeis pela Universidade de Brasília (UnB), tem, ainda, outras virtudes que o leitor pode, agora, experimentar. Possui uma didática oriunda de anos de magistério, no qual, inclusive, ocupou e foi titular da cadeira de Controle, especialidade já existente no direito administrativo, de forma autônoma, na Associação de Ensino Unificado do DF – AEUDF, instituição que veio a ser sucedida pelo Centro Universitário do Distrito Federal – UDF, onde também ministrou as disciplinas Direito Administrativo e Direito Constitucional.

Lições de direito previdenciário e administrativo é, pois, uma obra fundamental não somente aos servidores públicos que atuam nos setores de admissão e concessão de pensões e aposentadorias, mas a todo servidor que necessita compreender melhor seus direitos nessa complexa seara da previdência pública que ganha, agora, novas luzes.

Parabéns ao autor e aos leitores que são brindados com essa 4ª edição ampliada e atualizada à luz da EC nº 103/2019.

Jorge Ulisses Jacoby Fernandes
Advogado, autor e conferencista.

Este trabalho, que agora alcança a quarta edição, sintetiza quase três décadas de pesquisa sobre temas relacionados aos servidores públicos, tais como benefícios previdenciários, regime jurídico e seguridade social.

As alterações legislativas, especialmente a Emenda Constitucional n.º 103, de 12 de novembro de 2019, e os novos entendimentos consagrados pela jurisprudência exigiam a atualização desta obra.

As novas perspectivas lançadas sobre os estipêndios do servidor público, por exemplo, são trazidas a lume em linguagem simples e de fácil compreensão, porém com aprofundamento teórico e abordagem das melhores estratégias para análise, objetivando estabelecer, com base na jurisprudência e na doutrina, um norte seguro para o leitor.

O Capítulo 5 foi alterado em razão da extinção da aposentadoria por invalidez, ressalvado o direito adquirido. O Capítulo 7 ganha novo subitem sobre desaposentação, reaposentação e renúncia à aposentadoria.

O Capítulo 8 traz agora, além das aposentadorias de professor, policiais e afins, as aposentadorias de deficientes e dos servidores que exercem atividades com efetiva exposição a agentes químicos, físicos e biológicos prejudiciais à saúde. O Capítulo 9 além de atualizado, apresenta casos especiais de concessão de pensão por morte, dentre eles ao enteado, concubina, companheiro homoafetivo e menor sob guarda. O Capítulo 11, por sua vez, conta, agora, com o item sobre reajuste do redutor de pensão.

Já o Capítulo 13, que havia sido totalmente reformulado e ampliado, na 2ª edição, foi novamente atualizado para ganhar novos subitens, como acumulação de jurisdição dos magistrados e membros do Ministério Público, honorários advocatícios, benefício especial criado pela Lei n.º 12.618/2012, adicional de férias cuja remuneração base supera o limite remuneratório, conversão em pecúnia de licença prêmio não usufruída, percepção simultânea de subsídio/vencimentos/proventos com pensão previdenciária. O Capítulo 15, que trata dos cálculos, ganhou, agora, mais 18 itens, que enriquecem ainda mais a presente edição.

De forma geral, todos os capítulos foram revistos, atualizados e ampliados, com a audaciosa pretensão de servir de guia seguro aos estudiosos, intérpretes e aplicadores das normas afetas ao sistema previdenciário brasileiro, com fundamento na legislação, na doutrina, na jurisprudência dos tribunais superiores e na prática da Administração Pública.

O leitor ganha nesta edição um apêndice com quadro comparativo entre o texto anterior da Constituição Federal e a Emenda Constitucional n.º 103/2019.

O compromisso com o leitor de oferecer debate aprofundado e exame pormenorizado das inovações doutrinárias e legislativas atinentes ao Direito Previdenciário justifica o esforço da atualização.

Com efeito, a quarta edição desta obra reafirma o desejo de não só servir como referencial teórico, mas, sobretudo, de estimular o diálogo constante acerca de questões jurídicas referentes ao servidor público, com ênfase no aprendizado e atualização da matéria previdenciária e suas constantes e atuais mudanças.

O fruto desse trabalho, agora revisto e atualizado, encontra-se nas páginas a seguir.

Brasília, julho de 2022.

O autor

CAPÍTULO 1

ASPECTOS CONCEITUAIS DA SEGURIDADE SOCIAL

1.1 Origem epistemológica

A seguridade social originou-se da constatação de que as fórmulas de proteção concebidas ao longo da História, isoladamente, não eram suficientes para suprir as necessidades humanas, visto que a poupança individual e a coletiva, incluídos o mutualismo e o seguro privado, não se mostravam aptas a proteger todas essas necessidades.

Nos primórdios da História, a garantia do ser humano contra eventuais estados de necessidade se encontrava a seu próprio cargo e de sua família, sendo possível contar, eventualmente, com o auxílio da comunidade em que vivia. Com o correr do tempo, passou a organizar-se em grupos, na maioria das vezes corporativos, formando o que se chamou de mútuos, que tinham por objetivo a cotização de valor certo para a proteção de todos, em caso de necessidade, ocorrendo, por fim, a criação do seguro privado.

Contudo, em decorrência dos limites apresentados por tais modelos de autoproteção – entre os quais se avulta, principalmente, o de não serem eles economicamente viáveis a todas as pessoas, individualmente consideradas –, surgiram, tão naturalmente quanto aqueles, os sistemas de proteção coletiva, caracterizados pelo esforço não mais de uma pessoa, mas de toda uma coletividade, representando um somatório de forças, em nome da satisfação de eventuais necessidades de cada um dos elementos que compõem o grupo.

Tendo por fundamento os ideais de igualdade e solidariedade, a seguridade social se constitui em um dos principais meios pelo qual o Estado busca se desincumbir da tarefa de proporcionar o bem-estar e a justiça sociais.

1.2 Evolução histórica da seguridade social

Desde os primórdios da sociedade humana, encontra-se presente a preocupação com a proteção do homem e seus familiares, de modo a suprimir a privação originária da falta de recursos para satisfazer suas necessidades essenciais. As intervenções individuais ou coletivas em prol de indivíduos em situação de penúria decorrem da própria essência humana. Provas disso são os diversos registros de ajudas mútuas existentes desde a época do antigo Egito.

A preocupação do homem com as questões de proteção e com as incertezas do futuro era constante e já constava de forma expressa no Código de Hamurabi (23 séculos a.C.), no Código de Manu (século XIII a.C.) e também na *Bíblia*.

Inicialmente, nas situações de necessidades, o homem era assistido por familiares, como se via na sociedade romana, em que, por meio da figura do *pater familias*,[1] já existia a obrigação de prestar assistência, por meio da contribuição de seus membros, de modo a ajudar os mais necessitados. Por sua vez, os romanos guardavam duas partes de cada sete do salário do soldado para, quando se aposentasse, recebê-lo junto com um pedaço de terra.

Porém, foi na Idade Média que ocorreram as grandes transformações impulsionadas pelo início da evolução socioeconômica, decorrente das trocas comerciais e do incremento das concentrações urbanas, surgindo, então, as associações de artesãos, chamadas guildas e corporações de ofício, que se configuravam em associações de proteção mútua. Com o passar do tempo, os ideais de solidariedade humana e de caridade progrediram impulsionados pelo cristianismo. Por meio da Igreja católica foram criadas organizações que tinham por finalidade a ajuda mútua, conhecidas como confrarias, corporações ou irmandades de socorro, cuja atuação era bastante intensa, tendo atingido considerável grau de desenvolvimento. A esses sistemas de ajuda recíproca se convencionou chamar mutualismo, que em sua acepção jurídica é definido como "sistema que se baseia na entidade mútua, na contribuição de todos para benefício individual de cada um dos contribuintes".[2]

Ainda no século XIX, passou-se a reconhecer a ampla liberdade dos trabalhadores ao mutualismo. Entretanto, tal modelo protetivo já se mostrava inviável, mormente em virtude de a massa de contribuições dos mutuários não ser suficiente para garantir-lhes, bem como aos seus familiares, a necessária sustentação financeira em caso de doença, invalidez, desemprego e morte, além do que as associações mutualistas apresentavam, também, deficiências do ponto de vista administrativo, em função da baixa capacidade dos trabalhadores de organizá-las adequadamente.

Em que pese as corporações terem exercido um papel muito importante para as novas instituições que surgiram no decorrer da evolução histórica, a influência e os efeitos da evolução socioeconômica deram início ao surgimento de atividades profissionais, exercidas em condições de risco, fazendo com que o sistema de mutualismo, por si só, já não atendesse às demandas advindas da evolução e do crescimento natural da humanidade. E, em decorrência desses fatores, acabaram surgindo os sistemas de seguros privados, sustentados pelo empregador em prol do empregado.

A um específico fenômeno podem ser creditadas, em larga medida, as causas da obsolescência das primitivas associações de socorros mútuos: a Revolução Industrial. Com a consequente passagem para o modo de produção capitalista, que trouxe como grande novidade a introdução da máquina nas linhas de produção, em auxílio ou em substituição do homem, o fenômeno culminou por apresentar algumas consequências

---

1 O *pater familias* (chefe de família) no direito romano gerenciava a justiça dentro dos limites do lar, tendo, sobretudo, o direito sobre a vida e a morte dos filhos e da mulher.

2 SOUZA, Lilian Castro de. *Direito previdenciário*. 5. ed. São Paulo: Atlas, 2010.

sociais nefastas, como o crescente desemprego, o agravamento dos acidentes de trabalho – tanto no aspecto quantitativo como qualitativo – e a redução dos salários.

Buscando mudar esse quadro, na Inglaterra, em 1601, foi editada a Lei de Amparo aos Pobres (*Poor Relief Act*) que vigorou até 1834 e instituía contribuição obrigatória para fins sociais, além de consolidar outras leis atinentes à assistência pública. Já na Alemanha, Otto von Bismarck criou uma série de seguros sociais que tinha por objetivo atenuar a tensão existente nas classes trabalhadoras, podendo-se citar: a) o seguro-doença, em 1883, custeado por empregados, empregadores e Estado; b) o seguro contra acidentes do trabalho, em 1884, cujos recursos eram provenientes dos empregadores; e, finalmente, c) em 1889, foi criado o seguro de invalidez e velhice, também, a cargo dos trabalhadores, empregadores e Estado.

Inobstante a instituição dessas leis ter ocorrido por motivações políticas, é inegável sua importância para a evolução do sistema de proteção social, tendo em vista terem sido as primeiras leis a declarar obrigatória a previsão dos riscos, dispondo sobre a repartição da obrigação financeira entre os membros da sociedade e firmando as bases do seguro social, entendido este não apenas como obrigatório, determinado em lei, mas como aquele no qual a previsão do risco se respalda na ideia de responsabilidade compartilhada entre empregador, trabalhador e sociedade. Não resta dúvida, então, de que a Revolução Industrial teve influência considerável na criação da seguridade social, mormente no ramo previdenciário em que, como enfatizado por Pierre Laroque:

> [...] o sentimento de insegurança se tornou sobremodo consciente quando se desenvolveu nas populações trabalhadoras dos centros industriais, isto é, nas populações que não dispõem de nenhuma reserva, nem material nem social, e para as quais a ameaça do futuro é uma ameaça da ausência completa de rendas, de meios de subsistência, se o trabalhador perde o seu trabalho por um motivo qualquer. Para esse trabalhador, a inseguridade é total e a ameaça permanente. Eis porque o problema da seguridade social, se não nasceu da Revolução Industrial, tornou-se afinal consciente em consequência desta.[3]

Contudo, foi a partir de 1883, impulsionada pelas ideias de Bismarck, que a previdência social teve uma evolução maior, tendo sido, também, diretamente influenciada pelos acontecimentos da época. A título de exemplo, podemos citar a encíclica de 1891, *Rerum Novarum*, de Leão XIII, e a *Quadragesimo Anno*, de 1931, de Pio XIII, as quais, tendo por escopo a autoridade da Igreja, muito colaboraram nas conquistas sociais alcançadas ao longo do tempo, ao tratarem de assuntos relacionados à defesa das questões sociais e do nascente direito do trabalho. Prova disso é que na encíclica *Rerum Novarum*, que versa sobre a questão operária e social, já se fazia presente a figura protetiva do Estado.[4]

---

3 LAROQUE, Pierre. A seguridade social e os seguros sociais. *Industriários*, n. 32, 1953 *apud* TAVARES, Marcelo Leonardo (Coord.). *A reforma da Previdência Social*: temas polêmicos e aspectos controvertidos. Rio de Janeiro: Lumens Juris, 2004. p. 38-39.

4 "O concurso do Estado. Contudo, não há dúvida de que, para conseguir o objetivo desejado, não é demais recorrer aos meios humanos. Assim, todos aqueles a quem a questão diz respeito devem visar o mesmo fim e trabalhar harmoniosamente cada um em sua área. Nisto se revela como uma imagem da Providência governando o mundo: porque nós vemos de ordinário que os fatos e os acontecimentos que dependem de causas diferentes são a resultante da sua ação comum. Ora, que parte de ação e de remédio temos nós o direito de esperar do Estado? Antes de tudo, devemos dizer que por Estado entendemos, aqui, não um governo estabelecido num determinado povo em particular, mas todo governo que corresponde aos preceitos da razão natural e aos ensinamentos divinos,

A Alemanha, porém, não foi o único país a adotar providências quanto à seguridade social. A França, também, promulgou em 1898 uma norma, criando assistência à velhice e aos acidentes de trabalho e, na Inglaterra, em 1897, foi instituído o *Workmen's Compensation Act*. O referido ato criou o seguro obrigatório contra acidentes do trabalho, o qual impunha ao empregador o princípio da responsabilidade objetiva, atribuindo-lhe o pagamento de indenização ao empregado, independentemente de ter concorrido com culpa para o acidente. Ainda na Inglaterra, em 1908, foi criado o *Old Age Pensions Act*, que tinha por objetivo conceder pensões aos maiores de 70 anos, independentemente de contribuição, e, em 1991, estabeleceu-se o *National Insurance Act*, o qual determinava a aplicação de um sistema compulsório de contribuições sociais, a cargo do empregador, empregado e Estado.

Surge, então, uma nova fase, intitulada constitucionalismo social, em que os países em suas Constituições passam a enfocar os direitos sociais, trabalhistas e econômicos, inclusive os previdenciários. Exemplo disso foi a Constituição mexicana, de 1917, considerada a primeira no mundo a incluir a previdência,[5] seguida pela Constituição alemã de Weimar, de 1919, que determinava ao Estado a incumbência de prover a subsistência do cidadão, caso não pudesse proporcionar-lhe as condições de ganhar a vida com um trabalho produtivo.[6]

Assim foi que os anseios e as ideologias do povo, no passado, fizeram-se presentes, agora com um valor superior e devidamente regulamentado pela implementação de normas que passaram a direcionar a conduta a ser seguida por todos.

Ainda no ano de 1919, foi criada a Organização Internacional do Trabalho (OIT), objetivando solucionar o problema da necessidade de implantar um programa sobre previdência social, aprovado em 1921.[7]

Nos Estados Unidos foi instituído o *New Deal*, com a doutrina do Estado do Bem-Estar Social (*Welfare State*), cujo objetivo era resolver a crise econômica que vinha se arrastando desde 1929, ao preconizar a luta contra a miséria, principalmente nos aspectos que abrangiam o desemprego e a velhice. Porém, em que pesem todas as iniciativas buscando a proteção do ser humano, até 1950 muitos acabaram sendo excluídos dessa proteção, como foi o caso dos camponeses, empregados domésticos e trabalhadores autônomos.

No ano de 1941, Lord Beveridge apresentou na Inglaterra um programa de prosperidade política e social que ficou conhecido como "Plano *Beveridge*", tendo por objetivo garantir atendimento suficiente aos indivíduos que por qualquer motivo não pudessem trabalhar, considerando que, segundo seu entendimento, a segurança social deveria ser prestada "do berço ao túmulo". O Plano *Beveridge*, ainda hoje, serve

---

ensinamentos que nós mesmos expusemos, especialmente na nossa carta encíclica sobre constituição cristã das sociedades (*Immortale Dei*)" (IGREJA CATÓLICA. *Rerum Novarum*: carta encíclica de sua Santidade o Papa Leão XIII sobre a condição dos operários. Tradução de Manuel Alves da Silva. 14. ed. São Paulo: Paulinas, 2004. v. 6. Coleção A Voz do Papa. p. 33).

5 MÉXICO. *Constituição Política dos Estados Unidos Mexicanos*. 1917. Disponível em: https://web.archive.org/web/20110724055755/http://constitucion.rediris.es/principal/constituciones-mexico1917_1.htm#t1. Art. 123.

6 ALEMANHA. *Lei Fundamental da República Federal da Alemanha*. 1949. Disponível em: https://www.btg-bestellservice.de/pdf/80208000.pdf. Acesso em: 17 dez. 2019. Art. 163.

7 OIT. *História da OIT*. Disponível em: https://www.ilo.org/brasilia/conheca-a-oit/hist%C3%B3ria/lang--pt/index.htm. Acesso em: 17 dez. 2019.

como referencial de toda a estrutura da seguridade social moderna, pela participação universal dos trabalhadores, e da cobrança compulsória de contribuições para financiar a seguridade, ao unir os três ramos da seguridade, nas áreas da saúde, previdência social e assistência social.

Em 1948, a Declaração Universal dos Direitos do Homem incluiu, entre outros direitos fundamentais da pessoa humana, a proteção previdenciária.[8]

Em síntese, o surgimento da política do bem-estar social, em nível mundial, ocorreu devido à necessidade de intervenção do Estado na busca por melhores condições de vida para a classe trabalhadora. Essa busca se fez mediante uma legislação que propunha a redistribuição da renda para as camadas sociais menos favorecidas, por intermédio da previdência social, sendo possível, também, dizer que o Plano *Beveridge*, em função do seu modelo de seguridade social e de suas diretrizes básicas, terminou por ser adotado pela maioria dos Estados que priorizam a proteção social do trabalhador, aliada às formas de assistência social que são prestadas aos desamparados.

1.3 Evolução principiológica da seguridade social

A Constituição Federal brasileira de 1988 (CF/1988) prevê que a ordem social tem o primado do trabalho como base e o bem-estar e justiça sociais como objetivo.[9] No mesmo título, insere a seguridade social estampando suas diretrizes.[10] Entretanto, a seguridade social, ao ser tratada no ambiente da ordem social, assume papel instrumental, na medida em que representa o conjunto de técnicas destinado a garantir o bem-estar e justiça social, confundindo-se os seus objetivos com os da ordem social.

Nessa esteira, relativamente à seguridade social, as diretrizes ou bases estruturais se constituem em verdadeiros princípios que exercem as funções reguladora, interpretativa e integrativa em relação aos conteúdos constitucionais e infraconstitucionais inerentes ao sistema de proteção social.

Os princípios são as proposições básicas que fundamentam as ciências, ou seja, perante o direito, constituem-se na base que irá informar e inspirar as normas jurídicas. Alguns princípios da seguridade social possuem natureza internacional, além de serem básicos, sendo possível citar, como exemplo, o da universalidade subjetiva e objetiva, da suficiência das prestações e da solidariedade. Podem ser divididos em: a) gerais,

---

[8] DECLARAÇÃO Universal dos Direitos do Homem. 3. ed. Porto Alegre: Sulinas, 1971. v. 6. p. 99: "Art. 25. [...] 1. Todo homem tem direito a um padrão de vida capaz de assegurar a si e a sua família saúde e bem-estar, inclusive alimentação, vestuário, habitação, cuidados médicos e os serviços sociais indispensáveis, o direito à seguridade no caso de desemprego, doença, invalidez, viuvez, velhice, ou outros casos de perda dos meios de subsistência em circunstâncias fora de seu controle. 2. A maternidade e a infância têm direito a cuidados e assistência especiais. Todas as crianças, nascidas dentro ou fora do matrimônio, gozarão da mesma proteção social".

[9] BRASIL. [Constituição (1988)]. *Constituição da República Federativa do Brasil de 1988*. Brasília: Presidência da República, 1988. Disponível em: http://www.planalto.gov.br/ccivil_03/constituicao/constituicao.htm. Acesso em: 29 jan. 2020. Título VIII – Da Ordem Social, art. 193.

[10] BRASIL. [Constituição (1988)]. *Constituição da República Federativa do Brasil de 1988*. Brasília: Presidência da República, 1988. Disponível em: http://www.planalto.gov.br/ccivil_03/constituicao/constituicao.htm. Acesso em: 29 jan. 2020. Art. 194.

aplicáveis não apenas à seguridade social, mas também a outras matérias; e b) específicos, que se encontram subdivididos em explícitos[11] e implícitos.[12]

Entre os princípios gerais, são aplicáveis à seguridade social o princípio da igualdade,[13] o princípio da legalidade[14] e o princípio do direito adquirido.[15]

Infere-se que o direito adquirido, por ser cláusula pétrea da Constituição Federal de 1988 (CF/1988), é de fundamental importância para a previdência social, mormente no que tange às aposentadorias. Caso ocorra uma mudança na concessão de determinado benefício e a pessoa já tenha cumprido todas as condições para requerê-lo, terá, pois, adquirido o direito a tal concessão, de acordo com o prazo anteriormente estipulado. Dessa forma, no momento em que o segurado reúne todas as condições necessárias para obter a aposentadoria, ela será regulada pela lei então vigente, não se lhe aplicando as modificações posteriores, até porque, caso ocorresse a retroatividade, esta atingiria o direito adquirido.

O princípio do solidarismo é considerado um postulado fundamental do direito da seguridade social, previsto implicitamente na CF/1988, como pressuposto genérico,[16] em que se infere que a República Federativa do Brasil tem como objetivo fundamental "construir uma sociedade livre, justa e solidária". Assim, ao se aplicar tal preceito à seguridade social, tem-se que os que detêm melhores condições financeiras devem contribuir com parcela maior, enquanto os que têm menores condições devem participar com uma menor contribuição para custear a seguridade social, sem, contudo, deixar de contribuir.

O mesmo se pode ver no art. 40 da CF/1988, em que é mencionado que o regime de previdência do servidor público é contributivo e solidário, sendo que nenhum outro dispositivo constitucional faz menção expressa da existência de solidariedade no Regime Geral de Previdência Social.

O parágrafo único do art. 194 da Carta Magna determina que ao Poder Público compete a organização da seguridade social com base nos objetivos definidos em seus sete incisos, quais sejam:

---

11 BRASIL. [Constituição (1988)]. *Constituição da República Federativa do Brasil de 1988*. Brasília: Presidência da República, 1988. Disponível em: http://www.planalto.gov.br/ccivil_03/constituicao/constituicao.htm. Acesso em: 29 jan. 2020. Parágrafo único do art. 194.

12 Como o do solidarismo, previsto no inc. I do art. 3º da BRASIL. [Constituição (1988)]. *Constituição da República Federativa do Brasil de 1988*. Brasília: Presidência da República, 1988. Disponível em: http://www.planalto.gov.br/ccivil_03/constituicao/constituicao.htm. Acesso em: 29 jan. 2020.

13 BRASIL. [Constituição (1988)]. *Constituição da República Federativa do Brasil de 1988*. Brasília: Presidência da República, 1988. Disponível em: http://www.planalto.gov.br/ccivil_03/constituicao/constituicao.htm. Acesso em: 29 jan. 2020. Art. 5º.

14 BRASIL. [Constituição (1988)]. *Constituição da República Federativa do Brasil de 1988*. Brasília: Presidência da República, 1988. Disponível em: http://www.planalto.gov.br/ccivil_03/constituicao/constituicao.htm. Acesso em: 29 jan. 2020. Inc. II do art. 5º.

15 BRASIL. [Constituição (1988)]. *Constituição da República Federativa do Brasil de 1988*. Brasília: Presidência da República, 1988. Disponível em: http://www.planalto.gov.br/ccivil_03/constituicao/constituicao.htm. Acesso em: 29 jan. 2020. Inc. XXXVI do art. 5º.

16 Art. 3º, inc. I da BRASIL. [Constituição (1988)]. *Constituição da República Federativa do Brasil de 1988*. Brasília: Presidência da República, 1988. Disponível em: http://www.planalto.gov.br/ccivil_03/constituicao/constituicao.htm. Acesso em: 29 jan. 2020.

I - universalidade da cobertura e do atendimento;

II - uniformidade e equivalência dos benefícios e serviços às populações urbanas e rurais;

III - seletividade e distributividade na prestação de benefícios e serviços;

IV - irredutibilidade do valor dos benefícios;

V - equidade na forma de participação no custeio;

VI - diversidade da base de financiamento, identificando-se, em rubricas contábeis específicas para cada área, as receitas e as despesas vinculadas a ações de saúde, previdência e assistência social, preservado o caráter contributivo da previdência social;

VII - caráter democrático e descentralizado da administração, mediante gestão quadripartite, com participação dos trabalhadores, dos empregadores, dos aposentados e do Governo nos órgãos colegiados.[17]

O princípio da universalidade da cobertura e do atendimento traça a amplitude da proteção social que se deseja alcançar com o sistema de seguridade social. No caso da universalidade da cobertura, é focado o aspecto material do princípio, ou seja, os riscos sociais que precisam ser protegidos por meio da seguridade social. Já no caso da universalidade do atendimento, a atenção se encontra voltada para o aspecto pessoal, ao público-alvo do sistema. Nota-se, então, que esse princípio tem por significado que a seguridade social deve proteger todas as pessoas, quaisquer que sejam as contingências sociais geradoras de necessidades que as tenham atingido.

Sérgio Pinto Martins enfatiza:

> [...] a universalidade da cobertura deve ser entendida como a necessidade daquelas pessoas que forem atingidas por uma contingência humana, como a impossibilidade de retornar ao trabalho, a idade avançada, a morte etc. Já a universalidade do atendimento refere-se às contingências que serão cobertas, não às pessoas envolvidas, ou seja, às adversidades ou aos acontecimentos em que a pessoa não tenha condições próprias de renda ou de subsistência.[18]

A uniformidade e equivalência dos benefícios e serviços às populações urbanas e rurais têm aplicação no âmbito do Regime Geral de Previdência Social que mantinha, até o advento da CF/1988, discriminação no tratamento dado ao trabalhador rural, o qual gozava apenas de limitada cobertura dada pelo denominado Fundo de Assistência e Previdência do Trabalhador Rural (Funrural), instituído pelo Decreto-Lei nº 276/1967.

Segundo Sérgio Pinto Martins:

> [...] a uniformidade vai dizer respeito aos aspectos objetivos, às contingências que irão ser cobertas. A equivalência vai tomar por base o aspecto pecuniário, ou do atendimento dos serviços, que não serão necessariamente iguais, mas equivalentes, na medida do possível, dependendo do tempo de contribuição, coeficiente de cálculo, sexo, idade, etc.[19]

---

17 BRASIL. [Constituição (1988)]. *Constituição da República Federativa do Brasil de 1988*. Brasília: Presidência da República, 1988. Disponível em: http://www.planalto.gov.br/ccivil_03/constituicao/constituicao.htm. Acesso em: 29 jan. 2020. Os incs. VI e VII do art. 194 estão com a redação dada pelas ECs nºs 103/2020 e 20/1998, respectivamente.

18 MARTINS, Sérgio Pinto. *Direito da seguridade social*. 37. ed. São Paulo: Saraiva, 2018.

19 MARTINS, Sérgio Pinto. *Direito da seguridade social*. 37. ed. São Paulo: Saraiva, 2018.

No modelo brasileiro existem vários regimes previdenciários, e é em relação a estes, portanto, que a uniformidade deve atuar de forma eficiente para obter o fim de regimes elitistas, visto que esses regimes assegurados a determinados trabalhadores estipulam requisitos específicos e prestações diferentes daquelas garantidas por outros regimes para os mesmos eventos cobertos, resultando em patrocínio à desigualdade e à injustiça.

Nessa esteira, aliado aos princípios da igualdade e da universalidade, o princípio da uniformidade revela a tendência da seguridade social de uniformizar não apenas os benefícios e serviços às populações urbanas e rurais, mas, sobretudo, de uniformizar os vários regimes previdenciários existentes dentro do sistema.

A seletividade e a distributividade na prestação dos benefícios e serviços fazem-se necessárias, conquanto o ideal de proteção integral, contido no princípio da universalidade, seja o desejado por todos, tendo em vista a inexistência de condições técnicas e estruturais para o patrocínio de proteção que ampare a todos diante de toda e qualquer situação de necessidade, visto que a proteção garantida pela seguridade social se encontra circunscrita aos recursos disponíveis, conforme determina a regra da contrapartida ou da precedência do custeio.

A esse respeito Sérgio Pinto Martins salienta que "[...] a seleção (escolha) das prestações vai ser feita de acordo com as possibilidades econômico-financeiras do sistema da seguridade social. Nem todas as pessoas terão benefícios: algumas o terão, outras não, gerando o conceito de distributividade".[20]

A diretriz da seletividade deve estar em conformidade com os recursos disponíveis. Dessa forma, se um benefício for criado, estendido ou majorado, a consequência lógica desse fato é a de que, concomitantemente, a sua fonte de custeio também será criada e vice-versa.

A irredutibilidade do valor dos benefícios refere-se às prestações pecuniárias, pois, no Sistema de Seguridade Social, estas, em sua maioria, têm previsão no âmbito da previdência social.

Sérgio Pinto Martins assevera que "[...] no seio da Assembleia Constituinte houve muita preocupação com a redução dos benefícios previdenciários, pois, no decorrer dos anos, o beneficiário vinha perdendo o poder aquisitivo que tinha quando se aposentou".[21]

Efetivamente, essa preocupação perdurou a ponto de se fazer constar, no §2º do art. 201 da Carta Magna de 1988, que "é assegurado o reajustamento dos benefícios para preservar-lhes, em caráter permanente, o valor real, conforme critérios definidos em lei".[22] Posteriormente, a Emenda Constitucional nº 20/1998 transferiu esse comando para o §4º do mesmo artigo, mantendo-lhe, contudo, a redação original.

Nesse diapasão, a modificação do valor monetário e do valor real é vedada pelo princípio da irredutibilidade, a fim de repelir reduções que retirem o poder de compra do beneficiário ou que não preservem o seu valor original. E, para reforçar sua abrangência,

---

20 MARTINS, Sérgio Pinto. *Direito da seguridade social*. 37. ed. São Paulo: Saraiva, 2018.

21 MARTINS, Sérgio Pinto. *Direito da seguridade social*. 37. ed. São Paulo: Saraiva, 2018.

22 BRASIL. [Constituição (1988)]. *Constituição da República Federativa do Brasil de 1988*. Brasília: Presidência da República, 1988. Disponível em: http://www.planalto.gov.br/ccivil_03/constituicao/constituicao.htm. Acesso em: 29 jan. 2020.

o art. 201, §4º da CF/1988 assegura o reajustamento dos benefícios para preservar-lhes o valor real, conforme estabelecido em lei.

Inobstante a força normativa dos princípios, as reduções à renda dos benefícios continuam sendo impostas, ora com a eleição de critérios de cálculos que utilizam fatores de redução, ora com aplicação de índices de reajustamento que não refletem as perdas reais, ora com alteração do período básico de cálculo.

A equidade, em princípio, remete à ideia de justiça, que por sua vez exige tratamento igual para situações iguais. Temos que, conforme disposto no art. 195 da CF/1988, toda a sociedade, direta e indiretamente, contribui para o financiamento da seguridade social, o que reflete, também, a ideia de igualdade, indistinção.

É por meio da equidade que a seguridade social mostra o seu caráter distributivo, uma vez que ao Estado, enquanto agente da proteção, cabe a disposição dos encargos destinados ao financiamento da seguridade social mediante repartição, conforme o potencial econômico de cada um, ou seja, apenas aqueles que estiverem em iguais condições contributivas é que terão de contribuir da mesma forma. O trabalhador não pode contribuir da mesma forma que a empresa, pois não possui as mesmas condições financeiras.

A igualdade e a proporcionalidade são parâmetros da quotização que se orientam inicialmente pelo potencial econômico. Contudo, tal potencial não se constitui no único critério, haja vista, num sistema que se edificou a partir da questão social, ser justo que no seu financiamento sejam instituídos critérios que a ela se relacionem. Por essa razão, adota-se o critério do nível de risco apresentado pela atividade, no caso da fixação das alíquotas empresariais, visto que, nesse caso, algumas se beneficiam com alíquotas menores em função do setor de atividade da outra, resultando a sujeição ao risco ser maior. Dessa forma, quanto maior o nível de bem-estar proporcionado ao trabalhador, menor será a alíquota.

O modelo de financiamento acolhido pelo constituinte para a seguridade social veio definido no art. 195, do qual se interpreta que toda a sociedade, de forma direta e indireta, é responsável pelo seu financiamento, mediante recursos provenientes dos orçamentos públicos e, também, das contribuições sociais efetuadas pelos mais variados atores sociais, como empregadores, empresas e equiparadas, trabalhadores, segurados não trabalhadores, importadores de bens ou serviços do exterior, ou de quem a lei equiparar.

Infere-se, portanto, que o princípio da diversidade da base de financiamento tem como significado que o ônus relativo à sustentação financeira da seguridade social deve ser repartido com toda a sociedade, de modo que, no fim, o montante não sobrecarregue em demasia um de seus setores.

Por outro lado, o próprio legislador firmou um modelo aberto e autossustentável, como se vê na norma insculpida no §4º do mesmo art. 195 da Carta Magna,[23] o que demonstra que indubitavelmente esse dispositivo se constitui em considerável instrumento para a realização da diversidade, na medida em que abre possibilidade de outras bases de financiamento serem criadas para manter ou expandir o sistema.

---

23 Segundo o qual "a lei poderá instituir outras fontes destinadas a garantir a manutenção ou expansão da seguridade social, obedecido o disposto no art. 154, I".

Segundo os fundamentos da República, o Brasil se constitui num Estado Democrático de Direito, cujo preceito expresso no art. 1º da CF/1988 espraia-se sobre toda a ordem jurídica. Por outro lado, a seguridade social é instrumento de que se utiliza o Estado para garantir o bem comum e deverá, no cumprimento de sua missão, estar em harmonia com as estruturas sobre as quais se edifica o Estado Democrático de Direito. Para tanto, a gestão da seguridade social deve ser democrática, descentralizada e quadripartite.[24]

O caráter democrático da gestão é dado pela participação de todos os interessados na proteção garantida pela seguridade social e, em obediência à diretriz mencionada, os órgãos colegiados que integram a organização e estrutura do sistema de proteção deverão contar com a participação de trabalhadores, empregadores, aposentados e do Governo, de forma que a composição seja igual entre todos os membros.

Buscando tornar exequível o objetivo, foram instituídos diversos órgãos colegiados como Conselho Nacional da Seguridade Social (CNSS),[25] Conselho Nacional de Previdência Social (CNPS), Conselhos Estaduais de Previdência Social (CEPS), Conselhos Municipais de Previdência Social (CMPS)[26] e Conselho Nacional de Assistência Social (CNAS),[27] nos quais se previu assento para representantes das quatro partes referidas no Texto Constitucional.

Por sua vez, a descentralização administrativa propõe a criação de novos centros de capacidade, que se constituem sujeitos de direitos e deveres, aos quais é atribuído o cumprimento da missão administrativa, sendo que esses novos centros gestores auxiliam não apenas a democratização, mas, sobretudo, a proximidade com os sujeitos a que se destina a proteção social. Como se vê, todo esse acervo de princípios orientadores e estruturantes é que oferece condições de exequibilidade ao sistema de proteção.

1.4 Seguridade social no Brasil

Da mesma forma que em outros países, no Brasil a previdência social também passou por diversas mudanças, fazendo-se mister traçar uma exposição cronológica de seus acontecimentos mais relevantes, objetivando demonstrar as formas de sua consolidação e sua grande importância perante a sociedade.

---

[24] BRASIL. [Constituição (1988)]. *Constituição da República Federativa do Brasil de 1988*. Brasília: Presidência da República, 1988. Disponível em: http://www.planalto.gov.br/ccivil_03/constituicao/constituicao.htm. Acesso em: 29 jan. 2020. Art. 194, inc. VII.

[25] BRASIL. *Lei nº 8.212, de 24 de julho de 1991*. Dispõe sobre a organização da Seguridade Social, institui Plano de Custeio, e dá outras providências. Disponível em: http://www.planalto.gov.br/ccivil_03/LEIS/L8212cons.htm. Acesso em: 22 jan. 2020. Art. 6º. Esse artigo, hoje, encontra-se revogado pela MP nº 2.216-37/2001, mas o CNSS foi referenciado em diversos outros dispositivos.

[26] BRASIL. *Lei nº 8.213, de 24 de julho de 1991*. Dispõe sobre os Planos de Benefícios da Previdência Social e dá outras providências. Disponível em: http://www.planalto.gov.br/ccivil_03/LEIS/L8213cons.htm. Acesso em: 22 jan. 2020. Arts. 3º e 7º. O art. 7º, que fazia referência aos Conselhos Municipais, encontra-se, hoje, revogado pela MP nº 2.216-37/2001.

[27] BRASIL. *Lei nº 8.742, de 07 de dezembro de 1993*. Dispõe sobre a organização da Assistência Social e dá outras providências. Disponível em: https://www.planalto.gov.br/ccivil_03/LEIS/L8742.htm. Acesso em: 22 jan. 2020. Art. 17.

1.4.1 Síntese histórica

No Brasil a seguridade social teve início com a organização privada, porém, com o passar do tempo, o Estado acabou se apropriando do sistema, por meio de suas políticas intervencionistas, sendo que as primeiras entidades que atuaram nas questões relativas à seguridade social foram as Santas Casas de Misericórdia, que já em 1543 prestavam serviços assistenciais. Ainda como registro histórico, tem-se o Montepio de Beneficência dos Órfãos e Viúvas dos Oficiais da Marinha, de 1795.

Na Constituição Política do Império do Brasil de 1824, a previdência social encontrava-se, ainda, embasada num regime de mutualidade, visto que a única disposição relativa à seguridade social constava no art. 179, inc. XXXI, o qual disciplinava a constituição de socorros públicos,[28] como meio de ajudar os cidadãos brasileiros mais necessitados.

Nessa esteira, o Ato Adicional de 1834, em seu art. 10, preconizava que às Assembleias Legislativas competia legislar sobre as casas de socorros públicos, os conventos e outras associações políticas ou religiosas, que foram instituídas pela Lei nº 16/1834.[29]

A Constituição de 1891, em que pese não abordar questões trabalhistas ou previdenciárias, fez constar, pela primeira vez, em seu art. 75, o termo "aposentadoria", que era concedida aos funcionários públicos, em caso de invalidez e a serviço da nação, sendo que tal benefício era concedido de forma gratuita, até porque não havia, àquela época, nenhum tipo de fonte contributiva oficial institucionalizada.

Em 1919, surgiu o primeiro decreto que abordava a proteção do trabalhador contra acidentes do trabalho, instituindo o seguro obrigatório de acidente de trabalho, por meio do Decreto nº 3.724/1919,[30] que incluía, ainda, uma indenização a ser paga, obrigatoriamente, pelos empregadores aos seus empregados acidentados.

Contudo, em que pese toda a legislação até aqui enfocada, a doutrina majoritária considera como marco inicial da previdência social brasileira o Decreto-Lei nº 4.682/1923,[31] conhecido como Lei Eloy Chaves, que criou as Caixas de Aposentadoria e Pensão (CAPs) para os empregados de empresas ferroviárias, estabelecendo, ainda, a contribuição dos empregadores, trabalhadores e Estado, assegurando, por meio do art. 9º, benefícios como: aposentadoria, pensão aos dependentes, medicamentos com preços especiais e socorros médicos.

---

[28] BRASIL. [Constituição (1824)]. *Constituição Política do Império do Brasil de 1824*. Brasília: Presidência da República, 1824. Disponível em: http://www.planalto.gov.br/ccivil_03/Constituicao/Constituicao24.htm. Acesso em: 22 jan. 2020.

[29] BRASIL. *Lei nº 16, de 12 de agosto de 1834*. Faz algumas alterações e addições á Constituição Politica do Imperio, nos termos da Lei de 12 de Outubro de 1832. CLBR, 1834. Disponível em: http://www.planalto.gov.br/ccivil_03/leis/lim/LIM16.htm. Acesso em: 22 jan. 2020.

[30] BRASIL. *Decreto nº 3.724, de 15 de janeiro de 1919*. Regula as obrigações resultantes dos accidentes no trabalho. Disponível em: https://www2.camara.leg.br/legin/fed/decret/1910-1919/decreto-3724-15-janeiro-1919-571001-publicacaooriginal-94096-pl.html. Acesso em: 20 fev. 2020.

[31] BRASIL. *Decreto-Lei nº 4.682, de 24 de janeiro de 1923*. Crea, em cada uma das emprezas de estradas de ferro existentes no paiz, uma caixa de aposentadoria e pensões para os respectivos empregados. Disponível em: http://www.planalto.gov.br/ccivil_03/decreto/historicos/dpl/DPL4682-1923.htm. Acesso em: 22 fev. 2020.

O Decreto Legislativo nº 5.109/1926[32] veio reformar a Lei Eloy Chaves, ampliando as CAPs para vários tipos de empresas e outros ramos de atividades, por exemplo, os portuários e os marítimos.

Depois da revolução de outubro de 1930, o Estado passou a demonstrar maior preocupação com relação ao seguro social e à necessidade de prestar amparo às classes menos favorecidas, ocorrendo, então, uma nítida expansão da previdência social. Nessa época, as CAPs foram reunidas em Institutos de Aposentadoria e Pensão (IAPs), conforme a categoria profissional, atuando até a década de 50.

Neste mesmo período, mais precisamente em 4.2.1931, foi criado o Ministério do Trabalho, Indústria e Comércio e, em 1º de outubro, foi instituído o Decreto nº 20.465,[33] que estendeu o regime das CAPs aos empregados de todos os serviços públicos, sendo incluídas no sistema as empresas de mineração e de transporte aéreo, nos anos de 1932 e 1934, respectivamente, bem como regulamentados assistência médica e empréstimos em dinheiro no âmbito destas instituições.

A Constituição de 1934 foi diretamente influenciada por essas mudanças, passando a contemplar várias disposições relacionadas à proteção social, tendo sido a primeira Constituição a estabelecer a forma tripartite de custeio,[34] a partir da contribuição do Governo, dos empregadores e dos trabalhadores, objetivando o amparo aos casos de velhice, invalidez, maternidade, acidentes do trabalho e morte.

A Constituição de 1937 não trouxe inovações ou evoluções em matéria de seguridade social. Porém, a Constituição de 1946 assegurava a proteção aos eventos de doença, invalidez, velhice e morte, confirmando a tendência que direcionava a uniformização do sistema previdenciário. Nota-se que essa Constituição se tornou a primeira tentativa de sistematizar as normas de proteção social, elencadas no art. 157 do Texto Constitucional.

O ano de 1960 trouxe a criação do Ministério do Trabalho e da Previdência Social, tendo ocorrido, também, nesse ano, a aprovação da Lei nº 3.807,[35] intitulada Lei Orgânica da Previdência Social (LOPS), que unificou os critérios relacionados à concessão de benefícios dos IAPs, sendo, posteriormente, complementada pelo Regulamento Geral da Previdência Social, aprovado pelo Decreto nº 48.959-A/1960.[36]

---

32 BRASIL. Decreto Legislativo nº 5.109, de 20 de dezembro de 1926. Estende o regimen do Decreto legislativo nº 4.682, de 24 de janeiro de 1923, a outras empresas. *Diário Oficial da União*, Seção 1, p. 24113, 30 dez. 1926.

33 BRASIL. *Decreto nº 20.465, de 1º de outubro de 1931*. Reforma a legislação das caixas de aposentadoria e pensões. Disponível em: https://www2.camara.leg.br/legin/fed/decret/1930-1939/decreto-20465-1-outubro-1931-500674-publicacaooriginal-1-pe.html. Acesso em: 20 fev. 2020.

34 Art. 121, §1º, alínea "h" da BRASIL. [Constituição (1934)]. *Constituição da República dos Estados Unidos do Brasil de 1934*. Brasília: Presidência da República, 1934. Disponível em: http://www.planalto.gov.br/ccivil_03/constituicao/constituicao34.htm. Acesso em: 20 fev. 2020.

35 BRASIL. Lei nº 3.807, de 26 de agosto de 1960. Dispõe sôbre a Lei Orgânica da Previdência Social. *Diário Oficial da União [da] República Federativa do Brasil*, Brasília, 5 set. 1960.

36 BRASIL. *Decreto nº 48.959-A, de 19 de setembro de 1960*. Aprova o regulamento geral da previdência social. *Diário Oficial da União*, seção 1, p. 13133, 29 set. 1960: "Art. 499. Fica instituído o 'Dia da Previdência Social' com o fim de vincular as gerações sucessivas a uma tradição no sentido de perfeita compreensão e resguardo das finalidades da previdência social, a ser comemorado cada ano, em 24 de janeiro, data da primeira lei sôbre a matéria, no Brasil"; "Art. 1. Fica aprovado, sob a denominação de 'Regulamento geral da Previdência Social', o regulamento que a êste acompanha, assinado pelo Ministro do Trabalho, Indústria e Comercio e destinado à fiel execução da Lei Orgânica da Previdência Social e demais leis correlatas, nele consolidadas".

Entretanto, o sistema previdenciário brasileiro só veio efetivamente se consolidar em 1967, por meio do Decreto-Lei nº 72/1966,[37] que incorporou todos os IAPs e criou o Instituto Nacional de Previdência Social (INPS).

A Lei nº 6.439/1977[38] organizou o Sistema Nacional de Previdência e Assistência Social (Sinpas), cujo objetivo era promover a integração entre as áreas de assistência social, assistência médica e gestão das entidades ligadas ao Ministério da Previdência e Assistência Social, composto por diversos órgãos na época. Esses órgãos foram extintos com o tempo, deles restando apenas a Empresa de Processamento de Dados da Previdência Social (Dataprev) que gerencia os sistemas informatizados do Ministério da Previdência Social.

A CF/1988 trouxe significativas mudanças no sistema previdenciário nacional ao inserir capítulo específico relativo à seguridade social,[39] tendo sido a partir dessa Constituição que a seguridade social brasileira passou a reunir suas três atividades: saúde, previdência social e assistência social, e as contribuições sociais passaram a custear as ações do Estado nas referidas áreas, e não somente no campo da previdência social.

A Lei nº 8.029/1990[40] criou o Instituto Nacional do Seguro Social (INSS), autarquia oriunda da fusão entre o Instituto Nacional de Previdência Social (INPS) e o Instituto de Administração Financeira da Previdência e Assistência Social (Iapas), passando a desempenhar as funções de arrecadação, pagamento de benefícios e prestação de serviços, além de aplicação de penalidades (multas) e regulamentação da parte de custeio do sistema de seguridade social.

Em 1999 foi editado o Decreto nº 3.048,[41] regulamento da previdência social, cujo objetivo foi reunir normas relativas ao custeio da previdência social e às prestações previdenciárias. A EC nº 20/1998 reduziu a proteção previdenciária dos agentes públicos ocupantes de cargo efetivo e vitalício, praticamente equiparando as normas dos Regimes Próprios de Previdência às do Regime Geral.[42] A EC nº 41/2003 aprofundou

---

37 BRASIL. Decreto-Lei nº 72, de 21 de novembro de 1966. Unifica os Institutos de Aposentadoria e Pensões e cria o Instituto Nacional de Previdência Social. *Diário Oficial da União [da] República Federativa do Brasil*, Brasília, p. 13523, 22 nov. 1966.

38 BRASIL. Lei nº 6.439, de 1º de julho de 1977. Institui o sistema Nacional de Previdência e Assistência Social e dá outras providências. *Diário Oficial da União [da] República Federativa do Brasil*, Brasília, 2 set. 1977.

39 BRASIL. [Constituição (1988)]. *Constituição da República Federativa do Brasil de 1988*. Brasília: Presidência da República, 1988. Disponível em: http://www.planalto.gov.br/ccivil_03/constituicao/constituicao.htm. Acesso em: 29 jan. 2020. Arts. 194 a 204.

40 BRASIL. Lei nº 8.029, de 12 de abril de 1990. Dispõe sobre a extinção e dissolução de entidades da Administração Pública Federal, e dá outras providências. *Diário Oficial da União [da] República Federativa do Brasil*, Brasília, 13 abr. 1990. "Art. 17. É o Poder Executivo autorizado a instituir o Instituto Nacional do Seguro Social - INSS, como autarquia federal, mediante fusão do Instituto de Administração da Previdência e Assistência Social – IAPAS, com o Instituto Nacional de Previdência Social – INPS, observado o disposto nos §§2º e 4º do art. 2º desta lei (Renumerado do art. 14 pela Lei nº 8.154, de 1990). Parágrafo único. O Instituto Nacional do Seguro Social – INSS terá até sete superintendências regionais, com localização definida em decreto, de acordo com a atual divisão do território nacional em macrorregiões econômicas, adotada pela Fundação Instituto Brasileiro de Geografia e Estatística – IBGE, para fins estatísticos, as quais serão dirigidas por Superintendentes nomeados pelo Presidente da República".

41 BRASIL. *Decreto nº 3.048, de 06 de maio de 1999*. Aprova o Regulamento da Previdência Social, e dá outras providências. Disponível em: http://www.planalto.gov.br/ccivil_03/decreto/D3048.htm. Acesso em: 22 fev. 2020.

42 Observe-se que o §12 do art. 40 da Constituição de 1988 promoveu a aproximação entre o Regime Geral de Previdência e os regimes próprios, consoante a seguinte redação: "Art. 40. [...] §12. Além do disposto neste artigo, o regime de previdência dos servidores públicos titulares de cargo efetivo observará, no que couber, os requisitos e critérios fixados para o regime geral de previdência" (BRASIL. [Constituição (1988)]. *Constituição da República*

as modificações no regime dos servidores públicos, aproximando ainda mais os dois sistemas.[43] Já a EC nº 47/2005 promoveu novas alterações, mas, em regra, em benefício dos servidores.[44]

A Lei nº 11.457/2007[45] conferiu à nova Secretaria da Receita Federal do Brasil a incumbência de arrecadação, cobrança e recolhimento das contribuições sociais, garantindo que o produto da arrecadação de tais contribuições seja destinado, em caráter exclusivo, ao pagamento de benefícios do Regime Geral de Previdência Social e creditado diretamente ao Fundo do Regime Geral de Previdência Social. A citada norma legal extinguiu a Secretaria da Receita Previdenciária do Ministério da Previdência Social, a quem, anteriormente, cabia a arrecadação das contribuições sociais.

Com a EC nº 103/2019, finalmente, tem-se novo disciplinamento do tema. Essa nova emenda[46] trouxe profundas modificações em âmbito previdenciário, estabelecidas em cinco pilares contidos na Proposta de Emenda Constitucional nº 6/2019, quais sejam:

a) o combate às fraudes e a redução da judicialização;
b) a cobrança das dívidas tributárias previdenciárias;
c) a equidade, tratando o igual de forma igual e os desiguais de forma desigual, com todos os brasileiros contribuindo para o equilíbrio previdenciário na medida de sua capacidade;
d) a criação de um novo regime previdenciário capitalizado e equilibrado, destinado às próximas gerações;
e) a tentativa de diminuição das desigualdades no sistema previdenciário atual.

1.4.2 Modelo constitucional da seguridade social brasileira a partir da CF/1988

Conforme insculpido no art. 194 da Carta Magna, "a seguridade social compreende um conjunto integrado de ações de iniciativa dos poderes públicos e da sociedade destinadas a assegurar o direito relativo à saúde, à previdência e à assistência social".[47]

Federativa do Brasil de 1988. Brasília: Presidência da República, 1988. Disponível em: http://www.planalto.gov.br/ccivil_03/constituicao/constituicao.htm. Acesso em: 29 jan. 2020, com redação da EC nº 20/98).

[43] Sobre as alterações introduzidas pela EC nº 41/2003, ver: ARAÚJO, Valter Shuenquener de; SILVA, José Afonso da. EC nº 41, teto de remuneração: reduções inconstitucionais em um estado democrático. *In*: TAVARES, Marcelo Leonardo (Coord.). *A reforma da Previdência Social*: temas polêmicos e aspectos controvertidos. Rio de Janeiro: Lumens Juris, 2004. p. 211-242.

[44] BRASIL. [Constituição (1988)]. *Emenda Constitucional nº 20, de 15 de dezembro de 1998*. Modifica o sistema de previdência social, estabelece normas de transição e dá outras providências. Disponível em: http://www.planalto.gov.br/ccivil_03/Constituicao/Emendas/Emc/emc20.htm#art1. Acesso em: 23 fev. 2020.

[45] BRASIL. Lei nº 11.457, de 16 de março de 2007. Dispõe sobre a Administração Tributária Federal; altera as Leis nºs 10.593, de 06 de dezembro de 2002, 10.683, de 28 de maio de 2003, 8.212, de 24 de julho de 1991, 10.910, de 15 de julho de 2004, o Decreto-Lei nº 5.452, de 1º de maio de 1943, e o Decreto nº 70.235, de 06 de março de 1972; revoga dispositivos das Leis nºs 8.212, de 24 de julho de 1991, 10.593, de 06 de dezembro de 2002, 10.910, de 15 de julho de 2004, 11.098, de 13 de janeiro de 2005, e 9.317, de 05 de dezembro de 1996; e dá outras providências. *Diário Oficial da União [da] República Federativa do Brasil*, Brasília, 19 mar. 2007.

[46] BRASIL. [Constituição (1988)]. *Emenda Constitucional nº 103 de 12 de novembro de 2019*. Brasília: Presidência da República, 2019. Disponível em: http://www.planalto.gov.br/ccivil_03/Constituicao/Emendas/Emc/emc103.htm. Acesso em: 31 jan. 2020.

[47] BRASIL. [Constituição (1988)]. *Constituição da República Federativa do Brasil de 1988*. Brasília: Presidência da República, 1988. Disponível em: http://www.planalto.gov.br/ccivil_03/constituicao/constituicao.htm. Acesso em: 29 jan. 2020.

De sorte que a seguridade social é constituída pelas áreas de saúde, da previdência social e da assistência social que atuam de forma integrada para garantir a proteção e proporcionar o bem-estar e justiça social.

A nova redação do inc. VI, parágrafo único, do art. 194, dada pela EC nº 103/2019, estabelece critério contábil específico que tem por objetivo segregar de maneira transparente as receitas e despesas de cada parte da seguridade social, reforçando a natureza contributiva apenas da vertente previdência social.

Conquanto as técnicas agrupadas dentro do sistema tenham várias peculiaridades e regimes diversos, o papel que cada uma deverá desempenhar dentro do sistema já vem previamente definido pela CF/1988 nos arts. 196, 198 e 201, em conformidade com os princípios que norteiam a seguridade social, harmonizando-as e dando-lhes coesão.

O modelo com o qual a saúde atua dentro do sistema de seguridade social se encontra expresso no art. 196 da CF/1988, no qual se afirma que "a saúde é direito de todos", significando, com isso, que ela se constitui em um direito subjetivo público que outorga a seus destinatários o direito de exigir do Estado a sua prestação. Mais à frente, o legislador acrescenta que a saúde não depende de filiação e contribuição direta e pessoal para garantir o seu custeio. Isso, porque as ações da saúde serão desenvolvidas por meio de políticas públicas voltadas para promoção, proteção e recuperação das condições de saúde, bem como redução do risco de doenças.

A Carta Magna trouxe uma inovação importante quanto à prestação da saúde, ao torná-la um direito universal de todos os homens, já que antes era prestada tão somente aos segurados filiados à previdência social. Demonstra, assim, estar em perfeita consonância com a nova concepção do ideário de seguridade social adotado no ordenamento jurídico.

No art. 198 da CF/1988 encontram-se elencadas as diretrizes que balizam as ações e serviços da saúde, como a descentralização, com direção única em cada esfera de governo; atendimento integral, com prioridade para as atividades preventivas, sem prejuízo dos serviços assistenciais; e a participação da comunidade.

Nesse contexto, a saúde será prestada pelo Estado a todos, por meio de uma rede regionalizada e hierarquizada, organizada em um sistema único, disciplinado infraconstitucionalmente pela Lei nº 8.080/1990.[48]

Conforme preconizado nos arts. 197 e 199 da CF/1988, a gestão da saúde será prestada de forma descentralizada pela União, pelos estados e pelos municípios, facultada, ainda, a participação da iniciativa privada.

Por outro lado, a assistência social constitui expressão da solidariedade,[49] tendo a função de proteger todos os necessitados, sem que seja exigida prévia vinculação ou contribuição ao sistema, assentada na ideia básica, preliminarmente traçada, de que não haverá bem comum em uma sociedade em que existam indivíduos em situação de necessidade.

---

[48] BRASIL. *Lei nº 8.080, de 19 de setembro de 1990*. Dispõe sobre as condições para a promoção, proteção e recuperação da saúde, a organização e o funcionamento dos serviços correspondentes e dá outras providências. Disponível em: http://www.planalto.gov.br/ccivil_03/Leis/L8080.htm. Acesso em: 22 fev. 2020.

[49] Diz-se que na assistência social vigora o princípio da solidariedade de forma plena, pois não se exige prévia filiação ou contribuição, sendo essas prestações concedidas aos necessitados que não disponham de meios para prover a subsistência, nos termos previstos na Lei Orgânica da Assistência Social.

Nessa perspectiva, o Estado deve prover o mínimo social, por meio das ações de assistência social, realizando ações integradas em conjunto com a sociedade, de modo a garantir as necessidades básicas dos homens.

A Carta Magna tratou da assistência social nos arts. 203 e 204, sendo que o art. 203 deixou claro o caráter universal da assistência social, dispondo que seria prestada a todos que dela necessitarem, independentemente de contribuição, tendo como ações a ela inerentes, entre outras, a proteção à família, à maternidade, à infância, à adolescência e à velhice.

À assistência social cabe não apenas garantir rendas mínimas, mas também reintegrar ou integrar à vida comunitária, bem como ao mercado de trabalho, pessoas portadoras de deficiência.

Nesse contexto, a assistência social, ao lado da saúde e das prestações da previdência social, completa a rede de proteção delineada pelo Estado brasileiro, visto que atenderá às pessoas em situação de necessidades que não estejam cobertas pelo sistema da previdência social, seja por não terem preenchido algum requisito legal, seja por se encontrarem à margem do sistema previdenciário.

A assistência social, da mesma forma que a saúde, será prestada de maneira descentralizada, cabendo aos estados e municípios executar os programas, devendo, ainda, ocorrer a participação de entidades privadas beneficentes a serem financiadas com recursos do orçamento da seguridade social.[50]

A previdência social no Brasil tem seu modelo inspirado no seguro social criado por Bismarck, na Alemanha. Os mesmos fundamentos que orientaram a técnica em sua origem ainda aparecem nítidos nos modelos de previdência social contemporâneos, incluindo o Brasil, onde a CF/1988, no art. 201, inseriu a técnica no Sistema de Seguridade Social. Fiel ao sentido dado a um sistema de proteção, a ela integra a Previdência Social, constituída por um Regime Geral, de caráter contributivo e de filiação obrigatória, que garante a seus beneficiários direitos subjetivos públicos à proteção oferecida. Em outras palavras, apenas aqueles que contribuem para o sistema e seus dependentes poderão pretender o recebimento dos benefícios e serviços da previdência social.

No Brasil, o sistema adotado é o de repartição, conhecido como "pacto entre as gerações", ou seja, a geração de hoje custeia os benefícios da atual geração de aposentados, trabalhadores de ontem. A forma de financiamento da Previdência Social, antes prevista no art. 195 da CF/1988 e na Lei nº 8.212/1991[51] – o Plano de Custeio – foi modificada, conforme disposição constante do art. 195, inc. II, §9º, com a definição de regras ante a possibilidade de alíquotas progressivas dos segurados da ativa e alíquotas diferenciadas em razão da atividade econômica, da utilização intensiva de mão de obra, do porte da empresa ou da condição estrutural do mercado de trabalho, com a autorização.

A sistemática atual da Previdência Social, organizada em modelagem que estrutura o regime de caráter contributivo e de filiação obrigatória, preconiza a preservação

---

[50] BRASIL. [Constituição (1988)]. *Constituição da República Federativa do Brasil de 1988*. Brasília: Presidência da República, 1988. Disponível em: http://www.planalto.gov.br/ccivil_03/constituicao/constituicao.htm. Acesso em: 29 jan. 2020. Art. 204.

[51] BRASIL. *Lei nº 8.212, de 24 de julho de 1991*. Dispõe sobre a organização da Seguridade Social, institui Plano de Custeio, e dá outras providências. Disponível em: http://www.planalto.gov.br/ccivil_03/LEIS/L8212cons.htm. Acesso em: 22 jan. 2020.

do equilíbrio financeiro e atuarial. As situações passíveis de concessão de benefícios, listadas no inc. I do art. 201 da Constituição Federal, compreendem a cobertura dos eventos de incapacidade temporária ou permanente para o trabalho e idade avançada; proteção à maternidade, especialmente à gestante; proteção ao trabalhador em situação de desemprego involuntário; salário-família e auxílio-reclusão para os dependentes dos segurados de baixa renda; pensão por morte do segurado, homem ou mulher, ao cônjuge ou companheiro e dependentes. Importante ressalvar que nenhum benefício que substitua o salário de contribuição ou rendimento do trabalho do segurado terá valor mensal inferior ao salário mínimo. Contudo, a previdência social não é responsável apenas pelo pagamento de benefícios, visto que os serviços prestados, como serviço social e reabilitação profissional, são devidos tanto aos segurados como aos dependentes.

CAPÍTULO 2

PREVIDÊNCIA SOCIAL

2.1 Conceito básico

A ideia etiológica de previdência social conduz ao conceito de seguro no sentido de um ato de antevidência de eventos futuros que interfiram na consecução normal do trabalho diário. De fato, a função desse seguro é propiciar a manutenção do *status quo ante* quando da incidência de perda de capacidade laborativa, seja de forma temporária ou permanente. Essa perda origina-se de acontecimentos decorrentes substancialmente de invalidez, de velhice, de acidente, ou de qualquer outra forma redutível da capacidade plena do trabalhador. Entrementes, por abranger toda a coletividade, mister se faz diferenciar o aspecto privado do seguro da atuação estatal concernente à previdência social.

No Brasil, tendo em vista o caráter contributivo estipulado pelo próprio constituinte, a previdência social permite cobertura de eventos futuros somente a quem é contribuinte. Há, na espécie, certa substituição de garantia remuneratória: o trabalhador deixa de receber sua renda normal, em função de um evento futuro – como a invalidez, por exemplo – e passa a perceber outra renda a ele transferida pela previdência social. Por isso diz-se que o trabalhador passa à condição de segurado. Note-se que essa condição vai alcançar também os dependentes do servidor segurado – em razão de falecimento, *v.g.* – nos termos e condições previstos em norma própria.

Verifique-se que a preocupação com a previdência é atributo de política nacional, porquanto suas fontes de custeio, como salientado alhures, provêm de recursos oriundos inclusive do próprio segurado. Por isso o modelo brasileiro adota a filiação obrigatória,[52] conforme estipulado na Carta Magna, para aqueles que se encontram regularmente

[52] BRASIL. [Constituição (1988) com redação dada pela EC nº 103/2019]. *Constituição da República Federativa do Brasil de 1988*. Brasília: Presidência da República, 1988. Disponível em: http://www.planalto.gov.br/ccivil_03/constituicao/constituicao.htm. Acesso em: 29 jan. 2020: "Art. 201. A previdência social será organizada sob a forma do Regime Geral de Previdência Social, de caráter contributivo e de filiação obrigatória, observados critérios que preservem o equilíbrio financeiro e atuarial, e atenderá, na forma da lei, a: I - cobertura dos eventos de incapacidade temporária ou permanente para o trabalho e idade avançada; II - proteção à maternidade, especialmente à gestante; III - proteção ao trabalhador em situação de desemprego involuntário; IV - salário-família e auxílio-reclusão para os dependentes dos segurados de baixa renda; V - pensão por morte do segurado, homem ou mulher, ao cônjuge ou companheiro e dependentes, observado o disposto no §2º".

atendidos pelo sistema previdenciário. A obrigatoriedade de filiação[53] explica-se, ainda, pelo dever de o Estado amparar a previdência social, por tratar-se de direito social expresso na própria CF/1988.[54]

Pode-se estipular, então, que a previdência social é dever constitucional do Estado, que garante percepção de renda ao segurado contribuinte ou a seus dependentes, em razão de evento futuro, temporário ou permanente, redutível da capacidade plena do trabalhador.

2.2 Regimes de previdência social

A efetivação das garantias previdenciárias ao servidor pressupõe um conjunto ordenado de regras e princípios, diretrizes da atuação estatal. De fato, é este eixo de normas próprias que confere sentido à relação jurídica que se estabelece entre o servidor e o Estado. Esse conjunto normativo é o que se entende por regime jurídico, classicamente definido por Hely Lopes Meirelles como aquele que

> [...] consubstancia os preceitos legais sobre acessibilidade aos cargos públicos, a investidura em cargo efetivo (por concurso público) e em comissão, as nomeações para funções de confiança; os deveres e direitos dos servidores; a promoção e respectivos critérios; o sistema remuneratório (subsídios ou remuneração, envolvendo os vencimentos, com as especificações das vantagens de ordem pecuniária, os salários e as reposições pecuniárias); as penalidades e sua aplicação; o processo administrativo; e a aposentadoria.[55]

Permite-se acrescentar à definição do renomado autor a concessão de pensão por morte, porquanto os dependentes do servidor também são socorridos pelo regime jurídico-previdenciário.

No Brasil coexistem dois regimes jurídico-previdenciários de filiação compulsória, sobre cujo sistema verifica-se a atuação estatal: o Regime Geral de Previdência Social (RGPS) e o Regime Próprio de Previdência Social (RPPS).

A par desses dois regimes, existe ainda uma terceira via de proteção previdenciária aos servidores públicos, regulamentada, no âmbito da União, pela Lei nº 12.618/2012,[56] que instituiu o regime de previdência complementar para os servidores públicos federais

---

[53] Filiação é o vínculo que se estabelece entre pessoas que contribuem para o regime previdenciário, decorrendo deste vínculo direitos e obrigações entre o segurado e a entidade gestora de previdência social (BRIGUET, Magadar Rosália Costa; VICTORINO, Maria Cristina Lopes; HORVATH JÚNIOR, Miguel. *Previdência social*: aspectos práticos e doutrinários dos regimes jurídicos próprios. São Paulo: Atlas, 2007. p. 14).

[54] BRASIL. [Constituição (1988) com redação dada pela EC nº 90/2015]. *Constituição da República Federativa do Brasil de 1988*. Brasília: Presidência da República, 1988. Disponível em: http://www.planalto.gov.br/ccivil_03/constituicao/constituicao.htm. Acesso em: 29 jan. 2020: "Art. 6º São direitos sociais a educação, a saúde, a alimentação, o trabalho, a moradia, o transporte, o lazer, a segurança, a previdência social, a proteção à maternidade e à infância, a assistência aos desamparados, na forma desta Constituição".

[55] MEIRELLES, Hely Lopes. *Direito administrativo brasileiro*. 28. ed. São Paulo: Malheiros, 2003. p. 392.

[56] BRASIL. *Lei nº 12.618, de 30 de abril de 2012*. Institui o regime de previdência complementar para os servidores públicos federais titulares de cargo efetivo, inclusive os membros dos órgãos que menciona; fixa o limite máximo para a concessão de aposentadorias e pensões pelo regime de previdência de que trata o art. 40 da Constituição Federal; autoriza a criação de 3 (três) entidades fechadas de previdência complementar, denominadas Fundação de Previdência Complementar do Servidor Público Federal do Poder Executivo (Funpresp-Exe), Fundação de Previdência Complementar do Servidor Público Federal do Poder Legislativo (Funpresp-Leg) e Fundação de Previdência Complementar do Servidor Público Federal do Poder Judiciário (Funpresp-Jud); altera dispositivos

titulares de cargo efetivo. Os dispositivos que tratam desse regime na nova norma, §§14, 15 e 16, do art. 40 da CF/1988, estabeleceram que caberá à União, aos estados, ao Distrito Federal e aos municípios instituírem-no, por lei de iniciativa do respectivo Executivo, para servidores públicos ocupantes de cargo efetivo, observado o limite máximo dos benefícios do RGPS para o valor das aposentadorias e das pensões em regime próprio de previdência social.

De caráter complementar e organizado de forma autônoma em relação ao RGPS, oferecerá plano de benefícios somente na modalidade contribuição definida, sendo facultativo e baseado na constituição de reservas que garantam o benefício contratado e regulado por lei complementar, e será efetivado por meio de entidade fechada de previdência complementar ou de entidade aberta de previdência complementar.

Há a exigência de prévia e expressa opção para que seja aplicado ao servidor que tiver ingressado no serviço público até a data da publicação do ato de instituição do correspondente regime de previdência complementar.

Com a finalidade de administrar e executar os planos de benefícios, foram previstas três entidades de previdência complementar:

a) a Fundação de Previdência Complementar do Servidor Público Federal do Poder Executivo (Funpresp-Exe), para os servidores públicos titulares de cargo efetivo do Poder Executivo, por meio de ato do presidente da República;
b) a Fundação de Previdência Complementar do Servidor Público Federal do Poder Legislativo (Funpresp-Leg), para os servidores públicos titulares de cargo efetivo do Poder Legislativo e do Tribunal de Contas da União e para os membros deste Tribunal, por meio de ato conjunto dos presidentes da Câmara dos Deputados e do Senado Federal; e
c) a Fundação de Previdência Complementar do Servidor Público Federal do Poder Judiciário (Funpresp-Jud), para os servidores públicos titulares de cargo efetivo e para os membros do Poder Judiciário, por meio de ato do presidente do Supremo Tribunal Federal.

A constituição, o funcionamento e a extinção da Funpresp-Exe, da Funpresp-Leg e da Funpresp-Jud, a aplicação de seus estatutos, regulamentos dos planos de benefícios, convênios de adesão e suas respectivas alterações, assim como as retiradas de patrocínios, dependerão de prévia e expressa autorização do órgão fiscalizador das entidades fechadas de previdência complementar.

Cumpre realçar que a Funpresp-Exe foi criada por meio do Decreto nº 7.808/2012,[57] cabendo-lhe a tarefa de administrar e executar planos de benefícios de caráter previdenciário. A seu turno, no âmbito do Judiciário, foi instituída a Funpresp-Jud[58] por intermédio

---

da Lei nº 10.887, de 18 de junho de 2004; e dá outras providências. Disponível em: http://www.planalto.gov.br/ccivil_03/_ato2011-2014/2012/lei/l12618.htm. Acesso em: 22 fev. 2020.

[57] BRASIL. *Decreto nº 7.808, de 20 de setembro de 2012*. Cria a Fundação de Previdência Complementar do Servidor Público Federal do Poder Executivo – Funpresp-Exe, dispõe sobre sua vinculação no âmbito do Poder Executivo e dá outras providências. Disponível em: http://www.planalto.gov.br/ccivil_03/_Ato2011-2014/2012/Decreto/D7808.htm. Acesso em: 22 fev. 2020.

[58] Cumpre observar que o Ministério Público da União não foi contemplado em nenhuma fundação criada para administrar e executar os planos de benefícios dos servidores. Todavia, o Supremo Tribunal Federal, ao

da Resolução nº 496/2012,[59] do Supremo Tribunal Federal. A respeito da criação dessas fundações, ganha relevância a possível controvérsia que redundará da definição do marco temporal para início da vigência desse regime de previdência complementar.

A Lei nº 12.618/2012[60] definiu que tal regime vigoraria a partir da data em que fossem criadas quaisquer das três fundações de previdência complementar que passariam a administrar os planos de benefícios.

A Funpresp-Exe foi a primeira a ser criada, em 20.9.2012, por meio do Decreto nº 7.808, de 20.9.2012.

A princípio, estaria nessa data definido o marco temporal de vigência do novo regime previdenciário do servidor público federal.

Ocorre, todavia, que o mesmo art. 33 da citada Lei nº 12.618/2012 determinava a observância do disposto no art. 31, o qual disciplina que as fundações criadas pela União deverão iniciar o seu funcionamento, nos termos do art. 26 da mesma norma, somente após a publicação da autorização de funcionamento concedida pelo órgão fiscalizador das entidades fechadas de previdência complementar. Para tanto, a lei concede o prazo de até 240 (duzentos e quarenta) dias para que tais fundações entrem em funcionamento. Por isso a questão que se colocava: afinal, o novo regime de previdência complementar passaria a valer a partir da criação da primeira fundação (Funpresp-Exe), ou somente quando fosse publicada a autorização de seu funcionamento concedida pelo órgão fiscalizador, o que ocorreu no dia 4.2.2013?

Na 2ª edição desta obra, entendia-se que a segunda hipótese era a mais acertada. Isso, porque, embora as fundações já tivessem sido criadas, sem a autorização para seu funcionamento não era possível, de fato e de direito, a qualquer servidor, valer-se da previdência complementar. Em realidade, somente após a publicação da autorização de funcionamento concedida pelo órgão fiscalizador e, mais, com a instituição dos planos de benefícios, é que verdadeiramente estaria em vigor o regime de previdência contemplado pela Lei nº 12.618/2012. Afinal, não se pode fazer parte de um regime de previdência ainda amorfo.

A questão encontra-se, hoje, formalmente resolvida, após a autorização de funcionamento dada ao Funpresp-Exe em 4.2.2013.

A respeito do tema, cumpre trazer à colação o ensinamento, nessa mesma trilha, dos autores André Studart Leitão, Eduardo Rocha Dias e José Leandro Monteiro de Macêdo:

---

aprovar o estatuto da Fundação de Previdência Complementar do Servidor Público Federal do Poder Judiciário (Funpresp-Jud), previu a possibilidade de adesão do Ministério Público da União.

59 BRASIL. Supremo Tribuna Federal. Resolução nº 496, de 26 de outubro de 2012. Cria a Fundação de Previdência Complementar do Servidor Público Federal do Poder Judiciário – Funpresp-Jud, dispõe sobre sua vinculação ao STF e dá outras providências. *DJE/STF*, n. 213, p. 1, 29 out. 2012.

60 BRASIL. *Lei nº 12.618, de 30 de abril de 2012*. Institui o regime de previdência complementar para os servidores públicos federais titulares de cargo efetivo, inclusive os membros dos órgãos que menciona; fixa o limite máximo para a concessão de aposentadorias e pensões pelo regime de previdência de que trata o art. 40 da Constituição Federal; autoriza a criação de 3 (três) entidades fechadas de previdência complementar, denominadas Fundação de Previdência Complementar do Servidor Público Federal do Poder Executivo (Funpresp-Exe), Fundação de Previdência Complementar do Servidor Público Federal do Poder Legislativo (Funpresp-Leg) e Fundação de Previdência Complementar do Servidor Público Federal do Poder Judiciário (Funpresp-Jud); altera dispositivos da Lei nº 10.887, de 18 de junho de 2004; e dá outras providências. Disponível em: http://www.planalto.gov.br/ccivil_03/_ato2011-2014/2012/lei/l12618.htm. Acesso em: 22 fev. 2020. Art. 33.

> [...] só é possível efetivamente a adesão ao plano de previdência complementar com a publicação da autorização de aplicação dos regulamentos dos planos de benefícios pelo órgão fiscalizador, razão pela qual a opção do legislador por este marco temporal foi bastante sensata [...] Em termos de eficácia, o regime de previdência complementar somente estará instituído com a publicação da autorização de aplicação dos regulamentos dos planos de benefícios pelo órgão fiscalizador, e não com publicação da lei de iniciativa do Poder Executivo.
>
> Cumpre salientar, a título de informação, que a Superintendência Nacional de Previdência Complementar – Previc aprovou o Regulamento do Plano Executivo Federal, administrado pela Funpresp-Exe, por intermédio da Portaria nº 44, de 31 de janeiro de 2013, cuja publicação ocorreu no Diário Oficial da União do dia 04 de fevereiro de 2013. A partir desta data, comprovando a tese abraçada, a União considera oficialmente em vigor a previdência complementar do servidor público federal.[61]

Em 7.5.2013 foi a vez do Funpresp-Leg receber a autorização de funcionamento e, em 14.10.2013, do Funpresp-Jud. Todos os marcos legais encontram-se, portanto, definidos.

A novel legislação permite aos servidores, que tenham ingressado no serviço público até a data anterior ao início da vigência do regime de previdência complementar, a possibilidade de adesão ao novo regime mediante prévia e expressa opção. Essa opção, entrementes, será, nos termos da lei, irrevogável e irretratável.

Interessante notar a questão da opção ao regime de previdência complementar. Originalmente, a Lei nº 12.618/2012 dispôs, no art. 3º, que deverá ser aplicado às aposentadorias e pensões a serem concedidas ao servidor abrangido pela novel norma – aquele que ingressou após a vigência da previdência complementar ou a ela aderiu por opção – o limite máximo estabelecido para os benefícios do RGPS. Pela dicção da regra normativa, o servidor público pode optar em receber o teto remuneratório do RGPS, sem que seja obrigado a aderir ao plano de previdência complementar.

Sim, porque, se de um lado a aplicação do limite máximo do RGPS às aposentadorias e pensões é cogente, nos casos acima citados, por outro, a inclusão no regime de previdência complementar será sempre facultativa. Assim, quem não optasse pelo novo regime continuaria no regime de previdência anterior, porém teria seus proventos de aposentadoria e/ou pensão conformados ao teto do RGPS.

Houve alterações nesta norma, por meio da Lei nº 13.183/2015, a qual estabeleceu que os servidores que venham a ingressar no serviço público a partir do início da vigência do regime de previdência complementar, de que trata a Lei nº 12.618/2012, serão automaticamente inscritos no respectivo plano de previdência complementar desde a data de entrada em exercício.[62]

---

61 LEITÃO, André Studart; DIAS, Eduardo Rocha; MACÊDO, José Leandro Monteiro de Macêdo. *Nova previdência complementar do servidor público*. São Paulo: Método, 2012. p. 101.

62 BRASIL. *Lei nº 13.183, de 4 de novembro de 2015*. Altera as Leis nºs 8.212, de 24 de julho de 1991, e 8.213, de 24 de julho de 1991, para tratar da associação do segurado especial em cooperativa de crédito rural e, ainda essa última, para atualizar o rol de dependentes, estabelecer regra de não incidência do fator previdenciário, regras de pensão por morte e de empréstimo consignado, a Lei nº 10.779, de 25 de novembro de 2003, para assegurar pagamento do seguro-defeso para familiar que exerça atividade de apoio à pesca, a Lei nº 12.618, de 30 de abril de 2012, para estabelecer regra de inscrição no regime de previdência complementar dos servidores públicos federais titulares de cargo efetivo, a Lei nº 10.820, de 17 de dezembro de 2003, para dispor sobre o pagamento de empréstimos realizados por participantes e assistidos com entidades fechadas e abertas de previdência complementar e a Lei nº 7.998, de 11 de janeiro de 1990; e dá outras providências. Disponível em: http://www.planalto.gov.br/ccivil_03/_ato2015-2018/2015/lei/l13183.htm. Acesso em: 11 jun. 2020.

Contudo, fica assegurado ao participante o direito de requerer, a qualquer tempo, o cancelamento de sua inscrição, nos termos do regulamento do plano de benefícios. Nessa hipótese, se o cancelamento for requerido no prazo de até noventa dias da data de inscrição, ficará assegurado o direito à restituição integral das contribuições vertidas, a ser paga em até sessenta dias do pedido de cancelamento, corrigida monetariamente.

Interessante notar que a contribuição aportada pelo patrocinador será devolvida à respectiva fonte pagadora no mesmo prazo da devolução da contribuição aportada pelo participante. A Lei nº 12.618/2012 prevê[63] a percepção de um benefício especial, correspondente à diferença entre a média aritmética simples das maiores remunerações anteriores à data de mudança do regime e o limite máximo estabelecido para os benefícios (teto do RGPS), destinado aos servidores e membros do Poder Judiciário, do Ministério Público e do Tribunal de Contas da União, que tenham feito opção pela previdência complementar.

Em termos mais claros, esse benefício especial caracteriza-se como uma indenização àqueles que vinham contribuindo com valores superiores ao teto do RGPS.

A lei determinou, também, a aplicação de tal benefício aos servidores públicos federais originários de cargo público estatutário de outro ente da federação, que não tenha instituído regime de previdência complementar, desde que não haja quebra de continuidade e, ainda, tenham os servidores ingressado no cargo público efetivo federal a partir da instituição do regime adotado pela Lei nº 12.618/2012.[64]

Note-se que a dicção legal carece de temperamentos. Afinal, parece impróprio impor aos servidores originários de outro ente da federação a adesão compulsória ao novo sistema. A uma, porque o regime de previdência complementar é facultativo. A duas, porque não se antevê legalidade na quebra de isonomia com os demais servidores destinatários do benefício especial que a ele aderem por opção.

Essa opção pelo benefício especial permite ainda outro entendimento. A CF/1988, ao prever que a previdência complementar será aplicada ao servidor que tiver ingressado no serviço público até a data da publicação do ato de instituição do correspondente

---

[63] BRASIL. *Lei nº 12.618, de 30 de abril de 2012*. Institui o regime de previdência complementar para os servidores públicos federais titulares de cargo efetivo, inclusive os membros dos órgãos que menciona; fixa o limite máximo para a concessão de aposentadorias e pensões pelo regime de previdência de que trata o art. 40 da Constituição Federal; autoriza a criação de 3 (três) entidades fechadas de previdência complementar, denominadas Fundação de Previdência Complementar do Servidor Público Federal do Poder Executivo (Funpresp-Exe), Fundação de Previdência Complementar do Servidor Público Federal do Poder Legislativo (Funpresp-Leg) e Fundação de Previdência Complementar do Servidor Público Federal do Poder Judiciário (Funpresp-Jud); altera dispositivos da Lei nº 10.887, de 18 de junho de 2004; e dá outras providências. Disponível em: http://www.planalto.gov.br/ccivil_03/_ato2011-2014/2012/lei/l12618.htm. Acesso em: 22 fev. 2020. Art. 3º, §2º.

[64] BRASIL. *Lei nº 12.618, de 30 de abril de 2012*. Institui o regime de previdência complementar para os servidores públicos federais titulares de cargo efetivo, inclusive os membros dos órgãos que menciona; fixa o limite máximo para a concessão de aposentadorias e pensões pelo regime de previdência de que trata o art. 40 da Constituição Federal; autoriza a criação de 3 (três) entidades fechadas de previdência complementar, denominadas Fundação de Previdência Complementar do Servidor Público Federal do Poder Executivo (Funpresp-Exe), Fundação de Previdência Complementar do Servidor Público Federal do Poder Legislativo (Funpresp-Leg) e Fundação de Previdência Complementar do Servidor Público Federal do Poder Judiciário (Funpresp-Jud); altera dispositivos da Lei nº 10.887, de 18 de junho de 2004; e dá outras providências. Disponível em: http://www.planalto.gov.br/ccivil_03/_ato2011-2014/2012/lei/l12618.htm. Acesso em: 22 fev. 2020. Art. 22.

regime, somente mediante prévia e expressa opção, não fez qualquer diferenciação entre tais servidores, seja em função de poder ou ente federativo.[65]

Assim, se a Lei nº 12.618/2012 prevê a extensão do benefício especial, mediante opção, repise-se, aos servidores oriundos de outro ente federativo,[66] é decorrência lógica que lhes permita, também, continuar com seu anterior regime previdenciário, tal e qual o que ocorre com os demais servidores públicos federais que ingressaram no serviço público antes do advento da lei e que não fizeram opção pelo novo regime. Essa possibilidade, por evidente, restaria afastada se o ente federado, do qual se originara o servidor, já possuísse regime de previdência complementar, porquanto, nesse caso, haveria ofensa à regra insculpida no art. 22 da citada norma.

Na esteira dessa compreensão, os ministros do STF, em sessão administrativa do dia 29.11.2017, por maioria, acompanharam o voto do relator, Ministro Dias Toffoli, para confirmar a possibilidade de manutenção do regime previdenciário dos servidores oriundos dos estados, do Distrito Federal e dos municípios que, sem interrupção, ingressaram no STF após a criação da Funpresp-Jud.

No recurso extraordinário,[67] a Corte Suprema negou seguimento ao recurso por não ter o recorrente demonstrado as razões pelas quais a questão constitucional versada no feito ultrapassaria os interesses subjetivos do processo, pois que a argumentação apresentada se cingiu à mera demonstração da relevância jurídica da controvérsia em análise nos autos.

Nada obstante, no Recurso Extraordinário nº 1.050.597, a matéria foi colocada em repercussão geral.[68] Outra teoria, ainda, vem conquistando espaço no seio da previdência complementar do servidor público. Ocorre que a maioria dos servidores públicos municipais brasileiros está vinculada, hoje, ao Regime Geral de Previdência Social. Entendem alguns doutrinadores que esses servidores têm também direito ao sistema de previdência complementar, tal e qual aqueles estatutários, porquanto a CF/1988 não faz distinção entre servidores públicos filiados ao Regime Próprio e ao Regime Geral de Previdência, quando cuida do sistema previdenciário do servidor público.

Ainda incipientes, até em razão do breve decurso de prazo, essas correntes interpretativas certamente serão sopesadas nos tribunais.

Em decorrência do caráter facultativo da previdência complementar, para aqueles servidores que já estavam no serviço público, dois outros pontos se sobressaem em

---

65 BRASIL. [Constituição (1988)]. *Constituição da República Federativa do Brasil de 1988*. Brasília: Presidência da República, 1988. Disponível em: http://www.planalto.gov.br/ccivil_03/constituicao/constituicao.htm. Acesso em: 29 jan. 2020. Art. 40, §16.

66 BRASIL. *Lei nº 12.618, de 30 de abril de 2012*. Institui o regime de previdência complementar para os servidores públicos federais titulares de cargo efetivo, inclusive os membros dos órgãos que menciona; fixa o limite máximo para a concessão de aposentadorias e pensões pelo regime de previdência de que trata o art. 40 da Constituição Federal; autoriza a criação de 3 (três) entidades fechadas de previdência complementar, denominadas Fundação de Previdência Complementar do Servidor Público Federal do Poder Executivo (Funpresp-Exe), Fundação de Previdência Complementar do Servidor Público Federal do Poder Legislativo (Funpresp-Leg) e Fundação de Previdência Complementar do Servidor Público Federal do Poder Judiciário (Funpresp-Jud); altera dispositivos da Lei nº 10.887, de 18 de junho de 2004; e dá outras providências. Disponível em: http://www.planalto.gov.br/ccivil_03/_ato2011-2014/2012/lei/l12618.htm. Acesso em: 22 fev. 2020. Art. 22.

67 BRASIL. Supremo Tribunal Federal. *Recurso Extraordinário nº 1.020.354*. Rel. Ricardo Lewandowski, 29.8.2018. Disponível em: http://portal.stf.jus.br/processos/detalhe.asp?incidente=5195318 Acesso em: 23 fev. 2020.

68 BRASIL. Supremo Tribunal Federal. *Recurso Extraordinário nº 1.050.597 RS*. Rel. Min. Edson Fachin, 1º.11.2019. Disponível em: http://portal.stf.jus.br/processos/detalhe.asp?incidente=5195318 Acesso em: 23 fev. 2020.

oposição tanto ao RPPS quanto ao RGPS. Primeiro, o papel do Estado que se torna secundário, porquanto a sua atuação fica restrita ao plano da normatização e da fiscalização, ao contrário do que ocorre nos outros dois regimes, em que o Estado assume papel primordial de gestor de todo o sistema previdenciário. Segundo, o caráter privado da previdência complementar, pois nesse caso estabelece-se relação jurídica entre entes privados: de um lado, a administradora do plano de benefícios, de outro, os participantes – pessoas físicas que são contribuintes do plano.

Esse caráter privado pressupõe, também, autonomia da previdência complementar com relação ao RPPS e ao RGPS, tendo em vista a existência de regras próprias. A previdência complementar admite dois subtipos: a aberta e a fechada. É aberta a previdência complementar que pode ser contratada por qualquer pessoa, até mesmo aqueles que sequer são segurados de algum regime previdenciário. No subtipo de previdência complementar fechada, só podem participar empregados, associados ou servidores dos patrocinadores dos planos. Tais patrocinadores podem ser empresas privadas, associações, sindicatos ou o ente público. A CF/1988 determinou que os entes públicos somente poderão oferecer a seus servidores o subtipo previdência fechada.[69]

A par dessas informações básicas, cumpre verificar que o escopo do trabalho desenvolvido neste livro não abrange, em profundo, o regime de previdência complementar, motivo pelo qual não se mostra mais necessário tecer outros comentários.

O RGPS, da mesma forma, também não está inserido no objeto a ser discutido nesta obra, que pretende tratar com mais minudência a relação jurídico-previdenciária do servidor público, muito embora, pela similitude de matérias, aqui e acolá haja pontos de interseção. Por isso apresenta-se, agora, somente o que se colheu essencial à compreensão do tema.

Como já salientado, o RGPS adota a filiação obrigatória. Isso, porque é decorrente da vontade do próprio legislador que o indivíduo segurado esteja protegido pela rede previdenciária, independentemente de sua vontade. Há, na espécie, uma responsabilidade objetiva assumida pela entidade previdenciária, a quem cumpre resguardar a sociedade dos riscos sociais cotidianos. Por isso dizer que, ocorrendo a previsão legal, o ente previdenciário não poderá furtar-se a prover o direito do indivíduo à previdência social. Noutras palavras, preenchidos os requisitos legais para obtenção do direito, o órgão previdenciário não terá discricionariedade na concessão do benefício, ao revés, trata-se de direito subjetivo do segurado.

Em decorrência dessa vinculação a que está submetido o ente previdenciário é que se apresenta obrigatória a filiação. De fato, o direito subjetivo do indivíduo se materializa quando se complementa sua filiação ao RGPS. A respeito desse assunto, cabe trazer à colação a explicação dos doutrinadores Carlos Alberto Pereira de Castro e João Batista Lazzari, acerca da natureza jurídica da relação que envolve o segurado e o ente gestor do RGPS:

---

[69] BRASIL. [Constituição (1988)]. *Constituição da República Federativa do Brasil de 1988*. Brasília: Presidência da República, 1988. Disponível em: http://www.planalto.gov.br/ccivil_03/constituicao/constituicao.htm. Acesso em: 29 jan. 2020: "Art. 202. [...] §3º É vedado o aporte de recursos a entidade de previdência privada pela União, Estados, Distrito Federal e Municípios, suas autarquias, fundações, empresas públicas, sociedades de economia mista e outras entidades públicas, salvo na qualidade de patrocinador, situação na qual, em hipótese alguma, sua contribuição normal poderá exceder a do segurado".

> [...] a relação do seguro social é direito indisponível para o indivíduo, seja ele segurado ou dependente. Já para o ente responsável pela obrigação de conceder os benefícios e serviços, a natureza é de um *múnus* público, como o é toda atividade prestada pela Administração Pública na consecução das finalidades da atividade estatal.[70]

A qualidade de segurado do RGPS encontra duas categorias distintas: a de segurado obrigatório e a de segurado facultativo, segundo as normas previstas na Lei nº 8.212/1991,[71] que dispõe sobre a organização da seguridade social. Via de regra, a condição básica para que o indivíduo seja segurado obrigatório é ser pessoa física e exercer trabalho remunerado lícito. Sim, porque atividade considerada ilícita, por óbvio, não gera qualquer garantia previdenciária. Segundo a citada norma, o segurado obrigatório pode possuir vínculo empregatício urbano, rural ou doméstico, ou, ainda, ser trabalhador autônomo, trabalhador avulso ou empresário.[72]

Será segurado facultativo o maior de 14 (quatorze) anos de idade que se filiar ao Regime Geral de Previdência Social, mediante contribuição, desde que não incluído entre os segurados obrigatórios.[73] Importante notar que, no caso do segurado facultativo, a norma de regência[74] proíbe a filiação ao RGPS de pessoa participante de Regime Próprio de Previdência Social, salvo na hipótese de afastamento sem vencimento e desde que não permitida, nessa condição, contribuição ao respectivo regime próprio.

Noutros termos, caso o servidor esteja afastado e não possa contribuir para o RPPS, a vedação à sua filiação voluntária como segurado facultativo junto ao INSS não vigora.[75]

Há que compreender, nesse caso, que, se o INSS recolheu as contribuições durante determinado período em que o servidor contribuiu como segurado facultativo daquele regime, era porque a situação de filiado era inconteste, sob pena de considerar-se a possibilidade de enriquecimento ilícito por parte daquela autarquia previdenciária. A propósito do tema, lecionam Carlos Alberto Pereira de Castro e João Batista Lazzari: "[...] Filiação é o vínculo jurídico que se estabelece entre pessoas que contribuem como segurados para a Previdência Social [...], vínculo este do qual decorrem direitos e obrigações".[76]

---

70 CASTRO, Carlos Alberto Pereira; LAZZARI, João Batista. *Manual de direito previdenciário*. 14. ed. Rio de Janeiro: Forense, 2012. p. 144.

71 BRASIL. *Lei nº 8.212, de 24 de julho de 1991*. Dispõe sobre a organização da Seguridade Social, institui Plano de Custeio, e dá outras providências. Disponível em: http://www.planalto.gov.br/ccivil_03/LEIS/L8212cons.htm. Acesso em: 22 jan. 2020. Arts. 12 e 14, respectivamente.

72 BRASIL. *Lei nº 8.212, de 24 de julho de 1991*. Dispõe sobre a organização da Seguridade Social, institui Plano de Custeio, e dá outras providências. Disponível em: http://www.planalto.gov.br/ccivil_03/LEIS/L8212cons.htm. Acesso em: 22 jan. 2020. Art. 12.

73 BRASIL. *Lei nº 8.212, de 24 de julho de 1991*. Dispõe sobre a organização da Seguridade Social, institui Plano de Custeio, e dá outras providências. Disponível em: http://www.planalto.gov.br/ccivil_03/LEIS/L8212cons.htm. Acesso em: 22 jan. 2020. Art. 14.

74 BRASIL. *Decreto nº 3.048, de 06 de maio de 1999*. Aprova o Regulamento da Previdência Social, e dá outras providências. Disponível em: http://www.planalto.gov.br/ccivil_03/decreto/D3048.htm. Acesso em: 22 fev. 2020. Art. 11, §2º.

75 A propósito, consulte o voto de vista deste autor, na condição de conselheiro no DISTRITO FEDERAL. Tribunal de Contas. Processo nº 6.605/2016. *TCDF*. Disponível em: www.tcdf.gov.br. Acesso em: 5 jul. 2020.

76 CASTRO, Carlos Alberto Pereira; LAZZARI, João Batista. *Manual de direito previdenciário*. 14. ed. Rio de Janeiro: Forense, 2012. p. 195.

Nesse mesmo norte, tem-se a interpretação dada pelo Tribunal de Contas do Estado do Espírito Santo:

> [...] Em princípio, a filiação, na condição de segurado facultativo, de pessoa que já integre regime próprio de previdência social é vedada pela Constituição Federal, conforme preceitua o §5º, do seu art. 201, com redação dada pela Emenda Constitucional n. 20/98, abaixo transcrito:
>
> Art. 201. A previdência social será organizada sob a forma de regime geral, de caráter contributivo e de filiação obrigatória, observados critérios que preservem o equilíbrio financeiro e atuarial, e atenderá, nos termos da lei: [...]
>
> §5º É vedada a filiação ao regime geral de previdência social, na qualidade de segurado facultativo, de pessoa participante de regime próprio de previdência.
>
> Contudo, aparentemente excepcionando o comando constitucional, o Decreto n. 3.048, de 06 de maio de 1999, que instituiu o Regulamento da Previdência Social, possibilitou tal filiação, apenas na hipótese de não ser possível a contribuição para o respectivo regime próprio, quando em gozo de licença sem vencimento, senão vejamos:
>
> Art. 11. É segurado facultativo o maior de dezesseis anos de idade que se filiar ao Regime Geral de Previdência Social, mediante contribuição, na forma do art. 199, desde que não esteja exercendo atividade remunerada que o enquadre como segurado obrigatório da previdência social.
>
> [...] §2º É vedada a filiação ao Regime Geral de Previdência Social, na qualidade de segurado facultativo, de pessoa participante de regime próprio de previdência social, salvo na hipótese de afastamento sem vencimento e desde que não permitida, nesta condição, contribuição ao respectivo regime próprio. (Grifamos)
>
> Ocorre que a real intenção do constituinte derivado, quando inseriu a vedação prevista no §5º do art. 201, foi evitar o chamado "contribuinte em dobro", já que a norma constitucional, antes da EC n. 20/98, não fazia qualquer restrição à participação no RGPS (art. 201, §1º, da CF/88, antes da EC n. 20/98).
>
> Nesse sentido, o Decreto n. 3.048 não constitui exceção (e nem poderia); apenas conduz à correta interpretação do dispositivo constitucional, salvaguardando a condição de segurado daquele que, afastado do cargo sem perceber remuneração, contribua para o RGPS, como segurado facultativo, ante a impossibilidade de participar do seu próprio regime de previdência social, pela ausência de previsão legal.

No mesmo sentido, a Instrução Normativa INSS/PRES nº 77, de 21.1.2015 dispõe:

> Art. 55 [...]
>
> §5º É vedada a filiação como segurado facultativo no RGPS para os participantes do RPPS, não podendo ser consideradas, para qualquer efeito, as contribuições vertidas para o RGPS do: [...]
>
> II - servidor público civil da União, do Estado, do Distrito Federal ou do Município, bem como o das respectivas autarquias e fundações salvo na hipótese de afastamento sem vencimento e desde que não permitida, nesta condição, contribuição ao respectivo regime próprio a partir de 16 de dezembro de 1998, data da publicação da Emenda Constitucional nº 20, de 1998.[77]

---

[77] INSS. Presidência. *Instrução Normativa nº 77, de 21 de janeiro de 2015*. Estabelece rotinas para agilizar e uniformizar o reconhecimento de direitos dos segurados e beneficiários da Previdência Social, com observância dos princípios estabelecidos no art. 37 da Constituição Federal de 1988. Disponível em: http://www.in.gov.br/materia/-/asset_publisher/Kujrw0TZC2Mb/content/id/32120879/do1-2015-01-22-instrucao-normativa-n-77-de-21-de-janeiro-de-2015-32120750. Acesso em: 15 jun. 2020.

Ainda sobre a contribuição em caráter facultativo, cabe trazer à consideração decisão unânime em que o Tribunal de Contas do Distrito Federal acolheu o voto deste autor, na condição de relator, do processo nos seguintes termos:

> [...] II – no que tange ao mérito da Consulta, estabelecer o seguinte posicionamento:
>
> a) reafirma-se o entendimento constante no Manual de Aposentadoria e Pensão Civil do TCDF (Capítulo 2 do Título VIII), no sentido de se considerar válido, para efeitos de complementação de tempo serviço/contribuição objetivando o benefício da aposentadoria, o período de frequência como aluno aprendiz em Escola Pública Profissional, quando passado de forma não eventual e tenha havido: a.1) retribuição pecuniária à conta do orçamento público (dotação orçamentária do respectivo ente federativo), se o tempo referir-se a períodos anteriores a 16.12.1998, data da vigência da Emenda Constitucional nº 20, de 1998, admitindo-se, como retribuição pecuniária, o recebimento de uniforme, material escolar e alimentação, entre outras formas de utilidades, de maneira não cumulativa; a.2) contribuição previdenciária se o tempo de aluno-aprendiz for relativo à período posterior à entrada em vigor da EC n.º 20/1998, em face do caráter contributivo do regime de previdência imposto por essa emenda;
>
> b) para efeito do reconhecimento de períodos de aprendizado profissional, na condição de aluno-aprendiz, como tempo de serviço para fins previdenciários: b.1) enquadram-se no conceito estrito de ESCOLA PÚBLICA PROFISSIONAL as escolas industriais ou técnicas, inclusive escolas e colégios agrícolas, da rede de ensino federal (previstas, atualmente, na Lei nº 11.892/2008), escolas equiparadas ou reconhecidas, entendendo-se: b.1.1) como equiparadas, as escolas industriais ou técnicas mantidas e administradas pelos Estados ou pelo Distrito Federal e que tenham sido autorizadas pelo Governo Federal (disposição do art. 59 do Decreto-Lei nº 4.073/1942, replicada, com adaptação, pelo art. 54 do Decreto-Lei nº 9.613/1946); b.1.2) como reconhecidas, as escolas industriais ou técnicas mantidas e administradas pelos Municípios e que tenham sido autorizadas pelo Governo Federal (disposição do art. 59 do Decreto-Lei nº 4.073/1942, replicada, com adaptação, pelo art. 54 do Decreto-Lei nº 9.613/1946); b.2) admite-se certidão escolar emitida pela instituição onde o ensino foi ministrado, nos casos de frequência nas escolas referidas no subitem anterior, devendo constar, necessariamente, as seguintes informações: b.2.1) a norma que autorizou o funcionamento da instituição (para que reste comprovado que o funcionamento da instituição foi autorizado pelo Governo Federal, conforme art. 59, §8º, do Decreto-Lei nº 4.073/1942, incluído pelo Decreto-Lei nº 8.680/1946); b.2.2) o curso frequentado; b.2.3) o dia, o mês e o ano do início e do fim do vínculo de aluno-aprendiz, bem como os afastamentos dedutíveis porventura ocorridos, como, por exemplo, período de férias escolares; b.2.4) a forma de remuneração, ainda que indireta ("*in natura*" – alimentação, fardamento, material escolar, entre outras possibilidades), à conta do orçamento público; b.3) o requisito referente à "retribuição pecuniária à conta de dotação orçamentária" pode ser considerado atendido por certidão que ateste o recebimento, pelo então estudante, de remuneração à conta do orçamento público e/ou salário indireto, este representado por alimentação, fardamento/uniforme, material escolar, atendimento médico-odontológico e pousada, entre outras formas de utilidades, não sendo, pois, exaustivo, tampouco cumulativo, esse rol de retribuições; [...].[78]

Dada a importância da decisão, o TCDF determinou que fosse dada ciência aos demais órgãos do complexo administrativo do Distrito Federal, visando uniformizar a análise: "[...] e o tratamento a serem conferidos às certidões porventura apresentadas

---

78 DISTRITO FEDERAL. Tribunal de Contas do Distrito Federal. *Processo nº 37.579/2018-e*. Rel. Cons. Inácio Magalhães Filho. Brasília, 18.6.2019. Disponível em: https://www.tc.df.gov.br/4-consultas/consultas/. Acesso em: 23 fev. 2020.

por seus servidores efetivos que atestem períodos de aprendizado profissional, na condição de aluno-aprendiz, como tempo de serviço para fins previdenciários; [...]".

Cuidadas, propositadamente, de forma sintética as características desses dois subsistemas previdenciários – RGPS e previdência complementar – cumpre adentrar naquele que é específico do servidor público.

2.3 Regime Próprio de Previdência Social

O universo do RPPS é composto pelos servidores públicos titulares de cargo efetivo na Administração direta, autárquica e fundacional, conforme expresso na CF/1988.[79] Da leitura do dispositivo constitucional é possível identificar a primeira sinalização que caracteriza o RPPS, qual seja, a participação direta do ente estatal. Esta participação desenvolve-se em dois níveis: a um, presente na obrigação de o Estado, ao lado do servidor, também ser contribuinte do regime; a dois, na subjacente característica do RPPS, localizada na relação jurídica existente entre o servidor e o Estado.

Essa relação é de cunho legal, não decorrente de contrato. Por isso afirma-se que a natureza jurídica do RPPS pressupõe um ordenamento jurídico-legal, um estatuto próprio, no qual está previsto todo o arcabouço de normas que lhe são aplicáveis. Diferentemente do RGPS, em que prevalece o caráter privado, no RPPS as relações jurídicas desenvolvem-se no âmbito público.

A Carta Magna de 1988 previu a existência de um único regime jurídico a que serão submetidos os servidores públicos.[80] Esse regime é exatamente aquele que decorre de um estatuto próprio dos servidores públicos, por isso mesmo chamado de estatutário. Cumpre verificar, todavia, que o art. 39 da CF/1988 veio a sofrer alteração com a EC nº 19/1998,[81] permitindo o legislador que a relação jurídica entre Estado e servidor pudesse ter ancoradouro também no regime celetista. Na prática, a referida emenda acabaria com a exigência de regime jurídico único para servidor público.

No entanto, o Supremo Tribunal Federal[82] houve por bem suspender a alteração imposta pela EC nº 19/1998. Dessa forma, até que seja julgado o mérito da ADI nº 2.135-4, a Administração direta e as autarquias e fundações públicas de direito público deverão manter a obrigatoriedade de regime jurídico único para seus servidores.

---

[79] BRASIL. [Constituição (1988) com redação dada pela EC nº 103/2019]. *Constituição da República Federativa do Brasil de 1988*. Brasília: Presidência da República, 1988. Disponível em: http://www.planalto.gov.br/ccivil_03/constituicao/constituicao.htm. Acesso em: 29 jan. 2020: "Art. O regime próprio de previdência social dos servidores titulares de cargos efetivos terá caráter contributivo e solidário, mediante contribuição do respectivo ente federativo, de servidores ativos, de aposentados e de pensionistas, observados critérios que preservem o equilíbrio financeiro e atuarial".

[80] BRASIL. [Constituição (1988)]. *Constituição da República Federativa do Brasil de 1988*. Brasília: Presidência da República, 1988. Disponível em: http://www.planalto.gov.br/ccivil_03/constituicao/constituicao.htm. Acesso em: 29 jan. 2020. Art. 39.

[81] BRASIL. [Constituição (1988)]. Emenda Constitucional nº 19, de 04 de junho de 1998. Modifica o regime e dispõe sobre princípios e normas da Administração Pública, servidores e agentes políticos, controle de despesas e finanças públicas e custeio de atividades a cargo do Distrito Federal, e dá outras providências. *Diário Oficial da União [da] República Federativa do Brasil*, Brasília, 5 jun. 1998.

[82] A Ação Direta de Inconstitucionalidade nº 2.135-4 chegou a ser incluída para julgamento no dia 25.3.2020. Com a pandemia do Covid-19, entretanto, foi excluída do calendário de julgamento (BRASIL. Supremo Tribunal Federal. *ADI nº 2.135*. Rel. Min. Cármen Lúcia. Disponível em: http://portal.stf.jus.br/processos/detalhe.asp?incidente=11299. Acesso em: 11 jun. 2020).

A decisão do STF presume o seguinte raciocínio: caso o ente estatal já tenha estabelecido um regime próprio de previdência, não poderá contratar servidores pelo RGPS – celetistas – porquanto não há possibilidade de coexistência de dois regimes previdenciários. Entrementes, deve-se lembrar que, no caso de ente estatal, principalmente municípios onde não haja sido estabelecido o RPPS, será obrigatória a filiação dos servidores ao RGPS. Isso, porque não pode o servidor público ficar órfão de regime previdenciário.

A filiação obrigatória do servidor público ao RPPS, portanto, se dá com o início de suas atividades no cargo público para o qual foi aprovado. Importante salientar que a CF/1988 proíbe, expressamente, ao servidor ligado ao RPPS a vinculação facultativa ao RGPS.[83] Discussão interessante se pode ter a respeito desta vedação constitucional, em função do modelo contributivo adotado pela CF/88 para o RPPS.

De fato, à primeira vista, o modelo puramente contributivo suporia ser inconstitucional a vedação à filiação facultativa ao RGPS para quem fosse vinculado do RPPS. Entretanto, quer parecer que a explicação é mais ampla.

O regime previdenciário do servidor público, especificamente o da União, pode ser dividido em dois momentos: o primeiro que vigorou até a edição da EC nº 03/1993[84] e o segundo, a partir de então. O primeiro eminentemente premial, porquanto vinculado a uma garantia derivada do vínculo jurídico mantido com o Estado, o segundo, com posteriores mudanças do texto legal, com base no tempo de contribuição. A citada EC nº 3/1993 fez incluir no Texto Constitucional o §6º do art. 40, nos seguintes termos: "as aposentadorias e pensões dos servidores públicos federais serão custeados com recursos provenientes da União e das contribuições dos servidores, na forma da lei".

Observam-se, pois, que as aposentadorias anteriores à edição da citada emenda tinham natureza premial, ou seja, não eram ligadas a qualquer tipo de contribuição pretérita ou contemporânea dos servidores. A partir da EC nº 3/1993, surge o que a doutrina denomina de regime próprio de feição estatutária, consoante ensinamento de Maria Lúcia Miranda Alvares:

> [...] aquele em que os benefícios previdenciários são auferidos pelo servidor como extensão do vínculo estatutário mantido com o Estado e por este custeado, sem contrapartida financeira do servidor, salvo em *caráter acessório*, ante a preponderância do regime orçamentário (aposentadoria como *direito assistencial – segurança social*; e a pensão como *seguro social*). Neste caso, tem-se um Regime Próprio de Previdência de cunho eminentemente retributivo, onde o custeio advém de tributos gerais, dentre os quais se engloba a participação do servidor, congregando benefícios definidos, mantidos e pagos diretamente pelos cofres do Tesouro Nacional (o que se convencionou chamar de *regime orçamentário*). As contribuições vertidas ao regime pelo servidor, neste espaço temporal, não constituem pressuposto para aquisição

---

83 BRASIL. [Constituição (1988) com redação dada pela EC nº 20/1998]. *Constituição da República Federativa do Brasil de 1988*. Brasília: Presidência da República, 1988. Disponível em: http://www.planalto.gov.br/ ccivil_03/constituicao/constituicao.htm. Acesso em: 29 jan. 2020: "Art. 201. [...] §5º É vedada a filiação ao regime geral de previdência social, na qualidade de segurado facultativo, de pessoa participante de regime próprio de previdência".

84 BRASIL. [Constituição (1988)]. Emenda Constitucional nº 03, de 17 de março de 1993. Altera os arts. 40, 42, 102, 103, 155, 156, 160, 167 da Constituição Federal. *Diário Oficial da União [da] República Federativa do Brasil*, Brasília, 18 mar. 1993.

do direito, dando ensejo a uma relação jurídica sob a regência do Direito Administrativo, salvo com relação à pensão, que possuía natureza híbrida.[85]

Foi com a publicação da Emenda Constitucional nº 20/1998,[86] contudo, que se promoveu a verdadeira primeira reforma da previdência no Brasil, pós-CF/1988. Com o advento dessa norma constitucional ficou instituído o regime próprio contributivo em todos os entes federados exclusivamente aos servidores titulares de cargo efetivo, devendo observar os critérios que preservem o equilíbrio financeiro e atuarial. Relevante transcrever a redação dada ao art. 40 da CF/1988 pela EC nº 20/1998:

> Aos servidores titulares de cargos efetivos da União, dos Estados, do Distrito Federal e dos Municípios, incluídas suas autarquias e fundações, é assegurado regime de previdência *de caráter contributivo*, observados critérios que preservem o equilíbrio financeiro e atuarial e o disposto neste artigo. (Grifos nossos)

A referida emenda transformou todos os tempos de serviços prestados anteriormente à sua edição em tempo contributivo, bem como vedou expressamente a possibilidade de lei prever contagem de tempo fictício. Também passou a exigir tempo mínimo no cargo, no serviço público, e idade mínima para fins de aposentação.

Em 2003, com a edição da EC nº 41/2003,[87] o regime previdenciário dos servidores públicos ganhou nova roupagem, com a inclusão do princípio da solidariedade. Veja a redação dada ao art. 40 da CF/1988 pela emenda:

> Aos servidores titulares de cargos efetivos da União, dos Estados, do Distrito Federal e dos Municípios, incluídas suas autarquias e fundações, é assegurado regime de previdência de caráter contributivo *e solidário*, mediante contribuição do respectivo ente público, dos servidores *ativos e inativos e dos pensionistas*, observados critérios que preservem o equilíbrio financeiro e atuarial e o disposto neste artigo. (Grifos nossos)

Os regimes públicos revestem-se, pois, além de contributividade, também de solidariedade. Nesse contexto, o princípio da solidariedade justifica que um grupo de pessoas sejam jungidas a um vínculo inafastável, independentemente de contribuição. Tal vínculo cristaliza-se por meio de um conjunto de direitos e obrigações comuns constante de um estatuto próprio. Esses fundamentos supõem, assim, um regime próprio de previdência, cuja natureza jurídica contemple não só os princípios da contribuição e da solidariedade, mas também a subsunção compulsória a um estatuto jurídico.

Relevante destacar que além da previsão do princípio da solidariedade, foi nesse marco constitucional que se estabeleceu a necessidade da contribuição patronal por

---

[85] ALVARES, Maria Lúcia Miranda. *Regime Próprio de Previdência Social*. São Paulo: NDJ, 2007. p. 10.

[86] BRASIL. [Constituição (1988)]. *Emenda Constitucional nº 20, de 15 de dezembro de 1998*. Modifica o sistema de previdência social, estabelece normas de transição e dá outras providências. Disponível em: http://www.planalto.gov.br/ccivil_03/Constituicao/Emendas/Emc/emc20.htm#art1. Acesso em: 23 fev. 2020.

[87] BRASIL. [Constituição (1988)]. Emenda Constitucional nº 41, de 19 de dezembro de 2003. Modifica os arts. 37, 40, 42, 48, 96, 149 e 201 da Constituição Federal, revoga o inciso IX do §3º do art. 142 da Constituição Federal e dispositivos da Emenda Constitucional nº 20, de 15 de dezembro de 1998, e dá outras providências. *Diário Oficial da União [da] República Federativa do Brasil*, Brasília, 31 dez. 2003.

parte dos entes federados. Essa sistemática dos aludidos regimes está regulamentada no âmbito da União por meio do art. 8º da Lei nº 10.887/2004.[88]

Veja-se o exemplo do servidor público que é aposentado compulsoriamente aos setenta e cinco anos, previsão constante da EC nº 88/2015 e LC nº 152/2015.[89] Ora, se o regime fosse apenas contributivo e solidário, qual a razão para se exigir a compulsoriedade da aposentadoria ao servidor público ainda rijo e são? Isso se justifica, em verdade, pela presença de outras regras que se lhe aplicam, ainda que fora da órbita pura dos princípios citados. Regras contidas no estatuto próprio. Note-se que no RGPS, de caráter eminentemente contributivo, não existe aposentadoria compulsória.

De fato, ao ser imposta pelo Estado a observância tanto dos princípios (contributivo e da solidariedade) quanto de um estatuto, não se vislumbra brecha para que o servidor público vinculado ao RPPS opte, ainda que facultativamente, por outro regime previdenciário. Por isso dizer que a vedação constitucional[90] não apresenta qualquer mácula. A relação jurídica que se estabelece entre o servidor e os regimes próprios perdura enquanto estiverem íntegros seus fundamentos. Casos há, no entanto, que determinam a extinção dessa relação jurídica. De praxe, dois são os momentos em que ocorre a extinção: no desligamento do servidor do serviço público, ou no cancelamento do benefício pensional.

No primeiro caso, o desligamento do servidor público corta os laços jurídicos que o ligam ao regime previdenciário. Noutras palavras, encerra-se a cadeia de direitos e obrigações que caracteriza o regime próprio. Entre as causas dessa extinção, podem-se citar a exoneração, quando o servidor se afasta por vontade própria, a perda de cargo, a demissão e a cassação de aposentadoria.

Entre essas causas de rompimento da relação jurídico-previdenciária, uma chama a atenção: a cassação de aposentadoria. Essa figura jurídica ocorre quando o servidor, já aposentado, tem contra si provado fato, praticado quando ainda na ativa, punível com a pena de demissão. Vale dizer: aquele servidor que cometeu fato punível com demissão na atividade, mas só apurado após a inativação, terá sua aposentadoria cassada. O que se pergunta é: diante do sistema contributivo que norteia os regimes próprios, é possível haver tal extinção do vínculo jurídico com o RPPS?

---

88 A Lei nº 10.887, de 18.6.2004, prevê no art. 8º que a contribuição para o custeio do regime de previdência "será o dobro da contribuição do servidor ativo, devendo o produto de sua arrecadação ser contabilizado em conta específica". No art. 8º-A, a mesma norma estabelece a responsabilidade pelo recolhimento das contribuições previdenciárias e as sanções pela não retenção (BRASIL. *Lei nº 10.887, de 18 de junho de 2004*. Dispõe sobre a aplicação de disposições da Emenda Constitucional nº 41, de 19 de dezembro de 2003, altera dispositivos das Leis nºs 9.717, de 27 de novembro de 1998, 8.213, de 24 de julho de 1991, 9.532, de 10 de dezembro de 1997, e dá outras providências. Disponível em: http://www.planalto.gov.br/ccivil_03/_Ato2004-2006/2004/Lei/L10.887compilado.htm. Acesso em: 23 fev. 2020).

89 BRASIL. [Constituição (1988) com redação da EC nº 88/2015]. *Constituição da República Federativa do Brasil de 1988*. Brasília: Presidência da República, 1988. Disponível em: http://www.planalto.gov.br/ccivil_03/constituicao/constituicao.htm. Acesso em: 29 out. 2019. Art. 40, §1º, II. Antes da EC nº 88/2015, a idade era de 70 anos. A aposentadoria compulsória foi regulamentada por meio da Lei Complementar nº 152, de 3.12.2015 (BRASIL. *Lei Complementar nº 152, de 3 de dezembro de 2015*. Dispõe sobre a aposentadoria compulsória por idade, com proventos proporcionais, nos termos do inciso II do §1º do art. 40 da Constituição Federal. Disponível em: http://www.planalto.gov.br/CCIVIL_03/LEIS/LCP/ Lcp152.htm. Acesso em: 23 fev. 2020).

90 BRASIL. [Constituição (1988)]. *Constituição da República Federativa do Brasil de 1988*. Brasília: Presidência da República, 1988. Disponível em: http://www.planalto.gov.br/ccivil_03/constituicao/constituicao.htm. Acesso em: 29 jan. 2020. Art. 201, §5º.

> Em processo discutido no âmbito do Tribunal de Contas do Distrito Federal, a manifestação registrada, em síntese, na condição de Conselheiro, se deu no seguinte sentido: Dessa forma, e diante do quadro delineado anteriormente, é forçoso concluir no mesmo caminho do eminente Relator com as seguintes linhas mestras de argumentação.
>
> A uma. O TCDF tem plena competência para discutir o tema cassação de aposentadoria porquanto foi inserido no contexto processual exclusivamente por este órgão.
>
> A duas. O STJ está dividido quanto a possibilidade de converter sanção de perda da função pública em cassação de aposentadoria, o que denota a inexistência de jurisprudência dominante sobre o tema.
>
> A três. A Câmara dos Deputados discute o PL 1.674/2019 para incluir expressamente na Lei de improbidade a pena de cassação de aposentadoria.
>
> A quatro. O STF, ao analisar a ADI 1542, se dividiu quanto à sobrevivência jurídica da sanção administrativa de suspensão dos proventos de aposentadoria ante a instituição do regime contributivo, embora o julgamento não tenha sido concluído.
>
> A cinco, por derradeiro. O STF terá oportunidade de decidir de maneira geral e vinculante acerca da perda do benefício previdenciário em face do ilícito praticado pelo servidor. [...].[91]

Retomando a questão, anteriormente proposta, se olhada apenas pelo viés do princípio contributivo, mereceria resposta negativa. Afinal, o sistema não é custeado apenas com recurso do Estado, mas conta com a participação obrigatória de recursos do próprio servidor. No entanto, mais uma vez vale repisar a tese de que o sistema do RPPS não se abastece apenas dos sistemas contributivo e solidário, mas também de um conjunto de regras dispostas em estatuto próprio.

Ora, se nesse estatuto há previsão da possibilidade de cassação de aposentadoria, quer parecer que, ainda que se tenha cumprido o período contributivo exigido para a aposentadoria, o servidor estará sujeito a tal pena. Isso porque, como já dito à saciedade, ao lado do sistema meramente contributivo-atuarial, funciona nos regimes próprios a figura do estatuto, no qual se estabelecem os direitos e as obrigações dos servidores.

É nesse sentido o posicionamento do Supremo Tribunal Federal, *in verbis*:

> No que toca à alegação de inconstitucionalidade da penalidade de cassação de aposentadoria, registre-se que o Supremo Tribunal Federal, no julgamento do MS nº 21.948/RJ, Relator o Ministro Néri da Silveira, rejeitou dita alegação. Assim, a ementa do acórdão do mencionado MS nº 21.948/RJ: [...] "Não pode prosperar, aqui, contra a demissão, a alegação de possuir o servidor mais de trinta e sete anos de serviço público. A demissão, no caso, decorre da apuração de ilícito disciplinar perpetrado pelo funcionário público, no exercício de suas funções. Não é, em conseqüência, invocável o fato de já possuir tempo de serviço público suficiente à aposentadoria. A lei prevê, inclusive, a pena de cassação da aposentadoria, aplicável ao servidor já inativo, se resultar apurado que praticou ilícito disciplinar grave, em atividade." [...].[92]

---

91 DISTRITO FEDERAL. Tribunal de Contas. *Processo nº 28.185/2015*. Aposentadoria. Rel. Cons. Manual de Andrade. Excerto do voto do Conselheiro Inácio Magalhães. Disponível em: www.tc.df.gov.br. Acesso em: 15 jul. 2020.

92 BRASIL. Supremo Tribunal Federal. Recurso em Mandado de Segurança nº 24.557/DF. Segunda Turma. Rel. Min. Carlos Velloso. *Diário da Justiça*, 26 set. 2003. Em outros julgados é possível observar o mesmo entendimento do STF, a exemplo do MS-AgR nº 23.219-9/RS e do AI-ED nº 504.188-6/RS.

Essa jurisprudência da Excelsa Corte foi corroborada, veja-se:

> De saída, anoto que o entendimento da Corte de origem afina com a jurisprudência do Supremo Tribunal Federal, no sentido da possibilidade de se aplicar a pena de cassação de aposentadoria a servidor público que cometeu ilícito administrativo quando ainda em atividade. Cito, a propósito, o AI nº 504.188-ED, da relatoria do Ministro Sepúlveda Pertence; os Res nºs 281.885, da relatoria do Ministro Ilmar Galvão; 487.112-AgR, da relatoria do Ministro Eros Grau; e o MS nº 21.948, da relatoria do Ministro Néri da Silveira [...].[93]

Ressalta-se, por fim, que o STF deu contornos definitivos ao tema, no julgamento da ADPF nº 418/DF, a seguir reproduzida:

> [...]. 1. As Emendas Constitucionais 3/1993, 20/1998 e 41/2003 estabeleceram o caráter contributivo e o princípio da solidariedade para o financiamento do regime próprio de previdência dos servidores públicos. Sistemática que demanda atuação colaborativa entre o respectivo ente público, os servidores ativos, os servidores inativos e os pensionistas.
>
> 2. A contribuição previdenciária paga pelo servidor público não é um direito representativo de uma relação sinalagmática entre a contribuição e eventual benefício previdenciário futuro.
>
> 3. A aplicação da penalidade de cassação de aposentadoria ou disponibilidade é compatível com o caráter contributivo e solidário do regime próprio de previdência dos servidores públicos. Precedentes.
>
> 4. A perda do cargo público foi prevista no texto constitucional como uma sanção que integra o poder disciplinar da Administração. É medida extrema aplicável ao servidor que apresentar conduta contrária aos princípios básicos e deveres funcionais que fundamentam a atuação da Administração Pública.
>
> 5. A impossibilidade de aplicação de sanção administrativa a servidor aposentado, a quem a penalidade de cassação de aposentadoria se mostra como única sanção à disposição da Administração, resultaria em tratamento diverso entre servidores ativos e inativos, para o sancionamento dos mesmos ilícitos, em prejuízo do princípio isonômico e da moralidade administrativa, e representaria indevida restrição ao poder disciplinar da Administração em relação a servidores aposentados que cometeram faltas graves enquanto em atividade, favorecendo a impunidade.
>
> 6. Arguição conhecida e julgada improcedente.[94]

No que concerne ao rompimento da relação jurídica, concernente ao benefício pensional – aqui, por óbvio, são os dependentes que continuam a exercer a cadeia de direitos e obrigações estatutárias –, verifica-se, por exemplo, pelo falecimento do último ou único pensionista, maioridade de beneficiários, renúncia.

---

[93] BRASIL. Supremo Tribunal Federal. Agravo de Instrumento nº 464107/RS. Rel. Min. Carlos Britto. *Diário da Justiça eletrônico*, n. 202, 27 out. 2009.

[94] BRASIL. Supremo Tribunal Federal. *Arguição de Descumprimento de Preceito Fundamental nº 418/DF*. Rel. Min. Alexandre de Moraes, 15.4.2020. Disponível em: https://jurisprudencia.stf.jus.br/pages/search/sjur423024/false Acesso em: 5 jul. 2020.

CAPÍTULO 3

CONCEITOS BÁSICOS DO ESTATUTO JURÍDICO DOS SERVIDORES PÚBLICOS FEDERAIS

O estatuto jurídico dos servidores públicos é composto de um rol de direitos, deveres e demais aspectos concernentes à vida funcional daquele que está jungido a uma relação jurídica com o ente estatal. Nesse contexto, cabem destacar importantes institutos jurídicos que permeiam essa relação, tendo em vista a influência de tais institutos na concessão de benefícios previdenciários a servidores públicos.

3.1 Agentes públicos

A conceituação de agente público não é limitada. Ao contrário, sob seu pálio encontra-se variada gama de pessoas que, de algum modo, estão vinculadas ao Poder Público.

A Lei nº 8.429/1992, que dispõe sobre aplicação de sanções a agentes públicos, estabelece essa grande amplitude conceitual:

> Art. 1º Os atos de improbidade praticados por qualquer agente público, servidor ou não, contra a Administração direta, indireta ou fundacional de qualquer dos Poderes da União, dos Estados, do Distrito Federal, dos Municípios, de Território, de empresa incorporada ao patrimônio público ou de entidade para cuja criação ou custeio o erário haja concorrido ou concorra com mais de cinqüenta por cento do patrimônio ou da receita anual, serão punidos na forma desta lei. [...]
>
> Art. 2º Reputa-se agente público, para os efeitos desta lei, todo aquele que exerce, ainda que transitoriamente ou sem remuneração, por eleição, nomeação, designação, contratação ou qualquer outra forma de investidura ou vínculo, mandato, cargo, emprego ou função nas entidades mencionadas no artigo anterior.[95]

O administrativista Celso Antônio Bandeira de Mello salienta:

[95] BRASIL. *Lei nº 8.429, de 02 de junho de 1992*. Dispõe sobre as sanções aplicáveis aos agentes públicos nos casos de enriquecimento ilícito no exercício de mandato, cargo, emprego ou função na Administração Pública direta, indireta ou fundacional e dá outras providências. Disponível em: http://www.planalto.gov.br/ccivil_03/Leis/L8429.htm. Acesso em: 9 mar. 2020.

> Esta expressão – *agentes públicos* – é a mais ampla que se pode conceber para designar genérica e indistintamente os sujeitos que servem ao Poder Público como instrumentos expressivos de sua vontade ou ação, ainda quando o façam apenas ocasional ou episodicamente.
>
> Quem quer que desempenhe funções estatais, *enquanto as exercita*, é um agente público. Por isto, a noção abarca tanto o Chefe do Poder Executivo (em qualquer das esferas) como os senadores, deputados e vereadores, os ocupantes de cargos ou empregos públicos da Administração direta dos três Poderes, os servidores das autarquias, fundações governamentais, das empresas públicas e sociedades de economia mista nas distintas órbitas de governo [...].[96]

Dentro dessa miríade de pessoas afeitas ao conceito de agente público, cabe destacar três grupos:[97] agentes políticos, agentes particulares colaboradores do Poder Público e, por fim, os servidores públicos.

Os agentes políticos são aquelas pessoas incumbidas de executar as diretrizes constantes das políticas públicas do Estado. São aquelas que integram o arcabouço estruturante da sociedade previsto na Constituição Federal. A tais agentes não se aplicam os direitos e deveres comuns aos servidores públicos, porquanto a relação jurídica que mantêm com o Estado é de natureza política e não funcional. De fato, os agentes políticos exercem *munus* público, sendo investidos na função por intermédio de eleições, que lhes creditam o direito a um mandato eletivo. Tornam-se, com isso, condutores dos anseios da coletividade.

São agentes políticos os chefes do Poder Executivo – presidente da República, governadores e prefeitos – com os respectivos vices, seus auxiliares imediatos – ministros e secretários estaduais, distritais e municipais – bem como os membros do Poder Legislativo – senadores, deputados federais, estaduais, distritais e vereadores.

Situação peculiar diz respeito à posição dos magistrados e membros do Ministério Público e dos Tribunais de Contas. A doutrina divide-se quanto a classificá-los como agentes políticos ou como servidores públicos. Aqueles que defendem a primeira opção ressaltam a importância do campo de atuação desses profissionais para o normal funcionamento do Estado. O Procurador-Geral do Tribunal de Contas da União, Lucas Rocha Furtado, acampa essa corrente:

> A ideia básica que justifica a existência dessa categoria especial de agente público está relacionada ao exercício das atribuições básicas do Estado e à não sujeição a regras de hierarquia. Vale dizer, o agente político atua por convicção própria e não em cumprimento de ordens ou determinações emanadas de autoridades superiores. Nesse sentido, além dos titulares de cargos eletivos, são também agentes políticos os magistrados e os membros do Ministério Público e dos Tribunais de Contas.[98]

Por outro viés, os doutrinadores que consideram aqueles agentes como servidores públicos relevam a importância do caráter profissional dos cargos que ocupam, bem

[96] BANDEIRA DE MELLO, Celso. *Curso de direito administrativo*. 16. ed. rev. e atual. São Paulo: Malheiros, 2003. p. 226-227.

[97] Clássica tipologia adotada por Oswaldo Aranha Bandeira de Mello, citado por BANDEIRA DE MELLO, Celso. *Curso de direito administrativo*. 16. ed. rev. e atual. São Paulo: Malheiros, 2003. p. 229, que ora se adota.

[98] FURTADO, Lucas Rocha. *Curso de direito administrativo*. 3. ed. Belo Horizonte: Fórum, 2012. p. 748.

como a natureza permanente da atividade, fatos que os diferenciam sobremaneira do conceito de agente político. Essa é a tese defendida por José dos Santos Carvalho Filho:

> Ninguém discute a importância do papel que tais agentes desempenham no cenário nacional, mas, ao contrário do que ocorre com os legítimos agentes políticos, cuja função é transitória e política, sua vinculação ao Estado tem caráter profissional e de permanência e os cargos que ocupam não resultam de processo eletivo, e sim, como regra, de nomeação decorrente de aprovação em concurso público.[99]

No campo jurisprudencial, o Supremo Tribunal Federal possui entendimento no sentido de que os magistrados encaixam-se na condição de agente político, *in verbis*:

> Recurso extraordinário. Responsabilidade objetiva. Ação reparatória de dano por ato ilícito. Ilegitimidade de parte passiva.
>
> 2. Responsabilidade exclusiva do Estado. A autoridade judiciária não tem responsabilidade civil pelos atos jurisdicionais praticados. *Os magistrados enquadram-se na espécie agente político, investidos para o exercício de atribuições constitucionais, sendo dotados de plena liberdade funcional no desempenho de suas funções, com prerrogativas próprias e legislação específica.*
>
> 3. Ação que deveria ter sido ajuizada contra a Fazenda Estadual – responsável eventual pelos alegados danos causados pela autoridade judicial, ao exercer suas atribuições –, a qual, posteriormente, terá assegurado o direito de regresso contra o magistrado responsável, nas hipóteses de dolo ou culpa.
>
> 4. Legitimidade passiva reservada ao Estado. Ausência de responsabilidade concorrente em face dos eventuais prejuízos causados a terceiros pela autoridade julgadora no exercício de suas funções, a teor do art. 37, §6º, da CF/88.
>
> 5. Recurso extraordinário conhecido e provido.[100]

Entende-se que a posição do STF é, de fato, mais apropriada, pois o que caracteriza o agente político é exatamente a possibilidade de atuar *sponte propria*, sem sujeição ao poder hierárquico e a normas de direitos e deveres que fundamentam o exercício profissional do servidor público.

Nesse aspecto, conforme salientado por Lucas Furtado, deve-se incluir também na seara de agente político os membros dos Tribunais de Contas, afinal, a título de exemplo, os ministros do TCU, que têm direito a todas as garantias e prerrogativas conferidas aos ministros do STJ. Logo, se estes, como magistrados, são enquadrados como agentes políticos, não faz sentido que aos membros das Cortes de Contas seja considerada errônea tal classificação.[101]

O Supremo Tribunal Federal já se posicionou nesse sentido, conforme demonstra o seguinte excerto:

> É que o Conselheiro do Tribunal de Contas dispõe, como garantia de ordem subjetiva destinada a proteger-lhe a independência funcional, da prerrogativa jurídico-constitucional

---

99 CARVALHO FILHO, José dos Santos. *Manual de direito administrativo*. 23. ed. Rio de Janeiro: Lumen Juris, 2010. p. 639.

100 BRASIL. Supremo Tribunal Federal. Processo RE nº 228.977/SP. Segunda Turma. Rel. Min. Néri da Silveira. *Diário da Justiça*, Brasília, 12 abr. 2002. p. 00066.

101 FURTADO, Lucas Rocha. *Curso de direito administrativo*. 3. ed. Belo Horizonte: Fórum, 2012.

> da vitaliciedade (CF, art. 73, §3º, c/c o art. 75). Todos sabemos que essa garantia estende, em favor dos magistrados, representante do Ministério Público e membros dos Tribunais de Contas, significativa proteção contra a demissão funcional, somente permitindo a decretação de perda do cargo mediante decisão judicial. Isso significa que os Conselheiros dos Tribunais de Contas, cujas prerrogativas são equiparadas às dos Desembargadores dos Tribunais de Justiça, possuem a garantia de indemissibilidade, que só deixa de prevalecer em face de decisão emanada do Poder Judiciário, não, porém, de decisão proferida pelas Casas legislativas. [...] Saliente-se, também, que o §3º do art. 73 da Constituição da República, de observância obrigatória na estruturação dos Tribunais de Contas estaduais, por força do art. 75 da mesma Carta política, lhes confere as mesmas garantias, prerrogativas, impedimentos, vencimentos e vantagens dos Desembargadores do Tribunal de Justiça do Estado. Isso demonstra que os membros dos Tribunais de Contas dos Estados não são agentes públicos comuns, mas verdadeiros agentes políticos que gozam de independência, nas matérias de sua competência, pois equiparados aos desembargadores, principalmente no que concerne às garantias a estes asseguradas, entre elas a da vitaliciedade que impede a perda de cargo, por parte dos Conselheiros de Contas, a não ser mediante sentença judicial transitado em julgado.[102]

Os agentes particulares colaboradores do Poder Público são pessoas que, embora não estejam inseridas na estrutura do Poder Público, executam funções específicas que as vinculam ao Estado. Como exemplo, podem-se citar os jurados, mesários de seção eleitoral e os comissionários e permissionários de serviços públicos.

A última categoria é aquela que, de fato, interessa de perto ao trabalho aqui desenvolvido. Em função disso, convém estudá-la com mais vagar.

3.2 Servidores públicos

A expressão "servidor público" pode ser concebida em dois aspectos: um mais abrangente, outro mais específico. Em sentido amplo, sem embargo de posições divergentes, o servidor público é todo aquele que mantém vínculo de trabalho profissional com o Estado, seja diretamente, seja por intermédio das entidades que compõem a Administração indireta.

Essa noção mais abrangente justifica-se pela presença do Estado na relação de trabalho. Note-se que os trabalhadores das empresas públicas e das sociedades de economia mista, cuja natureza seja de direito privado, de fato possuem características assemelhadas aos empregados da iniciativa privada, inclusive quanto à vinculação ao regime trabalhista da CLT.[103] Contudo, a presença do Estado os distingue daqueloutros em aspectos fundamentais, por exemplo, a obrigatoriedade de submissão ao princípio do concurso público para ingresso nos quadros dessas entidades e a vedação constitucional à acumulação de cargos/empregos.

---

[102] BRASIL. Supremo Tribunal Federal. ADI nº 4190/RJ. Rel. Min. Celso de Mello. *Diário da Justiça*, Brasília, 4 ago. 2009. Cumpre informar que em outro caso o STF decidiu que Conselheiro de Tribunal de Contas Estadual não é agente político: BRASIL. Supremo Tribunal Federal. Rcl nº 6.702/PR. Rel. Min. Ricardo Lewandowski. *Diário da Justiça*, Brasília, 4 mar. 2009.

[103] BRASIL. *Decreto-Lei nº 5.452, de 1º de maio de 1943*. Aprova a Consolidação das Leis do Trabalho. Disponível em: http://www.planalto.gov.br/ccivil_03/Decreto-Lei/Del5452.htm. Acesso em: 9 mar. 2020.

É possível, pois, compreender que o empregado público participa de dois sistemas que se interagem: um, subordinado à presença do Estado, que lhe impõe a obediência a princípios constitucionais como, *v.g.*, da impessoalidade e da legalidade; outro, fundado nas relações trabalhistas privadas, cujo núcleo vem a ser o contrato de trabalho, com a previsão de direitos e deveres.

A par dessa divisão estatutário-celetista, ainda subsiste, dentro desse conceito mais amplo, uma terceira classe de servidor público, que são aqueles contratados de forma temporária. A teor do disposto na CF/1988,[104] somente a lei poderá estabelecer os casos de contratação temporária,[105] para casos de excepcional interesse público. Em que pese a duração precária do vínculo com o Estado, esses servidores temporários encaixam-se no conceito amplo de servidor público, exatamente porque refletem a característica primordial comum a todos, qual seja, a relação profissional com o ente estatal, ainda que por prazo certo.

Interessante notar que o Código Penal brasileiro adota inteligência ainda mais abrangente para a designação de servidor público:

> Art. 327. Considera-se funcionário público, para os efeitos penais, quem, embora transitoriamente ou sem remuneração, exerce cargo, emprego ou função pública.
>
> §1º Equipara-se a funcionário público quem exerce cargo, emprego ou função em entidade paraestatal, e quem trabalha para empresa prestadora de serviço contratada ou conveniada para a execução de atividade típica da Administração Pública.[106]

Em sentido mais estrito, todavia, a expressão "servidor público" pode designar somente aquelas pessoas que prestam trabalho diretamente ao Estado. São os chamados estatutários, ou seja, aqueles cuja natureza de trabalho é estabelecida em estatutos. Nesses manuais de direitos e obrigações estão inseridas as mais variadas normas que disciplinam a relação jurídica do servidor com o ente estatal.

Note-se que, embora sejam agrupados em uma mesma categoria, os servidores estatutários possuem regramentos diferentes. Assim é que determinadas classes de servidores contêm regras específicas, enquanto outras são reunidas em um regime geral. José dos Santos Carvalho Filho[107] divide os servidores estatutários em duas subcategorias: servidores públicos de regime geral, que são aqueles que são submetidos a um regramento geral básico, e servidores públicos especiais, cujos estatutos estão definidos em leis

---

[104] BRASIL. [Constituição (1988)]. *Constituição da República Federativa do Brasil de 1988*. Brasília: Presidência da República, 1988. Disponível em: http://www.planalto.gov.br/ccivil_03/constituicao/constituicao.htm. Acesso em: 29 jan. 2020: "Art. 37. [...] Inc. IX - a lei estabelecerá os casos de contratação por tempo determinado para atender a necessidade temporária de excepcional interesse público".

[105] Estes serão sempre por período determinado. *Vide*, a propósito a BRASIL. *Medida Provisória nº 922 de 28 de fevereiro de 2020*. Altera a Lei nº 8.745, de 9 de dezembro de 1993, que dispõe sobre a contratação por tempo determinado para atender a necessidade temporária de excepcional interesse público, a Lei nº 10.820, de 17 de dezembro de 2003, que dispõe sobre a autorização para desconto de prestações em folha de pagamento, a Lei nº 13.334, de 13 de setembro de 2016, que cria o Programa de Parcerias de Investimentos - PPI, e a Lei nº 13.844, de 18 de junho de 2019, que estabelece a organização básica dos órgãos da Presidência da República e dos Ministérios. Disponível em: http://www.planalto.gov.br/ccivil_03/_Ato2019-2022/2020/Mpv/mpv922.htm#art1. Acesso em: 9 mar. 2020.

[106] BRASIL. *Decreto-Lei nº 2.848, de 7 de dezembro de 1940*. Código Penal. Disponível em: http://www.planalto.gov.br/ccivil_03/decreto-lei/del2848compilado.htm. Acesso em: 10 mar. 2020.

[107] CARVALHO FILHO, José dos Santos. *Manual de direito administrativo*. 23. ed. Rio de Janeiro: Lumen Juris, 2010. p. 493.

especiais. Nessa última categoria é que o citado autor inclui os magistrados, membros do Ministério Público e membros de Tribunais de Contas, por exemplo.

Para efeito didático, no entanto, afora a conceituação do renomado administrativista, este livro pretende desenvolver os institutos jurídicos comuns ligados aos servidores estatutários. Entre esses institutos, merece destaque o princípio do concurso público.

3.3 Concurso público

O procedimento administrativo do concurso público é, de fato, a via de chegada do cidadão ao serviço público. É por meio dessa avaliação que o Estado observa a capacidade intelectual daqueles que almejam prestar serviços à coletividade, mediante relação profissional com o ente estatal. O parâmetro constitucional do concurso público encontra residência na Carta Magna, a qual salienta:

> Art. 37. [...]
> II - a investidura em cargo ou emprego público depende de aprovação prévia em concurso público de provas ou de provas e títulos, de acordo com a natureza e a complexidade do cargo ou emprego, na forma prevista em lei, ressalvadas as nomeações para cargo em comissão declarado em lei de livre nomeação e exoneração.[108]

A função precípua do concurso é garantir aos candidatos igualdade, o tanto quanto possível, na medida em que impõe a todos as mesmas condições de acesso ao serviço público. Diz-se que é uma igualdade possível, porque, na verdade, a igualdade real é de difícil consecução material. Isso, porque nem todos têm a mesma chance de se preparar intelectual ou psicologicamente para as exigências de um certame público. Evidente que um candidato que possua melhor condição de estudo terá mais chances do que aquele menos afortunado.

O concurso público encontra guarida, ainda, em outros princípios insculpidos na Constituição, como o da impessoalidade e o da moralidade. Ao condicionar a aprovação em um concurso, o Estado afasta a figura perniciosa do apadrinhamento político, cuja raiz, infelizmente, ainda não foi de todo podada da coletividade brasileira. Ao não beneficiar este ou aquele candidato, o Estado resguarda-se de ingerências futuras que afetem o seu real *mister* que é o de servir à coletividade. Deixa-se clara, ainda, a intenção do Estado de selecionar somente os mais capacitados.

Deve-se realçar, todavia, que, embora o concurso público seja a regra geral, não há necessidade de que a complexidade seja a mesma em todos, ao contrário. Veja-se, pela dicção do Texto Constitucional, que o concurso basear-se-á na complexidade e na natureza do cargo ou emprego a ser assumido pelo candidato aprovado. Deriva disso a noção de que, quanto mais complexo e mais atribuições tiver determinado cargo ou emprego, mais elaborado e rigoroso deve ser o concurso público.

A importância do instituto do concurso público já foi percebida pelo Supremo Tribunal Federal, que proibiu malabarismos jurídicos tendentes a usurpar a necessária

---

108 BRASIL. [Constituição (1988)]. *Constituição da República Federativa do Brasil de 1988*. Brasília: Presidência da República, 1988. Disponível em: http://www.planalto.gov.br/ccivil_03/constituicao/constituicao.htm. Acesso em: 29 jan. 2020. Art. 37, inc. II.

obediência ao instituto. É o que se pode comprovar pelo conteúdo da Súmula nº 685, que considera ser:

> Inconstitucional toda modalidade de provimento que propicie ao servidor investir-se, sem prévia aprovação em concurso público destinado ao seu provimento, em cargo que não integra a carreira na qual anteriormente investido.

O texto da Constituição brasileira prevê que o prazo de validade do concurso público será de até dois anos, prorrogável uma vez, por igual período.[109] É durante esse prazo que aquele que for aprovado no certame assumirá suas funções como servidor público. Importante realçar que, embora o constituinte não estipule um prazo mínimo de validade do concurso, é de se supor que seja suficiente para que os candidatos tenham todos os seus direitos resguardados, sob pena de malferir o princípio da razoabilidade.

Questão interessante que se apresenta, nesse ponto, diz respeito a saber se o candidato aprovado dentro do número de vagas previstas para o concurso terá direito subjetivo à nomeação.

Por muito tempo, doutrina e jurisprudência pátrias mantiveram o entendimento de que o candidato aprovado em concurso público, ainda que dentro do número de vagas previstas em edital, teria mera expectativa de direito. Afigurava-se a nomeação no campo da discricionariedade da Administração.

Todavia, tal posicionamento sofreu quedas significativas nas cortes superiores, até que o Supremo Tribunal Federal deu contornos definitivos à matéria, no julgamento do RE nº 598.099, de repercussão geral. Naquela oportunidade, decidiu que o candidato aprovado dentro do número de vagas do concurso público tem direito à nomeação. A decisão adotada pelo STF também adentra em vários meandros do tema. Ei-la:

> Dentro do prazo de validade do concurso, a Administração poderá escolher o momento no qual se realizará a nomeação, mas não poderá dispor sobre a própria nomeação, a qual, de acordo com o edital, passa a constituir um direito do concursando aprovado e, dessa forma, um dever imposto ao poder público. Uma vez publicado o edital do concurso com número específico de vagas, o ato da Administração que declara os candidatos aprovados no certame cria um dever de nomeação para a própria Administração e, portanto, um direito à nomeação titularizado pelo candidato aprovado dentro desse número de vagas.
>
> II. ADMINISTRAÇÃO PÚBLICA. PRINCÍPIO DA SEGURANÇA JURÍDICA. BOA-FÉ. PROTEÇÃO À CONFIANÇA. O dever de boa-fé da Administração Pública exige o respeito incondicional às regras do edital, inclusive quanto à previsão das vagas do concurso público. Isso igualmente decorre de um necessário e incondicional respeito à segurança jurídica como princípio do Estado de Direito. Tem-se, aqui, o princípio da segurança jurídica como princípio de proteção à confiança. Quando a Administração torna público um edital de concurso, convocando todos os cidadãos a participarem de seleção para o preenchimento de determinadas vagas no serviço público, ela impreterivelmente gera uma expectativa quanto ao seu comportamento segundo as regras previstas nesse edital. Aqueles cidadãos que decidem se inscrever e participar do certame público depositam sua confiança no Estado administrador, que deve atuar de forma responsável quanto às normas do edital e

---

109 BRASIL. [Constituição (1988)]. *Constituição da República Federativa do Brasil de 1988*. Brasília: Presidência da República, 1988. Disponível em: http://www.planalto.gov.br/ccivil_03/constituicao/constituicao.htm. Acesso em: 29 jan. 2020. Art. 37, inc. III.

> observar o princípio da segurança jurídica como guia de comportamento. Isso quer dizer, em outros termos, que o comportamento da Administração Pública no decorrer do concurso público deve se pautar pela boa-fé, tanto no sentido objetivo quanto no aspecto subjetivo de respeito à confiança nela depositada por todos os cidadãos.
>
> III. SITUAÇÕES EXCEPCIONAIS. NECESSIDADE DE MOTIVAÇÃO. CONTROLE PELO PODER JUDICIÁRIO. Quando se afirma que a Administração Pública tem a obrigação de nomear os aprovados dentro do número de vagas previsto no edital, deve-se levar em consideração a possibilidade de situações excepcionalíssimas que justifiquem soluções diferenciadas, devidamente motivadas de acordo com o interesse público. Não se pode ignorar que determinadas situações excepcionais podem exigir a recusa da Administração Pública de nomear novos servidores. Para justificar o excepcionalíssimo não cumprimento do dever de nomeação por parte da Administração Pública, é necessário que a situação justificadora seja dotada das seguintes características: a) Superveniência: os eventuais fatos ensejadores de uma situação excepcional devem ser necessariamente posteriores à publicação do edital do certame público; b) Imprevisibilidade: a situação deve ser determinada por circunstâncias extraordinárias, imprevisíveis à época da publicação do edital; c) Gravidade: os acontecimentos extraordinários e imprevisíveis devem ser extremamente graves, implicando onerosidade excessiva, dificuldade ou mesmo impossibilidade de cumprimento efetivo das regras do edital; d) Necessidade: a solução drástica e excepcional de não cumprimento do dever de nomeação deve ser extremamente necessária, de forma que a Administração somente pode adotar tal medida quando absolutamente não existirem outros meios menos gravosos para lidar com a situação excepcional e imprevisível. De toda forma, a recusa de nomear candidato aprovado dentro do número de vagas deve ser devidamente motivada e, dessa forma, passível de controle pelo Poder Judiciário.
>
> IV. FORÇA NORMATIVA DO PRINCÍPIO DO CONCURSO PÚBLICO. Esse entendimento, na medida em que atesta a existência de um direito subjetivo à nomeação, reconhece e preserva da melhor forma a força normativa do princípio do concurso público, que vincula diretamente a Administração. É preciso reconhecer que a efetividade da exigência constitucional do concurso público, como uma incomensurável conquista da cidadania no Brasil, permanece condicionada à observância, pelo Poder Público, de normas de organização e procedimento e, principalmente, de garantias fundamentais que possibilitem o seu pleno exercício pelos cidadãos. O reconhecimento de um direito subjetivo à nomeação deve passar a impor limites à atuação da Administração Pública e dela exigir o estrito cumprimento das normas que regem os certames, com especial observância dos deveres de boa-fé e incondicional respeito à confiança dos cidadãos. O princípio constitucional do concurso público é fortalecido quando o Poder Público assegura e observa as garantias fundamentais que viabilizam a efetividade desse princípio. Ao lado das garantias de publicidade, isonomia, transparência, impessoalidade, entre outras, o direito à nomeação representa também uma garantia fundamental da plena efetividade do princípio do concurso público.
>
> V. NEGADO PROVIMENTO AO RECURSO EXTRAORDINÁRIO.[110]

Com efeito, andou bem a jurisprudência. Afinal, se a Administração Pública lança edital com previsão de vagas, nada de anormal ocorrendo, não há motivo para não preenchê-las. Caso contrário, poder-se-ia crer que as vagas são desnecessárias, não justificando sua manutenção pelo erário.

Por outro lado, ocorrendo algo imprevisto entre a abertura do edital do concurso e o momento da nomeação – suponha-se, por exemplo, que o país atravesse crise econômica

---

[110] BRASIL. Supremo Tribunal Federal. *Recurso Extraordinário nº 598.099*. Tribunal Pleno. Rel. Min. Gilmar Mendes, 12.12.2012. Disponível em: http://www.stf.jus.br/portal/processo/verProcessoDetalhe.asp?incidente=2667158. Acesso em: 15 jul. 2020.

séria que demande o máximo possível de contenção de recursos –, não se justificaria o direito incólume do candidato aprovado, ainda que dentro do número de vagas, em detrimento da necessidade de toda coletividade e, em especial, do Estado em poupar recursos. Particularmente, os dias de agonia da pandemia da Covid-19 figurariam como típica excepcionalidade no curso normal de um concurso público. Ainda com relação à aprovação de candidatos em concurso público, ganha relevo a questão referente à cláusula de barreira. Por meio desse instrumento, a Administração estabelece condições de passagem de candidatos de uma fase para outra, durante a realização de certame. A esse respeito o STF em repercussão geral estabeleceu a seguinte tese:

> [...] Regras restritivas em editais de concurso público, quando fundadas em critérios objetivos relacionados ao desempenho meritório do candidato, não ferem o princípio da isonomia. [...] É constitucional a regra inserida no edital de concurso público, denominada cláusula de barreira, com o intuito de selecionar apenas os candidatos mais bem classificados para prosseguir no certame.[111]

Nada obstante, parece lícito à Administração definir critérios de eliminação de candidatos em concurso público, sem que caiba ao Poder Judiciário[112] imiscuir-se nessa seara.

A cláusula de barreira, a partir desse cenário, constitui-se em critério objetivo de aprovação, perfeitamente coerente com os princípios da legalidade e da proporcionalidade.

Note-se que, diferentemente do que ocorre no caso de candidatos aprovados fora das vagas e que guardam, com isso, possibilidade de futura nomeação, aqueles que não logram ultrapassar a cláusula de barreira devem ser considerados reprovados. Dessa condição, portanto, não advém qualquer direito à nomeação, ainda que em decorrência de futuras vagas para o cargo público concorrido.

Suponha-se que, a título de exemplo, a Administração realize concurso, composto por duas fases, para provimento de 30 vagas em determinado cargo público. Depois da primeira fase, restam 1000 candidatos que conseguiram a nota mínima. No entanto, previsão editalícia afirma que só serão chamados para a segunda fase 300 candidatos. Nesse exercício hipotético, os demais 700 que conseguiram nota mínima seriam alcançados pela cláusula de barreira e, portanto, eliminados da segunda fase. Veja-se que o critério de eliminação foi previamente estabelecido, tem caráter puramente objetivo, atende ao

---

[111] BRASIL. Supremo Tribunal Federal. *Recurso Extraordinário nº 635.739/AL*. Plenário. Rel. Min. Gilmar Mendes, 19.2.2014. Disponível em: http://redir.stf.jus.br/paginadorpub/paginador.jsp?docTP=AC&docID=628215. Acesso em: 10 mar. 2020.

[112] O mesmo se aplica aos tribunais de contas. Na condição de conselheiro do TCDF, manifestei-me, em voto de vista, no sentido de que "[...] mesmo que o número de candidatos selecionados para a fase seguinte não fosse suficiente para aplicação do citado art. 11 do Decreto federal nº 6.944/2009, ainda assim, este Tribunal não teria legitimidade para determinar o chamamento de mais candidatos. Isso, porque estabelecidas as vagas do certame, é ato discricionário da PMDF chamar aprovados além daquele número, porquanto o cadastro de reserva não é instituto jurídico que deva ser obrigatoriamente abrigado pelos certames, tampouco pode ser considerado como uma fase estagiária a esperar a nomeação para o curso de formação" (DISTRITO FEDERAL. Tribunal de Contas. *Processo nº 3.496/2018-e*. Concurso Público. Rel. Conselheiro Paulo Tadeu. Voto de Vista: Conselheiro Inácio Magalhães, 28.9.2018. Disponível em: www.tcdf.gov.br. Acesso em: 5 jul. 2020).

princípio da proporcionalidade (quantidade dez vezes superior ao número de vagas), não contendo, enfim, qualquer traço de inconstitucionalidade.

Note-se que a cláusula de barreira pode ser prevista entre fases de um certame e não apenas quanto à classificação final. De fato, não há diferenciação substancial entre uma e outra possibilidades.

Em realidade, a partir do momento em que o candidato não aufere posição abrigada pela cláusula de barreira, sua condição não é outra senão a de eliminado do concurso, nada obstante tenha conseguido o exigido pelo edital normativo para possível classificação que, ao fim e ao cabo, no entanto, não ocorreu.

Pode ocorrer, todavia, que o candidato ultrapasse a cláusula de barreira mas não consiga classificação entre o número de vagas, ficando posicionado no que se costuma identificar como cadastro de reserva. Tal cadastro, bom que se diga, não se reveste de nenhuma particularidade jurídica, representando apenas o que o próprio nome indica, ou seja, uma relação de candidatos que, embora não tenham sido eliminados do certame, não lograram passar entre as vagas.

É possível que venha a nascer para o candidato em cadastro de reserva o direito à nomeação, no caso de surgimento de novas vagas durante a validade do concurso. Nesse sentido, o posicionamento do STJ:

> O candidato inscrito em cadastro de reserva possui mera expectativa à nomeação, apenas adquirindo esse direito caso haja a comprovação do surgimento de novas vagas durante o prazo de validade do concurso público.[113]

A propósito, o Supremo Tribunal Federal também analisou tal possibilidade, em sede de repercussão geral, estabelecendo as condições em que isso pode ocorrer. Eis a tese fixada:

> O surgimento de novas vagas ou a abertura de novo concurso para o mesmo cargo, durante o prazo de validade do certame anterior, não gera automaticamente o direito à nomeação dos candidatos aprovados fora das vagas previstas no edital, ressalvadas as hipóteses de preterição arbitrária e imotivada por parte da administração, caracterizada por comportamento tácito ou expresso do Poder Público capaz de revelar a inequívoca necessidade de nomeação do aprovado durante o período de validade do certame, a ser demonstrada de forma cabal pelo candidato.
>
> Assim, o direito subjetivo à nomeação do candidato aprovado em concurso público *exsurge* nas seguintes hipóteses:
>
> 1 - Quando a aprovação ocorrer dentro do número de vagas dentro do edital;
>
> 2 - Quando houver preterição na nomeação por não observância da ordem de classificação;
>
> 3 - Quando surgirem novas vagas, ou for aberto novo concurso durante a validade do certame anterior, e ocorrer a preterição de candidatos de forma arbitrária e imotivada por parte da administração nos termos acima.[114]

---

[113] BRASIL. Superior Tribunal de Justiça. *AgRg no RMS nº 33.569/MA*. 2011/008309-8. Rel. Min. Castro Meira, 28.2.2012. Disponível em: https://scon.stj.jus.br/SCON/jurisprudencia/doc.jsp. Acesso em: 15 jul. 2020.

[114] BRASIL. Supremo Tribunal Federal. *Recurso Extraordinário nº 837.311*. Rel. Min. Luiz Fux, 9.12.2015.

Questão interessante, que também merece comentários, diz respeito à possibilidade de o Poder Judiciário alterar o conteúdo das provas de concursos. Tal matéria está inserida dentro do mérito administrativo, sendo vedado ao Judiciário imiscuir-se nessa apreciação. A jurisprudência é farta nesse sentido.[115] Todavia, essa proibição não é absoluta, porque poderá haver intervenção do Judiciário quando unicamente o exame se der sob o aspecto de sua legalidade, isto é, se o ato foi praticado conforme ou contrariamente à lei. Essa solução se funda no princípio da separação dos poderes, de sorte que a verificação das razões de conveniência ou de oportunidade dos atos administrativos escapa ao controle jurisdicional do Estado.

Sobre a intervenção do Poder Judiciário, o STF definiu com lapidar sapiência a questão:

> No caso, esse apego da Administração Pública às normas editalícias, por ela, Administração, publicadas, homenageia a um só tempo o princípio da segurança jurídica – as partes querem estar seguras de que o edital será respeitado –, o princípio da lealdade, lealdade naquele sentido de que a Administração Pública tem que corresponder às expectativas por ela mesma geradas nos administrados. É o que, na doutrina alemã e na doutrina portuguesa, tem-se chamado de proteção da confiança.
>
> No caso, o que é vedado ao Poder Judiciário em tema de apreciação da legalidade dos concursos é se substituir ao administrador público em três sentidos: quanto aos critérios da formulação dos quesitos; quanto aos critérios de correção de prova e, por desdobramento, quanto à atribuição da nota em si.[116]

No âmbito das cortes de contas, na condição de conselheiro do TCDF, manifestei-me sobre o tema, no seguinte sentido:

> Primeiro, no que tange à não obrigatoriedade de aplicação do citado art. 11 do Decreto federal nº 6.944/2009. Vale dizer: *não se mostra razoável que esta Corte de Contas, ultrapassando suas prerrogativas constitucionais de órgão de controle*, adentre o mérito da questão e determine quantos candidatos devem ou não serem classificados para fase posterior à da barreira estipulada no item 15.6.1 do edital.
>
> A propósito, mesmo que o número de candidatos selecionados para a fase seguinte não fosse suficiente para aplicação do citado art. 11 do Decreto federal nº 6.944/2009, ainda assim, este Tribunal não teria legitimidade para determinar o chamamento de mais candidatos. Isso porque, estabelecidas as vagas do certame, é ato discricionário da PMDF chamar aprovados além daquele número, porquanto o cadastro de reserva não é instituto jurídico que deva ser obrigatoriamente abrigado pelos certames, tampouco pode ser considerado como uma fase estagiária a esperar a nomeação para o curso de formação.
>
> De fato, o cadastro de reserva nada mais é que o conjunto de candidatos que não obtiveram classificação suficiente para ter direito subjetivo às vagas ofertadas pelo certame. Observe-se que, no caso concreto, malgrado a cláusula de barreira estipulada no item 15.6.1, foram

---

[115] "Recurso extraordinário com repercussão geral. 2. Concurso público. Correção de prova. Não compete ao Poder Judiciário, no controle de legalidade, substituir banca examinadora para avaliar respostas dadas pelos candidatos e notas a elas atribuídas. Precedentes. 3. Excepcionalmente, é permitido ao Judiciário juízo de compatibilidade do conteúdo das questões do concurso com o previsto no edital do certame [...]" (BRASIL. Supremo Tribunal Federal. *Recurso Extraordinário com Repercussão Geral nº 632.853 – Ceará*. Plenário. Rel. Min. Gilmar Mendes, 23.4.2015. Disponível em: https://jurisprudencia.stf.jus.br/pages/search/sjur310454/false. Acesso em: 5 jul. 2020).

[116] BRASIL. Supremo Tribunal Federal. *Recurso Extraordinário nº 434.708/RS*. Voto do Min. Carlos Britto. Disponível em: https://jurisprudencia.stf.jus.br/pages/search/sjur93766/false. Acesso em: 5 jul. 2020.

> classificados candidatos em quantidade muito além do número de vagas disponibilizadas, o que permite à PMDF valer-se ou não, ao seu alvedrio, do aumento do número de vagas em até 50% (cinquenta por cento), ao final do certame.[117]

Ainda com relação ao concurso público, ganha relevo a discussão sobre a participação no certame de candidato que responda a processo criminal. Esse assunto mereceu especial atenção da Corte Suprema, que reconheceu a existência de repercussão geral, fixando a seguinte tese:

> Sem previsão constitucionalmente adequada e instituída por lei, não é legítima a cláusula de edital de concurso público que restrinja a participação de candidato pelo simples fato de responder a inquérito ou ação penal.[118]

Uma vez mais, entende-se que andou bem a jurisprudência. Isso, porque nosso ordenamento jurídico preconiza a "presunção de inocência", princípio segundo o qual ninguém será considerado culpado sem sentença transitada em julgado. Restrição desse jaez significaria, dessa forma, uma antecipação de mérito condenatório que descabe à Administração Pública.

Devidamente aprovado em concurso, o candidato então será nomeado para exercer cargo efetivo na Administração Pública. Pode acontecer, contudo, que determinado candidato seja investido em cargo público por força de decisão judicial provisória.

O STF colocou em pauta essa discussão,[119] notadamente acerca da possibilidade de aplicação da teoria do fato consumado, a permitir ao candidato aprovado *sub judice* a permanência no cargo público, mesmo com posterior decisão a ele desfavorável no Poder Judiciário.

A resposta do Supremo foi em sentido negativo. Eis a tese fixada:

> Não é compatível com o regime constitucional de acesso aos cargos públicos a manutenção no cargo, sob fundamento de fato consumado, de candidato não aprovado que nele tomou posse em decorrência de execução provisória de medida liminar ou outro provimento judicial de natureza precária, supervenientemente revogado ou modificado.[120]

---

[117] DISTRITO FEDERAL. Tribunal de Contas. *Processo nº 3.496/2018-e*. Concurso Público. Rel. Conselheiro Paulo Tadeu. Voto de Vista: Conselheiro Inácio Magalhães, 28.9.2018. Disponível em: www.tcdf.gov.br. Acesso em: 5 jul. 2020.

[118] BRASIL. Supremo Tribunal Federal. *Recurso Extraordinário nº 560.900*. Rel. Min. Joaquim Barbosa, 8.2.2008. Disponível em: https://jurisprudencia.stf.jus.br/pages/search/repercussao-geral20/false. Acesso em: 5 jul. 2002, em que se discute, à luz do art. 5º, LVII, da Constituição Federal, a validade, ou não, de restrição à participação em concurso público de candidato a cabo da Polícia Militar denunciado pela prática do crime previsto no art. 342 do Código Penal (falso testemunho ou falsa perícia).

[119] BRASIL. Supremo Tribunal Federal. *Recurso Extraordinário nº 608.482*. Tribunal Pleno. Brasília, 7.8.2014. Disponível em: https://jurisprudencia.stf.jus.br/pages/search/sjur282425/false. Acesso em: 5 jul. 2020. Repercussão geral. Posse/exercício em cargo público por força de decisão judicial de caráter provisório. Aplicação da chamada "teoria do fato consumado".

[120] BRASIL. Supremo Tribunal Federal. *Recurso Extraordinário nº 608.482*. Tribunal Pleno. Brasília, 7.8.2014. Disponível em: https://jurisprudencia.stf.jus.br/pages/search/sjur282425/false. Acesso em: 5 jul. 2020.

3.4 Cargo público

Cargo público, de forma simplificada, é o lugar instituído na Administração, com atribuições e responsabilidades próprias, remuneração específica, a ser ocupado por um titular, devidamente aprovado em concurso público.

Todo cargo tem necessariamente atribuição, porquanto não se pode admitir uma ocupação na Administração sem qualquer atribuição. Seria, de fato, um contrassenso onerar a coletividade com remuneração de servidor sem que se lhe exija contrapartida. Por isso, o absurdo da figura do funcionário-fantasma ainda sobreviver, aqui e acolá, nos tempos atuais. O cargo público é, necessariamente, criado por lei. Também por meio de lei específica são definidas as atribuições de cada cargo.

O cargo público ocupado em função de concurso público é o efetivo, assim chamado por garantir ao servidor permanência estável, com duração indefinida, imune aos humores do administrador. Tal imunidade, ainda que não inflexível, decorre da estabilidade constitucional garantida ao servidor público efetivo.

A estabilidade é o direito do servidor de não ser destituído a não ser pelas razões expressamente previstas na CF/1988.[121] Assim, ao menos em tese, o ocupante de cargo público efetivo e estável poderá ser desligado em caso de sentença judicial transitada em julgado, mediante processo administrativo em que lhe seja assegurada ampla defesa, ou por meio de procedimento de avaliação periódica de desempenho, na forma de lei complementar, assegurada a ampla defesa.

A Constituição ainda prevê uma possibilidade de afastamento, no caso de descumprimento dos limites de despesa com pessoal.[122]

Ainda segundo a *Lex Mater*, o servidor alcançará a estabilidade decorrido o prazo de três anos.[123]

Nota-se, até o momento, a presença de dois conceitos importantes para o servidor público, que confundem por vezes o intérprete mais afoito. Trata-se da efetividade e da estabilidade. São coisas distintas. Para melhor explicar essa diferenciação, colhe-se prestigioso exemplo de José dos Santos Carvalho Filho:

> Estabilidade [...] é a garantia constitucional do servidor público estatutário de permanecer no serviço público, após o período de três anos de efetivo exercício. Efetividade nada mais é do que a situação jurídica que qualifica a titularização de cargos efetivos, para distinguir-se da que é relativa aos ocupantes de cargos em comissão. Se um servidor ocupa um cargo efetivo, tem efetividade, se ocupa cargo em comissão, não tem.[124]

---

121 BRASIL. [Constituição (1988)]. *Constituição da República Federativa do Brasil de 1988*. Brasília: Presidência da República, 1988. Disponível em: http://www.planalto.gov.br/ccivil_03/constituicao/constituicao.htm. Acesso em: 29 jan. 2020. art. 41.

122 BRASIL. [Constituição (1988)]. *Constituição da República Federativa do Brasil de 1988*. Brasília: Presidência da República, 1988. Disponível em: http://www.planalto.gov.br/ccivil_03/constituicao/constituicao.htm. Acesso em: 29 jan. 2020. Art. 169.

123 "Art. 41. São estáveis após três anos de efetivo exercício os servidores nomeados para cargo de provimento efetivo em virtude de concurso público" (BRASIL. [Constituição (1988)]. *Constituição da República Federativa do Brasil de 1988*. Brasília: Presidência da República, 1988. Disponível em: http://www.planalto.gov.br/ccivil_03/constituicao/constituicao.htm. Acesso em: 29 jan. 2020).

124 CARVALHO FILHO, José dos Santos. *Manual de direito administrativo*. 23. ed. Rio de Janeiro: Lumen Juris, 2010. p. 548.

A efetividade é o marco diferenciador, de fato, entre o cargo efetivo e o cargo em comissão. Enquanto aquele enxerga horizontes de definitividade, este é tungado pelo caráter precário.

O cargo em comissão é aquele em que impera a livre nomeação e exoneração, ou seja, não há a obrigatória observância do princípio do concurso público. Entrementes, a CF/1988[125] impõe que tais cargos sejam preenchidos por servidores de carreira nos casos, condições e percentuais mínimos previstos em lei, destinados apenas às atribuições de direção, chefia e assessoramento. Em função de sua natureza jurídica, os ocupantes de cargo em comissão não adquirem estabilidade no serviço público. A CF/1988 define ainda que as funções de confiança sejam exclusivamente ocupadas por servidores de cargo efetivo.

Cumpre destacar que o conceito constitucional de servidores públicos é aberto, ou seja, contempla tanto estatutários quanto celetistas. Todavia, pode a lei que cria as funções de confiança restringir a ocupação à determinada categoria de servidores públicos. Afora essa macrodivisão em cargo efetivo e em comissão, cabe salientar que o cargo público pode distinguir-se, ainda, em cargo de carreira ou cargo isolado. Carreira, na lição de Hely Lopes Meirelles, "é o agrupamento de classes da mesma profissão ou atividade, escalonadas segundo a hierarquia de serviço, para acesso privativo dos titulares de cargos que a integram [...]".[126] A seu turno, leciona o mestre que classe "é o agrupamento de cargos da mesma profissão, e com idênticas atribuições, responsabilidades e vencimentos. As classes constituem os degraus de acesso na carreira".

Tem-se, portanto, que cargo de carreira é aquele que é agrupado em classes. Normalmente, as classes são divididas em padrões, com remuneração diferenciada. O cargo isolado, contrário senso, é aquele que não é subdividido em classes ou padrões, por isso a terminologia. Deve-se notar, no entanto, que a existência de cargo isolado é bem restrita na Administração. O conjunto de cargos de carreira e de cargos isolados compõe, no fluxograma da Administração, o chamado quadro de pessoal.

3.5 Servidor titular de cargo efetivo

A definição de servidor titular de cargo efetivo é relativamente simples, tendo em vista que a efetividade do servidor é conquistada a partir da posse em cargo público permanente, após aprovação em concurso público de provas ou de provas e títulos.

Nada obstante, houve grande controvérsia acerca dessa definição em face de a EC nº 20/1998[127] estabelecer que os Regimes Próprios de Previdência Social somente abrangeriam servidores titulares de cargos efetivos. É que no âmbito da Administração Pública federal, estadual, municipal e distrital havia e há inúmeros servidores públicos

---

[125] BRASIL. [Constituição (1988)]. *Constituição da República Federativa do Brasil de 1988*. Brasília: Presidência da República, 1988. Disponível em: http://www.planalto.gov.br/ccivil_03/constituicao/constituicao.htm. Acesso em: 29 jan. 2020. Art. 37, inc. V.

[126] MEIRELLES, Hely Lopes. *Direito administrativo brasileiro*. 28. ed. São Paulo: Malheiros, 2003. p. 396.

[127] BRASIL. [Constituição (1988)]. *Emenda Constitucional nº 20, de 15 de dezembro de 1998*. Modifica o sistema de previdência social, estabelece normas de transição e dá outras providências. Disponível em: http://www.planalto.gov.br/ccivil_03/Constituicao/Emendas/Emc/emc20.htm#art1. Acesso em: 23 fev. 2020.

vinculados a regimes jurídicos próprios sem essa característica, ou seja, servidor efetivo, porque ingressaram em cargo público sem o devido concurso público.

São aqueles servidores que foram estabilizados pelo art. 17 do Ato das Disposições Constitucionais Transitórias (ADCT) e que nunca foram aprovados no certame público exigido pelo mesmo dispositivo, bem como outros que também ingressaram sem concurso público e não possuíam os cinco anos garantidores da estabilidade, mas que foram integrados ao regime estatutário.

Observe-se, ainda, que, mesmo após a CF/1988, que exige aprovação em concurso público como única forma de ingresso em cargo público efetivo, houve diversas situações de contratação de servidores sem obediência ao preceito constitucional mencionado, e em muitos casos foram, posteriormente, integrados ao regime jurídico próprio dos servidores públicos.

No âmbito da União isso ocorreu em razão da Lei nº 8.112/1990, *in verbis*:

> Art. 243. Ficam submetidos ao regime jurídico instituído por esta Lei, na qualidade de servidores públicos, os servidores dos Poderes da União, dos ex-Territórios, das autarquias, inclusive as em regime especial, e das fundações públicas, regidos pela Lei nº 1.711, de 28 de outubro de 1952 – Estatuto dos Funcionários Públicos Civis da União, ou pela Consolidação das Leis do Trabalho, aprovada pelo Decreto-Lei nº 5.452, de 1º de maio de 1943, exceto os contratados por prazo determinado, cujos contratos não poderão ser prorrogados após o vencimento do prazo de prorrogação.
>
> §1º Os empregos ocupados pelos servidores incluídos no regime instituído por esta Lei ficam transformados em cargos, na data de sua publicação.[128]

Essa situação gerou dúvidas acerca da absorção de tais servidores no sistema de previdência próprio, haja vista a cristalina previsão constitucional trazida pela EC nº 20/1998, no sentido de abarcar exclusivamente os titulares de cargo efetivo. A celeuma somente foi dirimida a partir de pronunciamento da Advocacia-Geral da União,[129] cujo excerto faz-se relevante reproduzir:

> [...] Feito o relato, é de se observar que o núcleo da divergência consiste em duas interpretações discrepantes do texto constitucional, a saber, da regra contida no art. 40 da Constituição, com redação dada pela Emenda Constitucional nº 20/98, na qual somente se assegura direito a previdência oficial aos servidores titulares de cargos efetivos da União [...], entendendo o Ministério da Previdência não ser essa a condição dos servidores não estáveis nem dos servidores tornados estáveis pelo art. 19 do ADCT, uma vez que não teriam sido – efetivados – por meio de aprovação em um concurso público previsto, contudo nunca realizado, circunstância que tornaria ineficaz a estabilidade a eles outorgada na Constituição, salvo em relação à impossibilidade de demissão desmotivada.
>
> A esse argumento, opõe-se diametralmente o Ministério do Planejamento, ao fundamento de que não se pode concordar com a interpretação da Consultoria Jurídica do MPAS, no sentido de que os servidores beneficiados pelo art. 19 do ADCT não podem ser vinculados a Regime Próprio de Previdência Social, tendo em vista que o art. 40 da Constituição, com

[128] BRASIL. *Lei nº 8.112, de 11 de dezembro de 1990*. Dispõe sobre o regime jurídico dos servidores públicos civis da União, das autarquias e das fundações públicas federais. Disponível em: http://www.pl4analto.gov.br/ccivil_03/LEIS/L8112cons.htm. Acesso em: 9 mar. 2020.

[129] BRASIL. Advocacia-Geral da União. *Parecer GM-30*. Advogado-Geral da União: Gilmar Ferreira Mendes. Brasília, 4 abr. 2002. Disponível em: http://www.agu.gov.br/page/atos/detalhe/idato/8426. Acesso em: 5 jul. 2020.

redação dada pela Emenda Constitucional nº 20, de 1998, restringiu o direito à vinculação a esse regime exclusivamente aos servidores de cargos efetivos. A assertiva não encontra conformidade com o texto constitucional, nem tampouco com a legislação infraconstitucional, vez que o dispositivo não fez nenhuma restrição no sentido de proibir a vinculação de outras categorias de servidores a Regime Próprio de Previdência Social. Portanto, sob o prisma da conveniência e oportunidade da entidade federativa, poderá o Regime Próprio de Previdência Social, tanto o já existente quanto o que vier a ser instituído, vincular todas as categorias de servidores acaso existentes. (*id.*, *ibidem*, item 25).

Não obstante as diversas questões debatidas entre os Órgãos suscitantes, e independentemente da competência reservada ao Ministério do Planejamento já afirmada em Parecer desta Instituição, o conflito se resolve pela resposta à questão jurídica posta nos autos, a saber: se a condição de ser efetivado no cargo (via concurso), ainda que se trate de efetivação especial e posterior à aquisição da estabilidade (na forma do art. 19 do Ato das Disposições Constitucionais Transitórias), é pré-requisito indispensável para que o servidor tenha direito a regime próprio de previdência.

Em primeiro lugar, parece não haver dúvida de que a interpretação da norma de estabilidade especial, vale dizer, excepcional, constante do Ato das Disposições Transitórias teve por objetivo, tal como passou a ser tradição nas Constituições brasileiras a partir de 1946, conceder a quantos servidores contassem com o tempo de serviço igual ou superior a cinco anos, na data da promulgação da Constituição – excepcionalmente – os mesmos direitos dos servidores efetivados no cargo pela regra geral de ingresso no serviço público mediante concurso e aquisição de estabilidade após um estágio chamado probatório.

De fato, a norma constitucional transitória estabeleceu a necessidade de concurso público para efetivação dos servidores não concursados, os quais tornou estáveis aos cinco anos de serviço. Contudo, entender que o legislador pretendeu criar uma espécie de servidor atípico, ou seja, com todos os direitos do servidor estável, exceto o direito a previdência por regime próprio dos servidores, é interpretação que não parece razoável.

A interpretação mais lógica e mais segura é entender-se exatamente o oposto, ou seja, que, embora tenha concedido aos servidores não estáveis os mesmos direitos do servidor estável, inclusive, e naturalmente, a aposentadoria, quis o legislador, com a exigência do concurso, nada mais do que aperfeiçoar o processo de integração dos mesmos no serviço público, mediante a correção do meio de ingresso no serviço público, via concurso, ressalte-se, de modo a retirar dos mesmos a condição de servidores com ingresso especial, ao viabilizar a integração completa dos mesmos no *status* de servidores efetivos comuns, inclusive pela forma de ingresso no serviço.

Sobre a possibilidade de efetivação via concurso, tal previsão não parece ter qualquer repercussão sobre a estabilidade do servidor, uma vez que a estabilidade é atributo pessoal do funcionário. Não se confunde com a efetividade, que é característica do tipo de provimento de certos cargos públicos. É mero tipo de nomeação. No mesmo instante em que o funcionário é nomeado, já tem a rotulação de efetivo. A efetividade nasce com a nomeação. É errado dizer que a estabilidade, que é o mais, pressupõe a efetividade, que é o menos. Argumenta-se: Compreende-se que o efetivo não seja estável, mas não se compreende que um funcionário seja estável e ao mesmo tempo não disponha de cargo efetivo (cf. RD 110:92). De modo algum. Efetividade e estabilidade são entidades heterogêneas, desconexas, incompatíveis. O efetivo pode, com o decorrer do tempo, adquirir estabilidade. É o efetivo-estável. O estável adquire tal *status* pelo decurso do tempo, sem nunca [necessariamente] ter sido efetivo. [Por exemplo,] Na data da promulgação da Carta Política de 1967 [como de resto havia ocorrido em 1946 e ocorreu em 1988], o extranumerário e o interino, desde que estivessem no serviço público há mais de cinco anos adquiriam estabilidade por imposição constitucional. Tornavam-se interinos-estáveis, extranumerários-estáveis, sem nunca terem sido efetivos. Estabilizaram-se, e este novo *status* não passou pela efetividade.

Assim a efetividade não é *prius* ou pressuposto necessário da estabilidade. [J. Cretella Jr. *in* Comentários à Constituição de 1988, p. 2425 – grifos e trechos entre colchetes acrescidos]. Em resumo, a estabilidade não é necessariamente atributo de quem possua efetividade, nem esta última é pressuposto da primeira.

Se a efetividade, como visto, não decorre, não depende, e, ainda que excepcionalmente, como no caso da disposição constitucional transitória, pode nem mesmo ter relação alguma com a estabilidade, não se afigura razoável que se entenda a efetividade como um dos elementos substanciais da qualidade de servidor público, de tal sorte que, em não ocorrendo na forma prevista excepcionalmente, teria dado ensejo a que a norma constitucional tivesse criado um servidor público inferiorizado, extirpado de um direito comum aos outros servidores estatutários – o direito à previdência oficial.

De fato, uma coisa seria o Poder Constituinte originário, por meio de norma transitória e excepcional e, obviamente, nem por isso de hierarquia inferior haver tornado – como de fato tornou – o tempo de serviço de cinco anos apto, em si mesmo, para estabilizar o servidor no cargo, acrescentando a efetivação, tão-somente, como forma de aperfeiçoar o processo de adoção de servidores não estáveis, pela forma de ingresso regular, via concurso, como foi previsto. Outra coisa, bem distinta – e nada razoável – seria dar a um dispositivo constitucional, transitório ou não, interpretação que, ao fim, resultaria no entendimento de que os servidores beneficiados pela norma constitucional teriam todos os atributos do servidor estável, concedido em norma que inclusive chegou à minúcia, ao detalhe, de conceder-lhes o direito de ingressar via concurso no qual o tempo de serviço anterior será contado como título –, enfim, todos os atributos, exceto o direito a um regime previdenciário próprio.

Muito ao contrário disso, do exposto, vê-se que o objetivo visado pelo Poder Constituinte originário foi de fato dotar os servidores com ingresso irregular das mesmas garantias e os mesmos direitos e deveres do servidor público admitido via concurso público – concedendo-lhes todos os direitos do servidor efetivado pela via do concurso, chegando-se para esse fim a conceder favorecimento excepcional e expresso, para, facilitando a aprovação por meio de pontos por títulos, homogeneizar e regularizar sua forma de ingresso.

Tanto assim que servidores estáveis em razão de norma constitucional transitória são mesmo uma tradição no direito constitucional brasileiro, desde a Constituição de 1946, inclusive. Na época denominados de servidores extranumerários, o status jurídico dos mesmos, foi objeto de ensinamento de Hely Lopes Meirelles, em seu Direito Administrativo Brasileiro, p. 375 a 376, como segue: - enquanto os funcionários do quadro permanente são nomeados para cargos, os servidores extranumerários são admitidos para funções ou serviços. A característica dessa categoria é a precariedade de sua admissão, o que permite à Administração dispensá-los sumariamente, segundo as conveniências do serviço público. Enquanto, porém, no exercício da função, os extranumerários auferem tratamento idêntico ao dos funcionários do quadro permanente, no que concerne a férias, licenças, aposentadoria e demais vantagens que não gerem direito à função ou à estabilidade no serviço público.

A isso, acrescente-se que tal orientação é ainda verdadeira para aquelas hipóteses de servidores que, regidos pelo regime estatutário, permanecem no serviço público mesmo sem preencher os requisitos constitucionais necessários à aquisição da estabilidade na forma do art. 19 do Ato das Disposições Constitucionais Transitórias.

Com efeito, a manutenção de tais servidores sob o regime da Lei nº 8.112, de 20 de dezembro de 1990, equiparou-os, para todos os fins, aos servidores sujeitos ao regime próprio de previdência. Tal circunstância já perdurou desde a promulgação da Constituição e conferiu direitos a incontáveis servidores – inclusive aquele de integrar o Regime Próprio de Previdência Social. Essa só verdade estaria a exigir o reconhecimento de situações paradigmáticas e de isonomia na praxe administrativa.

Como se tal não bastasse, há razão adicional para concluir pela integração, no Regime Próprio de Previdência Social dos servidores públicos, de servidores não estáveis porque não alcançados pelo art. 19 do ADCT. Trata-se do fato básico de que tais servidores são titulares dos cargos efetivos que ocupam. Não os ocupam na condição de substitutos ou interinos, mas antes detém sua titularidade. Caso assim não fosse, não se poderia legitimar o pleno exercício das atribuições correlatas bem como seria exigida forma outra para seu provimento. A titularidade é distinta da estabilidade e do caráter efetivo do cargo – assim existe titularidade de cargo em comissão e os titulares de cargo em comissão estão excluídos do regime de previdência próprio aos servidores pela razão outra de que os cargos por eles ocupados não são cargos efetivos. Nessas condições, servidores titulares de cargos efetivos (efetivos os cargos, não os seus titulares) ainda que não estáveis nem – efetivados – pelo concurso previsto no art. 19 do ADCT preenchem o requisito insculpido pelo art. 40 da Constituição da República e, nessa condição, fazem *jus* ao regime próprio de previdência dos servidores públicos.

Do mesmo modo, não parece compatível com a segurança jurídica e, uma vez mais, com isonomia imposta à praxe administrativa, que a longa permanência de tais servidores sob o regime estatutário não lhes conceda, quando do preenchimento dos requisitos para a aposentação, os direitos próprios ao regime previdenciário especial constitucionalmente previsto.

Nessa medida, são alcançados por tal regime assim os servidores públicos estáveis como também aqueles estabilizados nos termos do art. 19 do ADCT e aqueles que, mantidos no serviço público e sujeitos ao regime estatutário, não preencheram os requisitos mencionados na referida disposição transitória, alcançando, portanto, os estáveis e efetivados, os estáveis e não efetivados e os não estáveis nem efetivados.

IV - Conclusão

Do exposto, visto que a efetividade do servidor tem relação com a forma de admissão, não sendo, portanto, um pressuposto ou pré-requisito para considerar-se alguém servidor pleno ou não, conclui-se que os servidores titulares de cargos efetivos – ainda que não estáveis nem efetivados – possuem direito ao mesmo regime previdenciário dos demais servidores titulares de cargos efetivos, *v.g.*, efetivos os cargos, não os servidores, efetivos ou efetivados por concurso público.

Com efeito, a nova redação do art. 40, §13, da Constituição Federal, estabeleceu que, ao – servidor, ocupante, exclusivamente, de cargo em comissão declarado em lei de livre nomeação, bem como de outro cargo temporário ou emprego público aplica-se o Regime Geral de Previdência Social – (além de excepcionar os cargos em comissão e os empregos públicos, fez-se, para o regime que introduz, uma única distinção, apenas em relação a cargos e empregos temporários). Segue-se que aparentemente não há lugar para uma interpretação extensiva ser aplicada a uma tal restrição.

Brasília, 04 de abril de 2002

O então Ministério da Previdência Social (MPS) emitiu interpretação do parecer acima transcrito, com a seguinte ementa:

PREVIDENCIÁRIO. REGIME DE PREVIDÊNCIA DOS SERVIDORES PÚBLICOS. INTERPRETAÇÃO DO PARECER Nº GM 030/02, DO ADVOGADO-GERAL DA UNIÃO.

O servidor estável abrangido pelo art. 19 do Ato das Disposições Constitucionais Transitórias e o admitido até 05 de outubro de 1988, que não tenha cumprido, naquela data, o tempo previsto para aquisição da estabilidade no serviço público, podem ser filiados ao regime próprio, desde que expressamente regidos pelo estatuto dos servidores do respectivo ente.[130]

[130] BRASIL. Ministério da Previdência Social. *Parecer MPS/CJ nº 3.333/2004*. Regime de Previdência dos Servidores Públicos. Interpretação do Parecer nº GM 030/2002, do Advogado-Geral da União. Procurador Federal: Marcelo

Observa-se, porém, que o posicionamento do MPS afasta do RPPS os servidores públicos contratados após 5.10.1988 e que, por força de leis dos diversos entes federados, foram incorporados aos regimes estatutários respectivos.

A interpretação ofertada pelo MPS, *data maxima venia*, é inadequada à questão posta. A uma, porquanto o parecer da AGU mencionado deixa claro em seus fundamentos que todos os servidores estatutários são titulares dos cargos efetivos que ocupam, haja vista não ocuparem na condição de substitutos ou interinos, mas como titulares.[131] A duas, porque tal exegese levaria a situações complexas e embaraçosas em que haveria necessidade de trabalho hercúleo por parte do RGPS e do RPPS a fim de fazer um encontro de contas entre os dois sistemas. Essa perspectiva atinge frontalmente o princípio constitucional da segurança jurídica, hoje tão valorizado na jurisprudência do Supremo Tribunal Federal.

Dessa forma, os servidores públicos que até a EC nº 20/1998 encontravam-se vinculados definitivamente a um regime específico, com garantia mínima do benefício de aposentadoria e pensão, estão subsumidos aos ditames do *caput* do art. 40 da CF/1988, na redação oferecida pela EC nº 20/1998.

Corrobora tal pensamento a Nota Técnica nº 03/2013/SPPS/ MPS:

> [...] 146. Excepcionalmente, desde que expressamente regidos pelo estatuto dos servidores do ente federativo, são considerados validamente filiados ao RPPS: o servidor estável, abrangido pelo art. 19 do Ato das Disposições Constitucionais Transitórias – ADCT; e o servidor admitido até 5.10.1988, que não tenha cumprido, nesta data, o tempo previsto para aquisição de estabilidade no serviço público, em consonância com o Parecer da Advocacia-Geral da União, GM no 30, de 2002, inclusive, com o art. 12 da Orientação Normativa no 2/2009 desta Secretaria de Políticas de Previdência Social.
>
> 147. Afora tais casos, aos quais se reporta o Parecer AGU/GM no 30, acrescentamos o do servidor que tituláriza cargo público, não provido na forma regulada no art. 37 da Constituição (pela via do concurso público), mas em razão de "lei de efetivação", cuja vinculação ao RPPS dar-se-á também em conformidade com a tese jurídica exposta naquele Parecer, e, a nosso ver, até que a jurisdição constitucional se manifeste sobre a validade dessa espécie de vínculo.
>
> 148. Ainda, nesta última hipótese, acerca de lei de efetivação, se a investidura de servidor ex-celetista em cargo efetivo alcançar aquele cujo ingresso no serviço público ocorreu mediante concurso público, na forma do art. 37 da CF/1988, há o singular precedente da ADI 1.150/RS, em que o col. STF deu interpretação conforme à Constituição para admitir essa transposição decorrente da implantação do regime jurídico único, o que implica a validade dessa filiação, em caráter definitivo, ao regime previdenciário próprio.

---

da Silva Freitas. Disponível em: http://www.usp.br/drh/novo/legislacao/dou2004/mps-parecer3333.html. Acesso em: 5 jul. 2020.

131 Como se tal não bastasse, há razão adicional para concluir pela integração, no Regime Próprio de Previdência Social dos servidores públicos, de servidores não estáveis porque não alcançados pelo art. 19 do ADCT. Trata-se do fato básico de que tais servidores são titulares dos cargos efetivos que ocupam. Não os ocupam na condição de substitutos ou interinos, mas antes detêm sua titularidade. Caso assim não fosse, não se poderia legitimar o pleno exercício das atribuições correlatas bem como seria exigida forma outra para seu provimento. A titularidade é distinta da estabilidade e do caráter efetivo do cargo – assim existe titularidade de cargo em comissão e os titulares de cargo em comissão estão excluídos do regime de previdência próprio aos servidores pela razão outra de que os cargos por eles ocupados não são cargos efetivos. Nessas condições, servidores titulares de cargos efetivos (efetivos os cargos, não os seus titulares) – ainda que não estáveis nem efetivados pelo concurso previsto no art. 19 do ADCT – preenchem o requisito insculpido pelo art. 40 da Constituição da República e, nessa condição, fazem *jus* ao Regime Próprio de Previdência dos servidores públicos.

149. A condição de ser efetivado no cargo, mediante concurso público de provas ou de provas e títulos, não constitui pré-requisito indispensável para que o servidor possa estar coberto por regime próprio de previdência social, em consonância com a tese jurídica adotada pela Advocacia-Geral da União no Parecer GM-30, de 2002, que dissociou a titularidade de cargo efetivo da efetividade, em face da nova redação dada ao art. 40 da CF/1988 pela EC no 20/1998.

150. Deste modo, e considerando os fins protecionistas do sistema previdenciário, o direito fundamental à previdência social, o respeito à dignidade da pessoa humana e a segurança jurídica, entendemos que a norma de filiação a que se refere o art. 40 da Lei Maior, que pressupõe a titularidade de cargo efetivo, abarca, no regime próprio de previdência social, os servidores que passaram a ocupar esses cargos em razão de "leis de efetivação".[132]

3.6 Servidor em estágio probatório que exerce cargo comissionado

O servidor que exerce cargo comissionado ganha, como é notório, um leque maior de responsabilidades. Em função disso, é comum que tais servidores já tenham completado o estágio probatório, que é exatamente aquele período em que o recém-empossado servidor estará em efetiva avaliação, até que seja considerado estável ou, em outras palavras, apto para o serviço público.

Todavia, tendo em vista a ausência de impedimento legal para que o servidor em estágio probatório exerça cargo comissionado, há que se debruçar sobre duas questões básicas, quais sejam: é possível ao servidor em estágio exercer cargo em comissão? Em caso positivo, o estágio probatório ficaria suspenso ou correria no exercício do cargo em comissão?

Para responder à primeira questão, é preciso, de antemão, sobrelevar a premissa de que o estágio probatório possui o mesmo pressuposto estabelecido no art. 41 da Carta Magna: são estáveis após três anos de efetivo exercício os servidores nomeados para cargo de provimento efetivo em virtude de concurso público.

Note-se que a Constituição trata de estabilidade e não expressamente de estágio probatório. Entrementes, a correlação íntima entre os dois institutos conduz à garantia de que, também para o estágio probatório, a *Lex Mater* impõe a exigência de estabilidade para o seu cumprimento.

Tem-se, portanto, que a CF/1988, quanto ao estágio probatório, não faz distinção se o servidor aprovado em concurso público exerce ou não cargo em comissão, apenas exige o interregno de três anos para a avaliação. Ocorre que, em ambos os casos, no exercício ou não de função comissionada ou cargo em comissão, há a normal consecução da atividade regular da Administração, desde que não haja ausências injustificadas que maculariam a estabilidade.

Em profundo trabalho acerca do tema, Paulo Modesto discorre:

> O estágio probatório vincula-se, inexoravelmente, à garantia da estabilidade ou da vitaliciedade, sendo pressuposto para a aquisição dessas garantias funcionais. [...] Conquanto não tenha a Emenda Constitucional nº 19 explicitado para as hipóteses de aquisição da

---

[132] BRASIL. Ministério da Previdência Social. SPPS. *Nota Técnica nº 03/2013*. Disponível em: http://sa.previdencia.gov.br/site/2016/06/032013.pdf. Acesso em: 19 maio 2020.

> vitaliciedade a exigência constante do §4º do art. 41, vale dizer, a indispensável avaliação de desempenho por comissão instituída para essa finalidade, não parece razoável admitir-se como juridicamente legitimadas as concessões de vitaliciedade por mero decurso de prazo. Se a estabilidade é garantia de menor expressão do que a vitaliciedade e, por expressa exigência constitucional (exigência que também sintetiza um valor agasalhado pelo sistema), pressupõe efetiva avaliação de aptidão, parece incongruência admitir-se aquisição de vitaliciedade sem a correspondente avaliação de aptidão. Essa exigência deve ser admitida como implícita ante o novo contexto sistêmico estabelecido a partir da emenda constitucional nº 19.[133]

Como consequência, deve-se ter por afirmativa a primeira questão posta em debate: é possível ao servidor em estágio exercer cargo em comissão.

Estabelecida a premissa da possibilidade do exercício em cargo em comissão por servidor em estágio probatório, como ficaria a averiguação dos requisitos constitucionais a serem avaliados: ocorreriam no exercício do cargo em comissão, ou ficaria suspenso o estágio, até que o servidor voltasse a ocupar o cargo efetivo de origem?

Nesse ponto, a análise deve-se bipartir. Sim, porque a conclusão difere se o servidor estiver exercendo cargo em comissão cedido a órgão diverso, ou se no próprio órgão em que foi admitido no serviço público. À primeira possibilidade.

Quando o servidor é cedido a outro órgão, suas atribuições originárias são totalmente interrompidas, ainda que exista alguma similaridade nas atribuições do órgão cessionário, uma vez que sua admissão se deu para o exercício de funções típicas. Há quebra de interesse funcional que impossibilita ao servidor provar sua capacidade, a qual está sendo averiguada no estágio probatório.

O Superior Tribunal de Justiça trilhou esse caminho, o qual se extrai da seguinte ementa:

> [...] 1. A Terceira Seção desta Corte, ao interpretar a alteração promovida pela Emenda Constitucional nº 19/98 no artigo 41 da Lei Maior, consolidou a tese segundo a qual o prazo do estágio probatório dos servidores públicos é de três anos. Precedentes do Superior Tribunal de Justiça e do Supremo Tribunal Federal.
>
> 2. Tendo em vista que apenas o período de efetivo exercício no cargo deve ser considerado para conclusão do estágio probatório, período no qual se verifica se o servidor preenche os requisitos para o desempenho do cargo, em caso de cessão do servidor para outro órgão ocorre suspensão da contagem do prazo de três anos.
>
> 3. Não pode o servidor em estágio probatório, ainda não investido definitivamente no cargo, aposentar-se voluntariamente, uma vez que o estágio probatório constitui etapa final do processo seletivo para a aquisição da titularidade do cargo público. Precedente do Pleno do Supremo Tribunal Federal.
>
> 4. Recurso ordinário improvido.[134]

---

[133] MODESTO, Paulo. Estágio probatório: questões controversas. *Revista Diálogo Jurídico*, n. 12, mar. 2006.

[134] A parte recorreu, mas o tribunal negou seguimento (BRASIL. Superior Tribunal de Justiça. *RMS nº 23.689-RS*. Rel. Min. Maria Thereza de Assis Moura, 18.5.2010. Disponível em: http://www.stj.jus.br/docs_internet/informativos/RTF/ Inf0435.rtf. Acesso em: 13 mar. 2020).

Dessa forma, a contagem do prazo de duração do estágio probatório, de servidor cedido a outro órgão diverso daquele em que foi admitido, ficará suspensa, até que haja o retorno ao órgão de origem.

Todavia, não se encontra, no julgado do STJ, qualquer consideração no caso em que o servidor exerce cargo em comissão dentro do próprio órgão em que foi admitido.

Ocorre que, nesse caso, não há qualquer quebra do interesse funcional, pois o servidor continua exercendo suas atribuições dentro da estrutura do próprio órgão, apenas com algumas variações. Assim, há complementação das atribuições afeitas ao servidor, mas não ruptura, como no caso da cessão.

É o que ocorre, por exemplo, no preenchimento de funções comissionadas, cuja similaridade com o cargo em comissão é notória, as quais a CF/1988 atribui apenas aos detentores de cargo efetivo, universo no qual está inserido de forma perene aquele que está em estágio probatório.

Em realidade, existe, nesse caso, uma correlação entre as atribuições das funções do cargo em comissão com aquelas do cargo efetivo, que justifica a não suspensão da contagem do prazo do estágio probatório, porquanto é plenamente possível averiguar as aptidões do servidor.

Importante notar a diferença: em exercício no próprio órgão, há um acréscimo nas atribuições afeitas ao servidor estagiário, porém se conservam aquelas para as quais ele foi considerado apto. Diferentemente, quando há a cessão, aquelas funções típicas do cargo efetivo para o qual o servidor em estágio deveria ser avaliado lhe são retiradas, uma vez que estará em exercício em outro órgão, com outros procedimentos administrativos, com outra hierarquia, com outra subordinação.

É, portanto, com relação ao exercício de cargo em comissão por servidor estagiário, dentro do próprio órgão em que foi admitido, que se deve aplicar o julgado extraído do Tribunal de Contas do Estado de Pernambuco, *in verbis*:

> [...] Ressalte-se, por fim, que na hipótese de haver *manifesta correlação* entre as atribuições das funções de confiança e as atribuições do cargo efetivo do servidor, não há que se falar em suspensão do estágio probatório nem da contagem do prazo para efeito de estabilidade funcional.[135]

Correlata à questão do servidor em estágio probatório que exerce cargo em comissão está a discussão sobre a possibilidade, ou não, de empregado público – aquele ocupante de emprego em sociedade de economia mista ou empresa pública – exercer função de confiança. Nesse sentido, a expressão "servidores ocupantes de cargo efetivo", constante do inc. V do art. 37 da CF/1988, não deve receber interpretação literal, mas autêntica.

Com efeito, a Lei nº 8.112/1990 dispõe:

> Art. 93. [...]
>
> §6º As cessões de empregados de empresa pública ou de sociedade de economia mista, que receba recursos de Tesouro Nacional para o custeio total ou parcial da sua folha de pagamento de pessoal, independem das disposições contidas nos incisos I e II e §§1º e 2º

[135] PERNAMBUCO. Tribunal de Contas do Estado. *Decisão TC nº 0408/96*. Disponível em: https://www.tce.pe.gov.br/internet/index.php/jurisprudencia. Acesso em: 5 jul. 2020.

deste artigo, ficando o exercício do empregado cedido condicionado a autorização específica do Ministério do Planejamento, Orçamento e Gestão, exceto nos casos de ocupação de cargo em comissão ou função gratificada. (Incluído pela Lei nº 10.470/2002).[136]

Note-se que empregados públicos podem, segundo o dispositivo colacionado, exercer função de confiança. Assim, por interpretação autêntica, as funções de confiança devem ser exercidas por servidores públicos em sentido amplo, conceito que abrange os empregados públicos.

O que se exige, na verdade, é o vínculo efetivo com a Administração Pública. Se assim é, as funções de confiança também podem ser exercidas por servidores requisitados, inclusive os empregados públicos.

3.7 Sistema remuneratório

O sistema remuneratório do servidor público comporta diversas parcelas abrigadas sob rubricas que nem sempre são claras a olhos menos acostumados. Some-se a isso, ainda, o fato de o uso cotidiano confundir a natureza jurídica de cada uma. Na prática, os mais desavisados dirão que o importante é o somatório a que tem direito o servidor em seu contracheque no final do mês, qualquer que seja o nome que se queira dar a cada parcela.

Entrementes, casos há em que a legislação acaba por privilegiar uma ou outra categoria funcional, apenas em função das parcelas que compõem a estrutura remuneratória. São parcelas que se somam a outras, que servem de base para o cálculo de outras mais, aumentos salariais escamoteados em parcelas isoladas. Tudo isso já seria pretexto para se conhecer mais amiúde as características de cada uma.

3.7.1 Remuneração

A remuneração é o total remuneratório percebido pelo servidor. É a soma de todas as parcelas que compõem o contracheque do servidor. Podem-se conceber duas espécies de remuneração: a bruta, que é aquela que ainda não sofreu qualquer corte ou tributação, e a líquida, que é a havida depois de descontados os débitos legais obrigatórios.[137]

Em análise anterior do tema, foi possível destacar, com arrimo em José dos Santos Carvalho Filho, que as parcelas, ainda que não permanentes, também compunham a remuneração do servidor.[138] Daí incluírem-se no conceito de remuneração o vencimento, as vantagens pecuniárias e também as indenizações.

Nada obstante, efetuando o exame mais acurado da EC nº 47/2005, verifica-se tendência à mudança daquele raciocínio. Ocorre que tal emenda excluiu, expressamente,

---

[136] BRASIL. *Lei nº 8.112, de 11 de dezembro de 1990*. Dispõe sobre o regime jurídico dos servidores públicos civis da União, das autarquias e das fundações públicas federais. Disponível em: http://www.pl4analto.gov.br/ccivil_03/LEIS/L8112cons.htm. Acesso em: 9 mar. 2020. Art. 93, §6º.

[137] BRASIL. *Lei nº 8.112, de 11 de dezembro de 1990*. Dispõe sobre o regime jurídico dos servidores públicos civis da União, das autarquias e das fundações públicas federais. Disponível em: http://www.pl4analto.gov.br/ccivil_03/LEIS/L8112cons.htm. Acesso em: 9 mar. 2020. O art. 41 estabelece que remuneração é o vencimento do cargo efetivo, acrescido das vantagens pecuniárias permanentes estabelecidas em lei.

[138] CARVALHO FILHO, José dos Santos. *Manual de direito administrativo*. 15. ed., Rio de Janeiro: Lumen Juris, 2005.

as parcelas de caráter indenizatório do limite remuneratório do servidor público. Quer parecer, portanto, que tais parcelas não mais compõem o conceito de remuneração do servidor, fazendo parte, a contar da citada emenda, de um conceito mais amplo que denominaria de retribuição financeira, a qual inclui, além das parcelas eminentemente remuneratórias e por isso mesmo submetidas ao teto constitucional, também as de cunho indenizatório, estranhas àquele limite.

3.7.2 Vencimento

Corresponde à retribuição recebida pelo servidor, precipuamente, em função do exercício do seu cargo. É o valor que corresponde ao padrão estabelecido em lei para o cargo público, desprovido de quaisquer outras parcelas. Nunca é demais lembrar que todo cargo público tem seu vencimento definido em lei.

A Lei nº 8.112/1990 define que "vencimento é a retribuição pecuniária pelo exercício de cargo público, com valor fixado em lei".[139]

Durante muito tempo, gerou discussão nos meios funcionais a disposição da CF/1988 de que o servidor público teria garantido, no mínimo, o recebimento de um salário mínimo.[140] Ocorre que diversos entes estatais complementavam o vencimento do servidor até atingir o valor do salário mínimo.

O Supremo Tribunal Federal, entretanto, ao discutir o tema, deu outros contornos, dessa vez definitivos, ao editar a Súmula Vinculante nº 16.[141] A súmula afastou a obrigatoriedade, em termos constitucionais, de a Administração Pública complementar o vencimento até o salário mínimo. Nada obstante, a teor da Súmula Vinculante nº 15,[142] nada impede que a lei crie garantia para que o servidor receba complemento para atingir o salário mínimo, desde que não sirva de base de cálculo para outras parcelas, evitando-se o conhecido "efeito cascata".

3.7.3 Vencimentos

Cumpre salientar, nesse ponto, que o singular "vencimento" não corresponde ao plural "vencimentos". Este último é utilizado como sinônimo de remuneração, ou seja, a soma de todas as parcelas que compõem a estrutura remuneratória do servidor. Hely Lopes Meirelles explica que, quando "O legislador pretende restringir o conceito ao padrão do cargo do servidor, deverá empregar o vocábulo no singular – vencimento;

---

[139] BRASIL. *Lei nº 8.112, de 11 de dezembro de 1990*. Dispõe sobre o regime jurídico dos servidores públicos civis da União, das autarquias e das fundações públicas federais. Disponível em: http://www.pl4analto.gov.br/ccivil_03/LEIS/L8112cons.htm. Acesso em: 9 mar. 2020. Art. 40.

[140] BRASIL. [Constituição (1988)]. *Constituição da República Federativa do Brasil de 1988*. Brasília: Presidência da República, 1988. Disponível em: http://www.planalto.gov.br/ccivil_03/constituicao/constituicao.htm. Acesso em: 29 jan. 2020. Arts. 7º, inc. IV, e 39, §3º.

[141] "Os artigos 7º, IV, e 39, §3º (redação da EC nº 19/98), da Constituição, referem-se ao total da remuneração percebida pelo servidor público" (BRASIL. Supremo Tribunal Federal. *Súmula nº 16*. Disponível em: http://www.stf.jus.br/portal/jurisprudencia/menuSumario.asp?sumula=1237. Acesso em: 13 mar. 2020).

[142] "O cálculo de gratificações e outras vantagens do servidor público não incide sobre o abono utilizado para se atingir o salário-mínimo" (BRASIL. Supremo Tribunal Federal. *Súmula nº 15*. Disponível em: http://www.stf.jus.br/portal/jurisprudencia/menuSumario.asp?sumula=1233. Acesso em: 13 mar. 2020).

quando quiser abranger também as vantagens conferidas ao servidor, deverá usar o termo no plural – vencimentos".[143]

Todavia, observam-se, em determinadas normas, o emprego indevido da expressão, o que leva o intérprete a buscar o verdadeiro sentido das leis.

Nesse sentido, um bom norte interpretativo é dado pela Lei nº 8.852, de 4.2.1994, que traz diversos conceitos a respeito do tema. Veja-se:

> Art. 1º Para os efeitos desta Lei, a retribuição pecuniária devida na administração pública direta, indireta e fundacional de qualquer dos Poderes da União compreende:
>
> I - como vencimento básico:
>
> a) a retribuição a que se refere o art. 40 da Lei nº 8.112, de 11 de dezembro de 1990, devida pelo efetivo exercício do cargo, para os servidores civis por ela regidos; [...]
>
> c) o salário básico estipulado em planos ou tabelas de retribuição ou nos contratos de trabalho, convenções, acordos ou dissídios coletivos, para os empregados de empresas públicas, de sociedades de economia mista, de suas subsidiárias, controladas ou coligadas, ou de quaisquer empresas ou entidades de cujo capital ou patrimônio o poder público tenha o controle direto ou indireto, inclusive em virtude de incorporação ao patrimônio público;
>
> II - como vencimentos, a soma do vencimento básico com as vantagens permanentes relativas ao cargo, emprego, posto ou graduação;
>
> III - como remuneração, a soma dos vencimentos com os adicionais de caráter individual e demais vantagens, nestas compreendidas as relativas à natureza ou ao local de trabalho e a prevista no art. 62 da Lei nº 8.112, de 1990, ou outra paga sob o mesmo fundamento, sendo excluídas:
>
> a) diárias;
>
> b) ajuda de custo em razão de mudança de sede ou indenização de transporte;
>
> c) auxílio-fardamento;
>
> d) gratificação de compensação orgânica, a que se refere o art. 18 da Lei nº 8.237, de 1991;
>
> e) salário-família;
>
> f) gratificação ou adicional natalino, ou décimo-terceiro salário;
>
> g) abono pecuniário resultante da conversão de até 1/3 (um terço) das férias;
>
> h) adicional ou auxílio natalidade;
>
> i) adicional ou auxílio funeral;
>
> j) adicional de férias, até o limite de 1/3 (um terço) sobre a retribuição habitual;
>
> l) adicional pela prestação de serviço extraordinário, para atender situações excepcionais e temporárias, obedecidos os limites de duração previstos em lei, contratos, regulamentos, convenções, acordos ou dissídios coletivos e desde que o valor pago não exceda em mais de 50% (cinqüenta por cento) o estipulado para a hora de trabalho na jornada normal;
>
> m) adicional noturno, enquanto o serviço permanecer sendo prestado em horário que fundamente sua concessão;
>
> n) adicional por tempo de serviço;
>
> o) conversão de licença-prêmio em pecúnia facultada para os empregados de empresa pública ou sociedade de economia mista por ato normativo, estatutário ou regulamentar anterior a 1º de fevereiro de 1994;

---

[143] MEIRELLES, Hely Lopes. *Direito administrativo brasileiro*. 28. ed. São Paulo: Malheiros, 2003. p. 453.

p) adicional de insalubridade, de periculosidade ou pelo exercício de atividades penosas percebido durante o período em que o beneficiário estiver sujeito às condições ou aos riscos que deram causa à sua concessão;

q) hora repouso e alimentação e adicional de sobreaviso, a que se referem, respectivamente, o inciso II do art. 3º e o inciso II do art. 6º da Lei nº 5.811, de 11 de outubro de 1972;

r) outras parcelas cujo caráter indenizatório esteja definido em lei, ou seja reconhecido, no âmbito das empresas públicas e sociedades de economia mista, por ato do Poder Executivo.[144]

3.7.4 Remuneração do cargo efetivo

A EC nº 20/1998 trouxe como limitador aos proventos de aposentadoria a remuneração do servidor no cargo efetivo, fazendo necessário investigar o conteúdo dessa novel expressão. Nesse sentido, pode-se inferir que o conceito de "remuneração do cargo efetivo" deve abranger a parcela correspondente ao vencimento do cargo efetivo, acrescido das vantagens de natureza permanente, ou seja, equivalente ao significado de "vencimentos".

Para aclarar eventuais dúvidas, o Ministério da Previdência Social preconiza:

> Orientação Normativa nº 02/2009 [...]
>
> Art. 2º [...]
>
> IX - remuneração do cargo efetivo: o valor constituído pelos vencimentos e pelas vantagens pecuniárias permanentes do respectivo cargo, estabelecidas em lei de cada ente, acrescido dos adicionais de caráter individual e das vantagens pessoais permanentes.[145]

Infere-se, à primeira vista, definição mais elástica no normativo do Ministério da Previdência em relação ao conceito de vencimentos anteriormente exposto. Contudo, isso inocorre, vez que exame mais acurado das expressões constantes da orientação normativa permite asseverar a natureza perene das parcelas adicionadas aos vencimentos.

3.7.5 Subsídio

A expressão "subsídio", como espécie do gênero remuneração dos servidores públicos, foi inserida na Constituição Federal, com a edição da EC nº 19/1998:

> Art. 39. [...]
>
> §4º O membro de Poder, o detentor de mandato eletivo, os Ministros de Estado e os Secretários Estaduais e Municipais serão remunerados exclusivamente por subsídio fixado em parcela única, vedado o acréscimo de qualquer gratificação, adicional, abono, prêmio, verba de representação ou outra espécie remuneratória, obedecido, em qualquer caso, o disposto no art. 37, × e XI.[146]

---

[144] BRASIL. *Lei nº 8.852, de 4 de fevereiro de 1994*. Dispõe sobre a aplicação dos arts. 37, incisos XI e XII, e 39, §1º, da Constituição Federal, e dá outras providências. Disponível em: http://www.planalto.gov.br/ccivil_03/LEIS/L8852.htm. Acesso em: 13 mar. 2019.

[145] BRASIL. Ministério da Previdência Social. *Orientação Normativa nº 02, de 31 de março de 2009*. Disponível em: http://sa.previdencia.gov.br/site/2016/06/ORIENTACAONORMATIVASPSn02de31mar2009atualizadaate11jul2014-1-1.pdf. Acesso em: 23 mar. 2020.

[146] BRASIL. [Constituição (1988)]. Emenda Constitucional nº 19, de 04 de junho de 1998. Modifica o regime e dispõe sobre princípios e normas da Administração Pública, servidores e agentes políticos, controle de despesas e

Como visto, o subsídio consiste, notadamente, nos vencimentos de nossos representantes parlamentares – senadores e deputados. Em termos constitucionais, é definido como uma das espécies de remuneração pelas quais o servidor pode receber a retribuição pelos serviços prestados.

É fixado em parcela única, sendo defeso o acréscimo de qualquer gratificação adicional, abono, prêmio, verba de representação ou outra espécie remuneratória. Com efeito, *prima facie*, inexiste possibilidade jurídica de os servidores remunerados mediante subsídio perceberem, conjuntamente em seus demonstrativos de pagamentos, as inúmeras parcelas instituídas em lei, quer na forma de adicionais, abonos, prêmios ou gratificações.

O objetivo principal da instituição do sistema de subsídio foi dar maior transparência à remuneração de determinados agentes públicos, ao se extinguir diversas parcelas conhecidas no jargão popular do serviço público como "penduricalhos". Por isso, inclusive, é que o Texto Constitucional determina a publicidade do subsídio dos servidores públicos:

> Art. 39. [...]
> §6º Os Poderes Executivo, Legislativo e Judiciário publicarão anualmente os valores do subsídio e da remuneração dos cargos e empregos públicos. (Incluído pela Emenda Constitucional nº 19, de 1998).[147]

Nesse contexto, pode-se asseverar que o subsídio emergiu como uma espécie moderna de remuneração de certos cargos públicos, em substituição à remuneração tradicional – vencimento, gratificações e adicionais.

A singela interpretação literal do comando constitucional indica que todas as vantagens existentes no momento da implantação do subsídio são incompatíveis com esse novo regime remuneratório. No entanto, é sabido que a interpretação literal comporta temperamentos, porquanto essa exegese, embora essencial – já que é imediata –, deve ser acolhida com cautela. Toda norma está inserta em um sistema jurídico, devendo-se perquirir seu conteúdo à luz desse todo: é imprescindível buscar a integração do dispositivo analisado com a íntegra do regime normativo vigente quando da publicação.

Tanto é assim que o §11 do art. 37 exclui as parcelas indenizatórias do limite remuneratório previsto no inc. XI do mesmo dispositivo, que vem a ser o subsídio de ministro do Supremo Tribunal Federal, deixando assente a ausência de vedação da percepção de vantagens indenizatórias com subsídio. De plano, infere-se que há regra constitucional específica que afasta a literalidade do dispositivo geral, porque permite a percepção de vantagem – à primeira vista proibida – com subsídio. A isso se denomina interpretação lógico-sistemática ante o princípio da unidade da Constituição.

Em relação aos direitos sociais dos trabalhadores extensíveis aos servidores públicos, ocorre a mesma ressalva. O constituinte, expressamente, assegura aos servidores públicos

finanças públicas e custeio de atividades a cargo do Distrito Federal, e dá outras providências. *Diário Oficial da União [da] República Federativa do Brasil*, Brasília, 5 jun. 1998.

147 BRASIL. [Constituição (1988)]. *Constituição da República Federativa do Brasil de 1988*. Brasília: Presidência da República, 1988. Disponível em: http://www.planalto.gov.br/ccivil_03/constituicao/constituicao.htm. Acesso em: 29 jan. 2020.

algumas vantagens dos trabalhadores da iniciativa privada: décimo terceiro salário, adicional de férias, adicional de serviço extraordinário e adicional noturno etc.[148]

Discute-se, ainda, a juridicidade de servidor remunerado por subsídio perceber gratificação de função por exercício de cargo em comissão ou função comissionada. A resposta, do ponto de vista deste autor, é cristalina e está contida no Texto Constitucional, haja vista dispor que as funções de confiança serão exercidas exclusivamente por servidores titulares de cargo efetivo e que os cargos em comissão serão ocupados preferencialmente por servidores de carreira.

Ora, é a Carta Maior que permite servidor de carreira perceber remuneração mediante subsídio e, automaticamente, adicionar a essa forma de retribuição o adicional de função. Assim, independentemente da forma de retribuição – subsídio ou vencimentos –, o servidor tem assegurado o direito de perceber todas as vantagens financeiras autorizadas na Constituição.

Questão mais complexa é a percepção de adicionais e gratificações prevista na legislação infraconstitucional, isto é, nas normas federais, estaduais, distritais e municipais relativas à remuneração de servidores públicos. A Lei nº 8.112/1990[149] define a remuneração – sistema tradicional – como o somatório da parcela do vencimento do cargo efetivo com as vantagens pecuniárias permanentes preconizadas em lei.

A referida lei também dispõe[150] que, além do vencimento, os servidores terão direito a perceber indenizações, adicionais e gratificações. Resta, então, examinar quais vantagens referentes a adicionais e gratificações previstas apenas na legislação infraconstitucional – as indenizações estão excluídas explicitamente na Lei Maior – serão abarcadas com a implantação do regime de subsídio.

Entende-se que somente os adicionais e as gratificações inerentes ao exercício do cargo efetivo são absorvidos pelo sistema de subsídio. Tais vantagens são aquelas criadas por lei e vinculadas diretamente ao exercício da função efetiva, como gratificação de produtividade, de atividade, de controle externo, legislativa etc. Contudo, existem adicionais e gratificações que são autônomos em relação ao cargo efetivo, ou seja, a percepção é independente das atribuições do cargo efetivo, porquanto é adstrita a situações específicas previstas em lei ou na própria Constituição.

A título de exemplo, podem-se citar, entre outras vantagens pecuniárias: adicionais de insalubridade, periculosidade, penosidade; adicionais de função, de serviço extraordinário, noturno, de localidade, de férias; gratificações natalina, natalícia, de encargo de curso ou concurso, de substituição; e abono de permanência.

O entendimento do Poder Executivo federal é de que há incompatibilidade na percepção de subsídio com qualquer vantagem, independentemente da sua especificidade, *in verbis*:

---

148 BRASIL. [Constituição (1988)]. *Constituição da República Federativa do Brasil de 1988*. Brasília: Presidência da República, 1988. Disponível em: http://www.planalto.gov.br/ccivil_03/constituicao/constituicao.htm. Acesso em: 29 jan. 2020. art. 39, §3º.

149 BRASIL. *Lei nº 8.112, de 11 de dezembro de 1990*. Dispõe sobre o regime jurídico dos servidores públicos civis da União, das autarquias e das fundações públicas federais. Disponível em: http://www.pl4analto.gov.br/ccivil_03/LEIS/L8112cons.htm. Acesso em: 9 mar. 2020. Art. 41.

150 BRASIL. *Lei nº 8.112, de 11 de dezembro de 1990*. Dispõe sobre o regime jurídico dos servidores públicos civis da União, das autarquias e das fundações públicas federais. Disponível em: http://www.pl4analto.gov.br/ccivil_03/LEIS/L8112cons.htm. Acesso em: 9 mar. 2020. Art. 49.

Art. 1º [...].

Parágrafo único. Os titulares de cargos de provimento efetivo das Carreiras de que trata o caput deste artigo serão reenquadrados, a contar de 1º de julho de 2009, conforme disposto no Anexo III desta Lei.

Art. 2º-A. A partir de 1º de julho de 2008, os titulares dos cargos de provimento efetivo integrantes das Carreiras a que se refere o art. 1º desta Lei passam a ser remunerados, exclusivamente, por subsídio, fixado em parcela única, vedado o acréscimo de qualquer gratificação, adicional, abono, prêmio, verba de representação ou outra espécie remuneratória.

Parágrafo único. Os valores do subsídio dos titulares dos cargos a que se refere o caput deste artigo são os fixados no Anexo IV desta Lei, com efeitos financeiros a partir das datas nele especificadas.

Art. 2º-B. Estão compreendidas no subsídio e não são mais devidas aos titulares dos cargos a que se refere o art. 1º desta Lei, a partir de 1º de julho de 2008, as seguintes espécies remuneratórias:

I - Vencimento Básico;

II - Gratificação de Atividade Tributária – GAT, de que trata o art. 3º desta Lei;

III - Gratificação de Incremento da Fiscalização e da Arrecadação – GIFA, de que trata o art. 4º desta Lei; e

IV - Vantagem Pecuniária Individual – VPI, de que trata a Lei nº 10.698, de 02 de julho de 2003.

Parágrafo único. Considerando o disposto no art. 2º-A desta Lei, os titulares dos cargos nele referidos não fazem jus à percepção das seguintes vantagens remuneratórias:

I - Gratificação de Desempenho de Atividade Tributária – GDAT, de que trata o art. 15 da Lei nº 10.593, de 06 de dezembro de 2002;

II - retribuição adicional variável, de que trata o art. 5º da Lei nº 7.711, de 22 de dezembro de 1988;

III - Gratificação de Estímulo à Fiscalização e Arrecadação – GEFA, criada pelo Decreto-Lei nº 2.371, de 18 de novembro de 1987; e

IV - Gratificação de Atividade – GAE, de que trata a Lei Delegada nº 13, de 27 de agosto de 1992.

Art. 2º-C. Além das parcelas e vantagens de que trata o art. 2º-B desta Lei, não são devidas aos titulares dos cargos a que se refere o art. 1º desta Lei, a partir de 1º de julho de 2008, as seguintes espécies remuneratórias:

I - vantagens pessoais e Vantagens Pessoais Nominalmente Identificadas – VPNI, de qualquer origem e natureza;

II - diferenças individuais e resíduos, de qualquer origem e natureza;

III - valores incorporados à remuneração decorrentes do exercício de função de direção, chefia ou assessoramento ou de cargo de provimento em comissão;

IV - valores incorporados à remuneração referentes a quintos ou décimos;

V - valores incorporados à remuneração a título de adicional por tempo de serviço;

VI - vantagens incorporadas aos proventos ou pensões por força dos arts. 180 e 184 da Lei nº 1.711, de 28 de outubro de 1952, e dos arts. 192 e 193 da Lei nº 8.112, de 11 de dezembro de 1990;

VII - abonos;

VIII - valores pagos a título de representação;

IX - adicional pelo exercício de atividades insalubres, perigosas ou penosas;

X - adicional noturno;

> XI - adicional pela prestação de serviço extraordinário; e
>
> XII - outras gratificações e adicionais, de qualquer origem e natureza, que não estejam explicitamente mencionados no art. 2º-E.
>
> Art. 2º-D. Os servidores integrantes das Carreiras de que trata o art. 1º desta Lei não poderão perceber cumulativamente com o subsídio quaisquer valores ou vantagens incorporadas à remuneração por decisão administrativa, judicial ou extensão administrativa de decisão judicial, de natureza geral ou individual, ainda que decorrentes de sentença judicial transitada em julgado.
>
> Art. 2º-E. O subsídio dos integrantes das Carreiras de que trata o art. 1º desta Lei não exclui o direito à percepção, nos termos da legislação e regulamentação específica, de:
>
> I - gratificação natalina;
>
> II - adicional de férias;
>
> III - abono de permanência de que tratam o §19 do art. 40 da Constituição Federal, o §5º do art. 2º e o §1º do art. 3º da Emenda Constitucional nº 41, de 19 de dezembro de 2003;
>
> IV - retribuição pelo exercício de função de direção, chefia e assessoramento; e
>
> V - parcelas indenizatórias previstas em lei.
>
> Art. 2º-F. A aplicação das disposições desta Lei aos servidores ativos, aos inativos e aos pensionistas não poderá implicar redução de remuneração, de proventos e de pensões.
>
> §1º Na hipótese de redução de remuneração, de provento ou de pensão, em decorrência da aplicação do disposto nesta Lei, eventual diferença será paga a título de parcela complementar de subsídio, de natureza provisória, que será gradativamente absorvida por ocasião do desenvolvimento no cargo ou na Carreira por progressão ou promoção ordinária ou extraordinária, da reorganização ou da reestruturação dos cargos e das Carreiras ou das remunerações previstas nesta Lei, da concessão de reajuste ou vantagem de qualquer natureza, bem como da implantação dos valores constantes do Anexo IV desta Lei.[151]

Percebe-se que o Governo federal incorreu em equívoco, com respeitosa vênia, porquanto procedeu à interpretação gramatical do dispositivo constitucional que instituiu o subsídio, leitura essa já rechaçada ao longo dessa investigação.

Mas, por compromisso com o debate e para maior reflexão dos que pensam em contrário, imagine-se a seguinte hipótese. O art. 7º, inc. XIII da Constituição estabelece jornada semanal máxima de 44 horas semanais. A Lei nº 8.112/1990 prevê, no art. 19, duração máxima de prestação de serviço semanal de 40 horas. Assim, indaga-se: servidor público remunerado mediante subsídio que, no interesse da Administração, for solicitado a fazer serviço extraordinário fá-lo-á sem a contraprestação pecuniária?

Ora, a resposta é verdadeiramente negativa. A uma, porque a exploração de mão de obra é contrária ao princípio da dignidade da pessoa humana, fundamento da República Federativa do Brasil. A duas, em face de a Constituição e as leis que regem o assunto preconizarem limites máximos de jornada de trabalho e o excesso ser

[151] BRASIL. *Lei nº 10.910, de 15 de julho de 2004*. Reestrutura a remuneração dos cargos das carreiras de Auditoria da Receita Federal, Auditoria-Fiscal da Previdência Social, Auditoria-Fiscal do Trabalho, altera o pró-labore, devido aos ocupantes dos cargos efetivos da carreira de Procurador da Fazenda Nacional, e a Gratificação de Desempenho de Atividade Jurídica – GDAJ, devida aos ocupantes dos cargos efetivos das carreiras de Advogados da União, de Procuradores Federais, de Procuradores do Banco Central do Brasil, de Defensores Públicos da União e aos integrantes dos quadros suplementares de que trata o art. 46 da Medida Provisória nº 2.229-43, de 6 de setembro de 2001, e dá outras providências. (Redação da Medida Provisória nº 440, de 29 de agosto de 2008, convertida na Lei nº 11.890, de 24.12.2008). Disponível em: http://www.planalto.gov.br/ccivil_03/_Ato2004-2006/2004/Lei/L10.910.htm#anexoiii. Acesso em: 13 mar. 2020.

devidamente remunerado por meio de adicionais de serviço extraordinário, sob pena de enriquecimento ilícito por parte do Estado. Ademais, é assente, tanto nas normas de regência quanto na jurisprudência do Pretório Excelso, a vedação de prestação de serviço gratuito.

Esse mesmo raciocínio deve ser realizado para os servidores remunerados por subsídio que realizam serviços no período noturno. A Carta Magna assegura, expressamente, o direito dos servidores públicos ao adicional noturno. O art. 75 da Lei nº 8.112/1990 dispõe que a prestação de serviço no horário compreendido entre 22 horas de um dia e 5 horas do dia seguinte gerará um benefício consubstanciado no adicional noturno.[152]

Com efeito, deve-se adotar o mesmo posicionamento para os servidores remunerados pelo novo sistema que prestem serviço em atividades insalubres e perigosas, devidamente atestadas pelos profissionais competentes para tanto. Observe-se que não é a forma de remuneração que afasta o risco à saúde, e sim medidas efetivas de proteção à saúde do servidor. Assim, se o risco à saúde estiver presente, tem o Estado o dever de compensar o agente público mediante pagamento dos adicionais previstos em lei. A posição, aqui sustentada, encontra guarida nos ensinamentos proferidos pela insigne Ministra Cármen Lúcia, em emblemático julgamento do Supremo Tribunal Federal, do qual se reproduz excerto:

> Subsídio não elimina nem é incompatível com vantagem constitucionalmente obrigatória ou legalmente concedida. O que não se admite mais é a concessão de um aumento que venha travestido de vantagem, mas que dessa natureza não é. A vantagem guarda natureza própria, fundamento específico e característica legal singular, que não é confundida com os sucessivos aumentos e aumento sobre aumentos, que mais escondiam que mostravam aos cidadãos, quanto cada um dos seus agentes percebia em função do exercício do seu cargo, função ou emprego público.[153]

Nessa mesma linha posiciona-se o Conselho Nacional de Justiça (CNJ) sobre as verbas que estão abrangidas pelo subsídio, na Resolução nº 13, de 21.3.2006:

> Art. 5º As seguintes verbas não estão abrangidas pelo subsídio e não são por ele extintas:
>
> I - de caráter permanente: retribuição pelo exercício, enquanto este perdurar, em comarca de difícil provimento;
>
> II - de caráter eventual ou temporário:
>
> a) exercício da Presidência de Tribunal e de Conselho de Magistratura, da Vice-Presidência e do encargo de Corregedor;
>
> b) investidura como Diretor de Foro;
>
> c) exercício cumulativo de atribuições, como nos casos de atuação em comarcas integradas, varas distintas na mesma Comarca ou circunscrição, distintas jurisdições e juizados especiais;
>
> d) substituições;

[152] BRASIL. *Lei nº 8.112, de 11 de dezembro de 1990*. Dispõe sobre o regime jurídico dos servidores públicos civis da União, das autarquias e das fundações públicas federais. Disponível em: http://www.pl4analto.gov.br/ccivil_03/LEIS/L8112cons.htm. Acesso em: 9 mar. 2020.

[153] BRASIL. Supremo Tribunal Federal. *Mandado de Segurança nº 24.875-1*. Rel. Min. Cármen Lúcia. Disponível em: https://jurisprudencia.stf.jus.br/pages/search/sjur7447/false. Acesso em: 5 jul. 2020.

e) diferença de entrância;

f) coordenação de Juizados;

g) direção de escola;

h) valores pagos em atraso, sujeitos ao cotejo com o teto junto com a remuneração do mês de competência;

i) exercício como Juiz Auxiliar na Presidência, na Vice-Presidência, na Corregedoria e no Segundo Grau de Jurisdição;

j) participação em Turma Recursal dos Juizados Especiais.

Parágrafo único. A soma das verbas previstas neste artigo com o subsídio mensal não poderá exceder os tetos referidos nos artigos 1º e 2º, ressalvado o disposto na alínea 'h' deste artigo.

Art. 6º Está sujeita ao teto remuneratório a percepção cumulativa de subsídios, remuneração, proventos e pensões, de qualquer origem, nos termos do art. 37, inciso XI, da Constituição Federal, ressalvado o disposto no art. 8º desta Resolução.

Art. 7º Não podem exceder o valor do teto remuneratório, embora não se somem entre si e nem com a remuneração do mês em que se der o pagamento:

I - adiantamento de férias;

II - décimo terceiro salário;

III - terço constitucional de férias.

Art. 8º Ficam excluídas da incidência do teto remuneratório constitucional as seguintes verbas:

I - de caráter indenizatório, previstas em lei:

a) ajuda de custo para mudança e transporte;

b) auxílio-moradia;

c) diárias;

d) auxílio-funeral;

e) indenização de férias não gozadas;

f) indenização de transporte;

g) outras parcelas indenizatórias previstas na Lei Orgânica da Magistratura Nacional de que trata o art. 93 da Constituição Federal.

II - de caráter permanente:

a) remuneração ou provento decorrente do exercício do magistério, nos termos do art. 95, parágrafo único, inciso I, da Constituição Federal; e

b) benefícios percebidos de planos de previdência instituídos por entidades fechadas, ainda que extintas.

III - de caráter eventual ou temporário:

a) auxílio pré-escolar;

b) benefícios de plano de assistência médico-social;

c) devolução de valores tributários e/ou contribuições previdenciárias indevidamente recolhidos;

d) gratificação pelo exercício da função eleitoral, prevista nos art. 1º e 2º da Lei nº 8.350, de 28 de dezembro de 1991, na redação dada pela Lei nº 11.143, de 26 de julho de 2005;

e) gratificação de magistério por hora-aula proferida no âmbito do Poder Público;

f) bolsa de estudo que tenha caráter remuneratório.

> IV - abono de permanência em serviço, no mesmo valor da contribuição previdenciária, conforme previsto no art. 40, §19, da Constituição Federal, incluído pela Emenda Constitucional nº 41, de 31 de dezembro de 2003.
>
> Parágrafo único. É vedada, no cotejo com o teto remuneratório, a exclusão de verbas que não estejam arroladas nos incisos e alíneas deste artigo.[154]

Nada obstante, controvérsia mais acirrada há em relação à absorção ou não das vantagens pessoais percebidas por servidores públicos, quando da implantação do regime de subsídio. Diante desse debate, faz-se necessário, primeiramente, definir a expressão "vantagem pessoal". Trata-se de vantagem incorporada ao patrimônio pessoal do servidor público após o cumprimento de determinado lapso temporal exigido em lei, como o adicional por tempo de serviço e os denominados "quintos ou décimos", também chamados de estabilidade financeira.

O Poder Executivo federal determinou a incorporação das vantagens pessoais ao valor do subsídio criado para os servidores de carreira contemplados na Lei nº 11.890/2008.[155] Por outro lado, o Conselho Nacional do Ministério Público, ao regulamentar a adoção do subsídio no Ministério Público da União e dos estados, posicionou-se de maneira diametralmente oposta, permitindo a coexistência de subsídio com vantagem pessoal:

> Art. 4º Estão compreendidas no subsídio de que trata o artigo anterior e são por esse extintas todas as parcelas do regime remuneratório anterior, exceto as decorrentes de: [...]
>
> V - incorporação de vantagens pessoais decorrentes de exercício de função de direção, chefia e assessoramento e da aplicação do parágrafo único do art. 232 da Lei Complementar nº 75, de 1993, ou equivalente nos Estados, aos que preencheram os seus requisitos até a publicação da Emenda Constitucional nº 20, em 16 de dezembro de 1998.[156]

No âmbito do Conselho Nacional de Justiça, prevaleceu a orientação da extinção de eventuais vantagens pessoais com o regime de subsídio:

---

154 BRASIL. Conselho Nacional de Justiça. Resolução nº 13 de 21 março de 2006. *DJ*, n. 62, p. 145, 30 mar. 2006. Disponível em: https://atos.cnj.jus.br/atos/detalhar/atos-normativos?documento=177. Acesso em: 5 jul. 2020.

155 BRASIL. Lei nº 11.890, de 24 de dezembro de 2008. Dispõe sobre a reestruturação da composição remuneratória das Carreiras de Auditoria da Receita Federal do Brasil e Auditoria-Fiscal do Trabalho, de que trata a Lei nº 10.910, de 15 de julho de 2004, das Carreiras da Área Jurídica, de que trata a Lei nº 11.358, de 19 de outubro de 2006, das Carreiras de Gestão Governamental, de que trata a Medida Provisória nº 2.229-43, de 06 de setembro de 2001; das Carreiras do Banco Central do Brasil – BACEN, de que trata a Lei nº 9.650, de 27 de maio de 1998; e da Carreira de Diplomata, de que trata a Lei nº 11.440, de 29 de dezembro de 2006; cria o Plano de Carreiras e Cargos da Susep, o Plano de Carreiras e Cargos da CVM e o Plano de Carreiras e Cargos do IPEA; dispõe sobre a remuneração dos titulares dos cargos de Técnico de Planejamento P-1501 do Grupo P-1500, de que trata a Lei nº 9.625, de 07 de abril de 1998, e dos integrantes da Carreira Policial Civil dos extintos Territórios Federais do Acre, Amapá, Rondônia e Roraima de que trata a Lei nº 11.358, de 19 de outubro de 2006, sobre a criação de cargos de Defensor Público da União e a criação de cargos de Analista de Planejamento e Orçamento, e sobre o Sistema de Desenvolvimento na Carreira – SIDEC; altera as Leis nºs 10.910, de 15 de julho de 2004, 11.358, de 19 de outubro de 2006, e 9.650, de 27 de maio de 1998, 11.457, de 16 de março de 2007; revoga dispositivos da Medida Provisória nº 2.229-43, de 06 de setembro de 2001, das Leis nºs 9.650, de 27 de maio de 1998, 10.593, de 06 de dezembro de 2002, 10.910, de 15 de julho de 2004, 11.094, de 13 de janeiro de 2005, 11.344, de 08 de setembro de 2006, e 11.356, de 19 de outubro de 2006; e dá outras providências. *Diário Oficial da União [da] República Federativa do Brasil*, Brasília, 26 dez. 2008.

156 BRASIL. Conselho Nacional do Ministério Público. *Resolução nº 09, de 5 de junho de 2006*. Dispõe sobre a aplicação do teto remuneratório constitucional e do subsídio mensal dos membros do Ministério Público. Disponível em: https://www.cnmp.mp.br/portal/atos-e-normas/norma/407/%26highlight=WyJyZXNvbHVcdTAwZTdcdTAwZTNvIiwiMDkiLCJyZXNvbHVcdTAwZTdcdTAwZTNvIDA5Il0=. Acesso em: 13 mar. 2020. Art. 4º, inc. V.

Resolução nº 13/2006

[...]

Art. 4º Estão compreendidas no subsídio dos magistrados e por ele extintas as seguintes verbas do regime remuneratório anterior: [...]

VII - vantagens de qualquer natureza, tais como: [...]

c) vantagens pessoais e as nominalmente identificadas (VPNI); [...]

f) quintos; [...].[157]

Observa-se, assim, um descompasso entre o posicionamento do Poder Executivo federal, do Conselho Nacional de Justiça e do Conselho Nacional do Ministério Público em relação à compatibilidade da percepção de vantagem pessoal com subsídio.

No âmbito do Judiciário, há decisões do Superior Tribunal de Justiça no sentido de referendar a legislação federal com integração da vantagem pessoal ao subsídio.

[...] I - A divergência jurisprudencial, para restar caracterizada, deve alcançar as peculiaridades juridicamente relevantes do caso. Não havendo similitude fática entre o v. acórdão hostilizado e os paradigmas, o dissídio não pode ser reconhecido.

II - *In casu*, a discussão nos precedentes citados a título de paradigmas refere-se à manutenção das vantagens adquiridas em cargo anteriormente ocupado, já no aresto recorrido, refere-se à absorção das vantagens pelo subsídio.

III - Demais disso, o direito adquirido, no que se refere à remuneração dos servidores públicos, traduz-se apenas na preservação do valor nominal dos vencimentos ou proventos, não protegendo a estrutura remuneratória ou determinada fórmula de composição de vencimento. Precedentes dos ee. STF e STJ.

IV - Na espécie, além de a Lei nº 11.358/2006 assegurar a irredutibilidade de vencimentos aos integrantes da carreira de Procurador da Fazenda Nacional, na forma de parcela complementar de subsídio, o e. Tribunal a quo concluiu que, *in casu*, não houve perda salarial em função da implementação do regime de subsídios.

Agravo regimental desprovido.[158]

No mesmo sentido:

[...] 1. O subsídio, termo introduzido na Constituição Federal pela EC nº 19/98, consubstancia espécie de remuneração, paga em parcela única, sendo vedado o acréscimo de qualquer gratificação, adicional, prêmio ou verba de representação.

2. Esta Corte firmou entendimento de que a lei nova pode regular as relações jurídicas com a Administração Pública, extinguindo, reduzindo ou criando vantagens, bem como determinando reenquadramentos, transformações ou reclassificações, não havendo falar em direito adquirido a regime jurídico, desde que observada a proteção constitucional à irredutibilidade de vencimentos.

3. Recurso especial improvido.[159]

---

157 BRASIL. Conselho Nacional de Justiça. Resolução nº 13 de 21 março de 2006. *DJ*, n. 62, p. 145, 30 mar. 2006. Disponível em: https://atos.cnj.jus.br/atos/detalhar/atos-normativos?documento=177. Acesso em: 5 jul. 2020. Art. 4º, inc. VII, alíneas "c" e "f".

158 BRASIL. Superior Tribunal de Justiça. AgRg no REsp nº 1099461/RS. Quinta Turma. Rel. Min. Felix Fischer. *Diário da Justiça eletrônico*, 17 ago. 2009.

159 BRASIL. Superior Tribunal de Justiça. *Recurso Especial nº 1.099.126/RS* (2008/0228693-6). Rel. Min. Jorge Mussi. Disponível em: https://scon.stj.jus.br/SCON/jurisprudencia/doc.jsp. Acesso em: 5 jul. 2020.

E, numa ação rescisória, o STJ manteve seu posicionamento:

> [...] I - O servidor não tem direito adquirido a regime jurídico, notadamente aos critérios legais embasadores de sua remuneração, restringindo-se, o seu direito, à manutenção do *quantum* remuneratório. Precedentes do c. Supremo Tribunal Federal e desta e. Corte Superior.
>
> II - *In casu*, a Lei Complementar Estadual nº 71/2000, ao converter o sistema de remuneração dos militares estaduais em subsídio, absorveu as vantagens pessoais, garantindo, contudo, a irredutibilidade do *quantum* remuneratório.
>
> Pedido rescisório procedente.[160]

O Supremo Tribunal Federal também caminhou no mesmo sentido, ao afastar a possibilidade de magistrado remunerado por subsídio continuar a perceber cumulativamente vantagem pessoal decorrente de incorporação ocorrida quando integrante do Ministério Público, na forma do excerto do acórdão a seguir transcrito:

> [...] 1. O Supremo Tribunal Federal já pacificou entendimento de que descabe alegar direito adquirido a regime jurídico. Precedentes.
>
> 2. Preservação dos valores já recebidos em respeito ao princípio da boa-fé. Precedentes.
>
> 3. Agravo regimental parcialmente provido.[161]

A leitura desatenta dos julgados transcritos pode levar o intérprete a entendimento equivocado, *data maxima venia*, acerca do verdadeiro alcance das decisões judiciais.

Em realidade, o STJ não infirmou a possibilidade da percepção cumulativa de vantagem pessoal com subsídio, mas sim que a legislação de regência, de maneira expressa, incorporou tal vantagem ao valor da novel retribuição, sob a forma de subsídio. No entanto, garantiu aos servidores que eventualmente tiveram redução em suas remunerações a percepção de parcela complementar de subsídio em face do princípio da irredutibilidade.

Já o STF afastou a possibilidade de magistrado remunerado por subsídio perceber, adicionalmente, vantagem pessoal incorporada quando membro do Ministério Público, sob o fundamento principal da inexistência dessa parcela na remuneração da magistratura e do descabimento da alegação de direito adquirido.

A confusão acerca da incorporação de vantagens pessoais ao valor do subsídio decorre da leitura açodada do art. 8º da Emenda Constitucional nº 41/2003, que estabelece regra de transição para fins de aplicação do limite remuneratório na Administração Pública. Isso ocorre ante a determinação de que sejam levados em consideração os adicionais por tempo de serviço dos ministros do STF na configuração do valor provisório do subsídio.

Contudo, nesse caso, há referência explícita na Constituição acerca da absorção dos adicionais em razão do tempo de serviço no subsídio dos magistrados da Corte Suprema. Tanto é que esse órgão judicial decidiu pela improcedência de pleito de

160 BRASIL. Superior Tribunal de Justiça. *Ação Rescisória nº 3.593/MT (2006/0130764-9)*. Disponível em: https://scon.stj.jus.br/SCON/jurisprudencia/doc.jsp. Acesso em: 5 jul. 2020.

161 BRASIL. Supremo Tribunal Federal. *Agravo Regimental no Agravo de Instrumento nº 410.946*. Disponível em: https://scon.stj.jus.br/SCON/jurisprudencia/doc.jsp. Acesso em: 5 jul. 2020.

ministros aposentados no sentido de permanecerem recebendo os quinquênios quando da implantação do subsídio para todos os juízes:

> [...] IV. Magistrados. Subsídios, adicional por tempo de serviço e o teto do subsídio ou dos proventos, após a EC nº 41/2003: arguição de inconstitucionalidade, por alegada irrazoabilidade da consideração do adicional por tempo de serviço quer na apuração do teto (EC nº 41/03, art. 8º), quer na das remunerações a ele sujeitas (art. 37, XI, CF, cf. EC nº 41/2003): rejeição. [...] 5. Se assim é – e dada a determinação do art. 8º da EC nº 41/03, de que, na apuração do "valor da maior remuneração atribuída por lei [...] a Ministro do Supremo Tribunal Federal", para fixar o teto conforme o novo art. 37, XI, da Constituição, ao vencimento e à representação do cargo, se somasse a "parcela recebida em razão do tempo de serviço" – é patente que, dessa apuração e da sua aplicação como teto dos subsídios ou proventos de todos os magistrados, não pode ter resultado prejuízo indevido no tocante ao adicional questionado. 6. É da jurisprudência do Supremo Tribunal que não pode o agente público opor, à guisa de direito adquirido, a pretensão de manter determinada fórmula de composição de sua remuneração total, se, da alteração, não decorre a redução dela. 7. Se dessa forma se firmou quanto a normas infraconstitucionais, o mesmo se há de entender, no caso, em relação à emenda constitucional, na qual os preceitos impugnados, se efetivamente aboliram o adicional por tempo de serviço na remuneração dos magistrados e servidores pagos mediante subsídio, é que neste – o subsídio – foi absorvido o valor da vantagem. 8. Não procede, quanto ao ATS, a alegada ofensa ao princípio da isonomia, já que, para ser acolhida, a arguição pressuporia que a Constituição mesma tivesse erigido o maior ou menor tempo de serviço em fator compulsório do tratamento remuneratório dos servidores, o que não ocorre, pois o adicional correspondente não resulta da Constituição, que apenas o admite – mas, sim, de preceitos infraconstitucionais. [...].[162]

Pode-se concluir, portanto, que a instituição do novel regime remuneratório sob a forma de subsídio dos agentes relacionados no §4º do art. 39 da CF/1988 ainda é objeto de controvérsia pelos aplicadores do direito. Demanda, assim, estudos mais aprofundados com o fito de buscar a exata compreensão e o alcance dessa moderna espécie de retribuição no serviço público nacional.

Nada obstante, ousa-se defender a constitucionalidade da coexistência de determinadas vantagens com o subsídio, especialmente as de extração constitucional, as previstas nas normas infraconstitucionais que sejam desvinculadas das atribuições ordinárias do cargo efetivo, bem como os adicionais pessoais, desde que não incorporados expressamente na legislação que implantou o sistema remuneratório de subsídio, e respeitando-se o princípio da irredutibilidade remuneratória.

O Supremo Tribunal Federal enfrentou o tema, em repercussão geral, oportunidade em que destacou que o regime de subsídio é incompatível com outras parcelas remuneratórias, porém mostra-se plausível a junção com parcelas de outra natureza. Veja-se:

> [...] 2. O regime de subsídio é incompatível com outras parcelas remuneratórias de natureza mensal, o que não é o caso do décimo terceiro salário e do terço constitucional de férias, pagos a todos os trabalhadores e servidores com periodicidade anual. 3. A "verba de representação" impugnada tem natureza remuneratória, independentemente de a lei

[162] BRASIL. Supremo Tribunal Federal. Mandado de Segurança nº 24.875. Tribunal Pleno. Rel. Min. Sepúlveda Pertence. *Diário da Justiça*, Brasília, 6 out. 2006. p. 00033.

municipal atribuir-lhe nominalmente natureza indenizatória. Como consequência, não é compatível com o regime constitucional de subsídio. 4. Recurso parcialmente provido.[163]

Veja-se, por outro lado, que a Resolução nº 341/2015 – CJF – ao regulamentar a Lei nº 13.093/2015 – estabeleceu que a gratificação por exercício cumulativo de jurisdição, embora tenha natureza remuneratória, pode ser somada ao subsídio para fins de incidência do teto remuneratório constitucional.[164]

Mostra-se, portanto, que a interpretação a ser feita quanto ao percebimento de subsídios com outras parcelas é no sentido de que a proibição de acúmulo se assenta na dupla vertente de temporariedade e natureza da parcela a ser somada ao subsídio. É dizer: se a parcela a ser somada não tem cunho permanente, tampouco é simplesmente de natureza remuneratória, ou seja, possui caracterização específica, pode-se juntar ao subsídio.

Por isso, pois, defende-se que o recebimento de subsídio não exclui a percepção de décimo terceiro, adicional de férias, adicional de insalubridade e periculosidade, horas extras, adicional noturno, gratificação por encargo de curso e concurso etc.

3.7.6 Gratificação natalina – Integração à base de cálculo da média após a EC nº 103/2019

O Tribunal de Contas da União, conforme se pode observar no Acórdão nº 17953/2021-Segunda Câmara, admite a inclusão, na base de cálculo da média, da gratificação natalina, desde que tenha havido contribuição sobre essa verba e, na apuração anual, observe-se o numerador de 13 meses e o denominador também de 13.

Essa tese sempre foi defendida por este autor. Conquanto, é sabido que não é aceita pelo RGPS, tendo em vista disposição legal expressa no art. 29, §3º, da Lei nº 8.213/1991,[165] e referendada na jurisprudência do Judiciário. Nada obstante, ousa-se rediscutir o tema a partir da EC nº 103/2019.

É que se tem nova diretriz para o cálculo da média tanto no RGPS quanto no RPPS da União. A questão a saber, portanto, é se houve a recepção da norma do RGPS que exclui o décimo terceiro da base de cálculo da média, tendo em vista que o art. 26 da EC nº 103/2019 não reproduz tal exclusão expressamente.

O desafio, assim, é saber se é possível permanecer com a retirada da gratificação natalina do cálculo no RGPS e mantê-la no RPPS, ante o entendimento até então vigente.

Parece-me que essa compreensão não é a mais adequada, porque estar-se-ia calculando de forma diferente benefícios que são regidos pelo mesmo dispositivo

---

163 BRASIL. Supremo Tribunal Federal. *Recurso Extraordinário nº 650.898/RS*. Red. Min. Roberto Barroso, 1º.2.2017. Disponível em: https://jurisprudencia.stf.jus.br/pages/search/sjur371895/false. Acesso em: 5 jul. 2020. "Ementa: Recurso Extraordinário. Repercussão geral. Ação Direta De Inconstitucionalidade estadual. Parâmetro de controle. Regime de subsídio. Verba de representação, 13º salário e terço constitucional de férias".

164 BRASIL. Conselho da Justiça Federal. *Resolução nº 341/2015*. Disponível em: https://www2.cjf.jus.br/jspui/handle/1234/48404?show=full. Acesso em: 12 jun. 2020. Art. 12.

165 BRASIL. *Lei 8.213, de 24 de julho de 1991*. "Art. 29. [...] §3º Serão considerados para cálculo do salário-de-benefício os ganhos habituais do segurado empregado, a qualquer título, sob forma de moeda corrente ou de utilidades, sobre os quais tenha incidido contribuições previdenciárias, exceto o décimo-terceiro salário (gratificação natalina)".

constitucional. A solução tem que ser igual, ou seja, ou se exclui nos dois sistemas ou se inclui em ambos.

Entende-se que, pela lógica da redação constante no *caput* do art. 26 da EC nº 103/2019, o legislador constituinte determinou que se considere no cálculo da média todas as remunerações de contribuições a contar de julho de 1994, sem mencionar a exclusão de qualquer parcela contributiva obrigatória.

A propósito, é assente na jurisprudência do STF a inclusão da gratificação natalina na base de cálculo da contribuição previdenciária. Nesse sentido:

> Súmula 688/STF
> É legítima a incidência da contribuição previdenciária sobre o 13º salário.

Dessa forma, não se pode, com respeitosa vênia, sustentar a recepção da norma do RGPS que exclui a verba, sob pena de se inverter o sistema jurídico em que devem prevalecer as normas constitucionais em detrimento da norma infraconstitucional. Nessa toada, sustenta-se a não recepção, pela EC nº 103/2019, do normativo que afasta o décimo terceiro do cálculo da média para fins de fixação de proventos.

3.7.7 Vantagens pecuniárias

As vantagens pecuniárias são parcelas que se acrescentam ao vencimento, em decorrência de uma condição preestabelecida. Assim, ocorrendo a situação fática prevista na norma, surge o direito do servidor de receber tais vantagens. Segundo a tradicional doutrina de Hely Lopes Meirelles, as vantagens pecuniárias são o gênero do qual se espraiam suas espécies, quais sejam, os adicionais e as gratificações. Salienta o autor que:

> O que caracteriza o adicional e o distingue da gratificação é o ser aquele uma recompensa ao tempo de serviço do servidor, ou uma retribuição pelo desempenho de funções especiais que refogem da rotina burocrática, e esta, uma compensação por serviços comuns executados em condições anormais para o servidor, ou uma ajuda pessoal em face de certas situações que agravam o orçamento do servidor. O adicional relaciona-se com o tempo ou com a função, a gratificação relaciona-se com o serviço ou com o servidor. O adicional em princípio, adere ao vencimento e, por isso, tem caráter permanente; a gratificação é autônoma e contingente. Ambos, porém podem ser suprimidos para o futuro.[166]

Didaticamente, a definição do renomado autor é interessante. No caso concreto, todavia, o que diuturnamente ocorre é uma confusão legal a respeito de adicionais e gratificações, de modo que leis definem adicionais quando o caso seria de gratificações e vice-versa.

Note-se o exemplo do adicional por tempo de serviço. Não é incomum verificarmos legislações de carreiras de servidores públicos que denominam essa vantagem como sendo gratificação por tempo de serviço, ou, ainda, vantagem relacionada com o serviço – gratificação – que é permanente e não contingente, como ensina o autor.

Na prática, portanto, o que prevalece, isso sim é fundamental, é ter-se em mente que, quer seja adicional, quer seja gratificação, a aplicação da vantagem à remuneração

---

[166] MEIRELLES, Hely Lopes. *Direito administrativo brasileiro*. 28. ed. São Paulo: Malheiros, 2003. p. 460.

do servidor deverá estar prevista em lei. Sim, pois somente com o devido processo legislativo é que a remuneração do servidor poderá ser alterada. Trata-se da aplicação estrita do princípio da legalidade na Administração Pública. Dessa forma, ocorrendo a situação fática prevista na norma de regência, o servidor terá direito a uma parcela que se acrescentará ao vencimento. De resto, a aplicação, o modo de incorporação, a forma de cálculo, enfim, o *modus operandi* da vantagem deverá estar previamente previsto em lei.

Teoricamente, pode-se conceber, contudo, que as vantagens pecuniárias podem ser distinguidas em intrínsecas e extrínsecas. Intrínsecas seriam aquelas vantagens que se relacionam com a situação pessoal do servidor, *v.g.*, o adicional por tempo de serviço e vantagens pessoais nominalmente identificadas. A seu turno, as vantagens extrínsecas seriam aquelas relacionadas com o serviço, como o trabalho em condições de insalubridade, ou determinadas gratificações que são pagas em decorrência de condições especiais de serviço, *v.g.*, gratificações de auditoria, de fiscalização, de inspeção.

3.7.8 Indenizações

Por sua natureza jurídica, as indenizações não se aderem à remuneração de forma perene, mas, sim, de maneira transitória. Destinam-se a cobrir despesas extraordinárias do servidor, cujos limites devem estar previamente previstos em lei. Por tratar-se de indenização, essas parcelas estão imunes à tributação do imposto de renda, desde que devidamente reconhecidas pela Receita Federal do Brasil.

A lei pode criar diversos tipos de indenização. Entre as mais comuns, podem-se citar:

a) ajuda de custo, que se destina a compensar as despesas de instalação em nova sede de serviço, pressupondo mudança de domicílio de forma permanente;
b) diárias, que indenizam despesas com passagem e/ou estadia em razão de prestação de serviço em outra sede e em caráter eventual;
c) auxílio-transporte, que se presta ao custeio total ou parcial de despesas de locomoção do servidor;
d) auxílio-moradia, que visa ao ressarcimento das despesas comprovadamente realizadas pelo servidor com moradia.

Todos os exemplos citados demonstram o pagamento de indenização diretamente ao servidor. Há a possibilidade, no entanto, de referidas indenizações serem pagas diretamente aos dependentes de servidor falecido. Como exemplo, cite-se a indenização de férias, consignada na Resolução nº 221, de 19.12.2012, do Conselho da Justiça Federal:

> Art. 19. O servidor que for exonerado do cargo efetivo ou do cargo em comissão, ou dispensado da função comissionada, perceberá indenização relativa ao período de férias na proporção de um doze avos por mês de efetivo exercício ou fração superior a quatorze) dias, observada a data de início do exercício do cargo ou da função.
>
> §1º A indenização de que trata este artigo também é devida ao servidor que vier a se aposentar e aos dependentes ou sucessores do servidor falecido, hipótese na qual se observará o disposto na Lei nº 6.858, de 24 de novembro de 1980.[167]

[167] BRASIL. Conselho da Justiça Federal. *Resolução nº 2012/00221*, de 19 de dezembro de 2012. (Redação dada pela Resolução no 265, de 29 de 11 de novembro de 2013). Disponível em: https://www2.cjf.jus.br/jspui/bitstream/handle/1234/46369/Res%20221-2012%20alterada.pdf?sequence=6. Acesso em: 16 mar. 2020.

Por seu turno, a Lei nº 6.858/1980 dispõe:

> Art. 1º Os valores devidos pelos empregadores aos empregados e os montantes das contas individuais do Fundo de Garantia do Tempo de Serviço e do Fundo de Participação PIS-PASEP, não recebidos em vida pelos respectivos titulares, serão pagos, em quotas iguais, aos dependentes habilitados perante a Previdência Social ou na forma da legislação específica dos servidores civis e militares, e, na sua falta, aos sucessores previstos na lei civil, indicados em alvará judicial, independentemente de inventário ou arrolamento.[168]

Da leitura dos dispositivos colacionados, infere-se que a indenização de férias deve ser paga aos dependentes – na forma das normas previdenciárias pertinentes – e, na sua falta, aos sucessores do *de cujus*.

3.8 Competência legislativa

Cabe a cada ente estatal estabelecer, dentro do âmbito de sua competência, o regime jurídico de seus servidores. A CF/1988[169] estabelece que a fixação do sistema remuneratório a ser implantado para os servidores públicos deverá observar os seguintes parâmetros: a natureza, o grau de responsabilidade e a complexidade dos cargos componentes de cada carreira; os requisitos para a investidura e as peculiaridades dos cargos.

Cumpre salientar que, em função da autonomia constitucional, a União, os estados-membros e os municípios são livres para organizar e manter seus servidores, criar cargos e carreiras, estabelecer regime disciplinar, com previsão de direitos e obrigações dos servidores públicos.

Essa liberdade de atuação, contudo, encontra freio nas disposições constitucionais. De fato, não pode um regime jurídico de servidores públicos contrariar disposições expressas na Carta Magna garantidoras de direitos intangíveis dos servidores, bem como as proibições explícitas do Texto Maior.

Tomem-se como exemplo as normas acerca do ingresso em cargo público. Todo e qualquer regime jurídico deverá observar o princípio do concurso público para ingresso no serviço público, pois essa exigência decorre diretamente do Texto Constitucional, cuja obediência é compulsória para os entes federados. Outras matérias que não encontram respaldo constitucional ficam ao alvedrio do legislador ordinário estabelecer.

Entre as normas constitucionais atinentes aos servidores públicos, merecem relevo as regras para aposentadoria e concessão de pensão. Convém estudá-las.

---

[168] BRASIL. Lei nº 6.858, de 24 de novembro de 1980. Dispõe sobre o pagamento, aos dependentes ou sucessores, de valores não recebidos em vida pelos respectivos titulares. *Diário Oficial da União [da] República Federativa do Brasil*, Brasília, 25 nov. 1980.

[169] BRASIL. [Constituição (1988)]. *Constituição da República Federativa do Brasil de 1988*. Brasília: Presidência da República, 1988. Disponível em: http://www.planalto.gov.br/ccivil_03/constituicao/constituicao.htm. Acesso em: 29 jan. 2020. art. 39.

CAPÍTULO 4

APOSENTADORIA NO SERVIÇO PÚBLICO

Para tratar da aposentadoria no serviço público é fundamental estabelecer premissas básicas, como caracterização e natureza jurídica do instituto, para somente depois tratar das diferentes modalidades.

4.1 Caracterização do ato de aposentadoria do servidor público

A aposentadoria do servidor público ocupante de cargo efetivo sempre encontrou sua regulamentação expressa no próprio texto constitucional. De fato, analiticamente, a caracterização desse instituto pressupunha a ocorrência de um evento do mundo fático – doença incapacitante, por exemplo – que, submetido às hipóteses jurídicas tipificadas na Lei Maior, constituía-se em fato jurídico provedor de direitos.

Assim, ocorrendo o fato jurídico abrigado em previsão constitucional, nascia para o servidor o direito à aposentadoria.

Nada obstante, tal sistemática foi sensivelmente modificada com a promulgação da Emenda Constitucional nº 103, de 12.11.2019.[170] Isso, porque o constituinte derivado procedeu à chamada desconstitucionalização das regras de aposentadoria do servidor público.

A partir de agora, portanto, embora a Constituição continue a estabelecer critérios gerais a respeito das modalidades de aposentadoria, ainda que com substanciais alterações que serão detalhadas mais adiante, os demais requisitos necessários de cada uma das modalidades foram remetidos à lei própria de cada ente federativo.

Nasceu, efetivamente, sistemática nova sobre o instituto jurídico da aposentadoria, que merecerá maior detalhamento em tópicos próprios.

Antes, porém, é de todo importante que se conheça, mais apropriadamente, a concessão de aposentadoria ao servidor público. Trata-se de um encadeamento de atos administrativos que darão suporte a um direito porventura vindicado. Projetam-se dois universos distintos: um na esfera fática antecedente – onde os fatos se dão – que se desemboca no mundo jurídico consequente, de efeitos concretos, no qual ingressam

170 BRASIL. [Constituição (1988)]. *Emenda Constitucional nº 103, de 12 de novembro de 2019*. Altera o sistema de previdência social e estabelece regras de transição e disposições transitórias. Disponível em: http://www.planalto.gov.br/ccivil_03/Constituicao/Emendas/Emc/emc103.htm#art1. Acesso em: 23 fev. 2020.

apenas os fatos jurídicos replenos de norma jurídica, ou seja, consubstanciados em atos administrativos típicos a lhes fornecerem eficácia.

Distinguem-se dois planos apartados: o da existência e o da eficácia. No primeiro, o fato jurídico torna-se perfeito com a subsunção do evento do cotidiano às disposições normativas, pois que ocorre o transporte do mundo fático à seara de existência do mundo jurídico.

Entretanto, penetrar na esfera jurídica não é o bastante. *Mister* se faz que o fato jurídico, contendo direitos do servidor público à aposentação, seja recheado de atos administrativos capazes de lhe garantir o suporte de eficácia. Sim, porque o fato jurídico que existe, mas não produz efeitos, não é matéria de que ora se trata. Afinal, ao servidor interessa ver consolidado o direito à aposentadoria. Para melhor conceituação, portanto, debruçar-se-á sobre os elementos substanciais que compõem esses atos administrativos, pois que deles advirão, adiante, discussões mais pormenorizadas.

Em primeiro plano, tem-se o ato administrativo oriundo do próprio servidor público, que o materializa por meio de requerimento, a não ser nas modalidades de aposentadoria em que o Estado, por imposição legal, tem o dever de aposentá-lo, como na compulsória, por exemplo.

No que tange à aposentadoria voluntária, o servidor deverá protocolar, na repartição onde trabalha, o competente requerimento no qual indique seu nome, sua qualificação profissional – cargo, classe, padrão e demais identificadores – sua lotação e, primordialmente, o tipo da aposentadoria que deseja, apontando o fundamento legal da concessão que está a requerer.

Quando se tratar de aposentadoria decorrente de incapacidade permanente para o trabalho (na *novel* conceituação constitucional para a antiga aposentadoria por invalidez),[171] serão acostados aos autos o competente laudo médico, firmado por junta médica oficial, no qual se indiquem: nome do servidor, matrícula, qualificação funcional – cargo, classe, padrão e demais referências – lotação e, primordialmente, se a incapacidade permanente originou-se de alguma moléstia, acidente em serviço ou de doença profissional.

Protocolado corretamente o requerimento do servidor, ou o ato próprio do Estado – no caso de compulsoriedade – passa-se ao processo de concessão de aposentadoria. Podem-se separar como elementos basilares desse instituto a sua finalidade precípua, a conformação legal aos diversos tipos de aposentadoria e a natureza jurídica dos atos emanados das autoridades competentes.

Antes, porém, de estudar os elementos do processo de concessão de aposentadoria, convém firmar posição acerca de fato anterior. Por vezes, o foco da discussão é se a aposentadoria é, de fato, um processo ou um procedimento administrativo. Parece soar razão àqueles que a entendem como um processo.

Conceitualmente, o procedimento administrativo é formado por uma sequência de atividades da Administração Pública, todas concatenadas, visando a um fim precípuo. Carvalho Filho salienta, a propósito, que "no curso do procedimento, várias atividades são levadas a efeito, inclusive a prática de alguns atos administrativos

---

[171] Essa concessão também será detalhada em tópico próprio.

intermediários".[172] Tomem-se, como exemplo de procedimento administrativo, os concursos públicos destinados ao preenchimento de vagas no serviço público: há série de atos, uns dependentes de outros, que vão da divulgação do edital à abertura de inscrições, realização de provas, aprovação de candidatos e, finalmente, nomeação para o cargo público.

Note-se que um ato não é isolado com relação ao precedente. De fato, não há como abrir inscrições para um concurso público sem a prévia publicação do edital normativo. Da mesma forma, não se pode aprovar candidatos sem a realização anterior das provas. A nomeação, por sua vez, depende umbilicalmente da aprovação do candidato no concurso público. Vê-se, assim, sequência de atos interligados que resultam em um fim específico, qual seja, o provimento de um cargo público.

Conforme ressalta Celso Antônio Bandeira de Mello, em realidade: "[...] nos procedimentos administrativos, os atos previstos como anteriores são condições indispensáveis à produção dos subseqüentes, de tal modo que estes últimos não podem validamente ser expedidos sem antes completar-se a fase precedente".[173]

A seu turno, o processo toma outro espaço jurídico. Nesse, embora haja também uma sequência lógica de atos administrativos, o fim colimado não está presente na série de atos, em si, que levarão a um fim predeterminado. De véspera, apresenta-se um desejo jurídico que se quer atendido ao final da demanda. O processo não se constituirá da mera sequência de atos praticados pela Administração ou pelo particular, mas, primordialmente, pela análise jurídica do pleito anterior.

Os conceitos de processo e de procedimento já foram notavelmente estudados na processualística civil, por isso recorrer-se-á a esse ramo do direito, para melhor elucidar a diferenciação que ora se tenta. Assim, o que difere processo e procedimento é o sentido finalístico do primeiro. De fato:

> [...] o processo deixou de ser visto apenas sob esse prisma da organização dos atos processuais em seqüência, passando a ser observado principalmente sob seu aspecto teleológico, ou seja, em razão dos fins que lhe são próprios, especialmente quanto à função de resolver aquela parcela do conflito de interesses submetida ao Poder Judiciário. [...] Já o procedimento, [...] embora esteja ligado ao processo, com esse não se identifica. O procedimento é o mecanismo pelo qual se desenvolvem os processos diante dos órgãos da jurisdição.[174]

Pinto Ferreira assevera que "[...] o procedimento é a roupagem extrínseca ou o meio pelo qual se inicia e se desenvolve o processo [...]. O procedimento é a parte externa, extrínseca e visível do processo, aparecendo como uma seqüência organizada de atos interdependentes".[175]

---

[172] CARVALHO FILHO, José dos Santos. *Manual de direito administrativo*. 15. ed., Rio de Janeiro: Lumen Juris, 2005. p. 128.

[173] BANDEIRA DE MELLO, Celso. *Curso de direito administrativo*. 16. ed. rev. e atual. São Paulo: Malheiros, 2003. p. 406.

[174] WAMBIER, Luiz Rodrigues; TALAMINI, Eduardo. *Curso avançado de processo civil* – Teoria geral do processo. 9. ed. São Paulo: RT, [s.d.]. v. 1. p. 155-156.

[175] FERREIRA, Pinto. *Curso de direito processual civil*. São Paulo: Saraiva, 1998. p. 125-126.

Já o processo "é uma entidade complexa, de que o procedimento é um dos elementos formadores".[176] Em questões nas quais a diferença de conceitos apresenta-se pouco clara, à primeira vista, o socorro a exemplos sempre é bem-vindo, mesmo que pueris. Imagine-se uma corrida de Fórmula 1: antes do início da prova, há sessões de tomada de tempo dos carros para compor o *grid* de largada; depois de iniciada a prova, os pilotos deverão cumprir determinado número de voltas; durante a prova, obrigatoriamente, cada piloto, por exemplo, deverá providenciar ao menos uma parada para troca de pneus e outra para abastecimento; por fim, aquele que receber a bandeira quadriculada em primeiro lugar será considerado o vencedor – isso, se todas as regras anteriores tiverem sido cumpridas. Houve, então, diversos "atos" anteriores, todos dependentes uns dos outros, com o fim precípuo de se declarar um vencedor da prova. Assim é o procedimento administrativo: série de atos concatenados, dependentes, com efeito final já previsto anteriormente.

Agora, imagine outra situação hipotética ocorrida na mesma corrida de Fórmula 1: o segundo colocado pleiteia a vitória, alegando que o vencedor fraudou a prova, pelo fato de não ter parado para abastecer o carro. A direção da corrida deverá observar todas as fases obrigatórias da corrida, ou seja, se houve composição do *grid* de largada, se houve todas as paradas obrigatórias para trocar pneus e para abastecer e, se, de fato, o vencedor burlou alguma exigência. Note: nesse caso, há um direito vindicado anteriormente que, embora contemple também uma série de "atos" anteriores, almeja outro fim específico, ou seja, dar a vitória ao segundo colocado. Eis aí a síntese do processo administrativo: o administrado requer à Administração um direito que julga possuir; o Estado, a seu turno, observará se ele realmente faz *jus* a tal direito.

Voltando os olhos para a concessão de aposentadoria, tem-se que o servidor que satisfez as exigências normativas requer à Administração a sua aposentadoria. O ente estatal observará se foram atendidas todas as exigências, como tempo de contribuição, idade, tempo no cargo, e deferirá, ou não, o pedido do servidor. Não é apenas uma sequência de atos administrativos, mas o atendimento de um querer jurídico predeterminado. Há, de fato, a formação de um processo, em que se concederá, ou não, a aposentadoria.

Da mesma forma, ocorrerá na aposentadoria compulsória. Só que, nesse caso, caberá ao Estado providenciar o ato de aposentação. No entanto, as exigências legais deverão ser também obedecidas – comprovação da idade do servidor, verificação do cargo em que se dará a aposentadoria, cálculo dos proventos etc.

Outro fator distintivo da aposentadoria como processo, e não como mero procedimento administrativo, diz respeito à natureza dos atos complexos, uma vez que nesse caso, como relembra Celso Antônio Bandeira de Mello, "há unidade na função das declarações jurídicas que os compõem, ao passo que no procedimento seus atos desempenham funções distintas".[177] A propósito da natureza complexa do ato de aposentadoria, por sua importância, destinou-se tópico específico, mais adiante.

---

[176] FREITAS, Alexandre Câmara. *Lições de direito processual civil* – Teoria geral do direito processual. Módulo processual de conhecimento. 19. ed. Rio de Janeiro: Lumen Juris, 2009. v. 1. p. 137.

[177] BANDEIRA DE MELLO, Celso. *Curso de direito administrativo*. 16. ed. rev. e atual. São Paulo: Malheiros, 2003. p. 407.

Ultrapassada a controvérsia processo-procedimento, cumpre investigar a finalidade precípua do ato de aposentadoria. Nesse *mister*, pode-se inferir que a inativação do servidor público tem por objeto assegurar-lhe uma pensão vitalícia "na forma e por motivos prescritos no ordenamento jurídico".[178]

A afirmação do saudoso mestre Abreu de Oliveira é certeira no momento em que, de fato, o ato de aposentadoria é vinculado, ou seja, cumpridos os pressupostos legais, não poderá a Administração negar o benefício a quem o requeira, seja por que motivo for, ainda que de cunho orçamentário. Logo, nada mais básico do que a necessidade de cumprir as formalidades legais para a efetivação da concessão.

Como dito alhures, o servidor, ao requerer a aposentadoria, desde que cumpridos os ditames legais, torna-se titular de um direito intangível. Note-se que, embora sujeito a variações legislativas, o conceito de aposentadoria mostra-se proeminente na concepção de Carcelle e Mas:

> *C'est la décision individuelle, intervenant à la demande du fonctionnaire, à l'iniciative de l'Administration ou impossée par la loi, par laquelle* [...] *un fonctionnaire qui, en raison de son âge, de la durée de ses services, d'une infirmité ou de tout autre motif, est présumé incapable de poursuivre l'exercise de ses fonctions et qui réunit par ailleurs les condicions requises pour obtenir une pension.*[179]

De forma mais objetiva, pode-se conceber aposentadoria como a "garantia de inatividade remunerada reconhecida aos servidores que já prestaram longos anos de serviço, ou se tornaram incapacitados para suas funções".[180]

Em suma, a finalidade da aposentação exsurge da obrigação do Estado de suster a subsistência do servidor, embora tenha que desligá-lo do serviço ativo.

Caracterizado, dessa forma, o ato de aposentadoria, convém identificar sua natureza jurídica.

4.2 A natureza jurídica da aposentadoria

Caracterizado externamente o ato de aposentadoria como decorrência de um processo administrativo típico, cumpre considerá-lo, agora, em sua acepção interna. Sabe-se que estabelecer conceitos é missão sempre árdua, porquanto pode perpassar áreas limítrofes de tênue distinção entre aquilo que pode ser demonstrado cientificamente/doutrinariamente e o que se prova, apenas, por interpretações pessoais. Afinal, "[...] como as palavras são meros rótulos que sobrepomos às coisas, nenhum jurista pode reivindicar para si o direito de formular uma noção que seja 'a verdadeira', excludente de quaisquer outras, pois isso equivaleria a irrogar-se a qualidade de legislador".[181]

---

178 OLIVEIRA, J. E. Abreu. *Aposentadoria no serviço público*. Rio de Janeiro: Freitas Bastos, 1970. p. 7.

179 *Apud* OLIVEIRA, J. E. Abreu. *Aposentadoria no serviço público*. Rio de Janeiro: Freitas Bastos, 1970. p. 6. Em vernáculo: "É a decisão individual, em função do pedido de funcionário, de iniciativa da Administração ou de imposição por lei, pela qual um funcionário que, devido à sua idade, à duração do seu serviço, deficiência ou qualquer outro motivo, se presume incapaz de continuar a exercer as suas funções e que reúne também as condições requeridas para obter uma pensão".

180 MEIRELLES, Hely Lopes. *Direito administrativo brasileiro*. 28. ed. São Paulo: Malheiros, 2003. p. 431.

181 BANDEIRA DE MELLO, Celso. *Curso de direito administrativo*. 16. ed. rev. e atual. São Paulo: Malheiros, 2003. p. 343.

Melhor se procede quando se buscam, então, parâmetros delimitadores do conceito que se procura efetivar. Nesse contexto, pode-se entender a aposentadoria, *stricto sensu*, como espécie de ato administrativo. Embora não haja confluência de conceitos doutrinários a respeito do que vem a ser o ato administrativo, Carvalho Filho estabelece interessante caracterização desse instituto:

> Consideramos, todavia, que três pontos são fundamentais para a caracterização do ato administrativo. Em primeiro lugar, é necessário que a vontade emane de agente da Administração Pública ou dotado de prerrogativas desta. Depois, seu conteúdo há de propiciar a produção de efeitos jurídicos com o fim público. Por fim, deve toda essa categoria de atos ser regida basicamente pelo direito público.[182]

De fato, o ato de inativação do servidor público só produz efeitos se for expedido por ação de agente público. Noutras palavras, resta descaracterizado como ato administrativo qualquer manifestação de vontade de quem não representa ou não faça as vezes do Estado, representando-o legalmente.

O ato de aposentadoria tem, via de consequência, anseio público. Implica dizer que o agente representante do Estado não está operando em nome próprio, mas, ao contrário, submete-se a uma finalidade pública, porquanto a aposentadoria decorre de normas próprias do direito público, previstas precipuamente na CF/1988 e, subsidiariamente, em legislação infraconstitucional. Note-se que prevalece, no caso, a vontade da Administração e não simplesmente um desejo particular.

Tipificado como espécie de ato administrativo, importa avançar no tema de identificação da natureza jurídica do ato de aposentadoria. Importante classificação que a doutrina e a jurisprudência pátrias fazem a respeito do ato administrativo é conceituá-lo como vinculado ou discricionário.

O ato vinculado é aquele absolutamente regrado por lei. Não há qualquer ingerência estatal de ordem subjetiva, porquanto o comportamento a ser adotado pela Administração já vem tipificado em normativos próprios. O agente público não tem o condão de apreciar a conduta do administrado.

A seu turno, o ato administrativo discricionário é o que contém certa margem de liberdade para o agente público agir, segundo critérios próprios de conveniência e oportunidade. Entrementes, essa liberdade deve estar adstrita a parâmetros expressos em lei. Nesse caso, o agente pode apreciar a conduta do administrado, aplicando a essa apreciação certa dose de subjetivismo, mas sempre com firme direção imposta pela lei.

Relata Bandeira de Mello que a diferença nuclear entre ambos residiria no fato de que no primeiro a Administração não dispõe de liberdade nenhuma, enquanto no segundo a norma concede ao agente público certa dose de liberdade para decidir, em face das circunstâncias do caso concreto.[183]

Pela definição doutrinária, é possível conceber, sem temor, que a aposentadoria é um ato administrativo vinculado. De fato, a partir do momento em que forem cumpridos

---

[182] CARVALHO FILHO, José dos Santos. *Manual de direito administrativo*. 15. ed., Rio de Janeiro: Lumen Juris, 2005. p. 88.

[183] BANDEIRA DE MELLO, Celso. *Curso de direito administrativo*. 16. ed. rev. e atual. São Paulo: Malheiros, 2003. p. 394.

os ditames impostos na legislação em vigor, o servidor público tem o direito inegável de aposentar-se. À Administração caberá apenas verificar exatamente o cumprimento de requisitos, mas não julgar a conveniência ou necessidade de expedir o ato de aposentação. Caso o Estado assim não proceda, possibilitar-se-á ao prejudicado a restauração do direito pelas vias judiciais.

A aposentadoria, contudo, contém regras próprias. Assim é que, para ser concretizada, depende de atos emanados de autoridades diversas: a Administração, que expede o ato de inativação do servidor, e o Tribunal de Contas, a quem, constitucionalmente,[184] cabe avaliar a legalidade de tal concessão.

Questão intrincada, contudo, é determinar o aspecto jurídico do ato de aposentadoria. Em momento preliminar, cabe afastar possível confusão que, hoje, por reiteradas decisões do Supremo Tribunal Federal, já se tem por acabada. Trata-se de afastar o ato de aposentadoria do conceito de ato composto. Isso, porque no ato de inativação do servidor público é visível a presença de duas vontades de órgãos diferentes – Administração e Tribunal de Contas – diferentemente daqueles atos tipicamente compostos, cuja formação advém da vontade de um único órgão. A propósito do tema, vale ressaltar o magistério de Hely Lopes Meirelles: "[...] o *ato composto* distingue-se do *ato complexo* porque este só se forma com a conjugação de vontades de órgãos diversos, ao passo que aquele é formado pela vontade única de um órgão, sendo apenas ratificado por outra autoridade".[185]

A jurisprudência do STF também já considerou o ato de aposentadoria como complexo. É o que deflui, *v.g.*, do Mandado de Segurança nº 24.754/1/DF:

> O processo de aposentadoria revela atos complexos, sem o envolvimento de litigantes, ficando afastada a necessidade de observância do contraditório, isso em vista do ato final, ou seja, a glosa pela Corte de Contas.[186]

Nada obstante tal julgado, tanto doutrina quanto jurisprudência variam quando a conceituação da aposentadoria reside em classificar a aposentadoria em ato complexo ou em ato de controle. Há, nesse caso, bipartição em vértices opostos: um acolhe a tese de que a concessão de aposentadoria se completa com a manifestação da Administração, sendo a atribuição do Tribunal de Contas apenas um ato de controle, extrínseco àquele. Por outro lado, há aqueles que asseguram que o ato de aposentadoria está inserido no rol dos atos complexos, porque consideram que a manifestação da Corte de Contas integra o ato de aposentadoria, exercendo, *in casu*, função administrativa intrínseca. Convém avaliar as premissas defendidas em cada visão.

Para aqueles que defendem que a atuação do Tribunal de Contas é um ato de controle, a aposentadoria, logo que concedida, reveste-se de plena perfeição e eficácia, produzindo desde já todos os efeitos do ato administrativo. Ancorado nessa corrente está

---

184 BRASIL. [Constituição (1988)]. *Constituição da República Federativa do Brasil de 1988*. Brasília: Presidência da República, 1988. Disponível em: http://www.planalto.gov.br/ccivil_03/constituicao/constituicao.htm. Acesso em: 29 jan. 2020. art. 71, inc. III.

185 MEIRELLES, Hely Lopes. *Direito administrativo brasileiro*. 28. ed. São Paulo: Malheiros, 2003. p. 168.

186 BRASIL. Supremo Tribunal Federal. Mandado de Segurança nº 24.754/1/DF. Plenário. Rel. Min. Marco Aurélio. *Diário da Justiça*, 18 fev. 2005.

o entendimento de que aos Tribunais de Contas não cabe modificar o ato concessório externado pelo órgão setorial da Administração, mas, apenas, ordenar ou não o registro da concessão.

Note-se que, com tal visão, o ato de registro do Tribunal de Contas situar-se-á simplesmente no campo da executoriedade do ato concessório. A título de ilustração, observe-se o entendimento do então Procurador-Geral do Ministério Público junto ao Tribunal de Contas da União, Lucas Rocha Furtado:

> Ao analisar o voto de Victor Nunes Leal ao relatar o RMS 8.657, já antecipamos nosso entendimento, que, a nosso ver, coincide com o do próprio ex-Ministro do STF, no sentido de que o ato pelo qual o Tribunal de Contas aprecia a concessão da aposentadoria ou pensão é ato de controle (externo), que não integra nem completa o ato de concessão, mas que converte a executoriedade precária (porque condicionada) da concessão em executoriedade definitiva.
>
> Assim, em nosso entendimento não há razão para que se refira às manifestações da Administração e do Tribunal de Contas, como integrantes de um ato complexo de concessão.[187]

Em proficiente estudo, o Conselheiro do Tribunal de Contas do Estado do Rio de Janeiro, Aluísio Gama de Sousa, defende que a aposentadoria não se encaixa na seara dos atos complexos. Eis a sua abordagem:

> [...] o ato complexo somente existirá após a participação do último órgão na formação da vontade administrativa. A razão do início da contagem do prazo decadencial após a manifestação da última vontade é muito clara: antes desta o ato almejado ainda não existe! Contudo, não é isto que ocorre no caso da aposentadoria, pois a partir da expedição do ato administrativo próprio, os efeitos da inatividade já começam a se verificar, pois o servidor estará efetivamente aposentado e percebendo os seus proventos. Tanto isto é verdade, que ocorrerá a vacância do cargo, que poderá ser novamente preenchido após o competente concurso.
>
> De fato, no caso da aposentadoria, tão logo seja publicado o ato de aposentação do servidor, este já passa a "ostentar" o *status* de aposentado. Se este ato possui algum vício em benefício do ex-servidor, neste momento surge o interesse da Administração em revê-lo ou anulá-lo. Como o ordenamento jurídico reza, toda vez que nasce um direito de agir para que alguém influa na esfera jurídica de outro, seja por conta de um direito potestativo ou de um direito patrimonial, o tempo exerce influência em tal relação e o faz, de tal forma, que o seu decurso poderá acarretar na decadência ou na prescrição do direito, conforme um ou outro caso. Não pode existir interesse de agir não sujeito a prazo prescricional.
>
> Uma outra faceta deve ser enfrentada. Os adeptos da teoria que afasta a incidência dos preceitos da Lei nº 9.784/99 aos processos de aposentadoria em trâmite nos Tribunais de Contas, sustentam que a norma, por tratar de processo administrativo, não se aplica às Cortes de Contas, pois estas, no exercício de suas funções constitucionais, não praticam ato administrativo propriamente dito.
>
> Se isto é certo (e acredito que seja), como pode o ato de aposentadoria ser considerado complexo, se o mesmo é um ato administrativo e os Tribunais de Contas não praticam atos administrativos propriamente ditos no desempenho de suas funções constitucionais?
>
> Assim, discordo quanto à conceituação do ato de aposentadoria como ato complexo. O ato complexo resulta do concurso de vontades de vários órgãos ou vários sujeitos da

[187] BRASIL. Tribunal de Contas da União. Processo TC nº 010.215/2001-6. Decisão nº 1254/2002. Plenário. Rel. Min. Benjamin Zymler, 25.9.2002. *Diário Oficial [da] República Federativa do Brasil*, Brasília, 4 out. 2002.

> Administração Pública, sendo requisitos indispensáveis do ato administrativo complexo a identidade de conteúdo e a unidade de fins das diversas vontades, que se fundem para formação de um ato único. Esclareço que a lição não é minha, mas sim do doutrinador italiano Guido Zanobini (*Corso di Diritto Amministrativo*, Milano: Dott. A. Giuffrè Editore, 1939, vol. I, págs. 292-295).
>
> O ato que concede a aposentadoria e o ato do registro pelos Tribunais de Contas não visam o mesmo fim. O primeiro visa passar o servidor para a inatividade, enquanto o segundo visa o exame da legalidade do ato. Mais: se o ato formado é único, a natureza do mesmo, no caso da aposentadoria, é de ato administrativo.
>
> Pergunto: o Tribunal de Contas exerce atividade administrativa no exercício de suas funções constitucionais? Não![188]

Continuando, Aluísio Gama de Sousa evoca estudo do Promotor de Justiça do Estado de São Paulo Wallace Paiva Martins Junior:

> A complexidade é fator de eficácia do ato? A manifestação concorde ou convergente de todos os sujeitos (órgãos, entidades ou agentes públicos) é requisito atinente à perfeição e validade do ato administrativo complexo, sem a qual ele não se aperfeiçoa. A manifestação da vontade do último órgão a ser ouvido não condiciona a eficácia da vontade inicial, porque esta ainda que reputada como ato necessita do concurso das demais, razão pela qual a falta de convergência de vontades para edição de ato único retira-lhe um elemento essencial. Será isto ineficácia do ato? Parece que de ineficácia não há que se cogitar, pois, se atribuiria ao ato complexo característica própria do ato composto: isto é, a eficácia do ato principal ficaria na dependência de um ato acessório, subordinada à condição suspensiva (no caso, homologação ou aprovação). No ponto, Sandra Julien Miranda invocando Caio Tácito, tendo como parâmetro o registro (ou julgamento da legalidade) de aposentadorias, reformas, pensões e etc., adverte que "muito embora uma das formas típicas de ato complexo seja aquele sujeito à autorização ou aprovação de outra autoridade, a doutrina italiana costuma distinguir o ato complexo em que a aprovação integra a manifestação de vontade das formas de mero controle de legalidade, em que o ato, apesar de perfeito, depende para sua eficácia, de ação de outra autoridade, verdadeira condição suspensiva". Por isso, Caio Tácito limita o conceito de aprovação *aos atos típicos de controle*, em que não há identidade de fins e conteúdo entre as duas manifestações de vontade, que, embora concorrentes, atendem a interesses distintos. *O pronunciamento inicial, complementa, constitui um ato perfeito de eficácia condicionada à aprovação (juízo de legitimidade e oportunidade) ou ao visto (juízo de legalidade). Ora, no ato de controle o objetivo do controlador é a verificação da legalidade e do interesse público do ato já praticado, enquanto que no ato complexo o objetivo de quem "aprova" é, em essência, o mesmo: nomear alguém, realizar certo empreendimento, etc.; nele, residualmente, há controle da legalidade e do interesse público, embora esse traço não seja o essencial.*[189]

Por fim, o interessante estudo tece considerações sobre o que denomina de teoria dos poderes neutrais, para conceber, de forma definitiva, que a aposentadoria não é, por essência, um ato complexo:

---

188 RIO DE JANEIRO. Tribunal de Contas do Estado. Processo nº 109.896-4/97. Recurso de Reconsideração. Rel. Aluisio Gama de Souza. Rio de Janeiro, 9.12.2004. *Revista do Tribunal de Contas do Estado do Rio de Janeiro*, n. 61, p. 322-343, mar. 2006.

189 MARTINS JUNIOR, Wallace Paiva. Ato administrativo complexo. *Lex*, 11 abr. 2006. Disponível em: http://www.lex.com.br/noticias/artigos/defaut.asp?artigo_id=1. Acesso em: 10 mar. 2010.

> Outro argumento pode ser trazido para afastar a tese que imprime ao ato de aposentadoria o condão de complexo. Trata-se da Teoria dos Poderes Neutrais. Entender a posição do Tribunal de Contas no cenário da organização e estruturação do Estado é de suma importância.
>
> Durante muito tempo entendia-se que os únicos poderes legítimos, ou órgãos legítimos, para atuar política e administrativamente eram aqueles cuja composição advinha da participação do eleitorado, ou seja, decorrente de eleição. A prática demonstrou a fragilidade da idéia, pois vários segmentos sociais podiam não estar representados, ou então, uma vez eleitos, os representantes poderiam não buscar os verdadeiros interesses para o qual foram eleitos, buscando efetivar apenas interesses privados ou do próprio Estado como pessoa jurídica. Passou a se distinguir, então, o interesse público em primário e secundário.
>
> Por interesse público primário entende-se aquele em que a satisfação interessa a toda a sociedade, ao passo que por interesse público secundário, entende-se aquele em que a satisfação interessa apenas ao Estado, como um interesse subjetivo, podendo até contrariar interesses sociais ou coletivos.
>
> Para a verificação e fiscalização do atendimento do interesse público primário, que consideramos o verdadeiro interesse público, foram criados órgãos cuja composição é desprovida, em tese, de interesses políticos, tendo posições neutras (daí o nome Poderes Neutrais). [...]
>
> Assim, o Tribunal de Contas surge como órgão neutro, não participando da atividade dos órgãos sujeitos à sua fiscalização. [...] os órgãos neutrais não se imiscuem na atividade administrativa dos órgãos jurisdicionados, pois estão comprometidos apenas com os bens e valores que tutelam.
>
> Inferir ao ato de aposentadoria o condão de ato complexo é retirar da Corte de Contas a neutralidade que lhe é essencial para o exercício de suas funções. A independência que este órgão deve ter, exige, necessariamente, que o mesmo não participe de qualquer ato dos seus jurisdicionados. Se o ato de aposentadoria é um ato administrativo e o Tribunal de Contas no exercício de suas atribuições não desempenha atividades administrativas propriamente ditas, acrescentado o seu caráter neutral de órgão fiscalizador, não há como imputar-lhe participação no mesmo.[190]

Passando a outro prisma, cumpre abordar a tese defendida pela corrente que enxerga a concessão de aposentadoria como ato complexo. A pedra de toque da argumentação dessa outra vertente é considerar o ato emanado pelo Tribunal de Contas como condição *sine qua non* a que o ato inaugural do órgão de origem adquira perfeição e validade plena.

Nesse sentido, a explanação de Seabra Fagundes mostra bem a referida visão:

> [...] Apreciando ato concessivo de aposentadoria, reforma ou pensão, o que faz a Corte de Contas é cooperar na ultimação dele. O seu pronunciamento tem o caráter de manifestação de vontade, indispensável à integração do ato. Se favorável, este tem como perfeito. Se contrário, o ato se considera nenhum, porque, tendo por si a manifestação da vontade do agente criador, ter-lhe-á faltado, no entanto, a do órgão de controle, indispensável para o seu aperfeiçoamento como ato complexo.[191]

---

[190] CAETANO, Fabiano de Lima. O juízo final, o servidor público, o Tribunal de Contas e o purgatório. *Jus Navigandi*, jun. 2004. Disponível em: https://jus.com.br/artigos/5352/o-juizo-final-o-servidor-publico-o-tribunal-de-contas-e-o-purgatorio. Acesso em: 16 mar. 2020.

[191] *Apud* FERRAZ, Luciano. *Controle da Administração Pública*: elementos para a compreensão dos Tribunais de Contas. Belo Horizonte: Mandamentos, 1999. p. 156.

Segundo essa corrente, portanto, o ciclo do ato de aposentação só se completaria com o concurso da vontade jurídica de dois órgãos – Administração e Tribunal de Contas – fato que confirmaria a natureza complexa. Com essa interpretação, a apreciação pelo Tribunal não se restringiria apenas à verificação das condições externas formais do ato administrativo, mas, também, necessariamente, adentraria os liames internos do ato de aposentação.

Em realidade, com essa visão, a decisão proveniente da Corte de Contas, quando aprobatória, não se mostra viável apenas para fins de executoriedade ao ato, uma vez que criará situação de definitividade na esfera administrativa. A consequência é que o Executivo não poderá mais declarar, unilateralmente, a nulidade do ato. O próprio Supremo Tribunal Federal, há tempos, concluiu que o ato de que participaram, sucessivamente, o Poder Executivo e o Tribunal de Contas não pode ser anulado pela Administração sem a concordância do Tribunal.[192]

Posteriormente, a Excelsa Corte corroborou o entendimento, ao deliberar que "[...] o ato de aposentadoria exsurge complexo, somente se aperfeiçoando com o registro perante a Corte de Contas. Insubsistência da decisão judicial na qual assentada, como óbice ao exame da legalidade, a coisa julgada administrativa".[193]

A tese do ato complexo, no âmbito da Suprema Corte, entrementes, veio a ganhar contornos mais sólidos e definitivos quando das discussões plenárias que antecederam a edição da Súmula Vinculante nº 3. Ressalte-se que, embora afeita ao TCU, a aplicação da súmula[194] estende-se por toda a Administração direta e indireta, de qualquer dos poderes, no âmbito federal, estadual e municipal, ante a intelecção do art. 103-A da CF/1988.[195]

Nos exemplos seguintes, nota-se que foi deixada ao largo a análise da questão referente à aplicação do contraditório nos processos de aposentadoria, para centrar-se apenas na análise do ato de aposentadoria:

---

[192] No julgamento do Recurso em Mandado de Segurança nº 3.881/SP. Rel. Min. Nélson Hungria.

[193] BRASIL. Supremo Tribunal Federal. Recurso Extraordinário nº 195.861/ES. Rel. Min. Marco Aurélio. 26.8.1997. *Diário da Justiça*, Brasília, 17 out. 1997.

[194] Redação: "Nos processos perante o Tribunal de Contas da União asseguram-se o contraditório e a ampla defesa quando da decisão puder resultar anulação ou revogação de ato administrativo que beneficie o interessado, excetuada a apreciação da legalidade do ato de concessão inicial de aposentadoria, reforma e pensão".

[195] BRASIL. [Constituição (1988)]. *Constituição da República Federativa do Brasil de 1988*. Brasília: Presidência da República, 1988. Disponível em: http://www.planalto.gov.br/ccivil_03/constituicao/constituicao.htm. Acesso em: 29 jan. 2020: "Art. 103-A. O Supremo Tribunal Federal poderá, de ofício ou por provocação, mediante decisão de dois terços dos seus membros, após reiteradas decisões sobre matéria constitucional, aprovar súmula que, a partir de sua publicação na imprensa oficial, terá efeito vinculante em relação aos demais órgãos do Poder Judiciário e à Administração Pública direta e indireta, nas esferas federal, estadual e municipal, bem como proceder à sua revisão ou cancelamento, na forma estabelecida em lei. (Incluído pela Emenda Constitucional nº 45, de 2004) (Vide Lei nº 11.417, de 2006). §1º A súmula terá por objetivo a validade, a interpretação e a eficácia de normas determinadas, acerca das quais haja controvérsia atual entre órgãos judiciários ou entre esses e a Administração Pública que acarrete grave insegurança jurídica e relevante multiplicação de processos sobre questão idêntica. §2º Sem prejuízo do que vier a ser estabelecido em lei, a aprovação, revisão ou cancelamento de súmula poderá ser provocada por aqueles que podem propor a ação direta de inconstitucionalidade. §3º Do ato administrativo ou decisão judicial que contrariar a súmula aplicável ou que indevidamente a aplicar, caberá reclamação ao Supremo Tribunal Federal que, julgando-a procedente, anulará o ato administrativo ou cassará a decisão judicial reclamada, e determinará que outra seja proferida com ou sem a aplicação da súmula, conforme o caso".

a) o Ministro Marco Aurélio manifestou expressamente que, no registro da concessão inicial de aposentadoria, por se tratar de ato complexo, pode-se prescindir do contraditório e da ampla defesa.[196] São suas palavras:

> Senhor Presidente, apenas para evitar embargos declaratórios – muito embora se tenda a caminhar para a concessão da ordem –, vou consignar que não se faz presente o problema do contraditório, já que não há litigantes no *processo complexo de outorga e de homologação da aposentadoria*; [...].

b) o Ministro Gilmar Mendes indeferiu segurança, acompanhado pelo Pleno, ao considerar que *o ato complexo de concessão da pensão ainda não havia se aperfeiçoado*.[197] No caso, antes do registro em definitivo no TCU, pendia recurso dotado de efeito suspensivo interposto, tempestivamente, pelo Ministério Público junto ao TCU.

Importante notar que nos dois *mandamus* que precederam a edição da Súmula Vinculante nº 3, além de definir o momento de se respeitar os ditames constitucionais do contraditório e da ampla defesa, restou configurada a feição complexa da aposentadoria e da pensão – cuja natureza, nesse caso, guarda similitude com a inativação. De fato, parece ao Supremo que, nas concessões inicias de aposentadorias, pode-se prescindir daqueles ditames constitucionais porque o registro a cargo do TCU – ou de qualquer Corte de Contas – constitui manifestação tendente apenas à completação do ato administrativo complexo.

Lapidar, nesse aspecto, a seguinte conclusão da Suprema Corte:

> 1. O direito à aposentação com a vantagem prevista no inciso II do art. 184 da Lei nº 1.711/1952 exige que o Interessado tenha, concomitantemente, prestado trinta e cinco anos de serviço (no caso do Magistrado-Impetrante, trinta anos) e sido ocupante do último cargo da respectiva carreira. O Impetrante preencheu apenas o segundo requisito em 13.07.1993, quando em vigor a Lei nº 8.112/1990.
>
> 2. A limitação temporal estabelecida no art. 250 da Lei nº 8.112/1990 para a concessão da vantagem pleiteada teve aplicação até 19.04.1992, data em que o Impetrante ainda não havia tomado posse no cargo de Juiz togado do Tribunal Regional do Trabalho da 2ª Região.
>
> 3. O Supremo Tribunal Federal pacificou entendimento de que, sendo a aposentadoria ato complexo, que só se aperfeiçoa com o registro no Tribunal de Contas da União, o prazo decadencial da Lei nº 9.784/99 tem início a partir de sua publicação. Aposentadoria do Impetrante não registrada: inocorrência da decadência administrativa.
>
> 4. A redução de proventos de aposentadoria, quando concedida em desacordo com a lei, não ofende o princípio da irredutibilidade de vencimentos. Precedentes.
>
> 5. Segurança denegada.[198]

---

[196] BRASIL. Supremo Tribunal Federal. *Mandado de Segurança nº 24.754*. Rel. Marco Aurélio, 7.10.2004. Disponível em: http://redir.stf.jus.br/paginadorpub/paginador.jsp?docTP=AC&docID=86182. Acesso em: 16 mar. 2020.

[197] BRASIL. Supremo Tribunal Federal. *Mandado de Segurança nº 24.728*. Rel. Gilmar Mendes, 3.8.2005. Disponível em: http://portal.stf.jus.br/processos/detalhe.asp?incidente=2185217. Acesso em: 16 mar. 2020.

[198] BRASIL. Supremo Tribunal Federal. *Mandado de Segurança nº 25.552/DF*. Rel. Min. Cármen Lúcia, Brasília, 7.4.2008. Disponível em: http://portal.stf.jus.br/processos/detalhe.asp?incidente=2324736. Acesso em: 13 mar. 2020.

A jurisprudência do STF encontra guarida também no Tribunal de Contas da União:

> Aposentadoria. Pedido de Reexame. Irregular concessão da opção, a que se refere o §2º do art. 14 da Lei nº 9.421/96, a servidor inativo. Ilegalidade. Inexistência de violação aos princípios da segurança jurídica, do direito adquirido e do ato jurídico perfeito. Precedentes do STF. *Ato de aposentadoria é ato complexo que somente se aperfeiçoa com o registro*, constitucionalmente exigido, da Corte de Contas. Decisão, em sede de consulta, com caráter normativo, de que não há fundamento jurídico a amparar a inclusão, nos proventos de aposentadoria, do benefício previsto no art. 14, §2º, da Lei nº 9.421/96 (Decisão 753/99 – TCU – Plenário). Conhecimento. Não-provimento. Comunicação.[199]

O Superior Tribunal de Justiça, da mesma forma, encampa a tese do ato complexo:

> I - "O ato de aposentadoria consubstancia ato administrativo complexo, aperfeiçoando-se somente com o registro perante o Tribunal de Contas. Submetido à condição resolutiva, não se operam os efeitos da decadência antes da vontade final da Administração" (STF. Tribunal Pleno. MS nº 25072/DF, Rel. Min. Marco Aurélio, Julgamento: 07.02.2007).
>
> II - É de se observar que a aposentadoria do recorrente, objeto de análise do processo administrativo perante o e. Tribunal de Contas Municipal, foi concedida em caráter provisório (fl. 43), razão pela qual não ocorreu a decadência.
>
> Recurso ordinário desprovido.[200]

Na verdade, embora se reconheça que o ato oriundo das Cortes de Contas possui viés também de ato de controle, entendem os adeptos dessa segunda corrente que tal característica não subtrai a essência do ato complexo; eis que doutrina e jurisprudência reconhecem a existência de atos administrativos cujas vontades são oriundas de valores jurídicos diversos.

Colocadas, de forma propositadamente sequencial, as visões antagônicas a respeito da natureza jurídica do ato de aposentação, mister se faz tecer algumas considerações a respeito das posições de ambas as correntes apresentadas.

Examine-se a hipótese de que a aposentadoria é ato de controle. Nesse caso, deve-se sopesar que o Tribunal, quando nega validade a um ato de aposentadoria, impede que ele produza efeitos no mundo jurídico. Ora, se há uma barreira a que o ato original da Administração continue a operar, então, é de se convir que a ação das Cortes de Contas não é propícia apenas a dar executoriedade definitiva, mas sim necessária para dar eficácia plena a um ato até então de eficácia apenas relativa. Não se pode conceber, *data venia*, de posições divergentes que o ato emanado do Tribunal de Contas não compõe o ato de concessão se, caso negado o registro pela Corte de Contas, haverá série de consequências para o interessado, que podem levar, inclusive, ao desfazimento do ato.

Importante questão que também pode ser apontada diz respeito ao registro dos atos de aposentadoria. Quando aprecia uma concessão, o Tribunal avalia a conformidade da situação fática abrigada pelo ato em relação ao respectivo fundamento legal, aí

---

199 BRASIL. Tribunal de Contas da União. *Processo TC nº 025.620/2007-3*. Acórdão nº 2752/2004. 1ª Câmara. Rel. Min. Walton Alencar Rodrigues, 9.11.2004. *Diário Oficial [da] República Federativa do Brasil*, Brasília, 17 nov. 2004.

200 BRASIL. Superior Tribunal de Justiça. Recurso Ordinário em Mandado de Segurança nº 21.142/SP. Processo nº 2006/0010701-0. Quinta Turma. Rel. Min. Félix Fischer, 20.9.2007. *Diário da Justiça*, Brasília, 15 out. 2007.

incluindo também o correto cálculo dos proventos. Cumpre asseverar que o Tribunal tem o poder de penetrar na esfera patrimonial do interessado, caso constate lesão ao erário, inclusive com a aplicação de multas. Ora, *prima facie*, se o ato fosse apenas de controle, não teria tamanha dimensão.

Analisando a previsão constitucional, observa-se, da CF/1988,[201] a competência instituída ao Tribunal de Contas da União, a qual, pelo princípio da simetria, aplica-se também aos Tribunais de Contas estaduais:

> [...] apreciar, para fins de registro, a legalidade dos atos de admissão de pessoal, a qualquer título, na Administração direta e indireta, incluídas as fundações instituídas e mantidas pelo Poder Público, excetuadas as nomeações para cargo de provimento em comissão, bem como a das concessões de aposentadorias, reformas e pensões, ressalvadas as melhorias posteriores que não alterem o fundamento legal do ato concessório.

A Carta Constitucional impõe à Corte de Contas apreciar a legalidade do ato, para, depois, registrá-lo. Apreciar a legalidade do ato não parece ser apenas dar-lhe ou não executoriedade, mas, antes, conformá-lo aos ditames legais, exatamente como faz o órgão concessor original. A diferença é que o Tribunal, depois de novamente avaliar a legalidade, dará ares de definição ao ato, registrando-o. Fosse mero ato de controle, os Tribunais de Contas não teriam, em sua ação, tamanha amplitude.

A questão do registro do ato de aposentadoria pressupõe uma reflexão sobre os limites de atuação das Cortes de Contas, quando da apreciação do processo de aposentadoria. A respeito do tema, o STF adotou posicionamento que vem, por vezes, sendo adotado em outros tribunais, segundo o qual não pode o "Tribunal de Contas determinar seu registro em termos diversos dos em que foi requerida e deferida, o que implicaria aposentadoria compulsória fora dos casos em que a lei o permite".[202]

Esse entendimento, por certo, requer parcimônia em sua análise. É evidente que o Tribunal de Contas não pode registrar uma concessão de aposentadoria em termos adversos aos pretendidos pelos interessados. Entrementes, isso não implica dizer que a Corte de Contas não possa recomendar diligências ao órgão de origem, com o intuito de deixar o processo saneado. Esta, aliás, é a tese defendida atualmente pelo Supremo Tribunal Federal.[203]

Assim, se a concessão de aposentadoria está irregular, porque desconforme dos termos legais/constitucionais, não pode a Administração esquivar-se do cumprimento das medidas arroladas pela Corte, sob pena de obstar-lhe a competência advinda da própria Carta Magna. Em função disso, crê-se que a teoria dos poderes neutrais aplicada aos Tribunais de Contas[204] incorre em falsa premissa. De fato, quer parecer que o Tribunal, na sua função constitucional, não se imiscui nos órgãos sujeitos à sua fiscalização, porquanto não se trata de posição hierárquica diferenciada, mas de

---

[201] BRASIL. [Constituição (1988)]. *Constituição da República Federativa do Brasil de 1988*. Brasília: Presidência da República, 1988. Disponível em: http://www.planalto.gov.br/ccivil_03/constituicao/constituicao.htm. Acesso em: 29 jan. 2020. art. 71, inc. III.

[202] BRASIL. Supremo Tribunal Federal. *Mandado de Segurança nº 20.038/DF*. Rel. Min. Moreira Alves. Baixa ao arquivo do STF em 27.6.1975.

[203] BRASIL. Supremo Tribunal Federal. *Mandado de Segurança nº 21.466/DF*.

[204] Segundo a doutrina do Conselheiro do Tribunal de Contas do Estado do Rio de Janeiro, Aluísio Gama de Sousa.

atribuições constitucionais típicas de um e outro órgãos. Logo, não há que falar em perturbação da neutralidade que deve nortear a atuação das Cortes de Contas.

Não se crê concebível a ideia de que, ao determinar diligências ao órgão de origem, com o fim precípuo de sanear o processo de aposentadoria, o Tribunal esteja perdendo independência, uma vez que tal conceito só pode ser avaliado nas decisões definitivas da Corte de Contas, fato que só ocorre depois de encerrada a fase de diligências. Note-se que o Tribunal, quando determina ou recomenda diligência à Administração, não está participando de qualquer ato de seus jurisdicionados. Ao contrário, está desempenhando papel que a CF/1988 garantiu.

A propósito do tema, cumpre observar o magistério de Abreu de Oliveira:

> A meu ver, a competência do Tribunal de Contas alcança todos aquêles atos que importem em alteração das bases ou do critério adotados na concessão inicial, *tais como*:
>
> a) alteração do fundamento legal do ato de aposentação ou reforma;
>
> b) alteração de provento fixado, em virtude: 1) de revisão do tempo de serviço; 2) de verificação da incidência de doença especificada (contemporânea ao afastamento do funcionário civil ou militar, ou posterior (caso da Lei nº 1050-50); 3) de promoção do aposentado ou do reformado; 4) de "reclassificação" do funcionário inativo; 5) de posterior apuração de pressupostos para a concessão de provento com vantagens [...];
>
> c) alteração do fundamento legal do ato de concessão da pensão (civil, militar, especial);
>
> d) alteração no valor da pensão, por motivo: 1) de revisão do tempo de serviço; 2) de verificação de relação causal entre a *causa mortis* e acidente de serviço ou doença profissional; 3) de promoção póstuma; 4) de alteração póstuma do *status* do funcionário.[205]

Como se percebe do excerto acima, ao analisar qualquer concessão o Tribunal não deve cingir-se apenas a examinar o ato concessório, mas também as demais peças que consubstanciam o pleito, especialmente o abono provisório ou título de pensão que daquele decorrem primacialmente. Isso por questão de competência, não de intromissão.

Quanto à segunda corrente, também merece temperamento a ideia de que o ato emanado da Administração não terá sido nenhum, como afirma Seabra Fagundes, sem a chancela do Tribunal de Contas. Afinal, a partir do momento em que o órgão de origem publica o ato de aposentadoria, o servidor público desobriga-se do trabalho diário legalmente. E não só isso, pois, a partir desse momento, o servidor já tem direito a usufruir de todos os benefícios legais que compõem o arcabouço de sua concessão. Tal fato causará repercussão no mundo jurídico, o que demonstra consistência do ato originário da Administração.

Essa constatação permite ao intérprete concluir que, ainda que secundário, o ato da Administração tem força normativa, e não apenas caráter condicional, que dependa da atuação do Tribunal de Contas para ter eficácia. Caso emblemático do ora defendido pode ser contemplado, por exemplo, na Súmula de Jurisprudência nº 79 do Tribunal de Contas do Distrito Federal:

> Nos casos de valores pagos a maior, se a impugnação nada disser sobre o seu ressarcimento, a causa da *ilegalidade deverá ser avaliada pela Administração*, dispensando-se a restituição do

---

[205] OLIVEIRA, J. E. Abreu. *Aposentadoria no serviço público*. Rio de Janeiro: Freitas Bastos, 1970. p. 321-322.

indébito na hipótese de falha na interpretação da norma legal de regência, salvo se houver erro crasso de procedimento. (Grifos no original)[206]

A dicção do texto normativo é singular. Afinal, se a ilegalidade deverá ser observada pela Administração, inclusive com o poder de dispensar o indébito, como não conferir ao ato emanado do órgão de origem contornos de eficácia?

De fato, percebe-se que entre o ato oriundo da Administração e o proveniente do Tribunal de Contas há notável interdependência. A propósito discorre o TCU:

> Interessado é aquele que, em qualquer etapa do processo, seja assim reconhecido pelo Relator ou pelo Tribunal, em virtude da possibilidade de ter direito subjetivo próprio prejudicado pela decisão a ser exarada pelo Tribunal ou da existência de outra razão legítima para intervir no processo.[207]

Como dito alhures, o processo de aposentadoria é composto de sequência de atos administrativos que se interagem na consecução de um fim próprio que é o da inativação do servidor, cujo caminho inicia-se no órgão de origem e deságua no Tribunal de Contas.

Discutidas as teses acerca da natureza jurídica do ato de aposentadoria, percebe-se, *permissa venia*, a um só tempo, tanto logicidade quanto inconsistências em ambas. O paradoxo decorre da complexidade deveras instigante. Antes de aderir a uma e refutar a outra, portanto, o caminho que se afigura mais apropriado é conjugar os aspectos sobre os quais parece não haver mácula alguma.

Não que se queira criar mais uma corrente interpretativa. Trata-se de esforço de conceituação, sem amarras doutrinárias. Nesse contexto, tem-se a impressão de que a aposentadoria é um ato administrativo híbrido, com *nuances* de ato complexo, mas também com aspectos de ato de controle. Complexo, porque carece de duas vontades distintas e de órgãos diversos, sem as quais não tem o condão de definitividade. Entrementes, também é ato de controle do Tribunal, porquanto, desde a primeira manifestação do órgão de origem, a concessão de aposentadoria já ganha contornos de eficácia, com resultados concretos no mundo jurídico.

Com essas ponderações, tem-se, portanto, que a aposentadoria é um ato administrativo vinculado, de natureza híbrida, destinado a garantir ao servidor público inatividade permanente remunerada, que necessita, para sua formalização definitiva, de atos emanados do órgão responsável da Administração Pública e do Tribunal de Contas, mas cujos efeitos no mundo jurídico ocorrem a partir da publicação em veículo de informação oficial.

Nada obstante, cumpre asseverar que, recentemente, o Supremo Tribunal Federal voltou a debruçar-se sobre o tema, quando do julgamento, em sede de repercussão geral, do RE nº 636.553.[208] A decisão do STF será melhor analisada no tópico que cuidar de decadência nos Tribunais de Contas, mais adiante.

---

[206] DISTRITO FEDERAL. Tribunal de Contas do Distrito Federal. Súmulas de Jurisprudência. Enunciado nº 79. Sessão Ordinária nº 3.407, de 13 de abril de 1999. *Diário Oficial do Distrito Federal*, 4 maio 1999.

[207] BRASIL. Tribunal de Contas da União. *Resolução nº 36/95*. Art. §2º, §2º (Redação dada pela Resolução nº 213/08). Disponível em: https://portal.tcu.gov.br/rol/atos-normativos.html. Acesso em: 17 mar. 2020.

[208] BRASIL. Supremo Tribunal Federal. *Recurso Extraordinário nº 636.553*. Repercussão Geral. Rel. Min. Gilmar Mendes, 19.2.2020. Disponível em: http://portal.stf.jus.br/processos/detalhe.asp?incidente=4043019. Acesso em: 8 abr. 2020.

4.3 Modalidades de aposentadoria

A Emenda à Constituição nº 103/2019, muito embora tenha alterado fundamentos importantes nas modalidades de inativação do servidor público, manteve a tríplice especificação: a) por incapacidade permanente do servidor para o trabalho; b) compulsória, para aqueles que já atingiram setenta e cinco anos; e c) voluntária, reunindo tempo de idade e tempo de contribuição.

É essa a disposição do atual art. 40, *in verbis*:

> [...] §1º O servidor abrangido por regime próprio de previdência social será aposentado:
>
> I - por incapacidade permanente para o trabalho, no cargo em que estiver investido, quando insuscetível de readaptação, hipótese em que será obrigatória a realização de avaliações periódicas para verificação da continuidade das condições que ensejaram a concessão da aposentadoria, na forma de lei do respectivo ente federativo;
>
> II - compulsoriamente, com proventos proporcionais ao tempo de contribuição, aos 70 (setenta) anos de idade, ou aos 75 (setenta e cinco) anos de idade, na forma de lei complementar;
>
> III - no âmbito da União, aos 62 (sessenta e dois) anos de idade, se mulher, e aos 65 (sessenta e cinco) anos de idade, se homem, e, no âmbito dos Estados, do Distrito Federal e dos Municípios, na idade mínima estabelecida mediante emenda às respectivas Constituições e Leis Orgânicas, observados o tempo de contribuição e os demais requisitos estabelecidos em lei complementar do respectivo ente federativo.[209]

Como se percebe, a redação do texto constitucional deixou de abranger os demais entes federativos, para tratar somente da União. Tal fato deveu-se a um imbróglio político ocorrido na tramitação do projeto, que culminou com a EC nº 103/2019. Em virtude da falta de acordo político com as bancadas dos estados, o Poder Executivo resolveu encaminhar ao Congresso Nacional a reforma, abrangendo apenas os servidores da União.

De outro plano, em outro projeto de emenda constitucional, passou a tramitar, posteriormente, a chamada "PEC Paralela", para tratar da reforma no âmbito dos demais entes.

Tal situação criou um cenário inusitado, no qual a matéria atinente à aposentadoria do servidor passou a contemplar a *novel* redação trazida pela EC nº 103/2019 (para os servidores da União), mas também a antiga, garantida aos servidores dos outros entes federativos, paradoxalmente, pela própria Emenda Constitucional nº 103/2019.

Tratando-se do texto vigente na Constituição, a aposentadoria por incapacidade permanente para o trabalho veio a substituir a anterior aposentadoria por invalidez. Como principal característica, a nova modalidade acabou com a divisão de enfermidades que originavam proventos integrais (acidente em serviço, moléstia profissional e doença grave, contagiosa ou incurável) ou proporcionais (demais doenças).

De fato, a justificativa para a anterior divisão era frágil. Sim, porque, para o Estado, pouco importa o motivo que leva o servidor a não ter mais condições de trabalhar, mas, sobretudo, interessa a consequência, que é exatamente a incapacidade.

---

209 BRASIL. [Constituição (1988)]. *Emenda Constitucional nº 103, de 12 de novembro de 2019*. Altera o sistema de previdência social e estabelece regras de transição e disposições transitórias. Disponível em: http://www.planalto.gov.br/ccivil_03/Constituicao/Emendas/Emc/emc103.htm#art1. Acesso em: 23 fev. 2020.

Por outro lado, não se pode negar que o constituinte foi severo, ao igualar "por baixo" a anterior divisão, ao não conceber mais nenhum privilégio a quem se aposenta por incapacidade, porquanto os proventos serão calculados, de acordo com a EC nº 103/2019, levando-se em conta a média das remunerações de toda a vida funcional do servidor.

Nada obstante a forma de cálculo dos proventos tenha sido alterada pela *novel* EC nº 103/2019 (tema que será detalhado em capítulo específico), a aposentadoria compulsória continua a encontrar abrigo em um único pressuposto, qual seja, a idade. Homem e mulher que completem setenta e cinco anos, obrigatoriamente, deverão ser aposentados com proventos proporcionais ao seu tempo de contribuição. A imperatividade nesse caso é tanta que, se o servidor continuar trabalhando após aquela idade, o tempo de serviço não surtirá qualquer efeito, para fins de melhoria ou alteração em seus proventos. Por isso, mesmo, poder-se afirmar que a aposentadoria compulsória é um dever da Administração.

A terceira modalidade de aposentadoria, a voluntária, foi a que mais sofreu alteração por parte da Emenda Constitucional nº 103/2019. Conforme dito alhures, as alterações, todavia, operam efeitos imediatos apenas para os servidores da União.

O novo texto constitucional[210] dispõe que, no âmbito da União, a inativação se dará aos 62 (sessenta e dois) anos de idade, se mulher, e aos 65 (sessenta e cinco) anos de idade se homem.

Note-se que, segundo o texto aprovado, os estados, o Distrito Federal e os municípios, ao regulamentarem, dentro de suas competências, a matéria, poderão estabelecer outra idade mínima. O constituinte deixou consignado, ainda, que demais requisitos, incluso o tempo de contribuição, serão estabelecidos em lei complementar do respectivo ente federativo.

Percebe-se que o texto constitucional, ao passo que estabelece uma idade mínima, remete à lei complementar o estabelecimento de demais requisitos. Todavia, para evitar um limbo jurídico no período entre o texto aprovado e a implementação dos requisitos por legislação infraconstitucional, o constituinte fez prever na EC nº 103/2019 (art. 10), no âmbito da União, disposições transitórias a que serão submetidos os servidores públicos federais que desejem aposentar-se voluntariamente, a saber:

a) 62 (sessenta e dois) anos de idade, se mulher, e 65 (sessenta e cinco) anos de idade, se homem; e
b) 25 (vinte e cinco) anos de contribuição, desde que cumprido o tempo mínimo de 10 (dez) anos de efetivo exercício no serviço público e de 5 (cinco) anos no cargo efetivo em que for concedida a aposentadoria.

Essas possibilidades, portanto, decorrem da chamada regra geral de aposentadoria constante da Carta Magna, já alterada pela novel emenda.

---

[210] BRASIL. [Constituição (1988)]. *Constituição da República Federativa do Brasil de 1988*. Brasília: Presidência da República, 1988. Disponível em: http://www.planalto.gov.br/ccivil_03/constituicao/constituicao.htm. Acesso em: 29 jan. 2020: "Art. 40, §1º, III - no âmbito da União, aos 62 (sessenta e dois) anos de idade, se mulher, e aos 65 (sessenta e cinco) anos de idade, se homem, e, no âmbito dos Estados, do Distrito Federal e dos Municípios, na idade mínima estabelecida mediante emenda às respectivas Constituições e Leis Orgânicas, observados o tempo de contribuição e os demais requisitos estabelecidos em lei complementar do respectivo ente federativo".

Não se pode desconsiderar, contudo, a inativação de servidor com fulcro nas regras de transição, estabelecidas também pela nova EC nº 103/2019 (detalhadas em capítulo próprio mais adiante), que implantou profunda reforma no sistema previdenciário do servidor, ao tempo em que revogou dispositivos das emendas constitucionais nºs 20/1998, 41/2003 e 47/2005.

Importante notar que as disposições transitórias acima citadas funcionam como ponte de passagem de um conjunto normativo a outro. Por outro lado, pela especificidade e consequências jurídicas próprias de cada modalidade de aposentadoria, convém estudá-las de *per si*, com suas regras e pressupostos, que variam de acordo com o ordenamento jurídico vigente na época a ser analisada.

CAPÍTULO 5

APOSENTADORIA POR INCAPACIDADE PERMANENTE PARA O TRABALHO

Com o advento da Emenda Constitucional nº 103/2019, a Constituição substituiu o termo "aposentadoria por invalidez" por "aposentadoria por incapacidade permanente para o trabalho". A modificação, contudo, não foi apenas na nomenclatura. Veja-se.

Dispõe a nova norma que o servidor da União (lembre-se de que os servidores dos demais entes federativos necessitam de regra própria) será aposentado por

> [...] incapacidade permanente para o trabalho, no cargo em que estiver investido, quando insuscetível de readaptação, hipótese em que será obrigatória a realização de avaliações periódicas para verificação da continuidade das condições que ensejaram a concessão da aposentadoria.

Primeiramente, o legislador trouxe para o âmbito do texto constitucional a previsão da obrigatória fase da readaptação do servidor, antes da concessão da aposentadoria por incapacidade.

Embora o instituto da readaptação já fizesse parte do Regime Jurídico Único dos servidores da União,[211] agora a própria Constituição passa a exigi-la, como condição para a aposentadoria do servidor sob essa modalidade. Percebe-se, pois, um incremento de importância ao instituto.

Por outro lado, o novo texto determina que, na impossibilidade de readaptação, o servidor seja submetido a avaliações periódicas para verificação da continuidade da situação de incapacidade.

Essa nova obrigação comporta dúplice visualização. Por um lado, deixa o servidor com uma espécie de aposentadoria precária, não definitiva, embora o termo utilizado seja "incapacidade permanente". Por outro, na prática, impossibilita que o servidor, por exemplo, volte a trabalhar em outra condição, embora esteja aposentado por incapacidade. Sim, porque a realização de avaliação periódica servirá como supedâneo para proibir o servidor de voltar a trabalhar, sob pena de perder seu direito à inativação por incapacidade.

---

[211] BRASIL. *Lei nº 8.112, de 11 de dezembro de 1990*. Dispõe sobre o regime jurídico dos servidores públicos civis da União, das autarquias e das fundações públicas federais. Disponível em: http://www.pl4analto.gov.br/ccivil_03/LEIS/L8112cons.htm. Acesso em: 9 mar. 2020.

Quer parecer que o objetivo de tal disposição foi constitucionalizar a regra prevista no §4º do art. 56 da ON nº 02/2009-MPS, a qual já dispunha que "o aposentado que voltar a exercer qualquer atividade laboral terá a aposentadoria por invalidez permanente cessada a partir da data do retorno, inclusive em caso de exercício de cargo eletivo".

Outra sensível alteração nessa modalidade de aposentadoria diz respeito ao cálculo dos proventos, quando o servidor falece na atividade. Na sistemática anterior, a então aposentadoria por invalidez se subdividia em duas espécies distintas: uma que dava direito a proventos integrais; outra cujo pressuposto de existência remetia à percepção de proventos proporcionais.

Isso não existe mais.

A EC nº 103/2019 trouxe, em seu art. 26, diversas regras transitórias sobre o cálculo dos benefícios previdenciários, sejam oriundos do RGPS, sejam oriundos dos RPPS. E transitórias porque o próprio *caput* do artigo aduz que a fórmula nele sistematizada valerá até que lei venha a disciplinar o cálculo dos benefícios dos sistemas previdenciários citados.

Agora, até que lei discipline o cálculo dos benefícios do Regime Próprio de Previdência Social da União, a Emenda Constitucional nº 103/2019, no art. 26, estabelece que, para o cálculo dos proventos, será utilizada a média aritmética simples dos salários de contribuição e das remunerações adotados como base para contribuições a regime de previdência social, correspondentes a 100% (cem por cento) do período contributivo, desde a competência de julho de 1994 ou desde o início da contribuição, se posterior àquela competência.

Cumpre relembrar que, até a edição da citada emenda, a média aritmética se dava com relação às contribuições correspondentes a 80% (oitenta por cento) de todo o período contributivo. Nota-se, portanto, um recrudescimento nas condições impostas pelo constituinte.

Entre as regras estatuídas pelo art. 26, chama atenção a contida no §1º, a qual determina um limitador para a média aritmética simples dos salários de contribuição utilizados para o cálculo da renda mensal inicial do segurado/servidor.

Segundo a norma, a média será limitada ao valor máximo do salário de contribuição do Regime Geral de Previdência Social para os segurados desse regime e para os servidores que ingressaram no serviço público em cargo efetivo após a implantação do regime de previdência complementar ou que tenham exercido a opção correspondente.

Esse dispositivo demonstra, uma vez mais, a clara disposição constitucional de evitar discrepâncias entre os regimes previdenciários. Assim, para que os proventos do servidor público possam ser minimamente equiparados à remuneração que recebia na ativa, será necessário que o regime de previdência complementar a que estiver submetido seja suficientemente apto para tanto.

Cumpre salientar, por importante, que, no âmbito da União, em função da Lei nº 12.618/2012,[212] com a redação dada pela Lei nº 13.183/2015, os servidores com

[212] BRASIL. *Lei 12.618, de 30 de abril de 2012*. Institui o regime de previdência complementar para os servidores públicos federais titulares de cargo efetivo, inclusive os membros dos órgãos que menciona; fixa o limite máximo para a concessão de aposentadorias e pensões pelo regime de previdência de que trata o art. 40 da Constituição Federal; autoriza a criação de 3 (três) entidades fechadas de previdência complementar, denominadas Fundação de Previdência Complementar do Servidor Público Federal do Poder Executivo (Funpresp-Exe), Fundação de

remuneração superior ao limite máximo estabelecido para os benefícios do Regime Geral de Previdência Social, que venham a ingressar no serviço público a partir do início da vigência do regime de previdência complementar, serão automaticamente inscritos no respectivo plano de previdência complementar desde a data de entrada em exercício.

Relembre-se, contudo, que tal sistemática vale apenas para o servidor que ingressou no serviço público em cargo efetivo após a implantação do regime de previdência complementar ou que tenha exercido a opção correspondente.

O endurecimento das regras não para por aí. Apurada a renda mensal inicial do servidor, o valor do benefício da aposentadoria corresponderá a 60% (sessenta por cento) de tal renda, com o acréscimo de 2% (dois por cento) para cada ano que ultrapassar o tempo de 20 (vinte) anos de contribuição.

Assim, para que um servidor, independentemente do gênero, possa aposentar-se por incapacidade permanente para o trabalho e tenha direito a 100% (cem por cento) da renda mensal inicial, terá que ter pelo menos 40 (quarenta) anos de contribuição.

Por outro lado, esse modelo matemático, é verdade, tende a favorecer aqueles que tiverem pouco tempo de contribuição, porquanto o cálculo dos proventos partirá sempre da premissa de um mínimo de 20 (vinte) anos de contribuição, o que pode representar um incremento na proteção social dos servidores.

Outra possibilidade que pode vir ao auxílio do servidor é a exclusão, da média, das contribuições que resultem em redução do valor do benefício, desde que mantido o tempo mínimo de contribuição exigido para a inativação.

Tal disposição, contida no §6º do art. 26 da EC nº 103/2019, permite a busca pelo melhor benefício possível. De fato, pode ocorrer que, em uma apuração da média aritmética, o servidor, durante o tempo mínimo para a inativação – vinte anos – receba salários maiores e, depois, venha a receber durante outros dez anos salários inferiores que comprometerão o cálculo de sua média.

A respeito do tema, veja-se o elucidativo exemplo dado por João Batista Lazzari:[213]

> Exemplo: se um segurado contribuir por 20 anos, com média de R$4.000,00 mensais, sua aposentadoria seria de aproximadamente R$2.400,00 (= 60% de R$4.000,00). Caso ele contribuísse por mais 10 anos sobre R$1.000,00 mensais, em média, sua aposentadoria poderia ser de valor menor em face da redução do salário de benefício, muito embora tivesse direito a um coeficiente maior, pois corresponderia a 80% (60% + 10 × 2%).

A regra do melhor benefício tem explicação lógica. Como o regime é contributivo, não faria sentido o servidor ser prejudicado exatamente pela contribuição que fez além do tempo mínimo para a aposentadoria.

Discutindo a matéria, no Tema nº 334 de repercussão geral, o STF assentou a seguinte tese:

Previdência Complementar do Servidor Público Federal do Poder Legislativo (Funpresp-Leg) e Fundação de Previdência Complementar do Servidor Público Federal do Poder Judiciário (Funpresp-Jud); altera dispositivos da Lei nº 10.887, de 18 de junho de 2004; e dá outras providências.

213 LAZZARI, João Batista *et al.* *Comentários à Reforma da Previdência*. Rio de Janeiro: Forense, 2020. p. 134.

> APOSENTADORIA – PROVENTOS – CÁLCULO. Cumpre observar o quadro mais favorável ao beneficiário, pouco importando o decesso remuneratório ocorrido em data posterior ao implemento das condições legais.[214]

A decisão do STF engloba o entendimento já consolidado em terreno previdenciário, segundo o qual o segurado tem direito adquirido a determinado benefício, sempre que ao seu patrimônio ele for inserido.

Na prática, o que o dispositivo da emenda visa assegurar é que o servidor tenha sua média calculada em momento anterior ao seu desligamento do serviço público. Afinal, se assim não fosse permitido, estar-se-ia jogando ao léu o direito já adquirido pelo servidor.

O constituinte, todavia, fez duas ressalvas quanto a essa possibilidade de descarte de contribuições.

Primeira, quando veda a utilização do tempo excluído para qualquer finalidade, inclusive para o acréscimo de dois pontos percentuais a cada novo ano de tempo de contribuição, conforme disciplinam os §§2º e 5º do art. 26 da EC nº 103/2019.

Segunda, quando proíbe a averbação em outro regime previdenciário ou para a obtenção dos proventos de inatividade das atividades de que tratam os arts. 42 (militares dos estados, do Distrito Federal e dos territórios) e 142 (Forças Armadas).

Outro aspecto relevante é saber se a nova diretriz constitucional permite a permanência – sob o ponto de vista da validade e da eficácia – de normas infraconstitucionais que mencionam moléstias para fins de cálculo de proventos pela integralidade,[215] bem como admitem revisão de proventos proporcionais para integrais, quando o aposentado for acometido das doenças elencadas em lei.[216]

Sem embargo de posições diferentes, entende-se que tais normas não foram recepcionadas pelo novo texto constitucional, ante a adoção de novo modelo de aposentadoria, que deixou de ser por invalidez em decorrência de doenças previamente previstas em lei, para incorporar o conceito mais amplo de incapacidade.

Há exceções, contudo, que garantem ao servidor o valor do benefício da aposentadoria por incapacidade permanente correspondente a 100% (cem por cento) da média aritmética apurada na forma legal. A elas.

5.1 Aposentadoria por incapacidade permanente decorrente de acidente de trabalho

A Emenda Constitucional nº 103/2019 dispõe no §3º do art. 26 que o valor do benefício de aposentadoria por incapacidade permanente corresponderá a 100% (cem por cento) da média aritmética, quando for decorrente de acidente de trabalho.

---

214 BRASIL. STF. *RE nº 630.501*. Rel. Min. Ellen Gracie, j. 21.12.2013.

215 BRASIL. *Lei nº 8.112, de 11 de dezembro de 1990*. Dispõe sobre o regime jurídico dos servidores públicos civis da União, das autarquias e das fundações públicas federais. Disponível em: http://www.pl4analto.gov.br/ccivil_03/LEIS/L8112cons.htm. Acesso em: 9 mar. 2020. Art. 186.

216 BRASIL. *Lei nº 8.112, de 11 de dezembro de 1990*. Dispõe sobre o regime jurídico dos servidores públicos civis da União, das autarquias e das fundações públicas federais. Disponível em: http://www.pl4analto.gov.br/ccivil_03/LEIS/L8112cons.htm. Acesso em: 9 mar. 2020. Art. 190.

Lembre-se de que, na legislação anterior, essa modalidade de aposentadoria era referente à invalidez decorrente de acidente em serviço.

Embora a mudança possa parecer apenas conceitual, há implicações que precisam ser observadas. Em realidade, a expressão "acidente de trabalho" tem origem na Lei nº 8.213/1991 e ligação com o universo jurídico da Consolidação das Leis do Trabalho. Na verdade, o regime estatutário sempre adotou a nomenclatura "acidente em serviço". Desde o vetusto Estatuto dos Funcionários Públicos de 1939, como também no de 1952, o acidente em serviço é considerado da seguinte forma:

> *Decreto-Lei nº 1.713/1939* [...]
>
> Art. 166. [...]
>
> §2º Acidente é o evento danoso que tenha como causa, mediata ou imediata, o exercício das atribuições inerentes ao cargo.[217]

> *Decreto-Lei nº 1.711/1952* [...]
>
> Art. 178. [...]
>
> §1º Acidente é o evento danoso que tiver como causa mediata ou imediata o exercício das atribuições inerentes ao cargo.[218]

No caso de acidente em serviço, portanto, o ato de aposentação devia vir precedido de demonstração cabal do dano sofrido em virtude de afazeres profissionais, com prova convincente do nexo de causalidade entre o acidente e o atual estado de saúde do servidor.

De fato, era preciso que o dano sofrido pelo servidor, ao acidentar-se, fosse suficientemente grave a ponto de não mais permitir-lhe trabalhar normalmente. Assim, havia necessidade de apurar se o estado precário de saúde do servidor é decorrência do acidente sofrido. Por isso, a relevância do nexo causal entre um e outro.

O conceito de nexo causal é restrito, a ponto de não admitir interpretações diversas. Interessante, nesse ponto, a lição de Sérgio Cavalieri Filho:

> Cuida-se então, de saber [...] que relação deve existir entre o dano e o fato para que este, sob a ótica do Direito, possa ser considerado causa daquele. O conceito de nexo causal não é jurídico; decorre das leis naturais. É o vínculo, a ligação ou relação de causa e efeito entre a conduta e o resultado [...]. É através dele que poderemos concluir quem foi o causador do dano. [...] É preciso demonstrar [...] que sem o fato alegado, o dano não se teria produzido.[219]

No regime do acidente em serviço, a jurisprudência aceitava sua configuração, mesmo que o acidente ocorresse fora do recinto de trabalho. É o caso do servidor que, por exemplo, em função de ter dado solução contrária ao interesse de uma pessoa qualquer, é por ela agredido na rua, no *shopping*, no cinema, ou em qualquer lugar em que esteja.

---

217 BRASIL. *Decreto-Lei nº 1.713, de 28 de outubro de 1939*. Dispõe sobre o Estatuto dos Funcionários Públicos Civis da União. Coleção de Leis do Brasil, 31 dez. 1939. Art. 166, §2º.

218 BRASIL. Lei nº 1.711, de 28 de outubro de 1952. Dispõe sôbre o Estatuto dos Funcionários Públicos Civis da União. Diário *Oficial da União [da] República Federativa do Brasil*, Brasília, 1º nov. 1952. Art. 178, §1º (Revogado pela Lei nº 8.112/1990).

219 CAVALIERI FILHO, Sérgio. *Programa de responsabilidade civil*. São Paulo: Malheiros, 2003. p. 66-67.

Outra situação em que é possível ocorrer o acidente em serviço, fora do âmbito da repartição, se dava, por equiparação, com a figura jurídica conhecida como acidente *in itinere*.

A propósito, a Lei nº 8.112/1990 estabelece:

> Art. 212. Configura acidente em serviço o dano físico ou mental sofrido pelo servidor, que se relacione, mediata ou imediatamente, com as atribuições do cargo exercido.
>
> Parágrafo único. Equipara-se ao acidente em serviço o dano:
>
> I - decorrente de agressão sofrida e não provocada pelo servidor no exercício do cargo;
>
> II - sofrido no percurso da residência para o trabalho e vice-versa.[220]

A seu turno, a Lei nº 8.213/91, que reflete o mundo jurídico alheio ao regime estatutário, em consonância com o conceito do acidente em serviço, dispunha:

> Art. 21. Equiparam-se também ao acidente do trabalho, para efeitos desta Lei: [...]
>
> IV - o acidente sofrido pelo segurado ainda que fora do local e horário de trabalho: [...]
>
> d) no percurso da residência para o local de trabalho ou deste para aquela, qualquer que seja o meio de locomoção, inclusive veículo de propriedade do segurado.[221]

Notava-se, portanto, embora pertencentes a regimes distintos, uma congruência entre o acidente em serviço (ligado ao RPPS) e o acidente de trabalho (ligado ao RGPS).

Ocorre que a Lei nº 8.213/1991 foi alterada pela Medida Provisória nº 905, de 11.11.2019,[222] não se considerando mais como acidente de trabalho o acidente sofrido no percurso da residência para o local de trabalho ou deste para aquela, seja qual for o meio de locomoção (*in itinere*).

A pergunta que fica, então, é: haverá a equiparação dessa previsão destinada ao segurado do RGPS com o servidor ligado ao RPPS? É dizer: não se caracteriza mais para o servidor público, agora submetido ao conceito de acidente de trabalho, o instituto do acidente *in itinere*?

A questão deverá chegar ao deslinde do Poder Judiciário. Contudo, pela sistemática de aproximação entre os regimes, com clara prevalência para as normas do RGPS, pode-se dizer que valerão as regras definidas pela Lei nº 8.213/1991.[223]

Em todo caso, ainda que permaneça o conceito de acidente *in itinere*, convém esclarecer que a interpretação de tal instituto deve ser restritiva.

Imagine-se que o servidor, ao dirigir-se à repartição pública, envolve-se em uma briga de trânsito, fato que não é tão incomum assim, hoje em dia. Depois da discussão, quase sempre por motivos banais, seu novo desafeto o segue até onde o servidor trabalha.

---

220 BRASIL. *Lei nº 8.112, de 11 de dezembro de 1990*. Dispõe sobre o regime jurídico dos servidores públicos civis da União, das autarquias e das fundações públicas federais. Disponível em: http://www.pl4analto.gov.br/ccivil_03/LEIS/L8112cons.htm. Acesso em: 9 mar. 2020. Art. 212.

221 BRASIL. *Lei nº 8.213, de 24 de julho de 1991*. Dispõe sobre os Planos de Benefícios da Previdência Social e dá outras providências. Disponível em: http://www.planalto.gov.br/ccivil_03/LEIS/L8213cons.htm. Acesso em: 22 jan. 2020. Art. 21, IV, "d".

222 BRASIL. *Medida Provisória nº 905, de 11 de novembro de 2019*. Disponível em: http://www.planalto.gov.br/ccivil_03/_Ato2019-2022/2019/Mpv/mpv905.htm. Acesso em: 8 abr. 2020.

223 BRASIL. *Lei nº 8.213, de 24 de julho de 1991*. Dispõe sobre os Planos de Benefícios da Previdência Social e dá outras providências. Disponível em: http://www.planalto.gov.br/ccivil_03/LEIS/L8213cons.htm. Acesso em: 22 jan. 2020.

Então, sem mais nem menos, sem avisos, o servidor sofre agressão daquele cidadão com o qual mantivera o anterior entrevero. Nesse caso, embora o servidor possa ficar ferido, dentro de seu local de trabalho, não restará configurado o acidente em serviço, porque a agressão se deu por motivo alheio aos afazeres relacionados ao labor diário.

Da mesma forma, não será considerado como tal o fato de o servidor acidentar-se quando saía de casa, mas dirigia-se à escola de seus filhos, por exemplo.

Isso não queria dizer que o servidor tivesse sempre que percorrer o mesmo caminho, ou o caminho "mais rápido" para ir ao serviço. De fato, "ligeiro desvio no percurso, quando o empregado entre em um estabelecimento comercial para aquisição de um bem, não rompe o nexo entre acidente e o retorno do trabalho para casa".[224] Diferente seria o caso daquele servidor que "passou horas bebendo com amigos"[225] e depois veio a acidentar-se a caminho do serviço.

Naquele contexto, foram trazidas à colação as palavras de J. E. Abreu de Oliveira, para quem "[...] o local e o momento não determinam, por si próprios, a natureza do infortúnio, posto que só o 'nexo de causalidade' poderá atribuir-lhe a figura típica do acidente de serviço".[226]

Equipara-se a acidente em serviço/de trabalho o sofrido pelo servidor ainda que fora do local e horário de trabalho, quando está em realização de serviço relacionado ao cargo ou função, ou em viagem a serviço, inclusive para estudo, quando financiada pelo Estado, independentemente do meio de locomoção utilizado, inclusive veículo de sua propriedade.

Segundo o Regime Jurídico Único (RJU),[227] dos servidores federais, a prova do acidente será feita no prazo de dez dias, prorrogável quando as circunstâncias o exigirem.

Aqui ocorre outra dissonância com o regime do acidente de trabalho, previsto na Lei nº 8.213/1991. Segundo esta norma, o acidente de trabalho deve ser comunicado à Previdência Social até o primeiro dia útil seguinte ao da ocorrência, sendo que, no caso de morte, deve ser notificado de imediato à autoridade competente.[228]

Nada obstante a discrepância, entende-se que, nesse caso, deva prevalecer o previsto no RJU, exatamente porque aqui a questão inclui-se nitidamente nas previsões estatutárias que regem o cargo ocupado pelo servidor público.

A propósito, a possibilidade de prorrogação prevista no RJU demonstra sapiência do legislador, porquanto nem sempre o evento danoso é desde logo percebido, em toda a sua extensão, o que implicaria perda do prazo, caso os dez dias fossem peremptórios. Entretanto, por outro prisma, ficará mais difícil provar o acidente se o evento que causou o dano prolongar-se indefinidamente no tempo, mormente no que tange à configuração do nexo causal.

---

224 Q. cfr. STF. Repositório de Jurisprudência. *Revista dos Tribunais*, ano 76, v. 619, maio 1987. p. 139.

225 Q. cfr. STF. Repositório de Jurisprudência. *Revista dos Tribunais*, ano 73, v. 588, out. 1984. p. 149.

226 OLIVEIRA, J. E. Abreu. *Aposentadoria no serviço público*. Rio de Janeiro: Freitas Bastos, 1970. p. 77.

227 BRASIL. *Lei nº 8.112, de 11 de dezembro de 1990*. Dispõe sobre o regime jurídico dos servidores públicos civis da União, das autarquias e das fundações públicas federais. Disponível em: http://www.pl4analto.gov.br/ccivil_03/LEIS/L8112cons.htm. Acesso em: 9 mar. 2020. Art. 214.

228 BRASIL. *Lei nº 8.213, de 24 de julho de 1991*. Dispõe sobre os Planos de Benefícios da Previdência Social e dá outras providências. Disponível em: http://www.planalto.gov.br/ccivil_03/LEIS/L8213cons.htm. Acesso em: 22 jan. 2020. Art. 22.

O Superior Tribunal de Justiça, em relação a essa questão,[229] salientou que o termo *a quo* do prazo prescricional não está necessariamente relacionado à data do evento, uma vez que se deve considerar a data em que a vítima tenha inequívoca ciência, tanto de sua invalidez, quanto da extensão da incapacidade.

De forma geral, a aposentadoria por invalidez, seja ela de que espécie for, vigorará a partir da publicação do ato de concessão.[230]

Importante destacar outro ponto. Segundo a Lei nº 8.112/1990, a inativação do servidor, em decorrência de invalidez (nomenclatura hoje superada, como já dito alhures), será "precedida de licença para tratamento de saúde, por período não excedente a 24 (vinte e quatro) meses".[231]

Quanto a esse tema, na edição anterior, foram feitas as seguintes considerações. Veja-se.

Em primeiro lugar, deve-se admitir que há ocasiões em que o ato concessório é bastante posterior ao início da enfermidade sofrida pelo servidor, ou, no caso, ao evento danoso que propiciou a caracterização do acidente em serviço. Nesses casos, a jurisprudência tem evoluído no sentido de admitir-se a retroatividade dos direitos da concessão àquela data em que, efetivamente, surgiram os primeiros episódios de enfermidade, ou, ainda, àqueloutra em que ocorreu o evento danoso ao servidor. Assim, *v.g.*, um ato concessório de dezembro de 2006 pode gerar efeitos a partir de 2003, desde que suficientemente comprovados os motivos da retroação. A princípio, caberá à junta médica determinar a data em que deverá operar efeitos a concessão.

Outro ponto que merece destaque é a necessidade de que o servidor esteja em gozo de licença para tratamento de saúde antes de aposentar-se por invalidez. Esse período não será superior a dois anos[232] como explicita a lei. Contudo, aí ainda há alguma confusão, porquanto não há necessidade de se esperar todo esse tempo para a concessão da aposentadoria.

De fato, o servidor que se acidentou em serviço e está em tratamento de saúde não precisa esperar todo aquele tempo para aposentar-se por invalidez. Basta que a junta médica afira sua incapacidade definitiva, para que a Administração edite o ato concessório.

Importante realçar que somente um deve ser o problema de saúde que implique licença médica contínua por 24 meses, a fim de obrigar a aposentadoria do servidor. Deveras, fere a lógica do sistema que licenças médicas intermitentes, concedidas em razão de doenças as mais diversas, ao totalizarem dois anos constituam motivo suficiente para aposentadoria por invalidez. Falta-lhes, *in casu*, o elemento de definitividade.

---

[229] BRASIL. Superior Tribunal de Justiça. Recurso Especial nº 754.908. Processo nº 200500890776. Quinta Turma. Rel. Min. Arnaldo Esteves Lima, 27.9.2007. *Diário da Justiça*, Brasília, 22 out. 2007.

[230] BRASIL. *Lei nº 8.112, de 11 de dezembro de 1990*. Dispõe sobre o regime jurídico dos servidores públicos civis da União, das autarquias e das fundações públicas federais. Disponível em: http://www.pl4analto.gov.br/ccivil_03/LEIS/L8112cons.htm. Acesso em: 9 mar. 2020. Art. 188.

[231] BRASIL. *Lei nº 8.112, de 11 de dezembro de 1990*. Dispõe sobre o regime jurídico dos servidores públicos civis da União, das autarquias e das fundações públicas federais. Disponível em: http://www.pl4analto.gov.br/ccivil_03/LEIS/L8112cons.htm. Acesso em: 9 mar. 2020. Art. 188, §1º.

[232] Vinte e quatro meses.

É com essa ótica que se devem entender os termos do RJU:

> Art. 188. [...]
>
> §1º A aposentadoria por invalidez será precedida de licença para tratamento de saúde, por período não excedente a 24 (vinte e quatro) meses.
>
> §2º Expirado o período de licença e não estando em condições de reassumir o cargo ou de ser readaptado, o servidor será aposentado.
>
> §3º O lapso de tempo compreendido entre o término da licença e a publicação do ato da aposentadoria será considerado como de prorrogação da licença.[233]

Com relação ao §2º, acima transcrito, cumpre informar que o Supremo Tribunal Federal possui entendimento acerca da inconstitucionalidade da readaptação,[234] por malferir o instituto do concurso público. É o que deflui da Súmula nº 685, convertida, em 2015, na Súmula Vinculante nº 43: "É inconstitucional toda modalidade de provimento que propicie ao servidor investir-se, sem prévia aprovação em concurso público destinado ao seu provimento, em cargo que não integra a carreira na qual anteriormente investido".[235]

Contudo, encontram-se julgados mais recentes em sentido contrário.[236]

Pois bem. Com a promulgação da nova Emenda Constitucional nº 103/2019, entende-se que a questão está resolvida, mas cabem outras considerações.

O novo dispositivo constitucional é claro ao dispor que, no caso de aposentadoria por incapacidade permanente para o trabalho, "será obrigatória a realização de avaliações periódicas para a verificação da continuidade das condições que ensejaram a concessão".[237]

Veja-se, portanto, que o constituinte não criou limitações temporárias para a realização de avaliações a respeito da condição de saúde do servidor aposentado. Assim, quer-se crer que não é mais automática a aposentação quando o servidor estiver há mais de vinte e quatro meses de licença para tratamento de saúde, conforme estipula o §1º do art. 188 do RJU[238] da União. Sim, porque, se já aposentado, poderá submeter-se a número indeterminado de avaliações anuais, por exemplo, quanto mais ainda na condição de efetivo.

Em realidade, pode ocorrer que a invalidez do servidor não seja definitiva, tendo em vista as condições próprias de cada pessoa na recuperação de doenças, ou, ainda, em virtude do avanço da medicina, a cada dia em busca de novas técnicas. Em função disso, de tempos em tempos o servidor deverá passar por nova inspeção de saúde.

---

233 BRASIL. *Lei nº 8.112, de 11 de dezembro de 1990*. Dispõe sobre o regime jurídico dos servidores públicos civis da União, das autarquias e das fundações públicas federais. Disponível em: http://www.pl4analto.gov.br/ccivil_03/LEIS/L8112cons.htm. Acesso em: 9 mar. 2020. Art. 188, §§1º, 2º e 3º.

234 BRASIL. Supremo Tribunal Federal. *RE nº 482411/CE*. Rel. Min. Ricardo Lewandowski. Disponível em: http://portal.stf.jus.br/processos/detalhe.asp?incidente=2392775. Acesso em: 11 abr. 2020.

235 BRASIL. Supremo Tribunal Federal. *Súmula vinculante nº 43*. Disponível em: http://www.stf.jus.br/portal/jurisprudencia/menuSumarioSumulas.asp?sumula=1508. Acesso em: 17 mar. 2020.

236 BRASIL. Supremo Tribunal Federal. *ARE nº 774.289/SC*. Rel. Min. Carmem Lúcia, 18.10.2013. Disponível em: http://www.stf.jus.br/portal/jurisprudencia/listarJurisprudencia.asp?. Acesso em: 11 abr. 2020.

237 BRASIL. [Constituição (1988)]. *Constituição da República Federativa do Brasil de 1988*. Brasília: Presidência da República, 1988. Disponível em: http://www.planalto.gov.br/ccivil_03/constituicao/constituicao.htm. Acesso em: 29 jan. 2020. Art. 40, §1º, inc. I.

238 BRASIL. *Lei nº 8.112, de 11 de dezembro de 1990*. Dispõe sobre o regime jurídico dos servidores públicos civis da União, das autarquias e das fundações públicas federais. Disponível em: http://www.pl4analto.gov.br/ccivil_03/LEIS/L8112cons.htm. Acesso em: 9 mar. 2020. Art. 188, §§1º, 2º e 3º.

Assim, caso os motivos que ensejaram a aposentadoria por incapacidade venham a se tornar insubsistentes, assim declarados por junta médica oficial, o servidor deverá retornar à atividade, operando-se, então, a reversão.[239]

Outra ponderação importante recai sobre a figura da readaptação, anteriormente contestada pelo Supremo Tribunal Federal, como dito acima. Ocorre que, com a EC nº 103/2019, tal instituto foi constitucionalizado, passando a fazer parte efetivamente da modalidade de aposentadoria por incapacidade. Afinal, a inativação nesse caso só se dará quando o servidor for "insuscetível de readaptação".

Tais constatações, portanto, levam a crer que o §1º do art. 188 da Lei nº 8.112/1990 não foi recepcionado pela mudança constitucional, assim como a vedação do STF acerca da readaptação deverá ser revista.

Interessante notar, ainda com relação à readaptação, que, de acordo com o novo texto constitucional (art. 37, §13), o servidor poderá ser readaptado para exercício de cargo cujas atribuições sejam compatíveis com a limitação sofrida, evidentemente desde que possua habilitação e escolaridade compatíveis com o cargo de destino.

A reforma constitucional pôs fim a um constante dilema jurisprudencial, concernente à remuneração do readaptado, é dizer, se teria direito aos vencimentos do cargo de origem ou do cargo para o qual fora readaptado. Agora, extreme de dúvidas, por expressa disposição, será mantida a remuneração do cargo de origem.

A propósito, a própria EC nº 103/2019 apresenta o conceito de remuneração de cargo efetivo. Ei-lo:

> Considera-se remuneração do servidor público no cargo efetivo, para fins de cálculo dos proventos de aposentadoria com fundamento no disposto no inc. I do §6º ou no inc. I do §2º do art. 20, o valor constituído pelo subsídio, pelo vencimento e pelas vantagens pecuniárias permanentes do cargo, estabelecidos em lei, acrescidos dos adicionais de caráter individual e das vantagens pessoais permanentes [...].[240]

Cumpre salientar que não poderá retornar à atividade o aposentado que já tiver completado 75 (setenta e cinco) anos de idade, por impedimento legal.[241]

Uma vez caracterizado, portanto, o acidente de trabalho em serviço e a incapacidade laboral, o servidor fará jus à aposentadoria. O tema relacionado ao cálculo dos proventos, por sua complexidade, será abordado em tópico específico.

---

[239] Cuja base legal é retirada do RJU. BRASIL. *Lei nº 8.112, de 11 de dezembro de 1990*. Dispõe sobre o regime jurídico dos servidores públicos civis da União, das autarquias e das fundações públicas federais. Disponível em: http://www.pl4analto.gov.br/ccivil_03/ LEIS/L8112cons.htm. Acesso em: 9 mar. 2020: "Art. 25. Reversão é o retorno à atividade de servidor aposentado: [...] I - por invalidez, quando junta médica oficial declarar insubsistentes os motivos da aposentadoria [...]".

[240] BRASIL. [Constituição (1988)]. *Emenda Constitucional nº 103, de 12 de novembro de 2019*. Altera o sistema de previdência social e estabelece regras de transição e disposições transitórias. Disponível em: http://www.planalto.gov.br/ccivil_03/Constituicao/Emendas/Emc/emc103.htm#art1. Acesso em: 23 fev. 2020. Art. 4º, §8º.

[241] Muito embora a redação do art. 27 da Lei nº 8.112/90 disponha que o aposentado que tiver completado 70 (setenta) anos não poderá retornar à atividade, entende-se que a idade limite tenha passado para 75 (setenta e cinco) anos, com o advento da Emenda Constitucional nº 88/2015 e da Lei Complementar nº 152/2015.

5.2 Aposentadoria por incapacidade permanente decorrente de doença profissional

No texto constitucional vigente em momento anterior à promulgação da EC nº 103/2019, essa modalidade de inativação se dava em decorrência de moléstia profissional, cuja conceituação era inexistente no RJU[242] da União.

A novel emenda conceitua, agora, a modalidade como "doença profissional". De se perguntar, pois: tal alteração determina nova compreensão sobre o tema?

Entende-se que sim. Em virtude da aproximação entre os regimes (próprio e geral) de previdência social, que vem ocorrendo desde a EC nº 20/1998, agora reforçada com a EC nº 103/2019, há que buscar dar interpretação uniforme ao conceito.

Assim, diante da ausência de normativo que trate propriamente do regime próprio, pode-se buscar o conceito de doença profissional existente na Lei nº 8.213/1991, que cuida dos benefícios do RGPS.

Essa subespécie de inativação por incapacidade permanente também garante o valor do benefício em 100% (cem por cento) da média aritmética e é aquela que se origina de condições típicas do serviço executado pelo servidor.

A inativação daí decorrente será declarada por junta médica oficial, que deverá comprovar, de forma inequívoca, o liame existente entre as atividades diárias do servidor e a incapacidade laboral. Aqui se sente novamente a necessidade de estabelecer o nexo causal entre a doença e a incapacidade do servidor para o trabalho. Noutras palavras, a aposentadoria só será deferida se a doença realmente for advinda de complicações decorrentes da atividade profissional.

Tais doenças fazem parte de rol constantemente elaborado pelo Poder Público,[243] por exemplo, aquelas decorrentes de agentes químicos – arsênio, benzeno, chumbo etc.

Cabe salientar, contudo, que, ainda que a enfermidade contraída pelo servidor não esteja na relação prevista oficialmente, pode restar comprovado o nexo causal entre a doença e a lesão, fato passível de ser reconhecido pela Administração como ocasionador de aposentadoria por incapacidade.[244]

Segundo Carlos Alberto Pereira de Castro e João Batista Lazzari,[245] são as chamadas idiopatias, tecnopatias ou ergopatias, como, *v.g.*, a pneumoconiose,[246] que é frequente entre os mineiros.

---

242 BRASIL. *Lei nº 8.112, de 11 de dezembro de 1990*. Dispõe sobre o regime jurídico dos servidores públicos civis da União, das autarquias e das fundações públicas federais. Disponível em: http://www.pl4analto.gov.br/ccivil_03/LEIS/L8112cons.htm. Acesso em: 9 mar. 2020. Art. 188, §§1º, 2º e 3º.

243 O Decreto nº 3.048/99, no Anexo II, estabelece os agentes patogênicos causadores de doenças profissionais ou do trabalho, conforme previsto no art. 20 da Lei nº 8.213/1991 (BRASIL. *Lei nº 8.213, de 24 de julho de 1991*. Dispõe sobre os Planos de Benefícios da Previdência Social e dá outras providências. Disponível em: http://www.planalto.gov.br/ccivil_03/LEIS/L8213cons.htm. Acesso em: 22 jan. 2020).

244 Nesse sentido: "Ementa: Pessoal. Aposentadoria por invalidez permanente decorrente de moléstia profissional. Proventos integrais. Não exigência de que a moléstia profissional esteja especificada em lei. Jurisprudência. Legalidade do ato. Ciência" (BRASIL. Tribunal de Contas da União. *Processo TC nº 005.869/2012-9*. Acórdão 5919/2014. 2ª Câmara. Rel. José Jorge, 21.10.2014. Disponível em: https://pesquisa.apps.tcu.gov.br/#/redireciona/acordao-completo/%22ACORDAO-COMPLETO-1329440%22. Acesso em: 3 jul. 2020).

245 CASTRO, Carlos Alberto Pereira; LAZZARI, João Batista. *Manual de direito previdenciário*. 14. ed. Rio de Janeiro: Forense, 2012. p. 487.

246 Pneumopatia devida à inalação de poeira, e da qual existem várias formas, segundo o tipo de material inalado (berilo, asbesto, carvão etc.).

5.3 Aposentadoria por incapacidade permanente decorrente de doença do trabalho

Essa subespécie de incapacidade permanente inexistia na regulamentação do regime próprio do servidor federal. A doença do trabalho é aquela adquirida ou desencadeada em função de condições especiais em que o trabalho é realizado e com ele se relacione diretamente.

É o caso, por exemplo, da disacusia,[247] comum em locais de trabalho em que o servidor esteja submetido a ambiente extremamente ruidoso.

As considerações quanto à caracterização da doença do trabalho não diferem em relação à doença profissional.

Importa destacar que seja doença profissional ou do trabalho, para restar configurada a permissão constitucional para inativação do servidor público por moléstia profissional estatuída na CF/1988, é fundamental que a enfermidade decorra, necessariamente, do local de atividade do servidor. Isso implica dizer que certas doenças, ainda que contraídas durante o decurso do tempo de serviço do servidor, não são consideradas doenças profissionais ou do trabalho.

A título de exemplo, a Lei nº 8.213/1991[248] estabelece que espécies de moléstias não são consideradas decorrentes do trabalho: a doença degenerativa; a inerente a grupo etário (velhice); a que não produza incapacidade laborativa; e a doença endêmica adquirida por habitante de região em que ela se desenvolva, salvo comprovação de que é resultante de exposição ou contato direto determinado pela natureza do trabalho.

As questões referentes à vigência, à licença para tratamento de saúde, à adequação funcional em virtude da limitação laboral, à readaptação em virtude da limitação laboral, à reversão ao serviço ativo referentes à incapacidade por doença profissional ou do trabalho não diferem do tratado no tópico referente ao acidente de trabalho. Por isso não é necessária a repetição.

O cálculo dos proventos, como já salientado anteriormente, será tema de conteúdo específico.

5.4 Direito adquirido à aposentadoria por invalidez qualificada decorrente de doença grave, contagiosa ou incurável

A Emenda Constitucional nº 103/2019 garantiu o direito do servidor à aposentadoria, em conformidade com as regras vigentes anteriormente à sua promulgação. Veja-se:

> Art. 3º A concessão de aposentadoria ao servidor público federal vinculado a regime próprio de previdência social e ao segurado do Regime Geral de Previdência Social e de pensão por morte aos respectivos dependentes será assegurada, a qualquer tempo, desde que tenham sido cumpridos os requisitos para obtenção desses benefícios até a data de entrada em vigor

---

[247] Dor, ou outro tipo de sensação desagradável, produzida por sons comuns.

[248] BRASIL. *Lei nº 8.213, de 24 de julho de 1991*. Dispõe sobre os Planos de Benefícios da Previdência Social e dá outras providências. Disponível em: http://www.planalto.gov.br/ccivil_03/LEIS/L8213cons.htm. Acesso em: 22 jan. 2020. Art. 20, §1º.

> desta Emenda Constitucional, observados os critérios da legislação vigente na data em que foram atendidos os requisitos para a concessão da aposentadoria ou da pensão por morte.[249]

Nesse sentido, afora a incapacidade decorrente do acidente em serviço, transformado em acidente de trabalho, e a referente à doença profissional e do trabalho, o modelo constitucional anterior previa a possibilidade de inativação por invalidez decorrente de doença grave, contagiosa ou incurável.

Tais doenças têm natureza dúplice, uma objetiva e outra subjetiva. A conotação objetiva decorre de expressa determinação legal, porquanto é a própria lei que estabelece rol de enfermidades que possibilitam a aposentadoria. A face subjetiva, a seu turno, está presente na necessidade de a junta médica oficial apontar que a doença de que padece o servidor, além de especificada em lei, torna-o, ainda, inválido para o trabalho.

Note-se que a configuração do nexo causal, nesse caso, é restritiva, pois a enfermidade há que estar prevista em lei, diferentemente do que ocorre no caso da moléstia profissional, em que se admite a aposentadoria mesmo que a enfermidade não esteja previamente tipificada em normativo legal, desde que provada a causalidade entre doença e invalidez.

Questão que, por vezes, voltava à tona dizia respeito à possibilidade de o rol de enfermidade estatuído na lei ser apenas exemplificativo ou, de fato, taxativo.

A matéria restou pacificada pelo Supremo Tribunal Federal, em sede de repercussão geral, no qual decidiu que o rol de doenças graves, contagiosas ou incuráveis é taxativo. Eis a decisão de que se fala:

> 1. O art. 40, §1º, I, da Constituição Federal assegura aos servidores públicos abrangidos pelo regime de previdência nele estabelecido o direito a aposentadoria por invalidez com proventos proporcionais ao tempo de contribuição. O benefício será devido com proventos integrais quando a invalidez for decorrente de acidente em serviço, moléstia profissional ou doença grave, contagiosa ou incurável, "na forma da lei".
>
> 2. Pertence, portanto, ao domínio normativo ordinário a definição das doenças e moléstias que ensejam aposentadoria por invalidez com proventos integrais, cujo rol, segundo a jurisprudência assentada pelo STF, tem natureza taxativa.
>
> 3. Recurso extraordinário a que se dá provimento.[250]

Importa destacar que o citado rol taxativo se refere, exclusivamente, às doenças graves, contagiosas ou incuráveis, não abrangendo as doenças profissionais ou do trabalho. Afinal, como dito alhures, para a doença profissional ou do trabalho, o importante é a configuração do nexo causal entre trabalho e doença.

Nesse sentido:

> Pessoal. Aposentadoria por invalidez permanente decorrente de moléstia profissional. Proventos integrais. Não exigência de que a moléstia profissional esteja especificada em lei.

---

[249] BRASIL. [Constituição (1988)]. *Emenda Constitucional nº 103, de 12 de novembro de 2019*. Altera o sistema de previdência social e estabelece regras de transição e disposições transitórias. Disponível em: http://www.planalto.gov.br/ccivil_03/Constituicao/Emendas/Emc/emc103.htm#art1. Acesso em: 23 fev. 2020. Art. 4º, §8º.

[250] BRASIL. Supremo Tribunal Federal. *RE nº 656.860/MT*. Rel. Min. Teori Zavascki, 21.8.2014. Disponível em: http://portal.stf.jus.br/processos/downloadPeca.asp?id=260845728&ext=.pdf. Acesso em: 11 abr. 2020.

Jurisprudência do STJ e do STF. Irregularidade no percentual devido a título de gratificação adicional por tempo de serviço. Ilegalidade do ato. Determinação. Ciência.[251]

Tanto isso é verdade que a reforma previdenciária extirpou do mundo jurídico o conceito de doença grave, contagiosa ou incurável como causa de aposentadoria.

5.5 Direito adquirido à aposentadoria por invalidez simples

Essa modalidade de aposentadoria é deferida por exclusão daquelas que propiciam proventos integrais. Assim, estando o servidor acometido de enfermidade que o deixa inválido para o trabalho, porém não tipificada como acidente em serviço, moléstia profissional ou doença grave, contagiosa ou incurável, a CF/1988 lhe garantirá o direito à aposentadoria, entretanto, com proventos proporcionais.

Nesse caso, caberá à junta médica oficial diagnosticar a doença e a consequente perda de condição laboral do servidor.

5.6 Direito adquirido – Aposentadoria por invalidez × Emenda Constitucional nº 70/2012

A EC nº 70/2012[252] possibilitou ao servidor da União, dos estados, do Distrito Federal e dos municípios, incluídas suas autarquias e fundações, que tenha ingressado no serviço público até a data de publicação da EC nº 41/2003 e que tenha se aposentado ou venha a se aposentar por invalidez permanente,[253] o direito a ter proventos de aposentadoria calculados com base na remuneração do cargo efetivo em que se der a aposentadoria, ou seja, sem a média aritmética simples das maiores remunerações do servidor.

A citada emenda garantiu também paridade dos aposentados com os ativos. Quis o constituinte que o Estado procedesse de ofício, no prazo de 180 (cento e oitenta) dias, à revisão das aposentadorias e pensões delas decorrentes, concedidas a partir de 1º.1.2004, para adequá-las ao novo ordenamento constitucional.

Muito embora soe como norma de imposição cogente, a EC nº 70/2012 trata, em realidade, de uma norma de transição de um modelo antigo para outro novo, no que tange ao cálculo dos proventos. Assim, quer parecer que é possível ao servidor renunciar a tal regra, como, aliás, é de praxe em outras regras de transição, tais como aquelas previstas nas ECs nºs 20/1998 e 41/2003.

Afinal, o servidor não estará renunciando ao benefício previdenciário, mas sim à forma de cálculo e reajuste dos proventos, portanto, um direito que lhe é disponível. Tal

---

251 BRASIL. Tribunal de Contas da União. *Acórdão nº 5.365/2014*. 1ª Câmara. Rel. Min. Bruno Dantas, 23.9.2014. Disponível em: https://pesquisa.apps.tcu.gov.br/#/redireciona/acordao-completo/%22ACORDAO-COMPLETO-1325984%22. Acesso em: 15 jun. 2020.

252 BRASIL. [Constituição (1988)]. Emenda Constitucional nº 70, de 29 de março de 2012. Acrescenta art. 6º-A à Emenda Constitucional nº 41, de 2003, para estabelecer critérios para o cálculo e a correção dos proventos da aposentadoria por invalidez dos servidores públicos que ingressaram no serviço público até a data da publicação daquela Emenda Constitucional. *Diário Oficial da União [da] República Federativa do Brasil*, Brasília, 30 mar. 2012.

253 Com fundamento no inc. I do §1º do art. 40 da CF/1988.

possibilidade, inclusive, ganha arrimo na Lei nº 9.784/1999.[254] Evidentemente, contudo, a renúncia deverá ser irretratável, sob pena de deixar o Estado à mercê de vontades sazonais do servidor, o que não é razoável. Lembre-se de que a revisão produzida pela emenda opera efeitos financeiros a contar de sua publicação.

Pode ocorrer que, com a adequação dos proventos à EC nº 70/2012, o servidor venha a sofrer decréscimo remuneratório. Nesse caso, entende-se que deve ser estabelecida parcela de Vantagem Pessoal Complementar de Irredutibilidade (VPCI), a qual será posteriormente absorvida, em função de futuros reajustamentos no valor do benefício. A propósito, consta da Instrução Normativa nº 1/2012, do MPS, proposição desse teor:

> Art. 5º [...]
>
> §4º Caso haja redução no valor dos proventos em razão da revisão determinada pelo art. 2º da Emenda nº 70, a diferença entre a soma que estava sendo paga e o novo valor devido ao beneficiário deverá ser mantida em verba apartada do valor do benefício, como vantagem pessoal devidamente identificada, que deverá ser paulatinamente absorvida até sua extinção, por ocasião dos futuros reajustamentos no valor do benefício.[255]

Cumpre salientar que todas essas possibilidades de aposentação, com base no direito adquirido, podem vir a ocorrer mesmo após a vigência da EC nº 103/2019, desde que o laudo médico-pericial certifique, de maneira cabal, que a invalidez ocorreu antes da entrada em vigor da citada emenda constitucional.

Tal interpretação não é novidade e já ocorreu em outros momentos legislativos. Analisando o tema, sob o prisma da EC nº 41/03, o Tribunal de Contas do Distrito Federal deixou assentado que "é admissível a retroação dos efeitos na hipótese de o próprio laudo médico, de forma inconteste, indicar a data em que houve acometimento da moléstia".[256]

No mesmo sentido, o posicionamento do Tribunal de Contas da União:

> O servidor aposentado com provento proporcional, não alcançado pelo disposto nos arts. 3º e 7º da EC 41/2003, que tenha sido acometido até 19/02/2004 de doença que justifique a aplicação do art. 190 da Lei 8.112/1990, comprovada por *laudo médico* oficial emitido até 19/02/2004, tem direito à conversão de seu provento de proporcional para integral segundo a sistemática de cálculo vigente até a publicação da MP 167/2004. Excepcionalmente, no caso de *laudo médico* expedido após a mencionada data, deve haver expressa consignação no referido documento acerca da época do acometimento da moléstia, que, sendo predita

---

[254] BRASIL. *Lei nº 9.784, de 29 de janeiro de 1999*. Regula o processo administrativo no âmbito da Administração Pública Federal. Disponível em: http://www.planalto.gov.br/ccivil_03/Leis/L9784.htm. Acesso em: 18 mar. 2020: "Art. 51. O interessado poderá, mediante manifestação escrita, desistir total ou parcialmente do pedido formulado ou, ainda, renunciar a direitos disponíveis".

[255] BRASIL. Ministério da Previdência Social. *Instrução Normativa nº 1, de 30 de maio de 2012*. Estabelece orientações para o cálculo e as revisões dos benefícios de aposentadoria por invalidez e das pensões deles decorrentes concedidas pelos regimes próprios de previdência social para fins de cumprimento do disposto na Emenda Constitucional nº 70, de 29 de março de 2012. Disponível em: http://sa.previdencia.gov.br/site/2016/06/ORIENTACAONORMATIVASPPSn01de30mai2012-1.pdf. Acesso em: 15 jun. 2020.

[256] DISTRITO FEDERAL. Tribunal de Contas. *Processo nº 40.482/2007*. Decisão nº 3.582/2008. Disponível em: https://www.tc.df.gov.br/ice4/ice4_exibir.php?TABELA=VEFCX0VNRU5UQVJJTy5ERUM=&ORDEM=2316. Acesso em: 11 abr. 2020.

ao limite temporal de 19/02/2004, aproveitará ao servidor o direito à conversão de seus proventos nos moldes acima estipulados.[257]

[257] BRASIL. Tribunal de Contas da União. *Processo nº 010.819/2006-9*. Acórdão nº 278/2007. Plenário. Rel. Marcos Bemquerer. Disponível em: https://pesquisa.apps.tcu.gov.br/#/doc. Acesso em: 11 abr. 2020.

CAPÍTULO 6

APOSENTADORIA COMPULSÓRIA

A aposentadoria compulsória decorre primordialmente do evento idade. Assim é que o servidor, homem ou mulher, deverá ser afastado do serviço público ao completar 75 (setenta e cinco) anos. A inativação, de fato, é compulsória, como aduz o legislador,[258] ainda que o indivíduo esteja rijo e são.

6.1 Fundamentos da aposentação compulsória

O argumento clássico para a compulsoriedade da inativação aos setenta anos reside na presunção de incapacidade desses agentes públicos. De notar, entretanto, que o avanço social experimentado pelo país vem colocando em xeque essa assertiva, principalmente em função da melhor qualidade de saúde dos indivíduos ao chegarem aos setenta e cinco anos. Noutros tempos, realmente, com a expectativa de vida do brasileiro bem abaixo desse patamar, a presumível incapacidade fazia mais sentido.

O fato é que, hoje em dia, o cidadão de setenta e cinco anos, em grande parte das vezes, encontra-se com a saúde não só física, mas principalmente intelectual, em perfeitas condições. Por isso, questionar-se sobre a funcionalidade da inativação compulsória atualmente.

A título de observação, dados colhidos do Instituto Brasileiro de Geografia e Estatística (IBGE)[259] demonstram bem a evolução da expectativa de vida do brasileiro:

[258] BRASIL. [Constituição (1988)]. *Constituição da República Federativa do Brasil de 1988*. Brasília: Presidência da República, 1988. Disponível em: http://www.planalto.gov.br/ccivil_03/constituicao/constituicao.htm. Acesso em: 29 jan. 2020. Art. 40, inc. II.

[259] EM 2014, esperança de vida ao nascer era de 75,2 anos. *Agência IBGE Notícias*, 1º dez. 2015. Disponível em: https://agenciadenoticias.ibge.gov.br/agencia-sala-de-imprensa/2013-agencia-de-noticias/releases/9629-em-2014-esperanca-de-vida-ao-nascer-era-de-75-2-anos. Acesso em: 18 mar. 2020.

Tabela 1 – Expectativas de vida em idades exatas e variação em ano do período – Brasil – 1940/2014

Idade	Expectativas de vida						Variação (em anos) 1940/2014		
	1940			2014					
	Total	Homem	Mulher	Total	Homem	Mulher	Total	Homem	Mulher
0	45,5	42,9	48,3	75,2	71,6	78,8	29,7	28,7	30,5
1	52,2	49,7	54,9	75,3	71,8	78,9	23,1	22,1	24,0
5	52,5	49,7	55,3	71,5	67,9	75,0	19,0	18,2	19,7
10	48,3	45,5	51,1	66,6	63,0	70,1	18,3	17,5	19,0
15	43,8	41,1	46,6	61,7	58,2	65,2	17,9	17,1	18,6
20	39,6	36,9	42,5	57,0	53,6	60,4	17,3	16,7	17,9
25	36,0	33,3	38,8	52,4	49,3	55,5	16,4	16,0	16,7
30	32,4	29,7	35,2	47,8	44,9	50,7	15,3	15,2	15,5
35	29,0	26,3	31,6	43,3	40,5	46,0	14,3	14,2	14,4
40	25,5	23,0	28,0	38,7	36,1	41,2	13,1	13,0	13,2
45	22,3	19,9	24,5	34,3	31,8	36,6	12,0	11,9	12,1
50	19,1	16,9	21,0	30,0	27,7	32,1	10,9	10,8	11,0
55	16,0	14,1	17,7	25,9	23,8	27,8	9,9	9,7	10,1
60	13,2	11,6	14,5	22,0	20,1	23,6	8,8	8,5	9,1
65	10,6	9,3	11,5	18,3	16,6	19,7	7,7	7,3	8,2
70	8,1	7,2	8,7	14,9	13,4	16,0	6,8	6,2	7,3
75	6,0	5,4	6,3	11,8	10,6	12,8	5,8	5,2	6,5
80 anos ou +	4,3	4,0	4,5	9,3	8,3	9,9	5,0	4,3	5,4

Fonte: IBGE

Malgrado a sensação de injustiça, percebida em diversos servidores, causada pela compulsoriedade aos setenta e cinco anos, convém realçar que, em sua origem, a aposentadoria compulsória veio corrigir grave distorção no regime constitucional de aposentadorias do servidor público, que só previa a possibilidade de aposentação em caso de invalidez.[260]

[260] A Constituição Federal de 1891 previa, no art. 75, que aposentadoria só poderá ser dada aos funcionários públicos em caso de invalidez no serviço da Nação (BRASIL. [Constituição (1891)]. *Constituição da República dos Estados Unidos do Brasil de 1891*. Disponível em: http://www.planalto.gov.br/ccivil_03/Constituicao/Constituicao91.htm. Acesso em: 3 mar. 2020).

Com esse sistema, o descanso remunerado dos servidores públicos só era conseguido em caso de enfermidade, deixando à margem da legalidade milhares de pessoas que, apesar de clinicamente sãs, já sentiam a armadura inclemente dos anos.

Atento às reclamações, portanto, o constituinte de 1934 logrou depositar na nova Constituição, pela primeira vez, a possibilidade de o servidor público ser aposentado por idade avançada, ainda que compulsoriamente:

> Art. 170. O Poder Legislativo votará o Estatuto dos Funcionários Públicos, obedecendo às seguintes normas, desde já em vigor: [...]
>
> 3º) salvo os casos previstos na Constituição, serão aposentados, compulsoriamente os funcionários que atingirem 68 anos de idade.[261]

Na Constituição Federal de 1946, o limite etário foi elevado para setenta anos,[262] em função, também, do aumento da expectativa de vida do cidadão do Brasil, algo em torno de quarenta anos. Assim, ao estabelecer setenta anos como limite, o constituinte de 1946 presumiu que o cidadão, com quase o dobro da média de expectativa de vida da época, estaria, também, incapacitado para o labor diário.

Tanto assim, que o antigo Departamento Administrativo do Pessoal Civil (DASP), na Formulação nº 78, já salientava que "a aposentadoria compulsória deriva de presunção absoluta de incapacidade". Por isso, talvez, o possível equívoco do constituinte de 1988, ao não ampliar o limite de idade para a aposentadoria compulsória na nova Constituição vigente, pois, sabidamente, na década de oitenta, a expectativa de vida do brasileiro já era bem superior àquela existente na década de trinta. Pelo critério único da idade, pois a aposentadoria compulsória poderia até ser revista.

Todavia, a compulsoriedade da aposentadoria não está açambarcada no critério puramente etário. Outras condicionantes podem ser aventadas para a necessidade de obrigar o servidor a aposentar-se.

Notadamente em países emergentes, com graves problemas sociais ainda a resolver, como é o caso do Brasil, a presença do Estado se clarifica ora de forma mais branda, ora de forma mais acentuada na economia.

J. E. Abreu de Oliveira, a respeito do limite de idade para a aposentadoria compulsória, já salientava que "uma boa política econômica aconselharia baixar o limite quando favorável a posição financeira do Estado e elevá-lo nas fases difíceis".[263] O autor discorria, ainda, que, "se há acentuado crescimento demográfico, o limite deve ser reduzido e, na hipótese contrária, elevado".

Em verdade, o estabelecimento do limite etário pode variar, também, em virtude da posição atuarial do sistema previdenciário. Assim, se o caixa do órgão controlador da previdência dos servidores públicos anda esquelético, ao Estado impõe-se restringir

---

261 BRASIL. [Constituição (1934)]. *Constituição da República dos Estados Unidos do Brasil de 1934*. Brasília: Presidência da República, 1934. Disponível em: http://www.planalto.gov.br/ccivil_03/constituicao/constituicao34.htm. Acesso em: 20 fev. 2020. O limite de 68 (sessenta e oito) anos justificava-se pela expectativa de vida do brasileiro à época.

262 BRASIL. [Constituição (1946)]. *Constituição da República dos Estados Unidos do Brasil de 1946*. Brasília: Presidência da República, 1946. Disponível em: http://www.planalto.gov.br/ccivil_03/constituicao/constituicao46.htm. Acesso em: 18 mar. 2020. O limite de 68 (sessenta e oito) anos justifica-se pela expectativa de vida do brasileiro à época.

263 OLIVEIRA, J. E. Abreu. *Aposentadoria no serviço público*. Rio de Janeiro: Freitas Bastos, 1970. p. 93.

ainda mais a possibilidade de inativação dos servidores. Sem dúvida, essa foi uma das razões que levaram às reformas previdenciárias verificadas no Brasil, recentemente.[264]

Nada obstante, o fato é que a CF/1988 não previu meio-termo. Conforme afirma José dos Santos Carvalho Filho:

> [...] o mandamento constitucional instituiu, como suporte fático do benefício, uma presunção absoluta (*iuris et de jure*) de incapacidade do servidor, presunção essa que não cede à prova em contrário. [...] o servidor não tem escolha: deverá ser aposentado compulsoriamente e, em consequência, afastado do serviço público.[265]

Importante frisar que a compulsoriedade da aposentadoria não atenta sequer contra a vitaliciedade de alguns cargos públicos. Noutras palavras, mesmo o agente público que ocupe cargo vitalício não está alheio à imposição constitucional.

Vetusto julgamento do STF, de relatoria do Ministro Luiz Gallotti, esclarece bem essa questão ao delimitar que "enquanto a aposentadoria voluntária é direito do funcionário e obrigação do Estado, a aposentadoria compulsória, ao revés, é direito do Estado e obrigação do funcionário".[266]

A propósito da possível contradição vitaliciedade/compulsoriedade, soa de bom alvitre trazer à observação, pela costumeira maestria, o pensamento de Rui Barbosa:

> A aposentadoria é a integração essencial da vitaliciedade, nos cargos civis, como a reforma o é da inamovibilidade dos militares; porque, dadas as condições naturais da vida humana, a perpetuidade fôra burla, se estivera subordinada à atividade. Assegurando, pois, a estabilidade nas funções vitalícias, militares, ou civis, o art. 74 da Constituição assegura-lhes a reforma e a aposentadoria, isto é, faz uma e outra o têrmo remuneratório de uma carreira laboriosa. Entregues à discrição do Poder, a aposentadoria e a reforma seriam instrumentos de prepotência e opressão. Associadas ao remate de um período legal de serviço, constituem o inteiramento necessário da vitaliciedade.[267]

6.2 Efeitos da aposentadoria compulsória

Importa verificar que a nova EC nº 103/2019 não trouxe alteração, à exceção da forma de cálculo dos proventos, referente à aposentadoria compulsória.

---

[264] Emendas constitucionais nºs 20/1998, 41/2003 e 47/2005. As alterações introduzidas pelas citadas emendas constitucionais serão analisadas no capítulo de cálculos de proventos. Note-se que, à exceção do cálculo dos proventos, que será visto em capítulo próprio, a recente EC nº 103/2019 não trouxe alteração na aposentadoria compulsória.

[265] CARVALHO FILHO, José dos Santos. *Manual de direito administrativo*. 15. ed. Rio de Janeiro: Lumen Juris, 2005. p. 569.

[266] BRASIL. Supremo Tribunal Federal. *Mandado de Segurança nº 5.422*. Rel. Min. Luiz Gallotti, 25.7.1956. Disponível em: http://www.stf. jus.br/arquivo/cms/sobreStfConhecaStfJulgamentoHistorico/anexo/MS2264.pdf. Acesso em: 11 abr. 2020.

[267] *Apud* BRASIL. Supremo Tribunal Federal. *Mandado de Segurança nº 5.422*. Rel. Min. Luiz Gallotti, 25.7.1956. Disponível em: http://www.stf. jus.br/arquivo/cms/sobreStfConhecaStfJulgamentoHistorico/anexo/MS2264.pdf. Acesso em: 11 abr. 2020. Trecho extraído do voto do relator.

Há questão interessante na leitura da disposição constitucional, advinda com a EC nº 88/2015. Ocorre que o texto da Constituição faz menção a duas idades que seriam o limite para a aposentadoria compulsória: 70 (setenta) e 75 (setenta e cinco) anos.

Nada obstante, isso não quer dizer que, atualmente, haja aposentadoria compulsórias para servidores públicos aos 70 (setenta) e aos 75 (setenta e cinco) anos. Explica-se.

Em realidade, houve necessidade de constar no texto as duas idades porque o incremento etário somente teve aplicação imediata para os ministros dos tribunais superiores, ficando os demais agentes públicos a depender de regulamentação por meio de lei complementar. No momento que foi aprovada a Lei Complementar nº 152/2015,[268] efetivamente deixou de ter previsão a aposentadoria compulsória aos 70 (setenta) anos de idade.

A par disso, a CF/1988 não estabelece a partir de que momento os efeitos da aposentadoria compulsória far-se-ão sentir. Nem mesmo a citada LC nº 152/2015 deixou esclarecido o dia *a quo* da inativação compulsória. Em função disso, existem casos em que o servidor, por omissão, descuido, desconhecimento ou inércia públicos, continua a trabalhar, mesmo já tendo completado setenta e cinco anos.

A título ilustrativo, citam-se dois casos levados em aulas. No primeiro, o servidor permaneceu laborando após atingir limite etário em razão de burocracia estatal que levou oito meses para publicar o ato de aposentação. Tal situação levou a peticionamentos sobre a responsabilidade, tendo em vista que continuou percebendo como se estivesse em atividade, inclusive abono de permanência e auxílio-alimentação, o que era indevido.

No segundo, um servidor completou 70 anos no dia 3.12.2015, véspera da entrada em vigor da LC nº 152/2015 (4.12.2015), a qual alterou o limite etário para 75 (setenta e cinco) anos. A discussão era para saber se o agente público foi atingido ou não pela novel norma.

Cumpre salientar que, de acordo com a Nota Explicativa nº 5/2016/CGNAL/DRPSP/SPPS/MTPS:

> [...] aos segurados que completaram a idade de 70 anos até 03/12/2015, inclusive, deve ser mantido ou concluído o ato de concessão da aposentadoria compulsória, na data em que atingida a data limite, pois a Lei complementar nº 152/2015 não previu efeitos retroativos ou situações transitórias. [...].[269]

Pede-se vênia para discordar de tal entendimento, porquanto é refratário à compreensão do legislador infraconstitucional, a quem foi outorgado a responsabilidade de estabelecer a compreensão do texto constitucional.

Observa-se que a exegese expressa na citada nota técnica é no sentido de que o servidor ao completar a idade limite estaria automaticamente aposentado compulsoriamente, ou seja, no dia em que completou 75 anos não poderia mais trabalhar no serviço público como efetivo.

---

268 BRASIL. *Lei Complementar nº 152, de 3 de dezembro de 2015*. Dispõe sobre a aposentadoria compulsória por idade, com proventos proporcionais, nos termos do inciso II do §1º do art. 40 da Constituição Federal. Disponível em: http://www.planalto.gov.br/CCIVIL_03/LEIS/LCP/ Lcp152.htm. Acesso em: 23 fev. 2020.

269 MTPS. CGNAL/DRPSP/SPPS. *Nota Explicativa nº 05, de 2 de fevereiro de 2016*. Disponível em: http://sa.previdencia.gov.br/site/2016/07/ NOTAEXPLICATIVACGNALn05-2016.pdf. Acesso em: 15 jun. 2020.

Ora, de acordo com intelecção do legislador infraconstitucional, o limite previsto para aposentação compulsória é em relação à permanência em atividade. É dizer: veda-se a continuidade quando se tiver mais que tal limite, logo, a proibição de continuar no trabalho será a partir do dia seguinte à completação dos 75 (setenta e cinco anos).

Realmente, a Lei nº 8.112/1990[270] estipula que a aposentadoria compulsória será automática, e declarada por ato, com vigência a partir do dia imediato àquele em que o servidor atingir a idade limite de permanência no serviço ativo. Veja-se que a lei do regime jurídico do servidor da União, portanto, estabeleceu, no campo de sua competência, que, a partir do primeiro dia em que o servidor já tiver completado setenta e cinco anos, a aposentadoria já estará consumada automaticamente, mesmo que o ato concessório seja efetivado posteriormente.

Noutras palavras, a compreensão do legislador infraconstitucional é no sentido de que a aposentadoria compulsória se destina a definir até que idade um agente público pode permanecer como titular de um cargo público efetivo, possibilitando que servidor trabalhe até o limite previsto na norma maior.

No exemplo ilustrado, portanto, o servidor não foi atingido pela aposentadoria compulsória, porquanto esse é o direito legislado em nosso sistema jurídico, não podendo falar-se em efeitos retroativos.

Em realidade, aqui se trata de aplicação imediata da EC nº 88/2015, que passou a vigorar, inexoravelmente, a partir do dia 4.12.2015. E, nesse dia, o servidor em ilustração não tinha 75 (setenta e cinco) anos de idade e, sim, 70 (setenta) anos e um dia.

Evidentemente, contudo, alguns órgãos da Administração não têm como checar cada data de aniversário de seus servidores. Por isso surgiu o problema de o servidor trabalhar após os setenta e cinco anos. Debruçada sobre o tema, a jurisprudência pátria firmou-se no sentido de que não é válido, para qualquer efeito, o tempo de serviço após a completação dos setenta e cinco anos.

Nesse aspecto, cabe mencionar julgado do Tribunal de Contas da União:

> Aposentadoria. Juiz Classista. Cômputo de tempo de serviço prestado após os setenta anos de idade. [...] Ilegalidade da concessão e recusa de registro.
>
> No Voto, da lavra do ilustre Ministro Ademar Guisi, tem-se:
>
> '... não é cabível o aproveitamento do tempo de serviço prestado após os 70 anos, consoante Decisão nº 30, da 1ª Câmara, TC – 018.257/90-9 [...] A Lei é clara, a aposentadoria do juiz classista e temporário é obrigatória aos setenta anos. Logo, a permanência no cargo após essa idade está eivada de ilegalidade. Sendo essa permanência ilegal, o tempo de serviço prestado após os setenta anos não pode ter efeito jurídico para fins de implementação do tempo necessário para a obtenção de aposentadoria no cargo [...] Impõe-se buscar a responsabilidade do gestor que permitiu que o interessado permanecesse no cargo após implementar 70 anos de idade [...], já que é dever da Administração afastar o servidor em tal situação [...] Nesse mister, desponta a responsabilidade dos gestores do órgão (presidência, diretoria de administração, secretaria de recursos humanos) que exarou a portaria de aposentação ao arrepio das normas legais, pois é indiscutível o nexo causal entre essa conduta dos administradores e o prejuízo causado aos cofres públicos pelo

---

270 BRASIL. *Lei nº 8.112, de 11 de dezembro de 1990*. Dispõe sobre o regime jurídico dos servidores públicos civis da União, das autarquias e das fundações públicas federais. Disponível em: http://www.pl4analto.gov.br/ccivil_03/LEIS/L8112cons.htm. Acesso em: 9 mar. 2020. Art. 187.

pagamento irregular perpetrado desde [...] devendo esse gestor, em princípio, responder solidariamente pelos danos causados.'

Na Decisão 0356-35/96-2, vê-se, no Voto do Eminente Relator, também o Ministro Adhemar P. Guisi:

'Pode o servidor aposentado, compulsoriamente, computar tempo de inatividade para suprir algum outro que seja considerado improcedente? Examinando as normas que disciplinam essa modalidade de aposentadoria, conclui-se não ser possível tal substituição, vez que a partir do dia em que atingir setenta anos de idade, o servidor será declarado aposentado, com vigência a contar do dia imediato, cessando qualquer vínculo com o serviço ativo'.[271]

Com razão, o entendimento adotado pela Corte de Contas federal. Afinal, a CF/1988 impõe a compulsoriedade da aposentadoria aos setenta e cinco anos. Por conseguinte, não pode o servidor continuar a desempenhar suas funções, pois lhe faltará a garantia constitucional. Deve-se considerar, entrementes, que os direitos de terceiros devem ser respeitados, desde que não tenham contribuído para a invalidação do ato e, ainda e primordialmente, tenham agido de boa-fé.

José dos Santos Carvalho Filho apresenta exemplo clássico do agente coletor de tributos cuja investidura era ilegítima: "[...] invalidada a investidura, produzindo efeitos em relação ao servidor e à Administração, nem por isso se deixará de validar a quitação obtida por contribuintes pelo pagamento de impostos feito àquele servidor".[272]

Discorrendo sobre o tema, Celso Antônio Bandeira de Mello assinala:

> Em hipóteses desta ordem, se o administrado estava de boa-fé e não concorreu para o vício do ato fulminado, evidentemente a invalidação não lhe poderia causar um dano injusto e muito menos seria tolerável que propiciasse, eventualmente, um enriquecimento sem causa para a Administração. Assim, tanto devem ser indenizadas as despesas destarte efetuadas como, a *fortiori*, hão de ser respeitados efeitos patrimoniais passados atinentes à relação atingida.[273]

Casos podem haver em que o servidor veio a aposentar-se após ter completado setenta e cinco anos, todavia, possuía o direito à aposentadoria em outra modalidade, que lhe era mais vantajosa.

Em virtude da imposição literal da Carta Magna, entende-se que não há como possibilitar ao servidor optar por uma ou outra modalidade, pois, tendo ultrapassado os setenta e cinco anos, a própria CF/1988 estabelece a compulsoriedade da aposentadoria, sob pena de admitir-se uma opção retroativa, instituto estranho à boa técnica legislativa.

Por definição, como já visto alhures, a aposentadoria é um ato administrativo vinculado. Logo, a partir do momento em que são cumpridas as exigências legais, o servidor tem o direito inegável de aposentar-se. À Administração cabe apenas verificar

---

271 BRASIL. Tribunal de Contas da União. Decisão nº 130/1999. 2ª Câmara. Processo TC nº 010.195/1997-1. Aposentadoria. Rel. Min. Adhemar Ghisi, 10.6.1999. *Diário Oficial [da] República Federativa do Brasil*, Brasília, 18 jun. 1999.

272 CARVALHO FILHO, José dos Santos. *Manual de direito administrativo*. 15. ed. Rio de Janeiro: Lumen Juris, 2005. p. 137.

273 BANDEIRA DE MELLO, Celso. *Curso de direito administrativo*. 16. ed. rev. e atual. São Paulo: Malheiros, 2003. p. 440.

exatamente o cumprimento de requisitos, mas não julgar a conveniência ou necessidade de expedir o ato.

No entanto, para exercer o seu direito, o servidor deveria requerê-lo a tempo. Caso não o faça, sua discricionariedade no pedido de aposentadoria fica dissipada pela obrigatoriedade da aposentadoria compulsória.

Todavia, deve-se considerar que a modalidade de aposentação não está umbilicalmente ligada aos critérios para cálculos dos proventos. Noutras palavras, embora ao servidor se imponha a modalidade de aposentadoria compulsória, atribui-se-lhe o direito de ter os proventos calculados de forma mais benéfica. Isso, porque há dissociação da modalidade da aposentadoria dos cálculos dos proventos. Nesse sentido, a Súmula nº 359 do STF: "ressalvada a revisão prevista em lei, os proventos da inatividade regulam-se pela lei vigente ao tempo em que o militar, ou o servidor civil, reuniu os requisitos necessários".

Nesse mesmo sentido, dispõe a Orientação Normativa MPS/SPS nº 02/2009:

> Art. 77. Na ocorrência das hipóteses previstas para concessão de aposentadoria compulsória ou por invalidez a segurado que tenha cumprido os requisitos legais para concessão de aposentadoria voluntária em qualquer regra, o RPPS deverá facultar que, antes da concessão da aposentadoria de ofício, o servidor, ou seu representante legal, opte pela aposentadoria de acordo a regra mais vantajosa.[274]

Nada obstante, pode ocorrer o silêncio do servidor em relação às regras mais vantajosas e, efetivamente, levar a Administração a calcular o benefício de acordo com a regra-geral – proporcionalidade/com base na média.

Em casos tais, o servidor não poderá, posteriormente, solicitar revisão para alterar/complementar o fundamento do ato de aposentadoria.

Interessante notar que a EC nº 103/2019 mandou aplicar a aposentadoria compulsória para empregados públicos regidos pelo RGPS, conforme estipula, agora, a Constituição Federal de 1988:

> Art. 201. [...]
>
> §16. Os empregados dos consórcios públicos, das empresas públicas, das sociedades de economia mista e das suas subsidiárias serão aposentados compulsoriamente, observado o cumprimento do tempo mínimo de contribuição, ao atingir a idade máxima de que trata o inciso II do §1º do art. 40, na forma estabelecida em lei.

Ocorre que, no julgamento da ADI nº 2.602, o STF assentou o entendimento de que a regra da aposentadoria compulsória somente se aplica a servidores públicos titulares de cargos efetivos em sentido estrito.[275] Já no julgamento do RE nº 786.540/DF, com

---

274 BRASIL. MTPS. Secretário de Políticas de Previdência Social. *Orientação Normativa MPS/SPS nº 02, de 31 de março de 2009*. Dispõe sobre orientações aos Regimes Próprios de Previdência Social dos servidores públicos titulares de cargos efetivos, dos Magistrados, Ministros e Conselheiros dos Tribunais de Contas, membros do Ministério Público e de quaisquer dos poderes da União, dos Estados, do Distrito Federal e dos Municípios, incluídas suas autarquias e fundações. 2020. Disponível em: http://sa.previdencia.gov.br/site/2016/06/ORIENTACAONORMATIVASPSn02de31mar2009atualizadaate11jul2014-1-1.pdf. Acesso em: 15 jun. 2020. Art. 77.

275 BRASIL. Supremo Tribunal Federal. *ADI nº 2.602*. Rel. Min. Joaquim Barbosa, 24.11.2005. Disponível em: http://portal.stf.jus.br/processos/detalhe.asp?incidente=1995091. Acesso em: 15 jun. 2020.

repercussão geral, aquela Corte firmou tese de que os servidores ocupantes de cargos em comissão, porque sujeitos ao regime geral de previdência social, não se submetem à regra da aposentadoria compulsória.[276]

Dessa forma, ao aplicar a compulsoriedade a empregados públicos regidos pelo RGPS, estaria a EC nº 103/2019 atingindo os comissionados sem vínculo e afastando o entendimento do STF?

O servidor, ocupante de cargo público sem ter titularidade de cargo efetivo, vincula-se obrigatoriamente ao Regime Geral de Previdência Social, no âmbito da União, desde a Lei nº 8.647/1993.[277] Em relação aos ocupantes de cargo em comissão sem vínculo efetivo nos demais entes federados, essa disposição somente ocorreu a partir da EC nº 20/1998, reforçada agora pela EC nº 103/2019.

De fato, o constituinte alterou a redação do §13 do art. 40 da Constituição Federal, para prever que se aplica ao agente público, ocupante, exclusivamente, de cargo em comissão declarado em lei de livre nomeação e exoneração, de outro cargo temporário, inclusive mandato eletivo, ou de emprego público, o Regime Geral de Previdência Social.

Observe-se, ademais, que, para além de levar para o texto constitucional a matéria, houve alargamento da vinculação obrigatória ao RGPS, porquanto a norma agora traz a expressão "agente público ocupante" e não mais apenas "servidor público". Assim é que, agora, até o exercente de mandato eletivo, figura que também não fazia parte da Lei nº 8.647/1993, conquanto já houvesse previsão na Lei nº 10.887/2004, está vinculado ao RGPS, a não ser que já fosse servidor público e vinculado anteriormente a algum RPPS.

Aspecto outro a ressaltar diz respeito à aplicação nesses casos da legislação previdenciária do RGPS. Por exemplo: se um servidor ocupante de cargo em comissão sem vínculo necessitar se ausentar do serviço ante problemas de saúde por 30 dias, somente os primeiros 15 dias serão de responsabilidade da Administração Pública, devendo o servidor buscar a proteção social no INSS por meio de benefício por incapacidade temporária.

Note-se que, em sentido amplo, o agente público é qualquer pessoa que exerça alguma função pública, de qualquer natureza, no Estado. Destaca-se apenas que não se deve confundir a situação aqui disposta com as em que os agentes públicos – titulares de cargos/empregos públicos efetivos – são cedidos para exercer cargo em comissão em órgãos ou entidades públicos de qualquer ente político da Federação, ainda que optem por receber a remuneração integralmente no cessionário, devendo-se observar que os vínculos funcionais e previdenciários permanecem de acordo as normas da origem.

Exemplo prático. Um servidor público efetivo é eleito para exercer o mandato de vereador sem que exista compatibilidade de horário. Nessa hipótese, deverá se afastar para exercer exclusivamente o mandato. Nada obstante, a legislação permite ao servidor optar pela remuneração que entender. Assim, opta por perceber o subsídio do cargo político por ser mais vantajoso. Nessa hipótese, é dever da casa legislativa promover todos os meses os descontos na remuneração do agente público considerando a legislação

---

[276] BRASIL. Supremo Tribunal Federal. *RE nº 786.540/DF*. Rel. Min. Dias Toffoli, 18.9.2014. Disponível em: http://www.stf.jus.br/portal/processo/verProcessoDetalhe.asp?incidente=4501827. Acesso em: 11 abr. 2019.

[277] BRASIL. *Lei 8.647, de 13 de abril de 1993*. Dispõe sobre a vinculação do servidor público civil, ocupante de cargo em comissão sem vínculo efetivo com a Administração Pública Federal, ao Regime Geral de Previdência Social e dá outras providências.

de regência do órgão de origem e repassá-la para o instituto de previdência a que está vinculado o servidor eleito.

A questão é, de fato, complexa, nada obstante possa-se entender que a premissa do constituinte derivado foi em relação a quem tem vínculo efetivo decorrente de concurso público, não atingindo as situações temporárias.

Entende-se que essa deva ser a exegese do texto constitucional, uma vez que a Carta Maior deixou claro o vínculo dos titulares de mandato eletivo com o RGPS, quando não tiverem regime próprio. Assim, não se pode estender a regra constitucional do §16 do art. 201 para os ocupantes de cargos/empregos e funções transitórias, como os decorrentes de mandatos eletivos, sob pena de ter-se que aposentar compulsoriamente diversos parlamentares que têm mais de 75 (setenta e cinco) anos.

Importa destacar que é possível, por meio de uma outra lei complementar, alterar o limite de idade de permanência no serviço público para os servidores públicos, o que não abarcaria a situação dos ministros dos tribunais superiores, que prescindem de nova emenda constitucional para eventual modificação.

Como salientado no capítulo anterior, exemplos de cálculos de proventos serão tema de conteúdo específico.

CAPÍTULO 7

APOSENTADORIA VOLUNTÁRIA ORDINÁRIA

7.1 Evolução normativa

Diferentemente das modalidades estudadas anteriormente, na aposentadoria voluntária o servidor sub-roga-se no direito à aposentação. Agora, não é mais o Estado que determina quando e como se dará a aposentadoria. De fato, nessa modalidade, é o servidor que possui o direito, e o Estado, a obrigação. Assim, cumpridos os requisitos básicos exigidos pela Constituição Federal, o ato volitivo da aposentadoria não poderá ser procrastinado ao alvedrio da Administração.

A expressão "tempo de contribuição" só veio a fazer parte da Constituição Federal com o advento da Emenda Constitucional nº 20, de 15.12.1998, que deu nova redação ao art. 40 da Carta Magna. Esse novo conceito surgiu da necessidade de reequilibrar os cofres da previdência brasileira, abarrotada em demasia com antigas benesses concedidas aos servidores públicos, sem a necessária contrapartida contributiva. De fato, a partir da EC nº 20/1998, extirpou-se do mundo jurídico a figura do tempo ficto de contribuição,[278] medida importante na manutenção dos benefícios previdenciários, uma vez que, pelas regras anteriores, as exigências constitucionais para a aposentadoria voluntária baseavam-se somente no tempo de serviço ou na idade do servidor.

A partir da EC nº 20/1998, portanto, a aposentadoria voluntária por tempo de serviço passou a ser por tempo de contribuição, conjugada, ainda, com requisito de idade do servidor e tempo de serviço. A aposentadoria volitiva apenas por idade não sofrera alteração. Todavia, para preservar o direito daqueles servidores que já computavam tempo de serviço público, a EC nº 20/1998 garantiu que o tempo de serviço considerado pela legislação vigente até então seria contado como tempo de contribuição.[279] A EC nº 20/1998 garantiu, ainda, que o tempo de contribuição federal, estadual ou municipal

---

[278] BRASIL. [Constituição (1988)]. *Constituição da República Federativa do Brasil de 1988*. Brasília: Presidência da República, 1988. Disponível em: http://www.planalto.gov.br/ccivil_03/constituicao/constituicao.htm. Acesso em: 29 jan. 2020: "Art. 40. [...] §10. A lei não poderá estabelecer qualquer forma de contagem de tempo de contribuição fictício".

[279] BRASIL. [Constituição (1988)]. *Emenda Constitucional nº 20, de 15 de dezembro de 1998*. Modifica o sistema de previdência social, estabelece normas de transição e dá outras providências. Disponível em: http://www.planalto.gov.br/ccivil_03/Constituicao/Emendas/Emc/emc20.htm#art1. Acesso em: 23 fev. 2020: "Art. 4º Observado o disposto no art. 40, §10, da Constituição Federal, o tempo de serviço considerado pela legislação vigente para efeito de aposentadoria, cumprido até que a lei discipline a matéria, será contado como tempo de contribuição".

seria igualmente computado para efeito de aposentadoria. A partir dessa EC, portanto, o sistema constitucional de aposentadorias do servidor público ganhou novos contornos.

Para adentrar no modelo novo, contudo, o constituinte derivado, além de preservar os direitos de quem já possuía os requisitos para inativação pelas regras anteriores,[280] optou por uma regra de transição entre o antigo e o novo modelo, para a aposentadoria voluntária por tempo de contribuição. Nessa regra de transição, ficou estabelecido, pela primeira vez, idade mínima de cinquenta e três anos para os homens e quarenta e oito para mulheres, além da exigência de cinco anos no cargo em que se daria a aposentadoria e, ainda, trinta e cinco anos para os homens e trinta anos, para mulheres, de contribuição.

A regra de transição ainda previa período adicional de contribuição equivalente a vinte por cento do tempo que, na data da citada emenda, faltaria para atingir o limite de tempo de contribuição. Na aposentadoria voluntária proporcional por tempo de contribuição, além dos requisitos de idade e tempo no cargo, passou-se a exigir trinta anos de contribuição para os homens e vinte e cinco anos para as mulheres, fixando-se, ainda, um "pedágio" de quarenta por cento do período que, na data da citada emenda, faltaria para atingir o limite de tempo de contribuição.

A EC nº 20/1998 também inovou, na aposentadoria voluntária proporcional por tempo de contribuição, ao prever redutor para o valor máximo dos proventos a que teria direito o servidor:

> Art. 8º [...]
>
> §1º [...]
>
> II - Os proventos da aposentadoria proporcional serão equivalentes a setenta por cento do valor máximo que o servidor poderia obter de acordo com o caput, acrescido de cinco por cento por ano de contribuição que supere a soma a que se refere o inciso anterior, até o limite de cem por cento.[281]

Como se pode notar, a reforma previdenciária trazida pela EC nº 20/1998 foi severa para os moldes que então vigoravam. Afinal, passou-se a exigir do servidor público tempo de efetiva contribuição, idade mínima, além dos obstáculos do "pedágio", do redutor, de tempos mínimos no cargo e no serviço público.

Todavia, malgrado todo esse esforço para equilibrar os cofres da previdência, nova reforma da previdência veio fazer parte do mundo jurídico em 2003, com a edição da Emenda Constitucional nº 41. Desta vez, o constituinte derivado previu que o regime de previdência pública seria de caráter contributivo e também solidário.

Ainda mais gravosa que a primeira reforma, a introduzida pela EC nº 41/2003 acabou com a paridade automática dos inativos com relação aos servidores da ativa, ao estabelecer nova redação para o §8º do art. 40 da CF: "é assegurado o reajustamento dos

---

[280] BRASIL. [Constituição (1988)]. *Emenda Constitucional nº 20, de 15 de dezembro de 1998*. Modifica o sistema de previdência social, estabelece normas de transição e dá outras providências. Disponível em: http://www.planalto.gov.br/ccivil_03/Constituicao/Emendas/Emc/emc20.htm#art1. Acesso em: 23 fev. 2020: "Art. 3º É assegurada a concessão de aposentadoria e pensão, a qualquer tempo, aos servidores públicos e aos segurados do Regime Geral de Previdência Social, bem como aos seus dependentes, que, até a data da publicação desta Emenda, tenham cumprido os requisitos para a obtenção destes benefícios, com base nos critérios da legislação então vigente".

[281] BRASIL. [Constituição (1988)]. *Emenda Constitucional nº 20, de 15 de dezembro de 1998*. Modifica o sistema de previdência social, estabelece normas de transição e dá outras providências. Disponível em: http://www.planalto.gov.br/ccivil_03/Constituicao/Emendas/Emc/emc20.htm#art1. Acesso em: 23 fev. 2020.

benefícios para preservar-lhes, em caráter permanente, o valor real, conforme critérios estabelecidos em lei".

Além disso, a EC nº 41/2003 trouxe ao regime previdenciário do servidor público uma nova fórmula de calcular os proventos das aposentadorias, conforme prescreve a CF/1988:

> Art. 40. [...]
>
> §3º Para o cálculo dos proventos de aposentadoria, por ocasião da sua concessão, serão consideradas as remunerações utilizadas como base para as contribuições do servidor aos regimes de previdência de que tratam este artigo e o art. 201, na forma da lei.[282]

A regulamentação desses dispositivos ocorreu com a Medida Provisória nº 167, de 19.2.2004, posteriormente convertida na Lei nº 10.887, de 18.6.2004:

> Art. 1º No cálculo dos proventos de aposentadoria dos servidores titulares de cargo efetivo de qualquer dos Poderes da União, dos Estados, do Distrito Federal e dos Municípios, incluídas suas autarquias e fundações, previsto no §3º do art. 40 da Constituição Federal e no art. 2º da Emenda Constitucional nº 41, de 19 de dezembro de 2003, será considerada a média aritmética simples das maiores remunerações, utilizadas como base para as contribuições do servidor aos regimes de previdência a que esteve vinculado, correspondentes a 80% (oitenta por cento) de todo o período contributivo desde a competência julho de 1994 ou desde a do início da contribuição, se posterior àquela competência. [...]
>
> Art. 15. Os proventos de aposentadoria e as pensões de que tratam os arts. 1º e 2º desta Lei serão reajustados, a partir de janeiro de 2008, na mesma data e índice em que se der o reajuste dos benefícios do Regime Geral de Previdência Social, ressalvados os beneficiados pela garantia de paridade de revisão de proventos de aposentadoria e pensões de acordo com a legislação vigente.[283]

Com a edição da citada EC nº 41/2003, houve um reforço inequívoco do legislador em aproximar o regime de previdência do servidor público do Regime Geral de Previdência Social, situação já prevista pela EC nº 20/1998, que introduziu o §12 no art. 40 da CF/1988[284] com esse mister. Outrossim, a EC nº 41/2003 estabeleceu, pela primeira vez, a possibilidade de contribuição previdenciária para os aposentados e pensionistas.

---

[282] BRASIL. [Constituição (1988)]. *Constituição da República Federativa do Brasil de 1988*. Brasília: Presidência da República, 1988. Disponível em: http://www.planalto.gov.br/ccivil_03/constituicao/constituicao.htm. Acesso em: 29 jan. 2020: "Art. 40. [...] §12. Além do disposto neste artigo, o regime de previdência dos servidores públicos titulares de cargo efetivo observará, no que couber, os requisitos e critérios fixados para o Regime Geral de Previdência Social".

[283] a) BRASIL. *Lei nº 10.887, de 18 de junho de 2004*. Dispõe sobre a aplicação de disposições da Emenda Constitucional nº 41, de 19 de dezembro de 2003, altera dispositivos das Leis nºs 9.717, de 27 de novembro de 1998, 8.213, de 24 de julho de 1991, 9.532, de 10 de dezembro de 1997, e dá outras providências. Disponível em: http://www.planalto.gov.br/ccivil_03/_Ato2004-2006/2004/Lei/L10.887 compilado.htm. Acesso em: 23 fev. 2020; b) A aplicação da Lei nº 10.887/2004 será mais bem estudada no capítulo referente ao cálculo dos benefícios previdenciários.

[284] BRASIL. [Constituição (1988)]. *Constituição da República Federativa do Brasil de 1988*. Brasília: Presidência da República, 1988. Disponível em: http://www.planalto.gov.br/ccivil_03/constituicao/constituicao.htm. Acesso em: 29 jan. 2020: "Art. 40. [...] §12. Além do disposto neste artigo, o regime de previdência dos servidores públicos titulares de cargo efetivo observará, no que couber, os requisitos e critérios fixados para o Regime Geral de Previdência Social".

A emenda de 2003, ao passo que garantiu os direitos adquiridos dos servidores,[285] estabeleceu duas novas regras de transição para aposentadoria voluntária por tempo de contribuição, insculpidas nos arts. 2º e 6º. A referente ao art. 2º, além de exigir tempo de contribuição, idade mínima e tempo no cargo público, manteve o redutor dos proventos. Como novidade, extinguiu a modalidade de aposentadoria voluntária proporcional por tempo de contribuição. Diga-se, ainda, que, na regra do art. 2º da EC nº 41/2003, o servidor público não tem direito à paridade com os ativos, bem como tem os proventos calculados em conformidade com a "média" estabelecida pela Lei nº 10.887/2004.[286]

Pela regra do art. 6º da EC nº 41/2003, o servidor optante tem direito a manter o cálculo de seus proventos na forma anterior:

> Art. 6º Ressalvado o direito de opção à aposentadoria pelas normas estabelecidas pelo art. 40 da Constituição Federal ou pelas regras estabelecidas pelo art. 2º desta Emenda, o servidor da União, dos Estados, do Distrito Federal e dos Municípios, incluídas suas autarquias e fundações, que tenha ingressado no serviço público até a data de publicação desta Emenda *poderá aposentar-se com proventos integrais, que corresponderão à totalidade da remuneração do servidor* no cargo efetivo em que se der a aposentadoria, na forma da lei, quando, observadas as reduções de idade e tempo de contribuição contidas no §5º do art. 40 da Constituição Federal, vier a preencher, cumulativamente, as seguintes condições:
>
> I - sessenta anos de idade, se homem, e cinquenta e cinco anos de idade, se mulher;
>
> II - trinta e cinco anos de contribuição, se homem, e trinta anos de contribuição, se mulher;
>
> III - vinte anos de efetivo exercício no serviço público; e
>
> IV - dez anos de carreira e cinco anos de efetivo exercício no cargo em que se der a aposentadoria.[287]

Pela dicção desse artigo, observa-se que o legislador trouxe outras duas novidades nas regras de transição, quais sejam: a obrigatoriedade de um tempo mínimo de efetivo exercício no serviço público, assim como a exigência de tempo na carreira e no cargo

---

[285] BRASIL. [Constituição (1988)]. Emenda Constitucional nº 41, de 19 de dezembro de 2003. Modifica os arts. 37, 40, 42, 48, 96, 149 e 201 da Constituição Federal, revoga o inciso IX do §3º do art. 142 da Constituição Federal e dispositivos da Emenda Constitucional nº 20, de 15 de dezembro de 1998, e dá outras providências. *Diário Oficial da União [da] República Federativa do Brasil*, Brasília, 31 dez. 2003: "Art. 3º É assegurada a concessão, a qualquer tempo, de aposentadoria aos servidores públicos, bem como pensão aos seus dependentes, que, até a data de publicação desta Emenda, tenham cumprido todos os requisitos para obtenção desses benefícios, com base nos critérios da legislação então vigente".

[286] BRASIL. *Lei nº 10.887, de 18 de junho de 2004*. Dispõe sobre a aplicação de disposições da Emenda Constitucional nº 41, de 19 de dezembro de 2003, altera dispositivos das Leis nºs 9.717, de 27 de novembro de 1998, 8.213, de 24 de julho de 1991, 9.532, de 10 de dezembro de 1997, e dá outras providências. Disponível em: http://www.planalto.gov.br/ccivil_03/_Ato2004-2006/2004/Lei/L10.887 compilado.htm. Acesso em: 23 fev. 2020: "Art. 2º Observado o disposto no art. 4º da Emenda Constitucional nº 20, de 15 de dezembro de 1998, é assegurado o direito de opção pela aposentadoria voluntária com proventos calculados de acordo com o art. 40, §§3º e 17, da Constituição Federal, àquele que tenha ingressado regularmente em cargo efetivo na Administração Pública direta, autárquica e fundacional, até a data de publicação daquela Emenda, quando o servidor, cumulativamente: I - tiver cinqüenta e três anos de idade, se homem, e quarenta e oito anos de idade, se mulher; II - tiver cinco anos de efetivo exercício no cargo em que se der a aposentadoria; III - contar tempo de contribuição igual, no mínimo, à soma de: a) trinta e cinco anos, se homem, e trinta anos, se mulher; e b) um período adicional de contribuição equivalente a vinte por cento do tempo que, na data de publicação daquela Emenda, faltaria para atingir o limite de tempo constante da alínea 'a' deste inciso".

[287] BRASIL. [Constituição (1988)]. Emenda Constitucional nº 41, de 19 de dezembro de 2003. Modifica os arts. 37, 40, 42, 48, 96, 149 e 201 da Constituição Federal, revoga o inciso IX do §3º do art. 142 da Constituição Federal e dispositivos da Emenda Constitucional nº 20, de 15 de dezembro de 1998, e dá outras providências. *Diário Oficial da União [da] República Federativa do Brasil*, Brasília, 31 dez. 2003.

em que se dará a aposentadoria. Contudo, por essa regra, o servidor havia perdido o direito à paridade plena com os ativos, restando o que se denominou paridade mitigada.

Somente com a edição da EC nº 47, de 5.7.2005, o servidor público voltou a ter direito à paridade integral com os ativos:

> Art. 2º Aplica-se aos proventos de aposentadorias dos servidores públicos que se aposentarem na forma do caput do art. 6º da Emenda Constitucional nº 41, de 2003, o disposto no art. 7º da mesma Emenda.[288]

A referida EC nº 41/2003, por sua vez, dispõe:

> Art. 7º Observado o disposto no art. 37, XI, da Constituição Federal, os proventos de aposentadoria dos servidores públicos titulares de cargo efetivo e as pensões dos seus dependentes pagos pela União, Estados, Distrito Federal e Municípios, incluídas suas autarquias e fundações, em fruição na data de publicação desta Emenda, bem como os proventos de aposentadoria dos servidores e as pensões dos dependentes abrangidos pelo art. 3º desta Emenda, serão revistos na mesma proporção e na mesma data, sempre que se modificar a remuneração dos servidores em atividade, sendo também estendidos aos aposentados e pensionistas quaisquer benefícios ou vantagens posteriormente concedidos aos servidores em atividade, inclusive quando decorrentes da transformação ou reclassificação do cargo ou função em que se deu a aposentadoria ou que serviu de referência para a concessão da pensão, na forma da lei.[289]

Aquela nova EC trouxe, por sua vez, mais uma regra de transição, insculpida em seu art. 3º:

> Art. 3º Ressalvado o direito de opção à aposentadoria pelas normas estabelecidas pelo art. 40 da Constituição Federal ou pelas regras estabelecidas pelos arts. 2º e 6º da Emenda Constitucional nº 41, de 2003, o servidor da União, dos Estados, do Distrito Federal e dos Municípios, incluídas suas autarquias e fundações, que tenha ingressado no serviço público até 16 de dezembro de 1998 poderá aposentar-se com proventos integrais, desde que preencha, cumulativamente, as seguintes condições:
>
> I - trinta e cinco anos de contribuição, se homem, e trinta anos de contribuição, se mulher;
>
> II - vinte e cinco anos de efetivo exercício no serviço público, quinze anos de carreira e cinco anos no cargo em que se der a aposentadoria;
>
> III - idade mínima resultante da redução, relativamente aos limites do art. 40, §1º, inciso III, alínea "a", da Constituição Federal, de um ano de idade para cada ano de contribuição que exceder a condição prevista no inciso I do caput deste artigo.[290]

---

288 BRASIL. [Constituição (1988)]. Emenda Constitucional nº 47, de 05 de julho de 2005. Altera os arts. 37, 40, 195 e 201 da Constituição Federal, para dispor sobre a previdência social, e dá outras providências. *Diário Oficial da União [da] República Federativa do Brasil*, Brasília, 6 jul. 2005.

289 BRASIL. [Constituição (1988)]. Emenda Constitucional nº 41, de 19 de dezembro de 2003. Modifica os arts. 37, 40, 42, 48, 96, 149 e 201 da Constituição Federal, revoga o inciso IX do §3º do art. 142 da Constituição Federal e dispositivos da Emenda Constitucional nº 20, de 15 de dezembro de 1998, e dá outras providências. *Diário Oficial da União [da] República Federativa do Brasil*, Brasília, 31 dez. 2003.

290 a) BRASIL. [Constituição (1988)]. Emenda Constitucional nº 47, de 05 de julho de 2005. Altera os arts. 37, 40, 195 e 201 da Constituição Federal, para dispor sobre a previdência social, e dá outras providências. *Diário Oficial da União [da] República Federativa do Brasil*, Brasília, 6 jul. 2005; b) A aplicação dessa regra será mais bem estudada no capítulo que trata dos cálculos dos benefícios.

Como se vê, as seguidas reformas previdenciárias ocorridas no Brasil ocasionaram verdadeiro labirinto de regras de aposentação que confundem, extremamente, quem não labora no cotidiano com esse tema. No quadro a seguir, tentar-se-á aclarar esse verdadeiro emaranhado jurídico:

(continua)

	CF/ 1988	EC nº 20/1998	EC nº 41/2003	EC nº 47/2005
Aposentadoria por tempo de contribuição	I - Aos 35 anos de serviço, se homem, e aos 30 anos de serviço se mulher, com proventos integrais. II - Aos 30 anos de serviço, se homem, e aos 25 anos de serviço, se mulher, com proventos proporcionais ao tempo de serviço. III - Aos 30 anos de efetivo exercício em funções de magistério, se professor, e 25 anos, se professora, com proventos integrais.	I - Aos 60 anos de idade e 35 anos de contribuição, se homem, e aos 55 anos de idade e 30 anos de contribuição, se mulher, desde que cumprido tempo mínimo de 10 anos de efetivo exercício no serviço público e 5 anos no cargo efetivo em que se dará a aposentadoria, com proventos integrais. II - Aos 55 anos de idade e 30 anos de contribuição, se professor, e aos 50 anos de idade e 25 anos de contribuição, se professora, desde que cumprido tempo mínimo de 10 anos de efetivo exercício no serviço público e 5 anos no cargo efetivo em que se dará a aposentadoria, com proventos integrais.	I - Aos 60 anos de idade e 35 anos de contribuição, se homem, e aos 55 anos de idade e 30 anos de contribuição, se mulher, desde que cumprido tempo mínimo de 10 anos de efetivo exercício no serviço público e 5 anos no cargo efetivo em que se dará a aposentadoria, com proventos correspondentes à média das remunerações utilizadas como base para as contribuições do servidor para regimes de previdência. II - Aos 55 anos de idade e 30 anos de contribuição, se professor, e aos 50 anos de idade e 25 anos de contribuição, se professora, desde que cumprido tempo mínimo de 10 anos de efetivo exercício no serviço público e 5 anos no cargo efetivo em que se dará a aposentadoria, com proventos correspondentes à média das remunerações utilizadas como base para as contribuições do servidor para regimes de previdência.	Não há alteração em relação à redação estabelecida pela EC nº 41, de 2003.

(continua)

	CF/ 1988	EC nº 20/1998	EC nº 41/2003	EC nº 47/2005
Aposentadoria por idade	Aos 65 anos de idade, se homem, e aos 60 anos, se mulher, com proventos proporcionais ao tempo de serviço.	Aos 65 anos de idade, se homem, e aos 60 anos de idade, se mulher, desde que cumprido tempo mínimo de 10 anos de efetivo exercício no serviço público e 5 anos no cargo efetivo em que se dará a aposentadoria, com proventos proporcionais.	Aos 65 anos de idade, se homem, e aos 60 anos de idade, se mulher, desde que cumprido tempo mínimo de 10 anos de efetivo exercício no serviço público e 5 anos no cargo efetivo em que se dará a aposentadoria, com proventos correspondentes à média das remunerações utilizadas como base para as contribuições do servidor para regimes de previdência integrais.	Não há alteração em relação à redação estabelecida pela EC nº 41, de 2003.
Reajuste dos benefícios	Assegurada a paridade, isto é, os proventos de aposentadoria serão revistos, na mesma proporção e na mesma data, sempre que se modificar a remuneração dos servidores em atividade, sendo também estendidos aos inativos quaisquer benefícios ou vantagens posteriormente concedidos aos servidores em atividade, inclusive quando decorrentes da transformação ou reclassificação do cargo ou função em que se deu a aposentadoria, na forma da lei. Esse reajuste deveria ser aplicado também às pensões, conforme determinava o art. 40, §5º, em sua redação original.	Assegurada a paridade, isto é, os proventos de aposentadoria e pensões serão revistos, na mesma proporção e na mesma data, sempre que se modificar a remuneração dos servidores em atividade, sendo também estendidos aos aposentados e pensionistas quaisquer benefícios ou vantagens posteriormente concedidas aos servidores em atividade, inclusive quando decorrentes da transformação ou reclassificação do cargo ou função em que se deu a aposentadoria ou que serviu de referência para a concessão da pensão, na forma da lei, desde que respeitado o teto remuneratório previsto no art. 37, XI, da Constituição.	Assegura o reajuste dos benefícios para preservar-lhes, em caráter permanente, o valor real, conforme critérios definidos em lei.	Não há alteração em relação à redação estabelecida pela EC nº 41, de 2003.

(continua)

	CF/ 1988	EC nº 20/1998	EC nº 41/2003	EC nº 47/2005
Contribuição	Aposentadorias e pensões dos servidores públicos federais serão custeadas com recursos provenientes da União e das contribuições dos servidores, na forma da lei.	Aos servidores titulares de cargo efetivo da União, dos Estados, do DF e dos Municípios é assegurado regime de previdência de caráter contributivo, observados critérios que preservem o equilíbrio financeiro e atuarial.	Aos servidores titulares de cargo efetivo da União, dos Estados, do DF e dos Municípios é assegurado regime de previdência de caráter contributivo e solidário, mediante contribuição do respectivo ente público, dos servidores ativos e inativos e dos pensionistas, observados critérios que preservem o equilíbrio financeiro e atuarial. Os servidores inativos e os pensionistas da União, dos Estados, do DF e dos Município, em gozo de benefícios em 31 de dezembro de 2003, contribuirão para o custeio do regime previdenciário com percentual igual ao estabelecido para os servidores titulares de cargos efetivos. A contribuição deverá incidir sobre a remuneração que exceder a 50% do limite máximo do RGPS (R$1.200,00) para os inativos e pensionistas dos Estados, DF e Municípios, e sobre a remuneração que exceder a 60% do limite máximo do RGPS (R$1.440,00), para os inativos e pensionistas da União. Os servidores que venham a se aposentar após 31 de dezembro de 2003, bem como os dependentes que tenham direito à pensão a partir daquela data, contribuirão para o regime previdenciário em relação à parcela que superar o limite máximo de benefícios do RGPS (R$2.400,00). OBS: esse dispositivo foi suspenso pelo STF nas ADI 3105 e 3128.	Mantém as regras contidas na EC nº 41, de 2003, e acrescenta que a contribuição do portador de doença incapacitante, na forma da lei, incidirá apenas sobre as parcelas de proventos de aposentadoria e de pensão que superem o dobro do limite máximo do RGPS.

(continua)

	CF/ 1988	EC nº 20/1998	EC nº 41/2003	EC nº 47/2005
Regras de transição I **Aposentadoria com proventos integrais**		Ressalvado o direito de opção, assegura aos que tenham ingressado em cargo efetivo na Administração Pública, direta, autárquica e fundacional até 15 de dezembro de 1998 o direito à aposentadoria voluntária, com proventos integrais, desde que tenham 5 anos de efetivo exercício no cargo em que se dará a aposentadoria, contem com 53 anos de idade, se homem, e 48 anos de idade, se mulher, e tempo de contribuição correspondente à soma de 35 anos, se homem, e 30 anos, se mulher, e um período adicional de contribuição equivalente a 20% do tempo que, na data da publicação da EC nº 20, faltaria para atingir o limite de 30 ou 35 anos.	Ressalvado o direito de opção, assegura aos que tenham ingressado em cargo efetivo na Administração Pública, direta, autárquica e fundacional até 15 de dezembro de 1998, aposentadoria voluntária, desde que tenham 5 anos de efetivo exercício no cargo em que se dará a aposentadoria, contem com 53 anos de idade, se homem, e 48 anos de idade, se mulher, e tempo de contribuição correspondente, no mínimo, à soma de 35 anos, se homem, e 30 anos, se mulher, e um período adicional de contribuição equivalente a 20% do tempo que, em 15 de dezembro de 1998, faltaria para atingir o limite de 30 ou 35 anos de contribuição. O servidor que cumprir essas exigências terá o valor de seus proventos, calculados pela média e reduzidos 3,5% para cada ano antecipado em relação aos limites de idade de 53 anos e 48 anos, caso se aposente até 31 de dezembro de 2005. Para aqueles que cumpram as exigências posteriormente, a redução será de 5% para cada ano antecipado. Os proventos serão reajustados de forma que seja preservado, em caráter permanente, o valor real, conforme critérios definidos em lei.	Não há alteração em relação à redação estabelecida pela EC nº 41, de 2003.

(continua)

	CF/ 1988	EC nº 20/1998	EC nº 41/2003	EC nº 47/2005
Regras de transição II **Aposentadoria com proventos proporcionais**		Ressalvado o direito de opção, assegura o direito à aposentadoria voluntária aos que tenham 5 anos de efetivo exercício no cargo em que se dará a aposentadoria, contem com 53 anos de idade, se homem, e 48 anos de idade, se mulher, e tempo de contribuição correspondente à soma de 30 anos, se homem, e 25 anos, se mulher, e um período adicional de contribuição equivalente a 40% do tempo que, na data da publicação desta Emenda, faltaria para atingir o limite de 30 ou 25 anos. O valor do provento será equivalente a 70% do valor máximo do que o servidor poderia obter, acrescido de 5% por ano de contribuição que supere a soma dos tempos de contribuição.	Revogada a aposentadoria com proventos proporcionais dos servidores públicos.	
Regras de transição III			Ressalvado o direito de opção, assegura aos que tenham ingressado em cargo efetivo na Administração Pública, direta, autárquica e fundacional até 31 de dezembro de 2003, aposentadoria voluntária, com proventos integrais, desde que tenham 20 anos de efetivo exercício no serviço público, 10 anos de carreira e 5 anos de efetivo exercício no cargo em que se dará a aposentadoria, contem com 60 anos de idade e 35 anos de contribuição, se homem, e 55 anos de idade e 30 anos de contribuição, se mulher. Para efeito	Mantidas as regras contidas na EC nº 41, de 2003, exceto em relação ao reajuste, que passa a ser a paridade integral, e não na forma da lei.

(conclusão)

	CF/ 1988	EC nº 20/1998	EC nº 41/2003	EC nº 47/2005
			de reajuste, fica assegurada a paridade, na forma da lei, para os proventos concedidos com base nessas regras.	
Regras de transição IV				Ressalvado o direito de opção, assegura aposentadoria com proventos integrais aos que tenham ingressado no serviço público até 1º de janeiro de 2004, aos 35 anos de contribuição, se homem, e 30 anos de contribuição, se mulher; 25 anos de efetivo exercício no serviço público, 15 anos de carreira e 5 anos no cargo em que se der a aposentadoria, e idade mínima resultante da redução relativamente aos limites de 60 anos, se homem, e 55 anos, se mulher, de um ano para cada ano de contribuição que exceder, respectivamente, 35 ou 30 anos de contribuição. Assegura a paridade integral, para efeito de reajuste.
Direito adquirido		Assegura a concessão de aposentadoria aos servidores públicos e aos segurados do Regime Geral de Previdência Social, bem como aos seus dependentes que, até 16 de dezembro de 1998, tenham cumprido os requisitos para a obtenção destes benefícios, com base nos critérios da legislação então em vigor.	Assegura a concessão de aposentadoria aos servidores públicos e aos segurados do Regime Geral de Previdência Social, bem como aos seus dependentes que, até 16 de dezembro de 1998, tenham cumprido os requisitos para a obtenção destes benefícios, com base nos critérios da legislação então vigente.	Não há alteração em relação à redação estabelecida pela EC nº 41, de 2003.

7.2 A nova alteração da Emenda Constitucional nº 103/2019

Malgrado todas as tentativas de adequar o custo da previdência, o Estado brasileiro encontrou-se, em 2019, uma vez mais diante da inexpugnável assertiva de que o sistema iria quebrar, caso não se reformassem, novamente, as condições de concessão de benefícios previdenciários.

Conforme já dito alhures, a nova missão veio com a promulgação da Emenda Constitucional nº 103, de 12.11.2019. A par de profundas mudanças na matéria, o novo texto garantiu a aplicação de regras anteriores, por meio do art. 3º, que previu a figura do direito adquirido. Ei-lo:

> Art. 3º A concessão de aposentadoria ao servidor público federal vinculado a regime próprio de previdência social e ao segurado do Regime Geral de Previdência Social e de pensão por morte aos respectivos dependentes será assegurada, a qualquer tempo, desde que tenham sido cumpridos os requisitos para obtenção desses benefícios até a data de entrada em vigor desta Emenda Constitucional, observados os critérios da legislação vigente na data em que foram atendidos os requisitos para a concessão da aposentadoria ou da pensão por morte.[291]

Pois bem. Conforme já salientado anteriormente, o novo ordenamento constitucional operou a desconstitucionalização da matéria referente à aposentação do servidor público, no momento em que destinou à lei complementar o estabelecimento de requisitos para o deferimento do direito.

Também conforme já aventado, as mudanças passaram a valer somente no âmbito da União, porquanto não houve consenso na votação da matéria para inclusão dos demais entes federativos.

Assim, a EC nº 103/2019 alterou o texto constitucional, de modo que a atual redação passou a ser a seguinte:

> Art. 40. O regime próprio de previdência social dos servidores titulares de cargos efetivos terá caráter contributivo e solidário, mediante contribuição do respectivo ente federativo, de servidores ativos, de aposentados e de pensionistas, observados critérios que preservem o equilíbrio financeiro e atuarial.
>
> §1º O servidor abrangido por regime próprio de previdência social será aposentado: [...]
>
> III - no âmbito da União, aos 62 (sessenta e dois) anos de idade, se mulher, e aos 65 (sessenta e cinco) anos de idade, se homem, e, no âmbito dos Estados, do Distrito Federal e dos Municípios, na idade mínima estabelecida mediante emenda às respectivas Constituições e Leis Orgânicas, observados o tempo de contribuição e os demais requisitos estabelecidos em lei complementar do respectivo ente federativo.[292]

---

[291] BRASIL. [Constituição (1988)]. *Emenda Constitucional nº 103, de 12 de novembro de 2019*. Altera o sistema de previdência social e estabelece regras de transição e disposições transitórias. Disponível em: http://www.planalto.gov.br/ccivil_03/Constituicao/Emendas/Emc/emc103.htm#art1. Acesso em: 23 fev. 2020.

[292] BRASIL. [Constituição (1988)]. *Constituição da República Federativa do Brasil de 1988*. Brasília: Presidência da República, 1988. Disponível em: http://www.planalto.gov.br/ccivil_03/constituicao/constituicao.htm. Acesso em: 29 jan. 2020.

Observe-se que, embora ausente, de forma expressa, no texto constitucional, trata-se de aposentadoria voluntária, porque nada impede o servidor de continuar a trabalhar, mesmo já atingindo as condições estipuladas.

Questão bastante interessante a ser enfrentada diz respeito à utilização da regra do direito adquirido, constante do art. 3º da EC nº 103/2019, no que tange àqueles que poderiam aposentar-se pela média, em 13.11.2019, mas permaneceram trabalhando e, posteriormente, solicitaram aposentadoria. Pergunta-se: poder-se-ia considerar o tempo de contribuição e as remunerações de contribuição correspondentes, após 13.11.2019, para fins de calcular proventos com fundamento no citado art. 3º da emenda?

O tema merece reflexão profunda, afinal, como permitir a utilização de regras pretéritas em relação a tempo de contribuição prestado sob a égide de outro regime normativo? Ou, de outra forma, como admitir a utilização de lei não mais em vigor em relação a tempo de contribuição e remunerações de contribuições sob a regência da EC nº 103/2019, que modificou substancialmente a forma de cálculo da média, uma vez que agora considera 100% das remunerações de contribuição, afastando a regra anterior dos 80% das remunerações?

Além desses problemas, há de lembrar-se que a EC nº 103/2019 também estabeleceu nova fórmula acerca da porcentagem dos proventos, porquanto agora 20 anos de contribuição corresponderem a 60% da média, acrescentando-se 2% por ano que exceder o tempo mínimo.

Para a solução de casos que tais, entende-se que se devam aplicar as disposições constantes no parágrafo único do art. 82 da ON nº 02/2009/MPS, que assim dispõe:

> Art. 82. No cálculo do benefício concedido de acordo com a legislação em vigor à época da aquisição do direito, será utilizada a remuneração do servidor no cargo efetivo no momento da concessão da aposentadoria.
>
> Parágrafo único. Em caso de utilização de direito adquirido à aposentadoria com proventos proporcionais, considerar-se-á o tempo de contribuição cumprido até 31 de dezembro de 2003, observando-se que o cômputo de tempo de contribuição posterior a essa data, somente será admitido para fins de cumprimento dos requisitos exigidos para outra regra vigente de aposentadoria, com proventos integrais ou proporcionais.

Como se observa, somente é admissível o cômputo de tempo, após o marco do direito adquirido, se for submetido às novas regras. Assim, para utilização de regras anteriores, os proventos serão calculados levando-se em conta apenas o tempo de contribuição até 13.11.2019.

Por outro lado, há que se entender que tal perspectiva não se aplica no caso de aposentadoria com proventos fundamentados no direito adquirido do art. 6º da EC nº 41/2003 e no art. 3º da EC nº 47/2005, que asseguram integralidade, ou seja, a remuneração do servidor no cargo efetivo.

Ocorre que, nesses casos, os proventos corresponderão aos valores percebidos quando da aposentação e não do momento da regra do direito adquirido, dia 13.11.2019.

Explica-se a distinção. O tempo de contribuição e as remunerações de contribuição posteriores ao marco do direito adquirido não influenciam de forma alguma nos proventos, porque não serão levados em consideração na fixação do valor da aposentadoria. Primeiro, porque já tinha o tempo de contribuição cumprido e, segundo, em face dessas regras não levarem em consideração a média para o cálculo dos proventos.

De forma peculiar, a própria EC nº 103/2019 trouxe em seu bojo, enquanto não editada a lei complementar a que se refere o dispositivo constitucional permanente (art. 40, §1º, inc. III), regra transitória para a concessão de aposentadoria ao servidor público federal, *verbis*:

> Art. 10. Até que entre em vigor lei federal que discipline os benefícios do regime próprio de previdência social dos servidores da União, aplica-se o disposto neste artigo.
>
> §1º Os servidores públicos federais serão aposentados:
>
> I - voluntariamente, observados, cumulativamente, os seguintes requisitos:
>
> a) 62 (sessenta e dois) anos de idade, se mulher, e 65 (sessenta e cinco) anos de idade, se homem; e
>
> b) 25 (vinte e cinco) anos de contribuição, desde que cumprido o tempo mínimo de 10 (dez) anos de efetivo exercício no serviço público e de 5 (cinco) anos no cargo efetivo em que for concedida a aposentadoria; [...].[293]

Nota-se, pois, que o constituinte derivado optou por estabelecer a possibilidade de aposentação do servidor público, tendo sempre por base a idade (conforme o gênero) e também o tempo de contribuição, em sua tripartição (tempo de contribuição geral, de efetivo exercício no serviço público e no cargo efetivo em que se der a aposentadoria).

7.3 Tempo na carreira e no cargo efetivo

Normas previstas pelo art. 6º da Emenda Constitucional nº 41/2003 e art. 3º da Emenda Constitucional nº 47/2005,[294] já revogadas pela EC nº 103/2019, mas ainda em vigor para quem possui direito adquirido, que preveem a necessidade de que o servidor possua mínimo de tempo na carreira e no cargo público em que se daria a aposentadoria.

Dúvidas podem ocorrer, no que diz respeito ao tempo na carreira, quando o servidor ocupa cargo isolado, ou seja, aquele que não está disposto, necessariamente, em carreira organizada dentro de uma estrutura administrativa. O Tribunal de Contas da União, analisando a aposentadoria voluntária do Ex-Ministro Adylson Martins Motta, houve por bem adotar o entendimento de que, para o cargo isolado, não há que se falar em tempo de carreira. Veja-se o seguinte excerto:

---

293 BRASIL. [Constituição (1988)]. *Emenda Constitucional nº 103, de 12 de novembro de 2019*. Altera o sistema de previdência social e estabelece regras de transição e disposições transitórias. Disponível em: http://www.planalto.gov.br/ccivil_03/Constituicao/Emendas/Emc/emc103.htm#art1. Acesso em: 23 fev. 2020.

294 a) BRASIL. [Constituição (1988)]. Emenda Constitucional nº 41, de 19 de dezembro de 2003. Modifica os arts. 37, 40, 42, 48, 96, 149 e 201 da Constituição Federal, revoga o inciso IX do §3º do art. 142 da Constituição Federal e dispositivos da Emenda Constitucional nº 20, de 15 de dezembro de 1998, e dá outras providências. *Diário Oficial da União [da] República Federativa do Brasil*, Brasília, 31 dez. 2003: "Art. 6º [...] IV - dez anos de carreira e cinco anos de efetivo exercício no cargo em que se der a aposentadoria"; b) BRASIL. [Constituição (1988)]. Emenda Constitucional nº 47, de 05 de julho de 2005. Altera os arts. 37, 40, 195 e 201 da Constituição Federal, para dispor sobre a previdência social, e dá outras providências. *Diário Oficial da União [da] República Federativa do Brasil*, Brasília, 6 jul. 2005: "Art. 3º [...] II - vinte e cinco anos de efetivo exercício no serviço público, quinze anos de carreira e cinco anos no cargo em que se der a aposentadoria".

> 3. Às vésperas de completar setenta anos, o então Ministro-Presidente deste Tribunal requereu a concessão de aposentadoria voluntária, com proventos integrais, com fundamento no art. 6º da Emenda Constitucional nº 41/2003, bem como que a publicação do correspondente decreto presidencial fosse feita no dia 24.08.2006 (fl. 2 do anexo 1).
>
> 4. Esse requerimento contou com a manifestação favorável da Secretaria-Geral de Administração pela concessão da aposentadoria com fundamento no art. 6º da Emenda Constitucional nº 41/2003, *considerando, entre os requisitos do inciso IV, apenas a exigência de 5 anos de efetivo exercício no cargo, que, por ser isolado, não pertence a nenhuma carreira* (fls. 26/28 do anexo 1). [...]
>
> 8. Impende ressaltar, de plano, que a natureza do cargo de Ministro dos Tribunais Superiores já é matéria sumulada no âmbito deste TCU, conforme Enunciado nº 223 da Súmula da Jurisprudência: "Os cargos de Ministro dos Tribunais Superiores, por serem isolados, não se enquadram na terminologia estatutária de classe imediatamente superior".
>
> 9. Assiste, assim, razão à assessoria da Subchefia para Assuntos Jurídicos da Casa Civil da Presidência da República ao defender que, quando a Emenda Constitucional nº 41/2003 disse que seriam exigidos os dez anos de carreira como requisito para a aposentadoria, implicitamente estabeleceu um discrímen entre os servidores ocupantes de cargo em carreira e os servidores ocupantes de cargos isolados, ou seja, ao exigir dez anos "de carreira", excluiu todos aqueles que chegaram aos seus cargos isolados por caminhos que não passavam (ou não passam) por carreiras efetivas.
>
> 10. Nesse contexto, e considerando que esta Corte de Contas já firmou o entendimento de que os cargos de Ministros de Tribunais Superiores não são de carreira, mas, sim, isolados, razão de se poder exigir apenas cinco anos de efetivo exercício no cargo em que se der a inativação, ante a impossibilidade de implemento da condição de dez anos na carreira, concordo com os pareceres emitidos nos autos no sentido da legalidade da concessão de aposentadoria ao Ministro Adylson Motta, nos termos em que foi deferida. [...].[295]

A decisão acima deve ser vista com reservas. Entende-se que se acertou na conclusão, mas se errou no fundamento. No caso em apreço, há que ter em conta que o cargo de ministro do Tribunal de Contas da União, assim como outros similares, sofre restrição na própria Constituição, quanto ao seu preenchimento, conforme se observa:

> Art. 73. [...]
>
> §1º Os Ministros do Tribunal de Contas da União serão nomeados dentre brasileiros que satisfaçam os seguintes requisitos:
>
> I - mais de trinta e cinco e menos de sessenta e cinco anos de idade [...].[296]

Ora, se a própria Carta Magna impede que qualquer cidadão seja ministro do TCU se tiver mais de sessenta e cinco anos, não parece viável que se lhe exija, em contrapartida, maior tempo de carreira[297] do que os dez anos que antecedem a aposentadoria compulsória. Trata-se de interpretação sistêmica da Constituição. Todavia, diferente

---

[295] BRASIL. Tribunal de Contas da União. Processo TC nº 025.620/2007-3. Acórdão nº 1.037/2008. Aposentadoria. Plenário. Rel. Min. Benjamin Zymler, 4.6.2008. *Diário Oficial [da] República Federativa do Brasil*, Brasília, 6 jun. 2008.

[296] BRASIL. [Constituição (1988)]. *Constituição da República Federativa do Brasil de 1988*. Brasília: Presidência da República, 1988. Disponível em: http://www.planalto.gov.br/ccivil_03/constituicao/constituicao.htm. Acesso em: 29 jan. 2020.

[297] BRASIL. [Constituição (1988)]. Emenda Constitucional nº 47, de 05 de julho de 2005. Altera os arts. 37, 40, 195 e 201 da Constituição Federal, para dispor sobre a previdência social, e dá outras providências. *Diário Oficial da União [da] República Federativa do Brasil*, Brasília, 6 jul. 2005. Art. 3º.

será a situação em que não há restrição constitucional ao ingresso do servidor no serviço público. Afinal, neste último caso, haveria ofensa ao princípio da isonomia, em função de um tratamento privilegiado ao cargo isolado, o que não se mostra coerente com a melhor interpretação.

Nesse sentido trilhou a Orientação Normativa nº 2, de 31.3.2009, do Ministério da Previdência Social, ao prever:

> Art. 71. [...]
>
> §1º *Na hipótese de o cargo em que se der a aposentadoria não estar inserido em plano de carreira, o requisito previsto no inciso IV do art. 68 e no inciso III do art. 69 deverá ser cumprido no último cargo efetivo.*[298]

Seja como for, em condições normais, o tempo de carreira a ser cumprido pelo servidor deverá ser prestado no mesmo ente federativo e no mesmo poder, sob pena de não restar configurada a noção de carreira. Importante ressaltar, ainda, que os afastamentos legais do servidor não podem servir de estorvo à completação do tempo de carreira. Assim é que, *v.g.*, o servidor pode computar como tempo de carreira o período em que estiver em exercício de mandato eletivo.

Nos afastamentos sem remuneração, o servidor deixará de contribuir obrigatoriamente para o RPPS ante a inexistência de base contributiva. Nessa perspectiva, cabe verificar como ficará a proteção previdenciária do servidor. Afinal, no caso de não haver contribuição, poderá perder a condição fundamental da proteção social.

Convém esclarecer, contudo, que, nessas hipóteses, não há perda automática da condição de segurado, porquanto o servidor permanecerá como titular do cargo efetivo, tendo em vista a inocorrência de vacância da função pública. Todavia, ficará com o vínculo com o RPPS suspenso e, portanto, sem possibilidade de solicitar benefício previdenciário.

---

[298] BRASIL. Ministério da Previdência Social. *Orientação Normativa nº 02, de 31 de março de 2009*. Disponível em: http://sa.previdencia.gov.br/site/2016/06/ORIENTACAONORMATIVASPSn02de31mar2009atualizadaate11jul2014-1-1.pdf. Acesso em: 23 mar. 2020: "Art. 68. Ressalvado o direito de opção à aposentadoria pelas normas estabelecidas no art. 58, 60, ou no art. 67, o servidor que tiver ingressado no serviço público da União, Estados, Distrito Federal e Municípios, até 31 de dezembro de 2003, poderá aposentar-se com proventos integrais, que corresponderão à totalidade da remuneração do servidor no cargo efetivo em que se der a aposentadoria, conforme definição do inciso IX do art. 2º, quando, observadas as reduções de idade e de tempo de contribuição contidas no art. 60, relativas ao professor, vier a preencher, cumulativamente, as seguintes condições: I - sessenta anos de idade, se homem, e cinqüenta e cinco anos de idade, se mulher; II - trinta e cinco anos de contribuição, se homem, e trinta anos de contribuição, se mulher; III - vinte anos de efetivo exercício no serviço público conforme definição do inciso VIII do art. 2º; IV - dez anos de carreira, conforme inciso VII do art. 2º; e V - cinco anos de efetivo exercício no cargo em que se der a aposentadoria. Art. 69. Ressalvado o direito de opção à aposentadoria pelas normas estabelecidas nos arts. 58, 60, 67 e 68 o servidor da União, dos Estados, do Distrito Federal e dos Municípios, incluídas suas autarquias e fundações, que tenha ingressado no serviço público, da União, dos Estados, do Distrito Federal ou dos Municípios, até 16 de dezembro de 1998, poderá aposentar-se com proventos integrais, que corresponderão à totalidade da remuneração do servidor no cargo efetivo, desde que preencha, cumulativamente, as seguintes condições: I - trinta e cinco anos de contribuição, se homem, e trinta anos de contribuição, se mulher; II - vinte e cinco anos de efetivo exercício no serviço público, conforme definição do inciso VIII do art. 2º; III - quinze anos de carreira, conforme inciso VII do art. 2º; e IV - cinco anos no cargo efetivo em que se der a aposentadoria; e V - idade mínima resultante da redução, relativamente aos limites fixados no art. 58, de 60 anos, se homem, ou 55, se mulher, de um ano de idade para cada ano de contribuição que exceder o tempo de contribuição previsto no inciso I. Parágrafo único. Na aplicação dos limites de idade previsto no inciso V do caput, não se aplica a redução prevista no art. 60 relativa ao professor".

Para evitar o rompimento do vínculo previdenciário, o art. 183, §§3º e 4º da Lei nº 8.112/1990, permite ao servidor o recolhimento de sua parte da contribuição previdenciária para fins de manutenção do vínculo, ficando a patronal de responsabilidade da União.

Há previsão dessas hipóteses em outros RPPS, como no IPREVDF, com a diferença de que, na maioria dos entes, para que a manutenção ocorra, o servidor deverá recolher a sua parte e a patronal. Cumpre destacar que há certo debate se nesses casos o servidor em afastamento sem remuneração deve contribuir obrigatoriamente para permanência do vínculo.

Entende-se que não. Tal entendimento baseia-se em algumas premissas jurídicas. Veja-se.

A primeira: é assente na jurisprudência do STF que contribuição previdenciária é espécie do gênero tributo. E, assim, surge o segundo ponto. Para que exista dever de pagamento de tributos é necessária disponibilidade financeira, o que deixa de ocorrer nesse tipo de licença, uma vez que é sem remuneração. Nessa linha de facultatividade, há pronunciamento da Receita Federal por meio do parecer normativo, de cujo teor se extrai o seguinte excerto:

> Pacificado o entendimento quanto à natureza jurídica tributária da CPSS, necessário esclarecer que o fato gerador da contribuição do servidor público é o recebimento de remuneração, de proventos ou de pensão. Nesse sentido já se manifestou a PGFN, por meio do Parecer PGFN/CAT/Nº 1.891, de 2009, que entende ocorrerem tantos fatos geradores, ao longo do tempo, quantas forem as percepções de remuneração, proventos ou pensão, tratando-se de fato gerador instantâneo.[299]

Outro ponto objeto de questionamentos é se o servidor, durante esse afastamento, pode recolher para o INSS e depois solicitar a averbação desse tempo no órgão em que permaneceu como titular do cargo efetivo.

Deve-se atentar para a real compreensão do tema. Segundo o §5º, do art. 201, da CF, "é vedada a filiação ao regime geral de previdência social, na qualidade de segurado facultativo, de pessoa participante de regime próprio de previdência" (redação dada pela Emenda Constitucional nº 20, de 1998). Ocorre que, em momento algum, há proibição de servidor integrante de RPPS ser contribuinte obrigatório do RGPS, vez que se veda apenas a inscrição como segurado facultativo. Portanto, deve-se buscar a conceituação dessas condições nas regras do Regime Geral.

Normativo esclarecedor acerca desse tema é a Nota Técnica nº 172/2014/CGNOR/DENOP/SEGEP/MP,[300] a qual atesta:

> possibilidade do cômputo do tempo de contribuição relativo à atividade privada, vinculada à Previdência Social, na qualidade de segurado obrigatório, durante o gozo de licença estatutária para tratar de assuntos particulares, prevista no art. 91 da Lei nº 8.112, de 1990, para fins de aquisição do direito à aposentadoria estatutária, sob o Regime Próprio de

---

[299] BRASIL. Parecer Normativo COSIT nº 1, de 18 de abril de 2016. *DOU*, 20 abr. 2016. Seção 1, p. 27.

[300] BRASIL. *Nota Técnica nº 172/2014/CGNOR/DENOP/SEGEP/MP*. Disponível em: https://www.uff.br/sites/default/files/servicos/legislacao/nota_tecnica_no_172-2014-cgnor-denop-segep-mp.pdf. Acesso em: 4 maio 2022.

Previdência Social dos Servidores Públicos, mediante apresentação de Certidão de Tempo de Contribuição por aquele regime de previdência.

Em relação a esse tema, devem-se ter alguns cuidados ainda. O primeiro é que esse dispositivo somente entra em vigor a contar da EC nº 20/1998, não podendo ser utilizado para situações anteriores; o segundo, mais complexo, é que, mesmo após a vigência da EC nº 20/1998, é possível reconhecer tempo de contribuição ao INSS na condição de segurando facultativo, ante previsão expressa no §2º do art. 11 do Decreto nº 3.048/1999, *verbis*:

> Art. 11. É segurado facultativo o maior de dezesseis anos de idade que se filiar ao Regime Geral de Previdência Social, mediante contribuição, na forma do art. 199, desde que não esteja exercendo atividade remunerada que o enquadre como segurado obrigatório da previdência social. [...]
> §2º É vedada a filiação ao Regime Geral de Previdência Social, na qualidade de segurado facultativo, de pessoa participante de regime próprio de previdência social, salvo na hipótese de afastamento sem vencimento e desde que não permitida, nesta condição, contribuição ao respectivo regime próprio.

Dessa forma, é, sim, permitido que servidor público durante afastamento sem remuneração seja contribuinte facultativo do RGPS, desde que inexista previsão normativa no RPPS de o agente público contribuir para o seu regime de previdência.

Portanto, é necessário que se observe a legislação de cada RPPS para saber se há essa possibilidade e a partir de quando. Pois somente a contar da vigência de tal previsão é que será absoluta a vedação contida no §5º do art. 201 da Constituição Federal.

Segundo consta da ON nº 2/2009 – MPS/SPS, carreira é a sucessão de cargos efetivos, estruturados em níveis e graus segundo sua natureza, complexidade e grau de responsabilidade, de acordo com o plano definido por lei de cada ente federativo.[301]

Importa salientar, contudo, que o STF deu contornos mais ampliados ao conceito de carreira, admitindo, como na Receita Federal do Brasil, a existência de duas carreiras dentro de uma outra mais abrangente, chamada de "carreira guarda-chuva", contudo, sem que os cargos das carreiras que compõem essa carreira maior possam ser tratados como se fossem apenas uma.

A decisão do STF, a seguir reproduzida, esclarece o tema:[302]

> AÇÃO DIRETA DE INCONSTITUCIONALIDADE. DIREITO ADMINISTRATIVO. SERVIDORES PÚBLICOS FEDERAIS. LEGITIMIDADE ATIVA A*D CAUSAM*. PERTINÊNCIA TEMÁTICA. ART. 103, IX, DA CONSTITUIÇÃO DA REPÚBLICA. ALEGAÇÃO DE INCONSTITUCIONALIDADE MATERIAL DO ARTIGO 5º DA LEI Nº10.593, DE 6 DE DEZEMBRO DE 2002, COM AS ALTERAÇÕES POSTERIORES. AUSÊNCIA DE ALTERAÇÃO SUBSTANCIAL.MODIFICAÇÃO MERAMENTE TERMINOLÓGICA. O ARTIGO 5ºDA LEI Nº 13.464/2017 APENAS CONFERIU NOVA DENOMINAÇÃO À CARREIRA, DORAVANTE CARREIRA TRIBUTÁRIA E ADUANEIRA DA RECEITA

[301] BRASIL. Ministério da Previdência Social. *Orientação Normativa nº 02, de 31 de março de 2009*. Disponível em: http://sa.previdencia.gov.br/site/2016/06/ORIENTACAONORMATIVASPSn02de31mar2009atualizadaate11jul2014-1-1.pdf. Acesso em: 23 mar. 2020. Art. 2º, inc. VII.

[302] BRASIL. STF. *Ação Direta de Inconstitucionalidade nº 5.391/DF*. Rel. Min. Rosa Weber, j. 22.4.2020.

FEDERAL DO BRASIL, COMPOSTA DOS CARGOS DE AUDITOR-FISCAL DA RECEITA FEDERAL DO BRASIL E DE ANALISTA TRIBUTÁRIO DA RECEITA FEDERAL DO BRASIL. AUSÊNCIA DE PREJUÍZO AO EXAME DO MÉRITO. JURISPRUDÊNCIA CONSOLIDADA DESTE SUPREMO TRIBUNAL FEDERAL QUE IMPEDE ASCENSÃO, TRANSFERÊNCIA, ENQUADRAMENTO, MUDANÇA OU TRANSFORMAÇÃO EM OUTRO CARGO. SÚMULA VINCULANTE Nº 43 DESTA CORTE. IMPRECISÃO TERMINOLÓGICA: USO DO CONCEITO DE CARREIRA DE MODO APARTADO DO SEU SENTIDO CONSTITUCIONAL. INTERPRETAÇÃO CONFORME A CONSTITUIÇÃO. PROCEDÊNCIA PARCIAL.

1. Legitimidade ativa ad causam da Associação Nacional dos Auditores-Fiscais da Receita Federal do Brasil – UNAFISCO NACIONAL (art. 103, IX, da Constituição da República). Exemplo nítido de representatividade de uma categoria profissional. Reconhecimento da pertinência temática com o objeto da demanda. Entidade representativa, em âmbito nacional, dos interesses dos Auditores-Fiscais da Receita Federal do Brasil, ou seja, de uma inteira classe, e não de uma representação parcial ou fracionária.

2. O objeto de controle da presente ação direta de inconstitucionalidade permanece o art. 5º da Lei nº 10.593/2002, com as alterações posteriores, que foram meramente terminológicas, sem acarretar alteração substancial na composição nem na estrutura da Carreira impugnada. Ausência de prejuízo ao exame do mérito.

3. Alegação de inconstitucionalidade material do artigo 5º da Lei nº 13.464/2017, que conferiu nova denominação à carreira de que trata o art. 5º da Lei nº 10.593, de 6 de dezembro de 2002, que passou a ser chamada de Carreira Tributária e Aduaneira da Receita Federal do Brasil, composta dos cargos de Auditor-Fiscal da Receita Federal do Brasil e de Analista Tributário da Receita Federal do Brasil. À luz do conceito de carreira, podem ser identificadas a lato sensu, atinente à Carreira Tributária e Aduaneira da Receita Federal do Brasil, que, como grande carreira guarda-chuva, compõe-se dos dessemelhantes e independentes cargos de Auditor-Fiscal da Receita Federal do Brasil e de Analista Tributário da Receita Federal do Brasil, ambos de nível superior e organizados em carreira, stricto sensu. Os Auditores-Fiscais possuem uma carreira organizada em várias classes. O mesmo ocorre com os Analistas Tributários: classes com remunerações distintas que compõem o escalonamento da carreira em sentido estrito. Não há falar em ascensão, transferência, enquadramento, mudança ou transformação em outro cargo, ainda que sob o manto denominador único de Carreira Tributária e Aduaneira da Receita Federal do Brasil, forte na jurisprudência consolidada deste Supremo Tribunal Federal e na Súmula Vinculante nº 43.

4. Uma vez realizado o concurso para Analista Tributário, o único percurso possível é o de evolução funcional por meio da promoção dentro desta carreira específica. Vedado galgar outro cargo – o de Auditor-Fiscal – sem a realização de prévio concurso público, mesmo que componente da mesma grande carreira (lato sensu). Inexistente elo ou continuidade entre os dois cargos que integram a Carreira Tributária e Aduaneira da Receita Federal do Brasil, afigura-se inconstitucional a interpretação que oriente à concessão de aposentadoria com base em um sentido de carreira que não seja aquele stricto sensu. Permanecem paralelas e impenetráveis – salvo mediante concurso público – as carreiras stricto sensu de Analista Tributário e de Auditor-Fiscal, sem que se possa atribuir à grande Carreira Tributária e Aduaneira da Receita Federal do Brasil o sentido que permita a contagem de tempo de carreira para fins de aposentadoria, conforme previsto no artigo 3º da Emenda Constitucional nº 47/2005. A legislação objeto da presente ação direta de inconstitucionalidade, ao se valer do termo carreira, o fez de modo genérico, em sentido amplo, a significar simplesmente o quadro de pessoal estruturado em cargos díspares entre si. Tal emprego terminológico não tem o alcance que expresse a carreira em sentido estrito, a denotar a organização dos cargos em um percurso evolutivo funcional que permita a promoção do servidor público e, por fim, a sua aposentadoria. Impõe-se restringir este emprego de carreira ao seu sentido amplo, a fim de afastar equivocadas interpretações que lhe possam inquinar o vício de

> inconstitucionalidade, por afronta à exigência da prévia aprovação em concurso público para investidura em cargo público (art. 37, II, da Lei Maior) e aos princípios da legalidade, da moralidade e da eficiência administrativa (art. 37, caput, da Constituição da República). Viável dar interpretação conforme a Constituição à expressão Carreira Tributária e Aduaneira da Receita Federal do Brasil, porque o seu uso no texto normativo impugnado não guarda conformidade e convergência com carga semântica constitucionalmente estabelecida para a palavra carreira. Deve-se limitar a expressão Carreira Tributária e Aduaneira da Receita Federal do Brasil ao sentido amplo, condizente com quadro de pessoal, composto das carreiras em sentido estrito dos cargos de Analista Tributário e de Auditor-Fiscal da Receita Federal do Brasil, distintas entre si, excluindo, portanto, qualquer interpretação que lhe confira o sentido estrito correspondente a escalonamento de cargos de forma verticalizada a proporcionar evolução funcional para fins de promoção ou mesmo aposentadoria.
> 5. Pedido julgado parcialmente procedente, para conferir interpretação conforme a Constituição ao art. 5º da Lei nº 13.464/2017, para fixar a exegese de que os cargos de Analista Tributário e de Auditor-Fiscal da Receita Federal do Brasil configuram carreiras distintas que não se confundem.

Nada obstante tais considerações, convém deixar registrado que, a não ser para o caso do policial, mais adiante especificado, a novel Emenda nº 103/2019 não cuida mais de tempo de carreira, como requisito para a aposentadoria do servidor público federal. Logo, em não se tratando de direito adquirido, o tempo de carreira para o servidor público, em termos de aposentadoria, perdeu a significância.

No que respeita ao tempo de cargo público, convém ressaltar que o lapso de cinco anos deverá ser cumprido no cargo efetivo do qual o servidor seja titular, na data imediatamente anterior à da concessão da inativação. Importante mencionar que, no cômputo do tempo no cargo efetivo, deverão ser levadas em conta as alterações de denominação, reclassificação ou reestruturação de cargos.

Segundo a definição constante da ON nº 2/2009 – MPS/SPS, cargo efetivo é "o conjunto de atribuições, deveres e responsabilidades específicas definidas em estatutos dos entes federativos cometidas a um servidor aprovado por meio de concurso público de provas ou de provas e títulos".[303]

Questão interessante a destacar é o caso da magistratura, em que a carreira pode ser dividida em vários cargos de mesma entrância e/ou instância e um único cargo de desembargador, na segunda instância. Nessas hipóteses o CNJ editou a Resolução nº 166/2012 em que estabeleceu:

> Art. 1º Para efeito de aposentadoria por tempo de serviço, o valor dos proventos deve ser apurado com base nos subsídios recebidos na última entrância ou instância ocupada pelo magistrado e o requisito previsto na parte final do inciso II do art. 3º da Emenda Constitucional nº 47/2005 deve ser considerado no cargo previsto legalmente, independente da entrância ocupada.[304]

---

[303] BRASIL. Ministério da Previdência Social. *Orientação Normativa nº 02, de 31 de março de 2009*. Disponível em: http://sa.previdencia.gov.br/site/2016/06/ORIENTACAONORMATIVASPSn02de31mar2009atualizadaate11jul2014-1-1.pdf. Acesso em: 23 mar. 2020.

[304] BRASIL. Conselho Nacional de Justiça. *Resolução nº 166, de 19 de dezembro de 2012*. Disponível em: https://amaerj.org.br/noticias/resolucao-do-cnj-indica-criterio-para-aposentadoria-por-tempo-de-servico-para-magistrados/. Acesso em: 1 jun. 2020. A Associação dos Magistrados Brasileiros suscitou questão de ordem ao CNJ, requerendo a suspensão da eficácia do art. 1º da referida resolução em 12.4.2019 (RIBEIRO, Alberto Pavie. Questão de ordem. *AMB*, 2019.

Importa ressaltar, ainda, que se admite contagem do tempo de substituto, desde que tenha havido contribuição previdenciária.

Nesse sentido, resposta à consulta feita ao Conselho Nacional de Justiça:

> 1. Questionamento quanto à possibilidade de cômputo do tempo em que os magistrados atuam como convocados ou em auxílio perante os Tribunais para implementação dos cinco anos no cargo efetivo em que se dará a aposentadoria, exigência esta prevista na última parte do inciso III, §1º, do artigo 40, da Constituição Federal.
>
> 2. A contribuição do magistrado é relativa ao subsídio recebido e desconsiderar o período em que houve contribuição na condição de desembargador importaria em ganho injustificado para a Administração.
>
> 3. O tempo de contribuição do magistrado convocado para segunda instância deve ser considerado para aposentadoria, desde de que tenha ocorrido a incidência da contribuição previdenciária (PSS) sobre a diferença entre o subsídio de magistrado e aquele devido em razão da convocação. 4. Consulta conhecida e respondida.[305]

Outra questão interessante que se apresenta ocorre quando o magistrado de segundo grau permanece menos de cinco anos no cargo efetivo e é atingido pela aposentadoria compulsória. Nesses casos, o entendimento do TCU é no sentido de que fará jus à aposentadoria correspondente a de juiz.

Interessante que em tal hipótese o ato de aposentadoria referir-se-á à vacância do cargo de desembargador, porém os proventos serão calculados como de juiz.

Nada obstante esse posicionamento do TCU, no âmbito do STF o tema não está pacificado.

O Ministro Edson Fachin negou a um juiz federal aposentado o direito de receber proventos de aposentadoria como desembargador do Tribunal Regional Federal da 2ª Região (TRF-2), pelo fato de não ter permanecido pelo menos cinco anos no cargo, como estabelece o art. 3º, inc. III, da Emenda Constitucional nº 47/2005.

O juiz foi nomeado desembargador do TRF-2 em novembro de 2010 por força de liminar do STF, mas se aposentou voluntariamente um mês depois, tendo em vista que completaria 70 anos em 5.1.2011, quando não havia sido aprovada a proposta de emenda constitucional (PEC) que elevou para 75 anos a idade para aposentadoria compulsória de magistrados.

Para o Ministro Fachin, a interpretação de que a idade limite de 65 anos para ingresso nos Tribunais Regionais Federais, prevista no art. 107 da Constituição Federal, não alcança juízes de carreira, mas apenas integrantes da advocacia e do Ministério Público, não deve ser estendida de modo a assegurar a esses juízes direito aos proventos de aposentadoria como desembargador.

Disponível em: https://www.amb.com.br/wp-content/uploads/2019/04/01-AMB-CNJ-00012448220142000200-QO.pdf. Acesso em: 1º jun. 2020). Também ingressou como *amicus curiae* no Mandado de Segurança nº 28.678, que trata de assunto pertinente no STF.

305 BRASIL. Conselho Nacional de Justiça. *Consulta nº 0001244-82.2014.2.00.0200*. Disponível em: https://cnj.jusbrasil.com.br/jurisprudencia/697906913/consulta-cons-12448220142000200. Acesso em: 15 jun. 2020: "Requerente: Secretaria de Reforma do Judiciário - Ministério da Justiça. Requerido: Conselho Nacional de Justiça – CNJ. Consulta. Magistrado. Aposentadoria. Cálculo. Exigência constitucional de permanência por cinco anos no cargo efetivo em que se der a aposentadoria. Possibilidade do cômputo de tempo em que os magistrados atuarem como convocados ou em auxílio perante os tribunais para o cálculo do lapso temporal exigido pela constituição federal".

Dessa forma, o ministro negou o direito à percepção de proventos de desembargador de TRF, cabendo ao autor do MS receber proventos de aposentadoria de juiz federal.[306]

Por outro lado, a Ministra Rosa Weber concedeu liminar para suspender os efeitos da decisão do TCU que julgou irregular a aposentadoria de desembargador do TRF-1, por não ter permanecido no cargo por cinco anos.[307]

Segundo a ministra:

> [...] a ascensão por promoção, direito do magistrado de carreira, não se desenvolverá em toda sua verticalidade para aqueles que, guindados a cargo superior do Judiciário já em idade avançada, se vejam impedidos, ante o limite etário imposto pela jubilação compulsória, de completar cinco anos no último cargo da estrutura una e indivisível em que se desdobra a atividade judicante.

Vê-se, portanto, que não há consenso no STF sobre o tema. Todavia, entende-se que assiste razão ao Ministro Fachin, com respeitosa vênia à Ministra Rosa Weber. Além dos argumentos elencados por sua excelência, há um outro que deve ser prestigiado de maneira inexorável, qual seja o princípio contributivo instituído desde a EC nº 20/1998 e validado em vários julgados pelo excelso pretório. Ora, admitir que alguém possa aposentar-se com proventos de cargo efetivo, sem que tenha cumprido o requisito constitucional de no mínimo cinco anos, fere de morte o sistema contributivo, porquanto permite a agente público aposentar-se com remuneração que não sofreu a incidência da respectiva contribuição, impondo ao RPPS da União obrigação previdenciária sem a respectiva fonte de custeio.

Quer parecer, pois, que interpretar diferentemente o texto constitucional ofende a exegese adotada pelo STF, em repercussão geral, *verbis*:

> O Tribunal, por maioria, apreciando o tema 163 da repercussão geral, deu parcial provimento ao recurso extraordinário para determinar a restituição das parcelas não prescritas, nos termos do voto do Relator, vencidos os Ministros Teori Zavascki, Dias Toffoli (Presidente), Marco Aurélio e Gilmar Mendes. Em seguida, por maioria, fixou-se a seguinte tese: "Não incide contribuição previdenciária sobre verba não incorporável aos proventos de aposentadoria do servidor público, tais como 'terço de férias', 'serviços extraordinários', 'adicional noturno' e 'adicional de insalubridade'".[308]

De fato, nesse julgado assentou-se que somente pode ser cobrada contribuição previdenciária se a verba for incorporável. Por outro lado, se não houver contribuição, não pode ser incorporável ao benefício previdenciário.

Em hora: tal compreensão deve ser estendida para os membros do Ministério Público.

---

[306] BRASIL. Supremo Tribunal Federal. *Mandado de Segurança nº 28.678*. Rel. Min. Edson Fachin, 24.10.2016. Disponível em: http://portal.stf.jus.br/processos/detalhe.asp?incidente=3849695. Acesso em: 15 jun. 2020.

[307] BRASIL. Supremo Tribunal Federal. *Mandado de Segurança nº 34.424*. Rel. Min. Rosa Weber, 17.10.2016. Disponível em: http://portal.stf.jus.br/processos/detalhe.asp?incidente=5055071. Acesso em: 15 jun. 2020.

[308] BRASIL. Supremo Tribunal Federal. *Recurso Extraordinário nº 593.068*. Rel. Min. Roberto Barroso, 11.10.2018. Disponível em: https://jurisprudencia.stf.jus.br/pages/search/sjur400263/false. Acesso em: 5 jul. 2020.

A exigência de tempo mínimo (cinco anos) no cargo efetivo, para fins de aposentadoria, comporta situações específicas que merecem comentários, tanto na magistratura quanto no Ministério Público.

Com relação à magistratura, ocorre especificidade quando o magistrado atua como convocado ou em auxílio perante os Tribunais. Poderia tal período temporário ser computado dentro dos cinco anos exigidos para a aposentadoria?

O CNJ enfrentou a questão, cujo entendimento é a seguir transcrito:

> CONSULTA. MAGISTRADO. APOSENTADORIA. CÁLCULO. EXIGÊNCIA CONSTITUCIONAL DE PERMANÊNCIA POR CINCO ANOS NO CARGO EFETIVO EM QUE SE DER A APOSENTADORIA. POSSIBILIDADE DO CÔMPUTO DE TEMPO EM QUE OS MAGISTRADOS ATUAREM COMO CONVOCADOS OU EM AUXÍLIO PERANTE OS TRIBUNAIS PARA O CÁLCULO DO LAPSO TEMPORAL EXIGIDO PELA CONSTITUIÇÃO FEDERAL.
>
> 1. Questionamento quanto à possibilidade de cômputo do tempo em que os magistrados atuam como convocados ou em auxílio perante os Tribunais para implementação dos cinco anos no cargo efetivo em que se dará a aposentadoria, exigência esta prevista na última parte do inciso III, §1º, do artigo 40, da Constituição Federal.
>
> 2. A contribuição do magistrado é relativa ao subsídio recebido e desconsiderar o período em que houve contribuição na condição de desembargador importaria em ganho injustificado para a Administração. 3. *O tempo de contribuição do magistrado convocado para segunda instância deve ser considerado para aposentadoria, desde de que tenha ocorrido a incidência da contribuição previdenciária (PSS) sobre a diferença entre o subsídio de magistrado e aquele devido em razão da convocação.*
>
> 4. Consulta conhecida e respondida.

Veja-se, portanto, que, se o tempo temporário for contributivo, relativamente à diferença entre o subsídio de magistrado e aquele devido em razão da convocação, poderá ser computado nos cinco anos exigidos para a aposentadoria.

Acertada a decisão do CNJ. Afinal, pareceria um contrassenso que a convocação pelo Tribunal superior fosse prejudicial ao magistrado, em termos de aposentadoria.

No que tange ao Ministério Público, a questão a saber é se o membro promovido a cargo superior na carreira, com menos de cinco anos, poderia se aposentar no cargo objeto da promoção.

Com base em entendimento mantido pelo Supremo Tribunal Federal, a Procuradoria-Geral da República proferiu a seguinte determinação, contida na Decisão AJA nº 134/2021:

> 22. Ante o exposto, determino à Secretaria de Gestão de Pessoas que, na apreciação dos pedidos de aposentadoria amparados nas regras previstas nas Emendas Constitucionais nº 20/1998, nº 41/2003 e nº 47/2005, adote a interpretação no sentido de que, em qualquer das carreiras dos ramos do Ministério Público da União, a exigência de 5 (cinco) anos de efetivo exercício no cargo em que se dará a aposentadoria seja compreendida como 5 (cinco) anos de efetivo exercício na carreira.

De fato, o Supremo Tribunal Federal decidiu, em sede de repercussão geral (Tema nº 578), que, para as carreiras escalonadas, como as do Ministério Público, o prazo mínimo de cinco anos para que um servidor público se aposente com os proventos integrais do cargo que estiver ocupando deve ser contado a partir do efetivo ingresso na carreira.

A propósito, confira-se a tese de repercussão geral fixada:

> 1) Ressalvado o direito de opção, a regra de transição do art. 8º, inciso II, da Emenda Constitucional nº 20/98 somente se aplica aos servidores que, quando da sua publicação, ainda não reuniam os requisitos necessários para aposentadoria.
>
> 2) Em se tratando de carreira pública escalonada em classes, a exigência instituída pelo art. 8º, inciso II, da Emenda Constitucional nº 20/98, de cinco anos de efetivo exercício no cargo no qual se dará a aposentadoria, deverá ser compreendida como cinco anos de efetivo exercício na carreira a que pertence o servidor.

7.4 Caracterização do tempo de serviço prestado a empresas estatais, como efetivo exercício no serviço público

Desde a edição dessas diversas reformas previdenciárias introduzidas no país, e também agora com a promulgação da nova EC nº 103/2019 (regras transitórias dos arts. 4º, 20 e 21, *v.g.*, mais adiante detalhadas), o constituinte derivado se utiliza da expressão "serviço público", sem que haja maior definição quanto ao instituto, no que tange à possibilidade de o servidor público contar tempo de serviço prestado a empresas públicas e a sociedades de economia mista como se serviço público fosse, com o propósito de obtenção de aposentadoria.

A questão proeminente a ser aclarada, então, está em conceber a mais plausível interpretação do que vem a ser "serviço público". A matéria, entrementes, é de difícil consecução, tanto que posições antagônicas se espraiam por toda parte.

É bem verdade que rotular um conceito como o de "serviço público" não restringe ou subtrai o problema de uma significação veraz. Convém, assim, procurar seus aspectos unitários, para compor o todo. Necessário se torna debruçar-se sobre as características, de *per si*, para se chegar à conclusão pretendida. Para tanto, *mister* se faz estabelecer premissa básica sobre a qual se sustenta a tese a ser defendida. Afinal, provada a premissa, desenvolve-se o raciocínio. Assim, tem-se que o conceito de serviço público é único, ou seja, demonstrada a mais exata cognição do vocábulo não pode o intérprete manejá-lo ora de uma forma, ora de outra. O que variará é o tipo de execução do serviço público, conforme se verá adiante. Bom que se avance, trazendo ao debate, pois, a validação da premissa.

Pode-se entender a expressão "instituto jurídico" de forma genérica, utilizada na ciência jurídica para contemplar determinada condição ou fato que, de tão importante para a sociedade, deva receber o tratamento de "instituto". Assim é que, *v.g.*, o "casamento", a "falência" e a "herança" são institutos jurídicos, pois acerca deles tanto a lei quanto a doutrina e a jurisprudência tecem considerações, seja determinando regras, seja estabelecendo premissas para exata definição e localização no mundo do direito. Assim ocorre com o termo "serviço público", que merece abordagem específica de doutrinadores de todo jaez.

Extirpados o campo de atuação, os objetivos e as formas, o certo é que todo instituto jurídico possui em seu âmago uma essência que o diferencia dos demais. Por isso dizer, por analogia, que todo instituto jurídico contém uma célula-mãe própria que lhe permite individualização, uma natureza única. Caso contrário, misturar-se-ia com outros institutos jurídicos, perdendo autonomia.

Com base nesse entendimento, portanto, é possível construir uma argumentação, que Aristóteles definiu de lógica perfeita, na qual três proposições declarativas se conectam de tal modo que a partir das duas primeiras, chamadas premissas, é possível deduzir uma conclusão.

Assim, diante do delineado, tem-se o seguinte silogismo, que comprova a premissa apresentada:

a) todo instituto jurídico comporta, em última análise, uma única essência (premissa maior);
b) serviço público é um instituto jurídico (premissa menor);
c) serviço público comporta, em última análise, uma única essência (conclusão).

Demonstrada, portanto, a premissa da qual se parte, convém, agora, debruçar-se na tentativa de colher o conceito essencial de serviço público, retirado das diversas definições sobre o tema atribuídas pela melhor doutrina.

José dos Santos Carvalho Filho, após trazer os conceitos de diversos doutrinadores, expõe que serviço público é toda atividade prestada pelo Estado ou por seus delegados, basicamente sob regime de direito público, com vistas à satisfação de necessidades essenciais e secundárias da coletividade.[309] Segundo esse autor, as características do serviço público guardam pertinência com quem o presta e com o fim a que se destina o serviço e, finalmente, com o regime jurídico sob a égide do qual é ele executado.

Diógenes Gasparini, a seu turno, comenta que a locução "serviço público" demanda aclaramento para cada vocábulo. Serviço, de significado unívoco, indica prestação, realização ou atividade. O segundo, de sentido equívoco, tanto pode expressar o autor da prestação, realização ou atividade (Estado), como seu beneficiário (usuário, administrado, povo, público). Desse modo, complementa que a expressão "serviço público" comporta pelo menos três sentidos:

> [...] o orgânico, o material e o formal. Em sentido orgânico, o serviço público é um complexo de órgãos, agentes e recursos da Administração Pública, destinados à satisfação das necessidades dos administrados. Em sentido material, o serviço público é uma função, uma tarefa, uma atividade da Administração Pública, destinada a satisfazer necessidades de interesse geral dos administrados. Em sentido formal, serviço público é a atividade desempenhada por alguém (Poder Público ou seus delegados), sob regras exorbitantes do Direito Comum, para a satisfação dos interesses dos administrados.[310]

Para Celso Antônio Bandeira de Mello:

> [...] serviço público é toda atividade de oferecimento de utilidade ou comodidade material destinada à satisfação da coletividade em geral, mas fruível singularmente pelos

---

[309] CARVALHO FILHO, José dos Santos. *Manual de direito administrativo*. 15. ed. Rio de Janeiro: Lumen Juris, 2005. p. 267.

[310] GASPARINI, Diógenes. *Direito administrativo*. 8. ed. São Paulo: Saraiva, 2003. p. 266.

> administrados, que o Estado assume como pertinente a seus deveres e presta por si mesmo ou por quem lhe faça as vezes, sob um regime de Direito Público – portanto, consagrador de prerrogativas de supremacia e de restrições especiais –, instituído em favor dos interesses definidos como públicos no sistema normativo.[311]

Segundo esse renomado autor, o que se intenta é instrumentar quem tenha a seu cargo garantir-lhes a prestação com os meios jurídicos necessários para assegurar a boa satisfação dos interesses públicos encarnados no serviço público.

Maria Sylvia Zanella Di Pietro separa a interpretação de serviço público em dois níveis: em sentido amplo e em sentido restrito. Ao citar José Cretella Júnior, Di Pietro argumenta que o serviço público, em sentido amplo, é "toda atividade que o Estado exerce, direta ou indiretamente, para a satisfação das necessidades públicas mediante procedimento típico do direito público".[312] Em sentido restrito, serviços públicos são os conceitos que confinam o serviço público entre as atividades exercidas pela Administração Pública, com exclusão das funções legislativa e jurisdicional.

Com base nessa divisão, Di Pietro define, enfim, serviço público como toda atividade material que a lei atribui ao Estado para que a exerça diretamente ou por meio de seus delegados, com o objetivo de satisfazer concretamente as necessidades coletivas, sob regime jurídico total ou parcialmente público.

Hely Lopes Meirelles adverte que o conceito de serviço público não é uniforme na doutrina, pois é variável e flutua ao sabor das contingências políticas, econômicas, sociais e culturais de cada comunidade, em determinado momento histórico. O autor apresenta, então, seu conceito: "[...] serviço público é todo aquele prestado pela Administração ou por seus delegados, sob normas e controles estatais, para satisfazer necessidades essenciais ou secundárias da coletividade ou simples conveniências do Estado".[313]

Como antecipadamente certificado pelos doutrinadores de escol acima citados, não é, nem mesmo poderia ser, uniforme o conceito dado à expressão "serviço público", porquanto a exatidão é antes um fenômeno matemático e não jurídico. Em todo caso, pode-se retirar desses conceitos uma matriz comum, da qual se possa extrair a essência, o núcleo-base do que vem a ser "serviço público".

Em primeiro lugar, quer parecer que o Estado é o elemento fundamental para a caracterização do instituto. Sim, porque sem a presença do Estado não é possível conceber nada como exatamente público. Então, serviço público é aquele que sofre a presença do Estado, seja diretamente ou por delegação, seja no exercício de uma função ou tarefa, seja pela presença de órgãos que o representem. Serviço público, enfim, é aquele sobre cuja participação do Estado não se discute.

No outro extremo da matriz conceitual, encontra-se a coletividade. Sim, porque não se presume serviço público sem a necessária satisfação dos interesses dos administrados. A raiz conceitual, portanto, do instituto jurídico do "serviço público", *permissa venia*, é aquela que conflui os termos Estado e coletividade. Assim, quaisquer das definições acima destacadas revestem-se de credibilidade, quando enfocam o serviço público

---

311 BANDEIRA DE MELLO, Celso. *Curso de direito administrativo*. 16. ed. rev. e atual. São Paulo: Malheiros, 2003. p. 620.

312 DI PIETRO, Maria Sylvia Zanella. *Direito administrativo*. 16. ed. Rio de Janeiro: Forense, 2003. p. 96; 99.

313 MEIRELLES, Hely Lopes. *Direito administrativo brasileiro*. 28. ed. São Paulo: Malheiros, 2003.

como uma atividade estatal, seja direta, indireta ou delegada, com o fim precípuo de atender a necessidades coletivas.

Destacada a essência do instituto jurídico "serviço público", cabe salientar que dela advêm diversas derivações e integrações com outros institutos jurídicos. Assim é que o serviço público pode ser efetuado sob normas de direito público ou privado, pode relacionar-se com diferentes regimes jurídicos dos servidores (estatutário ou celetista, por exemplo), pode ser computado para fins de determinadas vantagens pecuniárias e para outras não, a depender da intenção do legislador. O importante, repise-se, é que a essência de serviço público continue incólume, ou seja, aquela que se origine da atuação do Estado e atenda aos anseios da coletividade.

A partir da essência extraída do instituto jurídico "serviço público", é plenamente possível admitir-se que a Administração indireta faz parte deste conceito. Afinal, na atividade de empresas estatais é notável a presença do Estado, que, em última análise, é o gestor principal ou único. Por outro lado, cumpre notar que, mesmo naquelas entidades que se submetem ao regime de direito privado, o interesse da coletividade sempre é visado. Em realidade, tanto empresas públicas quanto sociedades de economia mista são controladas pelo ente estatal, obedecendo sempre a limites preestabelecidos, inclusive com controle orçamentário.

Importante contribuição para esse tema pode ser vista no voto-vista[314] da Subprocuradora-Geral da República, Maria Caetana Cintra Santos, do qual se extrai o seguinte excerto, congruente com o entendimento ora externado:

> 7. E isso porque, as empresas públicas e as sociedades de economia mista federais são integrantes da Administração Pública Federal, submetendo-se a regime jurídico de direito público ou privado, com submissão a princípios e regras do direito público. Na verdade, as atividades estatais não são estanques, ao contrário, interagem continuamente *no desempenho das funções atinentes ao Estado em sentido amplo, confundindo-se o setor público e o privado no propósito de atendimento ao interesse público.*
>
> 8. E tanto isso é verdade que a Constituição Federal, em diversos dispositivos, submete as empresas públicas e as sociedades de economia mista às normas de direito público, sob o controle da Administração Pública, e dos limites estabelecidos pelo Estado. *Assim, o art. 37, incisos X, XIX, e XX, exige a edição de lei específica para a criação de empresa pública, sociedade de economia mista, autarquia ou fundação pública e a instituição da licitação como regra geral para a contratação de obras, serviços, compras e alienações no seu âmbito de atividades; o art. 70, dispõe acerca da fiscalização contábil, financeira, orçamentária, operacional e patrimonial da União e das entidades da Administração direta e indireta; o art. 71, incisos II e III, refere-se ao julgamento das contas dos administradores da Administração direta e indireta e à apreciação da legalidade dos atos de admissão de pessoal, a qualquer título, na Administração direta e indireta e o art. 165, §5º, obriga a inclusão na lei orçamentária do orçamento de investimento das empresas em que a União, direta ou indiretamente, detenha a maioria do capital com direito a voto.*
>
> 9. Estas disposições constitucionais e legais revelam a linha estreita que separa o serviço público em sentido estrito, ou seja, aquele que é prestado na esfera da Administração Pública Direta, daquelas *atividades desenvolvidas pelas empresas públicas e sociedades de economia mista, cujo caráter público se faz cada vez mais nítido pois envolvem interesses de toda a sociedade.*

[314] MINISTÉRIO PÚBLICO. CSMPF – GAB/MC. *Processo Administrativo nº 1.00.001.000054/2005-22*. Disponível em: http://csmpf.pgr.mpf.gov.br/votos/ votos/Rel07-054-2005-22.pdf. Acesso em: 13 maio 2009.

> 10. Constata-se, portanto, que a noção restrita de atividade da Administração direta federal (serviços inerentes à estrutura administrativa dos Poderes da República) não se contrapõe à indireta (autarquias, empresas públicas, sociedades de economia mista e fundações instituídas pelo Poder Público), à vista da prevalência do interesse administrativo da União sobre os elementos formais que qualificam aquelas entidades como integrantes do universo de direito privado.
>
> 11. Destarte, embora as empresas públicas e as sociedades de economia mista – que se destinam à exploração da atividade econômica de produção ou comercialização de bens ou prestação de serviços – estejam inseridas no regime próprio de direito privado, inclusive quanto aos direitos e obrigações trabalhistas, não se caracterizam como entidades essencialmente privadas, pois obedecem à disciplina de direito público.
>
> 12. Em outras palavras, as empresas públicas e as sociedades de economia mista, dotadas de personalidade jurídica de direito privado, são, também, regidas por normas de direito público, em vários aspectos, sendo relevante assinalar as prescrições constitucionais quanto à investidura no emprego público, à proibição de acumular cargos, empregos e funções públicas, e a exigência de lei específica para criação das empresas públicas e das sociedades de economia (Constituição, art. 37, incisos II, XVII, XIX).[315]

Importante notar, ainda, que tanto empresas públicas quanto sociedades de economia mista submetem-se ao controle de suas contas pelos Tribunais de Contas. Ademais, cabe enfatizar que o regramento para a contratação de pessoal obedece ao princípio do concurso público.[316] Em suma, são empresas governamentais, sobre cujos trabalhadores deve ser dispensado o mesmo tratamento destinado aos servidores públicos.

Nunca é demais salientar que, embora contenham diferenças com relação à Administração direta até nem tão sutis, o fato é que tais entidades da Administração indireta compõem o núcleo essencial do conceito de serviço público. Nesse aspecto, socorrer-se-á, uma vez mais, do mestre Celso Antônio Bandeira de Mello, em lapidar lição sobre o tema:

> Empresas públicas e sociedades de economia mista são, fundamentalmente e acima de tudo, instrumentos de ação do Estado. O traço essencial caracterizador destas pessoas é o de se constituírem em auxiliares do Poder Público; logo, são entidades voltadas, por definição, à busca de interesses transcendentes aos meramente privados. [...] Deveras, a personalidade jurídica de Direito Privado que as reveste não passa de um expediente técnico cujo préstimo adscreve-se, inevitavelmente, a certos limites, já que não poderia ter o condão de embargar a positividade de certos princípios e normas de Direito Público cujo arredamento comprometeria objetivos celulares do Estado de Direito.
>
> O traço nuclear das empresas estatais, isto é, das empresas públicas e sociedades de economia mista, reside no fato de serem coadjuvantes de misteres estatais. Nada pode dissolver este signo insculpido em suas naturezas. Dita realidade jurídica representa o mais certeiro norte para a intelecção destas pessoas. Conseqüentemente, aí está o critério retor para interpretação dos princípios jurídicos que lhes são obrigatoriamente aplicáveis,

[315] MINISTÉRIO PÚBLICO. CSMPF – GAB/MC. *Processo Administrativo nº 1.00.001.000054/2005-22*. Disponível em: http://csmpf.pgr.mpf.gov.br/votos/ votos/Rel07-054-2005-22.pdf. Acesso em: 13 maio 2009.

[316] BRASIL. [Constituição (1988)]. *Constituição da República Federativa do Brasil de 1988*. Brasília: Presidência da República, 1988. Disponível em: http://www.planalto.gov.br/ccivil_03/constituicao/constituicao.htm. Acesso em: 29 jan. 2020. Art. 37, inciso II, CF.

pena de converter-se o acidental – suas personalidades de Direito Privado – em essencial, e o essencial – seu caráter de sujeitos auxiliares do Estado – em acidental.[317]

Nota-se pela passagem acima descrita que, na realidade, o Estado sempre se faz presente, ainda que não diretamente. Ocorre que há uma bipartição de funções, que preserva, no entanto, a titularidade estatal. José dos Santos Carvalho Filho dá a esse fenômeno a seguinte explicação:

> Diz-se que há execução indireta quando os serviços são prestados por entidades diversas das pessoas federativas. O Estado, por sua conveniência, transfere os encargos da prestação a outras pessoas, nunca abdicando, porém, do dever de controle sobre elas, controle esse, como é lógico, variável de conformidade com a forma específica de transferência.[318]

O administrativista vai ainda mais longe: "Ainda que prestado o serviço por terceiro, o Estado não pode deixar de ter alguma responsabilidade nesse processo. Afinal, quem teve o poder jurídico de transferir atividades há de suportar, de algum modo, as conseqüências do fato".

Como já salientado alhures, permanece nas atividades da Administração indireta o núcleo-base do instituto jurídico do "serviço público", qual seja, a titularidade estatal e a finalidade coletiva, mesmo que as funções públicas sejam, por vezes, delegadas a terceiros.

Importa analisar, também, a situação do tempo de serviço prestado às subsidiárias, controladas e coligadas de empresas estatais, com o fim de saber da possibilidade de inclui-lo como serviço público *lato sensu*.

Pode-se notar que, em várias passagens da Constituição (art. 37, incs. XVII, XIX e XX), a expressão "subsidiária" vem ao lado de "empresa pública" e "sociedade de economia mista". A seu turno, a EC nº 103/2019 fez acrescentar ao texto constitucional o §16 do art. 201, no qual se observa que o constituinte estabeleceu a aposentadoria compulsória para os "empregados dos consórcios públicos, das empresas públicas, das sociedades de economia mista e das suas subsidiárias".

Quer-se crer, pois, que essa proximidade não seja aleatória, fato que indica que o funcionário das subsidiárias das estatais também possa contar o tempo ali prestado como serviço público, conforme as condições antes defendidas.

Diferentemente, contudo, é o caso do empregado de controladas e coligadas das empresas estatais. Isso, porque, em tais situações, o termo "público" fica um tanto quanto diluído na empresa controlada ou coligada, haja vista a participação societária de origem privada.

Some-se a isso, diferentemente do caso das empresas subsidiárias, a falta de nexo constitucional que ampare tal interpretação. Nesse sentido, a lição de Maria Sylvia Zanella Di Pietro:

---

317 BANDEIRA DE MELLO, Celso. *Curso de direito administrativo*. 16. ed. rev. e atual. São Paulo: Malheiros, 2003. p. 179-180.

318 CARVALHO FILHO, José dos Santos. *Manual de direito administrativo*. 15. ed. Rio de Janeiro: Lumen Juris, 2005. p. 281.

> [...] essa conclusão tem, na realidade, alcance mais amplo, pois a todas as sociedades em que o Estado tenha participação acionária, sem no entanto, a natureza de sociedade de economia mista, não se aplicam as normas constitucionais, legais ou regulamentares referentes a esta última entidade, *a menos que sejam abrangidas expressamente*.[319]

7.4.1 Tempo de serviço público na Administração indireta para efeito de aposentadoria, em conformidade com a legislação anterior à EC nº 103/2019

Ultrapassada essa longa via de acesso, chega-se ao ponto nodal de análise, ou seja, a verificação do direito do servidor público a contar, como tempo de serviço público, o período prestado a empresas públicas ou a sociedades de economia mista, para fins de aposentadoria.

Como ponto de partida, nesta fase, convém transcrever os textos normativos que tratam da questão a ser debatida, segundo a legislação anterior e já revogada pela EC nº 103/2019, mas que ainda pode ser usufruída pelos servidores que possuem direito adquirido:

> *EC nº 41/2003* [...]
>
> Art. 6º Ressalvado o direito de opção à aposentadoria pelas normas estabelecidas pelo art. 40 da Constituição Federal ou pelas regras estabelecidas pelo art. 2º desta Emenda, o servidor da União, dos Estados, do Distrito Federal e dos Municípios, incluídas suas autarquias e fundações, que tenha ingressado no serviço público até a data de publicação desta Emenda poderá aposentar-se com proventos integrais, que corresponderão à totalidade da remuneração do servidor no cargo efetivo em que se der a aposentadoria, na forma da lei, quando, observadas as reduções de idade e tempo de contribuição contidas no §5º do art. 40 da Constituição Federal, vier a preencher, cumulativamente, as seguintes condições [...]
>
> III - vinte anos de efetivo exercício no serviço público; [...].[320]

> *EC nº 47/2005* [...]
>
> Art. 3º Ressalvado o direito de opção à aposentadoria pelas normas estabelecidas pelo art. 40 da Constituição Federal ou pelas regras estabelecidas pelos arts. 2º e 6º da Emenda Constitucional nº 41, de 2003, o servidor da União, dos Estados, do Distrito Federal e dos Municípios, incluídas suas autarquias e fundações, que tenha ingressado no serviço público até 16 de dezembro de 1998 poderá aposentar-se com proventos integrais, desde que preencha, cumulativamente, as seguintes condições [...]
>
> II - vinte e cinco anos de efetivo exercício no serviço público, quinze anos de carreira e cinco anos no cargo em que se der a aposentadoria [...].[321]

---

[319] DI PIETRO, Maria Sylvia Zanella. *Direito administrativo*. 24. ed. São Paulo: Atlas, 2011. p. 458-459.

[320] BRASIL. [Constituição (1988)]. Emenda Constitucional nº 41, de 19 de dezembro de 2003. Modifica os arts. 37, 40, 42, 48, 96, 149 e 201 da Constituição Federal, revoga o inciso IX do §3º do art. 142 da Constituição Federal e dispositivos da Emenda Constitucional nº 20, de 15 de dezembro de 1998, e dá outras providências. *Diário Oficial da União [da] República Federativa do Brasil*, Brasília, 31 dez. 2003.

[321] BRASIL. [Constituição (1988)]. Emenda Constitucional nº 47, de 05 de julho de 2005. Altera os arts. 37, 40, 195 e 201 da Constituição Federal, para dispor sobre a previdência social, e dá outras providências. *Diário Oficial da União [da] República Federativa do Brasil*, Brasília, 6 jul. 2005.

> *Constituição Federal* [...]
>
> Art. 40. O regime próprio de previdência social dos servidores titulares de cargos efetivos terá caráter contributivo e solidário, mediante contribuição do respectivo ente federativo, de servidores ativos, de aposentados e de pensionistas, observados critérios que preservem o equilíbrio financeiro e atuarial. [...]
>
> III - no âmbito da União, aos 62 (sessenta e dois) anos de idade, se mulher, e aos 65 (sessenta e cinco) anos de idade, se homem, e, no âmbito dos Estados, do Distrito Federal e dos Municípios, na idade mínima estabelecida mediante emenda às respectivas Constituições e Leis Orgânicas, observados o tempo de contribuição e os demais requisitos estabelecidos em lei complementar do respectivo ente federativo. [...].

Estudando o tema, o Tribunal de Contas da União[322] chegou a uma conclusão mista: para fins do art. 40, inc. III da CF/1988, o conceito de "serviço público" deve ser entendido de forma ampla, para abranger também as empresas públicas e sociedades de economia mista, diferentemente do conceito de "serviço público" contido no *caput* do art. 6º da Emenda Constitucional nº 41/2003 e no *caput* do art. 3º da EC nº 47/2005, que deve ser tomado de forma restrita, para alcançar apenas a Administração Pública, direta, autárquica e fundacional.

Para fins de melhor compreensão, separa-se a análise em tópicos distintos. Primeiro, examina-se o tempo de serviço público exigido pelo inc. III do art. 6º da EC nº 41/2003 e pelo inc. II do art. 3º da EC nº 47/2005; depois, a exigência de serviço público contida nos *capita* desses dois comandos normativos. Por fim, verifica-se a regra geral insculpida no art. 40, inc. III, da Constituição Federal, segundo a redação dada pela EC nº 20/1998.

Deve-se apreender que o requisito tempo de serviço público, como fator a ser observado para concessão de aposentadoria, foi introduzido no mundo jurídico pela EC nº 20/1998. Os arts. 6º da EC nº 41/2003 e 3º da EC nº 47/2005 apenas reforçaram tal exigência, adaptando-o às novas regras de transição. De notar que o constituinte derivado, desde a edição da EC nº 20/1998, em nenhum momento condicionou esse tempo de serviço público a qualquer outro instituto jurídico, a qualquer outra condição. Assim, se o requerido por estas normas constitucionais é apenas ter o servidor tempo de serviço público, o intérprete deve adotar, como exegese, o conceito essencial do que vem a ser o instituto jurídico do serviço público.

Desse modo, não parece correto exigir do servidor tempo de serviço público prestado somente à Administração direta, autárquica ou fundacional, nos casos delineados pelo inc. III do art. 6º da EC nº 41/2003 e pelo inc. II do art. 3º da EC nº 47/2005. De fato, o que se requer é determinado tempo de prestação de serviço público para a concessão de aposentadoria. Ora, se assim é, deve-se tomar o conceito essencial de serviço público, em cujo âmago encontra-se também o tempo prestado à Administração indireta. Em consequência, acredita-se que acertou o TCU ao prescrever que, no art. 40, inc. III da CF/1988 (cujo conteúdo semântico é similar aos incisos do art. 6º da EC nº 41/2003 e do art. 3º da EC nº 47/2005), o conceito de "serviço público" deve ser entendido de forma ampla, para abranger também as empresas públicas e sociedades de economia mista.

---

322 BRASIL. Tribunal de Contas da União. Processo TC nº 003.283/2006-7. Acórdão nº 2.636/2008. Plenário. Rel. Min. André Luis de Carvalho, 19.11.2008. *Diário Oficial da União [da] República Federativa do Brasil*, Brasília, 21 nov. 2008.

Em suma, para efeito do inc. III do art. 6º da EC nº 41/2003, do inc. II do art. 3º da EC nº 47/2005 e do inc. III do art. 40 da Constituição, a expressão "tempo de serviço público" contempla tanto os períodos prestados na Administração direta quanto na indireta, pois o constituinte exigiu apenas a prestação do serviço público, sem quaisquer outras condicionantes. É o que deflui também da Orientação Normativa MPS/SPS nº 2, de 31.3.2009:

> Art. 2º Para os efeitos desta Orientação Normativa, considera-se: [...]
>
> VIII - tempo de efetivo exercício no serviço público: o tempo de exercício de cargo, função ou emprego público, ainda que descontínuo, na Administração direta, indireta, autárquica, ou fundacional de qualquer dos entes federativos; [...].[323]

7.4.2 Tempo de serviço público na Administração indireta e o direito de opção pelas regras de transição previstas nas emendas constitucionais nºs 41/2003 e 47/2005

Insta observar, de antemão, que as regras a seguir estudadas já se encontram revogadas, porém, ainda podem ser usufruídas pelos servidores que possuem direito adquirido, com base no art. 3º da EC nº 103/2019, já relatado alhures.

Pois bem. Questão mais delicada que a do tópico anterior é tratar do *caput* do art. 6º da EC nº 41/2003 e do *caput* do art. 3º da EC nº 47/2005. Agora o eixo interpretativo cambia, sem que isso implique contradição. Note-se que o constituinte, nesse caso, exige o tempo de serviço público condicionado e não mais aquele puro, essencial.

Volte-se ao *caput* do art. 6º da EC nº 41/2003 e observe-se que o constituinte determina que "ressalvado o direito de opção à aposentadoria pelas normas estabelecidas pelo art. 40 da Constituição Federal ou pelas regras estabelecidas pelo art. 2º desta Emenda", o servidor poderá aposentar-se pela regra de transição prevista no art. 6º da EC nº 41/2003. Ora, quem tem direito à opção é somente o servidor público filiado ao Regime Próprio de Previdência Social – implica dizer: aquele que presta serviço público à Administração direta, autárquica ou fundacional. Sim, porque o empregado público (ou servidor público *lato sensu*) que exerce sua função na Administração indireta – empresa pública e sociedade de economia mista – sequer tem direito a tal opção, pois forçoso reconhecer que a aposentadoria desse empregado se dá no âmbito do Regime Geral de Previdência Social.

Veja-se a clara condicionante: não basta o exercício de serviço público, é fundamental que o servidor seja originário da Administração direta, autárquica ou fundacional, e, em parte, de cargo público, pois somente assim haverá o direito à opção pela aposentadoria do art. 40 da Carta Magna. Aqueles que estão vinculados ao RGPS, caso dos empregados de empresas públicas e de sociedades de economia mista, não se aposentam com base no citado artigo, por imposição constitucional.

Tem-se, então, que o conceito de serviço público se une à exigência de serviço prestado à Administração direta. Nada de contraditório. Aqui não se exige apenas

---

[323] BRASIL. Ministério da Previdência Social. *Orientação Normativa nº 02, de 31 de março de 2009*. Disponível em: http://sa.previdencia.gov.br/site/2016/06/ORIENTACAONORMATIVASPSn02de31mar2009atualizadaate11jul2014-1-1.pdf. Acesso em: 23 mar. 2020.

a prestação de tempo de serviço público, mas também aquele específico, oriundo da Administração direta. Repita-se, porque somente pode fazer opção pelas regras do art. 40 da CF/1988 quem estava filiado ao RPPS, quem ocupava cargo público efetivo na Administração direta.

Em resumo, entende-se correta a posição adotada pelo TCU, apenas com um senão: no caso do *caput* do art. 6º da EC nº 41/2003, não é o conceito de serviço público que muda, pois este sempre terá um único núcleo essencial. O que ocorre é que o constituinte condicionou a possibilidade de opção à aposentadoria prevista neste comando normativo à exigência de vínculo de serviço público com a Administração direta, autárquica e fundacional. Note-se que o serviço prestado à Administração indireta não deixou de ser serviço público, em essência. No entanto, para este caso, por deliberação do constituinte, foi exigido serviço público especificamente prestado à Administração direta, autárquica e fundacional. Em tempo: o raciocínio desenvolvido calha também para o *caput* do art. 3º da EC nº 47/2005, eis que *ubi eadem est ratio, ibi ide jus*.

Não é demais relembrar que esse posicionamento encontra ressonância também na Orientação Normativa MPS/SPS nº 2/2009:

> Art. 70. Na fixação da data de ingresso no serviço público, para fins de verificação do direito de opção pelas regras de que tratam os arts. 68 e 69, quando o servidor tiver ocupado, sem interrupção, sucessivos cargos na Administração Pública direta, autárquica e fundacional, em qualquer dos entes federativos, será considerada a data da investidura mais remota dentre as ininterruptas.[324]

7.4.3 O conceito de serviço público nas regras estatuídas pela Emenda Constitucional nº 103/2019

A novel emenda constitucional também traz, em diversos dispositivos, requisitos relacionados ao conceito de serviço público. Ei-los:

> Art. 4º O servidor público federal que tenha ingressado no serviço público em cargo efetivo até a data de entrada em vigor desta Emenda Constitucional poderá aposentar-se voluntariamente quando preencher, cumulativamente, os seguintes requisitos:
>
> I - 56 (cinquenta e seis) anos de idade, se mulher, e 61 (sessenta e um) anos de idade, se homem, observado o disposto no §1º;
>
> II - 30 (trinta) anos de contribuição, se mulher, e 35 (trinta e cinco) anos de contribuição, se homem;
>
> III - 20 (vinte) anos de efetivo exercício no serviço público;
>
> IV - 5 (cinco) anos no cargo efetivo em que se der a aposentadoria; e
>
> V - somatório da idade e do tempo de contribuição, incluídas as frações, equivalente a 86 (oitenta e seis) pontos, se mulher, e 96 (noventa e seis) pontos, se homem, observado o disposto nos §§2º e 3º. [...]

---

[324] MINISTÉRIO DA PREVIDÊNCIA E ASSISTÊNCIA SOCIAL. SPS. *Orientação Normativa MPS/SPS nº 2, de 2 de abril de 2009*. Alterada pela Orientação Normativa nº 3, de 4 de maio de 2009. Disponível em: http://www.ageprev.ms.gov.br/wp-content/uploads/2015/02/ORIENTA%C3%87%C3%83O-NORMATIVA-MPS-SPS-N%C2%BA-02-DE-31-DE-MAR%C3%87O-DE-2009.pdf. Acesso em: 16 jun. 2020.

§6º Os proventos das aposentadorias concedidas nos termos do disposto neste artigo corresponderão:

I - à totalidade da remuneração do servidor público no cargo efetivo em que se der a aposentadoria, observado o disposto no §8º, para o servidor público que tenha ingressado no serviço público em cargo efetivo até 31 de dezembro de 2003 e que não tenha feito a opção de que trata o §16 do art. 40 da Constituição Federal, desde que tenha, no mínimo, 62 (sessenta e dois) anos de idade, se mulher, e 65 (sessenta e cinco) anos de idade, se homem, ou, para os titulares do cargo de professor de que trata o §4º, 57 (cinquenta e sete) anos de idade, se mulher, e 60 (sessenta) anos de idade, se homem;

II - ao valor apurado na forma da lei, para o servidor público não contemplado no inciso I.

§7º Os proventos das aposentadorias concedidas nos termos do disposto neste artigo não serão inferiores ao valor a que se refere o §2º do art. 201 da Constituição Federal e serão reajustados:

I - de acordo com o disposto no art. 7º da Emenda Constitucional nº 41, de 19 de dezembro de 2003, se cumpridos os requisitos previstos no inciso I do §6º; ou II - nos termos estabelecidos para o Regime Geral de Previdência Social, na hipótese prevista no inciso II do §6º. [...]

Art. 10. Até que entre em vigor lei federal que discipline os benefícios do regime próprio de previdência social dos servidores da União, aplica-se o disposto neste artigo.

§1º Os servidores públicos federais serão aposentados:

I - voluntariamente, observados, cumulativamente, os seguintes requisitos:

a) 62 (sessenta e dois) anos de idade, se mulher, e 65 (sessenta e cinco) anos de idade, se homem; e

b) 25 (vinte e cinco) anos de contribuição, desde que cumprido o tempo mínimo de 10 (dez) anos de efetivo exercício no serviço público e de 5 (cinco) anos no cargo efetivo em que for concedida a aposentadoria; [...]

Art. 20. O segurado ou o servidor público federal que se tenha filiado ao Regime Geral de Previdência Social ou ingressado no serviço público em cargo efetivo até a data de entrada em vigor desta Emenda Constitucional poderá aposentar-se voluntariamente quando preencher, cumulativamente, os seguintes requisitos:

I - 57 (cinquenta e sete) anos de idade, se mulher, e 60 (sessenta) anos de idade, se homem;

II - 30 (trinta) anos de contribuição, se mulher, e 35 (trinta e cinco) anos de contribuição, se homem;

III - para os servidores públicos, 20 (vinte) anos de efetivo exercício no serviço público e 5 (cinco) anos no cargo efetivo em que se der a aposentadoria;

IV - período adicional de contribuição correspondente ao tempo que, na data de entrada em vigor desta Emenda Constitucional, faltaria para atingir o tempo mínimo de contribuição referido no inciso II. [...]

§2º O valor das aposentadorias concedidas nos termos do disposto neste artigo corresponderá:

I - em relação ao servidor público que tenha ingressado no serviço público em cargo efetivo até 31 de dezembro de 2003 e que não tenha feito a opção de que trata o §16 do art. 40 da Constituição Federal, à totalidade da remuneração no cargo efetivo em que se der a aposentadoria, observado o disposto no §8º do art. 4º; e

II - em relação aos demais servidores públicos e aos segurados do Regime Geral de Previdência Social, ao valor apurado na forma da lei.

§3º O valor das aposentadorias concedidas nos termos do disposto neste artigo não será inferior ao valor a que se refere o §2º do art. 201 da Constituição Federal e será reajustado:

I - de acordo com o disposto no art. 7º da Emenda Constitucional nº 41, de 19 de dezembro de 2003, se cumpridos os requisitos previstos no inciso I do §2º;

II - nos termos estabelecidos para o Regime Geral de Previdência Social, na hipótese prevista no inciso II do §2º.

Passe-se ao exame, utilizando-se a mesma lógica interpretativa já delineada antes. Assim, no art. 4º, o constituinte detalha no *caput* que o "servidor público federal que tenha ingressado no serviço público em cargo efetivo até a data de entrada em vigor desta Emenda Constitucional poderá aposentar-se". Veja-se que o conceito de serviço público está condicionado ao ingresso em "cargo efetivo", por isso, pois, defender-se que tal regra transitória não atende aos empregados públicos federais, eis que não ocupam "cargo público" efetivo.

Por outro lado, quanto ao requisito previsto no inc. III do citado artigo, "20 (vinte) anos de efetivo exercício no serviço público", o termo não está condicionado, mas, ao contrário, refere-se ao instituto de forma genérica. Tal como defendido com relação às emendas nºs 41/2003 e 47/2005, entende-se que para preenchimento desse requisito é possível utilizar-se de tempo prestado à Administração indireta.

Na regra transitória geral do art. 10, o conceito de serviço público aparece nos requisitos, devendo o servidor possuir "tempo mínimo de 10 (dez) anos de efetivo exercício no serviço público". Uma vez mais, o conceito de serviço público não está condicionado, podendo-se utilizar, assim, para tanto, o período referente à Administração indireta.

No texto do art. 20, o conceito de serviço público aparece duas vezes. No *caput*, determina o constituinte que o servidor público que tenha ingressado no "serviço público em cargo efetivo até a data de entrada em vigor desta Emenda Constitucional poderá aposentar-se voluntariamente". Note-se que o conceito de serviço público está condicionado ao ingresso em "cargo efetivo", por isso, pois, defender-se que tal regra transitória não atende aos empregados públicos federais, eis que não ocupam "cargo público" efetivo.

No entanto, nos requisitos previstos no inc. III, o texto determina a necessidade de se ter "20 (vinte) anos de efetivo exercício no serviço público". Aqui, o conceito de serviço público não está condicionado, podendo-se utilizar, assim, para tanto, o período referente à Administração indireta.

Duas conclusões podem ser alcançadas com tal interpretação. Primeira, no sentido de que somente pode valer-se das regras de transição dos arts. 4º e 20 quem já era servidor público efetivo no dia 13.11.2019, data de publicação da EC nº 103/2019. Segunda conclusão – os requisitos para aposentadoria, contidos nos incisos dos arts. 4º, 10 e 20 são abrangentes, incluindo o tempo prestado à Administração indireta.

Questão que merece relevo diz respeito ao fato de tanto o art. 4º quanto o art. 20, no *caput*, disporem sobre servidor público "federal". É possível, pois, conceber que, ao referir-se exclusivamente a servidor público "federal", tais dispositivos somente contemplem quem já era servidor da União na data da emenda?

Noutras palavras: um servidor de outro ente federativo que entrar hoje na União, sem solução de continuidade, será considerado novo servidor para fins de regras de transição, ou poderá fazer a opção permitida pelos citados arts. 4º e 20 da EC nº 103/2019, uma vez que já ocupava cargo público em seu ente de origem?

Evidentemente, a questão comporta temperamentos e poderá chegar aos tribunais. Entrementes, quer-se crer que a menção exclusiva a servidor público "federal", constante dos citados artigos, decorre do fato de a regra de transição ser exclusivamente para a União. Logo, parece inadequado dizer que essa regra que é de "transição", repise-se, possa valer como regra para servidores de outro ente federativo, a ponto de não lhes permitir a opção prevista nos dispositivos.

Tanto assim, que a expressão "tenha ingressado no serviço público", constante dos dispositivos, não faz menção a ser exclusivamente federal. Dessa forma, entende-se que o constituinte fez questão de restringir o primeiro termo "servidor público federal", exatamente em função de essa regra de transição ser somente para os servidores da União.

Deve-se atentar para o fato de que a União vai continuar legislando sobre os RPPS dos outros entes federativos, o que lhes impinge o caráter nacional. Assim, não se pode diferenciar a condição de servidor público titular de cargo efetivo entre tais entes. O que se admite são regras específicas diferentes, mas nunca o conceito geral.

Entende-se, em suma, que se deva dar uma interpretação conforme. O servidor público de outro ente não pode ser prejudicado, em função de não haver previsão legal que lhe acometa na EC nº 103/2019. Em realidade, há que se compreender a situação apenas como um diferimento no tempo do direito a ser aplicado aos outros servidores de outros entes federativos.

Situação análoga a essa ocorreu quando da criação do Funpresp no âmbito da União, oportunidade em que se impunha aos servidores egressos de cargos públicos de outros entes federados – estados, Distrito Federal e municípios – a filiação ao regime previdenciário complementar, não os mantendo no regime próprio de previdência de que já eram filiados, anteriormente ao ingresso no cargo público federal.

Em decisão administrativa, o STF reconheceu o direito dos servidores dos outros entes à manutenção. Em sua argumentação, assinala o Ministro Dias Toffoli:

> Em nenhum de seus 21 parágrafos se indica, de forma veemente, que esses servidores deverão ser tratados diferenciadamente a depender do ente federativo a que se encontrem vinculados [...] Pelo contrário: após indicar, na cabeça do artigo 40, que estava a se referir aos servidores da União, dos estados, do Distrito Federal e dos municípios, o texto constitucional somente volta a se referir aos indivíduos atingidos pela norma como 'servidores públicos', o que permite compreender que em momento algum o legislador pretendeu fazer distinção entre entes da Federação para esse fim.[325]

Nada obstante, por fidelidade intelectual, deve-se salientar que a questão se encontra em repercussão geral no STF, o que, portanto, não chancela, como definitiva, a solução ora proposta. Eis o *decisum*:

> É dotada de repercussão geral a questão constitucional referente à definição do termo ingressado no serviço público, à luz do art. 40, §16 do Texto Constitucional, para fins de

[325] SERVIDORES que migraram de estados para o STF não entram no Funpresp. *Conjur*, 30 nov. 2017. Disponível em: https://www.conjur.com.br/2017-nov-30/servidores-migraram-estados-stf-entram-funpresp. Acesso em: 31 mar. 2020.

definição do alcance temporal do direito de opção do servidor público federal, oriundo de cargo público de outro ente da federação, ao novo regime de previdência complementar.[326]

Conquanto a matéria esteja judicializada e o paradigma constitucional utilizado pelo STF, em sessão administrativa, tenha sido substancialmente alterado, continua-se a defender que o objetivo fulcral dessas regras de transição é respeitar o direito expectado dos servidores titulares de cargo efetivo, vinculados ao RPPS, que mantenham tal condição, sem solução de continuidade, independentemente do ente federado.

Em outra vertente a ser discutida, poder-se-ia questionar se tal permissão de contagem do período prestado à Administração indireta valeria apenas para aquelas entidades pertencentes à área federal, porquanto as normas estatuídas pela EC nº 103/2019 não se aplicam aos demais entes federativos.

No entanto, não se vislumbra critério restritivo nesse caso, motivo pelo qual adota-se o critério abrangente, de modo a permitir o cômputo de tempo prestado à Administração indireta de outro ente, que não a União. O tempo dirá se tal questão será levantada em debate.

Outra questão que se põe é se o servidor público titular de cargo efetivo, porém vinculado ao RGPS, poderia fazer a opção prevista pelos arts. 4º e 20. Noutras palavras, poderia o servidor vinculado ao RGPS aposentar-se pelas regras transitórias desses citados artigos?

O tema é espinhoso. Sim, porque em vários municípios do país a condição do servidor público vinculado ao RGPS decorre da fragilidade desses entes em estabelecer o regime próprio. Evidentemente, ao vincular os servidores ao RGPS, acaba criando-se conflito entre os direitos próprios do servidor público e aqueles típicos dos celetistas abrangidos pelo RGPS.

Há que sobrelevar, ainda, o fato de que a condição de servidor público advém de uma situação estatutária, não decorrente de contrato de trabalho, como nos casos celetistas. A seu turno, a filiação ao RGPS nada tem a ver com a origem da relação do servidor com o estado.

Nada obstante tais ponderações, acredita-se que o servidor vinculado ao RGPS não poderá fazer a opção pelas regras transitórias estatuídas pelos arts. 4º e 20. Explica-se.

Ocorre que, por uma leitura sistemática das normas, observa-se que o art. 3º da EC nº 103/2019, que cuida do direito adquirido dos servidores à legislação previdenciária anterior, portanto diretamente ligada à opção dos citados artigos, separa claramente o servidor público do segurado do RGPS.

A propósito, observem-se as disposições dos §§1º e 2º do citado artigo da EC nº 103/2019:

---

[326] BRASIL. Supremo Tribunal Federal. *RE nº 1.050.597*. Rel. Min. Edson Fachin, 31.10.2019. Disponível em: https://jurisprudencia.stf.jus.br/pages/search/repercussao-geral10942/false. Acesso em: 5 jul. 2020: "Ementa: Regime Previdenciário. Servidor Público. Ingresso no serviço público anterior à instituição de Regime de Previdência Complementar. Mudança para ente da federação diverso em data posterior à instituição. Possibilidade de manutenção do regime anterior. Alcance da expressão: ingressado no serviço público. Artigo 40, §16 da Constituição Federal".

> Art. 3º [...]
>
> §1º Os proventos de aposentadoria devidos ao servidor público a que se refere o caput e as pensões por morte devidas aos seus dependentes serão calculados e reajustados de acordo com a legislação em vigor à época em que foram atendidos os requisitos nela estabelecidos para a concessão desses benefícios.
>
> §2º Os proventos de aposentadoria devidos ao segurado a que se refere o caput e as pensões por morte devidas aos seus dependentes serão apurados de acordo com a legislação em vigor à época em que foram atendidos os requisitos nela estabelecidos para a concessão desses benefícios.[327]

Como se nota, o constituinte separou conceitualmente aqueles vinculados ao regime próprio (§1º), daqueles relacionados ao RGPS (§2º). Assim, ainda que esteja na condição de ocupante de cargo efetivo, o servidor vinculado ao RGPS não poderá fazer a opção pelas regras transitórias, contidas nos arts. 4º e 20 da EC nº 103/2019.

Diga-se, ainda, que a novel redação do art. 40 da Constituição Federal deixa claro que são vinculados ao RPPS os servidores titulares de cargo efetivo, ao passo que, por outro lado, vedou a criação de novos RPPS. Assim, a partir do novo paradigma constitucional, somente podem ser protegidos pelas regras de RPPS aqueles que se encontravam vinculados a esse regime.

Sem dúvida, todavia, outra questão que pode chegar às barras dos tribunais.

7.5 Tempo de contribuição do aposentado

Tendo em vista o caráter contributivo do regime de previdência dos servidores públicos, muito se questiona acerca da possibilidade de o servidor, que já se encontra aposentado, computar o período de inatividade para nova aposentação. Nesse caso, há que se ter em mente que, com o advento da EC nº 41/2003, o constituinte incluiu o caráter solidário da contribuição previdenciária. Assim, o regime de previdência dos servidores deixou de ser eminentemente contributivo para se tornar contributivo e solidário (art. 40 da Constituição Federal). O legislador constituinte derivado veio adotar, *in casu*, nas palavras do eminente Ministro Cezar Peluso, um regime público de solidariedade, estendendo aos servidores públicos inativos o ônus de compartilhar o custeio do sistema previdenciário.

Lê-se, ainda, no voto do Ministro Cezar Peluso:

> Os servidores aposentados antes da edição da EC nº 41/2003 não estão à margem do grupo socioeconômico conexo à finalidade da previdência social; antes, porque sua subsistência pessoal depende diretamente dos benefícios pagos, interessa-lhes sobremodo a manutenção do sistema.
>
> A circunstância de estarem aposentados não lhes retira de *per si* a responsabilidade social pelo custeio, senão que antes a acentua e agrava, à medida que seu tratamento previdenciário é diverso do reservado aos servidores da ativa.[328]

---

[327] BRASIL. [Constituição (1988)]. *Emenda Constitucional nº 103, de 12 de novembro de 2019*. Altera o sistema de previdência social e estabelece regras de transição e disposições transitórias. Disponível em: http://www.planalto.gov.br/ccivil_03/Constituicao/Emendas/Emc/emc103.htm#art1. Acesso em: 23 fev. 2020.

[328] BRASIL. Supremo Tribunal Federal. *ADI nº 3.105-8/DF*. Re. último incidente Min. Cezar Peluso, 18.8.2004. Disponível em: http://portal.stf.jus.br/processos/detalhe.asp?incidente=2192089. Acesso em: 25 mar. 2020.

A contribuição de inativos e pensionistas insere-se, assim, num contexto de participação no custeio do regime, em atenção não apenas ao princípio do equilíbrio financeiro e atuarial, como também ao princípio da solidariedade.

Com efeito, uns e outros contribuem tão somente para manter o sistema, não para conseguir vantagem supostamente advinda da exação, como o aproveitamento do tempo de inatividade, quando houver cobrança de contribuição previdenciária, para nova aposentadoria. Além disso, deve-se levar em conta que a contribuição dos inativos é inferior à dos ativos.

Nessas condições, portanto, o tempo de contribuição do inativo, se utilizado para obtenção de aposentadoria mais vantajosa, traduzir-se-ia em grave ofensa aos princípios do equilíbrio financeiro e atuarial e da solidariedade, tendo em vista que a contribuição dos inativos não se iguala, nem em sua dimensão jurídica, nem em sua expressão monetária, à dos ativos.

Todavia, como na ciência jurídica nada é tão exato que não comporte temperamentos, há que se dizer que, no caso do aposentado por invalidez, o cômputo do tempo de inatividade para nova aposentação apresenta sinais de razoabilidade. Isso, porque a inatividade não é decorrência de um ato volitivo do servidor, ou seja, o aproveitamento do tempo de aposentadoria, nesse caso específico, não se traduziria em ofensa ao ordenamento jurídico, uma vez cessada a doença que causara a inativação.

Nesse sentido, pode-se citar entendimento do Tribunal de Contas do Mato Grosso:

> Como regra geral e nos termos da legislação de cada ente, o tempo em que o servidor esteve aposentado será contado para futura aposentadoria, quando ocorrer o instituto da reversão da aposentadoria por invalidez. Por conseguinte, e considerando o caráter solidário do sistema previdenciário, não é devida a contribuição previdenciária relativa ao período em que o servidor esteve aposentado por invalidez – salvo se a concessão do benefício ocorreu com irregularidades, respondendo quem a ela der causa.[329]

Questão interessante diz respeito, ainda, à possibilidade jurídica de servidor aposentado – cujo registro seja negado pelo Tribunal de Contas, mas que, durante o período em que o processo estava em apreciação naquela Corte, prestou serviço à iniciativa privada – averbar o respectivo tempo, para fins de nova aposentadoria.

Nessa condição, não há como negar o pedido de averbação do servidor, pois houve a prestação de serviço mediante contribuição, porquanto a filiação ao RGPS, no caso, era obrigatória. Além disso, o ato de aposentação do servidor ainda não se havia aperfeiçoado, eis que ausente a chancela definitiva do Tribunal de Contas, o que inviabilizaria a averbação, como alhures salientado. Por outro lado, não se pode falar em concomitância, pois o servidor não estava prestando serviço ao ente público. Assim, não parece haver qualquer óbice a tal averbação. Nesse sentido:

---

329 MATO GROSSO. Tribunal de Contas. *Resolução de Consulta nº 51/2010*. Processo nº 5.558-1/2010. Rel. Conselheiro Humberto Bosaipo. Disponível em: https://www.tce.mt.gov.br/protocolo/decisao/num/55581/ano/2010/num_decisao/51/ano_decisao/2010. Acesso em: 16 jun. 2020: "Instituto de Previdência Social dos Servidores Municipais de Sinop. Consulta. Pessoal. Aposentadoria por invalidez. Reversão. Aproveitamento do Período de inativação para futura aposentadoria. Possibilidade. Não incidência de contribuição previdenciária".

> Aposentadoria especial de professor com tempo de efetivo exercício exclusivamente em função de magistério na educação infantil e no ensino fundamental e médio (art. 40, §5º, da Constituição Federal). Averbação de tempo prestado após a concessão da aposentadoria inicial, considerada ilegal, com consequente suprimento do período faltante para preenchimento do requisito temporal. Possibilidade. Legalidade do ato.[330]

7.6 Tempo de aluno-aprendiz

O aproveitamento de tempo de serviço na condição de aluno-aprendiz não é novidade em processos de concessão de aposentadorias. O respeito a prévias condições é, todavia, necessário, a exemplo da necessidade de tal tempo ter sido prestado em escola pública profissional, de forma não eventual, e desde que o aluno tenha recebido retribuição pecuniária à conta de dotação orçamentária, admitindo-se como retribuição pecuniária o recebimento de uniforme, material escolar ou alimentação.

O tema, entretanto, vem passando por novo debate, em função da alteração de posicionamento adotado pelo Tribunal de Contas da União sobre a matéria.

O entendimento da Corte de Contas federal admitia, inicialmente, o cômputo do tempo de serviço de aluno-aprendiz em escola pública profissional, para fins de aposentadoria, caso restasse comprovada a retribuição pecuniária. Posteriormente, passou-se a exigir, além da remuneração paga ao aluno, à conta do orçamento, o vínculo empregatício.

Atualmente, vigora o posicionamento de que o tempo de serviço como aluno-aprendiz possa ser computado mesmo após a vigência da Lei nº 3.552/1959,[331] desde que respeitados os seguintes condicionantes, estipulados no Acórdão nº 2.024/2005. Ei-los:

> 9.3.1. A emissão de certidão de tempo de serviço de aluno-aprendiz deve estar baseada em documentos que comprovem o labor do então estudante na execução de encomendas recebidas pela escola e deve expressamente mencionar o período trabalhado, bem assim a remuneração percebida;
>
> 9.3.2. A simples percepção de auxílio financeiro ou em bens não é condição suficiente para caracterizar a condição de aluno-aprendiz, uma vez que pode resultar da concessão de bolsas de estudo ou de subsídios diversos concedidos aos alunos;
>
> 9.3.3. As certidões emitidas devem considerar apenas os períodos nos quais os alunos efetivamente laboraram, ou seja, indevido o cômputo do período de férias escolares;
>
> 9.3.4. Não se admite a existência de aluno-aprendiz para as séries iniciais anteriormente à edição da Lei nº 3.552, de 16 de janeiro de 1959, a teor do art. 4º do Decreto-lei nº 8.590, de 8 de janeiro de 1946.[332]

---

330 BRASIL. Tribunal de Contas da União. *Acórdão nº 4.705/2014*. Primeira Câmara. Rel. Min. Bruno Dantas, 2.9.2014. Disponível em: https://pesquisa.apps.tcu.gov.br/#/redireciona/acordao-completo/%22ACORDAO-COMPLETO-1300319%22. Acesso em: 5 jul. 2020.

331 BRASIL. *Lei nº 3.552, de 16 e fevereiro de 1959*. Dispõe sobre nova organização escolar e administrativa dos estabelecimentos de ensino industrial do Ministério da Educação e Cultura, e dá outras providências. Disponível em: http://www.planalto.gov.br/ccivil_03/leis/L3552.htm Acesso em: 16 jun. 2020.

332 BRASIL. Tribunal de Contas da União. *Processo TC nº 016.271/2003-9*. Acórdão nº 2024/2005. Rel. Lincoln Magalhães da Rocha, 23.11.2005. Disponível em: https://pesquisa.apps.tcu.gov.br/#/redireciona/acordao-completo/%22ACORDAO-COMPLETO-29544%22.

Por outro lado, outra corrente defende a possibilidade de cômputo de tempo de serviço prestado como aluno-aprendiz em escola pública profissional, de forma não eventual, desde que tenha recebido retribuição pecuniária à conta de dotação orçamentária, admitindo-se, por igual, como retribuição pecuniária, o recebimento de uniforme, material escolar e alimentação.

Como se nota, o novo posicionamento do TCU não se distingue do mantido anteriormente, quanto à possibilidade de averbação de tempo como aluno-aprendiz, mas, sim, com relação à forma de comprovação, mais restrita, agora, por parte do TCU.

Com a devida vênia, contudo, não se encontram motivos abundantes para a mudança de entendimento por parte do TCU. Note-se que essa Corte alterou seu posicionamento, principalmente, em função do disposto na vetusta Lei nº 3.552/1959, a qual passou a dispor, em seu art. 32, parágrafo único, que a execução de encomendas pelas escolas profissionalizantes, sem prejuízo da aprendizagem sistemática, seria feita pelos alunos, que participariam da remuneração prestada. Por isso, pois, a necessidade, segundo o TCU, de comprovação do labor do estudante, mediante expressa definição do período trabalhado e da remuneração percebida.

Entrementes, antes da vigência da citada lei, as tarefas executadas pelo aluno-aprendiz já englobavam também a execução de encomendas. Destaca-se, de fato, do Decreto-Lei nº 8.590/1946,[333] o art. 2º que dispõe:

> [...] à execução da encomenda precederá a fixação do respectivo preço, mediante orçamento, com a discriminação da matéria prima, da mão de obra, da energia elétrica e dos combustíveis consumidos, bem como a da percentagem relativa às despesas de ordem geral.

Segundo o citado decreto-lei, a renda bruta resultante dos serviços executados seria obrigatoriamente incorporada à receita da União (art. 3º), assim como o orçamento da despesa consignaria, anualmente, uma dotação que seria destinada ao custeio da mão de obra dos alunos.

Nota-se, portanto, que a alteração legislativa foi apenas no que se refere ao trâmite dos recursos auferidos pela execução das encomendas pelos alunos.

Analisando tal mudança legislativa, o Ministério Público Federal, em pronunciamento ministerial no âmbito do STF, ponderou o seguinte:

> [...] Impende proceder ao cotejo dos dois sistemas. Ao fazê-lo, percebo que não houve mudança nas relações entre o aluno-aprendiz e a Escola Técnica.
>
> De fato, apenas foi suprimida parte do trâmite dos recursos auferidos pela execução de encomendas. Antes do advento do referido diploma legal de 1959, o *valore* dessas era incorporado à receita da União e, posteriormente, destinado ao custeio da mão-de-obra dos alunos; depois, parte da verba passou a ser destacada da receita e paga, por antecipação, aos alunos-aprendizes.
>
> A Lei [...] não alterou a natureza dos cursos oferecidos pelas Escolas Técnicas ou os afazeres e responsabilidades dos aprendizes. Logo, se não houve mudança na regência, não há

[333] BRASIL. *Decreto-Lei nº 8.590, de 8 de janeiro de 1946*. Dispõe sôbre a realização de exercícios escolares práticos sob a forma de trabalho industrial nas escolas técnicas e escolas industriais, e dá outras providências. Disponível em: https://legislacao.presidencia.gov.br/atos/?tipo=DEL&numero=8590&ano=1946&ato=8d70TRU9UNrR0T287. Acesso em: 16 jun. 2020.

> razão para que se restrinjam direitos que eram concedidos sob o pálio da legislação que a precedeu.[334]

Dessa forma, não havendo qualquer alteração legislativa, não se vislumbra necessidade de que se altere interpretação há tempo difundida.

Permissa venia, há que resguardar o cidadão da possibilidade de o Estado tornar-se mais austero apenas com base em retórica afastada da razoabilidade.

Destaque-se, por fim, que os requisitos que caracterizam a retribuição pecuniária não podem ser exigidos cumulativamente. Isso, porque o custeio da mão de obra do aluno-aprendiz é justificado pelo objetivo maior de ensino sistemático profissionalizante em prol da própria sociedade, não em função do quesito orçamentário. É dizer: a comprovação do tempo de serviço como aluno-aprendiz pressupõe a despesa governamental na formação profissional, independentemente se fixada na forma de alimentação, vestuário ou material escolar. Utilizados quaisquer desses parâmetros, o objetivo último da política destinada ao aluno-aprendiz estará caracterizado.

De toda sorte, evidentemente, em cada caso deverá ser examinado o item que corresponda à retribuição pecuniária à conta de dotação orçamentária, eis que os itens elencados têm o viés apenas exemplificativo.

Outra questão interessante que merece relevo diz respeito à possibilidade de se computar, como tempo de aluno-aprendiz, o período do antigo curso ginasial. Isso, porque a jurisprudência de nossos tribunais não é uniforme acerca do tema. Ora concordam, ora reprovam tal possibilidade, tendo em vista a existência do entendimento de que somente o curso técnico equivalente ao 2º grau profissionalizante deveria ser computado para fins previdenciários.

Nada obstante, crê-se que, mais importante que o nível de escolaridade, torna-se fundamental, para o cômputo do tempo de aluno-aprendiz, a efetiva comprovação de que houve o vínculo de trabalho e a retribuição pecuniária à conta do Orçamento.

Em reforço ao aduzido, cumpre mencionar que a Turma Nacional de Uniformização dos Juizados Especiais Federais (TNU) uniformizou o entendimento da matéria, no seguinte sentido:

> [...] para fins previdenciários, o cômputo do tempo de serviço prestado como aluno-aprendiz exige a comprovação de que, durante o período de aprendizado, houve simultaneamente: (I) retribuição consubstanciada em prestação pecuniária ou em auxílios materiais; (II) à conta do Orçamento; (III) a título de contraprestação por labor; (IV) na execução de bens e serviços destinados a terceiros.

7.7 Abono de permanência – Evolução histórica

O abono de permanência constitui-se em um estímulo para que os servidores públicos continuem trabalhando, mesmo após cumprirem os requisitos para a aposentadoria. Historicamente, foi em 1821, em decreto régio de Dom João, que se teve a noção do que viria a ser, hoje, chamado de abono:

---

[334] BRASIL. Supremo Tribunal Federal. *Mandado de Segurança nº 27.185*. Rel. Min. Carmen Lúcia. Disponível em: https://jurisprudencia.stf.jus.br/pages/search/sjur174521/false. Acesso em: 16 jun. 2020.

> Dom João, por Graça de Deos e pela Constituição da Monarquia, rei do Reino Unido de Portugal, Brazil e Algarves, d'aquém e d'além-mar, em África & C. Faço saber a todos os meus Súbditos que as Cortes Decretarão o seguinte:
>
> As Cortes Geraes, Extraordinárias e Constituintes da Nação Portugueza, reconhecendo que hum dos meios de promover a Instrucção Publica he contemplar as pessoas que dela são encarregadas, decretarão:
>
> PROFESSORES
>
> 1º Os Professores e Mestres Régios, de hum e outro sexo, de primeiras letras, Grammatica Latina e Grega, Rethorica e Filosofia, que por nespaço de trinta annos contínuos ou interpolados houverem regido louvavelmente, e sem nota, as suas respectivas cadeiras, serão Jubilados com vencimento de todo o seu Ordenado. [...]
>
> 3º Aquelles Professores, Mestres, ou Mestras, que, apezar de compreendidos no artigo 1º, quizerem todavia e poderem continuar no exercício do Magistério, perceberão de mais em cada hum anno a quarta parte de seus respectivos Ordenados.
>
> Paço das Cortes, em 29 de setembro de 1821.[335]

Em tempos atuais, o benefício surgiu, embora de forma diferenciada, com a EC nº 20/1998,[336] a qual concedia isenção da contribuição previdenciária ao servidor que tivesse preenchido as exigências para a aquisição do benefício da aposentadoria integral e que, ainda assim, permanecesse em atividade. Por tratar-se de isenção, não se incluía nos descontos dos vencimentos percebidos pelos servidores a contribuição previdenciária que seria devida. De forma diferente, a EC nº 41/2003 converteu essa isenção em um abono. Com isso, o servidor público passou a contribuir regularmente para a previdência, contudo, passou também a ter direito a um abono, cujo valor é equivalente ao da contribuição, sob responsabilidade do ente federado no qual estiver lotado.

Com base na legislação anterior, o abono de permanência poderia ser requerido pelo servidor público diante de três possibilidades. A primeira dizia respeito ao servidor que implementou os requisitos para concessão de aposentadoria voluntária integral – prevista no art. 40, inc. III, alínea "a", da CF/1988 – a teor do que dispõe o art. 40, §19, na redação da EC nº 41/2003:

> [...] o servidor de que trata este artigo que tenha completado as exigências para aposentadoria voluntária estabelecidas no §1º, III, a, e que opte por permanecer em atividade fará jus a um abono de permanência equivalente ao valor da sua contribuição previdenciária até completar as exigências para aposentadoria compulsória contidas no §1º, II.[337]

Na segunda possibilidade, devia cumprir-se com o disposto na EC nº 41/2003:

---

335 A HISTÓRIA da Previdência. *O Estado*, Fortaleza, 29 jan. 2009. Disponível em: https://www.oestadoce.com.br/nacional/a-historia-da-previdencia. Acesso em: 17 ago. 2009.

336 BRASIL. [Constituição (1988)]. *Emenda Constitucional nº 20, de 15 de dezembro de 1998*. Modifica o sistema de previdência social, estabelece normas de transição e dá outras providências. Disponível em: http://www.planalto.gov.br/ccivil_03/Constituicao/Emendas/Emc/emc20.htm#art1. Acesso em: 23 fev. 2020: "Art. 3º [...] §1º O servidor de que trata este artigo, que tenha completado as exigências para aposentadoria integral e que opte por permanecer em atividade fará jus à isenção da contribuição previdenciária até completar as exigências para aposentadoria contidas no art. 40, §1º, III, 'a', da Constituição Federal".

337 BRASIL. [Constituição (1988)]. *Constituição da República Federativa do Brasil de 1988*. Brasília: Presidência da República, 1988. Disponível em: http://www.planalto.gov.br/ccivil_03/constituicao/constituicao.htm. Acesso em: 29 jan. 2020.

> Art. 2º Observado o disposto no art. 4º da Emenda Constitucional nº 20, de 15 de dezembro de 1998, é assegurado o direito de opção pela aposentadoria voluntária com proventos calculados de acordo com o art. 40, §§3º e 17, da Constituição Federal, àquele que tenha ingressado regularmente em cargo efetivo na Administração Pública direta, autárquica e fundacional, até a data de publicação daquela Emenda, quando o servidor, cumulativamente:
>
> I - tiver cinqüenta e três anos de idade, se homem, e quarenta e oito anos de idade, se mulher;
>
> II - tiver cinco anos de efetivo exercício no cargo em que se der a aposentadoria;
>
> III - contar tempo de contribuição igual, no mínimo, à soma de:
>
> a) trinta e cinco anos, se homem, e trinta anos, se mulher; e
>
> b) um período adicional de contribuição equivalente a vinte por cento do tempo que, na data de publicação daquela Emenda, faltaria para atingir o limite de tempo constante da alínea a deste inciso. [...]
>
> §5º O servidor de que trata este artigo, que tenha completado as exigências para aposentadoria voluntária estabelecidas no caput, e que opte por permanecer em atividade, fará jus a um abono de permanência equivalente ao valor da sua contribuição previdenciária até completar as exigências para aposentadoria compulsória contidas no art. 40, §1º, II, da Constituição Federal.[338]

Finalmente, uma terceira possibilidade apresentava-se, quando o servidor já tinha cumprido os requisitos para a concessão de aposentadoria pelas regras anteriores. Era a regra do direito adquirido, prevista no art. 3º, §1º, da EC nº 41/2003.[339]

Malgrado a concessão do abono, como salientado alhures, tenha previsão expressa em três normas distintas, a doutrina vem, paulatinamente, caracterizando nova possibilidade de concessão do citado benefício.

O Estado do Rio de Janeiro, por exemplo, adota interpretação extensiva para a concessão do abono de permanência, ao incluir, entre as possibilidades, o art. 6º da EC nº 41/2003, conforme explicitado no *Manual de Procedimentos da Coordenação de Administração de Recursos Humanos, in verbis*:

> O abono de permanência é o reembolso da contribuição previdenciária ao servidor que esteja em condição de aposentar-se, mas que optou por continuar em atividade. Foi instituído pela Emenda Constitucional nº 41, de 16.12.2003.
>
> Para fazer jus a concessão do abono de permanência o servidor deverá:
>
> I - Ter completado, nos termos do art. 3º da Emenda Constitucional nº 41, os requisitos para obtenção da Aposentadoria Voluntária constantes na legislação vigente até 31 de dezembro de 2003;
>
> II - Completar, nos termos do art. 2º da Emenda Constitucional no. 41, os requisitos para obtenção da Aposentadoria Voluntária;

---

[338] BRASIL. [Constituição (1988)]. Emenda Constitucional nº 41, de 19 de dezembro de 2003. Modifica os arts. 37, 40, 42, 48, 96, 149 e 201 da Constituição Federal, revoga o inciso IX do §3º do art. 142 da Constituição Federal e dispositivos da Emenda Constitucional nº 20, de 15 de dezembro de 1998, e dá outras providências. *Diário Oficial da União [da] República Federativa do Brasil*, Brasília, 31 dez. 2003.

[339] BRASIL. [Constituição (1988)]. Emenda Constitucional nº 41, de 19 de dezembro de 2003. Modifica os arts. 37, 40, 42, 48, 96, 149 e 201 da Constituição Federal, revoga o inciso IX do §3º do art. 142 da Constituição Federal e dispositivos da Emenda Constitucional nº 20, de 15 de dezembro de 1998, e dá outras providências. *Diário Oficial da União [da] República Federativa do Brasil*, Brasília, 31 dez. 2003: "Art. 3º [...] §1º O servidor de que trata este artigo que opte por permanecer em atividade tendo completado as exigências para aposentadoria voluntária e que conte com, no mínimo, vinte e cinco anos de contribuição, se mulher, ou trinta anos de contribuição, se homem, fará jus a um abono de permanência [...]".

III - Completar, nos termos do art. 40 da CF, os requisitos para obtenção da Aposentadoria Voluntária;

IV - Completar, nos termos do art. 6º da Emenda Constitucional no. 41, combinado com o §19 do art. 40 da Constituição Federal, os requisitos para obtenção da Aposentadoria Voluntária.[340]

Cabe mencionar que essa interpretação extensiva, acerca dos requisitos para obtenção do abono de permanência, só se tornou possível pelo fato de que o citado abono substituiu a isenção de contribuição previdenciária prevista no §1º do art. 3º e no §5º do art. 8º da EC nº 20/1998. Afinal, caso ainda se tratasse de isenção, essa linha interpretativa encontraria óbice no disposto no art. 111 do Código Tributário Nacional.[341] De fato, o benefício previsto anteriormente pela EC nº 20/1998 deixou de ter natureza *tributária* para ganhar forma de remuneração, compondo, inclusive, a base de cálculo para o imposto de renda.

Assim, entende-se que se deva preservar a verdadeira intenção da norma constitucional, que procurou manter em atividade os servidores que poderiam aposentar-se, desonerando, dessa forma, o caixa da Previdência Social. Nesse aspecto, parece oportuno trazer à baila excertos do Processo Administrativo nº PAJM-5653, da Procuradoria-Geral do Estado de São Paulo, que bem elucidam a matéria:

> Impressiona ainda o fato de o constituinte derivado haver estendido o abono de permanência mesmo a favor daquele servidor que só possa aposentar-se voluntariamente pelas regras do corpo permanente da Constituição, ou seja, aquele que, havendo ingressado no serviço público posteriormente à Emenda nº 20/1998, não venha a ser beneficiado por nenhuma das hipóteses estatuídas nas regras transitórias das Emendas nºs 20/1998, 41/2003 e 47/2005. Trata-se de uma sinalização claríssima no sentido acima alinhavado: *o abono é um instrumento importante no combate aos déficits da previdência pública, devendo, por conseguinte, ser amplamente assegurado a fim de despertar no ânimo dos servidores o desinteresse por se aposentarem.* Como o fim almejado é essencialmente econômico-financeiro, seria necessário, para infirmar as conclusões até o momento alcançadas, que se vislumbrasse alguma hipótese em que a aposentadoria fosse preferível ou indiferente aos seus custos para o erário e em que outros motivos de interesse público a recomendassem. *Ora, não me parece que em nenhum dos casos especiais, incluídos os que se subsomem ao art. 3º da EC nº 47/2005, algo assim pode ser reconhecido.*[342]

Também o TCU abordou tal matéria, adotando a mesma trilha (a respeito da possibilidade de inclusão do art. 3º da EC nº 47/2005):

---

340 BRASIL. [Constituição (1988)]. Emenda Constitucional nº 41, de 19 de dezembro de 2003. Modifica os arts. 37, 40, 42, 48, 96, 149 e 201 da Constituição Federal, revoga o inciso IX do §3º do art. 142 da Constituição Federal e dispositivos da Emenda Constitucional nº 20, de 15 de dezembro de 1998, e dá outras providências. *Diário Oficial da União [da] República Federativa do Brasil*, Brasília, 31 dez. 2003.

341 BRASIL. Lei nº 5.172, de 25 de outubro de 1966. Dispõe sobre o Sistema Tributário Nacional e institui normas gerais de direito tributário aplicáveis à União, Estados e Municípios. *Diário Oficial da União [da] República Federativa do Brasil*, Brasília, 27 out. 1966: "Art. 111. Interpreta-se literalmente a legislação tributária que disponha sobre: I - suspensão ou exclusão do crédito tributário; II - outorga de isenção; III - dispensa do cumprimento de obrigações tributárias acessórias".

342 SÃO PAULO. Procuradoria-Geral do Estado. *Processo Administrativo nº PAJM-5653*. Disponível em: http://www.recursoshumanos.sp.gov.br/pareceres/pareceres%20aposentadoria/PA%20-%20115%20-%202007.pdf. Acesso em: 17 jun. 2020.

> 9.1. Conhecer da presente consulta, uma vez preenchidos os requisitos de admissibilidade previstos nos arts. 264 e 265 do Regimento Interno do TCU;
>
> 9.2. Responder ao nobre Presidente do Conselho Superior da Justiça do Trabalho que é lícita a concessão de abono de permanência, de que trata o art. 3º, §1º, da Emenda Constitucional nº 20, de 15 de dezembro de 1998, nas hipóteses em que sejam implementados, por servidores ou magistrados, os requisitos para aposentadoria com base na regra do art. 3º da Emenda Constitucional nº 47, de 05 de julho de 2005, no caso de opção por permanecer em atividade, sendo aplicável ao caso, por analogia, o disposto no art. 86 da Orientação Normativa MPS/SPS nº 2, de 2009;
>
> 9.3. Encaminhar cópia do presente Acórdão, acompanhado do Relatório e da Proposta de Deliberação que o fundamenta, ao Conselho Superior da Justiça do Trabalho; e
>
> 9.4. Arquivar o processo.[343]

7.7.1 Abono de permanência de acordo com a Emenda Constitucional nº 103/2019

A novel emenda constitucional validou a concessão de abono de permanência nas situações anteriormente expostas, tendo em vista o §3º do art. 3º, *verbis*:

> [...] Até que entre em vigor lei federal de que trata o §19 do art. 40 da Constituição Federal, o servidor de que trata o caput que tenha cumprido os requisitos para aposentadoria voluntária com base no disposto na alínea "a" do inciso III do §1º do art. 40 da Constituição Federal, na redação vigente até a data de entrada em vigor desta Emenda Constitucional, no art. 2º, no §1º do art. 3º ou no art. 6º da Emenda Constitucional nº 41, de 19 de dezembro de 2003, ou no art. 3º da Emenda Constitucional nº 47, de 5 de julho de 2005, que optar por permanecer em atividade fará jus a um abono de permanência equivalente ao valor da sua contribuição previdenciária, até completar a idade para aposentadoria compulsória.[344]

A par de tal validação, a EC nº 103/2019 alterou o texto da Constituição Federal, que passou a ter a seguinte redação:

> Art. 40. [...]
>
> §19. Observados critérios a serem estabelecidos em lei do respectivo ente federativo, o servidor titular de cargo efetivo que tenha completado as exigências para a aposentadoria voluntária e que opte por permanecer em atividade poderá fazer jus a um abono de permanência equivalente, no máximo, ao valor da sua contribuição previdenciária, até completar a idade para aposentadoria compulsória.[345]

---

[343] BRASIL. Tribunal de Contas da União. *Processo TC nº 011.665/2012-2*. Acórdão nº 1.482/2012. Plenário. Rel. Min. André Carvalho, 13.6.2012. Disponível em: https://pesquisa.apps.tcu.gov.br/#/redireciona/acordao-completo/%22ACORDAO-COMPLETO-1235552%22. Acesso em: 3 jul. 2020.

[344] BRASIL. [Constituição (1988)]. *Emenda Constitucional nº 103, de 12 de novembro de 2019*. Altera o sistema de previdência social e estabelece regras de transição e disposições transitórias. Disponível em: http://www.planalto.gov.br/ccivil_03/Constituicao/Emendas/Emc/emc103.htm#art1. Acesso em: 23 fev. 2020.

[345] BRASIL. [Constituição (1988)]. *Constituição da República Federativa do Brasil de 1988*. Brasília: Presidência da República, 1988. Disponível em: http://www.planalto.gov.br/ccivil_03/constituicao/constituicao.htm. Acesso em: 29 jan. 2020. Art. 37, inc. II.

Como se nota, portanto, a nova previsão constitucional inovou ao dispor que será uma faculdade do ente, além de deixar de garantir o valor do abono de forma equivalente, o que permitirá, em tese, a extinção pura e simples do abono, ou, ainda, sua redução.

Entrementes, até que entre em vigor a citada lei do ente federativo que cuidará dos critérios para concessão do abono de permanência, a EC nº 103/2019 previu regras transitórias para a percepção do abono, insculpidas em seu art. 8º, a seguir reproduzido:

> Art. 8º Até que entre em vigor lei federal de que trata o §19 do art. 40 da Constituição Federal, o servidor público federal que cumprir as exigências para a concessão da aposentadoria voluntária nos termos do disposto nos arts. 4º, 5º, 20, 21 e 22 e que optar por permanecer em atividade fará jus a um abono de permanência equivalente ao valor da sua contribuição previdenciária, até completar a idade para aposentadoria compulsória.[346]

O art. 4º cuida de regra transitória para aposentadoria do servidor público. O art. 5º, de regra de transição para o policial civil. Os arts. 20 a 22 também cuidam de regras de transição para aposentadoria do servidor público, incluindo aqueles que exercem atividades com efetiva exposição a agentes prejudiciais à saúde ou sejam pessoas com deficiência.

Interessante notar que a possibilidade de concessão de abono de permanência para aposentadorias especiais já havia sido confirmada pelo Supremo Tribunal Federal, em sede de repercussão geral, expedindo a seguinte tese:

> É legítimo o pagamento do abono de permanência previsto no art. 40, §19, da Constituição Federal ao servidor público que opte por permanecer em atividade após o preenchimento dos requisitos para a concessão da aposentadoria voluntária especial (art. 40, §4º, da Carta Magna).[347]

7.7.2 Natureza jurídica do abono de permanência

O valor do abono, na redação anterior à EC nº 103/2019, era equivalente ao valor da contribuição efetivamente descontada do servidor, ou recolhida por este, relativamente a cada competência. Tem natureza jurídica de verba remuneratória, como defendido pelo Superior Tribunal de Justiça no seguinte julgado, em sede de recurso repetitivo:

> 1. Sujeitam-se [à] incidência do Imposto de Renda os rendimentos recebidos a título de abono de permanência a que se referem o §19 do art. 40 da Constituição Federal, o §5º do art. 2º e o §1º do art. 3º da Emenda Constitucional 41/2003, e o art. 7º da Lei 10.887/2004. Não há lei que autorize considerar o abono de permanência como rendimento isento.
>
> 2. Recurso especial provido.[348]

---

346 BRASIL. [Constituição (1988)]. *Emenda Constitucional nº 103, de 12 de novembro de 2019*. Altera o sistema de previdência social e estabelece regras de transição e disposições transitórias. Disponível em: http://www.planalto.gov.br/ccivil_03/Constituicao/Emendas/Emc/emc103.htm#art1. Acesso em: 23 fev. 2020.

347 BRASIL. Supremo Tribunal Federal. *Tema nº 888*. Rel. Min. Teori Zavascki, 15.4.2016. Disponível em: http://www.stf.jus.br/portal/jurisprudenciaRepercussao/verAndamentoProcesso.asp?incidente=4943281&numeroProcesso=954408&classeProcesso=ARE&numeroTema=888. Acesso em: 17 jun. 2020: "Direito de servidores públicos abrangidos pela aposentadoria especial ao abono de permanência".

348 BRASIL. Superior Tribunal de Justiça. *Recurso Especial nº 1.192.556/PE*. Primeira Seção. Rel. Min. Mauro Campbell Marques, 25.8.2010. Disponível em: https://ww2.stj.jus.br/processo/revista/documento/mediado/?componente=ITA&sequencial=999570&num_registro=2. Acesso em: 17 jun. 2010.

Nada obstante a decisão definitiva do STJ, calha salientar que os casos examinados por essa Corte Superior se deram sob o prisma tributário. Nesse sentido, vejam-se alguns julgados paradigmas:

> 1. Os embargos declaratórios somente são cabíveis para modificar o julgado que se apresentar omisso, contraditório ou obscuro, bem como para sanar possível erro material, se existente na decisão.
>
> 2. Discute-se nos autos a natureza jurídica, para fins de incidência de imposto de renda, da verba denominada abono de permanência cabível ao servidor que, completado as exigências para aposentadoria voluntária, opte por permanecer em atividade.
>
> 3. Procede a afirmação dos embargantes acerca da existência de erro material, já que o agravo regimental foi interposto pelos ora Embargantes, e não pelo Estado de Pernambuco.
>
> 4. No caso dos autos, os embargantes, inconformados, buscam, com a oposição destes embargos declaratórios, ver reexaminada e decidida a controvérsia de acordo com sua tese. Não há omissão, contradição ou obscuridade a ser sanada no acórdão embargado, que examinou o que ora é alegado.
>
> 5. O abono de permanência possui natureza remuneratória por conferir acréscimo patrimonial ao beneficiário, e configura fato gerador do imposto de renda, nos termos do art. 43 do Código Tributário Nacional.[349]

No mesmo sentido:

> 1. Sujeitam-se incidência do Imposto de Renda os rendimentos recebidos a título de abono de permanência a que se referem o §19 do art. 40 da Constituição Federal, o §5º do art. 2º e o §1º do art. 3º da Emenda Constitucional 41/2003, e o art. 7º da Lei 10.887/2004. Não há lei que autorize considerar o abono de permanência como rendimento isento.
>
> 2. Recurso especial provido.[350]

Note-se que, ao discutir a natureza jurídica do abono de permanência, o Superior Tribunal de Justiça, em sede de recursos repetitivos (*v.g.* EDcl no REsp nº 1.192.556/PE), deixou assentado o seu caráter remuneratório. Por outro lado, vige entendimento no sentido de que para fins de limite remuneratório essa verba não se inclui na apuração (Resolução nº 14/2006/CNJ, art. 3º).

A partir desses precedentes, surgiram novas situações em que se decidiu pela inclusão do valor do abono na base de cálculo de outras verbas remuneratórias. Por exemplo, na conversão em pecúnia da licença-prêmio não gozada.

Vejam-se, a seguir, diversos julgados do STJ nesse sentido:

> ADMINISTRATIVO. SERVIDOR PÚBLICO. EMBARGOS À EXECUÇÃO DE SENTENÇA. LICENÇA-PRÊMIO NÃO GOZADA. CONVERSÃO EM PECÚNIA CONCEDIDA NO TÍTULO JUDICIAL. BASE DE CÁLCULO. REMUNERAÇÃO. INCLUSÃO DO ABONO DE PERMANÊNCIA. [...]. 4. O abono de permanência é indubitavelmente vantagem pecuniária permanente, pois essa contraprestação se incorpora ao patrimônio jurídico do servidor

[349] BRASIL. Superior Tribunal de Justiça. *EDcl no AgRg no Agravo de Instrumento nº 1.203.675-PE*. Segunda Turma. Rel. Min. Humberto Martins, 14.12.2010. Disponível em: www.stj.gov.br. Acesso em: 5 jul. 2020.

[350] BRASIL. Superior Tribunal de Justiça. *Recurso Especial nº 1.192.556/PE*. Primeira Seção. Rel. Min. Mauro Campbell Marques, 25.8.2010. Disponível em: https://ww2.stj.jus.br/processo/revista/documento/mediado/?componente=ITA&sequencial=999570&num_registro=2. Acesso em: 17 jun. 2010.

de forma irreversível ao ocorrer a reunião das condições para a aposentadoria, associada à continuidade do labor. Não é, portanto, possível atribuir eventualidade ao pagamento da citada vantagem, pois somente com o implemento da aposentadoria ela cessará. 5. O STJ, sob o regime do art. 543-C do CPC e da Resolução STJ 8/2008, já se manifestou sobre a natureza jurídica do abono de permanência para fins tributários, de forma a assentar o seu caráter remuneratório. A propósito: EDcl no REsp 1.192.556/PE, Rel. Ministro Mauro Campbell Marques, Primeira Seção, DJe 17.11.2010. *6. "Por ser uma vantagem pecuniária não eventual e componente da remuneração do servidor, o abono de permanência deve compor a base de cálculo da licença-prêmio indenizada."*[351]

ADMINISTRATIVO. SERVIDOR PÚBLICO. EXECUÇÃO DE SENTENÇA. LICENÇA-PRÊMIO NÃO GOZADA. CONVERSÃO EM PECÚNIA CONCEDIDA NO TÍTULO JUDICIAL. BASE DE CÁLCULO. REMUNERAÇÃO (REDAÇÃO ORIGINAL DO ART. 87 DA LEI 8.112/1990). *INCLUSÃO DO ABONO DE PERMANÊNCIA. NATUREZA REMUNERATÓRIA. INCIDÊNCIA.* [...] 7. O abono de permanência é indubitavelmente uma vantagem pecuniária permanente, pois essa contraprestação se incorpora ao patrimônio jurídico do servidor de forma irreversível ao ocorrer a reunião das condições para a aposentadoria, associada à continuidade do labor. Não é, portanto, possível atribuir eventualidade ao pagamento da citada vantagem, pois somente com o implemento da aposentadoria ela cessará. 8. O STJ, sob o regime do art. 543-C do CPC e da Resolução STJ 8/2008, já se manifestou sobre a natureza jurídica do abono de permanência para fins tributários, de forma a assentar o seu caráter remuneratório. A propósito: EDcl no REsp 1.192.556/PE, Rel. Ministro Mauro Campbell Marques, Primeira Seção, DJe 17.11.2010). 9. Assim, considerando que a base de cálculo da licença-prêmio é a remuneração do servidor e que o abono de permanência tem caráter remuneratório, não merece reparo o acórdão recorrido. 10. Recurso Especial não provido.[352]

ADMINISTRATIVO. SERVIDOR PÚBLICO. LICENÇA-PRÊMIO NÃO GOZADA. CONVERSÃO EM PECÚNIA CONCEDIDA NO TÍTULO JUDICIAL. *BASE DE CÁLCULO. REMUNERAÇÃO. INCLUSÃO DO ABONO DE PERMANÊNCIA.* 4. O abono de permanência é indubitavelmente vantagem pecuniária permanente, pois essa contraprestação se incorpora ao patrimônio jurídico do servidor de forma irreversível ao ocorrer a reunião das condições para a aposentadoria, associada à continuidade do labor. Não é, portanto, possível atribuir eventualidade ao pagamento da citada vantagem, pois somente com o implemento da aposentadoria ela cessará. 5. O STJ, sob o regime do art. 543-C do CPC e da Resolução STJ 8/2008, já se manifestou sobre a natureza jurídica do abono de permanência para fins tributários, de forma a assentar o seu caráter remuneratório. A propósito: EDcl no Respe 1.192.556/PE, Rel. Ministro Mauro Campbell Marques, Primeira Seção, DJe 17.11.2010. *6. "Por ser uma vantagem pecuniária não eventual e componente da remuneração do servidor, o abono de permanência deve compor a base de cálculo da licença-prêmio indenizada".*[353]

Insta assinalar que o Supremo Tribunal Federal – STF, em sintonia com decisões do próprio STJ, firmou entendimento no sentido de negar seguimento a recursos

[351] BRASIL. STJ. REsp nº 1.640.841/RS 2016/0310536-4. Segunda Turma. Rel. Min. Herman Benjamin, j. 6.4.2017. *DJe*, 27 abr. 2017.

[352] BRASIL. STJ. REsp nº 1.607.588/RS 2016/0158355-0. Segunda Turma. Rel. Min. Herman Benjamin, j. 23.8.2016. *DJe*, 13 set. 2016.

[353] BRASIL. STJ. REsp nº 1.795.795/PR 2019/0031959-9. Segunda Turma. Rel. Min. Herman Benjamin, j. 17.9.2019. *DJe*, 11 out. 2019.

extraordinários interpostos em face de julgados que concluíram pela incidência do imposto de renda sobre valores recebidos a título de abono de permanência:

> AGRAVO REGIMENTAL EM RECURSO EXTRAORDINÁRIO. TRIBUTÁRIO. INCIDÊNCIA DE IMPOSTO DE RENDA SOBRE O TERÇO DE FÉRIAS. NATUREZA JURÍDICA DA VERBA TRABALHISTA. OFENSA INDIRETA. LEGISLAÇÃO INFRACONSTITUCIONAL. PRECEDENTES. AGRAVO IMPROVIDO.
>
> I – A jurisprudência do STF está firmada no sentido de que a discussão a respeito do caráter indenizatório ou não de verba, para fins de incidência de imposto de renda, situa-se em âmbito infraconstitucional.
>
> II – Agravo regimental improvido.[354]

> AGRAVO REGIMENTAL EM AGRAVO DE INSTRUMENTO. TRIBUTÁRIO. NATUREZA JURÍDICA DE VERBAS RESCISÓRIAS PARA FINS DE INCIDÊNCIA DE IMPOSTO DE RENDA. QUESTÃO RESTRITA AO ÂMBITO INFRACONSTITUCIONAL.
>
> 1. O Plenário virtual do Supremo Tribunal Federal, ao apreciar o AI 705.941, da relatoria do ministro Cezar Peluso, firmou o entendimento de que a definição da natureza jurídica de verbas rescisórias (se indenizatória ou salarial), para fins de incidência de Imposto de Renda, não transborda os limites do âmbito infraconstitucional. Pelo que afronta ao Magno Texto, se existente, ocorreria de modo reflexo ou indireto.
>
> 2. Agravo regimental desprovido.[355]

Note-se que, ao negar seguimento a recursos extraordinários, admitiu-se que o exame empreendido pelo STJ não alcançou a dimensão constitucional do instituto do abono de permanência, tendo se adstrito ao aspecto tributário, e especificamente para fins de imposto de renda.

A questão, portanto, comporta outras vertentes. Uma delas diz respeito à discussão acerca da natureza jurídica do abono de permanência sob o prisma da classificação de despesa com pessoal prevista na Lei de Responsabilidade Fiscal, oportunidade em que ganha outros contornos. Explica-se.

A natureza do abono de permanência em relação à classificação de despesa com pessoal da LRF deve se dar considerando os bordos daquela lei especial, e não a partir de análise extrínseca do instituto sob o viés exclusivo de incidência de tributos, cuja regulação se dá por normativos diversos.

Nesse sentido, deve-se levar em consideração a interpretação adotada em várias decisões de diversos Tribunais de Contas pátrios que consideram, para efeito do art. 18 da LRF,[356] o abono de permanência como de natureza indenizatória.

---

[354] BRASIL. Supremo Tribunal Federal. *Recurso Extraordinário nº 609.701*. Primeira Turma. Rel. Min. Ricardo Lewandowski, 19.10.2010. Disponível em: https://jurisprudencia.stf.jus.br/pages/search/sjur184361/false. Acesso em: 5 jul. 2020.

[355] BRASIL. Supremo Tribunal Federal. *AI nº 767.477*. Primeira Turma. Rel. Min. Ayres Britto, 3.8.2010. Disponível em: https://jurisprudencia.stf.jus.br/pages/search/sjur182020/false. Acesso em: 17 jun. 2020.

[356] BRASIL. *Lei Complementar nº 101, de 4 de maio de 2000*. Estabelece normas de finanças públicas voltadas para a responsabilidade na gestão fiscal e dá outras providências. Disponível em: http://www.planalto.gov.br/ccivil_03/leis/lcp/lcp101.htm. Acesso em: 17 jun. 2020: "Art. 18. Para os efeitos desta Lei Complementar, entende-se como despesa total com pessoal: o somatório dos gastos do ente da Federação com os ativos, os inativos e os pensionistas, relativos a mandatos eletivos, cargos, funções ou empregos, civis, militares e de membros de Poder, com quaisquer espécies remuneratórias, tais como vencimentos e vantagens, fixas e variáveis, subsídios, proventos da aposentadoria, reformas e pensões, inclusive adicionais, gratificações, horas extras e vantagens

Eis as decisões de que se fala:

[...] o abono de permanência, [...] tendo em vista buscar incentivar o servidor a não requerer sua aposentadoria, objetiva indenizá-lo pelas despesas que continuaria a ter, permanecendo em atividade, das quais se liberaria se solicitasse a aposentadoria. Por tal motivo, a despesa com o abono em foco não apresentaria nem cunho remuneratório e nem previdenciário, possuindo natureza indenizatória. Destarte, não poderia ser custeada à conta dos recursos alocados ao RPPS, e não seria considerada como despesa com pessoal a que se refere o art. 18 da Lei de Responsabilidade Fiscal – LRF, a teor do contido na Informação nº 049/2002 (subitens 2.2.1 a 2.2.4).[357]

No Tribunal de Contas do Ceará:

[...] a) O Abono de Permanência previsto na EC nº 41/2003 (CF/88), por não ter natureza remuneratória nos termos do art. 18, caput, da LRF, não deve ser incluído no cômputo das despesas com pessoal para fins de cumprimento dos limites de gastos com pessoal da Lei de Responsabilidade Fiscal; [...].[358]

No Tribunal de Contas da Bahia:

[...] As verbas pagas a título de abono pecuniário de férias (conversão de 1/3 das férias em pecúnia), abono de permanência, indenização de férias e licenças-prêmio não gozadas deverão ser excluídas do cômputo da despesa total com pessoal para efeito da apuração dos limites fixados nos artigos 19 e 20 da Lei de Responsabilidade Fiscal nº 101/2000.[359]

No Tribunal de Contas do Mato Grosso:

[...] o abono de permanência possui natureza compensatória e indenizatória; consequentemente, as despesas incorridas a este título não devem ser incluídas no cômputo da despesa total com pessoal, prevista no art. 18, da LRF.[360]

No Tribunal de Contas de Santa Catarina:

[...] 5. O abono de permanência, por não ter caráter remuneratório, nos termos do art. 18, caput, da Lei Complementar nº 101/00 – Lei de Responsabilidade Fiscal, não deve ser computado como despesa de pessoal para fins de limite de gastos com pessoal.[361]

No Tribunal de Contas de Pernambuco:

[...] I - O artigo 18 da Lei de Responsabilidade Fiscal estabelece que sejam computadas nos gastos totais com pessoal todas as espécies remuneratórias; II - Esta Corte de Contas fixou

---

pessoais de qualquer natureza, bem como encargos sociais e contribuições recolhidas pelo ente às entidades de previdência".

357 RIO GRANDE DO SUL. Tribunal de Contas do Estado. *Processo nº 003889-02.00/04-9*. Consulta. 21.7.2004.

358 CEARÁ. Tribunal de Contas do Estado. *Processo nº 03875/2007-4*. Resolução nº 2.582/2009. Pleno, 28.12.2009.

359 BAHIA. Tribunal de Contas do Estado. *Resolução nº 31, de 28 de abril de 2016*.

360 MATO GROSSO. Tribunal de Contas do Estado. *Resolução nº 27, de 18 de novembro de 2016 - TP*.

361 SANTA CATARINA. Tribunal de Contas do Estado. *Decisão nº 893/2017*. Consulta de 6.12.2017.

entendimento, por meio do Acórdão TC nº 1344/2014, de que as verbas indenizatórias não integram a base de cálculo da despesa total com pessoal; III - Os valores pagos pela Administração a título de conversão de licenças prêmio em pecúnia, ao abono de permanência no serviço e ao terço constitucional de férias possuem natureza indenizatória, pelo que não deverão ser consideradas na apuração da despesa total com pessoal tratada no artigo 18 da LRF.[362]

Note-se que as orientações dos Tribunais de Contas a respeito da matéria são inquestionáveis. A propósito, colhe-se da nota técnica da Secretaria do Tesouro Nacional:

> [...] entendemos que quando o inciso II do art. 3º da Lei Complementar nº 159/17 fez referência às "despesas líquidas com pessoal, apuradas na forma do art. 18 da Lei Complementar nº 101, de 4 de maio de 2000" o legislador escolheu como referência os mesmos demonstrativos que o Estado utiliza para a verificação do cumprimento do limite das despesas com pessoal do art. 169 da Constituição Federal, os quais precisam seguir as orientações dos Tribunais de Contas dos estados.[363]

Tais considerações demonstram, pois, o caráter dicotômico *sui generis* do abono de permanência.

Apesar de, realmente, não ser possível quantificar precisamente o custo da privação voluntária do direito à aposentadoria, como facilmente se faz quando da conversão de um terço das férias em abono pecuniário, o constituinte definiu uma recompensa ao servidor que faz uso da faculdade do art. 40, parágrafo §19, da Constituição Federal, no valor da sua contribuição previdenciária. Daí, surgir a ideia de que o abono de permanência é acréscimo remuneratório, a ponto de sobre ele incidir o imposto de renda. Fato é que o pleno desfrute dos direitos a férias ou à aposentadoria se esvai, de maneira definitiva, a cada período não gozado ou na atividade, de modo que os valores recebidos a título de abonos pecuniário e de permanência se prestam, igualmente, a recompor danos, como típicas indenizações.

Somando-se a esse raciocínio, transcreve-se recorte de estudo publicado na Revista do Tribunal de Contas de Minas Gerais (TCE-MG), acerca da natureza jurídica do abono de permanência:

> Embora proporcione acréscimo patrimonial, o abono de permanência não possui natureza remuneratória, como se pode, numa primeira impressão, imaginar. Constitui-se, por outro lado, em verba indenizatória, que não se funda, como é corrente, em ressarcimento de despesas pelo exercício do cargo ou função. A sua natureza indenizatória tem origem diversa, revelada em seu propósito de compensar o não exercício de um direito, qual seja, a aposentadoria. [...] Outrossim, se o servidor deixa de exercer o direito de aposentar-se para continuar em atividade, traz economia ao Estado e deve, por isso, em contrapartida, ser indenizado por meio do abono permanência.[364]

---

[362] PERNAMBUCO. Tribunal de Contas do Estado. *Consulta de 18 de abril de 2018.*

[363] MINISTÉRIO DA FAZENDA. Secretaria do Tesouro Nacional. COREM/SURIN/STN. *SEI nº 9/2017.*

[364] BRASIL. *Revista do TCE-MG*, ano XXVII, v. 72, n. 3, jul./set. 2009.

Outra consideração ainda pode ser feita, a favor da natureza indenizatória do abono de permanência, notadamente, levando-se em conta o teto remuneratório previsto na Constituição Federal. Veja-se.

Como se sabe, a fixação do teto remuneratório é consentânea com o controle dos gastos com pessoal, controle esse que é um dos pilares da Lei de Responsabilidade Fiscal, evidenciando a conexão de ambos os temas.

Não se pode obliterar que a jurisprudência do Supremo Tribunal Federal se firmou no sentido de que a análise da natureza do abono de permanência, para fins de submissão ao teto remuneratório, é de índole infraconstitucional, motivo pelo qual não se tem uma decisão da Corte Suprema sobre a *questio*.

A esse respeito:

> 1. A discussão acerca da natureza jurídica de verbas percebidas por servidores públicos civis ou militares se insere no âmbito infraconstitucional. Precedentes. 2. Agravo regimental a que se nega provimento.[365]

> 1. A discussão relativa à natureza de verbas percebidas por servidores públicos para fins de incidência do teto remuneratório não prescinde da análise da legislação infraconstitucional pertinente, o que não se mostra cabível em sede de recurso extraordinário. 2. Agravo regimental não provido. 3. Inaplicável o art. 85, §11, do CPC, haja vista tratar-se, na origem, de mandado de segurança (art. 25 da Lei 12.016/09).[366]

Apesar disso, o Conselho Nacional de Justiça – CNJ, por intermédio da Resolução nº 13/2006, normatizou a exclusão do abono de permanência do abate-teto constitucional, nestes termos:

> Art. 8º Ficam excluídas da incidência do teto remuneratório constitucional as seguintes verbas: [...]
> IV - abono de permanência em serviço, no mesmo valor da contribuição previdenciária, conforme previsto no art. 40, §19, da Constituição Federal, incluído pela Emenda Constitucional nº 41, de 31 de dezembro de 2003.[367]

Semelhantemente, o Conselho Nacional do Ministério Público – CNMP, por meio da Resolução nº 9/2006, retirou do teto remuneratório o valor referente ao abono permanência.

---

365 BRASIL. Supremo Tribunal Federal. *ARE nº 788.524/SP-AgR*. Primeira Turma. Rel. Min. Roberto Barroso, 12.8.2014. Disponível em: https://jurisprudencia.stf.jus.br/pages/search/sjur274022/false. Acesso em: 17 jun. 2020: "Direito Administrativo. Agravo Regimental em Recurso Extraordinário com Agravo. Servidor público. Agente Fiscal de rendas aposentado. Teto remuneratório. Não incidência. Licença prêmio não usufruída. Natureza indenizatória. Matéria infraconstitucional. Precedentes".

366 BRASIL. Supremo Tribunal Federal. *AgR. no RE nº 758.345/SE*. Segunda Turma. Rel. Min. Dias Toffoli, 2.6.2017. Disponível em: https://jurisprudencia.stf.jus.br/pages/search/despacho759731/false. Acesso em: 17 jun. 2020: "Agravo Regimental no Recurso Extraordinário. Servidor Público. Abono de permanência. Natureza indenizatória da Verba. Discussão de índole infraconstitucional. Precedentes".

367 BRASIL. Conselho Nacional de Justiça. Resolução nº 13 de 21 março de 2006. Dispõe sobre a aplicação do teto remuneratório constitucional e do subsídio mensal dos membros da magistratura *DJ*, n. 62, p. 145, 30 mar. 2006. Disponível em: https://atos.cnj.jus.br/atos/detalhar/atos-normativos?documento=177. Acesso em: 5 jul. 2020.

Ora, se a Constituição somente admite exceção ao teto remuneratório para as parcelas de caráter indenizatório, a teor do art. 37, §11, da Lei Maior, os regulamentos do CNJ e do CNMP também apontam para a natureza indenizatória do abono de permanência, ao afastarem a incidência do abate-teto sobre essas despesas.

Afinal, seria contrassenso taxar de remuneratória uma parcela que não se submete ao teto remuneratório. Ainda, dizer que o abono de permanência é verba remuneratória e, ao mesmo tempo, afastar a incidência do abate-teto sobre ele equivaleria a autorizar pagamentos de remuneração 11% (onze por cento) superiores ao teto constitucional, fora da regra do art. 37, §11, da Constituição, situação que se mostra desarrazoada.

Desse modo, a par da natureza jurídica remuneratória, decidida pelo STJ, tendo em vista o caráter tributário, sob o viés da LRF ou mesmo levando-se em conta o teto remuneratório previsto na Constituição Federal, pode-se-lhe atribuir, também, a natureza jurídica de parcela indenizatória.

Mais uma faceta pode ser levantada no que diz respeito à natureza jurídica do abono de permanência, no que concerne à incidência de Imposto de Renda.

Como parcela remuneratória, a incidência é clara. Como indenizatória, não caberia a tributação. Todavia, outra hipótese ainda se levanta.

Conforme salientado alhures, o STF não se debruça sobre tal caracterização, tendo em vista a natureza infraconstitucional. Entrementes, deve-se levar em consideração que o dispositivo constitucional insculpido no art. 40, §19, determina que o servidor que permanecer em atividade "poderá fazer jus a um abono de permanência *equivalente*, no máximo, ao valor da sua contribuição previdenciária".[368]

Ora, se é equivalente, de supor que o tratamento a ser dado ao abono de permanência seja o mesmo dado à contribuição previdenciária.

Em consequência, sendo dedutível da base de cálculo do IRPF a contribuição para a Previdência Social da União, dos estados, do Distrito Federal e dos municípios, idêntico tratamento deverá ser dispensado à sua verba equivalente (o abono de permanência), sob pena de se quebrar irremediavelmente a equivalência.

Nesse sentido, observe-se excerto de lapidar ensinamento do Desembargador Catão Alves, do Tribunal Regional Federal da 1ª Região:

> A isenção, quiçá "imunidade", do IRRF sobre o "abono de permanência" decorre da própria disposição constitucional que o criou como compensação e incentivo à não aposentação com a qualificadora "equivalente". Se a "contribuição previdenciária", por sua definição legal, não só não é tributável como é, ainda, parcela dedutível do IR, o pagamento se realiza por mera operação contábil; a saber: entra como "abono" e sai como "contribuição previdenciária" em absoluta condição de compensação em números absolutos, ou seja, pelo seu valor bruto, dado que não caberá distinguir onde não o fez a Lei Maior, tanto menos de modo contrário à "*mens legis*" e aos aspectos lógico-jurídicos das palavras constitucionais.
> 5 - A "compensação" entre o "abono de permanência" e a "contribuição previdenciária", contida na expressão constitucional de "equivalente", obrigatoriamente afasta, já pela equiparação da mesma natureza jurídica, qualquer redução do valor nominal do abono

---

[368] BRASIL. [Constituição (1988)]. *Constituição da República Federativa do Brasil de 1988*. Brasília: Presidência da República, 1988. Disponível em: http://www.planalto.gov.br/ccivil_03/constituicao/constituicao.htm. Acesso em: 29 jan. 2020.

pela incidência do IR, porque, a ser assim, o valor "líquido" desse abono jamais será, ou seria, "equivalente" à contribuição previdenciária (como o define a CF/88). 6 - A imposição tributária somente pode ocorrer em razão de lei, não sendo possível sua exigência por mero Ato Declaratório dito "Interpretativo" (ADI/SRF nº 24/2004), cuja função primeira, apenas de esclarecer, foi alçada à de, "regulamentando a Constituição", determinar, em afronta à CF/88 e à Lei nº 10.887/2004, a incidência do IRRF sobre o abono de permanência. 7 - As garantias e direitos individuais consagrados na Constituição Federal, entre esses inserido o "abono de permanência", no nível de direito individual constitucional, devem ser interpretados, como o ditam a doutrina e vasta jurisprudência do STF, com a largueza do ideário constitucional.[369]

Por meio do Acórdão nº 2.126/2018- Plenário, como já salientado, o que garante ao servidor o direito à percepção do abono de permanência é a completação dos requisitos para a aposentadoria. Assim, para sua concessão, basta a exteriorização da vontade do servidor.

De fato, a regra deve ser de que a concessão do abono de permanência não pode ser deferida de ofício, porquanto o pressuposto para tal é a completação de tempo para aposentadoria voluntária, conforme regulado pela ON nº 2/2009-MPS.

Noutras palavras, se a aposentadoria é voluntária, em contrapartida, somente se concederá o abono de permanência por ato volitivo do servidor. Caso contrário, crê-se que haveria um descompasso entre direitos umbilicalmente ligados. É dizer: se a aposentadoria depende de um ato de vontade do servidor, não pode a concessão do abono de permanência, ligada a essa não opção pela aposentadoria, ser de ofício.

Interessante notar decisão do Supremo Tribunal Federal, quando do julgamento da ADI nº 5.026/AL, que, a princípio, pode causar certa confusão, no que diz respeito à possibilidade de concessão de ofício do abono de permanência. De fato, colhe-se do voto da Ministra Rosa Weber:

> [...] No caso em exame, a legislação do Estado de Alagoas estabelece que o pagamento do abono de permanência será devido apenas a partir do mês subsequente ao do requerimento. Isso significa que o servidor, após o implemento dos requisitos para o gozo do abono, pode permanecer sem usufrui-lo caso protocole o requerimento posteriormente à data em [que] reúna todas as condições legais. [...]
>
> *À luz da Carta Magna, o abono de permanência deve ser concedido uma vez preenchidos os seus requisitos, sem necessidade de formulação de requerimento ou outra exigência não prevista constitucionalmente.* [...]
>
> Assim, após iniciada a relação previdenciária e cumpridas as condições para o gozo da aposentadoria, o servidor que decida continuar a exercer as atividades laborais tem direito atual, adquirido, ao aludido abono sem qualquer tipo de exigência adicional.
>
> Esse é o entendimento predominante nesta Casa. Colho os seguintes precedentes, os quais integram a justificação deste voto: "DIREITO ADMINISTRATIVO. AGRAVO INTERNO EM RECURSO EXTRAORDINÁRIO. SERVIDOR PÚBLICO. ABONO DE PERMANÊNCIA. EXIGÊNCIA DE REQUERIMENTO ADMINISTRATIVO. DESNECESSIDADE. 1. A jurisprudência do Supremo Tribunal Federal concluiu que, uma vez preenchidos os requisitos

[369] BRASIL. Tribunal Regional Federal da 1ª Região. AC nº 0033968-26.2009.4.01.3400/DF. Sétima Turma. Rel. Des. Federal Catão Alves. Rel. p/ Acordão Des. Fed. Luciano Tolentino Amaral. *E-DJF1*, 2 abr. 2013. p. 1072.

para o recebimento do abono de permanência, esse direito não pode estar condicionado a outra exigência 2. Agravo interno a que se nega provimento".[370]

À primeira vista, portanto, segundo a parte destacada no trecho colacionado, a Corte Suprema estaria em desacordo com o que aqui se defende. Entretanto, há que colocar a discussão em seu devido patamar. Na situação discutida pelo STF, questionava-se a Lei alagoana nº 7.114/2009, em cujo art. 89, §1º, dispunha que "o pagamento do Abono de Permanência será devido *a partir do mês subsequente ao que for requerido*". Efetivamente, foi contra tal condição que se voltou o STF, porque, realmente, não há que esperar o mês subsequente para a concessão do abono, uma vez que tal óbice não tem guarida constitucional.

Todavia, isso não quer dizer que o STF tenha decidido, quer-se crer, que se possa conceder o abono de permanência sem o pedido do servidor. O seguinte trecho da ementa da citada ADI nº 5.026/AL confirma a explicação:

> [...] 2. O abono de permanência deve ser concedido uma vez preenchidos os seus requisitos, sem necessidade de formulação de requerimento ou outra exigência não prevista constitucionalmente. A jurisprudência desta Suprema Corte tem afirmado que cumpridas as condições para o gozo da aposentadoria, o servidor que decida continuar a exercer as atividades laborais tem direito ao aludido abono sem qualquer tipo de exigência adicional. Precedentes. Súmula 359 deste Supremo Tribunal Federal. O artigo 89, §1º, da Lei alagoana nº 7.114/2009, *ao prever que "o pagamento do Abono de Permanência será devido a partir do mês subsequente ao que for requerido", impõe condições não constitucionalmente assentadas e afronta, por conseguinte, o direito adquirido do servidor.* Inconstitucionalidade material por violação dos artigos 5º, XXXVI, e 40, §19, da Constituição da República.[371]

Em sentido semelhante decidiu o Tribunal de Justiça do Estado de Goiás:

> Ementa: Ação Direta de Inconstitucionalidade. Segmento textual "a ser concedido com efeito a partir da data da opção expressa formalizada por meio do próprio requerimento de abono". Artigo 139, parte final, da Lei Complementar Estadual 77/2010, com a redação conferida pela Lei Complementar Estadual 88/2011. Abono de Permanência. Termo inicial. Requerimento expresso por parte do servidor público. Exigência inexistente no texto constitucional. Norma constitucional autoaplicável. Início a partir do implemento das condições para a aposentadoria voluntária. Opção tácita. Inconstitucionalidade verificada.[372]

Veja-se que a temática é a mesma, ou seja, a concessão do abono de permanência a contar do requerimento. De se verificar que tanto na lei alagoana, no caso do STF, quanto na lei goiana, no caso do TJGO, o termo inicial da concessão se daria a partir

---

[370] BRASIL. Supremo Tribunal Federal. Recurso Extraordinário nº 648.727. AgR. Primeira Turma. Rel. Min. Roberto Barroso, 2.6.2017. *DJe*, n. 135, 21 jun. 2017.

[371] BRASIL. Supremo Tribunal Federal. *ADI nº 5.026*. Rel. Min. Rosa Weber, 3.3.2020. Disponível em: https://jurisprudencia.stf.jus.br/pages/search/sjur420476/false. Acesso em: 18 jun. 2020.

[372] GOIÁS. Tribunal de Justiça. *ADI nº 313987-19.2014.8.09.0000*. Disponível em: https://tj-go.jusbrasil.com.br/jurisprudencia/416480987/acao-direta-de-inconstitucionalidade-adi-4880502201680900000/inteiro-teor-416480988?ref=juris-tabs. Acesso em: 18 jun. 2020.

do requerimento, o que foi afastado por ambas as cortes, em função de não previsão constitucional para tanto.

Há que notar, contudo, que o Tribunal de Justiça de Goiás foi mais adiante. Em seu voto, o Desembargador Itaney Francisco Campos afirma:

> Dessa forma, é suficiente que o servidor tenha preenchido os requisitos, e não requeira a sua aposentadoria voluntária, *demonstrando de forma tácita a sua escolha*, para que o benefício seja pago automaticamente pela administração pública.

Pelo trecho destacado, percebe-se que o julgador entende haver uma escolha tácita pela percepção do abono de permanência. Cabe uma interpretação.

Em realidade, o que se expôs no sentido de que o abono não pode ser concedido de ofício não destoa muito da interpretação do tribunal goiano, no que tange aos efeitos. Explica-se.

Na verdade, continua se crendo que não faz sentido deferir o abono de permanência sem o pedido do servidor, da mesma forma que não se pode conceder-lhe a inativação voluntária, sem o seu pedido formal. Ademais, descabe ao Poder Público tutelar os interesses de seus administrados.

Nada obstante, por fidelidade intelectual, deve-se aclarar que o STF tem, atualmente, de fato, mantido a posição de que a concessão do abono de permanência independe de qualquer manifestação por parte do servidor. Veja-se, nesse sentido:[373]

> EMENTA: DIREITO ADMINISTRATIVO. AGRAVO INTERNO EM RECURSO EXTRAORDINÁRIO. SERVIDOR PÚBLICO. ABONO DE PERMANÊNCIA. EXIGÊNCIA DE REQUERIMENTO ADMINISTRATIVO. DESNECESSIDADE.
> 1. A jurisprudência do Supremo Tribunal Federal concluiu que, uma vez preenchidos os requisitos para o recebimento do abono de permanência, esse direito não pode estar condicionado a outra exigência
> 2. Agravo interno a que se nega provimento.

Questão relevante, nesse tema, é discutir a possibilidade de ocorrência de prescrição. Imagine-se que por um lapso, seja do servidor em requerer o abono, seja da Administração, para aqueles que porventura entendam ser dever de ofício conceder, um agente público faça jus ao abono de permanência há oito anos. Indaga-se: pode-se pagar todo esse período para o servidor?

A resposta é absolutamente negativa, ante a vedação constante no Decreto nº 20.910/1932, que somente autoriza pagamento retroativo até 5 (cinco) anos.

Embora seja, à primeira vista, vantajosa a percepção do abono de permanência, pode ocorrer que o servidor tenha interesse em contribuir sobre as parcelas transitórias (normalmente indenes de contribuição) que receba. Isso, porque ao se fazer o cálculo das médias das contribuições, para efeito de posterior inativação, seus proventos podem ser majorados.

Em igual sentido, não se pode conceder-lhe inativação, se assim não desejar o servidor.

---

[373] BRASIL. STF. *RE nº 648.727 AgR*. Primeira Turma. Rel. Min. Roberto Barroso, j. 2.6.2017, public. 22.6.2017.

O que precisa ficar claro, por isso o ponto de intercessão entre a decisão goiana, do STF, e o raciocínio aqui desenvolvido, é o fato de que o servidor passa a ter direito adquirido ao abono de permanência, a partir do momento em que completa os requisitos constitucionais, sem mais nenhuma condição.

Situação interessante ocorre quando o servidor averba tempo de contribuição e, com isso, passa a ter direito ao abono de permanência em data anterior. Teria o servidor direito aos abonos atrasados, decorrentes da concessão posterior do abono de permanência?

Entende-se que, genericamente, não. Isso, porque a averbação, nesse caso, foi condição fundamental para o direito à aposentadoria. Consequentemente, o direito ao abono somente surge a contar da averbação.

Entrementes, pode correr que o atraso na averbação do tempo de contribuição seja decorrência de dificuldades causadas pelo próprio Estado, *v.g.*, quando, apesar da solicitação a tempo, a certidão de tempo de contribuição – CTC só é entregue ao servidor 2 (dois), 3 (três) anos mais tarde. Em casos que tais, sustenta-se a possibilidade de retroação dos efeitos à data de solicitação da expedição da CTC.

Diferentemente, contudo, será o caso em que o servidor seja detentor da CTC, mas não solicita a averbação. Nesse caso, discorda-se da possibilidade de retroação dos efeitos, porquanto restou caracterizado um ato de vontade plenamente disponível ao servidor, contudo, não realizado, não podendo, assim, gerar despesas indevidas para a sociedade.

A par dessa divergência, entende-se que se deve analisar o caso concreto para a definição do direito retroativo. De fato, a averbação de tempo de serviço em RPPS caracteriza-se como um direito disponível conforme assinala a Nota Técnica nº 12/2015/CGNAL/DRPSP/SPPS/MPS.

A seu turno, a CTC é o documento hábil para viabilizar a contagem recíproca de tempo de contribuição, cabendo ao regime de origem fornecê-la por solicitação do segurado, cujo recibo em uma das vias implica sua concordância quanto ao tempo certificado. A instrução do procedimento de averbação compete ao regime previdenciário de atual vinculação do segurado. Portanto, em regra, a averbação de tempo é uma operação voluntária e de iniciativa do interessado.

Entrementes, calha deixar esclarecido que o Conselho Nacional de Justiça permite o pagamento retroativo do abono de permanência, uma vez respeitada a prescrição. Veja-se a decisão de que se fala:[374]

> PEDIDO DE PROVIDÊNCIAS. TJRS. PROVIMENTO CNJ N. 64/2017 E RECOMENDAÇÃO CN/CNJ N. 31/2018. AUTORIZAÇÃO PARA PAGAMENTO DE RETROATIVO DE ABONO DE PERMANÊNCIA. INCIDÊNCIA TÃO SOMENTE DE CORREÇÃO MONETÁRIA. IMPOSSIBILIDADE DE PAGAMENTO DE JUROS DE MORA. Abono de permanência. O direito ao abono precede o requerimento pelo servidor, sendo portanto, passível de reconhecimento retroativo, respeitada a prescrição. Pagamento autorizado.

[374] BRASIL. CNJ. Pedido de Providências nº 0007222-48.2020.2.00.0000.

Em regra geral, portanto, como forma de direito adquirido, desde a completação dos requisitos, o servidor já tem incorporado ao seu patrimônio jurídico o direito ao recebimento do abono.

Pode ocorrer que, para completar o tempo de contribuição exigido, o servidor possa valer-se de licença-prêmio já incorporada a seu patrimônio jurídico e ainda não usufruída.[375]

O Tribunal de Contas da União, há muito, até com base em jurisprudência do STF, consolidou o entendimento de que o servidor público tem direito à conversão em tempo de serviço, em dobro, da licença-prêmio não gozada correspondente a serviço prestado até o advento da Emenda Constitucional nº 20/1998.

Veja-se, nesse sentido:

> Grupo II – Classe III – Plenário TC 007.826/2000-2 Juntado: TC 007.965/2000-6 Natureza: Consulta Interessado: Câmara dos Deputados Ementa: Consulta. Contagem em dobro de licença-prêmio, para fins de aposentadoria. Assegurada ao servidor a contagem em dobro de licença-prêmio não usufruída, ainda que ele, na data de publicação da Emenda Constitucional nº 20/98, não contasse tempo de serviço suficiente para a aposentadoria voluntária pelas regras então vigentes, com fulcro no artigo 8º da aludida Emenda Constitucional, correspondente às regras de transição, ou pelas regras gerais estabelecidas no art. 40 da Constituição Federal. Para o servidor regido pela Lei nº 8.112/90, a contagem em dobro somente será possível se o direito à licença-prêmio tiver sido adquirido até 15/10/96. A data-limite para a aquisição do direito, ante a nova redação conferida ao art. 40, §10, da Constituição Federal, deve ser a de 16/12/98. Demais tempos fictos também poderão ser utilizados para efeito de aposentadoria, desde que tenham sido incorporados ao patrimônio do servidor até 16/12/98.

Na mesma trilha, o entendimento do STF:

> PRIMEIRA TURMA A G .REG. NO RECURSO EXTRAORDINÁRIO 364.917 TOCANTINS RELATOR : MIN. DIAS TOFFOLI AGTE.(S) : ESTADO DO TOCANTINS PROC.(A / S)(ES): PROCURADOR -GERAL DO ESTADO DO TOCANTINS AGDO.(A / S) : MARIA LEONOR PORTO MARINHO ADV.(A / S) : HÉLIO MIRANDA EMENTA Agravo regimental no recurso extraordinário. Licença-prêmio não gozada. Conversão. Aposentadoria. Contagem em dobro. Requisitos preenchidos antes da vigência da Emenda Constitucional nº 20/98. Possibilidade. Precedentes. *1. É pacífica a jurisprudência desta Corte no sentido de que o servidor público tem direito à conversão em tempo de serviço, em dobro, da licença-prêmio não gozada correspondente a serviço prestado até o advento da Emenda Constitucional nº 20/98.* 2. Agravo regimental não provido. ACÓRDÃO Vistos, relatados e discutidos estes autos, acordam os Ministros da Primeira Turma do Supremo Tribunal Federal, sob a Presidência do Senhor Ministro Dias Toffoli, na conformidade da ata do julgamento e das notas taquigráficas, por unanimidade de votos, em negar provimento ao agravo regimental, nos termos do voto do Relator. Brasília, 28 de fevereiro de 2012. MINISTRO DIAS TOFFOLI Relator.

Pode-se citar, ainda, a Instrução Normativa PRES/INSS nº 120/2021, em cujo art. 7º dispõe:

---

375 A utilização de licença-prêmio com tal fim só é possível para períodos completados até a edição da EC nº 20/98, porquanto, após, há a vedação constitucional de cômputo de tempo ficto.

> Art. 7º É considerado em dobro, para aposentadoria, o tempo correspondente ao período de licença prêmio por assiduidade não gozada, adquirida até 15 de outubro de 1996, na forma da Lei nº 8.112, de 1990.
>
> Parágrafo único. Cabe a contagem em dobro do período de licença prêmio, na forma do caput, ao servidor que dela não usufruiu, mesmo àquele que tenha implementado os requisitos para a aposentadoria em data posterior a 15 de outubro de 1996.

Pois bem. Mais recentemente, no ano de 2020, a Corte de Contas federal considerou que somente têm direito à contagem em dobro da licença-prêmio aqueles que já tinham o direito à jubilação antes da EC nº 20/1998. Veja-se o seguinte excerto:[376]

> Em consulta à jurisprudência sistematizada desta Corte, verifico que:
>
> "Após o advento da EC 20/98, proibiu-se a contagem ficta de tempo de serviço, não se admitindo a contabilização em dobro de licença-prêmio não usufruída, para fins de aposentadoria, aos servidores que não tinham o direito adquirido à jubilação antes da referida emenda" (Acórdão 1611/2007-TCU-Primeira Câmara)
>
> Neste caso concreto, o ex-servidor somente adquiriu o direito a aposentar-se no ano de 2014; logo, deve-se considerar ilegal o ato de aposentadoria [...].

Pela leitura do referido acórdão do TCU, no entanto, percebe-se que houve equívoco na fundamentação, porquanto tal matéria se encontra pacificada no âmbito do STF e, também, do próprio TCU. Assim, deve-se desconsiderar tal deliberação com todo o respeito ao *decisum*.

Por outro lado, uma vez já usufruindo o benefício do abono de permanência, em função da contagem de períodos não utilizados de licença-prêmio, não poderá o servidor desistir do abono com o fim de transformar a licença-prêmio em pecúnia, tampouco dela gozar em atividade, em função do exaurimento dos efeitos do ato jurídico perfeito.

Note-se que a percepção do abono de permanência pelo servidor, em função de completação de requisitos de determinada modalidade de aposentadoria, seja com proventos integrais ou proporcionais, não constitui impedimento à concessão de aposentadoria em conformidade com outra regra em vigor, desde que, por evidente, estejam também cumpridos os requisitos previstos nessa outra modalidade de inativação.[377]

Situação singular ocorre quando o servidor, que já estava percebendo o abono de permanência, acaba por mudar de cargo público. Veja-se o exemplo. Fulano de Tal ocupava o cargo de técnico de Administração Pública quando, após cumprir os requisitos para a inativação, solicitou a percepção do citado abono, sendo-lhe deferido. Tempos depois, após ser aprovado em concurso público, Fulano de Tal assume o cargo de analista de Administração Pública.

---

[376] BRASIL. Tribunal de Contas da União. *Acórdão nº 6.380/2020*. Segunda Câmara. Rel. Ana Arraes. Processo: 009.517/2020-0. Data da sessão: 9.6.2020.

[377] Veja-se, nesse sentido, o art. 86, §2º, de BRASIL. Ministério da Previdência Social. *Orientação Normativa nº 02, de 31 de março de 2009*. Disponível em: http://sa.previdencia.gov.br/site/2016/06/ORIENTACAONORMATIVASPSn02de31mar2009atualizadaate11jul2014-1-1.pdf. Acesso em: 23 mar. 2020.

Em situações que tais, o STF já decidiu que "a ocupação de novo cargo dentro da estrutura do Poder Judiciário, pelo titular do abono de permanência, não implica a cessação do benefício".[378]

No mesmo sentido, veja-se a posição do TCU:

> Creio, portanto, que os requisitos para a concessão do abono de permanência devem ser interpretados à luz do que tencionou o legislador, cujo objetivo teleológico maior foi no sentido de reter servidores experientes e talentos, com vistas a manter na administração pública o conhecimento adquirido ao longo dos anos. Certamente o legislador não previu de forma expressa a situação específica que poderia ocorrer quando magistrados, já na fruição do abono de permanência, fossem nomeados para cargos isolados em tribunais de segunda instância ou tribunais superiores. Do mesmo modo, também não se previu situações como a que acometeu o requerente, nas indicações de membros do poder legislativo, magistrados ou servidores de carreira ao cargo isolado de Ministro do Tribunal de Contas da União.
>
> Assim sendo, como não há previsão específica, a situação particular anteriormente narrada deve ser interpretada de forma teleológica, no sentido de que o interesse da administração recaiu em um magistrado, que por seu notável saber, se distinguiu dos demais merecendo ocupar cargo de maior relevo. *In casu*, parece-me, é inequívoco o interesse da Administração no sentido de que tal servidor do Senado Federal aceite ocupar o novo cargo para o qual foi designado, visto que, afinal, seu nome foi o escolhido para missão elevada grandeza e do mais alto interesse público.
>
> De outro lado, não faria sentido, no exemplo desenvolvido, que a Administração ao "promover" o magistrado que já percebia parcela a título de abono de permanência, fizesse cessar o pagamento do benefício. Dessa forma, não haveria incentivo para levar o magistrado para posição de destaque, de interesse público, mas ao contrário, promover-se-ia o desestímulo, ao arrepio do ideal maior perquirido pelo legislador, qual seja, reter o servidor talentoso e experiente. Não é diferente a situação do requerente, que pertencendo a uma carreira de Estado, e já percebendo no cargo exercido no Senado Federal o abono de permanência, foi indicado e escolhido para ocupar uma cadeira nesta Colenda Corte de Contas.
>
> Nesse contexto, entendo que o postulante, não poderia ser penalizado, deixando de aferir um direito que já havia adquirido, uma vez que, conforme ocorre nas indicações para os cargos isolados dos Tribunais Judiciários, foi sua Excelência escolhido e nomeado em razão de sua experiência e conhecimento. Não me parece razoável que, em vista de uma interpretação literal, seja deturpada a real intenção do legislador, quando criou o abono de permanência.[379]

A questão, de fato, merece aprofundamento. Veja-se que, tomando como paradigma a interpretação utilizada pelo STF, o TCU adotou uma exegese teleológica, de cuja essência se extraiu a garantia ao recebimento do abono de permanência, em casos como o hipoteticamente apresentado.

Em realidade, embora o servidor, no exemplo dado, não pudesse aposentar-se no cargo atualmente ocupado, parece desarrazoado retirar-lhe direito conseguido regularmente à míngua de previsão legal.

---

378 BRASIL. Supremo Tribunal Federal. *Mandado de Segurança nº 33.424/DF*. Rel. Min. Marco Aurélio, 26.2.2015. Disponível em: http://portal.stf.jus.br/processos/detalhe.asp?incidente=4699855. Acesso em: 18 jun. 2020.

379 BRASIL. Tribunal de Contas da União. *Acórdão nº 3.344/2015*. Plenário. Rel. Min. Vital do Rêgo, 9.12.2015. Disponível em: https://pesquisa.apps.tcu.gov.br/#/documento/acordao-completo. Acesso em: 18 jun. 2020.

Note-se que não se está a discutir o direito ou não à aposentadoria em estágio probatório, mas, sim, a possibilidade de o servidor manter o direito ao abono de permanência já adquirido e já incorporado ao seu patrimônio jurídico. Observe-se que a intenção clara do instituto é preservar a Previdência Social de gastos, ao passo que premia o servidor que, em vez de optar pelo direito à inativação, continua a prestar seus serviços em prol da Administração.

Contudo, tal exegese – manutenção do direito ao abono de permanência ao servidor que muda de cargo e cumpre estágio probatório – apresenta problemas de outra estirpe: evidentemente, a situação apresentada é circunstancial, pois o decorrer do tempo fará com que o estágio probatório se encerre. Assim, apresentam-se as seguintes questões:

- Como deve ser pago o abono de permanência enquanto o servidor estiver em estágio probatório?
- Como ficará a situação quando o servidor já tiver cumprido o estágio probatório?

As respostas passam pelo critério temporal. Veja-se o porquê. Estando o servidor em estágio probatório, com a possibilidade de ser reconduzido ao cargo de origem, não se antevê impedimento para o pagamento do abono. Afinal, caso o servidor seja reprovado no estágio, ou mesmo a pedido (segundo a jurisprudência atual),[380] deixará o cargo posteriormente assumido e regressará ao cargo originário, onde já havia cumprido todas as condições para a percepção do abono de permanência.

Nessa quadra, portanto, parece brigar com a razoabilidade o desfazimento do direito ao abono, enquanto o servidor público estiver em estágio probatório e dispuser da possibilidade – de ofício ou a pedido – de regressar ao cargo em que já cumprira todas as condições para a percepção do benefício.

Colocada a questão nestes termos, é de se convir que o pagamento do abono de permanência deve refletir as condições remuneratórias do cargo de origem. É dizer: o valor do abono de permanência deve ser equivalente ao valor da contribuição previdenciária sobre a remuneração do cargo em que o servidor reuniu as condições de inativação. Sim, porque não faz sentido lógico/jurídico a Administração calcular o abono de permanência tendo por base a remuneração de um cargo a que o servidor não faz jus a se aposentar.

Ocorre que o estágio probatório tem prazo limitado. Então, deve-se questionar: seria possível continuar concedendo ao servidor o abono de permanência, com base em cargo anterior, após o final do estágio probatório?

---

[380] A respeito do tema, explica Lucas Rocha Furtado (*Curso de direito administrativo*. Belo Horizonte: Fórum, 2013. p. 768-769): "Em razão da reprovação em estágio probatório importar em recondução ao cargo que anteriormente ocupava (desde que estável), muitos servidores estáveis desejosos de retornar ao antigo cargo pediam para ser reprovados em seus estágios, o que criava situação esdrúxula no serviço público. Como opção a este 'pedido de reprovação' em estágio probatório, tanto a jurisprudência do STF quanto do STJ se uniformizaram no sentido de permitir que o servidor, enquanto estiver cumprindo estágio probatório, possa pedir, em vez de sua reprovação no estágio, a pura e simples recondução ao cargo que anteriormente ocupava. Criou-se, desse modo, em qualquer previsão legal, porém como medida acertada, a figura da recondução a pedido. Os seus requisitos são a estabilidade adquirida no cargo anteriormente ocupado e que o servidor ainda esteja em cumprimento do estágio probatório".

Analisando o tema, o STF não considerou o estágio probatório como marco para o encerramento da percepção do abono de permanência nesse caso. Assim, na hipótese em que for cabível a recondução ao cargo anterior, o servidor continuará a receber o abono de permanência no novo cargo ocupado, com base na contribuição vertida no cargo anterior, até que implemente os requisitos para aposentar-se no novo cargo.

Veja-se a decisão da Excelsa Corte de que se fala:

> Ementa: DIREITO CONSTITUCIONAL E ADMINISTRATIVO. SERVIDOR PÚBLICO. ABONO DE PERMANÊNCIA. §19 DO ART. 40 DA CONSTITUIÇÃO, NA REDAÇÃO ANTERIOR À EMENDA 103/2019. INGRESSO EM NOVO CARGO PÚBLICO, POR CONCURSO. CASO CONCRETO EM QUE CABE A RECONDUÇÃO AO CARGO ANTERIOR. MANUTENÇÃO DO BENEFÍCIO, NO VALOR PERCEBIDO RELATIVAMENTE AO CARGO EM QUE PREENCHIDOS OS REQUISITOS PARA A APOSENTADORIA.
>
> 1. Discute-se nestes autos se, ao ingressar em novo cargo público, o servidor que já havia preenchido os requisitos para a aposentadoria voluntária conserva o direito ao abono de permanência.
>
> 2. Nas hipóteses em que for cabível a recondução ao cargo anterior, o servidor deve continuar recebendo o abono de permanência, mesmo que ocupe outro cargo. No peculiar quadro em exame nestes autos, por manter o direito a se aposentar pelo cargo anterior, está atendida a finalidade do benefício – estimular a permanência do funcionário no serviço ativo e, ao mesmo tempo, proporcionar economia para o Erário.
>
> 3. Entretanto, até que implemente os pressupostos para se aposentar no novo cargo, o valor do abono de permanência deve corresponder à contribuição vertida no cargo anterior, pelo qual o servidor tem efetivamente o direito de se aposentar.
>
> 4. Agravo interno a que se nega provimento.[381]

Não é demais considerar que o constituinte derivado reformador possibilitou, após a promulgação da EC nº 103/2019, que os próprios entes federativos disponham sobre critérios para a concessão do abono de permanência, o que resguarda a exegese apresentada de qualquer aparente inconstitucionalidade, eis que respeitado o sistema constitucional.

A propósito do tema, explica Paulo Modesto:[382]

> A Constituição Federal autoriza que os Estados e Municípios estabeleçam requisitos para concessão do direito ao abono, bem como o próprio direito ao abono, mas não que isolem em grupos distintos agentes que preencham os mesmos requisitos, em situação equivalente, sem critérios uniformes, impessoais e objetivos para a graduação da vantagem remuneratória, sob pena de inconstitucionalidade flagrante e agressão ao princípio da igualdade, da irredutibilidade, da razoabilidade, com violação da própria lógica de incentivo da vantagem. A competência normativa dos estados e municípios permanece vinculada ao inteiro sistema constitucional e deve considerar o regime de contribuição na inatividade para comparar

381 BRASIL. STF. Ag. Reg. no Ag. Reg. no Recurso Extraordinário com Agravo nº 1.295.775/PR. Rel. Min. Alexandre de Moraes, j. 12.5.2021.

382 MODESTO, Paulo. O abono de permanência após a Reforma da Previdência (EC 103/2019). *Conjur*, 15 out. 2020. Disponível em: https://www.conjur.com.br/2020-out-15/interesse-publico-abono-permanencia-reforma-previdencia. Acesso em: 15 abr. 2021.

com a situação dos ativos, assegurando um sentido útil para o incentivo de permanência dos agentes em atividade.

Tal consideração a respeito da autonomia dos entes subnacionais, entretanto, conduz a outro problema interpretativo. Sabe-se que atualmente os direitos e deveres previdenciários mudam de acordo com regras próprias estatuídas no âmbito de cada regime próprio de previdência. Citem-se, por exemplo, as alíquotas da contribuição previdenciária que, na União, são escalonadas, e no Distrito Federal, em regra, são fixas.

Assim, o fato de devolver uma contribuição previdenciária ao servidor de um ente federado, por meio da concessão de abono de permanência, tendo por base remuneração e alíquotas de outro ente federado, parece suprimir a necessária autonomia do ente pagador, porquanto ficaria à mercê de regramentos que lhe são estranhos.

Suponha-se, hipoteticamente, que um servidor público federal, que já perceba abono de permanência na União, venha a exercer outro cargo público, agora no âmbito do Distrito Federal. Pergunta-se: seria razoável que o ente distrital concedesse o abono de permanência, tendo por base valores de remuneração e alíquotas de contribuição previdenciária sobre as quais não tem qualquer ingerência?

A partir da autonomia dada pelo constituinte a cada ente federado, a resposta à indagação só pode ser negativa. Primeiro, porque a definição da alíquota da contribuição previdenciária pressupõe um amplo e prévio estudo atuarial, que ficaria frontalmente prejudicado, mormente porque a realidade previdenciária dos entes federados é bastante distinta. Segundo, porque não existiria a compensação previdenciária entre os dois entes, uma vez que o regime instituidor ficaria com ônus a ser suportado na concessão do abono de permanência (alíquota previdenciária maior que a praticada pelo ente, por exemplo), sem que o regime de origem tenha qualquer vinculação com tal concessão.

Em outras palavras, mais diretas, a ser possível essa tese, quando apresentados dois entes federados distintos, o servidor poderia contribuir com alíquota maior em um ente e ter a devolução em forma de abono de permanência em outro ente, cuja alíquota seja inferior à praticada no ente de origem. Assim, o ente pagador recolheria menos contribuição e pagaria mais a título de abono de permanência.

Uma outra questão ainda se mostra interessante, no caso em que o servidor vai ocupar um cargo em outro ente. Pode ocorrer que algum ente federado sequer disponha em seu regime jurídico da possibilidade de recondução. Nesse caso, também faltará o substrato fático para assentamento da tese defendida, porque o servidor, ao assumir cargo em outro ente, sem a possibilidade de recondução, extingue definitivamente o liame jurídico com o cargo de origem, não sendo possível a concessão do abono de permanência no novo cargo ocupado.

Veja-se a respeito:

> CONSTITUCIONAL. ADMINISTRATIVO. PROCESSUAL. CIVIL. SERVIDOR PÚBLICO ESTADUAL. RECONDUÇÃO. VACÂNCIA. DEFINIÇÃO. OMISSÃO NA LEGISLAÇÃO DO ESTADO. PLEITO DE ANALOGIA. PARCIMÔNIA. INDICAÇÃO DE DIREITO CONSTITUCIONAL DE CUNHO AUTOAPLICÁVEL. DISPOSITIVOS GERAIS. NÃO REALIZAÇÃO. IMPOSSIBILIDADE NO CASO EM TELA. AUSÊNCIA DE DIREITO LÍQUIDO E CERTO.

> 1. Cuida-se de recurso ordinário interposto contra o acórdão que negou provimento ao pleito mandamental impetrado em prol do direito de recondução de ex-servidor estadual que havia se exonerado de cargo em meio ao estágio probatório. O recorrente alega que a legislação estadual seria omissa e, portanto, deveria ser aplicado o art. 29 da Lei n. 8.112/90 (Regime Jurídico Único dos Servidores Públicos Civis da União, RJU), por analogia.
>
> 2. Não existe no ordenamento jurídico estadual o instituto da recondução, tal como previsto no art. 29, I, da Lei n. 8.112/90. No caso do diploma federal, em sendo evidenciada a publicação de ato de vacância, por decorrência de posse em outro cargo federal inacumulável (art. 33, VIII da Lei n. 8.112/90), fica evidenciada a manutenção de vínculo com o serviço público federal que autoriza a outorga de vários direitos previstos em lei, como a recondução e outros, de cunho personalíssimo.
>
> 3. É incontroverso que não existe previsão legal na legislação estadual aplicável ao recorrente (Lei Complementar n. 59/2001 e Lei n. 869/1952).
>
> 4. A analogia das legislações estaduais e municipais com a Lei n. 8.112/90 somente é possível se houver omissão no tocante a direito de cunho constitucional, que seja autoaplicável, bem como que a situação não dê azo ao aumento de gastos; em suma, ela precisa ser avaliada caso a caso e com parcimônia.
>
> 5. A pretensão do recorrente não encontra guarida nos dispositivos gerais da Constituição Federal, indicados como violados - artigos 1º, III e IV, 3º, IV, 4º, V e 5º, 'caput' - e, assim, não permite a realização da analogia postulada. Tem-se situação muito diversa do caso do art. 226 da Constituição Federal, tal como mobilizado no precedente indicado (RMS 34.630/AC, Rel. Ministro Humberto Martins, Segunda Turma, DJe 26.10.2011).
>
> 6. Não há falar em direito líquido e certo, uma vez que não se vê direito local aplicável, tampouco a possibilidade de analogia com a Lei n. 8.112/90, uma vez que não existe o direito constitucional autoaplicável que seria necessário para suprir a omissão da legislação estadual.
>
> Recurso ordinário improvido.

Diante de tais conjecturas, portanto, entende-se que a manutenção do direito ao abono de permanência ao servidor que muda de cargo e cumpre estágio probatório somente é possível dentro de um mesmo ente federado, porquanto, ao envolver entes diversos, poderiam ocorrer hipóteses que a vedariam, como a transgressão à autonomia dos entes subnacionais, a ausência de compensação previdenciária, ou, ainda, a impossibilidade de recondução do servidor público.

Bom deixar claro, todavia, que tais ponderações não se aplicam no caso de policial federal que venha a tomar posse de cargo na Polícia Civil do Distrito Federal. Isso porque a PCDF possui especificidades que a aproximam dos policiais federais:

- toda legislação inerente a direitos e vantagens, deveres e obrigações dos policiais civis do Distrito Federal emana da União, e os critérios adotados naquela esfera de Governo, interpretativos dessa legislação, devem ser estendidos aos servidores policiais do Distrito Federal;
- o regime jurídico previdenciário dos policiais civis da União e do Distrito Federal é único;
- compete à União organizar e manter a Polícia Civil do Distrito Federal.

Em suma, podem-se alinhavar as seguintes conclusões sobre o tema:

(i) nas hipóteses em que for cabível a recondução ao cargo anterior, o servidor deve continuar recebendo o abono de permanência, mesmo que ocupe outro cargo;
(ii) até que implemente os pressupostos para se aposentar no novo cargo, o valor do abono de permanência deve corresponder à contribuição vertida no cargo anterior, pelo qual o servidor tem efetivamente o direito de se aposentar;
(iii) à exceção de casos como o de policial federal que vai ocupar cargo na Polícia Civil do DF, a manutenção do direito ao abono de permanência, ao servidor que muda de cargo, somente é possível dentro de um mesmo ente federado.

7.8 Panorama histórico da aposentadoria de magistrados, ministros e conselheiros de Tribunais de Contas e membros do Ministério Público

A reforma da previdência originada pelas emendas constitucionais nºs 20/1998 e 41/2003 provocou mudanças profundas nas regras de aposentadoria para as relevantes carreiras dos magistrados, ministros e conselheiros de Tribunais de Contas e membros do Ministério Público. A principal delas revela-se na extinção da especialíssima aposentadoria[383] a que tinham direito os ocupantes dos cargos citados.

Vejam-se, a seguir, as mudanças operadas por aquelas emendas no Texto Constitucional, então vigente:

a) *magistrados* (juízes, desembargadores e ministros) – fundamentação legal: art. 1º da EC nº 20/1998, que alterou a redação original do inc. VI do art. 93 da CF/1988, determinando que a aposentadoria dos magistrados e a pensão de seus dependentes observarão o disposto no art. 40 da CF/1988;
b) *membros dos Tribunais de Contas* (ministros e conselheiros) – fundamentação legal: art. 1º da EC nº 20/1998, que alterou a redação original do §3º do art. 73 da CF/88, determinando que os ministros do Tribunal de Contas da União terão as mesmas garantias, prerrogativas, impedimentos, vencimentos e vantagens dos ministros do Superior Tribunal de Justiça, aplicando-se-lhes, quanto à aposentadoria e pensão, as normas constantes do art. 40 da CF/1988. Nesse caso, cumpre recordar que as normas afeitas aos ministros do TCU aplicam-se aos conselheiros dos Tribunais de Contas estaduais e dos municípios, em função do princípio da simetria;
c) *membros dos Ministérios Públicos dos estados e da União* (promotores de Justiça, procuradores de Justiça e procuradores da República, do Distrito Federal, do Trabalho e Militar, inclusive procuradores junto aos TCEs, TCMs e TCU)

---

[383] O texto original do art. 93, inc. VI da CF/1988 previa que a aposentadoria com proventos integrais seria compulsória por invalidez ou aos setenta anos de idade, e facultativa aos trinta anos de serviço, após cinco anos de exercício efetivo na judicatura. Na prática, a aposentadoria voluntária, chamada pelo texto original do art. 93, inc. VI, de facultativa, permitia ao magistrado, independentemente do sexo, provar apenas trinta anos de serviço, sendo cinco na judicatura, para ter direito a proventos integrais. Esta regra, por força dos textos originais dos arts. 73, §3º, e 129, §4º, da CF/1988, aplicava-se não só aos magistrados, como também aos membros dos Tribunais de Contas e aos membros dos Ministérios Públicos.

– fundamentação legal: art. 1º da EC nº 45/2004, que alterou a redação do §4º do art. 129 da CF/1988, estabelecendo que se aplica ao Ministério Público, no que couber, o disposto nos arts. 93 e 130 da CF/1988.

Pode-se observar, assim, que, depois das citadas emendas, qualquer servidor público, titular de cargo efetivo ou vitalício, deve submeter-se, para fins de aposentadoria, às regras do art. 40 da Carta Magna.

Importante relembrar que na mudança normativa impingida pelas emendas constitucionais, garantiu-se aos ocupantes de tais carreiras uma regra de transição, a fim de que a alteração não se apresentasse de forma tão abrupta. Assim, tanto o art. 8º da EC nº 20/1998 quanto o art. 2º da EC nº 41/2003 garantiram um acréscimo de 17% (dezessete por cento) na contagem de tempo de serviço, para os magistrados, membros dos Tribunais de Contas e membros dos Ministérios Públicos, do sexo masculino. Tal acréscimo, que deve ser somado ao tempo de contribuição implementado, até a data de 16.12.1998, destinou-se a contrapesar a mudança no tempo de contribuição que passou de 30 para 35 anos.

Questão importante dizia respeito à possibilidade de se computar o acréscimo de 17% (dezessete por cento) em casos de aposentadoria de magistrados com supedâneo em outras regras que não aquelas oriundas dos citados arts. 8º da EC nº 20/1998 e 2º da EC nº 41/2003. O Conselho Nacional de Justiça (CNJ) admitiu tal possibilidade. Veja-se o seguinte excerto:

> O artigo 8º da EC nº 20/1998 configura, exatamente, a proposição normativa que veio dar suporte jurídico à aquisição do direito à contagem do tempo de serviço acrescido de 17% aos magistrados que já se encontravam em atividade no momento de sua entrada em vigor, e como tal, desde então, este direito já poderia ter sido averbado em suas respectivas anotações funcionais. [...] Analogamente, pode-se concluir que essa espécie normativa que atribuiu o direito aos magistrados a acrescerem 17% ao seu tempo de serviço reveste-se de caráter nitidamente transitório, assim como as regras contidas no Ato da Disposições Constitucionais Transitórias – ADCT, e sob esta configuração deve ser interpretada e aplicada. [...]
>
> As normas transitórias têm, como visto, o mesmo valor jurídico das normas constitucionais. Quer isso dizer que são normas constitucionais. Têm, em regra, eficácia plena e aplicabilidade imediata. [...] Com efeito, ainda que não se trate tecnicamente de um dispositivo contido topologicamente no ADCT, não há como negar sua natureza transitória, visto que a regra contida no §3º do art. 8º da EC nº 20/1998 nada mais fez do que regular uma situação específica de determinadas categorias profissionais, buscando equalizar eventuais distorções causadas pela reforma. [...]
>
> Com efeito, o disposto no §3º do art. 8º da EC nº 20/1998 é o ato jurídico perfeito que concede legitimidade plena ao direito adquirido de computar 17% ao tempo de serviço exercido até sua entrada em vigor, qual seja, a data de 16 de dezembro de 1998.
>
> A revogação posterior do artigo 8º da EC nº 20/1998 pela EC nº 41/2003 em nada afetou o disposto no §3º do referido artigo, visto se tratar de regra de transição, a qual opera efeitos imediatos. É norma de efeitos concretos que, uma vez entrando em vigor, atinge instantaneamente seu objetivo e, automaticamente, deixa de produzir qualquer efeito jurídico (o exercício do direito e a correspondente aplicação da norma é que ocorrerá após a incidência). Nesse sentido, sua revogação não traz qualquer alteração jurídica ou fática.
>
> Por fim, a referida "revogação" foi apenas aparente, permaneceu no plano do significante, ou seja, da disposição constitucional, não atingindo a própria norma, pois o art. 2º, §3º, da

> EC nº 41, manteve esse benefício (o acréscimo do tempo ficto de 17%), dentro do regime jurídico por ela estabelecido.
>
> 5. Diante do exposto, concluo pela aplicabilidade das disposições do §3º do art. 8º da Emenda Constitucional nº 20, de 16 de dezembro de 1998, à contagem de tempo de serviço dos magistrados do sexo masculino, incidindo o tempo ficto de 17% (dezessete por cento) sobre o tempo de serviço exercido pelo magistrado até a data de publicação da referida Emenda. E, tendo em vista que este entendimento deverá ser aplicado a todos os magistrados que se encontrem em situação análoga, determino a expedição de ofício aos tribunais brasileiros, integrantes do Poder Judiciário, a fim de dar conhecimento do presente.[384]

Em sentido contrário, no entanto, houve o posicionamento adotado pelo TCU no Acórdão nº 621/2010, no sentido de que somente deve ser concedido "o acréscimo de 17% (dezessete por cento), previsto no §3º do art. 8º da EC nº 20/1998 e no §3º do art. 2º da EC nº 41/2003, na hipótese de a aposentadoria ter por fundamento as normas do art. 8º da EC nº 20/1998 ou do art. 2º da EC nº 41/2003".

O entendimento do CNJ acabou por ser cassado pelo Supremo Tribunal Federal, quando do julgamento da Reclamação nº 10.823, oportunidade em que a Corte Suprema adotou o entendimento de que o acréscimo de 17% (dezessete por cento) ao tempo de serviço de magistrados do sexo masculino aplica-se apenas àqueles que reuniram as condições necessárias à aposentadoria antes da edição da EC nº 41/2003.

Em seu posicionamento, destacou o Ministro Luís Roberto Barroso:

> De acordo com o que decidiu o CNJ, mesmo após a revogação expressa do artigo 8º, parágrafo 3º, da Emenda Constitucional 20/1998 pela Emenda Constitucional 41/2003, a regra nele prevista permaneceria aplicável aos magistrados do sexo masculino, ainda que não reunissem os requisitos para a aposentadoria sob a vigência daquele regime. Essa tese é incompatível com a orientação adotada pelo Supremo Tribunal Federal no paradigma, segundo a qual a aposentadoria rege-se pelas regras vigentes ao tempo da reunião dos requisitos necessários à sua concessão. Além disso, a atribuição de eficácia ultrativa ao dispositivo deixa sem qualquer campo de aplicação a norma que o revogou, o que entra em contradição direta com o fato que o STF a declarou constitucional.[385]

Tema que merece atenção mais detalhada diz respeito ao entendimento do STF quanto à natureza nacional da magistratura. Na ADI nº 3.854, afastou-se a imposição de um subteto à magistratura estadual, embora prescrito na EC nº 41/2003, sob o argumento de que o Poder Judiciário é uno, portanto, incabível seria o tratamento desigual entre os juízes federais e os estaduais.

Eis a decisão de que se fala:

> Ementa: Magistratura. Remuneração. Limite ou teto remuneratório constitucional. Fixação diferenciada para os membros da magistratura federal e estadual. Inadmissibilidade. Caráter nacional do Poder Judiciário. Distinção arbitrária. Ofensa à regra constitucional da igualdade

---

[384] BRASIL. Conselho Nacional de Justiça. *Pedido de providências nº 0005125-61.2009.2.00.0000*. Rel. Cons. Marcelo Neves. Requerente: Conselho Superior da Justiça do Trabalho. Interessado: José Pedro de Amargo Rodrigues de Souza. Requerido: Tribunal Regional do Trabalho da 15ª Região.

[385] BRASIL. Supremo Tribunal Federal. *Reclamação nº 10.823*. Rel. Min. Roberto Barroso, 25.6.2018. Disponível em: http://portal.stf.jus.br/processos/detalhe.asp?incidente=3976483. Acesso em: 18 jun. 2020.

ou isonomia. Interpretação conforme dada ao art. 37, inc. XI, e §12, da CF. Aparência de inconstitucionalidade do art. 2º da Resolução nº 13/2006 e do art. 1º, §único, da Resolução nº 14/2006, ambas do Conselho Nacional de Justiça. Ação direta de inconstitucionalidade. Liminar deferida. Voto vencido em parte. Em sede liminar de ação direta, aparentam inconstitucionalidade normas que, editadas pelo Conselho Nacional da Magistratura, estabelecem tetos remuneratórios diferenciados para os membros da magistratura estadual e os da federal.[386]

Pois bem. Ocorre que, com a promulgação da EC nº 103/2019, houve alteração nas regras de aposentadoria para os juízes federais. Contudo, as regras ainda não atingiram os juízes estaduais, que dependem de regulamentação no âmbito de seus entes federativos. Então, de se questionar: até que ponto vai o caráter nacional da magistratura, defendido pelo STF? Estariam os juízes estaduais submetidos, desde logo, às novas regras estatuídas pela EC nº 103/2019?

O debate é interessante, sem dúvida. Em todo caso, entende-se que o regime jurídico funcional dos magistrados deva ser, de fato, nacional, porquanto derivado da Loman.[387] Nada obstante, sustenta-se que esse raciocínio não alcança a questão previdenciária.

Isso, porque desde a EC nº 20/1998 restaram não recepcionados os dispositivos da Loman que cuidavam de aposentadoria e pensão, havendo equiparação plena entre os magistrados e os demais servidores.

A propósito, é nessa linha que se tem defendido que as despesas com aposentadoria-sanção (vista a seguir), vigente até a EC nº 103/2019, não têm natureza previdenciária. Referem-se a despesas do Tesouro.

7.8.1 Da vedação constante do §3º do art. 25 da EC nº 103/2019 e o tempo de OAB

Não são poucas as críticas de doutrinadores e estudiosos do direito acerca da inconstitucionalidade do §3º do art. 25 da EC nº 103/2019. Entretanto, ao se verificar mais amiúde o contexto normativo-jurisprudencial, pode-se perceber que a norma não apresenta deformidades. Veja-se.

De início, convém transcrever o conteúdo do dispositivo:

> Considera-se nula a aposentadoria que tenha sido concedida ou que venha a ser concedida por regime próprio de previdência social com contagem recíproca do Regime Geral de Previdência Social mediante o cômputo de tempo de serviço sem o recolhimento da respectiva contribuição ou da correspondente indenização pelo segurado obrigatório responsável, à época do exercício da atividade, pelo recolhimento de suas próprias contribuições previdenciárias.

A maior fonte de crítica diz respeito à possível afronta ao direito adquirido, garantia constitucional inviolável. Isso porque o constituinte teria permitido a anulação

---

386 BRASIL. Supremo Tribunal Federal. *ADI nº 3.854 MC/DF*. Tribunal Pleno. Rel. Min. Cezar Peluso, 28.2.2007. Disponível em: https://jurisprudencia.stf.jus.br/pages/search/sjur89664/false. Acesso em: 18 jun. 2020.

387 BRASIL. *Lei Complementar nº 35, de 14 de março de 1979*. Dispõe sobre a Lei Orgânica da Magistratura Nacional. Disponível em: http://www.planalto.gov.br/ccivil_03/Leis/LCP/Lcp35.htm. Acesso em: 18 jun. 2020.

de aposentadoria já concedida regularmente, uma vez que o tempo de serviço anterior à EC nº 20/1998 não exigia qualquer contribuição. É dizer: estar-se-ia permitindo voltar no tempo e considerar incorretos procedimentos já cristalizados pela EC nº 20/1998, a qual considerou o tempo de serviço que lhe era anterior como se, de fato, fosse tempo contributivo.

Entrementes, não é bem assim.

Observe-se que a norma deixa claro que a nulidade cuida apenas de aposentadoria que tenha utilizado tempo oriundo de contagem recíproca entre o RPPS e o RGPS.

Note-se que a contagem recíproca entre os regimes sempre se baseou em tempo contributivo, desde a redação original da Constituição de 1988, permanecendo inalterado, quanto a essa exigência, com a reforma feita pela EC nº 20/1998. Assim, o que a EC nº 103/2019 fez foi apenas manter essa regra em sua essência

Diga-se, a propósito, que, desde a previsão original, o STF já mantinha o entendimento de que a utilização de tempo de serviço de um regime em outro dependia do recolhimento de contribuições. Nesse sentido, convém trazer à colação o seguinte julgado:[388]

> EMENTA: PREVIDÊNCIA SOCIAL. Relevância jurídica da impugnação, perante os artigos 194, parágrafo único, I, 201, caput e §1º e 202, I, todos da Constituição, da proibição de acumular a aposentadoria por idade, do regime geral da previdência, com a de qualquer outro regime (redação dada, ao art. 48 da Lei nº 8.213-91, pela Medida Provisória nº 1.523-13/1997). Trabalhador rural. Plausibilidade da argüição de inconstitucionalidade da exigência de contribuições anteriores ao período em que passou ela a ser exigível, *justificando-se ao primeiro, exame essa restrição apenas em relação à contagem recíproca de tempo de serviço público* (artigos 194, parágrafo único, I e II, e 202, §2º, da Constituição e redação dada aos artigos 55, §2º, 96, IV e 107 da Lei nº 8213-91, pela Medida Provisória nº 1523-13-97). Medida cautelar parcialmente deferida.

Como se nota, o STF adotou o posicionamento de que a soma do tempo de atividade privada ao de atividade no serviço público (contagem recíproca) depende de efetivas contribuições.

E não é só. O Tribunal de Contas da União também manteve o entendimento de que a averbação de tempo rural, por parte do servidor público, depende da prova de contribuição. É o que se depreende do Acórdão nº 1.893/2006-Plenário:[389]

> É possível a contagem recíproca de tempo de serviço rural, para fins de aposentadoria estatutária, *mediante comprovação do recolhimento das contribuições previdenciárias*, à época da realização da atividade rural ou, mesmo *a posteriori*, de forma indenizada, nos termos do art. 96, inciso IV, da Lei 8.213/1991 c/c com o art. 45, §§3º e 4º, da Lei 8.212/1991.

Bom que se diga que esses entendimentos citados (STF e TCU) ainda se mantêm. Evidentemente que cuidam de tempo rurícola, no entanto, as razões utilizadas servem para outros exemplos, certamente.

---

[388] BRASIL. STF. *ADI nº 1.664 MC*, j. 13.11.1997, public. 19.12.1997.

[389] BRASIL. Tribunal de Contas da União. *Acórdão nº 1.893/2006*. Plenário. Rel. Augusto Sherman. Data da sessão: 11.10.2006.

Assim, há de se conceber que a norma da EC nº 103/2019 não inovou, ao contrário, apenas reforçou jurisprudência já consolidada.

Há que se ter em mente, contudo, a integralidade da norma. De fato, o constituinte prevê a nulidade da contagem recíproca, sem a prova de contribuições, pelo segurado obrigatório responsável, à época do exercício da atividade. Assim, há de se perquirir se, na época em que se deu o exercício da atividade, era exigível do responsável alguma contribuição: se sim, a ausência de contribuição é, sem dúvida, causa hoje de nulidade; se não, não há que se falar na aplicação da norma em debate.

Dentro dessa perspectiva de intelecção da norma estatuída pelo art. 25, §3º, da EC nº 103/2019, chama atenção o caso do tempo de advocacia, para aposentadorias de magistrados e membros do Ministério Público.

O problema se origina em função das previsões constantes do art. 77 da LC nº 35/1979[390] e no art. 231, §1º, da LC nº 75/1993,[391] no sentido de que o tempo de advocacia deve ser contado como tempo de serviço, até o limite de quinze anos.

A questão da averbação de tempo de OAB sem a respectiva contribuição foi objeto de idas e vindas por parte do TCU. Depois de entender pela impossibilidade, houve alteração no entendimento, conforme se pode averiguar pelo seguinte arresto:[392]

> É *legal*, para fins de aposentadoria de magistrado, a contagem do tempo exercido como advogado, independentemente do recolhimento das contribuições previdenciárias, desde que comprovado por meio de certidão da OAB, apenas para os interessados que ingressaram na carreira antes do advento da EC 20, de 16/12/1998.

Calha salientar, ainda, que o STF decidiu, por maioria, pela validade de averbação de tempo de OAB sem a respectiva contribuição previdenciária. É certo que não se trata de decisão de caráter geral, mas ante a deliberação abaixo, é preciso fazer menção. Veja-se:[393]

> APOSENTADORIA – MAGISTRADO – ADVOCACIA – TEMPO – CONSIDERAÇÃO. O tempo de advocacia é computado, para efeito de aposentadoria, independentemente do recolhimento de contribuições – Lei Complementar nº 35/1979 e Emenda Constitucional nº 20/1998 – alcance.

Em todo caso, não se pode falar que a norma disciplinada pela EC nº 103/2019 é inconstitucional, tendo em vista que a solução definitiva para a questão do tempo de serviço na advocacia ainda pende de definição.

Por um último prisma de observação, calha salientar que a disposição analisada não necessariamente sofrerá a ação da decadência. Isso porque, ao que parece, o STF

---

390 BRASIL. *Lei Complementar nº 35/79*. Dispõe sobre a Lei Orgânica da Magistratura Nacional. "Art. 77. Computar-se-á, para efeito de aposentadoria e disponibilidade, o tempo de exercício da advocacia, até o máximo de quinze anos, em favor dos Ministros do Supremo Tribunal Federal e dos membros dos demais Tribunais que tenham sido nomeados para os lugares reservados a advogados, nos termos da Constituição federal".

391 BRASIL. *Lei Complementar nº 75/93*. Dispõe sobre a organização, as atribuições e o estatuto do Ministério Público da União. "Art. 231. [...] §1º Será contado como tempo de serviço para aposentadoria, não cumulativamente, até o limite de quinze anos, o tempo de exercício da advocacia".

392 BRASIL. Tribunal de Contas da União. *Acórdão nº 1.435/2019*. Plenário. Red. Walton Alencar Rodrigues. Data da sessão: 19.6.2019.

393 BRASIL. STF. Mandado de Segurança nº 34.401/DF. Primeira Turma. Rel. Min. Marco Aurélio, j. 29.6.2020.

vem adotando o entendimento de que tal instituto não incide em casos de flagrante inconstitucionalidade. Assim, como a contagem recíproca, como dito alhures, constitucionalmente sempre prescindiu de prova de contribuição, qualquer norma em sentido contrário ofende diretamente a Constituição, não se lhe aplicando, portanto, a decadência.

7.8.2 Aposentadoria-sanção

Os magistrados possuem garantias constitucionais de irredutibilidade dos subsídios, inamovibilidade e vitaliciedade.

Com o fim de fazer valer os efeitos de tais garantias e ao mesmo tempo permitir ao Judiciário a possibilidade de afastar do exercício funcional os juízes que cometem atos irregulares, a Lei Complementar Federal nº 35, de 14.3.1979, estabeleceu, em seu art. 56, que o Conselho Nacional da Magistratura poderá determinar a aposentadoria, com vencimentos proporcionais ao tempo de serviço, do magistrado que for manifestadamente negligente no cumprimento dos deveres do cargo, tiver procedimento incompatível com a dignidade, a honra e o decoro de suas funções, ou, ainda, possuir escassa ou insuficiente capacidade de trabalho, ou cujo proceder funcional seja incompatível com o bom desempenho das atividades do Poder Judiciário.

Essa previsão legal era, comumente, denominada aposentadoria-sanção, pois derivava de um ato irregular do magistrado, cuja consequência era a aplicação cogente da aposentadoria. Embora o tema provocasse discussão, o fato é que, realmente, tratava-se de sanção, pois impedir o trabalho normal a qualquer cidadão não pode ser considerado como qualquer tipo de benesse, ainda que seja uma aposentadoria remunerada.

O fato de a pena (aposentadoria compulsória) ser irrelevante ou moralmente questionável, ao permitir uma punição branda ao magistrado, é outra questão que não se confunde com a natureza punitiva desse tipo de aposentadoria. Natureza essa que se sobrepunha a possível direito do magistrado em requerer outra modalidade de inativação. Nesse sentido, julgado do STJ:

> [...] 1. É possível a revogação de aposentadoria voluntária anteriormente concedida a magistrado, para substituí-la pela que foi decorrente da pena cominada ao fim do processo administrativo disciplinar, qual seja, a aposentadoria compulsória prevista no art. 42, inciso V, da Lei Complementar nº 35/79. Precedentes.
>
> 2. Segundo orientação jurisprudencial desta Corte, tendo em vista a ausência de previsão na Lei Orgânica da Magistratura Nacional (LOMAN) sobre o prazo prescricional para apuração de infrações disciplinares cometidas por magistrados, deve ser aplicado, em caráter subsidiário, o Regime Jurídico dos Servidores Públicos Civis da União (Lei nº 8.112/90). Prescrição não configurada.
>
> 3. Agravo regimental improvido.[394]

---

[394] BRASIL. Superior Tribunal de Justiça. *AgRg no Recurso em Mandado de Segurança nº 24.121/ES*. Rel. Min. Jorge Mussi, 22.5.2012. Disponível em: https://www.jusbrasil.com.br/diarios/234450195/stj-27-03-2019-pg-3754. Acesso em: 18 jun. 2020: "Administrativo. Magistrado aposentado voluntariamente. Processo administrativo disciplinar. Aplicação da pena de aposentadoria compulsória. Art. 42, inciso V, da LOMAN. Prescrição da pretensão punitiva. Não ocorrência".

Importa esclarecer que tal aposentadoria era com proventos proporcionais. Nesse mesmo sentido, o julgamento inicial do Mandado de Segurança nº 30.840, em que a Ministra Cármen Lúcia, em decisão monocrática, decidiu:

> [...] 16. O Impetrante busca resguardar o alegado direito líquido e certo à aposentadoria integral e a sua paridade com o subsídio dos Ministros do Superior Tribunal de Justiça.
>
> A aposentadoria compulsória de magistrado como penalidade é proporcional ao tempo de serviço, conforme estipulado na legislação aplicável [...].[395]

Portanto, as autoridades indicadas como coatoras não dispunham de discricionariedade para optar pela integralidade dos proventos do impetrante, seja por ela resultar de expressa determinação legal, seja pelo caráter impositivo do julgamento do Conselho Nacional de Justiça.

Essa modalidade de aposentadoria, contudo, com a nova redação do inc. VIII do art. 93 da Constituição Federal, dada pela EC nº 103/2019, foi expressamente excluída do texto constitucional.

De fato, na redação anterior, o constituinte previa ato de "remoção, disponibilidade e aposentadoria" do magistrado. Em sua novel dicção, assevera o texto constitucional:

> [...] o ato de remoção ou de disponibilidade do magistrado, por interesse público, fundar-se-á em decisão por voto da maioria absoluta do respectivo tribunal ou do Conselho Nacional de Justiça, assegurada ampla defesa.[396]

Assim, atualmente, a pena administrativa mais grave prevista em lei para magistrados vitalícios é a disponibilidade com remuneração proporcional ao tempo de serviço. Lembrando-se de que, nesse caso, inexistirá a vacância do cargo e, portanto, somente poderá ocorrer substituição por convocação. Continua sem previsão constitucional a aplicação de sanção administrativa de demissão a magistrados.

A EC nº 103/2019 alterou o inc. VIII do art. 93 da Constituição Federal, retirando a possibilidade de ocorrência de aposentadoria do magistrado, por interesse público.

O objetivo de tal modificação foi excluir do texto constitucional a possibilidade da pena aplicável aos magistrados por conduta ilícita de aposentadoria compulsória com proventos proporcionais ao tempo de serviço. Nada obstante a vontade do legislador, reconhecida expressamente durante o processo legislativo de aprovação da emenda, o CNJ, por meio do Processo de Revisão Disciplinar nº 0001057-19.2019.2.00.0000, afastou a aplicação com o seguinte argumento, pronunciado pelo Ministro Dias Toffoli:

> Nesse contexto, pouco importa que a *voluntas legislatoris* do Constituinte Derivado tenha sido o desejo de suprimir a aposentadoria compulsória como pena imponível a um juiz, a pretexto de que se trataria de uma suposta benesse, e não de uma autêntica penalidade. Importa, isto sim, que a EC nº 103/2019, sem vedá-la expressamente, limitou-se a suprimir do texto constitucional a referência à aposentadoria compulsória. Ocorre que o próprio

---

395 BRASIL. Supremo Tribunal Federal. MS nº 30.840/DF. Rel. Min. Cármen Lúcia. *Diário de Justiça eletrônico*, 28 mar. 2012. Disponível em: https://jurisprudencia.stf.jus.br/pages/search/despacho358254/false. Acesso em: 18 jun. 2020.

396 BRASIL. [Constituição (1988)]. *Constituição da República Federativa do Brasil de 1988*. Brasília: Presidência da República, 1988. Disponível em: http://www.planalto.gov.br/ccivil_03/constituicao/constituicao.htm. Acesso em: 29 jan. 2020. Art. 93, inc. VIII.

texto constitucional continuou a prever, no art. 103-B, §4º, III, da Constituição Federal, a possibilidade de o Conselho Nacional de Justiça aplicar, além da remoção e da disponibilidade, "outras sanções administrativas".

7.8.3 Desaposentação, reaposentação e renúncia à aposentadoria

A desaposentação foi uma tese surgida no âmbito do Regime Geral de Previdência, segundo a qual o segurado que estivesse aposentado e voltasse a contribuir para o sistema poderia somar todos os períodos contributivos para concessão do primeiro benefício com o período trabalhado após a concessão referida e fazer um novo pedido de aposentadoria.

Quase sempre o novo benefício era de maior valor que o original, em função de maiores contribuições vertidas ao sistema. A controvérsia se formou em função do preceito contido no art. 18, §2º, da Lei de Benefícios do RGPS, a qual dispõe:

> [...] aposentado pelo Regime Geral de Previdência Social – RGPS que permanecer em atividade sujeita a este Regime, ou a ele retornar, não fará *jus* a prestação alguma da Previdência Social em decorrência do exercício dessa atividade.[397]

A questão, então, foi levada, depois de perambular por vários tribunais pátrios, ao deslinde do Supremo Tribunal Federal, que acabou por não reconhecer tal direito aos segurados.

Em sede de repercussão geral, o STF estabeleceu a seguinte tese:

> No âmbito do Regime Geral de Previdência Social – RGPS, somente lei pode criar benefícios e vantagens previdenciárias, não havendo, por ora, previsão legal do direito à "desaposentação", sendo constitucional a regra do art. 18, §2º, da Lei 8.213/1991.[398]

Tempos depois, outra tese, da reaposentação, voltava a fazer parte dos anseios dos segurados. Enquanto na desaposentação o segurado renunciava à antiga aposentadoria para pleitear outro benefício, no entanto, contando tanto o período usado na antiga aposentadoria quanto o novo, após a primeira aposentação; na reaposentação, o segurado renuncia à aposentadoria atual, de modo que a nova concessão considerará apenas o tempo e os salários posteriores à renúncia.

Entrementes, a tese foi rechaçada novamente pelo STF. A Corte Suprema acabou por alterar a tese anterior, destinada à desaposentação, para incluir no texto também a reaposentação. Veja-se como ficou a tese do STF:

> No âmbito do Regime Geral de Previdência Social – RGPS, somente lei pode criar benefícios e vantagens previdenciárias, não havendo, por ora, previsão legal do direito à "desaposentação" ou à "reaposentação", sendo constitucional a regra do art. 18, §2º, da Lei nº 8.213/91.

---

397 BRASIL. *Lei nº 8.213, de 24 de julho de 1991*. Dispõe sobre os Planos de Benefícios da Previdência Social e dá outras providências. Disponível em: http://www.planalto.gov.br/ccivil_03/LEIS/L8213cons.htm. Acesso em: 22 jan. 2020.

398 BRASIL. Supremo Tribunal Federal. *Recurso Extraordinário nº 661.256*. Min. Roberto Barroso, 27.10.2016. Disponível em: http://www.stf.jus.br/portal/jurisprudenciaRepercussao. Acesso em: 17 jul. 2020.

A possibilidade para o servidor público de seguir igual caminho, seja com relação à desaposentação ou à reaposentação, portanto, caiu por terra, cristalizando, com isso, a impossibilidade de o servidor renunciar à aposentadoria, com o fito de averbar e utilizar tempo em futura aposentadoria.

Julgado do Tribunal de Contas da União bem exemplifica o que vem de se falar:

> [...] - A renúncia à aposentadoria qualificada pela intenção de utilizar o tempo averbado na primeira jubilação em futura inativação é o que se denomina desaposentação;
>
> - A partir do julgamento conjunto dos Recursos Extraordinários 381.367, 827.833 e 661.256, firmou-se, no âmbito do Supremo Tribunal Federal, o entendimento no sentido de que, por não haver (por ora) previsão legal do direito à "desaposentação", não é possível deferir, âmbito do Regime Geral de Previdência social, pedidos de renúncia de aposentadoria com objetivo de utilizar o tempo averbado em inativação posterior.
>
> - Do mesmo modo, por não haver previsão legal do direito de "desaposentação" no âmbito dos Regimes Próprios de Previdência Social vinculados à União, também não é possível deferir, nesses regimes, pedidos de renúncia de aposentadoria que tenham por intenção utilizar o tempo averbado em jubilação futura.[399]

Nesse acórdão, o TCU respondeu assim às indagações que lhe foram direcionadas:

> [...] 9.2.1. até o entendimento firmado pelo Supremo Tribunal Federal na sessão de 26/10/2016, no julgamento dos Recursos Extraordinários 381.367, 827.833 e 661.256, a jurisprudência desta Corte de Contas se firmou no sentido de que a averbação de tempo de serviço em outro órgão do serviço público federal, em decorrência de renúncia à aposentadoria era possível, não podendo, entretanto, produzir direitos de caráter personalíssimo, remuneratório ou não (como quintos, adicional por tempo de serviço, licença prêmio por assiduidade etc.), fundados em normas já revogadas à época do novo pedido de aposentadoria;
>
> 9.2.2. em face do referido julgamento do STF, em razão de não haver, por ora, previsão legal do direito à desaposentação para os servidores públicos, não é possível a renúncia à aposentadoria vinculada a regime próprio de previdência com objetivo de contagem de tempo de contribuição já utilizado, em outro benefício, seja vinculado a regime próprio, seja vinculado ao regime geral;
>
> 9.2.3. esclarecer quanto à possibilidade de ocorrer a renúncia formal à aposentadoria estatutária nos casos em que o servidor não tiver recebido proventos com vencimentos, ou seja, quando não houver usufruído efetivamente a condição de aposentado, enquanto ocupante do novo cargo público (recebimento de proventos sem a contraprestação laboral).

Do julgado acima é preciso destacar o item 9.2.3, que reconhece que a vedação não se aplica àqueles que se aposentaram e, em momento algum, vieram a perceber benefício de aposentadoria com vencimentos de cargo público. Tal situação poderá contemplar diversos agentes públicos que se aposentaram e assumiram novos cargos

399 BRASIL. Tribunal de Contas da União. *Acórdão nº 2.126/2018*. Plenário. Rel. Min. Vital do Rêgo, 12.9.2018. Disponível em: https://pesquisa.apps.tcu.gov.br/#/redireciona/acordao-completo/%22ACORDAO-COMPLETO-1633067%22. Acesso em: 5 jul. 2020: "Consulta. Dúvidas acerca dos efeitos da averbação de tempo de serviço oriundo de renúncia de aposentadoria. Precedentes do TCU sobre o tema. Inexistência de conflito com o art. 100 da Lei 8.112/1990. Reflexos após o julgamento dos recursos extraordinários 381.367, 827.833 e 661.256. Impossibilidade de desaposentação no âmbito dos regimes próprios de previdência social vinculados à União em virtude da inexistência de previsão legal. Esclarecimento. Arquivamento".

públicos inacumuláveis, mas que, em momento algum, receberam, simultaneamente, proventos com remuneração de cargo efetivo.

Por meio do Acórdão nº 2.126/2018-Plenário, o TCU entendeu pela impossibilidade de renúncia/desaposentação no RPPS da União, ante o entendimento do STF que considerou ilegítima desaposentação no RGPS, por ausência de previsão legal.

Nada obstante, em função de embargos de declaração opostos pelo Ministério Público que atua junto ao TCU, a Corte aclarou que a vedação não se aplica às situações em que inexistiu percepção de proventos por parte do servidor, sejam os cargos acumuláveis ou não. Ademais, em atendimento à segurança jurídica, a Corte Federal entendeu por modular os efeitos a contar dessa novel deliberação proferida no acórdão a seguir. Veja-se:

> ACÓRDÃO Nº 193/2022 – TCU – Plenário
>
> 1. Processo TC 006.542/2013-1.
>
> 2. Grupo II – Classe de Assunto: I - Embargos de declaração (Consulta).
>
> 3. Embargante: Ministério Público junto ao TCU.
>
> 4. Órgão: Tribunal Superior Eleitoral.
>
> 5. Relator: Ministro Vital do Rêgo.
>
> 5.1. Relator da deliberação recorrida: Ministro Vital do Rêgo.
>
> 6. Representante do Ministério Público: não atuou.
>
> 7. Unidade Técnica: não atuou.
>
> 8. Representação legal: não há.
>
> 9. Acórdão:
>
> VISTOS, relatados e discutidos estes autos nos quais se analisam embargos de declaração opostos pelo Ministério Público junto ao TCU em face do Acórdão 2.126/2018-TCU-Plenário;
>
> ACORDAM os Ministros do Tribunal de Contas da União, reunidos em Sessão do Plenário, diante das razões expostas pelo Relator, em:
>
> 9.1. conhecer dos presentes embargos de declaração com fundamento nos arts. 32, inciso II, e 34 da Lei 8.443/1992, para, no mérito, acolhê-los, de forma a conferir nova redação ao subitem 9.2.3 do Acórdão 2.126/2018-TCU-Plenário, nos termos a seguir:
>
> *9.2.3. ressalva-se do disposto no subitem 9.2.2 a possibilidade de ocorrer a renúncia formal à aposentadoria estatutária nos casos em que o servidor não houver usufruído efetivamente a condição de aposentado no cargo anterior (recebimento de proventos sem a contraprestação laboral), sejam os cargos acumuláveis ou não, nos termos da Constituição Federal;*
>
> 9.2. em observância aos princípios da segurança jurídica e da isonomia, modular o alcance do Acórdão 2.126/2018-TCU-Plenário para que passe a produzir efeitos a partir da presente deliberação;
>
> 9.3. dar ciência desta deliberação ao embargante, ao Tribunal Superior Eleitoral, bem como aos órgãos centrais e setoriais de gestão de pessoal das três esferas de poder.

CAPÍTULO 8

APOSENTADORIAS ESPECIAIS

Como o próprio nome indica, a aposentadoria especial decorre de eventos de natureza diferenciada daquelas situações que caracterizam a aposentadoria ordinária.

8.1 Retrospectiva

Importa destacar, antes que se adentre nas espécies de aposentadoria especial destacadas pela nova redação constitucional, que a concessão dessa modalidade de inativação também está amparada pelo direito adquirido previsto no art. 3º da EC nº 103/2019.[400]

Assim, os servidores que cumpriram com as exigências anteriores à promulgação da nova emenda constitucional podem valer-se das regras vigentes em momento pretérito à nova reforma previdenciária.

O problema é que essa modalidade de inativação não dispunha de norma própria, embora o texto constitucional assim previsse.

De fato, a não ser pela Lei Complementar nº 51/1985,[401] que cuida de aposentadorias de policiais, o ordenamento jurídico pátrio não dispunha de normativos próprios destinados ao servidor público. Por isso que, ao enfrentar o tema, o Supremo Tribunal Federal, em sede de mandado de injunção, utilizou-se da Lei nº 8.213/1991,[402] de forma análoga, para garantir o direito do servidor à aposentadoria especial.[403]

---

[400] BRASIL. [Constituição (1988)]. *Emenda Constitucional nº 103, de 12 de novembro de 2019*. Altera o sistema de previdência social e estabelece regras de transição e disposições transitórias. Disponível em: http://www.planalto.gov.br/ccivil_03/Constituicao/Emendas/Emc/emc103.htm#art1. Acesso em: 23 fev. 2020: "Art. 3º A concessão de aposentadoria ao servidor público federal vinculado a regime próprio de previdência social e ao segurado do Regime Geral de Previdência Social e de pensão por morte aos respectivos dependentes será assegurada, a qualquer tempo, desde que tenham sido cumpridos os requisitos para obtenção desses benefícios até a data de entrada em vigor desta Emenda Constitucional, observados os critérios da legislação vigente na data em que foram atendidos os requisitos para a concessão da aposentadoria ou da pensão por morte".

[401] BRASIL. *Lei Complementar nº 51, de 20 de dezembro de 1985*. Dispõe sobre a aposentadoria do funcionário policial, nos termos do art. 103, da Constituição Federal. Disponível em: http://www.planalto.gov.br/ccivil_03/ Leis/LCP/Lcp51.htm. Acesso em: 28 mar. 2020.

[402] BRASIL. Lei nº 8.213, de 24 de julho de 1991. Dispõe sobre os Planos de Benefícios da Previdência Social e dá outras providências. *Diário Oficial da União [da] República Federativa do Brasil*, Brasília, 25 jul. 1991. Republicada em 11 abr. 1996 e 14 ago. 1998.

[403] BRASIL. Supremo Tribunal Federal. Mandado de Injunção nº 1024. Rel. Min. Menezes Direito, 3.8.2009. *Diário da Justiça*, Brasília, 1º set. 2009.

Deve-se notar que, ao utilizar como parâmetro a Lei do RGPS, o principal requisito para a aposentadoria especial tornou-se o cumprimento do período mínimo de 25 anos de atividade especial, de forma permanente, não ocasional nem intermitente. Assim, não havia a exigência de outros requisitos, como tempo de serviço público, tempo no cargo, idade mínima, aplicáveis às demais modalidades de aposentadoria permitidas ao servidor público.

A CF/1988 determinava, também em sua redação anterior,[404] que o tempo para aposentadoria especial fosse prestado inteiramente sob condições específicas. Assim, ampliar essa exclusividade, com a permissão de cômputo de licenças – especial ou prêmio –, por exemplo, significava ampliar uma liberalidade não prevista pelo Texto Constitucional.

Nem sempre os dias trabalhados em condições que prejudiquem a saúde do servidor eram aproveitados para aposentação especial. Assim, poderia ocorrer a chamada conversão de dias trabalhados em condições insalubres ou perigosas para fins de concessão de aposentadoria ordinária. Julgado do STJ bem delimita a matéria:

> 1. A tese principal gira em torno do reconhecimento do direito de a servidora pública federal aposentada, tendo exercido emprego público federal regido pela CLT, à conversão do tempo de serviço exercido sob as regras do regime geral da previdência, prestadas em condições especiais/insalubres.
>
> 2. A Terceira Seção do STJ, em recente julgamento, datado de 24.09.2008, reiterou o entendimento de caber ao servidor público o direito à contagem especial de tempo de serviço celetista prestado em condições especiais antes da Lei nº 8112/1990, para fins de aposentadoria estatutária (AR 3320/PR).
>
> 3. É devida a aposentadoria especial, se o trabalhador comprova que efetivamente a exerceu sob condições especiais. [...].[405]

Questão interessante, com relação ao ordenamento anterior, dizia respeito à possibilidade de se computar tempo ficto após a publicação da EC nº 20/1998.

Para analisar essa questão, deve-se reconhecer, primeiramente, por lógico, que a conversão de tempo especial em comum – ponderação – é, sem dúvida, tempo ficto. Entretanto, nessa condição não há impedimento constitucional, porquanto o constituinte proibiu, segundo a redação constitucional anterior, que lei estabelecesse contagem de tempo ficto. Ora, a aposentadoria especial decorria de previsão da própria Carta Magna, logo, a ponderação dela decorrente possuía matriz constitucional e não legal.

Tratava-se de privilegiar o princípio da unidade constitucional, o qual estabelece que a Constituição não deve ser interpretada isoladamente, mas, sim, ser tomada em todo seu conjunto. Com essa sistemática, harmonizava-se a proibição genérica de contagem de tempo ficto com as regras especiais. Em função disso é que a Orientação Normativa

---

[404] BRASIL. [Constituição (1988)]. *Constituição da República Federativa do Brasil de 1988*. Brasília: Presidência da República, 1988. Disponível em: http://www.planalto.gov.br/ccivil_03/constituicao/constituicao.htm. Acesso em: 29 jan. 2020. Art. 40, §4º.

[405] BRASIL. Superior Tribunal de Justiça. Agravo Regimental no Recurso Especial nº 1005028/RS. Sexta Turma. Rel. Min. Jane Silva. *Diário de Justiça*, 17 nov. 2009: "Agravo Regimental. Recurso Especial. Servidor público. Aposentadoria por tempo de serviço. Atividade especial. Regime celetista. Conversão em tempo especial. Possibilidade. Expedição de Certidão de Tempo de Serviço pela autarquia previdenciária. Precedente da 3ª Seção do STJ. Inaplicabilidade ao Caso. Agravo Regimental a que se nega o provimento".

nº 10/2010 – MPOG prevê, no art. 9º, a conversão do tempo de serviço exercido em condições especiais em tempo comum.[406]

Há que se ressaltar, também, que, em conformidade com a Orientação Normativa MPS/SPS nº 02/2009, art. 76, §1º: "não se considera fictício o tempo definido em lei como tempo de contribuição para fins de concessão de aposentadoria quando tenha havido, por parte do servidor, a prestação de serviço ou a correspondente contribuição".[407]

Todavia, o STF, em diversas ocasiões, acabou por adotar o entendimento de que tal conversão não seria possível ao servidor público, sob a justificativa da inexistência de previsão constitucional que assegurasse a contagem diferenciada do tempo de serviço e sua averbação na ficha funcional.[408]

Após inúmeros questionamentos jurídicos, a matéria foi solucionada pela Corte Suprema com o julgamento definitivo do RE nº 1.014.286, em sede de repercussão geral, que enfim deu contornos visíveis à questão, conforme será detalhadamente explicitado no subitem 8.5, que trata da aposentadoria especial dos servidores que exercem atividades com efetiva exposição a agentes químicos, físicos e biológicos prejudiciais à saúde.

8.2 O novo ordenamento estabelecido pela EC nº 103/2019

A nova redação dada à Constituição pela EC nº 103/2019 trouxe mudanças substanciais a essa modalidade de inativação. Veja-se, de início, portanto, as novas disposições constitucionais acerca do tema:

> Art. 40. [...]
>
> §4º É vedada a adoção de requisitos ou critérios diferenciados para concessão de benefícios em regime próprio de previdência social, ressalvado o disposto nos §§4º-A, 4º-B, 4º-C e 5º
>
> §4º-A. Poderão ser estabelecidos por lei complementar do respectivo ente federativo idade e tempo de contribuição diferenciados para aposentadoria de servidores com deficiência, previamente submetidos a avaliação biopsicossocial realizada por equipe multiprofissional e interdisciplinar.
>
> §4º-B. Poderão ser estabelecidos por lei complementar do respectivo ente federativo idade e tempo de contribuição diferenciados para aposentadoria de ocupantes do cargo de agente penitenciário, de agente socioeducativo ou de policial dos órgãos de que tratam o inciso IV do caput do art. 51, o inciso XIII do caput do art. 52 e os incisos I a IV do caput do art. 144.
>
> §4º-C. Poderão ser estabelecidos por lei complementar do respectivo ente federativo idade e tempo de contribuição diferenciados para aposentadoria de servidores cujas atividades sejam exercidas com efetiva exposição a agentes químicos, físicos e biológicos prejudiciais

406 BRASIL. Ministério do Planejamento, Orçamento e Gestão. *Orientação Normativa SRH nº 10 de 5 de novembro de 2010*. Estabelece orientação aos órgãos e entidades integrantes do SIPEC quanto à concessão de aposentadoria especial de que trata o art. 57 da Lei nº 8.213, de 24 de julho de 1991 (Regime Geral de Previdência Social), aos servidores públicos federais amparados por Mandados de Injunção. Disponível em: https://www.normasbrasil.com.br/norma/?id=91258. Acesso em: 19 jun. 2020.

407 BRASIL. Ministério da Previdência Social. *Orientação Normativa nº 02, de 31 de março de 2009*. Disponível em: http://sa.previdencia.gov.br/site/2016/06/ORIENTACAONORMATIVASPSn02de31mar2009atualizadaate11jul2014-1-1.pdf. Acesso em: 23 mar. 2020.

408 BRASIL. Supremo Tribunal Federal. *Mandado de Injunção nº 2.123/DF*. Rel. Min. Marco Aurélio. Rel. Min. Dias Toffoli, 1º.8.2013. Disponível em: https://jurisprudencia.stf.jus.br/pages/search/sjur237243/false. Acesso em: 5 jul. 2020. No mesmo sentido: Mandado de Injunção nº 2.370//DF; MI nº 2.508/DF.

> à saúde, ou associação desses agentes, vedada a caracterização por categoria profissional ou ocupação.
>
> §5º Os ocupantes do cargo de professor terão idade mínima reduzida em 5 (cinco) anos em relação às idades decorrentes da aplicação do disposto no inciso III do §1º, desde que comprovem tempo de efetivo exercício das funções de magistério na educação infantil e no ensino fundamental e médio fixado em lei complementar do respectivo ente federativo.[409]

Note-se que, no texto anterior,[410] o constituinte previa a vedação de "requisitos e critérios" diferenciados para a concessão de aposentadoria, ressalvados os casos de portadores de deficiência, que exerciam atividades de risco ou que trabalhavam em atividades sob condições especiais que prejudicassem a saúde ou a integridade física.

Pois bem. A novel redação do §4º do art. 40 da Constituição dispõe que é "vedada a adoção de *requisitos ou critérios* diferenciados para concessão de benefícios em regime próprio de previdência social, ressalvado o disposto nos §§4º-A, 4º-B, 4º-C e 5º".[411]

Discreta, porém, substancial, na abrangência do dispositivo, foi a alteração da locução "requisitos e critérios" para "requisitos ou critérios". Ao prever que nem requisito nem critério pode ser diferenciado da modalidade ordinária, o constituinte amplia o domínio normativo que impõe a EC nº 103/2019, restringindo a concessão de aposentadorias especiais ao estipulado pela própria emenda.

Outra alteração discreta, porém, abrangente que o constituinte promoveu foi com relação ao tipo de benefício. A redação anterior vedava a adoção de critérios e requisitos diferenciados para "a concessão de aposentadoria". Na nova redação, instituída pela EC nº 103/2019, a vedação abrange a "concessão de benefícios", sejam eles quais forem. Assim, houve um alargamento da vedação.

8.3 Aposentadoria especial dos servidores com deficiência

Cabe destacar, de antemão, que somente a contar da EC nº 47/2005 é que houve previsão expressa de aposentadoria de pessoas com deficiência para os servidores públicos.

Nos RPPS, contudo, embora houvesse a previsão constitucional, a norma não havia sido regulamentada. Apenas para efeito de comparação, para os segurados do RGPS, o marco legal ocorreu apenas a partir da LC nº 142/2013.

Diante desse cenário, vários servidores conseguiram via mandado de injunção a determinação para os órgãos e entidades avaliarem pedidos de aposentadoria especial nessa condição.

---

409 BRASIL. [Constituição (1988)]. *Constituição da República Federativa do Brasil de 1988*. Brasília: Presidência da República, 1988. Disponível em: http://www.planalto.gov.br/ccivil_03/constituicao/constituicao.htm. Acesso em: 29 jan. 2020.

410 BRASIL. [Constituição (1988)]. *Constituição da República Federativa do Brasil de 1988*. Brasília: Presidência da República, 1988. Disponível em: http://www.planalto.gov.br/ccivil_03/constituicao/constituicao.htm. Acesso em: 29 jan. 2020: "Art. 4º [...] §4º [redação da EC nº 47/05]. É vedada a adoção de *requisitos e critérios* diferenciados para a *concessão de aposentadoria* aos abrangidos pelo regime de que trata este artigo, ressalvados, nos termos definidos em leis complementares, os casos de servidores [...]".

411 BRASIL. [Constituição (1988)]. *Constituição da República Federativa do Brasil de 1988*. Brasília: Presidência da República, 1988. Disponível em: http://www.planalto.gov.br/ccivil_03/constituicao/constituicao.htm. Acesso em: 29 jan. 2020.

Entretanto, como não havia qualquer marco legal, principalmente em períodos anteriores à LC nº 142/2013, o STF determinou a aplicação, no que coubesse, do art. 57 da Lei nº 8.213/1991.

Todavia, esse dispositivo não tem qualquer relação com avaliação de deficiência e sim com risco à saúde do segurado. Desse modo, o gestor público ficou em situação bastante difícil para atender à deliberação judicial. Em realidade, o que se fez foi verificar se, no período de 25 anos de contribuição, o servidor comprovava ser deficiente, independentemente de grau (leve, moderado ou grave), condição que surgiria apenas com a LC nº 142/2013.

O STF tem examinado essas situações e tem deliberado que a LC nº 142/2013 somente se aplica para aposentadorias posteriores, sendo as anteriores submetidas ao art. 57 da Lei nº 8.213/1991. Veja-se:

> O Ministro Luiz Fux apontou que o STF já reconheceu a mora legislativa relativamente à disciplina da aposentadoria especial de servidores públicos, prevista no art. 40, parágrafo 4º, da Constituição Federal. O dispositivo estabelece que lei complementar irá definir a aposentadoria especial dos servidores portadores de deficiência.
>
> [...] O relator explicou que, na primeira análise do MI 5126, ainda não havia regulamentação específica do direito à aposentadoria especial das pessoas com deficiência pelo Regime Geral de Previdência Social, razão pela qual o Supremo vinha determinando a aplicação do artigo 57 da Lei 8.213/1991. No entanto, com a regulamentação da aposentadoria da pessoa com deficiência naquele regime, o ministro reconsiderou parcialmente a decisão anterior e determinou a aplicação da LC 142/2013 a partir da data em que entrar em vigor (seis meses após sua publicação) e até que o direito dos servidores públicos na mesma condição seja objeto de regulamentação. Ressalvou, porém, que, até a sua entrada em vigor, mantém-se a aplicação do artigo 57 da Lei 8.213/1991.[412]

A EC nº 103/2019 veio, enfim, trazer novas luzes ao tema. De fato, a primeira hipótese de aposentadoria especial destacada pelo constituinte é dos servidores com deficiência (art. 40, §4º-A). Duas alterações já se observam com relação à redação anterior.

Primeiramente, deixou-se de se consignar a expressão "portadores de deficiência", para prever simplesmente "servidores com deficiência". Essa nova nomenclatura vai ao encontro do disposto na Lei nº 13.146/2015, que instituiu no ordenamento jurídico pátrio o Estatuto da Pessoa com Deficiência, que dispõe:

> Art. 2º Considera-se pessoa com deficiência aquela que tem impedimento de longo prazo de natureza física, mental, intelectual ou sensorial, o qual, em interação com uma ou mais barreiras, pode obstruir sua participação plena e efetiva na sociedade em igualdade de condições com as demais pessoas.[413]

---

412 BRASIL. Supremo Tribunal Federal. *Mandado de Injunção nº 5.126*. Rel. Min. Luiz Fux, 27.11.2013. Disponível em: http://portal.stf.jus.br/processos/detalhe.asp?incidente=4320559. Acesso em: 9 jun. 2020.

413 BRASIL. *Lei nº 13.146, de 6 de julho de 2015*. Institui a Lei Brasileira de Inclusão da Pessoa com Deficiência (Estatuto da Pessoa com Deficiência). Disponível em: http://www.planalto.gov.br/ccivil_03/_ato2015-2018/2015/lei/l13146.htm. Acesso em: 19 jun. 2020.

A segunda alteração diz respeito à necessidade de tais servidores com deficiência serem previamente submetidos à avaliação biopsicossocial realizada por equipe multiprofissional e interdisciplinar.

Essa segunda exigência também está prevista no Estatuto da Pessoa com Deficiência, o qual, no §1º do art. 2º, determina que a equipe interdisciplinar leve em consideração, na avaliação:

a) os impedimentos nas funções e nas estruturas do corpo;
b) os fatores socioambientais psicológicos e pessoais;
c) a limitação no desempenho de atividades; e
d) a restrição de participação.

Importa considerar que o constituinte previu, no entanto, a necessidade de lei complementar para o estabelecimento dessa modalidade de aposentadoria especial. Entretanto, enquanto não editada tal lei, a própria EC nº 103/2019 estabeleceu regra de transição, *verbis*:

> Art. 22. Até que lei discipline o §4º-A do art. 40 e o inciso I do §1º do art. 201 da Constituição Federal, a aposentadoria da pessoa com deficiência segurada do Regime Geral de Previdência Social ou do servidor público federal com deficiência vinculado a regime próprio de previdência social, desde que cumpridos, no caso do servidor, o tempo mínimo de 10 (dez) anos de efetivo exercício no serviço público e de 5 (cinco) anos no cargo efetivo em que for concedida a aposentadoria, será concedida na forma da Lei Complementar nº 142, de 8 de maio de 2013, inclusive quanto aos critérios de cálculo dos benefícios.
>
> Parágrafo único. Aplicam-se às aposentadorias dos servidores com deficiência dos Estados, do Distrito Federal e dos Municípios as normas constitucionais e infraconstitucionais anteriores à data de entrada em vigor desta Emenda Constitucional, enquanto não promovidas alterações na legislação interna relacionada ao respectivo regime próprio de previdência social.[414]

Algumas considerações a respeito se mostram importantes.

Observa-se que tal regra de transição determina que a aposentadoria será concedida tendo por base a Lei Complementar nº 142/2013, inclusive quanto aos critérios e cálculo dos benefícios.

Pois bem. A Lei Complementar nº 142/2013 considera pessoa com deficiência, segundo disposto em seu art. 2º, aquele que "tem impedimentos de longo prazo de natureza física, mental, intelectual ou sensorial, os quais, em interação com diversas barreiras, podem obstruir sua participação plena e efetiva na sociedade em igualdade de condições com as demais pessoas".

Além disso, a citada lei estabelece as seguintes condições para a inativação da pessoa com deficiência, endereçadas primeiramente aos segurados do RGPS e, agora, também direcionadas ao servidor público com deficiência:

> Art. 3º É assegurada a concessão de aposentadoria pelo RGPS ao segurado com deficiência, observadas as seguintes condições:

[414] BRASIL. [Constituição (1988)]. *Emenda Constitucional nº 103, de 12 de novembro de 2019*. Altera o sistema de previdência social e estabelece regras de transição e disposições transitórias. Disponível em: http://www.planalto.gov.br/ccivil_03/Constituicao/Emendas/Emc/emc103.htm#art1. Acesso em: 23 fev. 2020.

I - aos 25 (vinte e cinco) anos de tempo de contribuição, se homem, e 20 (vinte) anos, se mulher, no caso de segurado com deficiência grave;

II - aos 29 (vinte e nove) anos de tempo de contribuição, se homem, e 24 (vinte e quatro) anos, se mulher, no caso de segurado com deficiência moderada;

III - aos 33 (trinta e três) anos de tempo de contribuição, se homem, e 28 (vinte e oito) anos, se mulher, no caso de segurado com deficiência leve; ou

IV - aos 60 (sessenta) anos de idade, se homem, e 55 (cinquenta e cinco) anos de idade, se mulher, independentemente do grau de deficiência, desde que cumprido tempo mínimo de contribuição de 15 (quinze) anos e comprovada a existência de deficiência durante igual período.[415]

Nota-se que, conforme a gravidade da deficiência, o tempo exigido de contribuição como deficiente se altera. Evidentemente, há de se conceber que uma pessoa com deficiência grave tem mais dificuldade profissional do que aquela que tem deficiência leve, por exemplo, por isso a discriminação do texto legal.

Além da inativação por tempo de contribuição, o servidor com deficiência também pode se aposentar por idade, segundo prevê a Lei Complementar nº 142/2013. Entretanto, em ambos os casos, no art. 22 da EC nº 103/2019, o constituinte faz a exigência de que o servidor, e somente ele, tenha 10 (dez) anos de efetivo exercício no serviço público e 5 (cinco) anos no cargo efetivo em que for concedida a aposentadoria.

Aqui, portanto, nasceu uma diferenciação difícil de explicar pela lógica jurídica. Uma vez que a ideia é de aproximação dos regimes previdenciários, tanto que o constituinte iguala o servidor público ao segurado do RGPS e os submete à mesma lei, ao menos temporariamente até que advenha lei definitiva, por que exigir-se do servidor 10 (dez) anos de efetivo exercício no serviço público e 5 (cinco) anos no cargo efetivo?

Cabe lembrar que a Lei Complementar nº 142/2013 veda que a redução do tempo de contribuição, em virtude de deficiência, seja acumulada com a redução assegurada aos casos de atividades exercidas sob condições desfavoráveis que prejudiquem a saúde ou a integridade física.

Convém mencionar que a LC nº 142/2013 foi regulamentada pelo Decreto nº 8.145/2013, sobre o qual há comentários que se fazem necessários.

Primeiramente, é de se compreender que é possível a concessão de aposentadoria especial ao servidor público nessa condição, independentemente de ter ingressado em vaga reservada para pessoa com deficiência, bem assim que ocorra evolução da deficiência durante o vínculo de trabalho.

Nessas hipóteses haverá ajuste proporcional em relação aos períodos trabalhados sem deficiência e com deficiência, dependendo do grau, de acordo com referências constantes do citado decreto.

A respeito da proporcionalidade a ser aplicada, em casos em que haja períodos com ou sem deficiência, o §1º do art. 70-E do Decreto nº 3.048/1999, com a alteração dada pelo Decreto nº 8.145/2013, dispõe:

---

415 BRASIL. *Lei Complementar nº 142, de 8 de maio de 2013*. Regulamenta o §1º do art. 201 da Constituição Federal, no tocante à aposentadoria da pessoa com deficiência segurada do Regime Geral de Previdência Social – RGPS. Disponível em: http://www.planalto.gov.br/ccivil_03/LEIS/LCP/Lcp142.htm. Acesso em: 19 jun. 2020.

> O grau de deficiência preponderante será aquele em que o segurado cumpriu maior tempo de contribuição, antes da conversão, e servirá como parâmetro para definir o tempo mínimo necessário para a aposentadoria por tempo de contribuição da pessoa com deficiência e para a conversão.

Nessa linha, ter-se-ia que, em hipótese de o servidor ter ficado mais tempo com deficiência distinta da que detém no momento da aposentadoria, aquela deverá ser o parâmetro do tempo mínimo a ser atingido para ter o direito ao benefício.

Observe-se o seguinte exemplo.

Determinado servidor possui 6 (seis) anos de contribuição sem ser pessoa com deficiência, depois passa a ter deficiência no grau leve e permanece por 15 (quinze) anos nessa condição. A deficiência evolui para moderada e permanece por 12 (doze) anos até data de apuração do direito à inativação. Nos termos do normativo, o tempo mínimo a ser considerado para fins de avaliação da situação é o da deficiência leve, ou seja, 33 (trinta e três) anos para homens e 28 (vinte e oito) para mulheres.

Deve-se compreender, ainda, que, nos casos de aposentadoria de servidor com deficiência por idade, o tempo mínimo de 15 (quinze) anos independe do grau da deficiência, isto é, podem-se somar graus distintos de deficiência para atingir os 15 (quinze) anos exigidos.

Questão *sui generis* que ocorre nessa modalidade é quando o servidor ingressa em vaga reservada para pessoas com deficiência e depois solicita o direito à aposentadoria pelo mesmo motivo e, no entanto, a perícia médica entende que o agente não consegue enquadrar-se em qualquer grau de deficiência que lhe possibilite a aposentadoria.

Estranho? Sim, muito estranho, mas na vida prática está ocorrendo. É possível que a explicação para essa situação real, porém bastante atípica, é que as regras de avaliação para comprovar deficiência no ingresso são distintas daquelas a serem observadas para a concessão de aposentadoria.

Ademais, é sabido que há certa flexibilidade na compreensão, pelo Poder Judiciário, de deficiência para reserva de vaga para ingresso no serviço público. Exemplo clássico disso é a visão monocular, que era inadmitida como deficiência para fins de reserva de vagas, e foi, posteriormente, aceita pela jurisprudência.

De fato, talvez seja o momento de se rever essas assimetrias, porquanto é inadmissível concordar que o conceito de deficiência para ingresso em cargos públicos seja diferente daquele para fins de aposentadoria. Lembre-se de que as diretrizes para comprovar o direito à aposentadoria especial estão elencadas na Portaria Interministerial AGU/MPS/MF/SEDH/MP nº 1 de 27.1.2014.

Observe-se que as regras da EC nº 103/2019, aqui analisadas, aplicam-se somente ao servidor público federal, a teor do parágrafo único do art. 22 da EC nº 103/2019.

O art. 22 da EC nº 103/2019 prevê, expressamente, que tanto o RGPS quanto o RPPS da União devem adotar, até superveniência de novel legislação, as disposições da LC nº 142/2013, inclusive em relação ao critério de cálculo, no que tange à concessão de aposentadoria de pessoa com deficiência.

Necessário destacar que, recentemente, o STF, ao analisar pedido de alteração na Súmula Vinculante nº 33, PSV nº 118/DF, com o intuito de incluir essa espécie de aposentadoria especial, decidiu pela desnecessidade, na forma do voto do Ministro Relator Alexandre de Moraes, *verbis:*

> Com efeito, com a promulgação da Emenda Constitucional 103/2019, a aposentadoria especial dos servidores públicos passou por profunda modificação, sendo que as lacunas normativas então existentes, as quais justificaram a aprovação do Enunciado Vinculante 33 e o pedido revisional que ora se analisa, já não mais subsistem, motivo pelo qual a presente revisão perdeu seu objeto.

Assim, ficou assentado que inexiste lacuna em qualquer RPPS, a respeito dessa modalidade de inativação, ante o citado art. 22 da EC nº 103/2019.

Nada obstante, questão importante é saber se, no cálculo da média das remunerações de contribuição, deve-se utilizar a regra vigente anteriormente, ou seja, 80% das maiores remunerações ou adotar a disposição da EC nº 103/2019, no *caput* do art. 26, que determina considerar 100% das remunerações de contribuição.

Segundo o Decreto nº 10.410/2020, que alterou o 3.048/1999 e que regulamentou a aplicação da EC nº 103/2019 no RGPS, deve-se utilizar a regra nova. Tal opção normativa é objeto de críticas, porquanto a EC nº 103/2019, ao mencionar a Lei Complementar nº 142/2013, faz remissão às regras de apuração do período-base de cálculo da Lei nº 8.213/1991, ou seja, estar-se-ia a referir à média aritmética dos maiores salários de contribuição correspondentes a 80% do período contributivo.

À primeira vista, portanto, não houve alteração legislativa quanto ao cálculo da aposentadoria e pessoa com deficiência. Entrementes, o INSS emitiu, em 30.11.2019, o Ofício Circular nº 64/2019, do qual se extrai o seguinte direcionamento:

> Ficam mantidas as concessões da aposentadoria por idade rural – agora chamada de aposentadoria do trabalhador rural e do garimpeiro – e as aposentadorias da pessoa com deficiência da Lei Complementar nº 142, de 08 de maio de 2013, nas mesmas condições anteriormente previstas, inclusive quanto ao seu valor observadas, no entanto, as novas regras quanto à formação do Período Base de Cálculo – PBC tratadas neste Ofício-Circular.[416]

Assim, segundo aquela autarquia previdenciária, não existe mais possibilidade de exclusão das 20% menores contribuições do PBC. Isso porque o art. 26 da EC nº 103/2019 teria revogado o art. 29 da Lei nº 8.213/1991.

Cumpre salientar, ainda, quanto a esse tema, que o Decreto nº 8.145/2013, que regulamentou a LC nº 142/2013, prevê que, quando houver situações de segurados sem deficiência e com deficiência leve, moderada ou grave, deverá ser feito um ajuste proporcional nos tempos de contribuição, na forma da tabela apresentada no normativo, em razão da deficiência preponderante – tempo maior de contribuição entre os períodos com deficiência.

Exemplo de cálculos de proventos será objeto de capítulo específico.

---

416 BRASIL. *Ofício SEI Circular nº 064/2019/DIRBEN/INSS*. Disponível em: https://www.ieprev.com.br/assets/docs/ofSEIcircular64DIRBEN-INSS.pdf. Acesso em: 4 maio 2022.

8.4 Aposentadoria especial do policial civil. Apanhado histórico

A legislação aplicável aos policiais civis sempre necessitou de reflexão mais apurada do intérprete, tendo em vista a especificidade do tema. Percorra-se, agora, os caminhos normativos/doutrinários anteriores à promulgação da nova Emenda Constitucional nº 103/2019.

As aposentadorias destinadas a esses servidores possuíam amparo constitucional no art. 40, §4º, da Constituição Federal, na redação dada pela EC nº 20/1998, em cujo bojo se exigia a regulamentação por meio de lei complementar.

Ocorre que tal lei que socorria os policiais[417] era anterior à vigência do novo ordenamento jurídico inaugurado pela Carta de 1988.

Primeiramente, então, convém analisar a LC nº 51/1985 no âmbito da vigência da EC nº 20/1998. Percebe-se que o Texto Constitucional, advindo com a referida emenda,[418] reservou o direito à aposentadoria especial ao tempo de serviço prestado sob condições específicas e de forma exclusiva. Ora, se a norma maior não estabeleceu ressalvas quanto a essa especificidade, não poderia a lei complementar estabelecê-las, sob pena de se inverter o processo jurídico-hermenêutico.

Assim, a Lei Complementar nº 51/1985,[419] quando estipula que o servidor policial terá direito à aposentadoria especial, com tempo de serviço que não estritamente policial, abre exceção não prevista pela Constituição, a qual exige que o tempo para aposentadoria especial seja exclusivamente exercido em condições especiais.

Trata-se, na espécie, de aplicação do princípio da prevalência da Constituição, o qual, segundo a lição de Gomes Canotilho, em face de várias possibilidades de interpretação só se deve escolher uma não contrária à norma constitucional. Ora, se a Lei Maior estabelece que a aposentadoria especial dar-se-á em casos de atividades prestadas de forma exclusiva sob condições especiais,[420] o normativo infraconstitucional tornar-se-á contrário à *Lex Mater* se dispuser diferentemente.

Nesse sentido, parece oportuno trazer à baila lição de Carlos Maximiliano: "[...] não se admite interpretação estrita que entrave a realização plena do escopo visado

[417] BRASIL. *Lei Complementar nº 51, de 20 de dezembro de 1985*. Dispõe sobre a aposentadoria do funcionário policial, nos termos do art. 103, da Constituição Federal. Disponível em: http://www.planalto.gov.br/ccivil_03/ Leis/LCP/ Lcp51.htm. Acesso em: 28 mar. 2020.

[418] BRASIL. [Constituição (1988)]. *Constituição da República Federativa do Brasil de 1988*. Brasília: Presidência da República, 1988. Disponível em: http://www.planalto.gov.br/ccivil_03/constituicao/constituicao.htm. Acesso em: 29 jan. 2020: "Art. 40. [...] §4º É vedada a adoção de requisitos e critérios diferenciados para a concessão de aposentadoria aos abrangidos pelo regime de que trata este artigo, ressalvados os casos de atividades exercidas exclusivamente sob condições especiais que prejudiquem a saúde ou a integridade física, definidos em lei complementar (Redação da EC nº 20/98)".

[419] BRASIL. Lei Complementar nº 51, de 20 de dezembro de 1985. Dispõe sobre a aposentadoria do funcionário policial, nos termos do art. 103, da Constituição Federal. *Diário Oficial da União [da] República Federativa do Brasil*, 23 dez. 1985: "Art. 1º O funcionário policial será aposentado: I - voluntariamente, com proveitos integrais, após 30 (trinta) anos de serviço, desde que conte, pelo menos 20 (vinte) anos de exercício em cargo de natureza estritamente policial; II - compulsoriamente, com proventos proporcionais ao tempo de serviço, aos 65 anos (sessenta e cinco) anos de idade, qualquer que seja a natureza dos serviços prestados".

[420] BRASIL. [Constituição (1988)]. *Constituição da República Federativa do Brasil de 1988*. Brasília: Presidência da República, 1988. Disponível em: http://www.planalto.gov.br/ccivil_03/constituicao/constituicao.htm. Acesso em: 29 jan. 2020. Art. 40, §4º (redação da EC nº 20/1998).

pelo texto. Dentro da letra rigorosa dele procure-se o objetivo da norma suprema; seja este atingido e será perfeita a exegese".[421]

Assim é que, se a Constituição determina que o tempo de contribuição para aposentadoria especial seja exclusivamente sob condições específicas, limitar essa exclusividade seria tolher a plena realização pretendida pela norma constitucional.

A resolução de problemas de interpretação constitucional deve sobrelevar a força dos princípios, aos quais, na visão de Konrad Hesse, *cabe orientar e realizar o processo de relação, coordenação e valoração dos pontos de vista ou considerações que devem levar à solução do problema*.[422]

Posteriormente, a redação do §4º do art. 40 da CF/1988 foi alterada com a edição da EC nº 47/2005,[423] retirando-se do comando normativo a expressão *exclusivamente*. Sob esse novo patamar jurídico, portanto, o vício normativo contido na LC nº 51/1985 estaria sanado, porquanto, na redação atualizada da Constituição, cabia à lei complementar estabelecer os requisitos e critérios diferenciados para a aposentadoria.

Entrementes, deve-se considerar que, com a derrogação da LC nº 51/1985 pela EC nº 20/1998, mesmo o advento de nova norma constitucional posterior não seria suficiente para restaurar os efeitos da citada lei. De fato, uma vez expurgada a LC nº 51/1985 do mundo jurídico, a aposentadoria especial dos policiais civis, de acordo com o Texto Constitucional, estaria a depender de nova norma regulamentar.

Nada obstante, o TCU mantinha entendimento divergente com respeito à matéria. Veja-se, a propósito, excerto de acórdão daquela Corte de Contas:

> [...] 9.1. Conhecer da presente consulta para esclarecer o consulente que:
>
> 9.1.1. O Tribunal de Contas da União firmou entendimento no sentido de que a Lei Complementar nº 51/1985 foi recepcionada pelas EC nº 20/1998, 41/2003 e 47/2005 (Acórdão nº 379/2009, prolatado na Sessão Plenária de 11.03.2009, publicado na Ata nº 9/2009 – Plenário);
>
> 9.1.2. O entendimento consubstanciado no Acórdão nº 379/2009 – Plenário aplica-se exclusivamente aos servidores públicos federais e não abrange os policiais das diversas unidades da federação;
>
> 9.1.3. A aplicação da Lei Complementar nº 51/1985 não afasta a incidência da regra geral relativa aos cálculos dos proventos insculpida no §3º do art. 40 da Constituição Federal, salvo para os policiais que implementaram os requisitos legais de inativação até 19.02.2004, véspera da publicação da Medida Provisória nº 167/2004, convertida na Lei nº 10.887/2004;
>
> 9.2. Encaminhar cópia deste acórdão e do Acórdão nº 379/2009 – Plenário, bem assim dos relatórios e votos que os fundamentaram, ao Presidente da Comissão de Segurança Pública e Combate ao Crime Organizado Comissão da Câmara dos Deputados;
>
> 9.3. Arquivar o presente processo.[424]

---

421 MAXIMILIANO, Carlos. *Hermenêutica e aplicação do direito*. Rio de Janeiro: Forense, 2000. p. 313-314.

422 HESSE, Konrad. *Escritos de derecho constitucional*. Madrid: Centro de Estudos Constitucionales, 1983 *apud* SOUSA, João Ricardo C. de. *Curso avançado de direito constitucional*. [s.l.]: [s.n.], 2003. p. 30.

423 BRASIL. [Constituição (1988)]. *Constituição da República Federativa do Brasil de 1988*. Brasília: Presidência da República, 1988. Disponível em: http://www.planalto.gov.br/ccivil_03/constituicao/constituicao.htm. Acesso em: 29 jan. 2020: "Art. 40. [...] §4º É vedada a adoção de requisitos e critérios diferenciados para a concessão de aposentadoria aos abrangidos pelo regime de que trata este artigo, ressalvados, nos termos definidos em leis complementares, os casos de servidores [...]".

424 BRASIL. Tribunal de Contas da União. *Acórdão nº 582/2009*. Plenário. Rel. Benjamin Zymler, 1.4.2009. Disponível em: https://pesquisa.apps.tcu.gov.br/#/documento/acordao-completo. Acesso em: 19 jun. 2020.

A matéria acabou por ganhar contornos definitivos, no sentido da recepção da LC nº 51/1985 pela CF/1988, em julgamento unânime do STF, conforme demonstra o excerto a seguir:

> REPERCUSSÃO GERAL
>
> Atividade Policial: Aposentadoria e Recepção da LC nº 51/1985
>
> O Plenário negou provimento a recurso extraordinário interposto, pelo Instituto de Previdência do Estado do Acre – ACREPREVIDÊNCIA, contra acórdão de tribunal de justiça local que concedera a servidor público policial o direito a aposentadoria especial conforme a Lei Complementar nº 51/85, que dispõe, nos termos do art. 103 da Constituição anterior, sobre a aposentadoria do funcionário policial. Na origem, delegado de polícia civil estadual impetrara mandado de segurança no qual pleiteara a aplicação da referida lei complementar, mesmo após a edição da EC nº 20/1998 – que, dentre outras providências, modificou o §4º do art. 40 da CF/88. A ordem fora denegada em primeira instância, o que ensejara apelação do impetrante à Corte estadual que, provida, culminara neste recurso extraordinário. Registrou-se que, depois do reconhecimento da repercussão geral da questão constitucional suscitada neste recurso, houvera o julgamento da ADI nº 3.817/DF (DJe de 03.04.2009), no qual se concluíra que a Constituição atual recepcionara a LC nº 51/1985, especificamente o seu art. 1º, I ["Art. 1º O funcionário policial será aposentado: [...] I - voluntariamente, com proventos integrais, após 30 (trinta) anos de serviço, desde que conte, pelo menos 20 (vinte) anos de exercício em cargo de natureza estritamente policial"]. Resolveu-se, inicialmente, reafirmar a recepção da LC nº 51/1985. Em seguida, aduziu-se que o acórdão adversado baseara-se na recepção do diploma legal e examinara se ao recorrido era aplicável a lei, consideradas as condições de fato da prestação de serviço e, portanto, a submissão dele às condições de periculosidade pela permanência na carreira. Observou-se que rediscutir, diante dos fatos, se o recorrido preencheria as exigências legais para a aposentadoria especial não seria cabível em sede de recurso extraordinário. Quanto ao argumento do recorrente de que a aplicação da norma não seria automática, ressaltou-se que, na situação descrita nos autos, as instâncias de mérito, responsáveis pelo exame de provas, teriam comprovado que ele cumpriria rigorosamente as condições do aludido art. 1º. Por fim, o Min. Gilmar Mendes frisou que o exercício deve ocorrer em cargo de natureza estritamente policial para se atenderem aos requisitos do dispositivo legal.[425]

A discussão sobre o direito dos policiais civis ao abono de permanência também foi pacificada pelo STF, no sentido favorável, conforme definido no Tema nº 888 da repercussão geral,[426] alhures abordada.

A comprovação do tempo estritamente policial – vinte anos – exigida pela LC nº 51/1985, é outra matéria que sempre mereceu reflexão. Isso, porque não se trata de abstração, que se possa resolver mediante interpretação de textos legais ou jurisprudenciais. Na verdade, à míngua de legislação específica quanto a esse tema, a comprovação da atividade policial se deve dar a cada caso concreto, de onde se possam

---

[425] BRASIL. Supremo Tribunal Federal. *Recurso Extraordinário nº 567.110/AC*. Rel. Min. Cármen Lúcia. *Informativo STF*, n. 604.

[426] BRASIL. Supremo Tribunal Federal. *Tema nº 888*. Rel. Min. Teori Zavascki, 15.4.2016. Disponível em: http://www.stf.jus.br/portal/jurisprudenciaRepercussao/verAndamentoProcesso.asp?incidente=4943281&numeroProcesso=954408&classeProcesso=ARE&numeroTema=888. Acesso em: 17 jun. 2020: "É legítimo o pagamento do abono de permanência previsto no art. 40, §19, da Constituição Federal ao servidor público que opte por permanecer em atividade após o preenchimento dos requisitos para a concessão da aposentadoria voluntária especial (art. 40, §4º, da Carta Magna)".

extrair fundamentos insofismáveis que permitam concluir se determinada atividade é ou não tipicamente policial.

8.4.1 Aposentadoria especial referente a atividades policiais e afins, segundo a EC nº 103/2019

A aposentadoria especial referente a atividades policiais e afins está incluída, no novo ordenamento jurídico inaugurado com a EC nº 103/2019, no art. 40, §4-B, da Constituição Federal.[427]

É o que se chamava, ainda na redação dada pela EC nº 47/2005, de aposentadoria destinada aos servidores que exercem atividades de risco.

Tal dispositivo estabelece a possibilidade de que lei complementar de cada ente federativo determine a idade e o tempo de contribuição diferenciados com relação à aposentadoria ordinária.

Afora isso, a primeira novidade que o dispositivo constitucional trouxe foi alargar a base de servidores alcançados por essa modalidade especial, ao incluir ocupantes do cargo de agente penitenciário[428] e de agente socioeducativo. Além desses, estão no rol estabelecido pela Constituição os policiais legislativos (Câmara dos Deputados e Senado Federal), os policiais federais, os policiais rodoviários federais, os policiais ferroviários federais e os policiais civis do Distrito Federal.

A EC nº 103/2019 criou regras específicas de aposentadoria para os policiais civis. No art. 5º, que contém regra de transição, previu o seguinte:

> Art. 5º O policial civil do órgão a que se refere o inciso XIV do caput do art. 21 da Constituição Federal, o policial dos órgãos a que se referem o inciso IV do caput do art. 51, o inciso XIII do caput do art. 52 e os incisos I a III do caput do art. 144 da Constituição Federal e o ocupante de cargo de agente federal penitenciário ou socioeducativo que tenham ingressado na respectiva carreira até a data de entrada em vigor desta Emenda Constitucional poderão aposentar-se, na forma da Lei Complementar nº 51, de 20 de dezembro de 1985, observada a idade mínima de 55 (cinquenta e cinco) anos para ambos os sexos ou o disposto no §3º.
>
> §1º Serão considerados tempo de exercício em cargo de natureza estritamente policial, para os fins do inciso II do art. 1º da Lei Complementar nº 51, de 20 de dezembro de 1985, o tempo de atividade militar nas Forças Armadas, nas polícias militares e nos corpos de bombeiros militares e o tempo de atividade como agente penitenciário ou socioeducativo.
>
> §2º Aplicam-se às aposentadorias dos servidores dos Estados de que trata o §4º-B do art. 40 da Constituição Federal as normas constitucionais e infraconstitucionais anteriores à data de entrada em vigor desta Emenda Constitucional, enquanto não promovidas alterações na legislação interna relacionada ao respectivo regime próprio de previdência social.

---

427 BRASIL. [Constituição (1988)]. *Constituição da República Federativa do Brasil de 1988*. Brasília: Presidência da República, 1988. Disponível em: http://www.planalto.gov.br/ccivil_03/constituicao/constituicao.htm. Acesso em: 29 jan. 2020: "Art. 40. [...] §4º-B. Poderão ser estabelecidos por lei complementar do respectivo ente federativo idade e tempo de contribuição diferenciados para aposentadoria de ocupantes do cargo de agente penitenciário, de agente socioeducativo ou de policial dos órgãos de que tratam o inciso IV do caput do art. 51, o inciso XIII do caput do art. 52 e os incisos I a IV do caput do art. 144".

428 Por meio da Emenda Constitucional nº 104, de 4.12.2019, foi criada a Polícia Penal, cujo quadro de servidores será preenchido por meio de concurso público e por intermédio da transformação de cargos isolados e dos cargos de carreira dos atuais agentes penitenciários e dos cargos públicos equivalentes.

§3º Os servidores de que trata o *caput* poderão aposentar-se aos 52 (cinquenta e dois) anos de idade, se mulher, e aos 53 (cinquenta e três) anos de idade, se homem, desde que cumprido período adicional de contribuição correspondente ao tempo que, na data de entrada em vigor desta Emenda Constitucional, faltaria para atingir o tempo de contribuição previsto na Lei Complementar nº 51, de 20 de dezembro de 1985.[429]

A primeira questão que chama atenção é, sem dúvida, a força organizacional dos policiais, a ponto de o constituinte dedicar um artigo exclusivamente para tratar da situação destes. Nada, porém, claro, que desborde dos limites aceitáveis em um Estado democrático.

São atingidos pela norma o policial civil do Distrito Federal, o policial da Câmara dos Deputados, o policial do Senado Federal, o policial federal, o policial rodoviário federal, o policial ferroviário federal e, por fim, o agente federal penitenciário (incluído na polícia penal) e o socioeducativo.

Deve-se esclarecer que o policial civil do Distrito Federal foi incluído nessa seara, em função da previsão no inc. XIV do art. 21 da Constituição, o qual dispõe que compete à União "organizar e manter a polícia civil, a polícia penal, a polícia militar e o corpo de bombeiros militar do Distrito Federal".[430]

Pela regra do *caput* do artigo, o policial que ingressou na carreira antes da promulgação da nova emenda continua a poder aposentar-se em conformidade com a Lei Complementar nº 51/1985, no entanto, deverá ter, independentemente do sexo, 55 (cinquenta e cinco) anos.[431]

Aqui observa-se uma imprecisão. Ora, a Lei Complementar nº 51/1985 exige tempo estritamente policial e tempo de contribuição diferentes para homens e mulheres. Para homens, 30 (trinta) anos de contribuição com pelo menos 20 (vinte) anos de natureza estritamente policial. Para mulheres, 25 (vinte e cinco) anos de contribuição, com pelo menos 15 (quinze) anos de natureza estritamente policial.

De se perguntar: qual a lógica, então, de se manter essa diferenciação entre homem e mulher, no que diz respeito ao tempo de contribuição e tempo de natureza estritamente policial, e, no entanto, exigir a mesma idade para ambos poderem ter direito

---

[429] BRASIL. [Constituição (1988)]. *Emenda Constitucional nº 103, de 12 de novembro de 2019*. Altera o sistema de previdência social e estabelece regras de transição e disposições transitórias. Disponível em: http://www.planalto.gov.br/ccivil_03/Constituicao/Emendas/Emc/emc103.htm#art1. Acesso em: 23 fev. 2020.

[430] BRASIL. [Constituição (1988)]. *Constituição da República Federativa do Brasil de 1988*. Brasília: Presidência da República, 1988. Disponível em: http://www.planalto.gov.br/ccivil_03/constituicao/constituicao.htm. Acesso em: 29 jan. 2020.

[431] a) Redação original: BRASIL. Lei Complementar nº 51, de 20 de dezembro de 1985. Dispõe sobre a aposentadoria do funcionário policial, nos termos do art. 103, da Constituição Federal. *Diário Oficial da União [da] República Federativa do Brasil*, 23 dez. 1985: "Art. 1º O funcionário policial será aposentado: I - voluntariamente, com proveitos integrais, após 30 (trinta) anos de serviço, desde que conte, pelo menos 20 (vinte) anos de exercício em cargo de natureza estritamente policial; II - compulsoriamente, com proventos proporcionais ao tempo de serviço, aos 65 anos (sessenta e cinco) anos de idade, qualquer que seja a natureza dos serviços prestados"; b) A Lei Complementar nº 51 foi alterada em 2014 e 2015, quando foi revogada a aposentadoria compulsória, prevista no inc. I do art. 1º. Na redação atual, tem-se: "Art. 1º O servidor público policial será aposentado: (Redação dada pela Lei Complementar nº 144, de 2014) I - Revogado. II - voluntariamente, com proventos integrais, *independentemente da idade*: (Redação dada pela Lei Complementar nº 144, de 2014) a) após 30 (trinta) anos de contribuição, desde que conte, pelo menos, 20 (vinte) anos de exercício em cargo de natureza estritamente policial, se homem; (Incluído pela Lei Complementar nº 144, de 2014) b) após 25 (vinte e cinco) anos de contribuição, desde que conte, pelo menos, 15 (quinze) anos de exercício em cargo de natureza estritamente policial, se mulher. (Incluído pela Lei Complementar nº 144, de 2014)".

à aposentadoria? Não deveria ser diferente o limite etário entre homem e mulher? E mais. Observe-se que, na regra geral de aposentadoria ordinária, os homens devem aposentar-se com 65 (sessenta e cinco) anos e as mulheres com 62 (sessenta e dois). Não seria coerente, embora com redução, manter-se tal parâmetro no caso dos policiais?

No §1º, aborda-se a questão do tempo de natureza estritamente policial. Como dito alhures, depois de muita discussão doutrinária e jurisprudencial a respeito, quer parecer que o que interessa é verificar, em cada caso concreto, se a atividade desempenhada pelo servidor era realmente de natureza policial.

Nada obstante, o constituinte quis antecipar-se a tal discussão e fez questão de prever situações que *de lege data* já se consideram como de natureza estritamente policial.

A primeira delas é o tempo prestado às Forças Armadas como de natureza estritamente policial. Essa questão já foi debatida muitas vezes no Poder Judiciário, tendo o STF e o STJ reiteradas decisões contra tal possibilidade. Todavia, a matéria agora encontra-se pacificada pelo texto da emenda.

Nada obstante, outro tema promete trazer debate, qual seja, se a previsão constitucional pode retrotrair e alcançar situações pretéritas, de modo a confirmar como tempo estritamente policial aqueles períodos prestados às Forças Armadas antes do advento na EC nº 103/2019.

Acredita-se que não. Esse artigo, embora possibilite ainda a aposentadoria com base na LC nº 51/1985, criou nova condição, que é a idade mínima de 55 (cinquenta e cinco) anos. Assim, a partir dela, salvo direito adquirido, não pode o policial aposentar-se sem tal idade. Da mesma forma, o §1º criou nova modalidade de tempo de natureza estritamente policial, qual seja o tempo de Forças Armadas.

Noutras palavras, a previsão constitucional só valerá após sua publicação. Todavia, isso não quer dizer que não se possa defender tal ideia para casos anteriores, porque a LC nº 51/1985 nunca definiu o que viria a ser tempo estritamente policial.

Nesse sentido, veja o seguinte julgado:

> Já se firmou a jurisprudência do STF no sentido de que os dispositivos constitucionais têm vigência imediata, alcançando os efeitos futuros de fatos passados (retroatividade mínima). Porém, salvo disposição expressa em contrário – e a Constituição pode fazê-lo –, eles não alcançam os fatos consumados no passado nem seus efeitos pendentes (retroatividades máxima e média).[432]

Como não há determinação expressa acerca da retroatividade, entende-se que tal norma só opera efeitos futuros. Agora, se o policial for aposentar-se posteriormente à EC nº 103/2019, sim, seu tempo de Forças Armadas poderá ser contado normalmente. Esse raciocínio aplica-se às demais possibilidades referentes às polícias militares, corpos de bombeiros militares e agentes penitenciários ou socioeducativos.

A questão, contudo, certamente levantará óbices no Poder Judiciário.

Afora a regra prevista no *caput*, no mesmo artigo o constituinte prevê outra regra de transição para os policiais insculpida no §3º. Para tanto, o policial do sexo masculino

---

[432] BRASIL. Supremo Tribunal Federal. *Recurso Extraordinário nº 242.740/GO*. Rel. Min. Moreira Alves, 20.3.2001. Disponível em: https://jurisprudencia.stf.jus.br/pages/search/sjur19474/false. Acesso em: 19 jun. 2020.

poderá aposentar-se com 53 (cinquenta e três) anos e, se mulher, com 52 (cinquenta e dois) anos de idade. Em ambos os casos, porém, deverá ser cumprido período adicional de contribuição (pedágio) de 100% (cem por cento) do tempo que faltava para completar o tempo de contribuição previsto na LC nº 51/1985, antes da entrada em vigor da nova emenda.

Outra incongruência: na regra contida no *caput*, a idade mínima para ambos os sexos é de 55 (cinquenta e cinco) anos; na transitória do §3º, porém, há diferença de um ano entre homem e mulher. Quer parecer, pois, que o limite etário é aleatório.

Note-se que as mudanças no regime de aposentadoria do policial civil, previstas na EC nº 103/2019, não se aplicam aos servidores policiais de outros estados da Federação.

Afora a regra prevista no art. 5º, a EC nº 103/2019 trata do policial civil também na regra do art. 10, §2º, inc. I, aquele que representa a regra geral, enquanto não advier lei própria que discipline os benefícios do regime próprio de previdência social dos servidores da União. Eis o dispositivo citado:

> Art. 10. Até que entre em vigor lei federal que discipline os benefícios do regime próprio de previdência social dos servidores da União, aplica-se o disposto neste artigo. [...]
>
> §2º Os servidores públicos federais com direito a idade mínima ou tempo de contribuição distintos da regra geral para concessão de aposentadoria na forma dos §§4º-B, 4º-C e 5º do art. 40 da Constituição Federal poderão aposentar-se, observados os seguintes requisitos:
>
> I - o policial civil do órgão a que se refere o inciso XIV do caput do art. 21 da Constituição Federal, o policial dos órgãos a que se referem o inciso IV do caput do art. 51, o inciso XIII do caput do art. 52 e os incisos I a III do caput do art. 144 da Constituição Federal e o ocupante de cargo de agente federal penitenciário ou socioeducativo, aos 55 (cinquenta e cinco) anos de idade, com 30 (trinta) anos de contribuição e 25 (vinte e cinco) anos de efetivo exercício em cargo dessas carreiras, para ambos os sexos.[433]

Essa regra geral abrange, pois, o policial civil do Distrito Federal, os policiais da Câmara dos Deputados e do Senado Federal, os policiais federais, rodoviários federais e os ferroviários federais.

Interessante notar que, pela regra geral, o constituinte manteve a idade mínima de 55 (cinquenta e cinco) anos de idade para ambos os sexos. Todavia, igualou o tempo de contribuição e de efetivo exercício na carreira. Assim, diferentemente do que ocorre na aposentadoria ordinária, não há distinção entre homem e mulher no âmbito policial.

Com a devida vênia, não faz muito sentido. Ora, se para a atividade comum, o constituinte diferencia o limite mínimo etário entre homens e mulheres, por que não fazer o mesmo na atividade policial? Mormente quando se percebe que a decisão do constituinte derivado foi equiparar plenamente homem e mulher nas aposentadorias especiais. Tanto assim, que a única aposentadoria especial em que foi mantida a diferença de idade ou de tempo de contribuição foi aquela destinada a pessoas com deficiência.

De fato, uma questão a ser debatida.

---

[433] BRASIL. [Constituição (1988)]. *Emenda Constitucional nº 103, de 12 de novembro de 2019*. Altera o sistema de previdência social e estabelece regras de transição e disposições transitórias. Disponível em: http://www.planalto.gov.br/ccivil_03/Constituicao/Emendas/Emc/emc103.htm#art1. Acesso em: 23 fev. 2020.

Outra questão a ser observada diz respeito à possível exigência do requisito temporal de cinco anos no cargo efetivo, como critério de aposentadoria dos policiais civis, a teor das novas disposições contidas na EC nº 103/2019. A ver.

Interessa notar que o Tribunal de Contas da União externou o entendimento de que, "para que se conceda a aposentadoria especial, deve ser exigido o exercício na carreira policial pelo tempo mínimo de 05 (cinco) anos".[434]

Percebe-se, de plano, certa confusão, na decisão do TCU, entre os conceitos de carreira e de cargo, porquanto o que se pretende avaliar é, de fato, se há exigência de tempo mínimo no cargo policial para efeito de aposentadoria e, não, na carreira. São coisas efetivamente distintas.

Evidenciada essa pequena correção no exame a ser feito, cumpre asseverar que o entendimento do TCU não se mostra o mais consentâneo com as normas em vigor, com a devida vênia de quem entenda o contrário.

Isso porque, embora a redação dada pela EC nº 103/2019 ao §4º do art. 40 da Constituição tenha realmente limitado a possibilidade de adoção de requisitos diferenciados para a inativação especial, permitindo alterações apenas com relação à idade e ao tempo de contribuição, tal fato não implica reconhecer que seria cogente a observância das demais regras gerais, como a necessidade de que o servidor tenha pelo menos cinco anos no cargo efetivo.

Note-se que a própria emenda dispõe, no art. 10, §2º, como requisitos mínimos o prazo de 10 (dez) anos no serviço público e de cinco anos no cargo efetivo para as aposentadorias especiais por atividade insalubre (inc. II) e de magistério (inc. III), entretanto, nada registra sobre a aposentadoria especial de policial (inc. I).

Da mesma forma, mesmo o art. 5º da EC nº 103/2019, que cuida de regra de transição, como dito alhures, também não estabelece nenhuma condicionante no sentido de exigir-se tempo mínimo no cargo efetivo, como requisito para a aposentadoria do policial civil.

Considera-se, portanto, que, nos arts. 5º e 10, §2º, inc. I da EC nº 103/2019, a omissão quanto ao requisito de cinco anos no cargo efetivo para fins da aposentadoria especial de policial constitui o próprio conteúdo dos citados dispositivos, sendo o caso de silêncio eloquente, resultado de opção do legislador por excluir, intencionalmente, o requisito temporal do comando normativo, não havendo qualquer lacuna a ser resolvida por meio de analogia ou de outro método integrativo.

Entende-se que não pode o intérprete aumentar as limitações expressas nesse caso, sob pena de comprometer a força normativa e a própria efetividade do texto constitucional.

De fato, ao não contemplar a exigência de tempo mínimo no cargo somente à atividade desenvolvida pelo policial (de risco), o legislador constituinte deixou assentado exatamente o que entendeu ser aplicável para a norma escrita. Recolhem-se nesse ponto as sempre precisas palavras de Moreira Alves:[435]

> Só se aplica a analogia quando, na lei, haja lacuna, e não o que os alemães denominam "silêncio eloquente" (beredtes schweigen), que é o silêncio que traduz que a hipótese

---

[434] BRASIL. TCU. *Processo nº 007.447/2015-9*. Acórdão nº 1.253/2020. Plenário. Rel. Augusto Nardes.

[435] BRASIL. STF. RE nº 130.552. Primeira Turma. Rel. Min. Moreira Alves, j. 1991.

contemplada é a única a que se aplica o preceito legal, não se admitindo, portanto, aí o emprego da analogia.

De outro lado, as considerações externadas não infirmam a necessidade de que seja observada a conclusão do estágio probatório para que o policial civil possa aposentar-se. Ocorre que o STF já pacificou o entendimento de que o estágio probatório constitui etapa final do processo seletivo para a aquisição da titularidade do cargo público, não importando qual seja. Coisas diferentes.[436]

Oportuno consignar que o Tribunal de Contas do Distrito Federal – TCDF compartilha do entendimento ora exposto, no que tange à concessão de aposentadorias aos policiais civis, após a edição da EC nº 103/2019.[437] O posicionamento do TCDF baseou-se em outra ótica de avaliação daquela defendida pelo TCU, exatamente porque considerou haver silêncio eloquente na norma, o que inviabilizaria o entendimento mantido pela Corte de Contas Federal.

8.5 Aposentadoria especial dos servidores que exercem atividades com efetiva exposição a agentes químicos, físicos e biológicos prejudiciais à saúde

Essa modalidade de aposentadoria especial pressupõe a existência, no âmbito do trabalho do servidor, de efetiva exposição a agentes químicos, físicos e biológicos que sejam prejudiciais à saúde.

A previsão normativa encontra-se na Constituição, assim descrita:

> Art. 40. [...]
>
> §4º-C. Poderão ser estabelecidos por lei complementar do respectivo ente federativo idade e tempo de contribuição diferenciados para aposentadoria de servidores cujas atividades sejam exercidas com efetiva exposição a agentes químicos, físicos e biológicos prejudiciais à saúde, ou associação desses agentes, vedada a caracterização por categoria profissional ou ocupação.[438]

Como se nota, o constituinte deixou para legislação infraconstitucional de cada ente federado o estabelecimento de idade e de tempo de contribuição de maneira diferenciada da aposentadoria ordinária.

Cumpre mencionar que entendimento legal/jurisprudencial foi constitucionalizado agora, restando vedada a caraterização de tais atividades em decorrência de categoria profissional ou ocupação. Tal previsão visa a prevenir a situação de determinadas categorias profissionais que requeriam a atividade especial simplesmente em função da ocupação profissional.

---

436 Nesse sentido, confira-se: BRASIL. STF. *MS nº 24.744/DF*. Tribunal Pleno. Rel. Min. Carlos Velloso, public. 26.11.2004.

437 BRASIL. Tribunal de Contas do Distrito Federal. *Decisão nº 4.732/2021*.

438 BRASIL. [Constituição (1988)]. *Emenda Constitucional nº 103, de 12 de novembro de 2019*. Altera o sistema de previdência social e estabelece regras de transição e disposições transitórias. Disponível em: http://www.planalto.gov.br/ccivil_03/Constituicao/Emendas/Emc/emc103.htm#art1. Acesso em: 23 fev. 2020.

Agora, de fato, a caraterização da atividade sujeita à exposição a agentes químicos, físicos e biológicos prejudiciais à saúde demandará certamente comprovação por meio de documentos próprios, como é o caso do Perfil Profissiográfico Previdenciário, o conhecido PPP.

O PPP é um formulário que demonstra todas as informações referentes ao servidor, como exemplo, a atividade que exerce, o agente nocivo ao qual está exposto, a intensidade e a concentração do agente, exames médicos clínicos etc.

Interessante notar que a exposição aos agentes nocivos deve ser permanente e não circunstancial. Por outro lado, somente o exame do ambiente profissional poderá determinar tal situação, sendo, portanto, meramente exemplificativa qualquer lista de condições ou organismos que, expostos à convivência humana, causem-lhe problemas à saúde.

Nesse sentido:

> [...] 6. A jurisprudência desta Corte Superior firmou-se no sentido de que o rol de atividades consideradas insalubres, perigosas ou penosas é exemplificativo, pelo que, a ausência do enquadramento da atividade desempenhada não inviabiliza a sua consideração para fins de concessão de aposentadoria.[439]

Ainda com relação ao tema, cumpre registrar que a Turma Nacional de Uniformização dos Juizados Especiais Federais – TNU, ao decidir sobre o tema relativo ao reconhecimento de natureza especial de tempo laborado em exposição a agentes biológicos (Tema nº 205), apresentou o seguinte entendimento:

> a) para reconhecimento da natureza especial de tempo laborado em exposição a agentes biológicos não é necessário o desenvolvimento de uma das atividades arroladas nos Decretos de regência, sendo referido rol meramente exemplificativo; b) entretanto, é necessária a comprovação em concreto do risco de exposição a microrganismos ou parasitas infectocontagiosos, ou ainda suas toxinas, em medida denotativa de que o risco de contaminação em seu ambiente de trabalho era superior ao risco em geral, devendo, ainda, ser avaliado, de acordo com a profissiografia, se tal exposição tem um caráter indissociável da produção do bem ou da prestação do serviço, independentemente de tempo mínimo de exposição durante a jornada (Tema 211/TNU).[440]

Em outra decisão, a TNU asseverou:

> [...] a presença no ambiente de trabalho de agentes cancerígenos constantes da Lista Nacional de Agentes Cancerígenos para Humanos (LINACH) é suficiente para a comprovação de efetiva exposição do trabalhador, dando direito a contagem de tempo especial para fins de previdenciários e, com isso, firmou a tese de que "a redação do art. 68, §4º, do Decreto nº 3.048/99 dada pelo Decreto nº 8.123/2013 pode ser aplicada na avaliação de tempo especial

---

439 BRASIL. Superior Tribunal de Justiça. Recurso Especial nº 666.479 - PB 2004/0082261-6. Rel. Min. Hamilton Carvalhido, 17.11.2004. Sexta Turma. *Diário de Justiça*, 1º fev. 2005.

440 TNU define requisitos para reconhecimento da natureza especial de tempo laborado em exposição a agentes biológicos. *CJF*, 31 mar. 2020. Disponível em: https://www.cjf.jus.br/cjf/noticias/2020/03-marco/tnu-define-requisitos-para-reconhecimento-da-natureza-especial-de-tempo-laborado-em-exposicao-a-agentes-biologicos. Acesso em: 20 jun. 2020.

de períodos a ele anteriores, incluindo-se, para qualquer período: (1) desnecessidade de avaliação quantitativa; e (2) ausência de descaracterização pela existência de EPI (Equipamento de Proteção Individual)".[441]

Nada obstante a previsão constitucional, trazida pela EC nº 103/2019, depender de lei complementar para sua total efetivação, cumpre registrar que a própria emenda trouxe em seu bojo as regras constantes do art. 10, §2º, inc. II, e §3º, aplicáveis ao servidor público federal até que entre em vigor lei federal que discipline os benefícios do regime próprio de previdência social dos servidores da União. Eis os dispositivos de que se fala:

> Art. 10. Até que entre em vigor lei federal que discipline os benefícios do regime próprio de previdência social dos servidores da União, aplica-se o disposto neste artigo. [...]
>
> §2º Os servidores públicos federais com direito a idade mínima ou tempo de contribuição distintos da regra geral para concessão de aposentadoria na forma dos §§4º-B, 4º-C e 5º do art. 40 da Constituição Federal poderão aposentar-se, observados os seguintes requisitos: [...]
>
> II - o servidor público federal cujas atividades sejam exercidas com efetiva exposição a agentes químicos, físicos e biológicos prejudiciais à saúde, ou associação desses agentes, vedada a caracterização por categoria profissional ou ocupação, aos 60 (sessenta) anos de idade, com 25 (vinte e cinco) anos de efetiva exposição e contribuição, 10 (dez) anos de efetivo exercício de serviço público e 5 (cinco) anos no cargo efetivo em que for concedida a aposentadoria; [...].
>
> §3º A aposentadoria a que se refere o §4º-C do art. 40 da Constituição Federal observará adicionalmente as condições e os requisitos estabelecidos para o Regime Geral de Previdência Social, naquilo em que não conflitarem com as regras específicas aplicáveis ao regime próprio de previdência social da União, vedada a conversão de tempo especial em comum.[442]

Pode-se perceber, de início, que o constituinte procurou constitucionalizar pendências jurisprudenciais e doutrinárias sobre o tema. Uma delas diz respeito à conversão de tempo especial em comum, agora expressamente vedada ao servidor público.

Em termos econômicos, que em muito se pauta a reforma previdenciária, a previsão justifica-se, porque a conversão de tempo acaba por propiciar aposentadorias com menos tempo de contribuição efetivo, o que vai de encontro à necessidade de poupança estatal, tão reclamada pelos autores da emenda.

Todavia, em termos de direito previdenciário, quer parecer que a previsão é desarrazoada. Explica-se.

A norma determina que o servidor tenha que passar 25 (vinte e cinco) anos de efetiva exposição ao agente nocivo. Suponha-se alguém que passe 24 (vinte e quatro) anos nessa condição e que, pelas vicissitudes da vida, mude de cargo, em que não exista a atividade especial. Pela nova determinação, os 24 (vinte e quatro) anos passados em atividade especial não serão computados de forma diferente. É dizer: o organismo do

---

441 MERA exposição a agentes reconhecidos como cancerígenos na LINACH gera contagem de tempo especial. *IEPREV*, 2 abr. 2020. Disponível em: https://www.ieprev.com.br/conteudo/categoria/4/6156/mera_exposicao_a_agentes_reconhecidos_como_cancerigenos_na_linach_gera_contagem_de_tempo_especial. Acesso em: 3 abr. 2020.

442 BRASIL. [Constituição (1988)]. *Emenda Constitucional nº 103, de 12 de novembro de 2019*. Altera o sistema de previdência social e estabelece regras de transição e disposições transitórias. Disponível em: http://www.planalto.gov.br/ccivil_03/Constituicao/Emendas/Emc/emc103.htm#art1. Acesso em: 23 fev. 2020.

servidor sofreu todas as consequências dos vinte e quatro anos passados em condições insatisfatórias e, no entanto, isso não será levado em conta na sua aposentadoria.

Ora, o direito previdenciário tem outro fim, que é aquele exatamente de proteção aos riscos que correm os segurados. No caso hipotético apresentado, fica evidente o prejuízo do servidor.

A partir de agora, em outra questão que também foi constitucionalizada, o servidor terá que cumprir, além dos 25 (vinte e cinco) anos de exposição ao agente nocivo, também 10 (dez) anos de efetivo exercício de serviço público e 5 (cinco) anos no cargo efetivo em que for concedida a aposentadoria.

Outra questão que merece temperamento é a exigência de idade mínima de 60 (sessenta) anos. Essa é outra medida tipicamente econômica, destinada a procrastinar o direito do servidor à aposentadoria.

O raciocínio é linear. A própria norma estipula 25 (vinte e cinco) anos de exposição a agente nocivo. É dizer: isso é o que o organismo humano pode aguentar, em função da agressividade da situação em que trabalha. Caso contrário, não faz sentido diminuir-se o tempo de contribuição.

Dentro dessa lógica, portanto, imagine-se o servidor que começou a trabalhar com 25 (vinte e cinco) anos, de forma ininterrupta, sob condições prejudiciais à sua saúde. Ora, quando estiver com 60 (sessenta) anos, já terá 35 (trinta e cinco) anos de atividade especial, o que gera um descompasso difícil de entender sob a ótica previdenciária.

Afora essa regra geral-temporária, o constituinte previu, ainda, outra regra transitória para essa modalidade de aposentadoria, insculpida no art. 21. Veja-se:

> Art. 21. O segurado ou o servidor público federal que se tenha filiado ao Regime Geral de Previdência Social ou ingressado no serviço público em cargo efetivo até a data de entrada em vigor desta Emenda Constitucional cujas atividades tenham sido exercidas com efetiva exposição a agentes químicos, físicos e biológicos prejudiciais à saúde, ou associação desses agentes, vedada a caracterização por categoria profissional ou ocupação, desde que cumpridos, no caso do servidor, o tempo mínimo de 20 (vinte) anos de efetivo exercício no serviço público e de 5 (cinco) anos no cargo efetivo em que for concedida a aposentadoria, na forma dos arts. 57 e 58 da Lei nº 8.213, de 24 de julho de 1991, poderão aposentar-se quando o total da soma resultante da sua idade e do tempo de contribuição e o tempo de efetiva exposição forem, respectivamente, de:
>
> I - 66 (sessenta e seis) pontos e 15 (quinze) anos de efetiva exposição;
>
> II - 76 (setenta e seis) pontos e 20 (vinte) anos de efetiva exposição; e
>
> III - 86 (oitenta e seis) pontos e 25 (vinte e cinco) anos de efetiva exposição.
>
> §1º A idade e o tempo de contribuição serão apurados em dias para o cálculo do somatório de pontos a que se refere o caput.
>
> §2º O valor da aposentadoria de que trata este artigo será apurado na forma da lei.
>
> §3º Aplicam-se às aposentadorias dos servidores dos Estados, do Distrito Federal e dos Municípios cujas atividades sejam exercidas com efetiva exposição a agentes químicos, físicos e biológicos prejudiciais à saúde, ou associação desses agentes, vedada a caracterização por categoria profissional ou ocupação, na forma do §4º-C do art. 40 da Constituição Federal, as normas constitucionais e infraconstitucionais anteriores à data de entrada em vigor

desta Emenda Constitucional, enquanto não promovidas alterações na legislação interna relacionada ao respectivo regime próprio de previdência social.[443]

Algumas observações. Nota-se, pelo *caput*, que o constituinte dispensa nessa hipótese, com relação à regra do art. 10, a idade mínima do servidor, embora aumente em dez anos o tempo a ser cumprido em efetivo exercício no serviço público.

A norma prevê, ainda, um inédito sistema de tempo de contribuição somado à idade do servidor, correspondente a diferentes tempos de exposição a agente nocivo. Em síntese: o servidor terá que somar tempo de contribuição com sua idade e, cumulativamente, comprovar o tempo de exposição, a fim de se encaixar em uma das três hipóteses previstas na norma.

Vê-se, pois, que a supressão da idade mínima de 60 (sessenta) anos é relativa, porque no sistema de pontos está implícita uma idade mínima.

Assim, o raciocínio antes efetivado, com críticas à idade mínima para esse tipo de aposentadoria, repete-se. Calha trazer à colação o entendimento pertinente de Luciano Martinez:

> A exigência, ainda que indireta, de uma idade mínima para a aposentadoria por efetiva exposição a agentes químicos, físicos e biológicos prejudiciais à saúde, ou associação desses agentes é um contrassenso por afrontar o direito fundamental à redução dos riscos inerentes ao trabalho.[444]

Pode-se observar, ainda, que a norma em referência garante a concessão da aposentadoria, na forma dos arts. 57 e 58 da Lei nº 8.213, de 24.7.1991. Ora, o art. 57, da Lei nº 8.213/1991, garante, em seu §5º, a conversão do tempo especial em tempo comum. Ei-lo:

> Art. 57. A aposentadoria especial será devida, uma vez cumprida a carência exigida nesta Lei, ao segurado que tiver trabalhado sujeito a condições especiais que prejudiquem a saúde ou a integridade física, durante 15 (quinze), 20 (vinte) ou 25 (vinte e cinco) anos, conforme dispuser a lei. [...]
>
> §5º O tempo de trabalho exercido sob condições especiais que sejam ou venham a ser consideradas prejudiciais à saúde ou à integridade física *será somado, após a respectiva conversão ao tempo de trabalho exercido em atividade comum*, segundo critérios estabelecidos pelo Ministério da Previdência e Assistência Social, para efeito de concessão de qualquer benefício.[445]

Entende-se, pois, que, conjugando o art. 10, inc. II, §3º, com o art. 21, ambos da EC nº 103/2019, pode-se chegar à conclusão de que o constituinte, ao passo que proibiu a conversão do tempo especial em comum para o servidor público, após a promulgação

---

[443] BRASIL. [Constituição (1988)]. *Emenda Constitucional nº 103, de 12 de novembro de 2019*. Altera o sistema de previdência social e estabelece regras de transição e disposições transitórias. Disponível em: http://www.planalto.gov.br/ccivil_03/Constituicao/Emendas/Emc/emc103.htm#art1. Acesso em: 23 fev. 2020.

[444] MARTINEZ, Luciano. *Reforma da Previdência:* entenda o que mudou. São Paulo: Saraiva, 2020. *E-Book*.

[445] BRASIL. *Lei nº 8.213, de 24 de julho de 1991*. Dispõe sobre os Planos de Benefícios da Previdência Social e dá outras providências. Disponível em: http://www.planalto.gov.br/ccivil_03/LEIS/L8213cons.htm. Acesso em: 22 jan. 2020.

da emenda constitucional, acabou por validar tal procedimento com relação à legislação anterior.

Após inúmeros questionamentos jurídicos, novidade é que a matéria foi solucionada, recentemente, pelo Supremo Tribunal Federal, com o julgamento definitivo do RE nº 1.014.286, em sede de repercussão geral, que enfim deu contornos visíveis à questão da averbação do tempo de serviço prestado em atividades exercidas sob condições especiais, nocivas à saúde ou à integridade física de servidor público, por meio do seguinte tema:

> Tema 942 - Possibilidade de aplicação das regras do regime geral de previdência social para a averbação do tempo de serviço prestado em atividades exercidas sob condições especiais, nocivas à saúde ou à integridade física de servidor público, com conversão do tempo especial em comum, mediante contagem diferenciada.[446]

Assim, reconheceu o STF que "desde a edição das Emendas Constitucionais 20/1998 e 47/2005, não há mais dúvida acerca da efetiva existência do direito constitucional daqueles que laboraram em condições especiais à submissão a requisitos e critérios diferenciados para alcançar a aposentadoria".[447]

Partindo dessa premissa, a Suprema Corte deixou assentado, enfim, que ao permitir a norma constitucional a aposentadoria especial com tempo reduzido de contribuição reconheceu, por consequência lógica, os danos impostos a quem laborou em parte ou na integralidade de sua vida contributiva sob condições nocivas.

Assim, em realidade, o fator de conversão do tempo especial em comum age como operador do princípio da isonomia, equilibrando a compensação pelos riscos impostos, na proteção de todos os trabalhadores expostos a agentes nocivos.

Ao final do julgamento, fixou-se a seguinte tese:

> Até a edição da Emenda Constitucional nº 103/2019, o direito à conversão, em tempo comum, do prestado sob condições especiais que prejudiquem a saúde ou a integridade física de servidor público decorre da previsão de adoção de requisitos e critérios diferenciados para a jubilação daquele enquadrado na hipótese prevista no então vigente inciso III do §4º do art. 40 da Constituição da República, devendo ser aplicadas as normas do regime geral de previdência social relativas à aposentadoria especial contidas na Lei 8.213/1991 para viabilizar sua concretização enquanto não sobrevier lei complementar disciplinadora da matéria. Após a vigência da EC n.º 103/2019, o direito à conversão em tempo comum, do prestado sob condições especiais pelos servidores obedecerá à legislação complementar dos entes federados, nos termos da competência conferida pelo art. 40, §4º-C, da Constituição da República.

Há que ressaltar a correção de rota em primeiro lugar. Não fazia sentido o STF permitir a utilização de regras do regime geral para permitir a aposentadoria especial

---

446 BRASIL. Supremo Tribunal Federal. *Recurso Extraordinário nº 1.014.286*. Tema 942. Rel. Min. Luiz Fux, 20.4.2017. Disponível em: https://jurisprudencia.stf.jus.br/pages/search/repercussao-geral9102/false. Acesso em: 19 jun. 2020.

447 BRASIL. STF. *RE nº 1.014.286*. Plenário. Rel. Ministro Dias Toffoli. Red. do acórdão Min. Edson Fachin, j. 31.8.2020.

do servidor público, conforme estipulado na Súmula Vinculante nº 33,[448] mas impedir a conversão do tempo especial em comum, porquanto ambos os temas (inativação e conversão) decorrem de comandos normativos contidos no art. 57 da Lei nº 8.213/91,[449] no *caput* e no §5º, respectivamente.

Apresentada a tese de repercussão geral, cabe decifrá-la em seus pormenores. A eles.

Primeiramente, cumpre realçar que o novel entendimento do STF se baseou de forma cristalina em atividades exercidas sob condições especiais que prejudiquem a saúde ou a integridade física. Assim, estender tal possibilidade ao tempo prestado pelo servidor na condição de pessoa com deficiência ou em atividade de risco, ou, ainda, em funções de magistério, na educação infantil, ensino fundamental e médio, parece desarrazoado.

A interpretação do STF evidencia uma norma de exceção à regra geral, porquanto diminui o tempo de contribuição mínimo, por exemplo, para a aposentadoria. Nesse aspecto, portanto, o alargamento doutrinário de tal possibilidade, quer parecer, ultrapassaria a própria interpretação dada pelo Supremo à matéria.

Observe-se que não se discute o merecimento ou não das demais atividades especiais exercidas pelo servidor. O fato é que a decisão do STF não lhes abarcou. Nada impede, todavia, que a jurisprudência venha a caminhar nesse sentido, evidentemente.

Em segundo lugar, cabe identificar o aspecto temporal. Nesse sentido, fica claro, na tese fixada, que o direito à conversão do tempo exercido em atividades que prejudiquem a saúde ou a integridade física, em tempo comum, é permitido até a edição da Emenda Constitucional nº 103/19.

Isso porque, depois de tal marco, segundo o próprio texto contido no novo art. 40, §4º-C da Constituição, lei complementar de cada ente federativo é que poderá estabelecer idade e tempo de contribuição diferenciados para aposentadoria de servidores cujas atividades sejam exercidas com efetiva exposição a agentes químicos, físicos e biológicos prejudiciais à saúde.

Note-se, a propósito, que o art. 10, §3º, da EC nº 103/19, no âmbito da União, veda a conversão de tempo especial em comum.

Uma vez que ainda não existe lei própria para o servidor público da União, a efetivação do direito à conversão do tempo especial em comum deve basear-se, quanto aos fatores de conversão, na norma existente no RGPS. Essa constatação advém da própria interpretação da matéria, cujo prisma básico é a aproximação dos regimes de previdência.

---

[448] BRASIL. STF. *Súmula e Jurisprudência Vinculante nº 33*. "Aplicam-se ao servidor público, no que couber, as regras do regime geral da previdência social sobre aposentadoria especial de que trata o artigo 40, §4º, inciso III da Constituição Federal, até a edição de lei complementar específica".

[449] BRASIL. *Lei nº 8.213/91*. "Art. 57. A aposentadoria especial será devida, uma vez cumprida a carência exigida nesta Lei, ao segurado que tiver trabalhado sujeito a condições especiais que prejudiquem a saúde ou a integridade física, durante 15 (quinze), 20 (vinte) ou 25 (vinte e cinco) anos, conforme dispuser a lei. [...] §5º O tempo de trabalho exercido sob condições especiais que sejam ou venham a ser consideradas prejudiciais à saúde ou à integridade física será somado, após a respectiva conversão ao tempo de trabalho exercido em atividade comum, segundo critérios estabelecidos pelo Ministério da Previdência e Assistência Social, para efeito de concessão de qualquer benefício".

A propósito, o art. 70 do Regulamento da Previdência Social, aprovado pelo Decreto nº 3.048, de 6.5.1999, reproduzido no §5º do art. 188-P do mesmo regulamento, na redação dada pelo Decreto nº 10.410, de 30.6.2020, estipula a seguinte tabela de conversão:

Tempo a converter	Multiplicadores	
	Mulher (para 30)	Homem (para 35)
De 15 anos	2,00	2,33
De 20 anos	1,50	1,75
De 25 anos	1,20	1,40

Ainda convém traçar últimas considerações sobre o tema. O entendimento do STF veio a reboque da ausência legislativa sobre o tema. Nesse sentido, será muito bem-vinda a regulamentação da matéria a contar da edição da EC nº 103/19, porque, em realidade, as atividades especiais que prejudicam a saúde ou a integridade física continuam a ser exercidas normalmente pelo servidor público afeto a tais áreas.

Assim, para se evitar o malferimento de direitos, é preciso evitar que uma vez mais o tema passe à deriva das manifestações legislativas.

No âmbito da União, a proibição de converter tempo especial em comum, contido no art. 10, §3º, da citada emenda, deve ser vista com ressalvas. Ora, assim como acontecia em período pré-reforma de 2019, não vai parecer justo que um servidor trabalhe, por exemplo, 20 ou 30 anos em atividades prejudiciais e, ao mudar de serviço para um cargo comum, o tempo decorrido em atividade especial seja simplesmente esquecido. Afinal, as marcas sobre o corpo humano trazidas pelas atividades prejudiciais não se apagam com a mudança de cargo.

Cumpre realçar que a Secretaria de Previdência, do Ministério da Economia, debruçou-se sobre o tema ora tratado, tendo, por meio do Despacho nº 846/2021/SPREV/SEPRT-ME,[450] proferido as seguintes considerações acerca da matéria no âmbito dos RPPS:

> I - A tese fixada pelo Plenário do Supremo Tribunal Federal - STF no Recurso Extraordinário nº 1014286 (Tema nº 942 da Repercussão Geral):
>
> I.1 - alcança apenas os servidores filiados ao RPPS cujas atividades foram exercidas sob condições especiais que prejudiquem a saúde ou a integridade física até a data de entrada em vigor da Emenda Constitucional nº 103, que se deu em 13 de novembro de 2019, quanto ao direito à conversão desse tempo especial em tempo comum pela aplicação das regras do RGPS sobre aposentadoria especial de que trata o art. 57 da Lei nº 8.213, de 24/07/1991;
>
> I.2 - não diz respeito à conversão em tempo comum do tempo prestado pelo servidor na condição de pessoa com deficiência, nem de conversão de tempo exercido em atividades de risco, hipóteses previstas nos incisos I e II do §4º do art. 40 da Constituição, na redação desses dispositivos anterior à EC nº 103/2019; e

450 BRASIL. Ministério da Economia. *Despacho nº 846/2021/SPREV/SEPRT-ME*. Disponível em: https://www.gov.br/trabalho-e-previdencia/pt-br/assuntos/previdencia-no-servico-publico/legislacao-dos-rpps/notas/nt-792_6178-conversao-de-tempo-especial.pdf. Acesso em: 8 fev. 2022.

I.3 - não abrange conversão, em tempo comum, do tempo de efetivo exercício das funções de magistério na educação infantil e no ensino fundamental e médio, na hipótese de aposentadoria especial de professor a que se refere o §5º do art. 40 da Constituição Federal, na redação anterior à reforma previdenciária de 2019. [...]

V - A tese fixada pelo Plenário do Supremo Tribunal Federal no RE nº 1014286 permite que a conversão de tempo especial em tempo comum seja observada pelo RGPS e pelos RPPS para o tempo cumprido até 13/11/2019, pois:

V.1 - se trata de um precedente relevante da Corte Maior, cuja orientação firmada é persuasiva para os demais órgãos do Poder Judiciário, não obstante tenha sido adotada em controle difuso de constitucionalidade;

V.2 - ampliou, em substância, o alcance da Súmula Vinculante nº 33 do STF, pois ficou decidido que, na hipótese prevista no inciso III do §4º do art. 40 da Constituição (na redação anterior à EC nº 103/2019), o direito à conversão, em tempo comum, do prestado sob condições especiais prejudiciais à saúde ou à integridade física, decorre da isonomia na proteção dos trabalhadores expostos a agentes nocivos.

V.3 - o STF reinterpretou a Súmula Vinculante nº 33, a seguir, já que a aplicação analógica das regras de aposentadoria especial do RGPS ao servidor público, "no que couber", passou a incluir necessariamente a possibilidade de conversão de tempo especial em tempo comum, cumprido até 13/11/2019: Aplicam-se ao servidor público, no que couber, as regras do regime geral da previdência social sobre aposentadoria especial de que trata o artigo 40, §4º, inciso III da Constituição Federal, até a edição de lei complementar específica.

VI - Para a efetivação do direito à conversão de tempo especial em tempo comum, nos termos da EC nº 103/2019 e na forma da tese do STF para o Tema 942 de sua Repercussão Geral, devem ser aplicados, na conversão do tempo especial em comum exercido até 13 de novembro de 2019, os fatores de conversão previstos no então vigente art. 70 do Regulamento da Previdência Social, aprovado pelo Decreto nº 3.048, de 06/05/1999, reproduzida no §5º do art. 188-P do mesmo Regulamento, na redação dada pelo Decreto nº 10.410, de 30/06/2020.

VIII - Segundo a interpretação dada pelo Plenário do STF ao art. 40, §4º-C, da Constituição Federal por ocasião do julgamento do RE nº 1014286, representativo do Tema nº 942 da Repercussão Geral, para o tempo cumprido após a EC nº 103/2019, o direito à conversão em tempo comum, do exercido pelos servidores em atividades com efetiva exposição a agentes químicos, físicos e biológicos prejudiciais à saúde, obedecerá à legislação complementar dos entes federativos, nos termos da competência conferida pelo mencionado dispositivo Constitucional.

IX - Em relação ao RPPS da União, também foi prevista uma vedação análoga de conversão de tempo especial em tempo comum nas disposições transitórias aplicáveis às aposentadorias elegíveis após a Reforma da EC nº 103/2019 (art. 10, §3º).

X - No período em que não houver a aplicação da conversão de tempo especial em tempo comum cumprido após a EC nº 103/2019, por vedação ou falta de regulamentação legal no ente federativo, também estará vedada a conversão na contagem recíproca de tempo especial certificado pelo regime de origem, pois o regime instituidor do benefício deve estar amparado em sua norma de contagem diferenciada aplicável ao mesmo período que se pretende averbar com conversão.

XI - Por isso, considerando que a contagem recíproca exige reciprocidade e bilateralidade, eventual tempo cumprido após a vigência da EC nº 103/2019, que venha a ser reconhecido como especial pelos entes federados em face da faculdade a eles conferida pelo §4º-C do art. 40 da Constituição, não poderá ser convertido em tempo comum para fins de benefícios do RGPS, do RPPS da União ou dos demais entes federativos que vedaram ou não disciplinaram a conversão, após a vigência da EC 103/2019. [...]

XIII - A decisão do Supremo Tribunal Federal reconhece, para os servidores filiados a RPPS, cujas atividades sejam exercidas sob condições especiais à saúde ou à integridade física, até o advento da Emenda antes referida, o direito à conversão desse tempo especial em tempo comum pela aplicação analógica das regras do RGPS sobre aposentadoria especial de que trata o art. 57 da Lei nº 8.213/1991, o que não significa que o tempo reconhecido como especial deva vir convertido em tempo comum na CTC, cabendo ao regime de origem tão-somente certificar a natureza do período de tempo especial, devendo a correspondente conversão ser efetivada pelo regime instituidor, quando cabível.

Com efeito, o entendimento firmado pelo Supremo Tribunal Federal foi ao encontro do novo paradigma estabelecido pela Emenda Constitucional nº 103/2019, antes já explicitado nesta obra, que proibiu a conversão de tempo especial em comum, no âmbito do RGPS, somente após a publicação da referida emenda. Veja-se:

Art. 25. [...]

§2º Será reconhecida a conversão de tempo especial em comum, na forma prevista na Lei nº 8.213, de 24 de julho de 1991, ao segurado do Regime Geral de Previdência Social que comprovar tempo de efetivo exercício de atividade sujeita a condições especiais que efetivamente prejudiquem a saúde, cumprido até a data de entrada em vigor desta Emenda Constitucional, vedada a conversão para o tempo cumprido após esta data.[451]

Ora, se ao mesmo tempo a EC nº 103/2019, para os segurados do RGPS, manteve o direito de conversão do tempo especial em comum àquele prestado até a entrada em vigor da novel emenda (§2º do art. 25), vedando tal permissão somente para o futuro, entende-se bastante razoável, pela aproximação dos regimes, que se tenha dado tratamento igualitário aos servidores públicos nas mesmas condições especiais de prestação de serviços em atividades nocivas à sua saúde ou à sua integridade física.

8.6 Aposentadoria do professor – Considerações gerais

A aposentadoria de servidores públicos que ocupam cargo de professores, mesmo na redação anterior à promulgação da nova EC nº 103/2019, já tinha natureza especial decorrente do próprio Texto Constitucional.[452] Assim, segundo a Carta Magna, os requisitos de idade e de tempo de contribuição eram reduzidos em cinco anos, em relação à aposentadoria ordinária, para o professor que comprovasse exclusivamente tempo de efetivo exercício das funções de magistério na educação infantil e no ensino fundamental e médio.

Note-se que, com a edição da EC nº 20/1998,[453] foi suprimida do Texto Maior a previsão de aposentadoria especial para o professor de ensino superior. Segundo o

---

451 BRASIL. [Constituição (1988)]. *Emenda Constitucional nº 103, de 12 de novembro de 2019*. Altera o sistema de previdência social e estabelece regras de transição e disposições transitórias. Disponível em: http://www.planalto.gov.br/ccivil_03/Constituicao/Emendas/Emc/emc103.htm#art1. Acesso em: 23 fev. 2020.

452 BRASIL. [Constituição (1988)]. *Constituição da República Federativa do Brasil de 1988*. Brasília: Presidência da República, 1988. Disponível em: http://www.planalto.gov.br/ccivil_03/constituicao/constituicao.htm. Acesso em: 29 jan. 2020. Art. 40, §5º.

453 BRASIL. [Constituição (1988)]. *Emenda Constitucional nº 20, de 15 de dezembro de 1998*. Modifica o sistema de previdência social, estabelece normas de transição e dá outras providências. Disponível em: http://www.planalto.gov.br/ccivil_03/Constituicao/Emendas/Emc/emc20.htm#art1. Acesso em: 23 fev. 2020.

então Ministro da Previdência, Reinhold Stephanes,[454] a aposentadoria especial aos professores universitários foi retirada em função de ser tecnicamente injustificável, pois acarretaria saída precoce das universidades brasileiras de mestres e doutores, ainda em fase de intensa produtividade.

Importante realçar, de antemão, que a condição explícita para que o professor pudesse usufruir dessa inativação especial sempre foi a necessidade de que todo o tempo computado para aposentadoria fosse exercido dentro de sala de aula. Tanto assim, que o STF fez publicar a Súmula nº 726: "para efeito de aposentadoria especial de professores, não se computa o tempo de serviço prestado fora da sala de aula".[455]

Entretanto, essa orientação da Suprema Corte veio a cambiar, quando da apreciação da constitucionalidade da Lei nº 11.301/2006, definindo funções de magistério, *verbis*:

> Art. 1º O art. 67 da Lei nº 9.394, de 20 de dezembro de 1996, passa a vigorar acrescido do seguinte §2º, renumerando-se o atual parágrafo único para §1º:
>
> "Art. 67. [...]
>
> §2º Para os efeitos do disposto no §5º do art. 40 e no §8º do art. 201 da Constituição Federal, são consideradas funções de magistério as exercidas por professores e especialistas em educação no desempenho de atividades educativas, quando exercidas em estabelecimento de educação básica em seus diversos níveis e modalidades, incluídas, além do exercício da docência, as de direção de unidade escolar e as de coordenação e assessoramento pedagógico.[456]

De fato, a Suprema Corte abriu o leque de opções para aposentadorias de professores, conferindo interpretação conforme a citada lei, como se pode observar na ementa a seguir:

> Ação Direta de Inconstitucionalidade manejada contra o art. 1º da Lei Federal nº 11.301/2006, que acrescentou o §2º ao art. 67 da lei nº 9.394/1996. Carreira de magistério. Aposentadoria especial para os exercentes de funções de direção, coordenação e assessoramento pedagógico. Alegada ofensa aos arts. 40, §4º, e 201, §1º, da Constituição Federal. Inocorrência. Ação julgada parcialmente procedente, com interpretação conforme.
>
> I - A função de magistério não se circunscreve apenas ao trabalho em sala de aula, abrangendo também a preparação de aulas, a correção de provas, o atendimento aos pais e alunos, a coordenação e o assessoramento pedagógico e, ainda, a direção de unidade escolar.
>
> II - As funções de direção, coordenação e assessoramento pedagógico integram a carreira do magistério, desde que exercidos, em estabelecimentos de ensino básico, por professores de carreira, excluídos os especialistas era educação, fazendo jus aqueles que as desempenham ao regime especial de aposentadoria estabelecido nos arts. 40, §4º, e 201, §1º, da Constituição Federal.

---

454 *Apud* DARTORA, Cleci Maria. *Aposentadoria dos professores:* aspectos controvertidos. Curitiba: Juruá, [s.d.]. p. 100: "Não concebemos, no entanto, na extensão dos benefícios aos professores universitários. Além de tecnicamente injustificável, a aposentadoria precoce de nossos mestres e doutores, qualificados e mantidos pela sociedade, retira da universidade brasileira os melhores cérebros, em uma fase da vida de intensa produtividade".

455 BRASIL. Supremo Tribunal Federal. *Súmula nº 726*. Disponível em: http://www.stf.jus.br/portal/jurisprudencia/menuSumarioSumulas.asp?sumula=1498. Acesso em: 28 mar. 2020.

456 BRASIL. Lei nº 11.301, de 10 de maio de 2006. Regulamenta o §5º do art. 40 e o §8º do art. 201 da CF/88. *Diário Oficial da União [da] República Federativa do Brasil*, Brasília, 11 maio 2006.

> III - Ação direta julgada parcialmente procedente, com interpretação conforme, nos termos supra.[457]

Cumpre ressaltar que o fato de a aposentadoria do professor contar com tempo reduzido de contribuição não é obstáculo para que se concedam vantagens próprias das aposentadorias integrais ordinárias. Assim, são perfeitamente aceitáveis as incorporações de gratificações à remuneração do professor que se aposenta com tempo exclusivo de magistério.

A propósito do tempo de magistério, é de bom alvitre abrigar o entendimento de que a aposentadoria especial de professor requer comprovação inequívoca. Isso porque, sem o devido comparecimento em sala de aula, o professor, ainda que contribua com o sistema previdenciário, não poderá usufruir da aposentadoria especial.

Situação peculiar ocorre quando o professor, durante sua vida profissional, afasta-se temporariamente do cargo para realizar algum curso de aperfeiçoamento, como mestrado ou doutorado. Em que pese a intenção de angariar contributos para o melhor desempenho da atividade de magistério, entende-se que tais períodos não podem ser computados para fins de aposentadoria especial, pois desnudam a característica principal da modalidade que é premiar ou compensar o professor, exatamente, pelo extenuante trabalho em sala de aula. Assim, se o professor está, por exemplo, frequentando curso de mestrado, acredita-se que sua situação se assemelha mais com a de aluno que com a de professor.

De fato, soa estranha a possibilidade de se computar, para efeito de aposentadoria especial, o tempo de aluno em curso de mestrado, ou qualquer outro, porquanto não restariam cumpridas as exigências previstas na CF/1988, quais sejam, ser professor e comprovar tempo de efetivo exercício nas funções de magistério. Ainda com relação à comprovação de funções de magistério, parece também descabido utilizar-se de tempo em que se tenha atuado na função de monitor, muito comum nessa área profissional.

Debruçando-se sobre o tema, o TCU exarou o seguinte entendimento:

> Assim, a monitoria caracteriza-se como aprendizagem e não como magistério. É exercida por alunos, sob a orientação de professores, com vistas ao aperfeiçoamento ou formação profissional do estudante. Parece, portanto, incabível considerar como tempo de magistério o período em que a interessada exerceu, como aluna, a monitoria.[458]

A exclusividade de funções de magistério, para fins de aposentadoria especial de professor, pressupõe que haja a completação de todo o tempo necessário para a inativação.

Afora a questão da exclusividade em funções de magistério, cumpre asserir, ainda, que, como o cargo de professor é acumulável constitucionalmente, não se lhe aplica as vedações de acúmulo de cargos públicos.

---

457 BRASIL. Supremo Tribunal Federal. *ADI nº 3.772/DF*. Rel. p/ acórdão Ricardo Lewandowski, 17.4.2008. Disponível em: http://redir.stf.jus.br/estfvisualizadorpub/jsp/consultarprocessoeletronico/ConsultarProcessoEletronico.jsf?seqobjetoincidente=2399227. Acesso em: 28 mar. 2020.

458 BRASIL. Tribunal de Contas da União. Decisão nº 306/1997. 1ª Câmara. Processo TC nº 002.887/95-9. Rel. Min. Marcos Vinicios Vilaça, 18.11.1997. *Diário Oficial [da] República Federativa do Brasil*, Brasília, 28 nov. 1997.

Todavia, deve-se entender que tal acumulação restringe-se a apenas dois cargos, embora não seja tão incomum a possibilidade de o professor trabalhar em até três locais diferentes. Quanto aos cargos públicos, portanto, somente dois, repita-se, podem ser acumulados. Veja-se, a propósito, julgado do STF:

> 1. O Plenário do Supremo Tribunal Federal, na sessão de 09.11.94, ao julgar o RE nº 163.204/SP, relator o eminente Ministro Carlos Velloso, firmou entendimento no sentido de que a acumulação de proventos e vencimentos só é permitida quando se tratar de cargos, funções ou empregos acumuláveis na atividade, na forma permitida pela Constituição Federal (arts. 37, XVI, XVII, e 95, parágrafo único, I). 2. Sendo assim, o acórdão recorrido decidiu em conformidade com o entendimento desta Corte. Se a recorrente, na atividade, não poderia acumular três cargos de Professor, não seria possível essa acumulação depois de inativada em um deles. 3. Isto posto, com base no §1º do art. 21 do R.I.S.T.F., no art. 38 da Lei nº 8.038, de 28.05.90, e no art. 557 do Código de Processo Civil, nego seguimento ao agravo de instrumento.[459]

Ainda a propósito do professor, cabe examinar a questão quando ocorrer acumulação com outro cargo técnico. A respeito do tema, cumpre afastar, de plano, a noção de que apenas o cargo que exija curso superior como requisito para ocupação seja compreendido como de natureza técnica. Em realidade, ainda que de nível médio, nada impede que um cargo seja considerado de natureza técnica, portanto acumulável com o de professor, se suas atribuições e características intrínsecas conferirem-lhe tal caráter.

Há, aqui, que bem examinar a jurisprudência a respeito do tema. O STJ, de fato, afastou a possibilidade de acumulação de cargos de professor com técnico judiciário, entretanto, de forma genérica. Veja-se:

> [...] 1. A Constituição Federal vedou expressamente a acumulação de cargos públicos, admitindo-a apenas quando houver compatibilidade de horários, nas hipóteses de dois cargos de professor; de um cargo de professor e outro técnico ou científico; e de dois cargos privativos de profissionais de saúde.
>
> 2. E, para fins de acumulação, resta assentado no constructo doutrinário-jurisprudencial que cargo técnico é o que requer conhecimento específico na área de atuação do profissional.
>
> 3. Não é possível a acumulação dos cargos de professor e Técnico Judiciário, de nível médio, para o qual não se exige qualquer formação específica e cujas atribuições são de natureza eminentemente burocrática.
>
> 4. Precedentes.
>
> 5. Recurso improvido.[460]

Pode-se observar que aquela Corte salientou que a acumulação de cargos não seria possível para o caso do técnico judiciário que exerça atribuições meramente burocráticas. Todavia, para fins de acumulação prevista na CF/1988, interessa observar as características intrínsecas do cargo ocupado e não apenas a denominação genérica. Se o cargo, embora

[459] BRASIL. Supremo Tribunal Federal. Agravo de Instrumento nº 200120/RS. Rel. Min. Sydney Sanches, 6.2.2002. *Diário da Justiça*, Brasília, 9 abr. 2002.

[460] BRASIL. Superior Tribunal de Justiça. Recurso Ordinário em Mandado de Segurança nº 14456/AM. Processo nº 2002/0020741-5. Sexta Turma. Rel. Min. Hamilton Carvalhido, 25.11.2003. *Diário da Justiça*, Brasília, 2 fev. 2004: "Constitucional. Acumulação de cargos públicos. Professor e técnico judiciário. Impossibilidade".

seja de nível médio, requerer habilidades específicas e técnicas, pensa-se que atendido estará o preceito constitucional. Nessa mesma senda posicionou-se o Tribunal de Justiça do Distrito Federal e Territórios, conforme se observa a seguir:

> [...] I - O cargo de técnico judiciário categoria de assistente de taquígrafo judiciário é eminentemente técnico porque exige de seu ocupante adequada formação, conhecimento e domínio específicos dos símbolos que permitem a rápida apreensão das palavras.
>
> II - A regra inserta no art. 37, item XVI, alínea "b" da Constituição da República permite a acumulação de cargo de magistério com o de técnico judiciário, categoria de assistente de taquigrafia, sendo irrelevante ser o cargo de nível médio, em face de suas atribuições.
>
> Decisão
>
> Conceder a ordem à unanimidade.[461]

A necessidade de comprovação de conhecimentos técnicos específicos, portanto, é a chave para que se estabeleça a permissibilidade da acumulação. Nesse sentido, cumpre buscar auxílio uma vez mais no STJ:

> [...] 1. O fato de o cargo ocupado exigir apenas nível médio de ensino, por si só, não exclui o caráter técnico da atividade, pois o texto constitucional não exige formação superior para tal caracterização, o que redundaria em intolerada interpretação extensiva, sendo imperiosa a comprovação de atribuições de natureza específica [...].[462]

Outros precedentes jurisprudenciais corroboram tal entendimento:

> A jurisprudência atual e iterativa do Tribunal Superior do Trabalho consagra entendimento no sentido da possibilidade da acumulação dos cargos de técnico bancário com o de professor público. Esse acúmulo se ajusta à previsão do art. 37, XVI, b, da Constituição Federal, porquanto a função de técnico escriturário de banco tem natureza técnica, dada a exigência de conhecimentos especializados nas áreas financeira, contábil, mercantil e bancária. Precedentes. Decisão regional divergente. Recurso de revista conhecido e provido.[463]

No âmbito das cortes de contas, o entendimento é o mesmo:

> [...] Assim, ainda que o cargo acumulável seja de nível médio, sua especificidade pode garantir-lhe a inclusão na exceção constitucional prevista no art. 37, inciso XVI, letra "b" (acumulação de cargo de professor com outro técnico ou científico). Por outro prisma de observação, a avaliação dessa Corte de Contas, à evidência, não precisa circunscrever-se

---

461 BRASIL. Tribunal de Justiça do Distrito Federal e Territórios. Mandado de Segurança nº 787.097 DF. Acórdão nº 106552. Conselho Especial. Rel. Nívio Geraldo Gonçalves, 28.4.1998. *DJU*, 29 jul. 1998. p. 23: "Constitucional. Servidor público. Acumulação. Exercício de cargo de magistério e de técnico judiciário, categoria de assistente de taquigrafia. Possibilidade. Permissão constitucional (art. 37, XVI, letra 'b'). Ordem concedida".

462 BRASIL. Superior Tribunal de Justiça. Recurso Ordinário em Mandado de Segurança RMS nº 12352/DF. 2000/0086228-2. Sexta Turma. Rel. Min. Paulo Medina. *Diário da Justiça*, Brasília, 23 out. 2006. p. 356: "Recurso Ordinário em Mandado de Segurança. Constitucional. Administrativo. Servidor público. Acumulação de cargos. Cargo técnico. Não demonstração. Impossibilidade. Recurso improvido".

463 BRASIL. Tribunal Superior do Trabalho. Recurso de Revista nº 13729720115090009. Sétima Turma. Rel. Cláudio Mascarenhas Brandão, 13.9.2017. *DEJT*, 22 set. 2017: "Acumulação de cargos públicos. Técnico bancário e professor. Possibilidade".

> ao quanto delimitado por comissões de acumulação de cargos externas. Há que averiguar as atribuições precípuas do cargo que está sendo acumulado ao de professor.
>
> O Tribunal, por maioria, de acordo com o voto do Revisor, Conselheiro Inácio Magalhães Filho, considerou lícita a acumulação de cargos da servidora em epígrafe, desde que haja compatibilidade horária, devendo os autos retornarem à Sefipe deste Tribunal para fins de análise da legalidade da concessão.[464]

Em se tratando de acumulação de cargos, envolvendo o professor, convém avançar ainda mais sobre o tema.

Normalmente, ao avaliar a licitude da acumulação de cargos, observa-se sempre o lado do cargo acumulável com aquele outro de professor. No entanto, outro ponto de vista é possível.

Em verdade, a acumulação de cargos públicos é por regra proibida pelo constituinte, que fez questão, por isso mesmo, de eleger restritas situações em que seria tolerada. Uma dessas restrições diz respeito, exatamente, à função do professor, eis que incluído na área da educação, de sensível relevância no texto constitucional.

Não é sem propósito que a Constituição Federal dispõe, em seu art. 205, que a educação é direito de todos e dever do Estado e da família e será promovida com a colaboração da sociedade. É dizer: de tão proeminente, essa área conjuga obrigatoriamente a necessidade de esforços de três distintos eixos: legal (Estado), social (sociedade) e particular (família).

Assim, a não ser quando a ilegalidade é patente, crê-se que a exceção constitucional que privilegia a atuação do professor não pode ser restringida sem ampla fundamentação, sob pena de infringir tamanha diretriz traçada pelo próprio constituinte.

Em decorrência dessa premissa, parece tangível que, sob forte possibilidade interpretativa, não se desconsidere a permissividade da acumulação. Veja-se, nesse sentido, julgado do TST que robustece a tese aqui defendida:

> Agravo de Instrumento. Recurso de Revista. 1. Preliminar de nulidade processual por negativa de prestação jurisdicional. 2. Acumulação de cargos públicos. Técnico bancário e professor da rede estadual de ensino. Possibilidade. Permissão constitucional para acumulação de um cargo de professor com outro técnico ou científico (art. 37, XVI, CF). Decisão denegatória. Manutenção. A regra constitucional de 1988 tem de ser lida em harmonia com o conjunto constitucional contemporâneo, em que se privilegia a educação, considerada como "direito de todos e dever do Estado e da família" (art. 5º, caput, CF; grifos acrescidos), devendo ser "promovida e incentivada com a colaboração da sociedade" (art. 5º, caput, CF, grifos acrescidos). A exceção constitucional do art. 37, XVI, b, não pode ser gravemente restringida de maneira a desestimular, desincentivar e deixar de promover a educação – reduzindo, por vias transversas, o manifesto dever do Estado fixado no art. 205, caput, da CF, e o dever de colaboração educacional de todas as entidades sociais existentes, inclusive as empresas estatais. [...].[465]

---

[464] BRASIL. Tribunal de Contas do Distrito Federal. *Processo nº 37818/2015-e*. Decisão nº 5.974/2018. Rel. Conselheiro Márcio Michel Alves de Oliveira. 1º Rev. Conselheiro Inácio Magalhães Filho. Sessão Ordinária nº 5093, de 11.12.2018.

[465] BRASIL. Tribunal Superior do Trabalho. AIRR nº 6737620115090019. Terceira Turma. Rel. Maurício Godinho Delgado, 17.2.2016. *DEJT*, 19 fev. 2016.

O que se procura demonstrar é o real alcance do instituto da acumulação de cargos, que, antes de interessar ao servidor, deve atender aos anseios do Estado. Tanto assim, que, não de forma aleatória, as possibilidades de acumulação sempre recaem, como salientado, nas áreas de saúde e educação, sensíveis, por natureza, aos interesses da sociedade.

Sobre o tema, brilhante a análise já antiga no tempo, porém jovial na profundidade, realizada por Fernando Henrique Mendes de Almeida, ainda sob o pálio da Constituição de 1946:

> [...] atendendo precisamente a que os cargos públicos são criados no interesse do serviço público e não no interesse dos indivíduos que os ocupam, as acumulações devem ser permitidas, quando não firam aquêle primeiro interesse". A reforma de gestão pública, promovida no país na década de noventa, previa a condição de um Estado brasileiro mais eficiente e mais moderno, que atendesse aos objetivos da sociedade. Daí depreender-se, pela via de análise ora empreendida, que o instituto da acumulação de cargos seguisse a mesma ótica evidenciada na citação acima trazida à colação, ou seja, atendesse ao interesse estatal.[466]

A reforma de gestão pública, promovida no país na década de noventa, previa a condição de um Estado brasileiro mais eficiente e mais moderno, que atendesse aos objetivos da sociedade. Daí depreender-se, pela via de análise ora empreendida, que o instituto da acumulação de cargos seguisse a mesma ótica evidenciada na citação acima trazida à colação, ou seja, atendesse ao interesse estatal.

Ponto que merece reflexão, também, diz respeito à possibilidade de concessão de abono de permanência aos professores, em função da completação dos requisitos para a aposentadoria especial prevista na CF/1988. Despacho oriundo do então Ministério do Planejamento, Orçamento e Gestão aventava a impossibilidade de tal concessão, conforme se observa no trecho a seguir:

> Refiro-me ao Documento acima epigrafado, que trata de consulta sobre a aplicação das regras de abono de permanência a professor que comprove, exclusivamente, tempo de efetivo exercício das funções de magistério na educação infantil e no ensino fundamental e médio.
>
> 2. Sobre o assunto cabe esclarecer que a redução de cinco anos no requisito da idade e do tempo de contribuição para aposentadoria, de que trata o §5º do art. 40 da Constituição Federal, concedida ao professor que comprove exclusivamente tempo de efetivo exercício das funções de magistério na educação infantil e no ensino fundamental e médio, somente se presta para efeito de aposentadoria, não se aplicando tal redução para a concessão de abono de permanência, haja vista inexistir fundamento na referida norma para a concessão de abono de permanência mediante a utilização da redução do tempo de contribuição e idade permitidas para a aposentadoria.
>
> 3. Ainda sobre a matéria, cabe acrescentar que o acréscimo de tempo de serviço de dezessete por cento para o professor e de vinte por cento para a professora, constante do §4º do art. 2º da Emenda Constitucional nº 41, de 31 de dezembro de 2003, exclusivamente em relação ao tempo de serviço exercido até a publicação da Emenda Constitucional nº 20, de 15 de dezembro de 1998, tem validade apenas para a contagem de tempo para aposentadoria, não se destinando ao preenchimento de requisito para concessão de abono de permanência, haja vista que o §5º do art. 2º da Emenda Constitucional nº 41, de 2003, estabelece que

[466] *Apud* OLIVEIRA, J. E. Abreu. *Aposentadoria no serviço público.* Rio de Janeiro: Freitas Bastos, 1970. p. 271.

para a concessão de abono é necessário completar as exigências estabelecidas no caput do referido artigo.[467]

Segundo a interpretação ministerial, a concessão do abono de permanência ao professor devia obedecer aos critérios específicos impostos pela CF/1988,[468] bem como pela EC nº 41/2003,[469] já assinalados alhures.

Contudo, esse entendimento, de fato, não merecia prosperar. Isso porque houve interpretação exclusivamente literal de parte das normas, não se cuidando, portanto, de análise mais acurada de todo conjunto normativo do instituto. Em realidade, a norma contida na redação anterior da CF/1988[470] abrangia também a aposentadoria especial, concedida aos professores, porquanto a redução nos requisitos de idade e de tempo de contribuição, a eles facultada, decorria de comando normativo.[471] Em outras palavras, o professor que se inativava com redução de idade e de tempo de contribuição cumpria os requisitos previstos na CF/1988,[472] porque assim determinava o constituinte originário.

Em realidade, ao vedar tal direito ao professor que contava com tempo para aposentadoria especial, o Estado ia contra a *ratio essendi* do abono de permanência, que é exatamente provocar menos aposentadorias e, com isso, dar mais folga orçamentária à previdência pública.

Na redação atualmente em vigor, trazida pela EC nº 103/2019, o art. 8º contempla a possibilidade de concessão do abono de permanência aos professores, normalmente. Ei-lo:

> Art. 8º Até que entre em vigor lei federal de que trata o §19 do art. 40 da Constituição Federal, o servidor público federal que cumprir as exigências para a concessão da aposentadoria voluntária nos termos do disposto nos arts. 4º, 5º, 20, 21 e 22 e que optar por permanecer em atividade fará jus a um abono de permanência equivalente ao valor da sua contribuição previdenciária, até completar a idade para aposentadoria compulsória.[473]

---

[467] MINISTÉRIO DO PLANEJAMENTO, ORÇAMENTO E GESTÃO. *Processo nº 04500.001140/2005-38 apud* DISTRITO FEDERAL. Tribunal de Contas. *Processo nº 9.004/2007*. Rel. Conselheiro Antonio Renato Alves Rainha. Disponível em: https://etcdf.tc.df.gov.br/?a=documento&f=downloadPDF&iddocumento=780923. Acesso em: 31 mar. 2020.

[468] BRASIL. [Constituição (1988)]. *Constituição da República Federativa do Brasil de 1988*. Brasília: Presidência da República, 1988. Disponível em: http://www.planalto.gov.br/ccivil_03/constituicao/constituicao.htm. Acesso em: 29 jan. 2020. Art. 40, §19.

[469] BRASIL. [Constituição (1988)]. Emenda Constitucional nº 41, de 19 de dezembro de 2003. Modifica os arts. 37, 40, 42, 48, 96, 149 e 201 da Constituição Federal, revoga o inciso IX do §3º do art. 142 da Constituição Federal e dispositivos da Emenda Constitucional nº 20, de 15 de dezembro de 1998, e dá outras providências. *Diário Oficial da União [da] República Federativa do Brasil*, Brasília, 31 dez. 2003. Arts. 2º, §5º, e 3º.

[470] BRASIL. [Constituição (1988)]. *Constituição da República Federativa do Brasil de 1988*. Brasília: Presidência da República, 1988. Disponível em: http://www.planalto.gov.br/ccivil_03/constituicao/constituicao.htm. Acesso em: 29 jan. 2020. Art. 40, §19.

[471] BRASIL. [Constituição (1988)]. *Constituição da República Federativa do Brasil de 1988*. Brasília: Presidência da República, 1988. Disponível em: http://www.planalto.gov.br/ccivil_03/constituicao/constituicao.htm. Acesso em: 29 jan. 2020. Art. 40, §5º.

[472] BRASIL. [Constituição (1988)]. *Constituição da República Federativa do Brasil de 1988*. Brasília: Presidência da República, 1988. Disponível em: http://www.planalto.gov.br/ccivil_03/constituicao/constituicao.htm. Acesso em: 29 jan. 2020. Art. 40, §1º, III, "a".

[473] BRASIL. [Constituição (1988)]. *Emenda Constitucional nº 103, de 12 de novembro de 2019*. Altera o sistema de previdência social e estabelece regras de transição e disposições transitórias. Disponível em: http://www.planalto.gov.br/ccivil_03/Constituicao/Emendas/Emc/emc103.htm#art1. Acesso em: 23 fev. 2020.

As referências aos arts. 4º e 20 incluem os professores, conforme se verá no próximo tópico.

8.6.1 Aposentadoria do professor, segundo a EC nº 103/2019

A reforma previdenciária realizada pela EC nº 103/2019 deu nova redação ao dispositivo da Constituição Federal, que trata da idade para aposentadoria dos professores, *verbis*:

> Art. 40. [...]
>
> §5º Os ocupantes do cargo de professor terão idade mínima reduzida em 5 (cinco) anos em relação às idades decorrentes da aplicação do disposto no inciso III do §1º, desde que comprovem tempo de efetivo exercício das funções de magistério na educação infantil e no ensino fundamental e médio fixado em lei complementar do respectivo ente federativo.[474]

Convém observar que houve uma significativa alteração com relação ao texto anterior, que previa a concessão de aposentadoria para o professor que comprovasse "exclusivamente tempo de efetivo exercício das funções de magistério".

Agora, o Texto Constitucional diz respeito aos "ocupantes do cargo de professor". Pode ser que volte à tona toda aquela discussão sobre a possibilidade de aposentadoria de magistério àqueles profissionais que não exercem exatamente a função precípua do cargo de professor, como os especialistas em educação, por exemplo. A ver.

Mantendo a ideia anterior, a nova redação permite a redução de cinco anos em relação às idades exigidas para a aposentadoria ordinária, tanto para o homem quanto para a mulher.

No art. 4º, em especial no §4º, o constituinte prevê regra de transição para o professor. Veja-se:

> Art. 4º O servidor público federal que tenha ingressado no serviço público em cargo efetivo até a data de entrada em vigor desta Emenda Constitucional poderá aposentar-se voluntariamente quando preencher, cumulativamente, os seguintes requisitos:
>
> I - 56 (cinquenta e seis) anos de idade, se mulher, e 61 (sessenta e um) anos de idade, se homem, observado o disposto no §1º;
>
> II - 30 (trinta) anos de contribuição, se mulher, e 35 (trinta e cinco) anos de contribuição, se homem;
>
> III - 20 (vinte) anos de efetivo exercício no serviço público;
>
> IV - 5 (cinco) anos no cargo efetivo em que se der a aposentadoria; e
>
> V - somatório da idade e do tempo de contribuição, incluídas as frações, equivalente a 86 (oitenta e seis) pontos, se mulher, e 96 (noventa e seis) pontos, se homem, observado o disposto nos §§2º e 3º.
>
> §1º A partir de 1º de janeiro de 2022, a idade mínima a que se refere o inciso I do caput será de 57 (cinquenta e sete) anos de idade, se mulher, e 62 (sessenta e dois) anos de idade, se homem.

---

474 BRASIL. [Constituição (1988)]. *Emenda Constitucional nº 103, de 12 de novembro de 2019*. Altera o sistema de previdência social e estabelece regras de transição e disposições transitórias. Disponível em: http://www.planalto.gov.br/ccivil_03/Constituicao/Emendas/Emc/emc103.htm#art1. Acesso em: 23 fev. 2020.

> §2º A partir de 1º de janeiro de 2020, a pontuação a que se refere o inciso V do caput será acrescida a cada ano de 1 (um) ponto, até atingir o limite de 100 (cem) pontos, se mulher, e de 105 (cento e cinco) pontos, se homem.
>
> §3º A idade e o tempo de contribuição serão apurados em dias para o cálculo do somatório de pontos a que se referem o inciso V do *caput* e o §2º.
>
> §4º Para o titular do cargo de professor que comprovar exclusivamente tempo de efetivo exercício das funções de magistério na educação infantil e no ensino fundamental e médio, os requisitos de idade e de tempo de contribuição de que tratam os incisos I e II do caput serão:
>
> I - 51 (cinquenta e um) anos de idade, se mulher, e 56 (cinquenta e seis) anos de idade, se homem;
>
> II - 25 (vinte e cinco) anos de contribuição, se mulher, e 30 (trinta) anos de contribuição, se homem; e
>
> III - 52 (cinquenta e dois) anos de idade, se mulher, e 57 (cinquenta e sete) anos de idade, se homem, a partir de 1º de janeiro de 2022.
>
> §5º O somatório da idade e do tempo de contribuição de que trata o inciso V do caput para as pessoas a que se refere o §4º, incluídas as frações, será de 81 (oitenta e um) pontos, se mulher, e 91 (noventa e um) pontos, se homem, aos quais serão acrescidos, a partir de 1º de janeiro de 2020, 1 (um) ponto a cada ano, até atingir o limite de 92 (noventa e dois) pontos, se mulher, e de 100 (cem) pontos, se homem.[475]

Esse sistema inusitado, "inventado" pelo constituinte, traz em si uma incoerência, tanto para a aposentadoria ordinária quanto para os professores. Veja-se que a norma exige, por exemplo, ao professor do sexo masculino, a idade de 56 (cinquenta e seis) anos e mais 30 (trinta) anos de contribuição, o que perfaz a soma de 86 (oitenta e seis). No entanto, exige-lhe, também, 91 (noventa e um) pontos, cinco a mais, portanto, que se refere exatamente ao somatório de idade e tempo de contribuição!

A explicação tende a ser somente aquela de dificultar ao máximo a concessão de aposentadoria.

A menção à aposentadoria do cargo de professor volta no art. 10, da mesma EC nº 103/2019, que cuida, como já dito alhures, de uma regra válida de forma genérica, "até que entre em vigor lei federal que discipline os benefícios do regime próprio de previdência social dos servidores da União".

Eis o artigo:

> Art. 10. Até que entre em vigor lei federal que discipline os benefícios do regime próprio de previdência social dos servidores da União, aplica-se o disposto neste artigo.
>
> §1º Os servidores públicos federais serão aposentados:
>
> I - voluntariamente, observados, cumulativamente, os seguintes requisitos:
>
> a) 62 (sessenta e dois) anos de idade, se mulher, e 65 (sessenta e cinco) anos de idade, se homem; e
>
> b) 25 (vinte e cinco) anos de contribuição, desde que cumprido o tempo mínimo de 10 (dez) anos de efetivo exercício no serviço público e de 5 (cinco) anos no cargo efetivo em que for concedida a aposentadoria; [...]

---

[475] BRASIL. [Constituição (1988)]. *Emenda Constitucional nº 103, de 12 de novembro de 2019*. Altera o sistema de previdência social e estabelece regras de transição e disposições transitórias. Disponível em: http://www.planalto.gov.br/ccivil_03/Constituicao/Emendas/Emc/emc103.htm#art1. Acesso em: 23 fev. 2020.

III - o titular do cargo federal de professor, aos 60 (sessenta) anos de idade, se homem, aos 57 (cinquenta e sete) anos, se mulher, com 25 (vinte e cinco) anos de contribuição exclusivamente em efetivo exercício das funções de magistério na educação infantil e no ensino fundamental e médio, 10 (dez) anos de efetivo exercício de serviço público e 5 (cinco) anos no cargo efetivo em que for concedida a aposentadoria, para ambos os sexos.[476]

Outra incoerência é preciso apontar. Veja-se que o constituinte diminui em cinco anos o limite de idade para os professores, seja homem ou mulher. No entanto, não faz o mesmo com relação ao tempo de contribuição, que permanece sempre em 25 (vinte e cinco) anos de contribuição, não importa se na modalidade ordinária ou para os professores. Uma vez mais, impera a questão econômica.

Finalmente, para o servidor público que ocupe o cargo de professor, a EC nº 103/2019 possui a previsão constante do art. 20, §1º, a seguir reproduzido:

Art. 20. O segurado ou o servidor público federal que se tenha filiado ao Regime Geral de Previdência Social ou ingressado no serviço público em cargo efetivo até a data de entrada em vigor desta Emenda Constitucional poderá aposentar-se voluntariamente quando preencher, cumulativamente, os seguintes requisitos:

I - 57 (cinquenta e sete) anos de idade, se mulher, e 60 (sessenta) anos de idade, se homem;

II - 30 (trinta) anos de contribuição, se mulher, e 35 (trinta e cinco) anos de contribuição, se homem;

III - para os servidores públicos, 20 (vinte) anos de efetivo exercício no serviço público e 5 (cinco) anos no cargo efetivo em que se der a aposentadoria;

IV - período adicional de contribuição correspondente ao tempo que, na data de entrada em vigor desta Emenda Constitucional, faltaria para atingir o tempo mínimo de contribuição referido no inciso II.

§1º Para o professor que comprovar exclusivamente tempo de efetivo exercício das funções de magistério na educação infantil e no ensino fundamental e médio serão reduzidos, para ambos os sexos, os requisitos de idade e de tempo de contribuição em 5 (cinco) anos.

Afora as questões já tratadas alhures, acerca do conceito de serviço público e do pedágio insculpido no inc. IV, chama a atenção que, agora, o constituinte, diferentemente do comentário anterior, permite ao professor, homem e mulher, a diminuição em cinco anos, tanto para a idade, quanto para o tempo de contribuição.

Exemplos de cálculos de proventos serão tema de capítulo específico.

8.7 Considerações finais sobre a aposentadoria especial

Independentemente da modalidade de aposentadoria especial de que se cuide, importante tecer alguns comentários, ainda.

Como dito antes, a aposentadoria especial pressupõe a efetiva exposição às situações especiais de maneira permanente, não ocasional. Todavia, deve-se atentar que existem afastamentos que não maculam a caracterização da aposentadoria especial, tais como:

---

476 BRASIL. [Constituição (1988)]. *Emenda Constitucional nº 103, de 12 de novembro de 2019*. Altera o sistema de previdência social e estabelece regras de transição e disposições transitórias. Disponível em: http://www.planalto.gov.br/ccivil_03/Constituicao/Emendas/Emc/emc103.htm#art1. Acesso em: 23 fev. 2020.

doação de sangue;[477] alistamento eleitoral;[478] casamento;[479] luto;[480] férias;[481] convocação para júri e eleição;[482] maternidade;[483] paternidade;[484] adoção;[485] acidente de serviço ou doença profissional;[486] aposentadoria por acidente de serviço ou moléstia profissional[487] e, ainda, a licença para tratamento da própria saúde.

Uma preocupação que faz parte dessa modalidade de aposentadoria é a comprovação da atividade especial. Há que separar dois cenários referentes aos períodos passados em atividades especiais: um regido pelo RGPS, outro, no âmbito dos regimes próprios.

Para aqueles períodos passados em atividades privadas, deve-se requerer a certidão comprobatória do Instituto Nacional do Seguro Social – INSS.

Nesse sentido, convém salientar que a autarquia previdenciária exige a demonstração de documentação comprobatória. A propósito, o art. 260 da Instrução Normativa nº 77/2015 estabelece:

> Art. 260. Consideram-se formulários legalmente previstos para reconhecimento de períodos alegados como especiais para fins de aposentadoria, os antigos formulários em suas diversas denominações, sendo que, a partir de 1º de janeiro de 2004, o formulário a que se refere o §1º do art. 58 da Lei nº 8.213, de 1991, passou a ser o PPP.[488]

---

[477] BRASIL. *Lei nº 8.112, de 11 de dezembro de 1990*. Dispõe sobre o regime jurídico dos servidores públicos civis da União, das autarquias e das fundações públicas federais. Disponível em: http://www.pl4analto.gov.br/ccivil_03/LEIS/L8112cons.htm. Acesso em: 9 mar. 2020. Art. 97, inc. I.

[478] BRASIL. *Lei nº 8.112, de 11 de dezembro de 1990*. Dispõe sobre o regime jurídico dos servidores públicos civis da União, das autarquias e das fundações públicas federais. Disponível em: http://www.pl4analto.gov.br/ccivil_03/LEIS/L8112cons.htm. Acesso em: 9 mar. 2020. Art. 97, inc. II.

[479] BRASIL. *Lei nº 8.112, de 11 de dezembro de 1990*. Dispõe sobre o regime jurídico dos servidores públicos civis da União, das autarquias e das fundações públicas federais. Disponível em: http://www.pl4analto.gov.br/ccivil_03/LEIS/L8112cons.htm. Acesso em: 9 mar. 2020. Art. 97, inc. III, alínea "a".

[480] BRASIL. *Lei nº 8.112, de 11 de dezembro de 1990*. Dispõe sobre o regime jurídico dos servidores públicos civis da União, das autarquias e das fundações públicas federais. Disponível em: http://www.pl4analto.gov.br/ccivil_03/LEIS/L8112cons.htm. Acesso em: 9 mar. 2020. Art. 97, inc. III, alínea "b".

[481] BRASIL. *Lei nº 8.112, de 11 de dezembro de 1990*. Dispõe sobre o regime jurídico dos servidores públicos civis da União, das autarquias e das fundações públicas federais. Disponível em: http://www.pl4analto.gov.br/ccivil_03/LEIS/L8112cons.htm. Acesso em: 9 mar. 2020. Arts. 77 a 80.

[482] BRASIL. *Lei nº 8.112, de 11 de dezembro de 1990*. Dispõe sobre o regime jurídico dos servidores públicos civis da União, das autarquias e das fundações públicas federais. Disponível em: http://www.pl4analto.gov.br/ccivil_03/LEIS/L8112cons.htm. Acesso em: 9 mar. 2020. Art. 102, inc. VI.

[483] BRASIL. *Lei nº 8.112, de 11 de dezembro de 1990*. Dispõe sobre o regime jurídico dos servidores públicos civis da União, das autarquias e das fundações públicas federais. Disponível em: http://www.pl4analto.gov.br/ccivil_03/LEIS/L8112cons.htm. Acesso em: 9 mar. 2020. Art. 207.

[484] BRASIL. *Lei nº 8.112, de 11 de dezembro de 1990*. Dispõe sobre o regime jurídico dos servidores públicos civis da União, das autarquias e das fundações públicas federais. Disponível em: http://www.pl4analto.gov.br/ccivil_03/LEIS/L8112cons.htm. Acesso em: 9 mar. 2020. Art. 208.

[485] BRASIL. *Lei nº 8.112, de 11 de dezembro de 1990*. Dispõe sobre o regime jurídico dos servidores públicos civis da União, das autarquias e das fundações públicas federais. Disponível em: http://www.pl4analto.gov.br/ccivil_03/LEIS/L8112cons.htm. Acesso em: 9 mar. 2020. Art. 210.

[486] BRASIL. *Lei nº 8.112, de 11 de dezembro de 1990*. Dispõe sobre o regime jurídico dos servidores públicos civis da União, das autarquias e das fundações públicas federais. Disponível em: http://www.pl4analto.gov.br/ccivil_03/LEIS/L8112cons.htm. Acesso em: 9 mar. 2020. Art. 211.

[487] BRASIL. [Constituição (1988)]. *Constituição da República Federativa do Brasil de 1988*. Brasília: Presidência da República, 1988. Disponível em: http://www.planalto.gov.br/ccivil_03/constituicao/constituicao.htm. Acesso em: 29 jan. 2020. Art. 40, inc. I.

[488] BRASIL. *Instrução Normativa INSS nº 77, de 21.01.2015*. Estabelece rotinas para agilizar e uniformizar o reconhecimento de direitos dos segurados e beneficiários da Previdência Social, com observância dos princípios estabelecidos no art. 37 da Constituição Federal de 1988. Disponível em: https://www.inss.gov.br/wp-content/uploads/2019/09/in77PRESINSSatualizada15082019-mesclado.pdf. Acesso em: 20 jun. 2020.

No caso dos servidores públicos, a comprovação do tempo especial deve ser aferida pelo próprio órgão público onde foi prestado o serviço.

Cumpre mencionar que os servidores públicos que tiveram exercício em atividades especiais, em estados ou municípios, que tenham Regime Próprio de Previdência Social, prescindem de certidão emitida pelo INSS para comprovação de tal tempo, tal e qual aqueles oriundos da União. Nesse sentido, cabe trazer à colação julgado do Tribunal de Contas da União, o qual, em sede de consulta, estabeleceu:

> A contagem especial de tempo de serviço, para efeito de aposentadoria estatutária, admitida pelo Acórdão nº 2008/2006 – TCU – Plenário, diz respeito ao tempo de serviço prestado como celetista, no serviço público, sob condições insalubres, perigosas ou penosas, no período anterior à vigência da Lei nº 8.112/1990, em qualquer esfera de governo (federal, estadual ou municipal).[489]

Também o STF adota esse entendimento, conforme se observa da transcrição da emenda de julgado, a seguir:

> 1. A contagem recíproca é um direito assegurado pela Constituição do Brasil. O acerto de contas que deve haver entre os diversos sistemas de previdência social não interfere na existência desse direito, sobretudo para fins de aposentadoria.
>
> 2. Tendo exercido suas atividades em condições insalubres à época em que submetido aos regimes celetista e previdenciário, o servidor público possui direito adquirido à contagem desse tempo de serviço de forma diferenciada e para fins de aposentadoria.
>
> 3. Não seria razoável negar esse direito à recorrida pelo simples fato de ela ser servidora pública estadual e não federal. E isso mesmo porque condição de trabalho, insalubridade e periculosidade, é matéria afeta à competência da União (CB, artigo 22, I [direito do trabalho]). Recurso a que se nega provimento.[490]

Note-se, ainda, a título de informação, que a concessão de aposentadoria especial, no âmbito do RGPS, impõe uma contribuição adicional, conforme determina a Lei nº 8.213/1991:

> Art. 57. [...]
>
> §6º O benefício previsto neste artigo será financiado com os recursos provenientes da contribuição de que trata o inciso II do art. 22 da Lei nº 8.212, de 24 de julho de 1991, cujas alíquotas serão acrescidas de doze, nove ou seis pontos percentuais, conforme a atividade exercida pelo segurado a serviço da empresa permita a concessão de aposentadoria especial após quinze, vinte ou vinte e cinco anos de contribuição, respectivamente.[491]

---

489 BRASIL. Tribunal de Contas da União. *Processo TC nº 023.877/2009-4*. Acórdão nº 3129/2010. Rel. Min. Valmir Campelo, 24.11.2010. Disponível em: https://pesquisa.apps.tcu.gov.br/#/d. Acesso em: 20 jun. 2020: "Consulta. Cômputo, com acréscimo, para efeito de aposentadoria estatutária, do tempo de serviço exercido como celetista, no serviço público estadual ou municipal, sob condições insalubres, perigosas ou penosas, no período anterior à vigência da lei nº 8.112/1990. Dúvida suscitada na aplicação do entendimento firmado pelo TCU, mediante o acórdão nº 2008/2006-Plenário. Conhecimento em caráter excepcional. Esclarecimentos a respeito da matéria".

490 BRASIL. Supremo Tribunal Federal. *Recurso Extraordinário nº 225.827-3/SC*. Primeira Turma. Rel. Min. Eros Grau. Brasília, 25.10.2005: "Recurso Extraordinário. Servidor Público Estadual. Aposentadoria. Tempo de Serviço Prestado em condições insalubres em período anterior à superveniência do estatuto dos funcionários públicos do estado. Contagem recíproca. Possibilidade".

491 BRASIL. *Lei nº 8.213, de 24 de julho de 1991*. Dispõe sobre os Planos de Benefícios da Previdência Social e dá outras providências. Disponível em: http://www.planalto.gov.br/ccivil_03/LEIS/L8213cons.htm. Acesso em: 22 jan. 2020.

CAPÍTULO 9

PENSÃO CIVIL

Assim como a aposentadoria, a pensão civil é espécie de benefício previdenciário, embora a natureza jurídica do instituto seja bem diversa da aposentação.

9.1 Aspectos conceituais

A matriz conceitual dessa diferença diz respeito aos destinatários do benefício a ser pago pelo Estado. Enquanto na aposentadoria, o próprio servidor passa a ser beneficiário da prestação paga pelo ente estatal, na pensão civil será a família desse aposentado que será agraciada.

Para que a família do servidor público venha a ter direito ao benefício da pensão, é imperioso, por óbvio, que ocorra o seu falecimento. Portanto, o fato gerador da pensão é a morte do servidor. Bom que fique claro, então: não existe pensão civil previdenciária de pessoa viva.

Pode-se conceituar a pensão, logo, como a prestação estatal à família do servidor público falecido, em atividade ou aposentado, cujos beneficiários, bem como as situações fáticas que permitem o recebimento, devem estar previamente enunciados em lei.

No modelo previdenciário brasileiro inaugurado pela Emenda Constitucional nº 103/2019, a pensão civil do servidor público está contemplada nas seguintes previsões, contidas no art. 40 da Constituição. Veja-se:

> Art. 40. O regime próprio de previdência social dos servidores titulares de cargos efetivos terá caráter contributivo e solidário, mediante contribuição do respectivo ente federativo, de servidores ativos, de aposentados e de pensionistas, observados critérios que preservem o equilíbrio financeiro e atuarial. [...]
>
> §6º Ressalvadas as aposentadorias decorrentes dos cargos acumuláveis na forma desta Constituição, é vedada a percepção de mais de uma aposentadoria à conta de regime próprio de previdência social, aplicando-se outras vedações, regras e condições para a acumulação de benefícios previdenciários estabelecidas no Regime Geral de Previdência Social.
>
> §7º Observado o disposto no §2º do art. 201, quando se tratar da única fonte de renda formal auferida pelo dependente, o benefício de pensão por morte será concedido nos termos de lei do respectivo ente federativo, a qual tratará de forma diferenciada a hipótese de morte

dos servidores de que trata o §4º-B decorrente de agressão sofrida no exercício ou em razão da função.[492]

Percebe-se, na nova dicção do texto constitucional, que o constituinte fechou, definitivamente, a porta para interpretações que permitam a acumulação de aposentadorias e, consequentemente, de pensões oriundas de cargos públicos, fora da hipótese da acumulação prevista pela própria Constituição, qual seja, a de dois cargos de professor; de um cargo de professor com outro técnico, e de dois cargos ou empregos privativos de profissionais de saúde. Cite-se, ainda, por exemplo, a acumulação permitida de magistrados e membros do Ministério Público que exercem também o magistério.

De fato, a nova redação torna obrigatória a obediência às demais "vedações, regras e condições para a acumulação de benefícios previdenciários estabelecidas no Regime Geral de Previdência Social".

Nota-se, como se verá mais adiante, que a própria EC nº 103/2019 traz em seu bojo mais restrições à percepção de pensão previdenciária, as quais ficam incluídas no acréscimo estabelecido no §6º do art. 40 da CF/1988.

Fácil perceber, também, uma vez mais, a intenção do constituinte em diminuir a distância entre os regimes previdenciários, quando se observa a nova redação do §7º do art. 40 da Carta, que manda observar, para pensões do RPPS, o §2º do art. 201, que cuida exatamente de benefícios oriundos do Regime Geral de Previdência Social.

A propósito, o §2º do art. 201 estabelece que "nenhum benefício que substitua o salário de contribuição ou o rendimento do trabalho do segurado terá valor mensal inferior ao salário mínimo".[493]

O §7º do art. 40 da CF determina que o benefício da pensão por morte será concedido nos termos da lei do respectivo ente federado. Afastou, assim, o limitador de 30% (trinta por cento) que havia na redação antiga, a qual estabelecia que o valor da pensão seria igual ao valor dos proventos ou da remuneração do instituidor, até o limite dos benefícios do RGPS, acrescido de 70% (setenta por cento) da parcela excedente a tal limite.

Nada que seja benéfico ao servidor, contudo. Isso, porque as normas de transição trazidas pela EC nº 103/2019, mais adiante vistas, endureceram, muito mais, a previsão anterior que estabelecia o limite do valor das pensões.

É possível perceber, da leitura do §7º do art. 40, ainda, que o constituinte acrescentou uma ressalva, de forma a determinar o tratamento diferenciado na hipótese de mortes de servidores policiais e equiparados, decorrentes de agressão sofrida no exercício ou em razão da função.

A primeira hipótese, de agressão sofrida no exercício, não parece apresentar maiores dificuldades de interpretação. Assim, a situação estará constituída quando advier óbito do servidor que estiver em efetivo exercício de suas funções.

---

[492] BRASIL. [Constituição (1988)]. *Constituição da República Federativa do Brasil de 1988*. Brasília: Presidência da República, 1988. Disponível em: http://www.planalto.gov.br/ccivil_03/constituicao/constituicao.htm. Acesso em: 29 jan. 2020.

[493] BRASIL. [Constituição (1988)]. *Constituição da República Federativa do Brasil de 1988*. Brasília: Presidência da República, 1988. Disponível em: http://www.planalto.gov.br/ccivil_03/constituicao/constituicao.htm. Acesso em: 29 jan. 2020. Art. 40, §1º, III, "a".

Na segunda hipótese, "em razão da função", pode ocorrer, no caso concreto, alguma dificuldade de identificação da situação. Claro está que, se o servidor perece em função de atos de vingança cometidos por outrem, em virtude de atitudes que adotou no exercício regular de suas funções, a previsão constitucional estará assegurada.

Nada obstante, pode ocorrer que tal servidor venha a falecer não em razão de sua função. Imagine-se o caso de um crime de sequestro em que a vítima, servidor policial ou afins, venha a falecer, sem que autor ou objeto do crime nada tenham a ver com a função policial da vítima. Em casos que tais, prevalecerá a disposição da Constituição? A ver.

Cumpre asseverar que a mudança trazida pela EC nº 103/2019, no que tange às pensões, também trouxe a previsão do direito adquirido às regras anteriores, assim estatuídas:

> Art. 3º A concessão de aposentadoria ao servidor público federal vinculado a regime próprio de previdência social e ao segurado do Regime Geral de Previdência Social e de pensão por morte aos respectivos dependentes será assegurada, a qualquer tempo, desde que tenham sido cumpridos os requisitos para obtenção desses benefícios até a data de entrada em vigor desta Emenda Constitucional, observados os critérios da legislação vigente na data em que foram atendidos os requisitos para a concessão da aposentadoria ou da pensão por morte.
>
> §1º Os proventos de aposentadoria devidos ao servidor público a que se refere o *caput* e as pensões por morte devidas aos seus dependentes serão calculados e reajustados de acordo com a legislação em vigor à época em que foram atendidos os requisitos nela estabelecidos para a concessão desses benefícios.[494]

Dessa forma, convém, antes de estudar a nova legislação, abordar a situação pretérita à nova emenda.

9.2 Concessão de pensão civil, segundo a legislação em vigor antes da promulgação da EC nº 103/2019

Com a edição da EC nº 41/2003, o valor da pensão, independentemente de o servidor instituidor ter falecido na atividade ou na inatividade, corresponderia ao limite imposto pela Previdência Social aos benefícios oriundos do RGPS. Caso o valor dos proventos do servidor falecido na inatividade, ou da remuneração do instituidor que morreu ainda na ativa, superasse esse limite, a parte excedente sofria redução de trinta por cento.[495] Deve-se aclarar que a EC nº 41/2003[496] estabeleceu, também para as pensões, a obediência aos princípios da contributividade e da solidariedade, reportados no *caput* do art. 40 da CF/1988 (com a redação vigente à época).

---

[494] BRASIL. [Constituição (1988)]. *Emenda Constitucional nº 103, de 12 de novembro de 2019*. Altera o sistema de previdência social e estabelece regras de transição e disposições transitórias. Disponível em: http://www.planalto.gov.br/ccivil_03/Constituicao/Emendas/Emc/emc103.htm#art1. Acesso em: 23 fev. 2020.

[495] A aplicação do redutor das pensões será mais bem detalhada em capítulo próprio referente ao cálculo dos proventos.

[496] BRASIL. [Constituição (1988)]. Emenda Constitucional nº 41, de 19 de dezembro de 2003. Modifica os arts. 37, 40, 42, 48, 96, 149 e 201 da Constituição Federal, revoga o inciso IX do §3º do art. 142 da Constituição Federal e dispositivos da Emenda Constitucional nº 20, de 15 de dezembro de 1998, e dá outras providências. *Diário Oficial da União [da] República Federativa do Brasil*, Brasília, 31 dez. 2003.

No âmbito federal, as normas infraconstitucionais, antes da promulgação da EC nº 103/2019, estavam insculpidas na Lei nº 8.112/1990, da qual se extraem os conceitos a seguir estudados.

Originalmente, tal norma previa, em seu art. 216, a divisão da pensão civil, quanto à sua natureza, em duas partes: vitalícia e temporária. A pensão vitalícia era composta de cota ou cotas permanentes, que somente se extinguiam ou revertiam com a morte de seus beneficiários. Já a parte temporária era composta de cota ou cotas que podiam ser extintas ou revertidas por motivo de morte, cessação de invalidez ou maioridade do beneficiário.

O art. 216, contudo, foi posteriormente revogado pela Lei nº 13.135/2015.[497] Entretanto, para concessões deferidas até a revogação, ainda é pertinente tal divisão, ante a aplicação do princípio do *tempus regit actum*.

Para que os beneficiários do instituidor da pensão possam perceber o benefício, mister se faz que se habilitem em processo próprio de concessão de pensão. A habilitação é, portanto, condição insuperável para que se processe o pagamento da pensão. A Lei nº 8.112/1990 estabelecia, na redação original, a seguinte relação de beneficiários:

> Art. 217. São beneficiários das pensões:
>
> I - vitalícia:
>
> a) o cônjuge;
>
> b) a pessoa desquitada, separada judicialmente ou divorciada, com percepção de pensão alimentícia;
>
> c) o companheiro ou companheira designado que comprove união estável como entidade familiar;
>
> d) a mãe e o pai que comprovem dependência econômica do servidor;
>
> e) a pessoa designada, maior de 60 (sessenta) anos e a pessoa portadora de deficiência, que vivam sob a dependência econômica do servidor;
>
> II - temporária:
>
> a) os filhos, ou enteados, até 21 (vinte e um) anos de idade, ou, se inválidos, enquanto durar a invalidez;
>
> b) o menor sob guarda ou tutela até 21 (vinte e um) anos de idade;
>
> c) o irmão órfão, até 21 (vinte e um) anos, e o inválido, enquanto durar a invalidez, que comprovem dependência econômica do servidor;
>
> d) a pessoa designada que viva na dependência econômica do servidor, até 21 (vinte e um) anos, ou, se inválida, enquanto durar a invalidez.[498]

Posteriormente, com a redação dada pela Lei nº 13.135/2015, a relação de beneficiários ficou assim:

---

[497] BRASIL. *Lei nº 13.135, de 17 de junho de 2015*. Altera as Leis nº 8.213, de 24 de julho de 1991, nº 10.876, de 2 de junho de 2004, nº 8.112, de 11 de dezembro de 1990, e nº 10.666, de 8 de maio de 2003, e dá outras providências. Disponível em: http://www.planalto.gov.br/ccivil_03/_Ato2015-2018/2015/Lei/L13135.htm. Acesso em: 20 jun. 2020.

[498] BRASIL. *Lei nº 8.112, de 11 de dezembro de 1990*. Dispõe sobre o regime jurídico dos servidores públicos civis da União, das autarquias e das fundações públicas federais. Disponível em: http://www.pl4analto.gov.br/ccivil_03/LEIS/L8112cons.htm. Acesso em: 9 mar. 2020.

I - o cônjuge;

II - o cônjuge divorciado ou separado judicialmente ou de fato, com percepção de pensão alimentícia estabelecida judicialmente;

III - o companheiro ou companheira que comprove união estável como entidade familiar;

IV - o filho de qualquer condição que atenda a um dos seguintes requisitos:

a) seja menor de 21 (vinte e um) anos;

b) seja inválido;

c) tenha deficiência grave; ou

d) tenha deficiência intelectual ou mental;

V - a mãe e o pai que comprovem dependência econômica do servidor; e

VI - o irmão de qualquer condição que comprove dependência econômica do servidor e atenda a um dos requisitos previstos no inciso IV.[499]

Note-se que a relação de beneficiários, no entanto, não é *numerus clausus*, porquanto a dinâmica da sociedade pode comportar situações não expressamente previstas pelo legislador, mas que possuem força material para permitir a concessão do benefício pensional.

Afora tal relação, a norma ainda estipulava, na redação original,[500] as condições de exclusão e divisão do benefício da pensão, a saber:

a) a concessão de pensão vitalícia ao cônjuge ou ao companheiro ou companheira exclui desse direito a mãe e o pai que comprovem dependência econômica do servidor, bem como a pessoa designada, maior de 60 (sessenta) anos, e a pessoa portadora de deficiência, que vivam sob a dependência econômica do servidor;
b) a concessão da pensão temporária aos filhos ou enteados até 21 (vinte e um) anos de idade, bem como aos inválidos e ao menor sob guarda ou tutela, também até 21 (vinte e um) anos de idade, exclui o direito do irmão órfão, até 21 (vinte e um) anos, e do inválido, enquanto durar a invalidez, que comprove dependência econômica do servidor;
c) ocorrendo habilitação de vários titulares à pensão vitalícia, o seu valor será distribuído em partes iguais entre os beneficiários habilitados;
d) ocorrendo habilitação às pensões vitalícia e temporária, metade do valor caberá ao titular ou titulares da pensão vitalícia, sendo a outra metade rateada em partes iguais, entre os titulares da pensão temporária;
e) ocorrendo habilitação somente à pensão temporária, o valor integral da pensão será rateado, em partes iguais, entre os que se habilitarem.

Posteriormente, a Lei nº 13.135/2015 estabeleceu que a concessão de pensão ao cônjuge, ao cônjuge divorciado ou separado judicialmente ou de fato, com percepção

---

[499] BRASIL. *Lei nº 13.135, de 17 de junho de 2015.* Altera as Leis nº 8.213, de 24 de julho de 1991, nº 10.876, de 2 de junho de 2004, nº 8.112, de 11 de dezembro de 1990, e nº 10.666, de 8 de maio de 2003, e dá outras providências. Disponível em: http://www.planalto.gov.br/ccivil_03/_Ato2015-2018/2015/Lei/L13135.htm. Acesso em: 20 jun. 2020.

[500] BRASIL. *Lei nº 8.112, de 11 de dezembro de 1990.* Dispõe sobre o regime jurídico dos servidores públicos civis da União, das autarquias e das fundações públicas federais. Disponível em: http://www.pl4analto.gov.br/ccivil_03/LEIS/L8112cons.htm. Acesso em: 9 mar. 2020. Arts. 217 e 218, em sua redação anterior à Lei nº 13.135/15.

de pensão alimentícia estabelecida judicialmente, ao companheiro ou companheira que comprove união estável como entidade familiar e ao filho exclui do direito ao benefício a mãe e o pai, bem como o irmão do servidor/instituidor.

Conforme salientado alhures, o processo de habilitação à pensão deve obedecer, de forma genérica, ao princípio do *tempus regit actum*, segundo o qual os requisitos para habilitação devem ser preenchidos na data do óbito do instituidor. A aplicação desse princípio impede, por exemplo, que familiar do servidor venha a requerer o benefício pensional, em função de causa expressa prevista em lei, mas que veio a ser implementada em momento posterior ao óbito.

Noutras palavras, as regras afeitas à concessão da pensão civil devem ser auferidas sempre na data em que ocorrer o falecimento do servidor, ainda que o ato de concessão do benefício venha a ser editado tempos depois.

Pode haver beneficiário que cumpre todos os requisitos legais para requerer o benefício, mas por qualquer motivo não o faz. Nesse caso, o direito não perecerá, tendo em vista a imprescritibilidade do direito à pensão. Note-se que apenas as parcelas vencidas há mais de cinco anos não serão mais exigíveis, em virtude da prescrição.

Caso a comprovação do direito ao benefício pensional se dê depois de já haver outros beneficiários, ocorrerá a denominada habilitação tardia. Em sua redação original, a Lei nº 8.112/1990 estabelecia que, concedida a pensão, qualquer prova posterior ou habilitação tardia que implicasse exclusão de beneficiário ou redução de pensão só produziria efeitos a partir da data em que for oferecida.

Entretanto, essa sistemática foi alterada pela Lei nº 13.846/2019, a qual estabeleceu que a concessão de pensão dar-se-ia a contar:

> I. do óbito, quando requerida em até 180 (cento e oitenta dias) após o óbito, para os filhos menores de 16 (dezesseis) anos, ou em até 90 (noventa) dias após o óbito, para os demais dependentes;
>
> II - do requerimento, quando requerida após o prazo previsto no inciso I do *caput* deste artigo; ou
>
> III - da decisão judicial, na hipótese de morte presumida.[501]

No que tange à habilitação tardia, a Lei nº 13.846/2019 não alterou a conceituação anterior, deixando previsto que a concessão da pensão por morte não seria protelada pela falta de habilitação de outro possível dependente. A seu turno, a habilitação posterior que importasse em exclusão ou inclusão de dependente só produziria efeito a partir da data da publicação da portaria de concessão da pensão ao dependente habilitado.

Citada lei ainda cuidou do caso em que a habilitação é garantida por meio judicial. Assim, aduz a norma que, ajuizada a ação judicial para reconhecimento da condição de dependente, este poderá requerer a sua habilitação provisória ao benefício de pensão por morte, exclusivamente para fins de rateio dos valores com outros dependentes,

---

[501] BRASIL. *Lei nº 13.846 de 18 de junho de 2019*. Institui o Programa Especial para Análise de Benefícios com Indícios de Irregularidade, o Programa de Revisão de Benefícios por Incapacidade, o Bônus de Desempenho Institucional por Análise de Benefícios com Indícios de Irregularidade do Monitoramento Operacional de Benefícios e o Bônus de Desempenho Institucional por Perícia Médica em Benefícios por Incapacidade; altera as Leis nºs 6.015/1973 [...]. Disponível em: http://www.planalto.gov.br/ccivil_03/_Ato2019-2022/2019/Lei/L13846.htm#art38. Acesso em: 23 jun. 2020.

vedado o pagamento da respectiva cota até o trânsito em julgado da respectiva ação, ressalvada a existência de decisão judicial em contrário.

A lei garante ao órgão concessor da pensão por morte a cobrança de valores indevidamente pagos em função da habilitação tardia.

A respeito da habilitação, cabe acrescentar, ainda, que é neste momento que os requisitos legais devem ser comprovados. Assim, *v.g.*, o processo de concessão deverá conter, conforme o caso, certidões de nascimento, de casamento, documentos que comprovem a dependência econômica do beneficiário em relação ao instituidor, documentos que comprovem a existência de união estável, comprovação de invalidez, de pensão alimentícia.

A propósito, cumpre destacar que não é mais possível a concessão de pensão para ex-cônjuge e ex-companheira, ou ex-companheiro, sem a anterior percepção de pensão alimentícia decorrente de decisão judicial, porquanto não se admitem mais casos de pensões alimentícias extrajudiciais, para fins de recebimento da pensão por morte de servidor.

Antes de passarmos ao estudo das várias situações cabe trazer à lume a situação em que o servidor falece durante o gozo de licença sem remuneração, período em que o vínculo previdenciário está suspenso. Nesse intervalo de afastamento, a contribuição previdenciária é facultativa. Por isso, uma vez habilitado o beneficiário da pensão, implicitamente, reativa o vínculo previdenciário, mas não pode ser exigido recolhimento das contribuições previdenciárias, sob pena de se criar uma condição não prevista em lei para o deferimento da pensão. Lembrando que o referido interregno temporal não pode ser computado para qualquer efeito.[502]

9.2.1 Pensão provisória por morte presumida do servidor

A Lei nº 8.112/1990 prevê a concessão de pensão provisória, por morte presumida, nos seguintes casos: declaração de ausência, pela autoridade judiciária competente; desaparecimento em desabamento, inundação, incêndio ou acidente não caracterizado como em serviço; e desaparecimento no desempenho das atribuições do cargo ou em missão de segurança.[503]

Afora essas condições, o legislador ainda dispõe que a pensão provisória será transformada em vitalícia ou temporária, conforme o caso, decorridos 5 (cinco) anos de sua vigência, ressalvado o eventual reaparecimento do servidor, hipótese em que o benefício será automaticamente cancelado.[504]

Fato interessante diz respeito ao caso de declaração de ausência do servidor. Tendo em vista que o fato gerador desse tipo de concessão é a morte presumida do instituidor, o termo inicial de vigência do benefício é a data fixada na sentença proferida por

---

502 DISTRITO FEDERAL. Tribunal de Contas. Processo nº 10.205/2016-e. Cons. Inácio Magalhaes Filho, 12.2.2020. *TCDF*. Disponível em: www.tcdf.gov.br. Acesso em: 7 jul. 2020.

503 BRASIL. *Lei nº 8.112, de 11 de dezembro de 1990*. Dispõe sobre o regime jurídico dos servidores públicos civis da União, das autarquias e das fundações públicas federais. Disponível em: http://www.pl4analto.gov.br/ccivil_03/LEIS/L8112cons.htm. Acesso em: 9 mar. 2020. Art. 221.

504 BRASIL. *Lei nº 8.112, de 11 de dezembro de 1990*. Dispõe sobre o regime jurídico dos servidores públicos civis da União, das autarquias e das fundações públicas federais. Disponível em: http://www.pl4analto.gov.br/ccivil_03/LEIS/L8112cons.htm. Acesso em: 9 mar. 2020. Art. 221, parágrafo único.

autoridade judiciária que o declarou ausente, mesmo que o ato concessório da pensão seja publicado tempos depois.

Assim, passados cinco anos desde que o servidor foi declarado ausente, sem que reapareça, a pensão por morte presumida deixa de ser provisória, transformando-se em vitalícia ou temporária, ainda que, por exemplo, a pensão tenha sido requerida alguns anos mais tarde.

Dessa forma, entende-se que o benefício requerido depois de passados cinco anos, desde que o servidor foi declarado ausente, não pode mais ser concedido em caráter apenas provisório, devendo sua natureza ser vitalícia ou temporária, conforme o caso estipulado em lei. Não é demais lembrar que prescrevem as prestações exigíveis há mais de cinco anos.[505]

9.2.2 Perda da qualidade de beneficiário

A Lei nº 8.112/1990[506] enumera casos em que o beneficiário da pensão acaba por ter o seu direito perecido. O primeiro deles é em virtude de falecimento. Causa óbvia, mas interessante, no sentido de que a pensão é *intuitu personae*, ou seja, não pode ser transmitida para outra pessoa que não seja também beneficiária.

O segundo caso de perda de qualidade de beneficiário ocorre quando o casamento vier a ser anulado, após a concessão de pensão ao cônjuge do servidor falecido. Nesse caso, observa-se que o legislador procurou dar efeitos pretéritos a fato futuro. Isso ocorre porque, em realidade, o fundamento do direito à pensão esvai-se, porquanto, com a anulação, o casamento do servidor falecido passa a não existir no mundo jurídico, por isso não poder gerar efeitos futuros. O terceiro caso de perda de qualidade também é por demais óbvio. Acontece quando cessa a situação de invalidez, em se tratando de beneficiário inválido. Ora, cessada a causa de concessão de pensão, natural que haja a extinção do benefício.

Em seguida, a lei, já com a redação dada pela Lei nº 13.135/2015, enumera como causa de perda de qualidade de beneficiário o implemento da idade de 21 (vinte e um) anos, pelo filho ou irmão. Trata-se de requisito objetivo, ou seja, completada a idade máxima permitida, extinto o benefício. Aqui, uma vez mais, cessada a causa de concessão de pensão, natural que haja a extinção do benefício.

As duas outras causas de perda de qualidade de beneficiário merecem uma reflexão um pouco mais detalhada. Veja-se.

---

[505] BRASIL. *Lei nº 8.112, de 11 de dezembro de 1990.* Dispõe sobre o regime jurídico dos servidores públicos civis da União, das autarquias e das fundações públicas federais. Disponível em: http://www.pl4analto.gov.br/ccivil_03/LEIS/L8112cons.htm. Acesso em: 9 mar. 2020. Art. 219, na redação original.

[506] BRASIL. *Lei nº 8.112, de 11 de dezembro de 1990.* Dispõe sobre o regime jurídico dos servidores públicos civis da União, das autarquias e das fundações públicas federais. Disponível em: http://www.pl4analto.gov.br/ccivil_03/LEIS/L8112cons.htm. Acesso em: 9 mar. 2020. Art. 222.

9.2.3 Acumulação de pensões

A Lei nº 8.112/1990[507] prevê a perda de qualidade de beneficiário, no caso de acumulação de pensão na forma do art. 225, o qual dispunha, em sua redação original, que "ressalvado o direito de opção, é vedada a percepção cumulativa de mais de duas pensões". Posteriormente, a Lei nº 13.135/2015 conferiu a seguinte redação ao artigo:

> Art. 225. Ressalvado o direito de opção, é vedada a percepção cumulativa de pensão deixada por mais de um cônjuge ou companheiro ou companheira e de mais de 2 (duas) pensões.[508]

Todavia, em que pese a literalidade do comando normativo, entende-se que é possível acumular-se mais de duas pensões, sem que haja ofensa ao ordenamento jurídico. A intelecção do artigo de lei citado deve ser feita em conjunto com a possibilidade constitucional de acumulação lícita de cargos.[509] Assim, se o instituidor do benefício pensional acumulava dois cargos licitamente, seus beneficiários terão direito à pensão de ambos os cargos, mesmo que estes já recebam outra pensão. Ocorre que, de acordo com esse entendimento, a vedação ao acúmulo de pensões dar-se-ia por instituidor, não em relação ao conjunto das pensões recebidas.

Veja-se o seguinte exemplo: um filho menor, cujos pais fossem professores e acumulassem dois cargos, cada um, de forma lícita. Sobrevindo o orfanato, o menor poderia receber duas pensões provenientes dos cargos do pai, mais outras duas pensões oriundas dos cargos acumulados licitamente pela mãe.

Note-se que esse exemplo difere da proibição constante da redação atualizada da Lei nº 8.112/1990, que proíbe a percepção cumulativa de pensão deixada por mais de um cônjuge ou companheiro. Por exemplo: um servidor que já seja viúvo pela segunda vez, não poderá receber pensão cumulada de seus dois cônjuges ou companheiros anteriores.

9.2.4 Renúncia expressa ao benefício pensional

A renúncia ao benefício pensional, assim como definido pela lei, deve ser expressa por parte do beneficiário. Uma vez confirmada a renúncia, entretanto, cabe a indagação se esse ato tornar-se-á ou não irrevogável.

Pensa-se tratar de irrevogabilidade condicionada. De fato, feita a opção pela renúncia, resta caracterizada a não dependência econômica do beneficiário em relação ao instituidor, o que realmente torna dispensável a possibilidade de reativar o benefício. Casos há, entrementes, em que o renunciante vem, futuramente, a enfrentar situação de extrema penúria que demandaria urgência na reativação da pensão. Acredita-se que tal possibilidade seria viável, porquanto a pensão, como espécie de benefício

---

507 BRASIL. *Lei nº 8.112, de 11 de dezembro de 1990*. Dispõe sobre o regime jurídico dos servidores públicos civis da União, das autarquias e das fundações públicas federais. Disponível em: http://www.pl4analto.gov.br/ccivil_03/LEIS/L8112cons.htm. Acesso em: 9 mar. 2020. Art. 225 (redação original).

508 BRASIL. *Lei nº 8.112, de 11 de dezembro de 1990*. Dispõe sobre o regime jurídico dos servidores públicos civis da União, das autarquias e das fundações públicas federais. Disponível em: http://www.pl4analto.gov.br/ccivil_03/LEIS/L8112cons.htm. Acesso em: 9 mar. 2020. Art. 225 (redação original).

509 Prevista pelo art. 37, inc. XVI, da BRASIL. [Constituição (1988)]. *Constituição da República Federativa do Brasil de 1988*. Brasília: Presidência da República, 1988. Disponível em: http://www.planalto.gov.br/ccivil_03/constituicao/constituicao.htm. Acesso em: 29 jan. 2020.

previdenciário, reveste-se de caráter de direito social garantido pela própria CF/1988,[510] que se torna indisponível sempre que o beneficiário depender da pensão para sua própria sobrevivência.

Deve-se levar em consideração, ainda, que não se pode confundir a renúncia à pensão por morte, estatuída na Lei nº 8.112/1990, com a renúncia à pensão de alimentos, nada obstante se acredite que se possam utilizar os fundamentos desse normativo para as situações de renúncia de pensão previdenciária em que se comprove cabalmente a dependência econômica.

Em realidade, a renúncia à pensão de alimentos, normalmente efetivada no momento de separação judicial do casal, não impede que, posteriormente, o cônjuge supérstite venha a reclamar seu direito ao benefício pensional, em função de ulterior degradação de sua condição econômica. Nesse mesmo sentido, cabe trazer como suporte a Súmula nº 336 do STJ:

> Renúncia aos Alimentos da Mulher na Separação Judicial – Direito à Pensão Previdenciária por Morte do Ex-Marido
>
> A mulher que renunciou aos alimentos na separação judicial tem direito à pensão previdenciária por morte do ex-marido, comprovada a necessidade econômica superveniente.[511]

9.2.5 Causas de perda de qualidade de beneficiário introduzidas pela Lei nº 13.135/2015

Com a atualização promovida pela Lei nº 13.135/2015,[512] houve um acréscimo nas condições de perda da qualidade de beneficiário, instituídas pela Lei nº 8.112/1990.

Assim, com relação ao cônjuge ou companheiro divorciado ou separado judicialmente ou de fato, com percepção de pensão alimentícia, e, finalmente, com referência ao companheiro ou companheira que comprove união estável como entidade familiar, prevê a legislação a perda da condição de beneficiário, se houver:

> a) o decurso de 4 (quatro) meses, se o óbito ocorrer sem que o servidor tenha vertido 18 (dezoito) contribuições mensais ou se o casamento ou a união estável tiverem sido iniciados em menos de 2 (dois) anos antes do óbito do servidor;
>
> b) o decurso dos seguintes períodos, estabelecidos de acordo com a idade do pensionista na data de óbito do servidor, depois de vertidas 18 (dezoito) contribuições mensais e pelo menos 2 (dois) anos após o início do casamento ou da união estável:
>
> 1) 3 (três) anos, com menos de 21 (vinte e um) anos de idade;
>
> 2) 6 (seis) anos, entre 21 (vinte e um) e 26 (vinte e seis) anos de idade;

---

510 BRASIL. [Constituição (1988)]. *Constituição da República Federativa do Brasil de 1988*. Brasília: Presidência da República, 1988. Disponível em: http://www.planalto.gov.br/ccivil_03/constituicao/constituicao.htm. Acesso em: 29 jan. 2020: "Art. 6º São direitos sociais a educação, a saúde, o trabalho, a moradia, o lazer, a segurança, a previdência social, a proteção à maternidade e à infância, a assistência aos desamparados, na forma desta Constituição".

511 BRASIL. Superior Tribunal de Justiça. *Súmula nº 336*. Disponível em: https://ww2.stj.jus.br/docs_internet/revista/eletronica/stj-revista-sumulas-2012_28_capSumula336.pdf. Acesso em: 20 jun. 2020.

512 BRASIL. *Lei nº 13.135, de 17 de junho de 2015*. Altera as Leis nº 8.213, de 24 de julho de 1991, nº 10.876, de 2 de junho de 2004, nº 8.112, de 11 de dezembro de 1990, e nº 10.666, de 8 de maio de 2003, e dá outras providências. Disponível em: http://www.planalto.gov.br/ccivil_03/_Ato2015-2018/2015/Lei/L13135.htm. Acesso em: 20 jun. 2020.

3) 10 (dez) anos, entre 27 (vinte e sete) e 29 (vinte e nove) anos de idade;

4) 15 (quinze) anos, entre 30 (trinta) e 40 (quarenta) anos de idade;

5) 20 (vinte) anos, entre 41 (quarenta e um) e 43 (quarenta e três) anos de idade;

6) vitalícia, com 44 (quarenta e quatro) ou mais anos de idade.[513]

Afora essas condições, a Lei nº 13.135/2015 ainda acrescentou quatro disposições ao art. 222 da Lei nº 8.112/1990:

> [...] §1º A critério da administração, o beneficiário de pensão cuja preservação seja motivada por invalidez, por incapacidade ou por deficiência poderá ser convocado a qualquer momento para avaliação das referidas condições.
>
> §2º Serão aplicados, conforme o caso, a regra contida no inciso III ou os prazos previstos na alínea "b" do inciso VII, ambos do *caput*, se o óbito do servidor decorrer de acidente de qualquer natureza ou de doença profissional ou do trabalho, independentemente do recolhimento de 18 (dezoito) contribuições mensais ou da comprovação de 2 (dois) anos de casamento ou de união estável.
>
> §3º Após o transcurso de pelo menos 3 (três) anos e desde que nesse período se verifique o incremento mínimo de um ano inteiro na média nacional única, para ambos os sexos, correspondente à expectativa de sobrevida da população brasileira ao nascer, poderão ser fixadas, em números inteiros, novas idades para os fins previstos na alínea "b" do inciso VII do *caput*, em ato do Ministro de Estado do Planejamento, Orçamento e Gestão, limitado o acréscimo na comparação com as idades anteriores ao referido incremento.
>
> §4º O tempo de contribuição a Regime Próprio de Previdência Social (RPPS) ou ao Regime Geral de Previdência Social (RGPS) será considerado na contagem das 18 (dezoito) contribuições mensais referidas nas alíneas "a" e "b" do inciso VII do *caput*.[514]

Posteriormente, outras quatro disposições foram acrescentadas ao art. 220, desta feita pela Lei nº 13.846/2019:

> [...] §5º Na hipótese de o servidor falecido estar, na data de seu falecimento, obrigado por determinação judicial a pagar alimentos temporários a ex-cônjuge, ex-companheiro ou ex-companheira, a pensão por morte será devida pelo prazo remanescente na data do óbito, caso não incida outra hipótese de cancelamento anterior do benefício.
>
> §6º O beneficiário que não atender à convocação de que trata o §1º deste artigo terá o benefício suspenso
>
> §7º O exercício de atividade remunerada, inclusive na condição de microempreendedor individual, não impede a concessão ou manutenção da cota da pensão de dependente com deficiência intelectual ou mental ou com deficiência grave.
>
> §8º No ato de requerimento de benefícios previdenciários, não será exigida apresentação de termo de curatela de titular ou de beneficiário com deficiência, observados os procedimentos a serem estabelecidos em regulamento.[515]

---

513 BRASIL. *Lei nº 8.112, de 11 de dezembro de 1990*. Dispõe sobre o regime jurídico dos servidores públicos civis da União, das autarquias e das fundações públicas federais. Disponível em: http://www.pl4analto.gov.br/ccivil_03/LEIS/L8112cons.htm. Acesso em: 9 mar. 2020. Art. 225 (redação original).

514 BRASIL. *Lei nº 8.112, de 11 de dezembro de 1990*. Dispõe sobre o regime jurídico dos servidores públicos civis da União, das autarquias e das fundações públicas federais. Disponível em: http://www.pl4analto.gov.br/ccivil_03/LEIS/L8112cons.htm. Acesso em: 9 mar. 2020.

515 Incluídos pela Medida Provisória nº 871, de 18.1.2019, posteriormente convertida na Lei nº 13.846, de 18.6.2019 (BRASIL. *Lei nº 8.112, de 11 de dezembro de 1990*. Dispõe sobre o regime jurídico dos servidores públicos civis da

9.2.6 Demais considerações acerca da pensão, segundo a legislação anterior

A Lei nº 8.112/1990, em seu art. 220, determinava que não faria *jus* ao benefício pensional o beneficiário que fosse condenado pela prática de crime doloso de que tenha resultado na morte do servidor. Deveras, nada mais sensato. Afinal, vale para o caso o princípio de que ninguém pode beneficiar-se da própria torpeza.

A Lei nº 13.135/2015 deu nova redação ao citado art. 220, determinando a cessação do direito à pensão por morte em dois casos:

> I - após o trânsito em julgado, o beneficiário condenado pela prática de crime de que tenha dolosamente resultado a morte do servidor;
>
> II - o cônjuge, o companheiro ou a companheira se comprovada, a qualquer tempo, simulação ou fraude no casamento ou na união estável, ou a formalização desses com o fim exclusivo de constituir benefício previdenciário, apuradas em processo judicial no qual será assegurado o direito ao contraditório e à ampla defesa.[516]

Uma vez concedido o benefício pensional, havendo a morte ou perda da qualidade de beneficiário, o legislador prevê a reversão da cota de pensão. Assim, a respectiva cota reverterá para os cobeneficiários.

Cumpre salientar, no que tange ao rateio da pensão, que a Turma Nacional de Uniformização dos Juizados Especiais Federais (TNU)[517] uniformizou o entendimento de que, quando a inclusão de novo beneficiário gerar efeitos retroativos, a redução do valor da cota do pensionista mais antigo não lhe acarreta a obrigação de devolver o valor recebido a mais no período anterior ao desdobramento do benefício.

9.2.7 Regra para a concessão de pensão, segundo a EC nº 41/2003 e a EC nº 47/2005

Como salientado alhures, com o advento da EC nº 41/2003,[518] a concessão de pensão sofreu significativa alteração, mormente em função da aplicação do redutor do benefício pensional. Todavia, as novas regras impostas pela citada emenda só ganharam efetividade com o advento da MP nº 167/2004,[519] posteriormente convertida na Lei nº 10.887/2004.[520]

União, das autarquias e das fundações públicas federais. Disponível em: http://www.pl4analto.gov.br/ccivil_03/LEIS/L8112cons.htm. Acesso em: 9 mar. 2020. Art. 225).

516 BRASIL. *Lei nº 8.112, de 11 de dezembro de 1990*. Dispõe sobre o regime jurídico dos servidores públicos civis da União, das autarquias e das fundações públicas federais. Disponível em: http://www.pl4analto.gov.br/ccivil_03/LEIS/L8112cons.htm. Acesso em: 9 mar. 2020.

517 DISTRITO FEDERAL. Seção Judiciária. *Processo nº 0055731-54.2007.4.01.3400*. Rel. Juiz Rogério Moreira Alves, 25.4.2012. Disponível em: http://www.radaroficial.com.br/d/2395512. Acesso em: 20 jun. 2020.

518 BRASIL. [Constituição (1988)]. Emenda Constitucional nº 41, de 19 de dezembro de 2003. Modifica os arts. 37, 40, 42, 48, 96, 149 e 201 da Constituição Federal, revoga o inciso IX do §3º do art. 142 da Constituição Federal e dispositivos da Emenda Constitucional nº 20, de 15 de dezembro de 1998, e dá outras providências. *Diário Oficial da União [da] República Federativa do Brasil*, Brasília, 31 dez. 2003.

519 BRASIL. Medida Provisória nº 167, de 19 de fevereiro de 2004. Dispõe sobre a aplicação de disposições da Emenda Constitucional nº 41, de 19 de dezembro de 2003, altera dispositivos das Leis nºs 9.717, de 27 de novembro de 1998, 8.213, de 24 de julho de 1991, 9.532, de 10 de dezembro de 1997, e dá outras providências. *Diário Oficial da União [da] República Federativa do Brasil*, Brasília, 20 fev. 2004.

520 BRASIL. *Lei nº 10.887, de 18 de junho de 2004*. Dispõe sobre a aplicação de disposições da Emenda Constitucional nº 41, de 19 de dezembro de 2003, altera dispositivos das Leis nºs 9.717, de 27 de novembro de 1998, 8.213, de

Dessa forma, cabe considerar que as novas regras só foram aplicadas após a edição da referida medida provisória, restando à legislação anterior, portanto, reger as normas no período que medeia a EC nº 41/2003 e a citada MP.

Como reforço a essa premissa, cumpre realçar que no ordenamento jurídico pátrio vigora o princípio da irretroatividade das leis, conforme preceitua Maximiliano Cláudio Américo Fuhrer, *verbis*:

> Em princípio, a lei não deve ser retroativa. Não deve alcançar fatos do passado, mas regular situações presentes e futuras, a partir de sua vigência. Mas se, por exceção, uma lei nova pretende regular fatos passados, terá de respeitar sempre o direito adquirido (situação definitivamente constituída no regime da lei anterior).[521]

A propósito do direito adquirido, nunca é demais socorrer-se da lição de José Afonso da Silva, que assim argumenta:

> Se o direito subjetivo não foi exercido, vindo a lei nova, transforma-se em direito adquirido, porque era direito exercitável e exigível à vontade de seu titular. Incorporou-se no seu patrimônio, para ser exercido quando convier. A lei nova não pode prejudicá-lo só pelo fato de o titular não o ter exercido antes.[522]

Em consequência, se as condições para a concessão do benefício pensional ocorrerem antes do advento das novas regras, deve-se seguir o modelo anterior. Trata-se de obediência ao princípio do *tempus regit actum*. A propósito, a própria MP nº 167/2004 adotou tal entendimento:

> Art. 2º Aos dependentes dos servidores titulares de cargo efetivo e dos aposentados de qualquer dos Poderes da União, dos Estados, do Distrito Federal e dos Municípios, incluídas suas autarquias e fundações, *falecidos a partir da data de publicação desta Medida Provisória*, será concedido o benefício de pensão por morte.[523]

Em todo caso, deve-se notar que a aplicação do redutor de trinta por cento bem como a ausência de paridade são inquestionáveis,[524] porque defluem de expressa previsão constitucional.

---

24 de julho de 1991, 9.532, de 10 de dezembro de 1997, e dá outras providências. Disponível em: http://www.planalto.gov.br/ccivil_03/_Ato2004-2006/2004/Lei/L10.887 compilado.htm. Acesso em: 23 fev. 2020.

521 FUHRER, Maximilianus Cláudio Américo; FÜHRER, Maximiliano Roberto Ernesto. *Resumo de direito civil*. São Paulo: Malheiros, 2017. p. 30.

522 SILVA, José Afonso. *Curso de direito constitucional positivo*. 18. ed. São Paulo: Malheiros, 2000. p. 436-437.

523 Medida Provisória nº 167, de 19.2.2004, convertida na BRASIL. *Lei nº 10.887, de 18 de junho de 2004*. Dispõe sobre a aplicação de disposições da Emenda Constitucional nº 41, de 19 de dezembro de 2003, altera dispositivos das Leis nºs 9.717, de 27 de novembro de 1998, 8.213, de 24 de julho de 1991, 9.532, de 10 de dezembro de 1997, e dá outras providências. Disponível em: http://www.planalto.gov.br/ccivil_03/_Ato2004-2006/2004/Lei/L10.887 compilado.htm. Acesso em: 23 fev. 2020.

524 Nesse sentido: BRASIL. Tribunal de Contas da União. *Acórdão nº 7.065/2019*. 1ª Câmara. Rel. Ana Arraes, 6.8.2019. Disponível em: https://pesquisa.apps.tcu.gov.br/#/redireciona/acordao-completo/%22ACORDAO-COMPLETO-2365019%22. Acesso em: 5 jul. 2020: "Pensão civil decorrente de aposentadoria proporcional ao tempo de serviço. Inclusão, no cálculo inicial do benefício, de parcela sujeita a proporcionalização, por seu valor integral. Pensão civil instituída entre a vigência da EC 41/2003 e da Medida Provisória 167/2004 (posteriormente convertida na lei 10.887/2004), concedendo proventos de pensão com paridade. Impossibilidade. Oitiva. Ilegalidade. Negativa de registro. Determinações".

No que tange à paridade dos proventos pensionais com a remuneração dos servidores ativos, convém salientar que, posteriormente, a EC nº 47/2005 a garantiu:

> Art. 3º [...]
>
> Parágrafo único. Aplica-se ao valor dos proventos de aposentadorias concedidas com base neste artigo o disposto no art. 7º da Emenda Constitucional nº 41, de 2003, observando-se igual critério de revisão às pensões derivadas dos proventos de servidores falecidos que tenham se aposentado em conformidade com este artigo.[525]

Há outros casos, ainda, em que se pode conceber a paridade dos proventos. É o exemplo que ocorre quando, na data do óbito, o instituidor da pensão, embora estivesse na ativa, já havia cumprido todos os requisitos para a inativação com base no art. 3º da EC nº 47/2005, tendo direito, portanto, à paridade com os servidores da ativa.

Observe-se que, nesses casos, o TCU entende que inexiste o direito à paridade. Nada obstante, mantém-se tal entendimento, com força em decisão do STF, na qual a Suprema Corte admitiu, em sede de repercussão geral, a paridade da pensão até mesmo nos casos em que o instituidor já havia se aposentado antes da EC nº 41/2003, mas, contudo, se enquadrava nas condições previstas pelo art. 3º da EC nº 47/2005.

Eis a tese apresentada pelo STF:

> I – O benefício previdenciário da pensão por morte deve ser regido pela lei vigente à época do óbito de seu instituidor. II – Às pensões derivadas de óbito de servidores aposentados nos termos do art. 3º da EC 47/2005 é garantido o direito à paridade. III – Recurso extraordinário a que se dá parcial provimento. [...]
>
> Os pensionistas de servidor falecido posteriormente à EC nº 41/2003 têm direito à paridade com servidores em atividade (EC nº 41/2003, art. 7º), caso se enquadrem na regra de transição prevista no art. 3º da EC nº 47/2005. Não tem, contudo, direito à integralidade (CF, art. 40, §7º, inciso I).[526]

Assim, se o instituidor reuniu os requisitos para inativação com base no art. 3º da EC nº 47/2005, mas veio a óbito antes de aposentar-se, parece ser de justiça que aos beneficiários da pensão sejam dadas as mesmas garantias que cabiam ao servidor, porquanto já compunham seu patrimônio jurídico a ser transferido por meio da pensão.

9.3 Regras para a concessão de pensão introduzidas pela EC nº 103/2019

A Emenda Constitucional nº 103/2019 trouxe alterações profundas na concessão de pensão civil instituída pelo servidor público federal. Tais modificações estão inscritas no art. 23, a seguir reproduzido:

---

[525] BRASIL. [Constituição (1988)]. Emenda Constitucional nº 47, de 05 de julho de 2005. Altera os arts. 37, 40, 195 e 201 da Constituição Federal, para dispor sobre a previdência social, e dá outras providências. *Diário Oficial da União [da] República Federativa do Brasil*, Brasília, 6 jul. 2005. Art. 3º, parágrafo único.

[526] BRASIL. Supremo Tribunal Federal. *RE nº 603.580/RJ*. Tribunal Pleno. Rel. Min. Ricardo Lewandowski, 20.5.2015. Disponível em: https://jurisprudencia.stf.jus.br/pages/search/sjur313772/false. Acesso em: 5 jul. 2020: "Ementa: Recurso Extraordinário. Constitucional. Previdenciário. Pensão por morte. Instituidor aposentado antes da emenda constitucional 41/2003, porém falecido após seu advento. Direito do pensionista à paridade. Impossibilidade. Exceção: art. 3º da EC 47/2005. Recurso extraordinário a que se dá parcial provimento".

Art. 23. A pensão por morte concedida a dependente de segurado do Regime Geral de Previdência Social ou de servidor público federal será equivalente a uma cota familiar de 50% (cinquenta por cento) do valor da aposentadoria recebida pelo segurado ou servidor ou daquela a que teria direito se fosse aposentado por incapacidade permanente na data do óbito, acrescida de cotas de 10 (dez) pontos percentuais por dependente, até o máximo de 100% (cem por cento).

§1º As cotas por dependente cessarão com a perda dessa qualidade e não serão reversíveis aos demais dependentes, preservado o valor de 100% (cem por cento) da pensão por morte quando o número de dependentes remanescente for igual ou superior a 5 (cinco).

§2º Na hipótese de existir dependente inválido ou com deficiência intelectual, mental ou grave, o valor da pensão por morte de que trata o *caput* será equivalente a:

I - 100% (cem por cento) da aposentadoria recebida pelo segurado ou servidor ou daquela a que teria direito se fosse aposentado por incapacidade permanente na data do óbito, até o limite máximo de benefícios do Regime Geral de Previdência Social; e

II - uma cota familiar de 50% (cinquenta por cento) acrescida de cotas de 10 (dez) pontos percentuais por dependente, até o máximo de 100% (cem por cento), para o valor que supere o limite máximo de benefícios do Regime Geral de Previdência Social.

§3º Quando não houver mais dependente inválido ou com deficiência intelectual, mental ou grave, o valor da pensão será recalculado na forma do disposto no *caput* e no §1º.

§4º O tempo de duração da pensão por morte e das cotas individuais por dependente até a perda dessa qualidade, o rol de dependentes e sua qualificação e as condições necessárias para enquadramento serão aqueles estabelecidos na Lei nº 8.213, de 24 de julho de 1991.

§5º Para o dependente inválido ou com deficiência intelectual, mental ou grave, sua condição pode ser reconhecida previamente ao óbito do segurado, por meio de avaliação biopsicossocial realizada por equipe multiprofissional e interdisciplinar, observada revisão periódica na forma da legislação.

§6º Equiparam-se a filho, para fins de recebimento da pensão por morte, exclusivamente o enteado e o menor tutelado, desde que comprovada a dependência econômica.

§7º As regras sobre pensão previstas neste artigo e na legislação vigente na data de entrada em vigor desta Emenda Constitucional poderão ser alteradas na forma da lei para o Regime Geral de Previdência Social e para o regime próprio de previdência social da União.

§8º Aplicam-se às pensões concedidas aos dependentes de servidores dos Estados, do Distrito Federal e dos Municípios as normas constitucionais e infraconstitucionais anteriores à data de entrada em vigor desta Emenda Constitucional, enquanto não promovidas alterações na legislação interna relacionada ao respectivo regime próprio de previdência social.[527]

Pois bem. A primeira questão fundamental que se percebe é que o constituinte igualou, definitivamente, os dois regimes previdenciários, não havendo mais nenhuma diferença entre o servidor público federal e o segurado do INSS quanto à concessão de pensão por morte.

De agora em diante o sistema de divisão da cota pensional também será diferente. A pensão corresponderá, inicialmente, a uma cota familiar geral de 50% (cinquenta por cento) do valor da aposentadoria do servidor ou daquela a que teria direito se fosse aposentado por incapacidade permanente na data do óbito. Depois, numa segunda

527 BRASIL. [Constituição (1988)]. *Emenda Constitucional nº 103, de 12 de novembro de 2019*. Altera o sistema de previdência social e estabelece regras de transição e disposições transitórias. Disponível em: http://www.planalto.gov.br/ccivil_03/Constituicao/Emendas/Emc/emc103.htm#art1. Acesso em: 23 fev. 2020.

fase, há o acréscimo de dez pontos percentuais para cada dependente, até o máximo de 100% (cem por cento).

Assim, para que o montante da pensão chegue a 100% (cem por cento) dos proventos do instituidor (reais ou dedutíveis), haverá a necessidade de que concorram pelo menos cinco beneficiários.

Outra possibilidade ocorre quando existir dependente inválido ou com deficiência intelectual, mental ou grave. Nesse caso, primeiramente o valor da pensão corresponderá a 100% (cem por cento) da aposentadoria recebida pelo servidor ou daquela a que teria direito se fosse aposentado por incapacidade permanente na data do óbito, entretanto, até o limite máximo de benefícios do Regime Geral de Previdência Social. Numa segunda etapa, acrescenta-se uma cota familiar de 50% (cinquenta por cento), eventualmente adicionadas de cotas de 10 (dez) pontos percentuais por dependente, até o máximo de 100% (cem por cento), para o valor que supere o limite máximo de benefícios do Regime Geral de Previdência Social.

Lembre-se de que exemplos de cálculos serão mais detalhados em capítulo específico, para melhor compreensão do leitor.

Nada obstante, um exemplo hipotético é capaz de demonstrar a perversidade das novas regras para a pensão por morte de servidor público.

Por exemplo, imagine-se um servidor, com apenas um dependente (para facilitar a conta), que venha a falecer na atividade, com menos de vinte anos de serviço, cuja média aritmética de seu período contributivo chegue a 15 (quinze mil) reais, valor de primeiro escalão do funcionalismo. Pois bem. Pela regra de cálculo da aposentadoria por incapacidade (art. 26 da EC nº 103/2019), sobre essa média dever-se-á aplicar o percentual de 60% (sessenta por cento), para que se encontre a base de cálculo do valor pensional. Feito isso, deve-se encontrar finalmente o valor do benefício da pensão que, como impõe a nova norma, será de 50% (cinquenta por cento), acrescido de 10% (dez por cento) para cada dependente, do valor resultante da base de cálculo anterior.

Como no exemplo hipotético havia apenas um dependente, o valor da pensão chega a 60% (sessenta por cento) da base de cálculo. Numericamente: 15.000,00 (média aritmética dos salários de contribuição) × 60% (base de cálculo da aposentadoria por incapacidade) × 60% (valor do benefício pensional). Essa conta matemática chegará ao resultado de 5.400 (cinco mil e quatrocentos) reais. É dizer: de uma média de 15 (quinze mil reais), o valor da pensão chega a pouco mais de 5 (cinco mil), numa redução draconiana de quase 65% (sessenta e cinco por cento) do valor original.

Um comentário a respeito do valor do benefício pensional ainda vale a pena mencionar. É natural não só da ciência jurídica, como do próprio desenvolvimento humano, a constante evolução de conceitos, mormente em termos de direito previdenciário, cuja essência é a proteção do cidadão contra mazelas do quotidiano. Pois bem. Essa nova modalidade de cálculo do valor da pensão por morte foi retomada da vetusta Lei Orgânica da Previdência Social de 1960.[528] Noutras palavras, a reforma previdenciária para o futuro do país se valeu de uma lei sexagenária...

[528] BRASIL. Lei nº 3.807, de 26 de agosto de 1960. Dispõe sôbre a Lei Orgânica da Previdência Social. *Diário Oficial da União [da] República Federativa do Brasil*, Brasília, 5 set. 1960.

Nada obstante, talvez até mesmo diante de tamanha impiedade, a doutrina tem mantido entendimento refratário a essa nova regra, quando se tratar de direito adquirido do instituidor da pensão, falecido na atividade, mas que podia já ter se aposentado por uma regra que permitisse a integralidade/paridade dos proventos.

Imagine-se, por exemplo, um servidor público ainda em atividade, mas que já tivesse cumprido, antes da Emenda Constitucional nº 103/19, todos os requisitos para aposentar-se com base no art. 3º da Emenda Constitucional nº 47/05, ou seja, possuía trinta e cinco anos de contribuição, vinte e cinco anos de efetivo exercício no serviço público, quinze anos de carreira e cinco anos no cargo, além de também já ter a pontuação mínima de 95 (sessenta anos de idade + 35 anos de tempo de contribuição).

Outro exemplo que pode ser apresentado seria o caso de servidor que venha a cumprir os requisitos previstos nas regras de transição dos arts. 4º e 20 da EC nº 103/19, que asseguram integralidade, e venha a falecer em atividade.

Em caso de falecimento nessas condições, admite-se a concessão de pensão com base nas regras anteriores, que permitiam a integralidade e a paridade dos proventos. Note-se que o entendimento será o mesmo para outras regras baseadas no direito adquirido do instituidor.

Cumpre asseverar que o Ministério da Economia, por meio da Subsecretaria dos Regimes Próprios de Previdência Social, analisou as regras de concessão da pensão por morte, conforme a Emenda Constitucional nº 103, de 2019, chegando à conclusão, quanto ao tema ora desenvolvido, de que "se o servidor tiver cumprido todos os requisitos para aposentadoria voluntária e falecer em atividade antes de concedido esse benefício, o cálculo da pensão terá por base no provento a que faria jus, em respeito ao princípio do direito adquirido".[529]

Outra modificação que o novo texto constitucional trouxe foi a proibição de reversibilidade de cotas. É dizer: quando um beneficiário da pensão perder tal condição, sua cota não mais será endereçada aos demais beneficiários, como na sistemática anterior. Da mesma sorte, quando não houver mais beneficiário com deficiência intelectual, mental ou grave, o valor da pensão será recalculado, utilizando-se a forma genérica.

Aqui um problema prático certamente ocorrerá. Imagine-se a situação em que tenha havido óbito em data anterior à EC nº 103/2019. Haveria possibilidade de reversão de cotas, quando a exclusão de beneficiários for posterior à emenda constitucional? Quer-se crer que sim, diante da aplicação basilar, em termos de pensão por morte, do princípio do *tempus regit actum*, segundo o qual o benefício obedecerá às regras existentes na data do óbito.

A respeito do dependente com grave deficiência (intelectual ou mental), cabe perquirir se neste rol estaria incluído(a) o(a) viúvo(a) ou companheiro(a). Isso, porque na redação da Lei nº 8.112/1990, quando se faz referência ao dependente com deficiência grave, mental ou intelectual, menciona-se apenas o filho, enquanto no texto da EC nº 103/2019 não há tal diferenciação.

---

[529] BRASIL. Ministério da Economia. *Nota Informativa nº 33.521/2020/ME*. Disponível em: http://www.assimpasc.org.br/arqNoticias/file/NOTA-INFORMATIVA-SRPPS-33521-2020-PENSAO-POR-MORTE.pdf. Acesso em: 8 fev. 2022.

Nas edições anteriores, vinha-se defendendo a hipótese de que a menção contida na EC nº 103/2019 relacionava-se somente ao filho em tal condição. Isso porque o constituinte, no §4º do art. 23, da norma citada, fez constar que o rol de dependentes e sua qualificação e as condições necessárias para enquadramento serão aqueles estabelecidos na Lei nº 8.213/1991.

Ora, o art. 16 da citada lei também faz previsão sobre o beneficiário da pensão com deficiência intelectual, mental ou grave, apenas quando trata do filho. Assim, parecia não haver base legal para inclusão do(a) viúvo(a) ou companheiro(a).

Entrementes, pede-se vênia para evoluir no entendimento acerca do tema, no sentido de considerar que a nova norma, efetivamente, não criou distinção entre os possíveis dependentes, sejam eles cônjuges, filhos, irmãos ou pais.

Assim, retifica-se o posicionamento anterior, a fim de considerar que é possível a aplicação da integralidade da base de cálculo da pensão até o limite do RGPS para qualquer beneficiário de pensão deficiente ou inválido. Não apenas para o filho ou equiparado.

A respeito do tema, convém ressaltar, ainda, a interpretação do INSS sobre a matéria, coincidente com a nova posição externada, sem a restrição somente ao filho inválido. Veja-se:[530]

> 3.5.4.2.2 A regra de cotas estabelece que o valor do benefício da pensão por morte partirá de 50% (cinquenta por cento) do valor apurado do benefício precedente ou do benefício de aposentadoria por incapacidade permanente a que faria jus o instituidor, equivalente a uma cota familiar, e a ela são acrescidos 10% (dez por cento) por dependente limitado o total a 100% (cem por cento).
>
> 3.5.4.2.2.1 Exceção à regra é a pensão por morte ao dependente inválido ou com deficiência intelectual, mental ou grave, hipótese em que o valor do benefício será de 100% (cem por cento) do valor apurado do benefício precedente ou do benefício de aposentadoria por incapacidade permanente a que faria jus o instituidor.

A propósito do dependente com deficiência intelectual, mental ou grave, o constituinte trouxe, ainda, a previsão de que a comprovação de tal condição pode ser anterior ao óbito do servidor. Interessante, porque dá ao servidor a possibilidade de antecipar problemas futuros quanto à comprovação de seus beneficiários.

Nada obstante, cumpre esclarecer que, embora haja previsão de pensão ao dependente com tal deficiência, tanto na Lei nº 8.112/1990, quanto na Lei nº 8.213/1991, desde 2015 até hoje ainda não há regulamentação do que seria, de fato, a deficiência intelectual, mental ou grave.

Tanto assim que, no âmbito do INSS, a concessão desse jaez permanece sobrestada, a teor do contido no item 3.6.3.1 do Ofício SEI Circular nº 064/2019/DIRBEN/INSS.[531]

O constituinte fez questão de deixar claro que as regras sobre a concessão de pensão por morte poderão ser revistas e alteradas por lei. Como no caso das aposentadorias,

---

[530] BRASIL. Instituto Nacional do Seguro Social – INSS. *Ofício SEI Circular nº 064/2019/DIRBEN/INSS*. Disponível em: https://previdenciarista.com/blog/wp-content/uploads/2020/01/ofSEIcircular64DIRBEN-INSS.pdf. Acesso em: 14 mar. 2022.

[531] BRASIL. Instituto Nacional do Seguro Social. *Ofício SEI Circular nº 064/2019/DIRBEN/INSS*. Assunto: Esclarecimentos sobre a Emenda Constitucional nº 103, de 2019 e pela Medida Provisória nº 905, de 2019.

as normas estatuídas sobre pensão na EC nº 103/2019 não alcançam os estados, Distrito Federal e municípios.

9.3.1 Acumulação de pensão, segundo as regras da EC nº 103/2019

A EC nº 103/2019 traz disposições acerca da acumulação de pensão, nesses termos:

> Art. 24. É vedada a acumulação de mais de uma pensão por morte deixada por cônjuge ou companheiro, no âmbito do mesmo regime de previdência social, ressalvadas as pensões do mesmo instituidor decorrentes do exercício de cargos acumuláveis na forma do art. 37 da Constituição Federal.
>
> §1º Será admitida, nos termos do §2º, a acumulação de:
>
> I - pensão por morte deixada por cônjuge ou companheiro de um regime de previdência social com pensão por morte concedida por outro regime de previdência social ou com pensões decorrentes das atividades militares de que tratam os arts. 42 e 142 da Constituição Federal;
>
> II - pensão por morte deixada por cônjuge ou companheiro de um regime de previdência social com aposentadoria concedida no âmbito do Regime Geral de Previdência Social ou de regime próprio de previdência social ou com proventos de inatividade decorrentes das atividades militares de que tratam os arts. 42 e 142 da Constituição Federal; ou
>
> III - pensões decorrentes das atividades militares de que tratam os arts. 42 e 142 da Constituição Federal com aposentadoria concedida no âmbito do Regime Geral de Previdência Social ou de regime próprio de previdência social.
>
> §2º Nas hipóteses das acumulações previstas no §1º, é assegurada a percepção do valor integral do benefício mais vantajoso e de uma parte de cada um dos demais benefícios, apurada cumulativamente de acordo com as seguintes faixas:
>
> I - 60% (sessenta por cento) do valor que exceder 1 (um) salário-mínimo, até o limite de 2 (dois) salários-mínimos;
>
> II - 40% (quarenta por cento) do valor que exceder 2 (dois) salários-mínimos, até o limite de 3 (três) salários-mínimos;
>
> III - 20% (vinte por cento) do valor que exceder 3 (três) salários-mínimos, até o limite de 4 (quatro) salários-mínimos; e
>
> IV - 10% (dez por cento) do valor que exceder 4 (quatro) salários-mínimos.
>
> §3º A aplicação do disposto no §2º poderá ser revista a qualquer tempo, a pedido do interessado, em razão de alteração de algum dos benefícios.
>
> §4º As restrições previstas neste artigo não serão aplicadas se o direito aos benefícios houver sido adquirido antes da data de entrada em vigor desta Emenda Constitucional.
>
> §5º As regras sobre acumulação previstas neste artigo e na legislação vigente na data de entrada em vigor desta Emenda Constitucional poderão ser alteradas na forma do §6º do art. 40 e do §15 do art. 201 da Constituição Federal.[532]

O comando do artigo é claro ao estabelecer que a regra é a impossibilidade de acumulação de benefícios de pensão. Contudo, o constituinte possibilita duas exceções: uma, se houver pensões de outros regimes previdenciários e, outra, desde que, mesmo no âmbito do RPPS, os cargos exercidos pelo instituidor da pensão fossem acumuláveis.

---

[532] BRASIL. [Constituição (1988)]. *Emenda Constitucional nº 103, de 12 de novembro de 2019*. Altera o sistema de previdência social e estabelece regras de transição e disposições transitórias. Disponível em: http://www.planalto.gov.br/ccivil_03/Constituicao/Emendas/Emc/emc103.htm#art1. Acesso em: 23 fev. 2020.

Bom que se traduza. No caso de um servidor que acumulasse cargos de maneira legal, como professor e magistrado, por exemplo, ao falecer, o beneficiário da pensão terá direito às pensões derivadas de cada cargo público exercido pelo servidor falecido.

Na hipótese de recebimento de pensões advindas de outros regimes (pensão com outra pensão ou pensão com aposentadoria), a emenda constitucional traz as possibilidades de acumulação constantes dos incs. I a III do §1º do art. 24 acima reproduzidos.

Calha salientar que, nessas acumulações permitidas do §1º do art. 24, o constituinte não mais permite a percepção integral de ambos os benefícios, conforme estipula a tabela constante do §2º do art. 24, antes reproduzido. Observe-se que tal restrição, contudo, não alcança a acumulação prevista no *caput*, acerca de cargos acumuláveis constitucionalmente.

Lembre-se, todavia, de que tais restrições não se aplicam se o direito dos beneficiários houver sido adquirido antes da data de entrada em vigor da Emenda Constitucional nº 103/2019. Observe-se que, diferentemente do direito geral adquirido do art. 3º da EC nº 103/2019, que utiliza a data de 13.11.2019 como parâmetro, essa regra apenas reconhece como adquirido o direito vigente antes da data de entrada em vigor desta emenda constitucional, ou seja, 12.11.2019.

Ainda sobre a acumulação de pensão, note-se que o constituinte proibiu a percepção de mais de uma pensão por morte deixada por cônjuge ou companheiro, no âmbito do mesmo regime, ressalvados os casos de acumulação permitida de cargos.

Nesse sentido, uma vez que a vedação diz respeito ao âmbito do mesmo regime previdenciário, pode-se conceber que será possível a acumulação de mais de uma pensão deixada por cônjuge ou companheiro, quando decorrer de dois regimes distintos, inclusive o relativo aos militares.

Veja-se, nesse ponto, a Nota Técnica SEI nº 12.212/2019/ME:

> [...] 98. Assim, por exemplo, o Regime Jurídico Único – RJU da União veda "a percepção cumulativa de pensão deixada por mais de um cônjuge ou companheiro ou companheira e de mais de 2 (duas) pensões", conforme o art. 225 da Lei nº 8.112, de 11.12.1990. A nosso ver, essa vedação permanece em vigor e teria sido recepcionada pela reforma, se a interpretarmos como aplicável às pensões por morte deixadas no âmbito do mesmo RPPS da União, por mais de um cônjuge ou companheiro, cuja acumulação seria vedada nos termos do art. 24 da EC nº 103, de 2019. Mas, se essa acumulação provier de diferentes regimes de previdência, isto é, em decorrência da concessão de pensão por regimes próprios de entes federativos distintos, inclusive a concedida pelo RGPS, a acumulação de até duas pensões seria em princípio admitida, mesmo quando deixadas por mais de um cônjuge ou companheiro, mas com uma redução percentual em relação ao benefício de menor valor dos dois. 99. Do mesmo modo, a previsão da Lei nº 3.765, de 4.5.1960, que trata das pensões militares, e que "permite a acumulação de uma pensão militar com proventos de disponibilidade, reforma, vencimentos ou aposentadoria ou de uma pensão militar com pensão de outro regime", permanece em vigor e teria sido recepcionada pela reforma, de forma que ainda que o beneficiário tenha mais de uma pensão por morte em regimes próprios de entes federativos distintos, inclusive do RGPS, a acumulação dessas pensões com a pensão militar implica

a limitação da condição de beneficiário de, no máximo, duas pensões, sendo uma militar, aplicando-se ainda os redutores previstos no art. 24 da EC nº 103, de 2019.[533]

Não é demais repisar que as regras de acumulação de pensão, segundo o próprio constituinte, poderão ser alteradas por meio de norma infraconstitucional, no caso, por intermédio de lei complementar.

Um último ponto chama a atenção no quesito de acumulação de pensões trazido pela nova regra do art. 24, §2º, da EC nº 103/19. Note-se que, nas hipóteses concebidas pelo constituinte de acumulações, sobre as quais incide a nova norma, não está expressamente abarcada a situação que envolve benefícios exclusivamente militares.

Veja-se o exemplo de dois militares casados e na inatividade. Um deles falece e gera pensão militar. Pergunta-se: o valor da pensão deverá ser somado com os proventos da inatividade do cônjuge sobrevivente, para fins de aplicação do art. 24, §2º, da EC nº 103/19? Entende-se que não, porquanto inexiste previsão para essa questão.

De fato, ainda que, a princípio, tal exclusão careça de lógica, não há expressa disposição relativa à acumulação de pensão militar com proventos de atividades militares. Assim, para restrição de direitos, não se deve alargar a interpretação para além do que está disposto no texto constitucional.

Oportuno enfatizar que a Procuradoria-Geral do Estado de Goiás enfrentou o tema, da qual se colhem as seguintes ideias coincidentes com o que vem de se afirmar:

> 8. Primeiramente, cumpre esclarecer que a norma extraível do art. 24 da EC nº 103/19, em razão da opção expressa do legislador pelo uso de diferentes terminologias, direcionou-se a duas espécies autônomas e distintas de pensão decorrentes de óbito de segurado, sendo uma de natureza civil, e a outra, militar. Quando o constituinte falou em "pensão por morte", referiu-se à pensão civil. De modo diverso, quando utilizou a expressão "pensões decorrentes das atividades militares de que tratam os arts. 42 e 142 da Constituição Federal", referiu-se à pensão militar.
>
> 9. Essa lógica de diferenciar formalmente os institutos decorre da tônica, inaugurada com a última reforma previdenciária, de suprimir os militares do regime próprio dos servidores (CF, art. 22, XXI), passando aqueles a pertencer a um "sistema de proteção social", disciplinado pelas normas gerais dispostas no Decreto-Lei nº 667/69, c/c a Lei nº 13.954/2019.
>
> 10. Sob essas premissas, e da leitura do art. 242, da EC nº 103/2019, possível é concluir que o constituinte nem vedou (por meio do caput), nem autorizou (via incisos do §1º) a cumulação de pensão militar com proventos de inatividade militar.[534]

9.3.2 Condições gerais para a concessão da pensão, de acordo com a EC nº 103/2019

A reforma previdenciária, como dito alhures, reuniu em um só contexto as condições para concessão de pensão por morte, quer sob o regime geral (RGPS), quer

[533] MINISTÉRIO DA ECONOMIA. SEPT. SP. SRPPS. CNAL. CEDN. *Nota Técnica SEI nº 12212/2019/ME*. Análise das regras constitucionais da reforma previdenciária aplicáveis aos regimes próprios de previdência social dos entes federados subnacionais. Disponível em: http://sa.previdencia.gov.br/site/2019/11/SEI_ME-5155534-Nota-Tecnica-12212.pdf. Acesso em: 23 abr. 2019.

[534] BRASIL. Procuradoria-Geral do Estado de Goiás. *Processo nº 202111129002058*. Despacho 745/2021-GAB. Disponível em: https://www.procuradoria.go.gov.br/files/Despchos2019/Despacho2021/Despacho745.pdf. Acesso em: 14 mar. 2022.

sob o regime próprio (RPPS). Tanto assim, que o §4º do art. 23 da EC nº 103/2019 dispõe, expressamente, que o tempo de duração da pensão por morte e das cotas individuais por dependente até a perda dessa qualidade, o rol de dependentes, sua qualificação e as condições necessárias para enquadramento serão aqueles estabelecidos na Lei nº 8.213/1991.[535] Convém verificar tais condições, portanto.

Primeiramente, a legislação indicada determina que a pensão por morte será devida ao conjunto dos dependentes do segurado, agora também do servidor público federal, que falecer, esteja ele aposentado ou não. Esse rol está previsto no art. 16 da norma. Ei-lo:

> Art. 16. São beneficiários do Regime Geral de Previdência Social, na condição de dependentes do segurado:
>
> I - o cônjuge, a companheira, o companheiro e o filho não emancipado, de qualquer condição, menor de 21 (vinte e um) anos ou inválido ou que tenha deficiência intelectual ou mental ou deficiência grave;
>
> II - os pais;
>
> III - o irmão não emancipado, de qualquer condição, menor de 21 (vinte e um) anos ou inválido ou que tenha deficiência intelectual ou mental ou deficiência grave.[536]

Note-se que, segundo a lei, a existência de dependente de qualquer das classes exclui do direito às prestações os das classes seguintes. A norma prevê a exclusão da condição de dependente para quem tiver sido condenado criminalmente por sentença com trânsito em julgado, como autor, coautor ou partícipe de homicídio doloso, ou de tentativa desse crime, cometido contra a pessoa do servidor, ressalvados os absolutamente incapazes e os inimputáveis.

Perderá também o direito à pensão o cônjuge, o companheiro ou a companheira se comprovada, a qualquer tempo, simulação ou fraude no casamento ou na união estável, ou formalização desses com o fim exclusivo de constituir benefício previdenciário, apurada em processo judicial no qual será assegurado o direito ao contraditório e à ampla defesa.

Importante frisar que o cônjuge divorciado ou separado, judicialmente ou de fato, que recebia pensão de alimentos concorrerá em igualdade de condições com os dependentes citados no inc. I do art. 16, acima reproduzido.

A pensão será deferida a contar do óbito do servidor público federal, quando requerida em até 180 (cento e oitenta) dias após o falecimento, para os filhos menores de 16 (dezesseis) anos, ou em até 90 (noventa) dias após o óbito, para os demais dependentes. Passados esses prazos, a concessão terá início a contar do requerimento do interessado, ou a partir da decisão judicial, no caso de morte presumida.

Comprovada a condição de dependente, a pensão será rateada entre todos em partes iguais, segundo dispõe o art. 77 da Lei nº 8.213/1991. Note-se, também, que a concessão da pensão por morte não será protelada pela falta de habilitação de outro possível dependente, e qualquer inscrição ou habilitação posterior que importe em

---

535 BRASIL. *Lei nº 8.213, de 24 de julho de 1991*. Dispõe sobre os Planos de Benefícios da Previdência Social e dá outras providências. Disponível em: http://www.planalto.gov.br/ccivil_03/LEIS/L8213cons.htm. Acesso em: 22 jan. 2020.

536 BRASIL. *Lei nº 8.213, de 24 de julho de 1991*. Dispõe sobre os Planos de Benefícios da Previdência Social e dá outras providências. Disponível em: http://www.planalto.gov.br/ccivil_03/LEIS/L8213cons.htm. Acesso em: 22 jan. 2020.

exclusão ou inclusão de dependente só produzirá efeito a contar da data da inscrição ou habilitação.[537]

9.3.2.1 Cessação do direito ao benefício

O benefício da pensão por morte cessará em determinados casos a seguir reproduzidos, lembrando-se de que a reversão de cota, prevista no §1º do art. 77 da Lei nº 8.213/1991 não foi recepcionada pelo novo texto constitucional, conforme já salientado alhures.

Assim, o direito à percepção do benefício perecerá com a morte do pensionista; para o filho, a pessoa a ele equiparada ou o irmão, de ambos os sexos, ao completar vinte e um anos de idade, salvo se for inválido ou tiver deficiência intelectual ou mental ou deficiência grave; para filho ou irmão inválido, pela cessação da invalidez; para filho ou irmão que tenha deficiência intelectual ou mental ou deficiência grave, pelo afastamento da deficiência.

Especificamente para o cônjuge ou companheiro, a norma traz as seguintes condições em que o benefício cessará:

a) se inválido ou com deficiência, pela cessação da invalidez ou pelo afastamento da deficiência, respeitados os períodos mínimos dos dois itens seguintes;
b) em 4 (quatro) meses, se o óbito ocorrer sem que o servidor tenha vertido 18 (dezoito) contribuições mensais ou se o casamento ou a união estável tiverem sido iniciados em menos de 2 (dois) anos antes do óbito do segurado;
c) transcorridos os seguintes períodos, estabelecidos de acordo com a idade do beneficiário na data de óbito do servidor, se o óbito ocorrer depois de vertidas 18 (dezoito) contribuições mensais e pelo menos 2 (dois) anos após o início do casamento ou da união estável:
   - 3 (três) anos, com menos de 21 (vinte e um) anos de idade;
   - 6 (seis) anos, entre 21 (vinte e um) e 26 (vinte e seis) anos de idade;
   - 10 (dez) anos, entre 27 (vinte e sete) e 29 (vinte e nove) anos de idade;
   - 15 (quinze) anos, entre 30 (trinta) e 40 (quarenta) anos de idade;
   - 20 (vinte) anos, entre 41 (quarenta e um) e 43 (quarenta e três) anos de idade;
   - vitalícia, com 44 (quarenta e quatro) ou mais anos de idade.
   - pela perda do direito, quando condenado criminalmente, por sentença transitada em julgado.

9.3.2.2 Cessação do direito por morte presumida

O art. 78 da Lei nº 8.213/1991 dispõe que pode haver concessão de pensão provisória, em caso de morte presumida do servidor, quando declarada por autoridade judicial, depois de decorridos 6 (seis) meses de ausência.

---

[537] BRASIL. *Lei nº 8.213, de 24 de julho de 1991*. Dispõe sobre os Planos de Benefícios da Previdência Social e dá outras providências. Disponível em: http://www.planalto.gov.br/ccivil_03/LEIS/L8213cons.htm. Acesso em: 22 jan. 2020. Art. 76.

Entrementes, havendo prova do desaparecimento do servidor em consequência de acidente, desastre ou catástrofe, os dependentes terão direito ao benefício, independentemente de prazo ou de declaração anterior de autoridade judicial.

Interessante notar que, reaparecendo o servidor que se tinha como falecido, o pagamento da pensão cessará imediatamente, no entanto, os beneficiários estarão desobrigados de qualquer devolução, salvo, evidentemente, em caso de má-fé comprovada.

Afora tais particularidades que a nova legislação constitucional trouxe ao servidor público, agora também submetido à Lei nº 8213/91 no que diz respeito ao benefício da pensão, cumpre destacar que, com a norma estabelecida no §4º, do art. 23, da EC nº 103/19, o constituinte, de forma indelével, acabou por completo com a autonomia do RPPS da União e, também, dos entes que recepcionarem tal norma. Explica-se.

Veja-se que a emenda deixa claro que o tempo de duração da pensão, das cotas, a perda da qualidade de beneficiário, o rol dos dependentes e, de forma genérica, as condições necessárias para enquadramento serão aqueles estabelecidos na Lei nº 8.213/91. É dizer: o RPPS que estiver vinculado a esta regra não poderá controlar quase nada do benefício previdenciário da pensão. Tudo dependerá do que estiver na citada lei.

Dessa forma, basta uma alteração na Lei nº 8.213/91 para modificar imediatamente as normas dos RPPS que forem distintas. De uma só tacada, portanto, vinculou-se plenamente os RPPS ao RGPS em relação a diversos critérios para fins de pensão, tudo sob o domínio normativo federal.

Ainda é prematuro dizer se essa guinada normativa será prejudicial para os pensionistas. O problema é que, como dizia o escritor Maurice Druon,[538] "as histórias nunca param onde a gente imagina"...

9.4 Casos especiais de concessão de pensão por morte

Independentemente das normas a serem aplicadas, casos há de concessão de pensão que merecem um estudo mais aprofundado do gestor público. A seguir, algumas colaborações nesse sentido.

9.4.1 Companheira × concubina

A habilitação de companheira, normalmente, requer a juntada de documentos que satisfaçam a exigência de comprovação de união estável como entidade familiar. De fato, não restando maiores dúvidas acerca da existência da união estável, a concessão deverá ser conferida à companheira.

Fato interessante pode ocorrer quando não restar caracterizada a situação de companheirato, mas sim de concubinato. No concubinato, o casal envolvido possui impedimentos para casar, diferentemente do que ocorre com o companheirato, no qual os partícipes, embora não casados, não possuem impedimentos para o matrimônio.

---

[538] DRUON, Maurice. *O menino do dedo verde*. 81. ed. Tradução de D. Marcos Barbosa. São Paulo: José Olympio Editora, 1989. p. 61.

A jurisprudência de nossos tribunais reiteradamente caminha no sentido de não considerar válida a concessão de pensão a quem estiver na situação de concubinato. Vejam-se os exemplos seguintes:

Pensão por Morte e Rateio entre Esposa e Concubina

A Turma, por maioria, deu provimento a recurso extraordinário no qual esposa questionava decisão de Turma Recursal dos Juizados Especiais Federais de Vitória/ES, que determinara o rateio, com concubina, da pensão por morte do cônjuge, tendo em conta a estabilidade, publicidade e continuidade da união entre a recorrida e o falecido. Reiterou-se o entendimento firmado no RE nº 397.762/BA (DJE de 12.09.2008) no sentido da impossibilidade de configuração de união estável quando um dos seus componentes é casado e vive matrimonialmente com o cônjuge, como na espécie. Ressaltou-se que, apesar de o Código Civil versar a união estável como núcleo familiar, excepciona a proteção do Estado quando existente impedimento para o casamento relativamente aos integrantes da união, sendo que, se um deles é casado, esse estado civil apenas deixa de ser óbice quando verificada a separação de fato. Concluiu-se, dessa forma, estar-se diante de concubinato (CC, art. 1.727) e não de união estável. Vencido o Min. Carlos Britto que, conferindo trato conceitual mais dilatado para a figura jurídica da família, desprovia o recurso ao fundamento de que, para a Constituição, não existe concubinato, mas companheirismo.[539]

Concubinato – relação paralela ao casamento

[...] 2. Esta Corte Superior consagrou o entendimento de que a relação concubinária, paralela a casamento válido, não pode ser reconhecida como união estável, salvo se configurada separação de fato ou judicial entre os cônjuges.

3. O Supremo Tribunal Federal e o Superior Tribunal de Justiça possuem jurisprudência firmada na vertente de ser descabido o compartilhamento da pensão por morte entre a viúva e a concubina, uma vez que a pensão previdenciária somente é devida quando configurada a relação matrimonial ou a união estável, sendo inadmissível quando se tratar de concubinato.[540]

Concumbina e companheira - distinções

A Turma, ao julgar apelação em ação de alimentos, negou provimento ao recurso em virtude da impossibilidade jurídica do pedido, ante a caracterização de concubinato impuro adulterino. Na espécie, esclareceu a Relatora que o réu, embora casado, mantém dois lares e duas famílias, o que configura o concubinato impuro e qualifica a autora da ação como concubina. Para melhor entendimento, diferenciaram os julgadores os conceitos de concubina e companheira, explicando que a primeira, no dizer da jurisprudência, é a amante, a mulher dos encontros velados, freqüentada pelo homem casado e que convive ao mesmo tempo com sua esposa legítima, ou seja, é mulher que reparte, com a esposa, as atenções e assistência material do marido; a segunda, por sua vez, é a mulher que une seu destino ao do homem solteiro, viúvo ou separado de fato da mulher legítima, e que é apresentada à sociedade como se casados fossem. Nesse sentido, o Colegiado asseverou ser impossível o reconhecimento da condição de companheira, o que é necessário para o deferimento dos alimentos em relações mantidas entre homem e mulher não casados, conforme estabelece preceito do art. 1.694 do Código Civil. Desse modo, reconheceram os

---

539 BRASIL. Supremo Tribunal Federal. Pensão por Morte e Rateio entre Esposa e Concubina. *Informativo*, n. 535, Brasília, 9/13 fev. 2009. Disponível em: www.stf.jus.br. Acesso em: 22 jun. 2020.

540 BRASIL. Superior Tribunal de Justiça. *AgRg no Ag 683.975 nº 2005/0090735-7*. Disponível em: www.stj.jus.br. Acesso em: 22 jun. 2020.

Desembargadores a patente vedação da legislação quanto a fixação de alimentos para o caso e a decorrente carência da ação.[541]

Diante dos julgados apresentados, realmente parece sólida a jurisprudência que se formou. De fato, ao equiparar o casamento à união estável, o ordenamento jurídico procurou levar em conta o núcleo essencial a ser protegido, qual seja, a família. Nesse caso, portanto, uma vez que o concubinato não progride no sentido da formação familiar tradicional, pode, realmente, ser desconsiderado como fenômeno gerador do direito ao benefício pensional.

Pode ocorrer, contudo, que, diante do caso concreto, daí a imensidão espectral da ciência do direito, a figura do concubinato venha a posicionar-se de forma tão aparentemente semelhante ao companheirato que os distinguir será como separar elétrons de prótons a olho nu.

Em realidade, o mundo do ser é infinitamente diferente do dever ser. Uma vez que a Constituição garante o dever ser, ao intérprete cabe conformar o mundo do ser ao real almejado pela letra fria do Texto Maior. Nunca o contrário. As relações interpessoais são tão mais intensas do que pode pressupor a intenção legislativa, que conformá-las a um texto imóvel é o mesmo que querer desvendar e definir o futuro incerto a que pertence cada cidadão de uma sociedade minimamente organizada.

Diante disso, ainda que, em tese, o deferimento de pensão à concubina pareça irregular, entende-se que, pelos fatos concretos de cada caso, possa-se permitir tal concessão. A propósito dessa possibilidade, cumpre trazer interpretação notável acerca do tema, produzida pelo Ministro do STF, Carlos Ayres Britto:

> [...] 13. Com efeito, à luz do Direito Constitucional brasileiro o que importa é a formação em si de um novo e duradouro núcleo doméstico. A concreta disposição do casal para construir um lar com um subjetivo ânimo de permanência que o tempo objetivamente confirma. Isto é família, pouco importando se um dos parceiros mantém uma concomitante relação sentimental a dois. No que andou bem a nossa Lei Maior, ajuízo, pois ao Direito não é dado sentir ciúmes pela parte supostamente traída, sabido que esse órgão chamado coração "é terra que ninguém nunca pisou". Ele, coração humano, a se integrar num contexto empírico da mais entranhada privacidade, perante a qual o Ordenamento Jurídico somente pode atuar como instância protetiva. Não censora ou por qualquer modo embaraçante.
>
> 14. Sinta-se que, no âmbito mesmo do capítulo constitucional de nº VII, título VIII, o dever que se impõe à família para assistir amplamente a criança e o adolescente (art. 227, cabeça) não cessa pelo fato de se tratar de casal impedido de contrair matrimônio civil. Nada disso! O casal é destinatário, sim, da imposição constitucional de múltiplos deveres, tanto quanto seus filhos até à adolescência se fazem titulares de todos os direitos ali expressamente listados. E se o casal não tem como se escusar de tal imposição jurídica, claro está que a família por ele constituída faz jus "à proteção especial" de que versa a cabeça do art. 226. Verso e reverso de uma só medalha. Estrada de mão dupla como imperativo de política pública e justiça material.[542]

---

[541] DISTRITO FEDERAL. Tribunal de Justiça do Distrito Federal e Territórios. *Apelação Cível nº 20090110100970*. Rel. Waldir Leôncio Lopes Júnior. Disponível em: https://pesquisajuris.tjdft.jus.br/IndexadorAcordaos-web/sistj. Acesso em: 11 abr. 2020.

[542] BRASIL. Supremo Tribunal Federal. *Recurso Extraordinário nº 397.762-8*. Rel. Min. Marco Aurélio, 3.6.2008. Disponível em: http://redir.stf.jus.br/paginadorpub/paginador.jsp?docTP=AC&docID=547259. Acesso em: 11 abr. 2020.

Outras considerações ainda podem ser feitas. Muitos doutrinadores barram a possibilidade de concessão do benefício pensional ao concubinato, em virtude de conceitos estranhos ao direito previdenciário. Explica-se.

Em julgado do ano de 2008, o Ministro Marco Aurélio, do STF, vetou a concessão de pensão à concubina, sob os seguintes argumentos:

> COMPANHEIRA E CONCUBINA – DISTINÇÃO. Sendo o Direito uma verdadeira ciência, impossível é confundir institutos, expressões e vocábulos, sob pena de prevalecer a babel. UNIÃO ESTÁVEL – PROTEÇÃO DO ESTADO. A proteção do Estado à união estável alcança apenas as situações legítimas e nestas não está incluído o concubinato. PENSÃO – SERVIDOR PÚBLICO – MULHER – CONCUBINA – DIREITO. A titularidade da pensão decorrente do falecimento de servidor público pressupõe vínculo agasalhado pelo ordenamento jurídico, mostrando-se impróprio o implemento de divisão a beneficiar, em detrimento da família, a concubina.[543]

Ousa-se discordar de sua excelência. Não há que confundir a proteção estatal à família com os dependentes habilitados em processo de concessão de pensão por morte de servidor público. A novel EC nº 103/2019, por exemplo, é clara ao dispor de critérios e requisitos permitidos para a concessão da pensão, no entanto, deixa ao alvedrio da lei estabelecer o rol de dependentes, com sua qualificação e condições necessárias para enquadramento.

Ora, a atividade legislativa pressupõe a vontade social do momento jurídico em que vive a sociedade organizada. A família, como tradicionalmente era conhecida, sofreu mudanças profundas em sua concepção. Tanto assim, que remotamente seria absurdo permitir a vida conjugal entre pessoas do mesmo sexo e, hoje, soa como infâmia qualquer proibição nesse sentido.

Há que se despir de fundamentalismo jurídico para enxergar o caso concreto com a ótica previdenciarista. Isso não é qualquer novidade jurídica.

Veja-se que o adultério era considerado crime com pena de detenção de até seis meses. Aplicava-se a dureza do direito penal a situações de apelo moral ou familiar, em clara invasão de competências e afinidades jurídico-científicas. Em 2005, com a Lei nº 11.106, a figura típica do adultério foi extirpada do Código Penal, graças a uma evolução natural de conceitos defendidos pela sociedade. Não houve, na época, qualquer alusão à proteção estatal à família, exatamente por ser questão de outro eixo conceitual.

Com razão Maria da Graça dos Santos Dias,[544] quando afirma que "O Direito configura-se como uma construção histórico-social dos povos e não apenas como produto do poder estatal, como uma ordem jurídica positivada e assegurada, coercitivamente, pelo Estado".

Note-se que não se está fazendo qualquer consideração de valor moral ou social a respeito do conceito de família, apenas ressaltando que o objeto de atuação do direito

---

543 BRASIL. Supremo Tribunal Federal. *Recurso Extraordinário nº 397.762-8*. Rel. Min. Marco Aurélio, 3.6.2008. Disponível em: http://redir.stf.jus.br/paginadorpub/paginador.jsp?docTP=AC&docID=547259. Acesso em: 11 abr. 2020.

544 DIAS, Maria da Graça Santos. *A Justiça e o imaginário social*. Tese (Doutorado) – Centro de Ciências Jurídicas, Universidade Federal de Santa Catarina, Florianópolis, 2000. Disponível em: https://repositorio.ufsc.br/handle/123456789/78804. Acesso em: 17 abr. 2020.

previdenciário é outro e visa, primordialmente, à proteção do cidadão, tendo como pano de fundo a dignidade humana. Ora, se a concubina, amante ou qualquer outro nome de cunho pejorativo que se queira afirmar, na avaliação do caso concreto, demonstra dependência econômica do servidor público, quer parecer que a concessão de pensão não é em nada desarrazoada.

Calha trazer à colação as palavras de Carlos Alberto Pereira de Castro e João Batista Lazzari:

> Entendemos que deva prevalecer a regra da divisão da pensão por morte quando comprovados os relacionamentos paralelos com mais de dois anos de duração, independentemente de as pessoas envolvidas terem ou não conhecimento da existência dessa situação. [...]
>
> Avaliamos também que as formas de relacionamentos e de constituição de família sofreram modificações consideráveis nas últimas décadas e que o legislador e o Judiciário não podem fechar os olhos para essa nova realidade social. Na sociedade moderna, não nos parece adequado que o Estado imponha um modelo familiar que considera moralmente correto desconsiderando as individualidades e a opções de relacionamentos escolhidos pelos cidadãos.[545]

Deve-se salientar que existem decisões judiciais que já apontam nesse caminho, embora ainda minoria. Veja-se:

> 1. A concessão do benefício de pensão por morte depende da ocorrência do evento morte, da demonstração da qualidade de segurado do *de cujus* e da condição de dependente de quem objetiva a pensão. 2. Embora o falecido mantivesse o vínculo jurídico formal com a esposa/autora até a data do óbito, também manteve união estável com a corré até seu falecimento, possuindo duas famílias de forma concomitante, não desistindo ou renunciando a qualquer desses relacionamentos, ambas fazendo jus a pensão por morte a ser dividida em partes iguais.[546]

A propósito, o STF havia reconhecido a repercussão geral em processo no qual se discutia a possibilidade de concubinato de longa duração gerar efeitos previdenciários.[547] No entanto, o processo foi julgado prejudicado, posteriormente.

Nada obstante, tramita na Corte Suprema o RE nº 1.045.273, sob a chancela de segredo de justiça, mas em sede de repercussão geral, em que se discute a possibilidade de reconhecimento jurídico de união estável e de relação homoafetiva concomitantes, com o consequente rateio de pensão por morte.[548] A ver o que se decidirá.

---

545 CASTRO, Carlos Alberto Pereira; LAZZARI, João Batista. *Manual de direito previdenciário*. 14. ed. Rio de Janeiro: Forense, 2012. p. 317.

546 BRASIL. Tribunal Regional Federal da 4ª Região. *AC nº 5014655-53.2014.4.04.7112*. Sexta Turma, Rel. João Batista Pinto Silveira, 8.8.2019. Disponível em: www.trf4.gov.br. Acesso em: 5 jul. 2020: "Previdenciário. Pensão por morte de esposo e companheiro. Restabelecimento. Dependência econômica demonstrada. Rateio devido entre esposa e companheira. Tutela específica".

547 BRASIL. Supremo Tribunal Federal. *Recurso Extraordinário nº 669465*. Rel. Min. Luiz Fux, 3.2.2020. Disponível em: http://portal.stf.jus.br/processos/downloadPeca.asp?id=15342287545&ext=.pdf. Acesso em: 22 jun. 2020.

548 BRASIL. Supremo Tribunal Federal. *Recurso Extraordinário nº 1.045.273*. Rel. Min. Alexandre de Moraes. Disponível em: http://portal.stf.jus.br/processos/detalhe.asp?incidente=5181220. Acesso em: 22 jun. 2020.

9.4.2 Pensão homoafetiva

A pensão civil homoafetiva gerou discussões vibrantes no mundo jurídico, quando o balizamento da questão começou a ser definido. Depois de vitórias e algumas derrotas, o fato é que a possibilidade de concessão de pensão desse jaez consolidou-se em função de recorrentes decisões dos tribunais e, em especial, depois do posicionamento favorável do STF à união estável entre homossexuais. A propósito, veja-se a sempre singular interpretação do Ministro Ayres Brito:

> [...] 18. Realmente, em tema do concreto uso do sexo nas três citadas funções de estimulação erótica, conjunção carnal e reprodução biológica, a Constituição brasileira opera por um intencional silêncio. Que já é um modo de atuar mediante o saque da kelseniana norma geral negativa, segundo a qual "tudo que não estiver juridicamente proibido, ou obrigado, está juridicamente permitido" (regra de clausura ou fechamento hermético do Direito, que a nossa Constituição houve por bem positivar no inciso II do seu art. 5º, debaixo da altissonante fórmula verbal de que "ninguém será obrigado a fazer ou deixar de fazer alguma coisa senão em virtude de lei", e que me parece consagradora do que se poderia chamar de direito de não ter dever). É falar: a Constituição Federal não dispõe, por modo expresso, acerca das três clássicas modalidades do concreto emprego do aparelho sexual humano. Não se refere explicitamente à subjetividade das pessoas para optar pelo não-uso puro e simples do seu aparelho genital (absenteísmo sexual ou voto de castidade), para usá-lo solitariamente (onanismo), ou, por fim, para utilizá-lo por modo emparceirado. Logo, a Constituição entrega o empírico desempenho de tais funções sexuais ao livre arbítrio de cada pessoa, pois o silêncio normativo, aqui, atua como absoluto respeito a algo que, nos animais em geral e nos seres humanos em particular, se define como instintivo ou da própria natureza das coisas. Embutida nesse modo instintivo de ser a "preferência" ou "orientação" de cada qual das pessoas naturais.[549]

Afora a decisão do STF, o fato é que diversas legislações pátrias já preveem a concessão de pensão civil homoafetiva. O TCU também já pacificou o tema, conforme se pode observar do seguinte excerto de acórdão:

> [...] 9. Com base na evolução processual da ação judicial, é possível observar que não foram apresentados elementos fáticos capazes de se contraporem ao fundamento da decisão originária concessória da tutela, qual seja, ao reconhecimento da união estável homoafetiva entre o autor da ação e o de cujus (v. <http://www.trf2.gov.br/cgi-bin/pingres?proc=200750010008368&mov=1>).
>
> 10. Lembro que a matéria discutida no processo judicial e, agora, aqui nestes autos sofreu grande evolução jurisprudencial nos últimos anos, culminando com a conclusão pelo Supremo Tribunal Federal de que a norma constante do art. 1.723 do Código Civil ("É reconhecida como entidade familiar a união estável entre o homem e a mulher, configurada na convivência pública, contínua e duradoura e estabelecida com o objetivo de constituição de família") não obsta que a união de pessoas do mesmo sexo possa ser reconhecida como entidade familiar apta a merecer proteção estatal (ADI nº 4277/DF e ADPF nº 132/RJ, Relator Ministro Ayres Britto).

---

549 BRASIL. Supremo Tribunal Federal. *ADI nº 4.277*. Rel. Min. Ayres Brito, 5.5.2011. Disponível em: http://portal.stf.jus.br/processos/detalhe.asp?incidente=11872. Acesso em: 22 jun. 2020. E ADF nº 132.

> 11. Logo, a despeito de ainda não ter havido o trânsito em julgado do processo judicial que concedeu a pensão civil ora examinada, entendo que o TCU pode apreciar o ato de concessão submetido pelo TRT/ES, com fundamento no art. 71, inciso III, da CF/88 e no art. 39 da Lei nº 8.443, de 16 de julho de 1992, considerando-se o princípio da independência das instâncias, amplamente assegurado na jurisprudência desta Corte de Contas (v.g. Acórdãos nºs 1/2007, 550/2009, 764/2009, 1.870/2009, 330/2010, 3.235/2011 e 159/2012, todos do Plenário).
>
> 12. Demais disso, merecem ser destacados o transcurso de quase nove anos desde o óbito do instituidor e o certo grau de previsibilidade sobre o rumo desse trânsito em julgado no Poder Judiciário, que, neste caso, deve se submeter ao efeito vinculante inerente à ADI nº 4.277/DF, de tal modo que o TCU pode julgar o mérito do presente ato de concessão, não se mostrando imperioso o sobrestamento suscitado preliminarmente nestes autos pelo MPTCU.
>
> 13. Desse modo, superada a preliminar suscitada pelo Parquet, pugno por que seja considerado legal o ato em análise, concedendo-lhe registro, não só em alinhamento aos pareceres precedentes, mas também em respeito ao efeito vinculante inerente à decisão final proferida pelo STF na ADI nº 4.277/DF, sem prejuízo de observar que, caso a decisão concessória de direito emanada do TRF da 2ª Região seja desconstituída, o ato ora considerado legal poderá ser revisto pelo TCU, de ofício ou por intermédio de pedido de reexame, nos termos dos arts. 260, §2º, e 286 do RITCU.[550]

Ocorre que os fenômenos sociais, como não poderia deixar de ser, transitam em velocidades muito superiores às mudanças nas regras jurídicas. Assim é que a matéria ainda deve ganhar mais amplitude. Prova disso é o destaque ao RE nº 1.045.273, já referido e chancelado como de repercussão geral, no qual o STF discutirá a possibilidade de reconhecimento jurídico de uniões estáveis concomitantes – sendo uma delas de natureza homoafetiva e outra, de natureza heteroafetiva, com o consequente rateio de pensão por morte.

9.4.3 Ex-companheira com dependência econômica/pensionista alimentícia/ pensionista separada de fato

Como já salientado, tendo a companheira comprovado a existência da união estável, socorrer-lhe-á o direito ao benefício pensional. Podem ocorrer casos, entretanto, em que a companheira de fato vivia em união estável com o instituidor, contudo, na data do óbito, já se encontrava dele separado, mas com permanência do estado de dependência econômica.

Trata-se da figura da ex-companheira com dependência econômica do instituidor. De fato, embora a norma de regência não preveja concessão à ex-companheira, a jurisprudência vem trilhando caminhos diferentes, mormente em função da necessidade de proteção ao núcleo familiar de que fazia parte a ex-companheira.

É o que se depreende do seguinte julgado:

> 1. *Havendo robusta prova nos autos da dependência econômica da ex-companheira, que percebia, inclusive, alimentos, estabelecidos em sentença judicial, é de se vislumbrar o direito da mesma à pensão vitalícia por morte,* deixada por ex-militar, independentemente de prévia designação,

---

[550] BRASIL. Tribunal de Constas da União. *Processo TC nº 018.437/2012-5*. Acórdão nº 2094/2012 – TCU – Plenário. Rel. Min. Substituto André Luís de Carvalho, 8.8.2012. Disponível em: https://pesquisa.apps.tcu.gov.br/#/redireciona/acordao-completo/%22ACORDAO-COMPLETO-1241667%22. Acesso em: 5 jul. 2020.

> suprida pela prova da vida em comum. 2. Desnecessidade de comprovação do convívio por ocasião do óbito, mas tão-somente da dependência econômica. Precedentes do E. TRF da 2ª Região. 3. Já sendo beneficiária da pensão por morte a ex-esposa, deverá haver o rateio entre ambas. 4. Remessa necessária e apelo improvidos.[551]

Também no âmbito do RGPS, essa possibilidade tem-se mostrado viável, conforme evidencia a seguinte notícia extraída do sítio do Tribunal Superior do Trabalho:

> O Juizado Especial Federal do Rio de Janeiro reconheceu à ex-companheira de um segurado do INSS falecido o direito à pensão por morte. *O entendimento é o de que ela, mesmo depois de separada, mantinha dependência econômica em relação* a ele, inclusive residindo no mesmo endereço.[552]

Parece caminhar bem a jurisprudência em permitir tal tipo de concessão. Ora, se a equiparação do companheirato com o casamento se dá na constituição de um núcleo familiar, nada descabido que a equiparação possa ocorrer também na desconstituição do vínculo, mormente quando presente a existência de dependência econômica. Trata-se de política de justiça social.

Situação semelhante à da ex-companheira com dependência econômica é a da pessoa separada judicialmente ou divorciada, com percepção de pensão alimentícia. Entretanto, nesse caso, a lei contém garantia expressa.[553]

Ainda no mesmo terreno interpretativo, pode-se citar o caso da pensionista separada de fato do instituidor da pensão. Diversos doutrinadores vêm manifestando o entendimento de que a concessão, nesse caso, deveria ser vedada, uma vez que, embora ainda não oficialmente, o núcleo familiar já estaria desfeito, portanto, não carecendo de proteção estatal. Entende-se que não seria justo que o cônjuge, separado de fato, há vários anos, viesse a ter os mesmos direitos ao benefício, concorrendo ou até mesmo afastando aquele que conviveu com o servidor até o final da vida.

Essa visão, embora possa parecer consentânea com a justiça social, deve ser vista com reservas. Ocorre que, não raro, no Brasil ocorrem casos em que o casal não tem mais nenhuma relação conjugal, todavia, não adota qualquer medida legal para deixar clara a situação de momento. Inclusive, se separa e volta a conviver sem, porém, jamais modificar sua situação legal. Casos há, inclusive, que sequer há a alteração de endereço de algum deles.

Assim, fica extremamente difícil restringir direitos do pensionista, quando continua legalmente sendo cônjuge, portanto, amparado pela legislação previdenciária. Seria temeroso despedir direitos em face de construção jurisprudencial ou hermenêutica, sem a definitiva prova documental ou notória da separação do casal.

---

551 BRASIL. Tribunal Regional Federal da 2ª Região. AC nº 1998.51.02.200728-4. 4ª Turma. Rel. Desembargador Federal Rogério Vieira de Carvalho. *Diário da Justiça da União*, 29 jan. 2004. p. 131: "Jurisprudência – Pensão por morte do ex-companheiro. Dependência econômica. Rateio da pensão vitalícia com a ex-esposa. Inexistência, ao tempo do óbito, da convivência *more uxório*".

552 BRASIL. Tribunal Superior do Trabalho. Acesso em: 17 mar. 2009.

553 BRASIL. *Lei nº 8.112, de 11 de dezembro de 1990*. Dispõe sobre o regime jurídico dos servidores públicos civis da União, das autarquias e das fundações públicas federais. Disponível em: http://www.pl4analto.gov.br/ccivil_03/LEIS/L8112cons.htm. Acesso em: 9 mar. 2020. Art. 76, §2º.

9.4.4 Enteado

A concessão de pensão aos enteados está prevista tanto na Lei nº 8.112/1990 quanto na Lei nº 8.213/1991.[554] Havia uma dissonância na lei, então aplicável aos servidores públicos federais, com relação à Lei nº 8.213/1991, porque naquela não havia especificação, como havia nesta, da necessidade ou não de comprovação de dependência econômica, como condição intrínseca de equiparação com o filho.

Contudo, com a edição da Lei nº 13.135/2015, que alterou a Lei nº 8.112/1990, tal dissonância foi corrigida, a teor do disposto no art. 217, §3º, da Lei nº 8.112/1990, *in verbis*:

> O enteado e o menor tutelado equiparam-se a filho mediante declaração do servidor e desde que comprovada dependência econômica, na forma estabelecida em regulamento.[555]

Lembre-se de que a Lei nº 8.112/1990, contudo, nesse ponto, não mais se aplica aos servidores públicos federais.

9.4.5 Menor sob guarda ou tutela provisória

A concessão de pensão a menor sob guarda tinha amparo legal na Lei nº 8.112/1990, vigorando até que o beneficiado completasse vinte e um anos.

Entrementes, com a edição da Lei nº 13.135/2015, o menor sob guarda foi excluído do rol dos beneficiários contidos na Lei nº 8.112/1990. Criou-se, então, a celeuma com relação ao Estatuto da Criança e do Adolescente (Lei nº 8.069/1990), cujo art. 33, §3º, dispõe que a *guarda confere à criança ou adolescente a condição de dependente, para todos os fins e efeitos de direito, inclusive previdenciários*.

Foi nesse cenário que o Supremo Tribunal Federal julgou, no ano passado, as ADIs nºs 4.878 e 5.083. Segundo a Suprema Corte:

> a interpretação constitucionalmente adequada é a que assegura ao "menor sob guarda" o direito à proteção previdenciária, porque assim dispõe o Estatuto da Criança e do Adolescente e também porque direitos fundamentais devem observar o princípio da máxima eficácia. Prevalência do compromisso constitucional contido no art. 227, §3º, VI, CRFB.[556]

Importante realçar, contudo, que o STF examinou o tema somente até o advento da EC nº 103/19. Assim, com a entrada em vigor da nova emenda, cujo art. 23, §6º, dispõe expressamente que "equiparam-se a filho, para fins de recebimento da pensão por morte, exclusivamente o enteado e o menor tutelado, desde que comprovada a dependência econômica",[557] a questão mudou de patamar. Sim, porque as normas legais julgadas

---

554 BRASIL. *Lei nº 8.112, de 11 de dezembro de 1990*. Dispõe sobre o regime jurídico dos servidores públicos civis da União, das autarquias e das fundações públicas federais. Disponível em: http://www.pl4analto.gov.br/ccivil_03/LEIS/L8112cons.htm. Acesso em: 9 mar. 2020. Art. 16, §2º.

555 BRASIL. *Lei nº 8.112, de 11 de dezembro de 1990*. Dispõe sobre o regime jurídico dos servidores públicos civis da União, das autarquias e das fundações públicas federais. Disponível em: http://www.pl4analto.gov.br/ccivil_03/LEIS/L8112cons.htm. Acesso em: 9 mar. 2020.

556 BRASIL. STF. *ADI nº 4.078 e ADI nº 5.083*. Red. p/ acórdão Min. Edson Fachin, j. 8.6.2021.

557 BRASIL. Constituição (1988). Emenda Constitucional nº 103, de 12 de novembro de 2019. Altera o sistema de previdência social e estabelece regras de transição e disposições transitórias.

inconstitucionais pelo Supremo voltaram a vigorar agora em nível constitucional, por intermédio da EC nº 103/19.

Dessa forma, a partir da reforma de 2019, há necessidade de se observar, novamente, as disposições que deixam de contemplar o menor sob guarda como beneficiário de pensão.

Em realidade, portanto, o que se evidencia é a utilização do instituto da constitucionalização para tentar dirimir controvérsias judiciais e administrativas sob a perspectiva da legalidade, elevando a matéria ao *status* de norma constitucional, a qual, como consabido, comporta controle de validade muito mais restrito, porquanto o paradigma a ser examinado é o prescrito nas cláusulas pétreas. Tal fato dificultará, em muito, os questionamentos judiciais e administrativos, porquanto o exame a ser procedido, agora, é o de constitucionalidade de emendas.

Claro que o STF poderá, futuramente, voltar a debater a matéria em questão, desta feita sob a ótica do regramento trazido pela EC nº 103/2019. Será oportuno que, nesse novo possível debate, seja levada em consideração uma busca de harmonização entre os direitos previdenciários e o equilíbrio financeiro e atuarial dos regimes.

9.4.6 Invalidez de beneficiário adquirida após o óbito do instituidor

O princípio natural da concessão de pensão é o do *tempus regit actum*, tanto que as condições requisitadas pela lei para habilitação de beneficiários devem ser conferidas na data do óbito do servidor. Há casos, contudo, em que tal princípio merece ser interpretado com mais parcimônia.

Veja-se o exemplo. Determinado instituidor, ao falecer, deixa como beneficiário filho menor cujo direito à pensão é inconteste até completar vinte e um anos. Ocorre que, *antes* de completar tal idade, o filho é acometido de moléstia grave, que o deixa inválido. Ora, sabe-se que o inválido também tem direito à pensão enquanto durar a invalidez. Pergunta-se: esse menor terá direito à pensão depois que completar vinte e um anos, agora com fulcro na invalidez?

Se o foco for o *tempus regit actum*, a resposta será negativa, pois na data do óbito o menor já se habilitara sob a condição de filho cuja pensão deve-se encerrar aos vinte e um anos, porquanto o benefício é temporário.

Entrementes, levanta-se a hipótese de direito à concessão de pensão com base na invalidez. Note-se que, em realidade, não haverá habilitação após a data do óbito, mas apenas alteração na base legal da concessão. Noutras palavras, não cambiará a condição de beneficiário que o menor já possuía, mas haverá apenas mudança na fundamentação legal.

Nesse sentido, inclusive, o art. 115 do Decreto nº 3.048/1999:

> Art. 115. O dependente menor de idade que se invalidar antes de completar vinte e um anos deverá ser submetido a exame médico-pericial, não se extinguindo a respectiva cota se confirmada a invalidez.[558]

---

[558] BRASIL. *Decreto nº 3.048, de 06 de maio de 1999*. Aprova o Regulamento da Previdência Social, e dá outras providências. Disponível em: http://www.planalto.gov.br/ccivil_03/decreto/D3048.htm. Acesso em: 22 fev. 2020.

Assim, a condição de invalidez autorizará o pagamento da pensão, mesmo que tal condição seja comprovada após o óbito do servidor, desde que o beneficiário a tenha contraído durante o interregno em que dependia economicamente do benefício pensional. Sim, porque encerrada a condição de beneficiário, não parece possível nova habilitação à pensão por fato posterior ao óbito.

9.4.7 Dupla dependência econômica

A Lei nº 8.213/1991, que agora serve de paradigma para os servidores públicos federais, distingue pessoas, exigindo de umas, mas não de outras, a comprovação de dependência econômica. Tanto assim, que o §4º do art. 16 estabelece que a dependência econômica do cônjuge, da companheira, do companheiro e do filho não emancipado, de qualquer condição, menor de 21 (vinte e um) anos ou do inválido ou que tenha deficiência intelectual ou mental ou deficiência grave é presumida, enquanto a dependência dos pais ou do irmão deve ser comprovada.

A distinção levada a efeito, sem sombra de dúvida juridicamente relevante, pressupõe a seguinte questão: a presunção de dependência econômica seria absoluta ou relativa?

Muito se discute, tanto na doutrina quanto na jurisprudência, acerca do assunto. O STJ já teve a oportunidade de se debruçar sobre o tema, *in verbis*:

> A Constituição Federal de 1988, em seu art. 201, V, reza que os planos de previdência social, mediante contribuição, atenderão, nos termos da lei, a pensão por morte de segurado, homem ou mulher, ao cônjuge ou companheiro e dependentes, obedecido o disposto no §5º do art. 202.
>
> Se é certo que o cônjuge ou companheiro são também dependentes do segurado falecido, para fins de concessão de benefício previdenciário, qual a razão de o Constituinte ter-lhes mencionado separadamente dos dependentes em geral? Por certo que pretendeu conferir-lhes a presunção absoluta de dependência, o que já é suficiente para a concessão da pensão por morte. [...]
>
> O direito à percepção da pensão, constitucionalmente garantido, somente pode ser restringido em não havendo cônjuge ou companheiro, que gozam de presunção absoluta de dependência, ou ainda quaisquer dependentes que provem tal condição.[559]

O TCU filia-se a essa corrente de pensamento. Confira-se a seguinte passagem de acórdão:

> 15. De volta à Constituição Federal, na parte em que trata do regime geral de benefícios, tem-se que a previdência social compreenderá a "pensão por morte do segurado, homem ou mulher, ao cônjuge ou companheiro e dependentes", consoante o inciso V do caput do art. 201. É de se esperar o uso do mesmo critério no regime dos servidores públicos, na forma do já citado §12 do art. 40 do texto constitucional.
>
> 16. Na literalidade constitucional, o cônjuge ou companheiro não se caracterizaria como dependente, uma vez que assim não é tratado. Ou, como sustenta o STJ, ainda que conduza ao mesmo efeito, goza "de presunção absoluta de dependência", a qual não admite prova

[559] BRASIL. Superior Tribunal de Justiça. *Recurso Especial nº 203.722/PE*. Rel. Min. Edson Vidigal, 20.5.1999. Disponível em: https://scon.stj.jus.br/SCON/jurisprudencia/doc.jsp. Acesso em: 22 jun. 2020.

em contrário (REsp nºs 203722/PE, 461150/RS, 303346/RS). De fato, presumir a dependência, mesmo de forma absoluta, é melhor do que ignorá-la, já que ela fundamenta a pensão. E é absoluta por questão de segurança econômica familiar, para a conservação do seu poder aquisitivo, sem que possa alguém opor dúvidas que ponham embaraços à tranqüilidade doméstica. Não é causa, portanto, de opulência, mas de simples manutenção de *status quo*. Todos os outros pretensos beneficiários de pensão, que não o cônjuge ou companheiro, ficarão sujeitos, todavia, ao reconhecimento da dependência, seja por exigência de comprovação prévia, seja por presunção relativa, que admitirá prova em contrário.[560]

Na esteira da jurisprudência colacionada, portanto, a presunção só é absoluta se se tratar de cônjuge ou companheiro.[561] Nos demais casos, a presunção é relativa. Estabelecida a presunção de dependência econômica, absoluta ou relativa, cumpre tecer outra indagação: seria possível haver dupla dependência econômica? A título de exemplo, seria aceitável juridicamente conceber um beneficiário de pensão que fosse dependente econômico do pai e do tio ao mesmo tempo?

A questão, inegavelmente complexa, há de receber resposta afirmativa. Nada impede que alguém acolha um sobrinho que, no entanto, receba indispensável ajuda financeira do pai. De igual modo, uma pessoa pode ter sob seu cuidado um filho cujo tio lhe preste decisivo auxílio financeiro.

Há, *in casu*, um dado sociológico relevante, que não pode escapar ao olhar atento do julgador. Especialmente no Brasil, alguns se veem na obrigação de recorrer aos pais e/ou irmãos para ajudar no sustento dos filhos, estendendo-se o dever de solidariedade, de fato, para além do núcleo familiar básico. Diante desse quadro, forçoso reconhecer a existência do fenômeno da dupla dependência econômica.

Aliás, não é novo na jurisprudência o entendimento de que a dependência econômica não precisa ser exclusiva:

> [...] IV. A autora tem como renda apenas a pensão por morte do marido, no valor de um salário-mínimo, o que não descaracteriza a dependência econômica. Trata-se, evidentemente, de família de baixa renda que, sem a ajuda do filho, terá maiores dificuldades para sobreviver. Além do mais, a dependência econômica não precisa ser exclusiva, como reiteradamente tem decidido a jurisprudência, e conforme a Súmula nº 229 do Tribunal Federal de Recursos: "A mãe do segurado tem direito à pensão previdenciária, em caso de morte do filho, se provada a dependência econômica, mesmo a não exclusiva".[562]

---

[560] BRASIL. Tribunal de Contas da União. *Acórdão nº 1006/2004*. Plenário. Rel. Min. Marcos Vincios Vilaça, 21.7.2004. Disponível em: https://pesquisa.apps.tcu.gov.br/#/redireciona/acordao-completo/%22ACORDAO-COMPLETO-18277%22. Acesso em: 22 jun. 2020.

[561] Recentemente, o TCU afastou essa regra de presunção absoluta. Na espécie, tratava-se de um beneficiário 30 (trinta) anos mais jovem que a instituidora da pensão. No entanto, naquele caso, a Corte de Contas evidenciou que não houvera convivência marital entre os cônjuges, não se estabelecendo nenhuma relação de dependência econômica ou de assistência mútua. Logo, parece ter sido um caso isolado que não infirma a presunção de dependência econômica em favor do cônjuge ou companheiro (BRASIL. Tribunal de Contas da União. *Processo TC nº 019.569/2010-6*. Rel. Min. Raimundo Carreiro. Disponível em: https://pesquisa.apps.tcu.gov.br/#/redireciona/processo/1956920106. Acesso em: 5 jul. 2020).

[562] BRASIL. Tribunal Regional Federal da Terceira Região. Apelação Cível nº 625.499. Nona Turma. Rel. Des. Federal Marisa Santos. *Diário da Justiça da União*, 14 set. 2006.

Trata-se, no entanto, de exceção, e não regra. Por essa razão, a situação hipotética trazida, para ser reconhecida pelo direito, deve vir acompanhada de prova cabal de sua ocorrência. Nesse sentido, convém traçar um paralelo com a pessoa que recebe duas pensões, uma legada pelo padrasto e a outra pelo pai. Nada obstante, o fato de essa pessoa depender economicamente do padrasto não acarreta necessariamente sua exclusão do rol de beneficiários da pensão instituída pelo pai. Aqui como ali, a legalidade da acumulação de pensões depende da efetiva comprovação da dupla dependência econômica.

Noutro giro, ressalte-se que o TCU vem admitindo a concessão de pensão ao filho inválido aposentado, na medida em que a dependência econômica se caracteriza quando preponderantemente a pessoa depende do instituidor para sua sobrevivência.[563]

No mesmo sentido é a Nota Técnica nº 761/2010/COGES/DENOP/SRH/MP:

> 15. Assim, o fato de a interessada ser aposentada por invalidez, pelo Instituto Nacional do Seguro Social, afasta, em princípio, a presunção legal de dependência econômica. Contudo, as condições de saúde da interessada podem acarretar despesas elevadas, sendo insuficientes seus próprios rendimentos para cobrir suas despesas.
>
> 16. Com isso, se o seu sustento fosse assegurado pela renda de sua genitora, a concessão de pensão seria legal e necessária. [...]
>
> CONCLUSÃO
>
> 18. Destarte, revendo a matéria, concluímos pela possibilidade de ser concedida pensão à filha inválida aposentada, haja vista a comprovação da dependência econômica em relação à instituidora.[564]

9.4.8 Possibilidade de benefício pensional com valor inferior ao salário mínimo

É da tradição constitucional brasileira preservar qualquer benefício previdenciário de um valor abaixo do salário mínimo nacional. Assim, na redação anterior à promulgação da reforma previdenciária de 2019, a Constituição trazia a seguinte disposição no §2º do art. 40:

> Os proventos de aposentadoria e as pensões, por ocasião de sua concessão, não poderão exceder a remuneração do respectivo servidor, no cargo efetivo em que se deu a aposentadoria ou que serviu de referência para a concessão da pensão.[565]

Agora, entretanto, o constituinte fez prever a seguinte disposição para a citada norma:

[563] BRASIL. Tribunal de Contas da União. *Acórdão nº 1056/2010*. Segunda Câmara. Rel. Min. Aroldo Cedraz, 16.3.2010. Disponível em: https://pesquisa.apps.tcu.gov.br/#/redireciona/acordao-completo/%22ACORDAO-COMPLETO-2162274%22. Acesso em: 5 jul. 2020 (entre outros): "Previdenciário. Pensão por morte. Carência. Qualidade de segurado. Dependência econômica da mãe em relação ao filho. Dependência econômica não exclusiva. Súmula nº 229 do TFR. Comprovação. Decreto nº 89.312/84. Termo inicial. Correção monetária. Honorários advocatícios. Antecipação de tutela".

[564] MINISTÉRIO DO PLANEJAMENTO. SRH/COGES/DENOP. *Nota Técnica nº 761 de 9 de agosto de 2010*. Disponível em: http://www.uff.br/sites/default/files/servicos/legislacao/nota_tecnica_no_761-2010-coges-denop-srh-mp.pdf. Acesso em: 22 jun. 2020.

[565] BRASIL. [Constituição (1988)]. *Constituição da República Federativa do Brasil de 1988*. Brasília: Presidência da República, 1988. Disponível em: http://www.planalto.gov.br/ccivil_03/constituicao/constituicao.htm. Acesso em: 29 jan. 2020. [Redação original].

> Art. 40. [...]
>
> §2º Os proventos de aposentadoria não poderão ser inferiores ao valor mínimo a que se refere o §2º do art. 201 ou superiores ao limite máximo estabelecido para o Regime Geral de Previdência Social, observado o disposto nos §§14 a 16. [...]
>
> Art. 201. [...]
>
> §2º Nenhum benefício que substitua o salário de contribuição ou o rendimento do trabalho do segurado terá valor mensal inferior ao salário mínimo.[566]

Observe-se, portanto, que, com a nova redação, o constituinte retirou a garantia de proventos mínimos para a concessão de pensões. A exceção fica por conta, apenas, de quando se tratar de única fonte de renda formal do dependente da pensão, oportunidade em que o benefício será garantido pelo salário mínimo nacional. É o que se depreende do art. 40, §7º, da Constituição:

> Observado o disposto no §2º do art. 201, quando se tratar da única fonte de renda formal auferida pelo dependente, o benefício de pensão por morte será concedido nos termos de lei do respectivo ente federativo, a qual tratará de forma diferenciada a hipótese de morte dos servidores de que trata o §4º-B decorrente de agressão sofrida no exercício ou em razão da função.[567]

Cumpre observar que na Proposta de Emenda à Constituição nº 133/2019, conhecida como "PEC Paralela", tenta-se corrigir esse retrocesso, retirando-se do texto a expressão "quando se tratar da única fonte de renda formal auferida pelo dependente".[568]

Percebe-se, ainda, pelo texto acima, que o constituinte impõe um tratamento diferenciado a ser dado à pensão instituída por servidores que exercem as antigas atividades de risco, condensadas agora nas atividades policiais (incluso os penais) e dos agentes socioeducativos (aqueles incluídos no §4º-B).

9.4.9 A pensão por morte do servidor que exerce atividades policiais e afins

Segundo a norma transitória, contida no art. 10, §6º, da EC nº 103/2019, pelo menos até que lei federal venha a disciplinar a matéria definitivamente, os policiais civis do Distrito Federal, os policiais da Câmara dos Deputados, os policiais do Senado Federal, os policiais federais, os policiais rodoviários federais, os policiais ferroviários federais, os policiais federais penais (antigo agente federal penitenciário) e os agentes socioeducativos terão tratamento privilegiado, quando à concessão de pensão por morte, que será vitalícia para o cônjuge ou companheiro e equivalente à remuneração

---

566 BRASIL. [Constituição (1988)]. *Constituição da República Federativa do Brasil de 1988*. Brasília: Presidência da República, 1988. Disponível em: http://www.planalto.gov.br/ccivil_03/constituicao/constituicao.htm. Acesso em: 29 jan. 2020.

567 BRASIL. [Constituição (1988)]. *Constituição da República Federativa do Brasil de 1988*. Brasília: Presidência da República, 1988. Disponível em: http://www.planalto.gov.br/ccivil_03/constituicao/constituicao.htm. Acesso em: 29 jan. 2020.

568 SENADO FEDERAL. Comissão de Constituição, Justiça e Cidadania. *Proposta de Emenda à Constituição nº 133/2019*. Permite que os Estados, o Distrito Federal e os Municípios adotem em seus regimes próprios de previdência social as mesmas regras aplicáveis ao regime próprio da União; modifica renúncias previdenciárias; prevê benefício da Seguridade Social à criança vivendo em situação de pobreza; e dá outras providências. Disponível em: https://www25.senado.leg.br/web/atividade/materias/-/materia/138555. Acesso em: 22 jun. 2020.

do cargo, quando decorrente de agressão sofrida no exercício ou em razão da função. Eis a norma de que se fala:

> Art. 10. [...]
>
> §6º A pensão por morte devida aos dependentes do policial civil do órgão a que se refere o inciso XIV do caput do art. 21 da Constituição Federal, do policial dos órgãos a que se referem o inciso IV do caput do art. 51, o inciso XIII do caput do art. 52 e os incisos I a III do caput do art. 144 da Constituição Federal e dos ocupantes dos cargos de agente federal penitenciário ou socioeducativo decorrente de agressão sofrida no exercício ou em razão da função será vitalícia para o cônjuge ou companheiro e equivalente à remuneração do cargo.[569]

Juridicamente, tal disposição é complexa. Afinal, sem fazer qualquer avaliação sobre a importância fundamental que tais servidores de fato têm no convívio social, pode-se questionar: no caso do professor público que morre em sala de aula vítima de agressão, do magistrado que falece em função de uma sentença que condena criminosos, do engenheiro público que vem a óbito na construção de um viaduto feito pelo governo federal, não deveriam ter seus dependentes os mesmos direitos?

[569] BRASIL. [Constituição (1988)]. *Emenda Constitucional nº 103, de 12 de novembro de 2019*. Altera o sistema de previdência social e estabelece regras de transição e disposições transitórias. Disponível em: http://www.planalto.gov.br/ccivil_03/Constituicao/Emendas/Emc/emc103.htm#art1. Acesso em: 23 fev. 2020.

CAPÍTULO 10

OUTROS BENEFÍCIOS PREVIDENCIÁRIOS

Até a edição da EC nº 103/2019,[570] os regimes próprios de previdência deveriam observar, como limite de benefícios previdenciários, o rol previsto no RGPS, nos termos do art. 5º da Lei nº 9.717/1998.

Necessário mencionar, contudo, que a compreensão desse dispositivo era no sentido de limitação máxima, podendo, pois, o RPPS ter cobertura menor, como é o caso, inclusive, da União – por sinal regime criado por ficção jurídica, já que inexistiu ato legislativo específico para tanto – o qual somente contempla aposentadoria e pensão.

Nada obstante, diversos RPPS incluíram, como sendo responsabilidade do instituto de previdência, outros benefícios, além da aposentadoria e da pensão. Assim, a depender da legislação de vigência de cada ente, existem outras prestações, como o salário-família e o auxílio-reclusão, os quais, a partir da reforma previdenciária de 2019, merecem melhores reflexões.

10.1 Salário-família

O benefício do salário-família foi estabelecido no país na década de 1930, por meio da Lei nº 185/1936,[571] e do Decreto-Lei nº 399/1938.[572] Em 1963, por meio da Lei nº 4.266/1963,[573] e do Decreto-Lei nº 53.153/1963,[574] o benefício foi estendido a todos os trabalhadores brasileiros e correspondia, à época, a 5% do salário-mínimo local para cada filho menor, de qualquer condição, até 14 anos de idade.

[570] Esta EC, no art. 9º, §2º, estipulou que o rol de benefícios dos regimes próprios de previdência social fica limitado às aposentadorias e à pensão por morte. Nada obstante, no âmbito do RGPS, o rol continua sendo o previsto no art. 18 da Lei nº 8.213/1991.

[571] BRASIL. *Lei nº 185, de 14 de janeiro de 1936*. Institue as commissões de salario mínimo. Disponível em: https://legislacao.presidencia.gov.br/atos/?tipo=LEI&numero=185&ano=1936&ato=2260zZE1UMVpXTa8e. Acesso em: 23 jun. 2020.

[572] BRASIL. *Decreto-Lei nº 399, de abril de 1938*. Aprova o regulamento para execução da Lei nº 185, de 14 de janeiro de 1936, que institue as comissões de salário mínimo. Disponível em: https://legislacao.presidencia.gov.br/atos/?tipo=DEL&numero=399&ano=1938&ato=7930TQE9UNnpXT781. Acesso em: 23 jun. 2020.

[573] BRASIL. *Lei nº 4.266, de 03 de outubro de 1963*. Institui o salário família do trabalhador. Disponível em: http://www.planalto.gov.br/ccivil_03/LEIS /L4266.htm. Acesso em: 23 jun. 2020.

[574] BRASIL. *Decreto-Lei nº 53.153, de 10 de dezembro de 1963*. Aprova o regulamento do salário-família do trabalhador. Disponível em: http://www.planalto.gov.br/ccivil_03/decreto/1950-1969/D53153.htm. Acesso em: 23 jun. 2020.

Anos mais tarde, pela Lei nº 5.890/1973,[575] passou a fazer parte das prestações asseguradas pela Previdência Social – antigo INPS. Tornou-se, por conseguinte, formalmente, um benefício previdenciário. Por intermédio da EC nº 20/1998,[576] o salário-família passou a ser restrito aos trabalhadores de baixa renda, sendo regulamentado pela Portaria nº 4.883/1998 do MPS.[577]

O salário-família constituía-se, portanto, em benefício previdenciário, devido ao servidor ativo ou ao inativo, por dependente econômico. Como figurantes desta categoria, a Lei nº 8.112/1990[578] enumera os seguintes beneficiários: o cônjuge ou companheiro e os filhos, inclusive os enteados até 21 (vinte e um) anos de idade ou, se estudante, até 24 (vinte e quatro) anos ou, se inválido, de qualquer idade; o menor de 21 (vinte e um) anos que, mediante autorização judicial, viver na companhia e às expensas do servidor, ou do inativo; e a mãe e o pai sem economia própria.

A Lei nº 8.112/1990 dispõe que quando o pai e mãe forem servidores públicos e viverem em comum, o salário-família será pago a um deles; quando separados, será pago a um e outro, de acordo com a distribuição dos dependentes.

A propósito, determina a lei que não se configura a dependência econômica quando o beneficiário do salário-família perceber rendimento do trabalho ou de qualquer outra fonte, inclusive pensão ou provento da aposentadoria, em valor igual ou superior ao salário-mínimo.

Note-se que o afastamento do cargo efetivo, sem remuneração, não acarreta a suspensão do pagamento do salário-família.

10.2 Auxílio-reclusão

O benefício do auxílio-reclusão teve seu início na década de 1930, nas normas dos institutos de aposentadoria e pensões, que previam o pagamento de pensão em favor dos dependentes do segurado que estivesse preso. O Decreto nº 4.264/1939[579] fez constar, em seu art. 8º, inc. IX, o benefício concedido na hipótese de o segurado ser condenado por sentença transitada em julgado, prestação equivocadamente chamada de pensão de seguro por morte.

Posteriormente, foi incorporado à Lei Orgânica da Previdência Social (LOPS),[580] em seu art. 43, a partir do que se estendeu a toda a classe previdenciária, assegurando

---

[575] BRASIL. Lei nº 5.890, de 08 de junho de 1973. Altera a legislação de previdência social e dá outras providências. *Diário Oficial da União [da] República Federativa do Brasil*, Brasília, 11 jun. 1973. p. 5586 (publicação original).

[576] BRASIL. [Constituição (1988)]. *Emenda Constitucional nº 20, de 15 de dezembro de 1998*. Modifica o sistema de previdência social, estabelece normas de transição e dá outras providências. Disponível em: http://www.planalto.gov.br/ccivil_03/Constituicao/Emendas/Emc/emc20.htm#art1. Acesso em: 23 fev. 2020.

[577] BRASIL. Ministério da Previdência Social. *Portaria nº 4.883, de 16 de dezembro de 1998*. Dispõe sobre a implementação da Emenda Constitucional nº 20, relativos ao Regime Geral de Previdência Social – RGPS. Disponível em: https://www.normasbrasil.com.br/norma/portaria-4883-1998_181060.html. Acesso em: 23 jun. 2020.

[578] BRASIL. *Lei nº 8.112, de 11 de dezembro de 1990*. Dispõe sobre o regime jurídico dos servidores públicos civis da União, das autarquias e das fundações públicas federais. Disponível em: http://www.pl4analto.gov.br/ccivil_03/LEIS/L8112cons.htm. Acesso em: 9 mar. 2020. Art. 197.

[579] BRASIL. *Decreto nº 4.264, de 19 de junho de 1939*. Aprova o novo regulamento do instituto de aposentadoria e pensões da estiva. Disponível em: https://www2.camara.leg.br/legin/fed/decret/1930-1939/decreto-4264-19-junho-1939-347014-norma-pe.html. Acesso em: 23 jun. 2020.

[580] BRASIL. Lei nº 3.807, de 26 de agosto de 1960. Dispõe sôbre a Lei Orgânica da Previdência Social. *Diário Oficial da União [da] República Federativa do Brasil*, Brasília, 5 set. 1960.

aos dependentes dos segurados presos que não percebessem remuneração da empresa e contassem com carência mínima de doze meses a assistência pecuniária com o fim de minorar os problemas decorrentes da prisão do segurado.

Essa prestação previdenciária também constou da Consolidação das Leis da Previdência Social (CLPS),[581] em seu art. 63. Contudo, somente com a promulgação da Carta Magna de 1988, o benefício foi erigido ao patamar de norma constitucional, ao lado das demais contingências eleitas pelo legislador constituinte como aptas a fornecer a necessária rede de proteção social, visando implementar os objetivos da seguridade social.

A reclusão[582] encontrava-se elencada no art. 201, inc. I, da CF/1988, como um dos riscos ensejadores da proteção previdenciária. Porém, a EC nº 20/1998 alterou sua redação, tendo sido a previsão da prestação do auxílio-reclusão alocada no inc. IV do mesmo artigo, juntamente com a prestação do salário-família, para os dependentes dos segurados de baixa renda.

Observa-se, pois, tratar-se de benefício destinado a proteger a família do detento que, em função da prisão do servidor, vê-se privada de sua fonte de subsistência, porquanto o segurado recluso tem sua subsistência garantida pelo Estado. A família do preso, contudo, não fosse tal prestação previdenciária, teria sua fonte de subsistência comprometida, fato que justifica essa medida protetiva por parte do Estado.

O auxílio-reclusão constituía-se, portanto, em benefício previdenciário cujo objetivo é substituir a renda do segurado durante o período em que permaneça impedido de desempenhar normalmente suas funções. Há que se ponderar que, embora a Lei nº 10.666/2003[583] tivesse, inicialmente, ressalvado a possibilidade de o segurado recluso contribuir na condição de contribuinte individual ou facultativo, em função de exercício de atividade remunerada, tal fato não acarretaria a perda do direito ao recebimento do auxílio-reclusão para seus dependentes. O art. 2º da norma, entretanto, foi recentemente revogado.[584]

10.3 Conflitos interpretativos na aplicação dos benefícios no âmbito dos regimes próprios de previdência

A par das noções básicas dos dois benefícios, acima delineados, importa verificar que sua aplicação, no âmbito dos regimes próprios, guarda certa complexidade. Explica-se.

---

[581] BRASIL. Decreto nº 77.077, de 24 de janeiro de 1976. Expede a Consolidação das Leis da Previdência Social, nos termos do artigo 6º da Lei nº 6.243/75. *Diário Oficial da União [da] República Federativa do Brasil*, Brasília, 2 fev. 1976.

[582] BRASIL. [Constituição (1988)]. *Constituição da República Federativa do Brasil de 1988*. Brasília: Presidência da República, 1988. Disponível em: http://www.planalto.gov.br/ccivil_03/constituicao/constituicao.htm. Acesso em: 29 jan. 2020.

[583] BRASIL. Lei nº 10.666, de 08 de maio de 2003. Dispõe sobre a concessão da aposentadoria especial ao cooperado de cooperativa de trabalho ou de produção e dá outras providências. *Diário Oficial da União [da] República Federativa do Brasil*, Brasília, 9 maio 1998.

[584] BRASIL. *Lei nº 13.846 de 18 de junho de 2019*. Institui o Programa Especial para Análise de Benefícios com Indícios de Irregularidade, o Programa de Revisão de Benefícios por Incapacidade, o Bônus de Desempenho Institucional por Análise de Benefícios com Indícios de Irregularidade do Monitoramento Operacional de Benefícios e o Bônus de Desempenho Institucional por Perícia Médica em Benefícios por Incapacidade; altera as Leis nºs 6.015/1973 [...]. Disponível em: http://www.planalto.gov.br/ccivil_03/_Ato2019-2022/2019/Lei/L13846.htm#art38. Acesso em: 23 jun. 2020.

A Emenda Constitucional nº 20/1998 trouxe o conceito jurídico de baixa renda para a percepção tanto do salário-família (direito do trabalhador urbano e rural, segundo o art. 7º, inc. XII, da CF/1988) quanto do auxílio-reclusão, conforme redação do inc. IV do art. 201 antes já comentado.

Assim, por intermédio de uma regra transitória, a citada emenda trouxe a seguinte definição:

> Art. 13. Até que a lei discipline o acesso ao salário-família e auxílio-reclusão para os servidores, segurados e seus dependentes, esses benefícios serão concedidos apenas àqueles que tenham renda bruta mensal igual ou inferior a R$360,00 (trezentos e sessenta reais), que, até a publicação da lei, serão corrigidos pelos mesmos índices aplicados aos benefícios do Regime Geral de Previdência Social.[585]

Veja-se que o constituinte estabeleceu um limite de renda bruta para a percepção dos benefícios.

Pois bem. O problema é que a Lei nº 8.112/1990 traz, em seu art. 229, que o auxílio-reclusão corresponde a dois terços da remuneração do servidor, quando afastado por motivo de prisão, em flagrante ou preventiva, determinada pela autoridade competente, enquanto perdurar a prisão; ou à metade da sua remuneração, durante o afastamento, em virtude de condenação, por sentença definitiva, a pena que não determine a perda de cargo.

Observa-se, pois, falta de sintonia entre a EC nº 20/1998 e a Lei nº 8.112/1990, uma vez que a citada emenda trouxe um limitador de renda do servidor para o pagamento do auxílio, inexistente na lei de regência. Note-se, por lógica, que a questão da baixa renda se aplica também ao salário-família.

No Acórdão nº 294/2004 – Plenário,[586] o TCU determinou a aplicação do art. 13 da EC nº 20/1998, em detrimento do disposto na lei. Nada obstante, o STJ flexibilizou o conceito de remuneração para a percepção do auxílio-reclusão. Veja-se:

> 1. O benefício de auxílio-reclusão destina-se diretamente aos dependentes de segurado que contribuía para a Previdência Social no momento de sua reclusão, equiparável à pensão por morte; visa a prover o sustento dos dependentes, protegendo-os nesse estado de necessidade. 2. À semelhança do entendimento firmado por esta Corte, no julgamento do Recurso Especial 1.112.557/MG, Representativo da Controvérsia, onde se reconheceu a possibilidade de flexibilização do critério econômico definido legalmente para a concessão do Benefício Assistencial de Prestação Continuada, previsto na LOAS, é possível a concessão do auxílio-reclusão quando o caso concreto revela a necessidade de proteção social, permitindo ao Julgador a flexibilização do critério econômico para deferimento do

---

585 BRASIL. [Constituição (1988)]. *Emenda Constitucional nº 20, de 15 de dezembro de 1998*. Modifica o sistema de previdência social, estabelece normas de transição e dá outras providências. Disponível em: http://www.planalto.gov.br/ccivil_03/Constituicao/Emendas/Emc/emc20.htm#art1. Acesso em: 23 fev. 2020.

586 BRASIL. Tribunal de Contas da União. *Acórdão nº 294/2004*. Plenário. Disponível em: https://pesquisa.apps.tcu.gov.br/#/redireciona/acordao-completo/%22ACORDAO-COMPLETO-17518%22. Acesso em: 23 jun. 2020: "Consulta. Pagamento de benefícios previdenciários previstos nos arts. 202, 207, 208, 210, 211, 226 e 229 da Lei nº 8.112/90 a servidores efetivos investidos em função comissionada. Dúvida quanto à inclusão da função comissionada na composição da remuneração do servidor por ocasião do usufruto de tais benefícios previdenciários. [...] Ressalva quanto ao auxílio-reclusão em razão do art. 13 da EC nº 20/98. Conhecimento. Comunicação ao consulente".

benefício, ainda que o salário de contribuição do segurado supere o valor legalmente fixado como critério de baixa renda. 3. No caso dos autos, o limite de renda fixado pela Portaria Interministerial, vigente no momento de reclusão da segurada, para definir o Segurado de baixa-renda era de R$710,08, ao passo que, de acordo com os registros do CNIS, a renda mensal da segurada era de R$720,90, superior aquele limite 4. Nestas condições, é possível a flexibilização da análise do requisito de renda do instituidor do benefício, devendo ser mantida a procedência do pedido, reconhecida nas instâncias ordinárias. 5. Recurso Especial do INSS a que se nega provimento.[587]

Como se não bastasse, o STJ possui o entendimento de que o art. 13 da EC nº 20/1998, que traz o conceito de baixa renda, não se aplica aos servidores públicos efetivos, mas apenas aos ligados ao RGPS. Eis a decisão de que se fala:

1. O Superior Tribunal de Justiça já proferiu entendimento no sentido de que o art. 13 da Emenda Constitucional n. 20/98 não deve ser aplicado aos servidores públicos estatutários detentores de cargos efetivos. Isso porque o referido dispositivo legal foi dirigido apenas aos servidores públicos vinculados ao Regime Geral da Previdência Social - RGPS. 2. "É inaplicável a limitação de renda bruta mensal prevista no art. 13 da EC n. 20/1998 sobre os servidores ocupantes de cargo público de provimento efetivo. O limite se impõe sobre os servidores vinculados ao Regime Geral de Previdência Social (empregados públicos, contratados temporariamente e exclusivamente titulares de cargos comissionados)" [...].[588]

A questão sobre o direito adquirido ao salário-família, independentemente da condição de baixa renda para a concessão do benefício, para os servidores que ingressaram no serviço público em data anterior à entrada em vigor da EC nº 20/1998, foi parar no Supremo Tribunal Federal, em que é objeto de repercussão geral no RE nº 657.989 (ainda sem definição).

Veja-se que, se o STF aceitou a repercussão geral na discussão sobre direito adquirido à não submissão ao conceito de baixa renda, conquanto o feito cuide de salário-família, é porque depois da EC nº 20/1998 tal condição seria indiscutível, ao contrário do que decidira o STJ.

Nada obstante, em outros julgados, o STF, embora não tenha dado provimento a recursos por falhas formais, cita o entendimento do STJ como paradigmático do servidor público. A propósito, veja-se o seguinte trecho:

Nas razões recursais, sustenta-se que o fundamento de inadmissibilidade do recurso extraordinário utilizado pelo tribunal a quo (RE 587.365) não se aplica aos Servidores Públicos Federais, caso do recorrente, mas apenas aos trabalhadores e servidores regidos pelo Regime Geral de Previdência Social. [...]

---

587 BRASIL. Superior Tribunal de Justiça. *REsp nº 1.479.564/SP*. Rel. Min. Napoleão Nunes Maia Filho, 6.11.2014. Disponível em: https://stj.jusbrasil.com.br/jurisprudencia/152379365/recurso-especial-resp-1479564-sp-2014-0193771-0/relatorio-e-voto-152379372. Acesso em: 23 jun. 2020: "Direito Previdenciário. Auxílio-reclusão. Possibilidade de flexibilização do critério econômico absoluto previsto na legislação previdenciária. Prevalência da finalidade de proteção social da previdência social. Recurso especial do INSS a que se nega provimento".

588 BRASIL. Superior Tribunal de Justiça. AgRg no REsp nº 1510425 RJ 2015/0005000-0. Segunda Turma. Rel. Min. Humberto Martins, 16.4.2015. *DJe*, 22 abr. 2015: "Administrativo. Servidor público federal. Prisão preventiva. Auxílio-reclusão. Art. 229 da Lei n. 8.112/90. Art. 13 da Emenda Constitucional n. 20/98. Não incidência. Acórdão em harmonia com a jurisprudência do STJ".

> De início, cumpre asseverar a inaplicabilidade do conteúdo do acórdão proferido no RE-RG 587.365, de relatoria do Min. Ricardo Lewandowski, aos servidores públicos regidos por Regime Próprio de Previdência Social, pois o objeto do julgamento era a (in) constitucionalidade do artigo 116, do Decreto 3.048/99, cujos destinatários são os segurados do Regime Geral de Previdência Social.
>
> Neste sentido, há precedente do Superior Tribunal de Justiça, no REsp 1.510.425/RJ, de relatoria do Ministro 'Humberto Martins, cuja ementa segue transcrita:
>
> 'Administrativo. Servidor público federal. Prisão preventiva. Auxílio-reclusão. Art. 229 da Lei 8.112/90. Art. 13 da Emenda Constitucional 20/98. Não incidência. Acórdão em harmonia com a jurisprudência do STJ.'
>
> Inaplicável, portanto, a rejeição do recurso pelo Tema 89, cujo recurso-paradigma (RE-RG 587.365) trata especificamente dos servidores e segurados regidos pelo Regime Geral de Previdência Social.[589]

Sem dúvida, verdadeira babel.

Continuando o trâmite histórico-constitucional, a novel Emenda Constitucional nº 103/2019 trouxe regra transitória para percepção do salário-família e do auxílio-reclusão, em seu art. 27, a seguir transcrito:

> Art. 27. Até que lei discipline o acesso ao salário-família e ao auxílio-reclusão de que trata o inciso IV do art. 201 da Constituição Federal, esses benefícios serão concedidos apenas àqueles que tenham renda bruta mensal igual ou inferior a R$1.364,43 (mil, trezentos e sessenta e quatro reais e quarenta e três centavos), que serão corrigidos pelos mesmos índices aplicados aos benefícios do Regime Geral de Previdência Social.
>
> §1º Até que lei discipline o valor do auxílio-reclusão, de que trata o inciso IV do art. 201 da Constituição Federal, seu cálculo será realizado na forma daquele aplicável à pensão por morte, não podendo exceder o valor de 1 (um) salário-mínimo.
>
> §2º Até que lei discipline o valor do salário-família, de que trata o inciso IV do art. 201 da Constituição Federal, seu valor será de R$46,54 (quarenta e seis reais e cinquenta e quatro centavos).[590]

Duas alterações básicas foram feitas pelo constituinte, até que haja lei que cuide dos benefícios.

Com relação ao salário-família, passou a adotar apenas uma faixa de benefício (antes eram duas). Quanto ao auxílio-reclusão, além de estabelecer o cálculo em conformidade com aquele aplicável à pensão por morte, limitou-o a um salário mínimo.

Além disso, para ambos os casos, a renda do segurado não poderá ultrapassar a determinada pela emenda,[591] cuja correção se dará pelos mesmos índices aplicados aos benefícios do Regime Geral de Previdência Social.

Para o servidor público, contudo, tal alteração não se aplica. Ocorre que o constituinte, por força do art. 9º, §2º, da EC nº 103/2019, de caráter nacional e obrigatório, determinou que o rol de benefícios dos regimes próprios de previdência social ficasse

---

589 BRASIL. Supremo Tribunal Federal. *Ag.Reg. no Recurso Extraordinário com Agravo nº 909.981*. Disponível em: http://redir.stf.jus.br/paginadorpub/paginador.jsp?docTP=TP&docID=9843034. Acesso em: 23 jun. 2020.

590 BRASIL. [Constituição (1988)]. *Emenda Constitucional nº 103, de 12 de novembro de 2019*. Altera o sistema de previdência social e estabelece regras de transição e disposições transitórias. Disponível em: http://www.planalto.gov.br/ccivil_03/Constituicao/Emendas/Emc/emc103.htm#art1. Acesso em: 23 fev. 2020.

591 Atualmente esse valor é de R$1.425,56, estabelecido pela Portaria do Ministério da Economia nº 914, de 13.1.2020.

limitado às aposentadorias e à pensão por morte. Noutras palavras, o salário-família e o auxílio-reclusão deixaram de ter cunho previdenciário formalmente, embora materialmente sua concepção não tenha mudado.

Observe-se que tal modificação não é apenas cosmética. Retirando-se do rol previdenciário, o pagamento de tais benefícios deverá ser suportado pelo tesouro do ente federativo que os instituir e não mais pelos regimes próprios. Como consequência, porquanto não mais exige contribuição previdenciária, porque não é benefício desse jaez, tornou-se de cunho assistencial, no âmbito dos RPPS.

Percebe-se uma estranha dicotomia com o universo do RGPS, no qual esses dois benefícios ainda continuam com sua origem previdenciária e, por isso, demandam contribuição.

Dessa forma, no âmbito da União, para a percepção dos dois benefícios, continuam a vigorar as normas anteriores, sem a aplicação da regra transitória trazida pelo art. 27, acima citado.

No entanto, outro problema interpretativo terá que ser solucionado, especificamente no que tange ao auxílio-reclusão. Explica-se.

Em virtude de alteração promovida pela Lei nº 13.135/2015, tal benefício passou a ser concedido, aos dependentes do servidor, observando-se as mesmas condições da pensão por morte.[592]

Ocorre que a EC nº 103/2019 não considera mais o auxílio-reclusão como benefício previdenciário, como dito alhures. Assim, como equipará-lo à pensão que tem cunho eminentemente previdenciário? Estaria a equiparação tacitamente desconstituída pela reforma previdenciária de 2019? A ver.

Deve-se notar, por fim, que, na aferição da renda para concessão do auxílio-reclusão, é importante verificar a renda do segurado e não de seus dependentes. Veja-se, a propósito do tema, o seguinte julgado do STF:

> I - Segundo decorre do art. 201, IV, da Constituição, a renda do segurado preso é que a deve ser utilizada como parâmetro para a concessão do benefício e não a de seus dependentes.
>
> II - Tal compreensão se extrai da redação dada ao referido dispositivo pela EC nº 20/1998, que restringiu o universo daqueles alcançados pelo auxílio-reclusão, a qual adotou o critério da seletividade para apurar a efetiva necessidade dos beneficiários.
>
> III - Diante disso, o art. 116 do Decreto nº 3.048/1999 não padece do vício da inconstitucionalidade.
>
> IV - Recurso extraordinário conhecido e provido.[593]

---

[592] BRASIL. *Lei nº 8.112, de 11 de dezembro de 1990*. Dispõe sobre o regime jurídico dos servidores públicos civis da União, das autarquias e das fundações públicas federais. Disponível em: http://www.pl4analto.gov.br/ccivil_03/LEIS/L8112cons.htm. Acesso em: 9 mar. 2020. Art. 229, §3º: "Ressalvado o disposto neste artigo, o auxílio-reclusão será devido, nas mesmas condições da pensão por morte, aos dependentes do segurado recolhido à prisão".

[593] a) BRASIL. Supremo Tribunal Federal. *Recurso Extraordinário nº 587.365*. Rel. Min. Ricardo Lewandowski, 25.3.2009. Disponível em: http://www.stf.jus.br/portal/jurisprudenciaRepercussao/verAndamentoProcesso.asp?incidente=2619258&numeroProcesso=587365&classeProcesso=RE&numeroTema=89. Acesso em: 13 jul. 2020: "Previdenciário. Constitucional. Recurso Extraordinário. Auxílio-reclusão. Art. 201, IV, da Constituição da República. Limitação do universo dos contemplados pelo auxílio-reclusão. Benefício restrito aos segurados presos de baixa renda. Restrição introduzida pela EC nº 20/1998. Seletividade fundada na renda do segurado preso. Recurso Extraordinário provido"; b) No mesmo sentido, o Tema nº 89 da Repercussão Geral que pacificou o tema: "segundo decorre do art. 201, IV, da Constituição Federal, a renda do segurado preso é a que deve ser utilizada como parâmetro para a concessão do auxílio-reclusão e não a de seus dependentes".

Conquanto o julgado acima tenha utilizado como paradigma a EC nº 20/1998, a redação prevista na EC nº 103/2019 é a mesma que foi objeto de discussão:[594] "esses benefícios serão concedidos apenas àqueles que tenham renda bruta mensal igual ou inferior a [...]".

[594] Lembre-se de que o valor de referência de baixa renda foi atualizado em 2020, por meio da Portaria SEPRT nº 3.659, de 10.2.2020, para R$1.425,56 (BRASIL. Portaria nº 3.659, de 10 de fevereiro de 2020. *Diário Oficial da União*, 11 fev. 2020. Disponível em http://www.in.gov.br/en/web/dou/-/portaria-n-3.659-de-10-de-fevereiro-de-2020-242573505. Acesso em: 23 jun. 2020).

CAPÍTULO 11

PARIDADE E REAJUSTE DOS BENEFÍCIOS

A paridade é instrumento jurídico que concedia aos aposentados e pensionistas uma dupla garantia: revisão dos proventos sempre na mesma proporção e na mesma data em que se modificava a remuneração dos ativos e, ainda, extensão de quaisquer benefícios ou vantagens posteriormente concedidas aos servidores em atividade, inclusive quando decorrentes de transformação ou reclassificação de cargo ou função em que se deu a aposentadoria ou que serviu de base para a concessão de pensão.

Com o advento da EC nº 41/2003,[595] no entanto, o constituinte acabou com a extensão de quaisquer benefícios ou vantagens posteriormente concedidos aos servidores em atividade aos beneficiários da pensão, além de assegurar o reajustamento dos benefícios conforme critérios estabelecidos em lei própria e não mais quando se modificar a remuneração dos ativos.

De prático, portanto, a citada emenda garantiu apenas reajustamento de benefícios conforme estipulasse a lei, sem qualquer outra garantia. Assim, a dupla garantia da paridade ficou reduzida a uma só e, assim mesmo, com alcance bem menor do que aquela da redação original da Constituição.

A EC nº 41/2003 modificou também a forma de cálculo dos proventos, como já salientado alhures, introduzindo o conceito de média aritmética das maiores remunerações do servidor. Essa nova metodologia, no entanto, no caso do cálculo, só foi definitivamente inserida no ordenamento jurídico com o advento da Medida Provisória nº 167, de 19.2.2004,[596] posteriormente convertida na Lei nº 10.887, de 18.6.2004.[597]

Questão interessante que se coloca, então, diz respeito a verificar se a modificação na paridade dos aposentados e pensionistas já foi definitivamente inserida no mundo jurídico a partir da EC nº 41/2003, ou se a paridade plena perdurou até a MP nº 167/2004

[595] BRASIL. [Constituição (1988)]. Emenda Constitucional nº 41, de 19 de dezembro de 2003. Modifica os arts. 37, 40, 42, 48, 96, 149 e 201 da Constituição Federal, revoga o inciso IX do §3º do art. 142 da Constituição Federal e dispositivos da Emenda Constitucional nº 20, de 15 de dezembro de 1998, e dá outras providências. *Diário Oficial da União [da] República Federativa do Brasil*, Brasília, 31 dez. 2003.

[596] BRASIL. Medida Provisória nº 167, de 19 de fevereiro de 2004. Dispõe sobre a aplicação de disposições da Emenda Constitucional nº 41, de 19 de dezembro de 2003, altera dispositivos das Leis nºs 9.717, de 27 de novembro de 1998, 8.213, de 24 de julho de 1991, 9.532, de 10 de dezembro de 1997, e dá outras providências. *Diário Oficial da União [da] República Federativa do Brasil*, Brasília, 20 fev. 2004.

[597] BRASIL. *Lei nº 10.887, de 18 de junho de 2004*. Dispõe sobre a aplicação de disposições da Emenda Constitucional nº 41, de 19 de dezembro de 2003, altera dispositivos das Leis nºs 9.717, de 27 de novembro de 1998, 8.213, de 24 de julho de 1991, 9.532, de 10 de dezembro de 1997, e dá outras providências. Disponível em: http://www.planalto.gov.br/ccivil_03/_Ato2004-2006/2004/Lei/L10.887compilado.htm. Acesso em: 23 fev. 2020.

que explicitou a nova metodologia de cálculos dos proventos. Entende-se que a segunda opção é a que parece coadunar-se com a melhor exegese. Veja-se.

Em realidade, a MP nº 167/2004 não tratou da matéria de reajuste de benefícios, vindo tal tema a ser disposto apenas na Lei nº 10.887/2004. Logo, é necessário buscar nessa norma a disciplina para os reajustes. Nesse propósito, convém verificar o disposto no art. 15 da citada lei, em suas diversas redações, até a que vigora atualmente:

> Art. 15. Os proventos de aposentadoria e as pensões de que tratam os arts. 1º e 2º desta Lei serão reajustados na mesma data em que se der o reajuste dos benefícios do Regime Geral de Previdência Social. (Redação original)
>
> Art. 15. Os proventos de aposentadoria e as pensões de que tratam os §§3º e 4º do art. 40 da Constituição Federal e art. 2º da Emenda Constitucional nº 41, de 19 de dezembro de 2003, nos termos dos arts. 1º e 2º desta Lei, serão atualizados, a partir de janeiro de 2008, nas mesmas datas e índices utilizados para fins dos reajustes dos benefícios do Regime Geral de Previdência Social. (Redação dada pela Medida Provisória nº 431, de 2008)
>
> Art. 15. Os proventos de aposentadoria e as pensões de que tratam os arts. 1º e 2º desta Lei serão reajustados, a partir de janeiro de 2008, na mesma data e índice em que se der o reajuste dos benefícios do Regime Geral de Previdência Social, ressalvados os beneficiados pela garantia de paridade de revisão de proventos de aposentadoria e pensões de acordo com a legislação vigente. (Redação dada pela Lei nº 11.784, de 2008).[598]

Convém observar que a última alteração no citado artigo, promovida pela Lei nº 11.784/2008,[599] acabou por ser objeto da ADI nº 4.582,[600] na qual o STF concedeu

---

598 BRASIL. *Lei nº 10.887, de 18 de junho de 2004*. Dispõe sobre a aplicação de disposições da Emenda Constitucional nº 41, de 19 de dezembro de 2003, altera dispositivos das Leis nºs 9.717, de 27 de novembro de 1998, 8.213, de 24 de julho de 1991, 9.532, de 10 de dezembro de 1997, e dá outras providências. Disponível em: http://www.planalto.gov.br/ccivil_03/_Ato2004-2006/2004/Lei/L10.887compilado.htm. Acesso em: 23 fev. 2020.

599 BRASIL. Lei nº 11.784, de 22 de setembro de 2008. Dispõe sobre a reestruturação do Plano Geral de Cargos do Poder Executivo – PGPE, de que trata a Lei nº 11.357, de 19 de outubro de 2006, do Plano Especial de Cargos da Cultura, de que trata a Lei nº 11.233, de 22 de dezembro de 2005, do Plano de Carreira dos Cargos Técnico-Administrativos em Educação, de que trata a Lei nº 11.091, de 12 de janeiro de 2005, da Carreira de Magistério Superior, de que trata a Lei nº 7.596, de 10 de abril de 1987, do Plano Especial de Cargos do Departamento de Polícia Federal, de que trata a Lei nº 10.682, de 28 de maio de 2003, do Plano de Carreira dos Cargos de Reforma e Desenvolvimento Agrário, de que trata a Lei nº 11.090, de 07 de janeiro de 2005, da Carreira de Perito Federal Agrário, de que trata a Lei nº 10.550, de 13 de novembro de 2002, da Carreira da Previdência, da Saúde e do Trabalho, de que trata a Lei nº 11.355, de 19 de outubro de 2006, da Carreira de Fiscal Federal Agropecuário, de que trata a Medida Provisória nº 2.229-43, de 06 de setembro de 2001, e a Lei nº 10.883, de 16 de junho de 2004, dos Cargos de Agente de Inspeção Sanitária e Industrial de Produtos de Origem Animal, Agente de Atividades Agropecuárias, Técnico de Laboratório e Auxiliar de Laboratório do Quadro de Pessoal do Ministério da Agricultura, Pecuária e Abastecimento, de que tratam respectivamente as Leis nºs 11.090, de 07 de janeiro de 2005, e 11.344, de 08 de setembro de 2006, dos Empregos Públicos de Agentes de Combate às Endemias, de que trata a Lei nº 11.350, de 05 de outubro de 2006, da Carreira de Policial Rodoviário Federal, de que trata a Lei nº 9.654, de 02 de junho de 1998, do Plano Especial de Cargos do Departamento de Polícia Rodoviária Federal, de que trata a Lei nº 11.095, de 13 de janeiro de 2005, da Gratificação de Desempenho de Atividade de Execução e Apoio Técnico à Auditoria no Departamento Nacional de Auditoria do Sistema Único de Saúde – GDASUS, do Plano de Carreiras e Cargos do Hospital das Forças Armadas – PCCHFA, do Plano de Carreira e Cargos de Magistério do Ensino Básico, Técnico e Tecnológico, e do Plano de Carreira do Ensino Básico Federal; fixa o escalonamento vertical e os valores dos soldos dos militares das Forças Armadas; altera a Lei nº 8.745, de 09 de dezembro de 1993, que dispõe sobre a contratação por tempo determinado para atender à necessidade temporária de excepcional interesse público, a Lei nº 8.112, de 11 de dezembro de 1990, que dispõe sobre o regime jurídico dos servidores públicos civis da União, das autarquias e das fundações públicas federais, a Lei nº 10.484, de 03 de julho de 2002, que dispõe sobre a criação da Gratificação de Desempenho de Atividade Técnica de Fiscalização

medida cautelar, no sentido de reconhecer sua aplicabilidade somente aos servidores ativos, inativos e pensionistas da União. Assim, restauram-se os efeitos da legislação anteriormente vigente, ou seja, o art. 15 na redação original da Lei nº 10.887/2004. Com isso, em termos práticos, cada ente federado que possua regime próprio de previdência terá que editar lei para reajustar os benefícios previdenciários na mesma data em que se der o reajuste dos benefícios do RGPS, sem que tenha que adotar, contudo, os mesmos índices dados pelo INSS.

A propósito dos efeitos de cautelar em ADI, leciona Gilmar Mendes: "[...] da mesma forma, prevê-se que a medida cautelar torna aplicável a legislação anterior acaso existente, salvo expressa manifestação do Tribunal em sentido contrário".[601]

Cumpre verificar que a Orientação Normativa nº 02/2009 do MPS[602] cuidou do tema do reajuste dos benefícios previdenciários, mormente em função da aplicação da Lei nº 10.887/2004.[603] Vejam-se os seguintes artigos:

> Art. 83. A partir de janeiro de 2008, os benefícios de aposentadoria de que tratam os arts. 56, 57, 58, 59, 60 e 67 e de pensão previstas no art. 66, concedidos a partir de 20 de fevereiro de 2004, devem ser reajustados para preservar-lhes, em caráter permanente, o valor real, nas mesmas datas e índices utilizados para fins de reajustes dos benefícios do RGPS, excetuadas as pensões derivadas dos proventos de servidores falecidos que tenham se aposentado em conformidade com o art. 69.
>
> §1º No período de junho de 2004 a dezembro de 2007, aplica-se, aos benefícios de que trata o caput, o reajustamento de acordo com a variação do índice oficial de abrangência nacional adotado pelo ente federativo nas mesmas datas em que se deram os reajustes dos benefícios do RGPS.
>
> §2º Na ausência de adoção expressa, pelo ente, no período de junho de 2004 a dezembro de 2007, do índice oficial de reajustamento dos benefícios para preservar-lhes, em caráter permanente, o valor real, aplicam-se os mesmos índices utilizados nos reajustes dos benefícios do RGPS.
>
> §3º No primeiro reajustamento dos benefícios, o índice será aplicado de forma proporcional entre a data da concessão e a data do reajustamento.
>
> Art. 84. Os benefícios abrangidos pelo disposto nos art. 68, 69 e 81, as pensões derivadas dos proventos de servidores falecidos que tenham se aposentado em conformidade com o art. 69 e os benefícios em fruição em 31 de dezembro de 2003, serão revistos na mesma

---

Agropecuária – GDATFA, a Lei nº 11.356, de 19 de outubro de 2006, a Lei nº 11.507, de 20 de julho de 2007; institui sistemática para avaliação de desempenho dos servidores da Administração Pública federal direta, autárquica e fundacional; revoga dispositivos da Lei nº 8.445, de 20 de julho de 1992, a Lei nº 9.678, de 03 de julho de 1998, dispositivo da Lei nº 8.460, de 17 de setembro de 1992, a Tabela II do Anexo I da Medida Provisória nº 2.215-10, de 31 de agosto de 2001, a Lei nº 11.359, de 19 de outubro de 2006; e dá outras providências. *Diário Oficial da União [da] República Federativa do Brasil*, Brasília, 23 set. 2008.

600 BRASIL. Supremo Tribunal Federal. *Ação Direta de Inconstitucionalidade nº 4.582*. Disponível em: http://portal.stf.jus.br/processos/detalhe.asp?incidente =4058623. Acesso em: 23 jun. 2020.

601 MENDES, Gilmar Ferreira, COELHO, Inocêncio Mártires, BRANCO, Paulo Gustavo Gonet. *Curso de direito constitucional*. 4. ed. São Paulo: Saraiva, 2009. p. 1178.

602 BRASIL. Ministério da Previdência Social. *Orientação Normativa nº 02, de 31 de março de 2009*. Disponível em: http://sa.previdencia.gov.br/site/2016/06/ORIENTACAONORMATIVASPSn02de31mar2009atualizadaate11jul2014-1-1.pdf. Acesso em: 23 mar. 2020.

603 BRASIL. *Lei nº 10.887, de 18 de junho de 2004*. Dispõe sobre a aplicação de disposições da Emenda Constitucional nº 41, de 19 de dezembro de 2003, altera dispositivos das Leis nºs 9.717, de 27 de novembro de 1998, 8.213, de 24 de julho de 1991, 9.532, de 10 de dezembro de 1997, e dá outras providências. Disponível em: http://www.planalto.gov.br/ccivil_03/_Ato2004-2006/2004/Lei/L10.887compilado.htm. Acesso em: 23 fev. 2020.

> proporção e na mesma data, sempre que se modificar a remuneração dos servidores em atividade, inclusive quando decorrentes da transformação ou reclassificação do cargo ou função em que se deu a aposentadoria, na forma da lei do ente federativo.
>
> §1º É vedada a extensão, com a utilização de recursos previdenciários, do reajustamento paritário de que trata este artigo, aos benefícios abrangidos pelo disposto no art. 83, ainda que a título de antecipação do reajuste anual ou de recomposição de perdas salariais anteriores à concessão do benefício.
>
> §2º Aos benefícios de aposentadoria e pensão, concedidos de 1º de janeiro a 20 de fevereiro de 2004, aplica-se a regra definida na legislação de cada ente federativo, sendo-lhes garantida a revisão de acordo com uma das hipóteses contidas nos arts. 83 ou 84.
>
> Art. 85. O reajustamento dos benefícios de aposentadoria e pensão que resulte em valor superior ao devido nos termos previstos nesta Subseção caracteriza utilização indevida dos recursos previdenciários, acarretando a obrigação de ressarcimento ao RPPS dos valores correspondentes ao excesso.[604]

Da leitura desses dispositivos, nota-se que o legislador fez as seguintes construções interpretativas:

a) o art. 15 da Lei nº 10.887/2004, desde sua redação original, faz referência aos arts. 1º e 2º, da mesma norma, que cuidam dos cálculos dos proventos, respectivamente de aposentadorias e pensões. Por interpretação sistemática, portanto, tem-se que a nova metodologia de cálculo dos proventos está intrinsecamente ligada à fórmula de reajuste dos benefícios. Noutras palavras, a paridade estabelecida pela Lei nº 10.887/2004 está relacionada com a nova dinâmica do cálculo dos benefícios, cuja alteração teve início com a MP nº 167/2004;
b) de acordo com o art. 83 da ON nº 02/2009-SPS/MPS, apenas aos benefícios concedidos após 20.2.2004 (depois da MP nº 167/2004, portanto) deve-se utilizar os critérios de reajuste definidos para o RGPS;
c) já o art. 84 dessa mesma orientação normativa garante paridade plena aos benefícios concedidos com base na regra do direito adquirido, ou seja, aqueles em fruição antes de 31.12.2003;
d) pela regra do §2º desse mesmo art. 84, enfim, os benefícios de aposentadoria e pensão, concedidos de 1º.1.2004 a 20.2.2004, sofrerão incidência da regra definida na legislação de cada ente federativo, sendo-lhes garantida, entretanto, a revisão de acordo com uma das hipóteses contidas nos arts. 83 ou 84.

Na prática, portanto, tem-se que os benefícios concedidos após a edição da MP nº 167/2004 devem seguir os critérios definidos para o RGPS; quanto àqueles deferidos antes daquela norma, possibilitou-se a escolha, ao ente federado, entre o novo modelo, com base no RGPS, e o anterior, que assegurava a paridade plena.

Pensa-se, todavia, que a orientação normativa falhou ao permitir escolha para a fórmula de reajuste dos benefícios concedidos no período que medeia a edição da EC nº 41/2003 e a MP nº 167/2004. Isso, porque, na falta de legislação própria, tais benefícios

---

[604] BRASIL. Ministério da Previdência Social. *Orientação Normativa nº 02, de 31 de março de 2009*. Disponível em: http://sa.previdencia.gov.br/site/2016/06/ORIENTACAONORMATIVASPSn02de31mar2009atualizadaate11jul2014-1-1.pdf. Acesso em: 23 mar. 2020.

devem ser amparados pela regra do direito adquirido e, portanto, com garantia de paridade plena.

Afinal, com a amarração efetivada pelo legislador de vincular o cálculo com o reajuste dos benefícios, parece soar irrefutável que a paridade plena vigorou até a edição da citada MP, porquanto somente a partir dela a metodologia de cálculo sofreu alteração.

De fato, por interpretação sistemática, ao levar em conta a norma como parte da ordem jurídica que compõe um todo, tem-se a indissociabilidade do binômio cálculo-reajuste dos benefícios previdenciários, não sendo possível, por conseguinte, estabelecer critérios de reajuste com base em nova sistemática que ainda não fora adotada para o cálculo dos benefícios.

11.1 Reajuste do redutor da pensão

Como já salientado alhures, a EC nº 41/2003 trouxe nova metodologia de cálculo para as pensões instituídas pelos servidores públicos, com a aplicação cogente de um redutor, que era o decréscimo de 30% (trinta por cento) aplicável sobre o valor da remuneração que excedesse o teto do RGPS, segundo dispunha o art. 40, §7º, da Constituição Federal, com a redação da época.

A EC nº 41/2003 também acabou com a paridade, estabelecendo que o benefício pensional seria reajustado em conformidade com a lei. Posteriormente, o art. 3º da EC nº 47/2005 retornou a garantia, à pensão civil instituída pelo servidor público, da utilização da paridade com os servidores ativos.

Entretanto, o constituinte não deixou claro como seria o reajuste dessas pensões, surgindo, então, duas interpretações possíveis. Veja-se.

O então Ministério do Planejamento, Desenvolvimento e Gestão entendia que se devia calcular o redutor apenas uma vez, no momento da concessão. Assim, posteriormente, quando houvesse o reajuste, o índice seria aplicado sobre os valores que haviam sido considerados no momento da concessão e assim por diante, a cada reajuste.

A seu turno, o Tribunal de Contas da União deu interpretação diferente.[605] A Corte de Contas entendeu que o congelamento do redutor era indevido. Assim, sempre que houvesse reajuste, ter-se-ia que recalcular o redutor.

Entendeu o TCU que tal entendimento era mais razoável, porquanto o congelamento do redutor faz com que um mesmo índice de reajuste sobre o valor bruto de pensões, com e sem paridade, gere índices de reajuste distintos, quando se comparam os respectivos valores líquidos decorrentes.

Com o devido respeito à posição da Corte de Contas federal, pensa-se de forma diferente.

Em realidade, o reajuste das pensões deve obedecer à paridade com os servidores ativos. Assim, crê-se que o mesmo índice de reajuste dado aos ativos (desde que não

---

[605] BRASIL. Tribunal de Contas da União. *Acórdão nº 1293/2018*. Plenário. Rel. Min. Vital do Rêgo. Disponível em: https://pesquisa.apps.tcu.gov.br/#/redireciona/acordao-completo/%22ACORDAO-COMPLETO-2303437%22. Acesso em: 22 jun. 2020: "Irregularidade nos critérios de cálculo das pensões com paridade concedidas a partir de 20/2/2004. Equívoco na aplicação do redutor estabelecido no art. 40, §7º, incisos I e II, da Constituição Federal e regulamentado pela Lei 10.887/2004".

decorrente de eventual parcela que não se aplica aos pensionistas) deve ser repassado às pensões. Dessa forma, estar-se-ia respeitando o verdadeiro alcance da paridade.

O entendimento de atualizar o valor do limite máximo estabelecido para os benefícios do RGPS pode resultar em situações em que os pensionistas tenham reajustes maiores ou menores e, apenas em tese, iguais aos ativos. Quer-se crer que tais variações não respeitam o real sentido do instituto da paridade.

Para melhor compreensão, veja-se o seguinte quadro hipotético:

Situação	Remuneração/ benefício iniciais	Remuneração/benefício Forma de reajuste – atualização do limite máximo do RGPS	Remuneração/benefício Forma de reajuste – mesmo índice de reajuste dado aos ativos
Ativos	R$10.000,00[606]	R$10.500,00[607]	R$10.500,00[608]
Pensionistas	R$7.900,00[609]	R$8.340,00[610]	R$8.295,00[611]

Veja-se que, no quadro acima, seguindo a forma de reajuste baseada na atualização do limite máximo do RGPS, os pensionistas teriam aumento proporcional (5,56%) maior do que os ativos (5%), o que fere a noção de paridade. Entretanto, na forma de reajuste que considera o mesmo índice dado aos ativos, esse percentual seria o mesmo (5%), o que está condizente com a garantia constitucional da paridade.

É possível conceber, em outros exercícios hipotéticos, que o reajuste concedido aos pensionistas seja igual ou até menor do que aquele deferido aos ativos. Em todas essas situações, portanto, restaria prejudicada a paridade.

Dessa forma, portanto, mostra-se mais correta a interpretação segundo a qual os proventos da pensão devem ser reajustados, utilizando-se, como parâmetro, o mesmo índice garantido aos servidores ativos.

Duas conclusões são possíveis:

a) sem perder de vista a aplicação do redutor de 30% do que exceder o limite máximo estabelecido para os benefícios do Regime Geral de Previdência Social, a pensão que tenha paridade deve ser revista (forma de reajuste) na mesma proporção e na mesma data, sempre que se modificar a remuneração dos servidores em atividade, sendo estendidos os benefícios e as vantagens posteriormente concedidos àqueles servidores, inclusive quando decorrentes de transformação ou reclassificação do cargo que serviu de referência para a concessão da pensão;

606 Para efeito desse quadro, apenas para melhor compreensão, tomou-se um valor hipotético de remuneração dos servidores ativos.

607 Considerou-se, hipoteticamente, o índice de reajuste de 5% (cinco por cento) para os ativos.

608 Considerou-se, hipoteticamente, o índice de reajuste de 5% (cinco por cento) para os ativos.

609 Considerou-se, hipoteticamente, o limite máximo de benefícios do RGPS em R$3.000,00 (três mil reais).

610 Considerou-se, hipoteticamente, o limite máximo de benefícios do RGPS em R$3.300,00 (três mil e trezentos reais).

611 Valor obtido pela aplicação do índice de reajuste de 5% (cinco por cento) ao valor do benefício inicial.

b) quando for recalcular pensões concedidas com garantia de paridade, em decorrência da modificação na remuneração dos servidores em atividade (desde que não relativa à eventual parcela que não se aplica aos pensionistas), deve estabelecer-se que o índice de reajuste garantido aos ativos seja aplicado, diretamente, sobre o valor do benefício pensional.

Uma última consideração ainda se mostra importante. A forma de reajuste das pensões oriundas do art. 3º da EC nº 47/2005, que garante paridade com os ativos, não é, todavia, exclusiva. Isso, porque conceber tal regra como imposição pode significar prejuízo ao pensionista – basta lembrar que muitos ativos não recebem reajustes há anos. E não foi esse o espírito que presidiu a elaboração da EC nº 47/2005.

Diante desse quadro, pode a preferência do pensionista recair sobre um reajuste anual certo (garantido), previsto em lei, ainda que desatrelado dos ativos. Trata-se, portanto, de faculdade (cujo titular é o pensionista), e não imposição.

A possibilidade de opção entre uma forma de reajuste da pensão e outra se justifica porque a paridade com os ativos não é necessariamente mais vantajosa. Evidentemente, a opção a ser feita pelo pensionista há de ser entendida como irretratável, porque não faria sentido a forma de reajuste da pensão mudar ao sabor do vento.

Tal entendimento deve ser aplicado, também, às pensões contempladas na EC nº 70/2012, que garantiu o direito à paridade com os ativos aos benefícios instituídos por servidores que ingressaram no serviço público até 31.12.2003 e se tenham aposentado ou venham a se aposentar por invalidez permanente[612] até a entrada em vigor da EC nº 103/2019, a qual não mais contempla a previsão de paridade.

11.2 Paridade das pensões decorrentes de revisão de proventos com base no art. 190 da Lei nº 8.112/1990

Uma vez que a EC nº 70/2012[613] tenha definido o direito à paridade às pensões instituídas por servidores que ingressaram no serviço público até a data de publicação da EC nº 41/2003, cuja aposentadoria decorreu de invalidez permanente, cabe questionar se esse mesmo raciocínio é válido para aqueles casos de servidores que ingressaram no serviço público antes de 31.12.2003, mas se aposentaram voluntariamente e, somente depois da publicação da EC nº 70/2012, foram acometidos de doença incapacitante e vieram a falecer. Entende-se que sim.

Note-se que o caso hipotético é típico de revisão de proventos com base na Lei nº 8.112/1990,[614] que dispõe que o servidor que se aposentou voluntariamente, com

612 BRASIL. [Constituição (1988)]. Emenda Constitucional nº 70, de 29 de março de 2012. Acrescenta art. 6º-A à Emenda Constitucional nº 41, de 2003, para estabelecer critérios para o cálculo e a correção dos proventos da aposentadoria por invalidez dos servidores públicos que ingressaram no serviço público até a data da publicação daquela Emenda Constitucional. *Diário Oficial da União [da] República Federativa do Brasil*, Brasília, 30 mar. 2012.

613 BRASIL. [Constituição (1988)]. Emenda Constitucional nº 70, de 29 de março de 2012. Acrescenta art. 6º-A à Emenda Constitucional nº 41, de 2003, para estabelecer critérios para o cálculo e a correção dos proventos da aposentadoria por invalidez dos servidores públicos que ingressaram no serviço público até a data da publicação daquela Emenda Constitucional. *Diário Oficial da União [da] República Federativa do Brasil*, Brasília, 30 mar. 2012.

614 BRASIL. *Lei nº 8.112, de 11 de dezembro de 1990*. Dispõe sobre o regime jurídico dos servidores públicos civis da União, das autarquias e das fundações públicas federais. Disponível em: http://www.pl4analto.gov.br/ccivil_03/LEIS/L8112cons.htm. Acesso em: 9 mar. 2020. Art. 190.

provento proporcional, quando acometido de moléstia especificada em lei passa a ter direito a proventos calculados de forma integral. Em princípio, tal situação não estaria abarcada pela EC nº 70/2012, pois a invalidez do servidor só foi configurada depois da edição daquela norma. Todavia, a interpretação do caso merece maior reflexão.

Em realidade, o que o constituinte buscou proteger com a citada emenda foi nitidamente o "risco social" invalidez, conferindo às pensões daí derivadas o direito à paridade. Ora, a revisão com base no art. 190 da Lei nº 8.112/1990 transmuda a fundamentação legal da aposentação original, no momento em que passa a retirar sua validade exatamente do conceito de invalidez. Noutras palavras, aquele que tem revisto seus proventos, em função de acometimento de doença, passa a ter o mesmo direito daquele que, já ao tempo da EC nº 70/2012, era aposentado por invalidez.

Convém notar, contudo, que esse entendimento não retira a necessidade de que o servidor tenha ingressado no serviço público antes de 31.12.2003, porquanto esse foi o marco legal estabelecido pelo constituinte para manter o direito à paridade.

Questão que merece atenção diz respeito àqueles casos em que o servidor já se aposentara com proventos integrais, entretanto, sem fundamento em doença incapacitante e que tenha seus proventos revistos com base no citado art. 190 da Lei nº 8.112/1990. Em casos tais, as Cortes de Contas costumavam simplesmente tomar conhecimento da revisão, feita por apostilamento, pois a única vantagem do servidor era a isenção do imposto de renda.

Agora, contudo, outra motivação pode justificar a revisão. Ocorre que os servidores aposentados, ainda que com provento integral, que venham a ser acometidos de doença, podem servir-se, analogamente, dos ditames do art. 190 da Lei nº 8.112/1990 combinado com o a EC nº 70/2012 para possibilitar, no futuro, a instituição de pensão com paridade com os ativos.

Convém mencionar, todavia, que a EC nº 103/2019 deixou de prever a aposentadoria por invalidez (existindo apenas a inativação por incapacidade), razão por que se deve considerar que o art. 190 da Lei nº 8.112/90 não foi recepcionado pela novel emenda, tendo a norma infraconstitucional, portanto, perdido validade e eficácia.

A esse respeito, inclusive, convém trazer à colação estudo efetuado pelo Ministério da Economia, por meio da Nota Técnica SEI nº 49.616/2021/ME, de cuja conclusão se extrai o seguinte trecho:

> Diante do exposto, corrobora-se com o entendimento exarado no Parecer nº 10271/2021/ME (SEI 19589635), de 22 de julho de 2021, no sentido e que a partir da entrada em vigor a Emenda Constitucional nº 103, de 12 de novembro 2019, não é mais possível a integralização dos proventos de aposentadoria com fundamento no art. 190 da Lei nº 8.112/90, quando a incapacidade do servidor decorrente do acometimento a doença ocorrer após aquela data, em respeito ao principio do *tempus regit actum*.[615]

[615] BRASIL. Ministério da Economia. *Nota Técnica SEI nº 49616/2021/ME*. Disponível em: file:///C:/Users/chvba/Downloads/ME%20-%20Nota%20T%C3%A9cnica%20SEI%20n%C2%BA%2049616-2021-ME,%20de%2028.10.2021.pdf. Acesso em: 9 mar. 2022.

11.3 Paridade das pensões de instituidores aposentados antes da EC nº 41/2003, porém falecidos após seu advento

Casos há em que o servidor veio a aposentar-se antes da entrada em vigor da EC nº 41/2003, porém veio a falecer no período que medeia a citada emenda e a Emenda Constitucional nº 47/2005. Como a paridade só retornou à plêiade de direitos do servidor após a EC nº 47/2005, os pensionistas nesse caso não terão direito à paridade. É o caso, por exemplo, de um instituidor que se aposentara em 1997 e veio a falecer em 2004 (antes da EC nº 47/2005, portanto).

Tal construção obedece ao princípio do *tempus regit actum*, segundo o qual o benefício previdenciário da pensão por morte deve ser regido pela lei vigente à época do óbito do instituidor.

Nada obstante, há um caso em que, mesmo nessa situação, o pensionista poderá valer-se da paridade. Tal hipótese ocorrerá quando o instituidor da pensão tiver ingressado no serviço público antes do advento da EC nº 20/1998 (16.12.1998) e tiver cumprido os requisitos do art. 3º da EC nº 47/2005.

Interessante tal construção, referendada pelo STF, porque confere aos pensionistas um direito com base na EC nº 47/2005, porém, de forma retroativa.

A propósito, eis o entendimento mantido pelo Supremo, em sede de repercussão geral:

> I - O benefício previdenciário da pensão por morte deve ser regido pela lei vigente à época do óbito de seu instituidor.
>
> II - Às pensões derivadas de óbito de servidores aposentados nos termos do art. 3º da EC 47/2005 é garantido o direito à paridade.
>
> III - Recurso extraordinário a que se dá parcial provimento.[616]

11.4 Paridade e reajuste das pensões após o advento da EC nº 103/2019

A nova emenda constitucional dispõe expressamente, no art. 6, §7º, que o reajuste das pensões, assim como dos proventos das aposentadorias, será feito nos termos estabelecidos para o Regime Geral de Previdência Social.

A propósito, pois, o art. 41-A da Lei nº 8.213/1991 dispõe:

> [...] o valor dos benefícios em manutenção será reajustado, anualmente, na mesma data do reajuste do salário mínimo, *pro rata*, de acordo com suas respectivas datas de início ou do último reajustamento, com base no Índice Nacional de Preços ao Consumidor - INPC, apurado pela Fundação Instituto Brasileiro de Geografia e Estatística – IBGE.[617]

---

616 BRASIL. Supremo Tribunal Federal. *RE nº 603.580/RJ*. Tribunal Pleno. Rel. Min. Ricardo Lewandowski, 20.5.2015. Disponível em: https://jurisprudencia.stf.jus.br/pages/search/sjur313772/false. Acesso em: 5 jul. 2020: "Ementa: Recurso Extraordinário. Constitucional. Previdenciário. Pensão por morte. Instituidor aposentado antes da Emenda Constitucional 41/2003, porém falecido após seu advento. Direito do pensionista à paridade. Impossibilidade. Exceção: art. 3º da EC 47/2005. Recurso Extraordinário a que se dá parcial provimento".

617 BRASIL. *Lei nº 8.213, de 24 de julho de 1991*. Dispõe sobre os Planos de Benefícios da Previdência Social e dá outras providências. Disponível em: http://www.planalto.gov.br/ccivil_03/LEIS/L8213cons.htm. Acesso em: 22 jan. 2020.

De outro prisma, a citada EC nº 103/2019 revogou expressamente o art. 3º da EC nº 47/2005, excluindo, portanto, a possibilidade de que haja paridade para os benefícios pensionais derivados dessa norma. Essa revogação pode voltar a oferecer problemas interpretativos. Explica-se.

Diante da ausência da garantia de paridade do art. 3º da EC nº 47/2005, aqueles servidores admitidos antes da EC nº 41/2003, mas com falecimento posterior à promulgação da nova reforma previdenciária de 2019, podem ficar sem sustentabilidade normativa para conferir paridade às pensões por eles instituídas.

Lembre-se de que problema similar ocorreu quando do advento da EC nº 41/2003, que acabou com a paridade das pensões. Nada obstante, a questão foi solucionada exatamente em função do art. 3º da EC nº 47/2005. Agora, não se encontra fundamento para igual interpretação.

Mister reconhecer, portanto, que não mais subsiste paridade para a pensão por morte ou para aposentadorias concedidas após o advento da EC nº 103/2019.

ACUMULAÇÃO DE CARGOS PÚBLICOS, DE PROVENTOS COM PROVENTOS, DE PROVENTOS COM VENCIMENTOS

A Constituição Federal, mormente após a edição da EC nº 19/1998,[618] veda ao servidor público acumular dois cargos públicos, estendendo-se tal proibição aos empregos e funções, abrangendo autarquias, fundações, empresas públicas, sociedades de economia mista, suas subsidiárias, e sociedades controladas, direta ou indiretamente, pelo Poder Público.

A não acumulação, portanto, é a regra geral que, contudo, possui exceções previstas na própria *Lex Mater*. De fato, a CF/1988[619] estipula que poderá haver acumulação, desde que comprovada a compatibilidade de horários, no caso de dois cargos de professor; de um cargo de professor com outro técnico ou científico; e de dois cargos ou empregos privativos de profissionais de saúde, com profissões regulamentadas.

Deve-se salientar, ainda, a previsão constante do art. 37, §10, da CF/1988,[620] que veda a percepção simultânea de proventos de aposentadoria decorrentes do art. 40 ou dos arts. 42 e 142 com a remuneração de cargo, emprego ou função pública, ressalvados os cargos acumuláveis na forma desta Constituição, os cargos eletivos e os cargos em comissão declarados em lei de livre nomeação e exoneração.

Havia, entretanto, servidores que, depois de aposentados, voltaram a ocupar outro cargo público, mediante aprovação em concurso, em momento anterior à proibição estampada pela citada emenda. O legislador constitucional procurou resolver o problema com a dicção do art. 11 da EC nº 20/1998, *in verbis*:

618 BRASIL. [Constituição (1988)]. Emenda Constitucional nº 19, de 04 de junho de 1998. Modifica o regime e dispõe sobre princípios e normas da Administração Pública, servidores e agentes políticos, controle de despesas e finanças públicas e custeio de atividades a cargo do Distrito Federal, e dá outras providências. *Diário Oficial da União [da] República Federativa do Brasil*, Brasília, 5 jun. 1998.

619 BRASIL. [Constituição (1988)]. *Constituição da República Federativa do Brasil de 1988*. Brasília: Presidência da República, 1988. Disponível em: http://www.planalto.gov.br/ccivil_03/constituicao/constituicao.htm. Acesso em: 29 jan. 2020. Art. 37, inc. XVI.

620 Incluída pela BRASIL. [Constituição (1988)]. *Emenda Constitucional nº 20, de 15 de dezembro de 1998*. Modifica o sistema de previdência social, estabelece normas de transição e dá outras providências. Disponível em: http://www.planalto.gov.br/ccivil_03/Constituicao/Emendas/Emc/emc20.htm#art1. Acesso em: 23 fev. 2020.

> A vedação prevista no art. 37, §10, da Constituição Federal, não se aplica aos membros de poder e aos inativos, servidores e militares, que, até a publicação desta Emenda, tenham ingressado novamente no serviço público por concurso público de provas ou de provas e títulos, e pelas demais formas previstas na Constituição Federal, sendo-lhes proibida a percepção de mais de uma aposentadoria pelo regime de previdência a que se refere o art. 40 da Constituição Federal, aplicando-se-lhes, em qualquer hipótese, o limite de que trata o §11 deste mesmo artigo.[621]

A forma encontrada, porém, restou mal resolvida. Afinal, de um lado permitiu-se que o servidor que já estivesse aposentado continuasse a ocupar outro cargo, pois, legitimamente havia prestado concurso público. Tratou-se de garantir o direito adquirido de tais servidores. Por outro lado, contudo, retirou-lhes a oportunidade de novamente aposentarem-se, como se fossem culpados dos problemas orçamentários e financeiros da previdência social.

Ora, se o servidor ocupa legalmente o cargo público, é natural que queira aposentar-se nele, depois de cumpridas suas obrigações com o Estado. O que houve, de fato, foi uma forma de acondicionar em um mesmo receptáculo o direito daqueles que ocupavam legalmente cargo público, com a necessidade de desafogar os cofres da previdência. O resultado, um corpo mutilado.

Essa anomalia causou debate jurídico intenso, vindo a prevalecer a tese da impossibilidade da acumulação de aposentadorias por aqueles servidores aposentados que passaram a ocupar legalmente outro cargo público. Doutrinariamente, contudo, permite-se discordar da conclusão alcançada pelas cortes do país.

O Supremo Tribunal Federal, em relato do Ministro Eros Grau, analisando a matéria, assim se posicionou:

> 1. O Presidente da 1ª Câmara do Tribunal de Contas da União é parte legítima para figurar no pólo passivo de mandado de segurança quando o ato impugnado reveste-se de caráter impositivo. Precedente [MS nº 24.001. Rel. Maurício Correa. *DJ*, 20 maio 2002].
>
> 2. Prejudicada a impetração quanto ao Coordenador Geral de Recursos Humanos da ABIN, mero executor do ato administrativo do Tribunal de Contas da União.
>
> 3. O ato de aposentadoria configura ato administrativo complexo, aperfeiçoando-se somente com o registro perante o Tribunal de Contas. Submetido a condição resolutiva, não se operam os efeitos da decadência antes da vontade final da Administração.
>
> 4. O art. 93, §9º, da Constituição do Brasil de 1967, na redação da EC nº 1/69, bem como a Constituição de 1988, antes da EC nº 20/98, não obstavam o retorno do militar reformado ao serviço público e a posterior aposentadoria no cargo civil, acumulando os respectivos proventos. Precedentes [MS nº 24.997 e MS nº 25.015. Rel. Min. Eros Grau. *DJ*, 1º abr. 2005; e MS nº 24.958. Rel. Min. Marco Aurélio. *DJ*, 1º abr. 2005].
>
> 5. Reformado o militar sob a Constituição de 1967 e aposentado como servidor civil na vigência da Constituição de 1988, antes da edição da EC nº 20/98, não há falar-se em acumulação de proventos do art. 40 da CB/88, vedada pelo art. 11 da EC nº 20/98, mas a percepção de

[621] BRASIL. [Constituição (1988)]. *Emenda Constitucional nº 20, de 15 de dezembro de 1998*. Modifica o sistema de previdência social, estabelece normas de transição e dá outras providências. Disponível em: http://www.planalto.gov.br/ccivil_03/Constituicao/Emendas/Emc/emc20.htm#art1. Acesso em: 23 fev. 2020.

> provento civil [art. 40, CB/88] cumulado com provento militar [art. 42, CB/88], situação não abarcada pela proibição da emenda.
> 6. Segurança concedida.[622]

Note-se que tal entendimento mantém-se firme na Excelsa Corte, consoante o julgado a seguir:

> Agravo regimental em mandado de segurança. 2. Direito Constitucional e Administrativo. 3. Legitimidade passiva do Tribunal de Contas da União. Autoridade que emanou a ordem para a prática do ato coator. 4. Acúmulo de proventos de militar com remuneração de cargo público civil. Reingresso no serviço público antes da edição da EC 20/98. Possibilidade. Exceção prevista no art. 11 da referida emenda. ADI 1.328, Rel. Min. Ellen Gracie, DJ 18.6.2004. 5. Justo receio de violação a direito líquido e certo do impetrante quando do cumprimento integral do acórdão pelo órgão de origem. 6. Necessidade de integração da decisão para fazer constar a referida ressalva, tendo em vista a questão ter sido apreciada quando do julgamento da matéria. 7. Inexistência de violação aos princípios da separação de poderes, do devido processo legal, do contraditório, da ampla defesa e da segurança jurídica. 8. Inocorrência de decisão extra petita. Determinação de menor extensão do que o pedido formulado na inicial. 9. Agravo regimental a que se nega provimento.[623]

Percebe-se que foram dados ao art. 11 da EC nº 20/1998, pelo STF, efeitos *ex nunc*, daí podendo-se concluir que situações pretéritas não são alcançadas pelas limitações do citado dispositivo. Assim, aquele servidor que se aposentou novamente, de forma regular, antes da edição da citada emenda, não encontra qualquer óbice intransponível.

Interessante notar que o Supremo Tribunal Federal já ostentara o posicionamento de que a acumulação de proventos com proventos feria a Constituição Federal.[624] Entrementes, diante do comando insculpido no art. 11 da EC nº 20/1998, cambiou de entendimento.

O indigitado julgado não se resumiu, no entanto, a definir os efeitos de aplicação do art. 11 da EC nº 20/1998. Deve-se observar apreciação de fundo material, quanto à aplicação do citado dispositivo. O relator, Ministro Eros Grau, considera que a percepção de provento civil (art. 40, CF/1988) cumulado com provento militar (art. 42, CF/1988) representa situação não abarcada pela proibição da emenda. Ora, é de absorver a orientação de que, mesmo os militares que se tenham aposentado em cargo civil, após a edição da EC nº 20/1998, não encontram estorvo em cumular proventos civis com aqueles decorrentes de reforma.

---

622 BRASIL. Supremo Tribunal Federal. *Mandado de Segurança nº 25.192/DF*. Rel. Min. Eros Grau, 7.4.2005. Disponível em: http://portal.stf.jus.br/processos/detalhe.asp?incidente=2269792. Acesso em: 24 jun. 2020: "Mandado de segurança. Coordenador Geral de Recursos Humanos da ABIN. Executor de ato administrativo do Tribunal de Contas da União. Ilegitimidade passiva. Prosseguimento do feito quanto ao Presidente da Primeira Câmara do TCU. Decadência administrativa. Inocorrência. Cumulação de proventos da reserva militar com os de aposentadoria em cargo civil antes da EC nº 20/98. Possibilidade. art. 11 da EC Nº 20/98".

623 BRASIL. Supremo Tribunal Federal. *Ag. Reg. em Mandado de Segurança nº 34.610 RS*. Rel. Min. Gilmar Mendes, 25.5.2018. Disponível em: http://portal.stf.jus.br/processos/detalhe.asp?incidente=5126202. Acesso em: 24 jun. 2020.

624 BRASIL. Supremo Tribunal Federal. *Recurso Extraordinário nº 163.204/SP*. Tribunal Pleno. Rel. Min. Carlos Velloso, 9.11.1994. Disponível em: http://portal.stf.jus.br/processos/detalhe.asp?incidente=1562627. Acesso em: 24 jun. 2020.

Trata-se de interpretação restritiva dos termos do art. 11 da EC nº 20/1998, porquanto nele não há referência ao art. 42, este, sim, que cuida especificamente dos militares. Logo, poder-se-ia reconhecer que a proibição externada pelo citado artigo restringir-se-ia a aposentadorias civis, tendo em vista a expressa disposição do art. 40 da CF/1988.

Nesse ponto, *permissa venia*, é que se considera mal costurada a posição da Corte Suprema. Afinal, em primeiro momento, quer parecer que tal interpretação fere de morte o princípio da isonomia, no momento em que condiciona os civis a situações mais gravosas do que aquelas impostas aos militares. Note-se, por importante, que, apenas a partir da edição da EC nº 18/1998,[625] os militares passaram a sofrer tratamento constitucional apartado dos civis.

Em realidade, o princípio da isonomia, como é consabido, não trata de dar sempre mesmo tratamento a todos, ou, como leciona José Afonso da Silva: "o princípio não pode ser entendido em sentido individualista, que não leve em conta as diferenças entre grupos".[626]

Por outro prisma, entrementes, impõe o princípio da isonomia que, em situações idênticas, devem opor-se os mesmos ônus e mesmas vantagens. Ora, a cumulação de proventos em nada difere o civil do militar. Assim, se a Corte Suprema quis, ao defender a ideia de afastamento dos militares da proibição de cumulação prevista pelo art. 11 da EC nº 20/1998, dar interpretação absolutamente restritiva, é de se observar que o art. 40 da CF/1988, previsto no citado artigo da emenda, passou por transformações profundas ao longo destes últimos anos.

Dessa forma, restritivamente, pode-se afirmar que o art. 40 citado pela emenda é aquele condizente com a EC nº 20/1998, não aquele em sua redação original, tendo em vista a mudança ocorrida no sistema previdenciário brasileiro. Tal assertiva é ainda mais importante no momento em que pode ocorrer o conflito entre esses dois sistemas, fato que, novamente na visão restritiva, não seria abarcado pela proibição do art. 11 da EC nº 20/1998.

De fato, pode-se conceber que existem no sistema público brasileiro dois regimes diferenciados de aposentadorias. Um que vigorou até a edição da EC nº 3/1993[627] e um outro, a partir de então. O primeiro exclusivamente premial, o segundo com posteriores mudanças do texto legal, com base no tempo de contribuição. Veja-se que a distinção não é apenas conceitual.

A citada EC nº 3/1993 fez incluir no Texto Constitucional o §6º ao art. 40, nesses termos: "As aposentadorias e pensões dos servidores públicos federais serão custeadas com recursos provenientes da União e das contribuições dos servidores, na forma da lei".

Em consequência, as aposentadorias anteriores à edição da citada emenda tinham natureza premial, ou seja, não eram ligadas a qualquer tipo de contribuição pretérita ou contemporânea dos servidores. Note-se que, em afirmação disso, o Texto Constitucional de então previa a aposentação com base no tempo de serviço e não com base em tempo

---

[625] BRASIL. [Constituição (1988)]. Emenda Constitucional nº 18, de 05 de fevereiro de 1998. Dispõe sobre o regime constitucional dos militares. *Diário Oficial da União [da] República Federativa do Brasil*, Brasília, 6 fev. 1998.

[626] SILVA, José Afonso. *Curso de direito constitucional positivo*. 18. ed. São Paulo: Malheiros, 2000. p. 219.

[627] BRASIL. [Constituição (1988)]. Emenda Constitucional nº 03, de 17 de março de 1993. Altera os arts. 40, 42, 102, 103, 155, 156, 160, 167 da Constituição Federal. *Diário Oficial da União [da] República Federativa do Brasil*, Brasília, 18 mar. 1993.

de contribuição. Já às aposentadorias posteriores impõe-se, previamente, que o servidor tenha contribuído, com o propósito, inequívoco, de custear a sua vindoura inativação.

Voltando-se à proibição estampada no art. 11 da EC nº 20/1998, cabe indagar: a qual regime de aposentadoria se refere o citado dispositivo? Quer parecer que, apoiada na interpretação restritiva adotada pelo STF aos militares, a EC nº 20/1998 faz alusão às aposentadorias originárias do regime contributivo, não do premial.

Essa compreensão da norma constitucional é a mais adequada à hermenêutica. A interpretação dessa norma deve-se fazer em relação a um caso concreto, por meio de um processo em que se busque, de fato, o problema em questão. Afinal, veja-se que para o civil aposentado no regime premial[628] não haveria aparentemente restrição ao acúmulo de aposentadoria com o regime contributivo. Essa definição conciliar-se-ia à não restrição defendida aos militares pelo Supremo. Teoricamente, estar-se-ia utilizando de um mesmo método hermenêutico para situações semelhantes.

Ainda no campo doutrinário, é como se procurasse adequar cada feito concreto ao seu real sentido. Nas palavras do professor Inocêncio Mártires Coelho:

> Esse vir e ir dialético manifesta-se, metaforicamente, com um balançar de olhos entre o texto e a realidade, entre norma e situação normada, num processo aberto e infinito, significativamente ilustrado pela figura geométrica da espiral. É a praxe que identifica o método de interpretação constitucional hermenêutico-concretizador que, no caso do artigo 11 da EC nº 20/98, parece ser bastante razoável.[629]

Permite-se acreditar que tais ponderações são as que mais concretizam o princípio da proporcionalidade, que é balizador fundamental, atualmente, de qualquer interpretação constitucional. A propósito do tema, cabe lembrar que o legislador, especialmente na edição das leis de caráter restritivo, deve nortear sua conduta segundo critérios racionalmente aceitáveis, buscando não só os meios e fins legítimos, mas também a adequação desses meios para a consecução dos objetivos pretendidos e a necessidade de sua utilização.

Assim, a interpretação utilizada mostra-se adequada para não ferir o princípio da isonomia, ante situações análogas existentes entre o militar e o civil que participou de regime previdenciário diverso. Também se apresenta necessária, porquanto, ao prevalecer a concessão apenas aos militares, estar-se-ia efetivando evento gravoso a quem deveria ter o mesmo direito.

Malgrado tais considerações, mister reforçar que iterativa jurisprudência das cortes brasileiras proíbe a acumulação de proventos de aposentadoria, mesmo para aqueles que se inativaram, primeiramente, antes do advento da EC nº 20/1998. Veja-se o exemplo extraído do Supremo Tribunal Federal:

> 1. Servidora aposentada que reingressou no serviço público, acumulando proventos com vencimentos até a sua aposentadoria, quando passou a receber dois proventos. 2. Conforme assentado pelo Plenário no julgamento do RE nº 163.204, mesmo antes da citada emenda constitucional, já era proibida a acumulação de cargos públicos. Pouco importava se o

[628] Anterior à Emenda Constitucional nº 3/1993.

[629] *Apud* SOUSA, João Ricardo C. de. *Curso avançado de direito constitucional*. [s.l.]: [s.n.], 2003. p. 26-27.

> servidor estava na ativa ou aposentado nesses cargos, salvo as exceções previstas na própria Constituição. 3. Entendimento que se tornou expresso com a Emenda Constitucional nº 20/98, que preservou a situação daqueles servidores que retornaram ao serviço público antes da sua promulgação, nos termos do art. 11. 4. A pretensão ora deduzida, dupla acumulação de proventos, foi expressamente vedada no citado art. 11, além de não ter sido aceita pela jurisprudência desta Corte, sob a égide da CF/88. 5. Recurso extraordinário conhecido e improvido.[630]

Finalmente, em recurso extraordinário, com repercussão geral, o STF deu contornos definitivos ao tema, conforme ementa a seguir:

> Ementa: CONSTITUCIONAL. SERVIDOR PÚBLICO APOSENTADO. REINGRESSO NO SERVIÇO PÚBLICO ANTES DA EDIÇÃO DA EC Nº 20/1998 E FALECIMENTO POSTERIOR À EMENDA. DUPLA ACUMULAÇÃO DE PENSÕES POR MORTE. IMPOSSIBILIDADE. PRECEDENTES. RECURSO IMPROVIDO. I - A Carta de 1988 veda a percepção simultânea de proventos de aposentadoria com remuneração de cargo, emprego ou função pública, ressalvadas hipóteses – inocorrentes na espécie – de cargos acumuláveis na forma da Constituição, cargos eletivos e cargos em comissão (art. 37, §10, da Constituição). II - Mesmo antes da EC nº 20/1998, a acumulação de proventos e vencimentos somente era admitida quando se tratasse de cargos, funções ou empregos acumuláveis na atividade, na forma permitida pela CF. III - Com o advento da EC nº 20/98, que preservou a situação daqueles servidores que retornaram ao serviço público antes da sua promulgação, proibiu, em seu art. 11, a percepção de mais de uma aposentadoria pelo regime de previdência a que se refere o art. 40 da Constituição. IV - Se era proibida a percepção de dupla aposentadoria estatutária não há é possível cogitar-se de direito à segunda pensão, uma vez que o art. 40, §7º, da Constituição subordinava tal benefício ao valor dos proventos a que o servidor faria jus. V - Recurso extraordinário conhecido e improvido.[631]

Nada obstante tal posicionamento, anos mais tarde, analisando novamente a matéria, o Ministro Luís Roberto Barroso do STF enxergou outras possibilidades sobre a questão. Salientou o ministro que a jurisprudência do Supremo havia cambiado para reconhecer que a redação original da Constituição não vedava a acumulação de proventos, o que veio a ocorrer somente com a edição da Emenda Constitucional nº 20 de 1998.

Veja-se que, a partir de tal raciocínio, se a dupla aposentadoria ocorresse antes da vigência da EC nº 20/1998, não haveria de ser considerada irregular a acumulação dos dois proventos.

Ocorre que o ministro foi ainda mais além. Ao examinar um caso concreto, admitiu que se o servidor público se aposentou depois da EC nº 20/1998 (16.12.1998), mas já havia adquirido direito à inativação em momento anterior, a acumulação de proventos também será possível. E, mais interessante ainda, é que o direito adquirido concebido pelo ministro foi decorrente da retroação de efeitos de laudo médico, no

---

630 BRASIL. Supremo Tribunal Federal. *Recurso Extraordinário nº 463.028/RS*. Segunda Turma. Rel. Min. Ellen Gracie, 14.2.2006. Disponível em: http://portal.stf.jus.br/processos/detalhe.asp?incidente=2309560. Acesso em: 24 jun. 2020: "Constitucional. Administrativo. Dupla acumulação de proventos. EC nº 20/98. Impossibilidade".

631 BRASIL. Supremo Tribunal Federal. *Repercussão Geral em Recurso Extraordinário nº 584.388-2/SC*. Rel. Min. Ricardo Lewandowski, 31.8.2011. Disponível em: http://portal.stf.jus.br/processos/detalhe.asp?incidente=2611830. Acesso em: 24 jun. 2020.

qual se dispunha que o servidor havia sido cometido de enfermidade incapacitante em momento anterior à EC nº 20/1998.

A Corte Suprema referendou o entendimento de Barroso, conforme transcrito a seguir:

> 1. A atual jurisprudência do STF tem reconhecido que a redação original da Constituição não vedava a acumulação de proventos, o que somente veio a ocorrer a partir da EC nº 20/1998. 2. No caso concreto, o impetrante já havia adquirido o direito à segunda aposentadoria antes de 16.12.1998, embora o respectivo ato de concessão somente tenha sido publicado posteriormente. 3. Agravo regimental a que se nega provimento.[632]

Nessa mesma trilha, a novel Emenda Constitucional nº 103/2019 deu ares definitivos à questão da acumulação de proventos, ao dispor, no §6º do art. 40, que:

> [...] ressalvadas as aposentadorias decorrentes dos cargos acumuláveis na forma desta Constituição, é vedada a percepção de mais de uma aposentadoria à conta de regime próprio de previdência social, aplicando-se outras vedações, regras e condições para a acumulação de benefícios previdenciários estabelecidas no Regime Geral de Previdência Social.[633]

Importa destacar que o texto constitucional vigente continua abortando a possibilidade de acumulação de proventos de aposentadorias decorrentes de RPPS ou de regimes de previdência dos militares (Forças Armadas e Auxiliares) com a remuneração de cargo, emprego ou função pública, ressalvados os casos de acumulações permitidas pela Constituição, conforme determina o §10 do art. 37 da Carta.

O sistema previdenciário militar guarda diversas particularidades que o distanciam, de certa maneira, dos regimes previdenciários dos civis, seja o Geral, seja o Próprio do servidor público.

Problema que vem ocorrendo, em função dessa distinção, diz respeito à exigência feita pelo INSS e também pelos RPPS, aos militares, de apresentação de Certidão de Tempo de Contribuição – CTC, nos moldes da Portaria nº 154/2008/MPS. Entende-se que tal exigência seja ilegal. Veja-se o porquê.

Os militares das Forças Armadas nunca integraram o RPPS da União. Dessa forma, não é possível aplicar as disposições da citada norma, em relação à comprovação de tempo de contribuição/serviço. Veja-se, a propósito, que a citada portaria estabelece, em seu art. 1º, que os termos por ela designados, para emissão de CTC, deverão ser obedecidos pelos regimes próprios de Previdência Social dos servidores públicos titulares de cargos efetivos, dos magistrados, dos ministros e dos conselheiros dos Tribunais de Contas, e dos membros do Ministério Público de qualquer dos poderes da União, dos

---

632 BRASIL. Supremo Tribunal Federal. *Mandado de Segurança nº 32.833/DF*. Primeira Turma. Rel. Min. Luís Roberto Barroso, 23.9.2016. Disponível em: http://portal.stf.jus.br/processos/detalhe.asp?incidente=4543500. Acesso em: 24 jun. 2020: "Ementa: Direito Administrativo. Agravo Regimental em Mandado de Segurança. Acumulação de proventos antes da EC nº 20/1998. Possibilidade".

633 BRASIL. [Constituição (1988)]. *Emenda Constitucional nº 103, de 12 de novembro de 2019*. Altera o sistema de previdência social e estabelece regras de transição e disposições transitórias. Disponível em: http://www.planalto.gov.br/ccivil_03/Constituicao/Emendas/Emc/emc103.htm#art1. Acesso em: 23 fev. 2020.

estados, do Distrito Federal e dos municípios, incluídas suas autarquias e fundações. É dizer: não há referência explícita aos militares.

Observe-se, a propósito, que a recente Instrução Normativa Pres/INSS nº 128, de 28.3.2022, determina que a CTC relativa ao militar integrante das Forças Armadas não se submete às normas definidas na Portaria MPS nº 154, de 2008 (art. 213, §2º).[634]

Note-se que a solução para essa questão é resolvida pela Orientação Técnica nº 005/SDPP/2014, expedida pelo Comando da Aeronáutica, que assim dispõe (a redação original ainda faz referência à IN nº 45/INSS, já revogada, mas cujo teor é similar à IN – INSS/PRES nº 128/2022 atualmente em vigor):

> Tendo em vista que, de acordo com o previsto no art. 60 do Decreto nº 3.048/1999, o tempo de serviço militar é computado como tempo de contribuição, e ainda que, conforme prevê o art. 365 da Instrução Normativa INSS/PRESS nº 45, e 2010, o militar, tanto o integrante da Força Armada quanto o militar dos estados e do Distrito Federal, por ter regras constitucionais previdenciárias diferenciadas do servidor titular de cargo efetivo, não se submete às normas definidas na Portaria MPS nº 154, de 2008. O Comando da Aeronáutica não emite Certidão de Tempo de Contribuição relativa a ex-militares da FAB.[635]

Vale acrescentar, todavia, que essa leitura somente é válida para os militares das forças armadas e aos militares dos estados que não foram incluídos em RPPS, até a edição da EC nº 103/2019.

A EC nº 103/2019 trouxe uma novidade com relação aos servidores públicos, consistente no rompimento do vínculo, tenha ele origem estatutária ou contratual, quando ocorrer a aposentadoria. É o que deflui do §14, incluído pela reforma previdenciária de 2019:

> Art. 37. [...]
>
> §14. A aposentadoria concedida com a utilização de tempo de contribuição decorrente de cargo, emprego ou função pública, inclusive do Regime Geral de Previdência Social, acarretará o rompimento do vínculo que gerou o referido tempo de contribuição.[636]

A nova norma aprovada pelo Parlamento teve por objetivo dirimir duas questões principais. Vejamo-las de *per si*.

Primeiramente, cumpre averiguar a situação de servidores titulares de cargo efetivo vinculados a entes federados que não instituíram RPPS e se aposentam no RGPS utilizando tempo de contribuição referente ao cargo.

A ON nº 02/2009/MPS dispõe que nesse caso deve ocorrer a vacância. Alguns municípios cumpriram a orientação, o que gerou inúmeras ações judiciais por parte

---

[634] BRASIL. *Instrução Normativa PRES/INSS nº 128, de 28 de março de 2022*. Disponível em: https://www.in.gov.br/en/web/dou/-/instrucao-normativa-pres/inss-n-128-de-28-de-marco-de-2022-389275446. Acesso em: 30 mar. 2022.

[635] BRASIL. Comando da Aeronáutica. *Orientação Técnica nº 005/SDPP/2014*. Disponível em: https://www2.fab.mil.br/sdpp/images/Orientacao_Tecnica_005_ctc_Ex_Militares.pdf. Acesso em: 30 mar. 2022.

[636] BRASIL. [Constituição (1988)]. *Emenda Constitucional nº 103, de 12 de novembro de 2019*. Altera o sistema de previdência social e estabelece regras de transição e disposições transitórias. Disponível em: http://www.planalto.gov.br/ccivil_03/Constituicao/Emendas/Emc/emc103.htm#art1. Acesso em: 23 fev. 2020.

dos atingidos com diversas decisões favoráveis. De qualquer forma, o tema foi objeto de deliberação pelo STF no Tema nº 1150.

Em seu exame, o STF acabou por estabelecer a seguinte tese:[637]

> O servidor público aposentado pelo Regime Geral de Previdência Social, com previsão de vacância do cargo em lei local, não tem direito a ser reintegrado ao mesmo cargo no qual se aposentou ou nele manter-se, por violação à regra do concurso público e à impossibilidade de acumulação de proventos e remuneração não acumuláveis em atividade.

Em segundo lugar, aparece outra questão interessante, que é saber acerca da possibilidade de aplicação do art. 6º da EC nº 103/2019 àqueles que se aposentaram até a data da vigência da EC nº 103/2019. Isso porque o texto da emenda disciplina que o disposto no §14 do art. 37 da Constituição Federal[638] não se aplica a aposentadorias concedidas pelo Regime Geral de Previdência Social até a data de entrada em vigor desta emenda constitucional.

Segundo o entendimento fixado pelo STF, tal possibilidade só existe para o caso de empregados de estatais que se aposentaram no INSS/RGPS, utilizando tempo de contribuição do emprego público e continuaram exercendo o emprego público e acumulando o benefício de aposentadoria e o salário. De fato, foi fixada a seguinte tese no Tema nº 606 de repercussão geral:[639]

> A natureza do ato de demissão de empregado público é constitucional-administrativa e não trabalhista, o que atrai a competência da Justiça comum para julgar a questão. A concessão de aposentadoria aos empregados públicos inviabiliza a permanência no emprego, nos termos do art. 37, §14, da CRFB, salvo para as aposentadorias concedidas pelo Regime Geral de Previdência Social até a data de entrada em vigor da Emenda Constitucional nº 103/19, nos termos do que dispõe seu art. 6º.

Nota-se, portanto, distinção na aplicação do art. 6º da EC nº 103/2019, em relação ao caso dos titulares de cargos efetivos, porquanto o STF somente considerou válida a manutenção da situação constituída até 13.11.2019 para os empregados de estatais, não se aplicando aos titulares de cargo efetivo que se aposentaram no INSS.

Calha averiguar, por último, se o contido no art. 37, §14, da CF/1988 alcança as situações em que houve aposentadoria com aproveitamento de tempo de cargo, emprego ou função pública comissionadas sem vínculo. Essa questão foi abordada pela Procuradoria-Geral do Estado de São Paulo. Veja-se:

> PARECER: PA n.º 60/2020 EMENTA: REFORMA DA PREVIDÊNCIA. EMENDA CONSTITUCIONAL Nº 103/2019. EFEITOS DE ÍNDOLE FUNCIONAL. Dúvidas quanto à repercussão dos seguintes comandos normativos no âmbito da Administração Pública paulista: (i) artigo 37, §14, da CR/1988, que determina o rompimento do vínculo funcional

[637] BRASIL. STF. *RE nº 1.302.501*. Public. 25.8.2021.

[638] BRASIL. Constituição Federal. "Art. 37. [...] §14. A aposentadoria concedida com a utilização de tempo de contribuição decorrente de cargo, emprego ou função pública, inclusive do Regime Geral de Previdência Social, acarretará o rompimento do vínculo que gerou o referido tempo de contribuição".

[639] BRASIL. STF. RE nº 655.283. Rel. Min. Marco Aurélio, j. 16.6.2021.

> em decorrência de aposentadoria concedida pelo RPPS ou pelo RGPS, com utilização de tempo de contribuição referente ao respectivo vínculo [...]
>
> 1. Artigo 37, §14, da Constituição da República:
>
> (i) o artigo 37, §14, da CRFB/1988, incide sobre os servidores de um modo geral, sem distinção quanto ao ente governamental empregador;
>
> (ii) o artigo 37, §14, da CRFB/1988, não incide, contudo, sobre os titulares de cargo em comissão, quer sejam titulares de cargo efetivo, quer não, nem sobre os titulares de empregos públicos em comissão ou de confiança [...].

Concorda-se plenamente com a conclusão da PGE/SP. O dispositivo pode até, em leitura açodada e literal, alcançar a situação dos comissionados sem vínculo que venham a se aposentar com uso do tempo de contribuição. Todavia, essa exegese não se sustenta ante o objetivo da norma e as decisões do STF alhures citadas. Nessas decisões, foi deixada clara a premissa do concurso público como fundamento para a impossibilidade da permanência em cargos e empregos públicos. Exigência essa inexistente para nomeação de comissionados.

Ademais, dentro do ponto de vista pragmático, também há de se afastar a incidência do dispositivo aos comissionados sem vínculo, haja vista que se poderia desligar o agente público e no dia seguinte nomeá-lo para a mesma função, uma vez que não há que se falar em concurso público em casos que tais.

O constituinte, todavia, preservou dessa nova disposição as aposentadorias concedidas pelo RGPS até a data de entrada em vigor da EC nº 103/2019.

A análise conjunta do art. 37, §10, com o novato §14 do mesmo artigo demonstra que houve a preocupação de se evitar a prática existente em empresas estatais, na qual o empregado aposentado continua a exercer atividade, acumulando, portanto, o salário com os proventos da aposentadoria.

Entretanto, ainda continua sendo permitido que o empregado público acumule seus proventos com a remuneração de outro emprego público, uma vez que tal situação não foi contemplada novamente, a exemplo do que ocorreu quando da inclusão na Constituição do art. 37, §10, por meio da EC nº 20/1998.

Note-se que a possibilidade de percepção de dupla pensão também foi contemplada pela nova emenda, assunto já delineado em capítulo próprio.

Duas outras questões ainda merecem comentários. Ainda que a acumulação seja considerada lícita, ou seja, obediente às prescrições constitucionais, é imperioso que haja compatibilidade de horários entre os cargos acumulados. Note-se, em complemento, que, mesmo na hipótese em que houver compatibilidade, será necessário, também, averiguar se o servidor público mantém o mínimo de condição de saúde para trabalhar em ambos. Tal procedimento justifica-se no sentido de se coibirem plantões de servidores públicos que por vezes podem chegar a jornadas de mais de 24 (vinte e quatro) horas seguidas.

Nesse aspecto, muito se tem discutido sobre o total de horas que o servidor pode cumprir semanalmente, em cargos acumulados, haja vista que inexiste qualquer norma que delimite esse quantitativo.

Há quem defenda que a carga horária máxima acumulável seria de 60 (sessenta) horas, ou seja, 40 (quarenta) horas em um cargo e 20 (vinte) horas em outro. Embora seja prudente essa posição, em realidade, não pode ser aplicável a todo caso, ante as particularidades de cada acumulação. De fato, não há como negar a possibilidade de haver jornada horária superior a 60 (sessenta) horas, desde que não haja prejuízo para o erário, tal como sobreposições de horários, atrasos, ausências, faltas.

Julgado emblemático do STF examinou a questão da imposição de limite de carga horária nas acumulações permitidas à luz do comando constitucional, do qual se reproduz o seguinte excerto:

> Tem razão o Estado do Rio de Janeiro ao afirmar que o dispositivo constitucional transcrito deve ser interpretado em conjunto com inciso XVI do art. 37 da Constituição Federal, estando a cumulação de cargos condicionada à compatibilidade de horários. No caso dos autos, ficou comprovado que na instância ordinária que não havia choque de horário nos dois hospitais em que a recorrida trabalhava. Deve ser afastada, portanto, a alegada ofensa a esse dispositivo. Assim, sob o ponto de vista das normas constitucionais, a recorrida preencheu todos os requisitos para a pretendida acumulação. É lícito ao Chefe do Executivo editar decretos para dar cumprimento à lei e à Constituição. Não pode, entretanto, sob o pretexto de regulamentar dispositivo constitucional, criar regra não prevista, como fez o Estado do Rio de Janeiro no presente caso, fixando norma autônoma. O Tribunal *a quo*, ao afastar o limite de horas semanais estabelecido no citado decreto, não ofendeu qualquer dispositivo constitucional, razão por que conheço do recurso e nego-lhe provimento.[640]

Nesse feito, examinou-se a validade jurídica de decreto do Rio de Janeiro que estabelecia o limite de 65 horas de jornada máxima para as acumulações admitidas constitucionalmente. Como se observa, o STF deliberou pela inexistência de eficácia da norma estadual ante a intelecção de que a Constituição não estabelece limite de horas e, sim, exige demonstração de compatibilidade de horário.

Nada obstante, em outro julgamento, o Tribunal Constitucional brasileiro assim se manifestou:

> 1. A compatibilidade de horários é requisito indispensável para o reconhecimento da licitude da acumulação de cargos públicos. É ilegal a acumulação dos cargos quando ambos estão submetidos ao regime de 40 horas semanais e um deles exige dedicação exclusiva. 2. O §2º do art. 193 da Lei nº 8.112/1990 veda a utilização cumulativa do tempo de exercício de função ou cargo comissionado para assegurar a incorporação de quintos nos proventos do servidor (art. 62 da Lei nº 8.112/1990) e para viabilizar a percepção da gratificação de função em sua aposentadoria (art. 193, caput, da Lei nº 8.112/1990). É inadmissível a incorporação de vantagens sob o mesmo fundamento, ainda que em cargos públicos diversos. 3. O reconhecimento da ilegalidade da cumulação de vantagens não determina, automaticamente, a restituição ao erário dos valores recebidos, salvo se comprovada a má-fé do servidor, o que não foi demonstrado nos autos. 4. A jurisprudência do Supremo Tribunal Federal tem-se firmado no sentido de que, no exercício da competência que lhe foi atribuída pelo art. 71, inc. III, da Constituição da República, o Tribunal de Contas da União cumpre os princípios do contraditório, da ampla defesa e do devido processo legal quando garante ao interessado – como se deu na espécie – os recursos inerentes à sua defesa plena. 5. Ato administrativo

---

640 BRASIL. Supremo Tribunal Federal. *Recurso Extraordinário nº 351.905/RJ*. Segunda Turma. Rel. Min. Ellen Gracie, 24.5.2005. Disponível em: http://portal.stf.jus.br/processos/detalhe.asp?incidente=2041988. Acesso em: 24 jun. 2020.

complexo, a aposentadoria do servidor, somente se torna ato perfeito e acabado após seu exame e registro pelo Tribunal de Contas da União. 6. Segurança parcialmente concedida.[641]

Na leitura da ementa transcrita verifica-se vertente de entendimento pela impossibilidade de acumulação de dois cargos com jornadas de 40 horas cada um – pelo menos em tese –, como salientado expressamente no arresto.

Ocorre que, no processo em debate, há peculiaridade relevante para a exata compreensão do decidido, isto é, um dos cargos pressupunha dedicação exclusiva, gerando, assim, impedimento normativo do exercício de qualquer atividade pública ou privada.

Também o TCU, ao apreciar pedido de reexame, acolhendo voto do revisor Ministro Benjamin Zymler, entendeu:

> A licitude da acumulação de cargos não está sujeita a jornada máxima, haja vista a inexistência de disposição legal a respeito. Razoável supor, porém, que jornadas mais longas possam inviabilizar, na prática, a acumulação pleiteada pelo servidor. Contudo, a solução deve ser dada à luz do caso concreto. Enfrentei situação semelhante quando do julgamento do TC 014.731/2003-1. Naquela oportunidade, deparei-me com a hipótese de duas jornadas de 40 horas, uma no Hospital das Clínicas de Porto Alegre e outra no Comando do Exército. Antes do julgamento, entendi de prudência realizar diligência com vistas a averiguar a compatibilidade de horários. Como resultado, restou demonstrada a incompatibilidade, razão pela qual foi considerada ilegal a admissão da servidora. No presente processo, a admissão da servidora Eliana das Graças Medeiros para o cargo de Auxiliar de Enfermagem na Universidade Federal de Santa Catarina (UFSC), com jornada de 40 horas, foi considerado ilegal por já ser a servidora ocupante de outro cargo de igual jornada em hospital público estadual. Ora, nesta fase recursal, a interessada, à vista do fundamento do Acórdão nº 1447/2007-2ª Câmara, preocupou-se tão-somente em demonstrar que a jornada de trabalho desenvolvida no Hospital Infantil Joana de Gusmão era de apenas 30 horas. Consta dos autos (fl. 33) que a jornada de trabalho no hospital estadual compreende o período das 13 às 19 horas, de 2ª a sexta, ao passo que, na UFSC, trabalha em regime de plantão, de 12/60 horas, de 19h15min às 7h15min. Assim sendo, a par do tempo gasto em deslocamento, que se desconhece, é possível inferir a compatibilidade das jornadas. Por conseguinte, proponho seja dado provimento ao pedido de reexame para considerar legal a admissão de Eliana das Graças Medeiros na UFSC, sem embargo de determinar à origem que adote as medidas necessárias com vistas a fazer cumprir a jornada de trabalho fixada para a servidora. Ante o exposto, VOTO por que o Tribunal adote a deliberação que ora submeto a esta 2ª Câmara.[642]

Posicionamento similar ao da Corte Suprema e ao do Tribunal de Contas da União é encontrado no âmbito do Superior Tribunal de Justiça:

---

[641] BRASIL. Supremo Tribunal Federal. *Mandado de Segurança nº 26.085/DF*. Tribunal Pleno. Rel. Min. Cármen Lúcia, 7.4.2008. Disponível em: http://portal.stf.jus.br/processos/detalhe.asp?incidente=2397200. Acesso em: 24 jun. 2020: "Mandado de Segurança. Ato do Tribunal de Contas da União que considerou ilegal aposentadoria e determinou a restituição de valores. Acumulação ilegal de cargos de professor. Ausência de compatibilidade de horários. Utilização de tempo de serviço para obtenção de vantagens em duplicidade (arts. 62 e 193 da lei nº 8.112/90). Má-fé não configurada. Desnecessidade de restituição dos valores percebidos. Inocorrência de desrespeito ao devido processo legal e ao direito adquirido".

[642] BRASIL. Tribunal de Contas da União. Processo TC nº 014.222/2004-3. Acórdão nº 5.257/2009. Segunda Câmara. Rel. Min. José Jorge. *Diário Oficial da União [da] República Federativa do Brasil*, Brasília, 9 out. 2009.

Voto do Ministro Jorge Mussi:

[...] O Tribunal *a quo*, ao examinar as provas produzidas pelas partes, concluiu pela compatibilidade de horários da servidora pública, motivo pelo qual estaria autorizada a cumulação de cargos, nos termos do art. 37, XVI, c, da Constituição Federal.

Destaca-se o seguinte trecho do acórdão:

A priori, a cumulação pretendida encontra-se em consonância com as disposições constitucionais, uma vez que a impetrante exerce dois cargos de auxiliar de enfermagem, merecendo análise a compatibilidade de horários, requisito indispensável que garante intervalos para alimentação, descanso e deslocamentos.

Conforme documentos de fls. 48, 51 e 59, constata-se que a impetrante labora no INCA em escala de plantão 12 × 60, com complementação, nos horários de 19 às 7 horas, ou seja, trabalha um dia e folga dois dias consecutivos, sendo que a complementação é realizada em fins de semana, também no horário de 19 às 7 horas.

Já no PAM de Nilópolis, a impetrante exerce suas funções cumprindo escala de diarista, no horário de 8h às 17h (fls. 55/60).

Percebe-se, então, que inexiste superposição de horários e que estão preservados intervalos para locomoção, descanso e alimentação, considerando-se inclusive que a servidora não trabalha todos os dias no INCA, mas em regime de plantão peculiar aos profissionais da área da saúde.

Verifica-se, ainda, pelos documentos de fls. 56/65, que a impetrante vem acumulando os dois cargos e desempenhando as mesmas funções há mais de vinte anos sem que se tenha notícia de desídia no cumprimento das tarefas ou prejuízos para a Administração Pública.

Desse modo, considero que a carga horária descrita nos documentos anexados aos autos torna compatível a acumulação desejada. (fls. 178/179)

Conclui-se, portanto, que a suposta violação no art. 19 da Lei nº 8.112/90, da forma como explicitada nas razões do especial, demanda efetivamente o revolvimento do contexto fático e probatório, desafiando a Súmula nº 7/STJ.

Com essas considerações, nega-se provimento ao agravo regimental.

É o voto.[643]

A matéria ainda teve idas e vindas. Em 2015, a Primeira Turma do STJ firmou o entendimento de que a carga horária máxima na acumulação seria de 60 (sessenta) horas semanais. Veja a decisão de que se fala:

1. Trata-se de mandado de segurança impetrado em face de ato praticado pelo Ministro de Estado da Saúde consistente na demissão da impetrante do cargo de enfermeira por acumulação ilícita de cargos públicos, com fundamento nos arts. 132, XII, e 133, §6º, da Lei 8.112/90. 2. Acertado se mostra o Parecer GQ-145/98 da AGU, eis que a disposição do inciso XVI do art. 37 da Constituição Federal – "é vedada a acumulação remunerada de cargos públicos, exceto, quando houver compatibilidade de horários, observado em qualquer caso o disposto no inciso XI" – constitui exceção à regra da não-acumulação; assim, deve ser interpretada de forma restritiva. 3. Ademais, a acumulação remunerada de cargos públicos deve atender ao princípio constitucional da eficiência, na medida em que o profissional da área de saúde precisa estar em boas condições físicas e mentais para bem exercer as suas atribuições, o que certamente depende de adequado descanso no intervalo entre o final de

[643] BRASIL. Superior Tribunal de Justiça. AgRg no REsp nº 1007557/RJ. Agravo Regimental no Recurso Especial 2007/0270950-1. Quinta Turma. Rel. Min. Jorge Mussi. *Diário da Justiça eletrônico*, 25 ago. 2008.

> uma jornada de trabalho e o início da outra, o que é impossível em condições de sobrecarga de trabalho. 4. Também merece relevo o entendimento do Tribunal de Contas da União no sentido da coerência do limite de 60 (sessenta) horas semanais – uma vez que cada dia útil comporta onze horas consecutivas de descanso interjornada, dois turnos de seis horas (um para cada cargo), e um intervalo de uma hora entre esses dois turnos (destinado à alimentação e deslocamento) –, fato que certamente não decorre de coincidência, mas da preocupação em se otimizarem os serviços públicos, que dependem de adequado descanso dos servidores públicos. Ora, é limitação que atende ao princípio da eficiência sem esvaziar o conteúdo do inciso XVI do art. 37 da Constituição Federal. 5. No caso dos autos, a jornada semanal de trabalho da impetrante ultrapassa 60 (sessenta) horas semanais, razão pela qual não se afigura o direito líquido e certo afirmado na inicial. 6. Segurança denegada.[644]

Nada obstante, principalmente quando a acumulação provém de cargos privativos de profissionais de saúde, o STJ, posteriormente, passou a admitir que a carga horária possa ultrapassar as sessenta horas, alinhando-se ao STF. Observe-se:

> 1. Conforme a orientação jurisprudencial do STF, as disposições que garantem ao servidor a acumulação de cargos públicos não podem ser restringidas por critérios não previstos na Constituição de 1988. 2. Assim, a quantidade de horas total trabalhadas em uma semana não pode ser considerada, por si só, como um limite para a acumulação de cargos. Isso mesmo quando o servidor venha a trabalhar mais de 60 horas semanais. 3. Agravo interno não provido.[645]

Assim, quer-se crer que, não havendo prejuízo ao erário, pode-se admitir, embora essa não seja a regra, jornada de trabalho superior a 60 horas semanais.

Tal jurisprudência restou definitivamente assentada no STF, conforme se prova pelo julgado a seguir:

> I – A existência de norma infraconstitucional que estipula limitação de jornada semanal não constitui óbice ao reconhecimento do direito à acumulação prevista no art. 37, XVI, c, da Constituição, desde que haja compatibilidade de horários para o exercício dos cargos a serem acumulados. Precedentes. II - Agravo regimental a que se nega provimento, com aplicação da multa prevista no art. 1.021, §4º, do CPC.[646]

---

644 BRASIL. Superior Tribunal de Justiça. *Mandado de Segurança nº 19.300/DF*. Rel. Min. Mauro Campbell Marques, 10.12.2014. Disponível em: https://scon.stj.jus.br/SCON/SearchBRS?b=ACOR&livre=@cdoc=%271405118%27. Acesso em: 24 jun. 2020: "Administrativo. Servidor público federal. Enfermeira do Ministério da Saúde. Acumulação de cargos privativos de profissionais de saúde. Jornada semanal superior a 60 (sessenta horas). Ausência de direito líquido e certo. Segurança denegada".

645 BRASIL. Superior Tribunal de Justiça. *Ag. Int. no REsp nº 1.773.411*. Rel. Min. Mauro Campbell Marques, 19.2.2019. Disponível em: https://scon.stj.jus.br/SCON/SearchBRS?b=ACOR&livre=@cdoc=%271805939%27. Acesso em: 24 jun. 2020: "Processual Civil. Agravo Interno no Agravo em Recurso Especial. Enunciado Administrativo n. 3/STJ. Servidor público. Acumulação de cargos. Limitação pela jornada de trabalho semanal. Impossibilidade. Precedente do STF. Agravo interno não provido".

646 BRASIL. Supremo Tribunal Federal. *Ag. Reg. no Recurso Ord. e Mandado de Segurança nº 34.257/DF*. Rel. Min. Ricardo Lewandowski, 1º.2.2018. Disponível em: http://portal.stf.jus.br/processos/detalhe.asp?incidente=5005394. Acesso em: 24 jun. 2020: "Ementa: Agravo Regimental no Recurso Ordinário em Mandado de Segurança. Parecer GQ 145/1998/AGU. Limite máximo de 60 horas semanais em casos de acumulação de cargos ou empregos públicos. Impossibilidade. Precedentes. Compatibilidade das jornadas de trabalho da impetrante. Comprovação. Agravo a que se nega provimento, com aplicação de multa".

Por fim, cabe realçar, ainda, a discussão acerca do estabelecido na CF/1988,[647] que permite a acumulação de um cargo de professor com outro cargo técnico ou científico. A questão principal ampara-se no entendimento que se deve ter pela expressão "cargo técnico ou científico".

Concepção generalizada salienta que um cargo só pode ser técnico ou científico se for de nível superior ou, então, se a norma que o criou exigir para provimento educação profissional – curso técnico. Todavia, entende-se que o fato de um cargo ser de nível médio não representa, por si só, impossibilidade de acumulação com o cargo de professor.

Em realidade, para satisfazer as condições da Carta Magna, necessário se faz que o cargo a ser acumulado com o de magistério exija do servidor competências técnicas ou científicas e não apenas atos burocráticos. A esse respeito, convém notar os seguintes julgados:

> A jurisprudência atual e iterativa do Tribunal Superior do Trabalho consagra entendimento no sentido da possibilidade da acumulação dos cargos de técnico bancário com o de professor público. Esse acúmulo se ajusta à previsão do art. 37, XVI, b, da Constituição Federal, porquanto a função de técnico escriturário de banco tem natureza técnica, dada a exigência de conhecimentos especializados nas áreas financeira, contábil, mercantil e bancária. Precedentes. Decisão regional divergente. Recurso de revista conhecido e provido.[648]

> I - O Cargo de técnico judiciário categoria de assistente de taquígrafo judiciário é eminentemente técnico porque exige de seu ocupante adequada formação, conhecimento e domínio específicos dos símbolos que permitem a rápida apreensão das palavras. II - A regra inserta no art. 37, Item XVI, alínea "B" da Constituição da República permite a acumulação de cargo de magistério com o de técnico judiciário, categoria de assistente de taquigrafia, sendo irrelevante ser o cargo de nível médio, em face de suas atribuições.[649]

Por outro lado, o reverso da medalha também ocorre. Ainda que um cargo público exija para seu provimento o nível superior, o fato é que só essa característica não lhe garante a possibilidade de ser acumulável. Isso porque o constituinte erigiu, propositadamente, áreas sensíveis que permitissem ao servidor público a acumulação de cargos, desde que, no caso da educação, por exemplo, o cargo a ser acumulado com o de professor possuísse atribuições indiscutivelmente técnicas ou científicas.

Imagine-se o exemplo de um cargo que era de nível médio e que, por lei, passou a exigir nível superior para o provimento, porém, sem qualquer alteração em suas atribuições. Ora, embora a nova norma contemple o requisito de curso superior, o fato é que a ausência de alteração em suas atribuições impede que se considere tal cargo como sendo de nível superior ou técnico. A razão é simples: a intelecção da norma

---

647 BRASIL. [Constituição (1988)]. *Constituição da República Federativa do Brasil de 1988*. Brasília: Presidência da República, 1988. Disponível em: http://www.planalto.gov.br/ccivil_03/constituicao/constituicao.htm. Acesso em: 29 jan. 2020. Art. 37, inc. XVI, alínea "b".

648 BRASIL. Tribunal Superior do Trabalho. Recurso de Revista nº 13729720115090009. Sétima Turma. Rel. Cláudio Mascarenhas Brandão, 13.9.2017. *DEJT*, 22 set. 2017: "Recurso de Revista interposto antes da vigência da Lei nº 13.105/2015. Acumulação de cargos públicos. Técnico bancário e professor. Possibilidade".

649 BRASIL. Tribunal de Justiça do Distrito Federal e Territórios. Mandado de Segurança nº 787.097 DF. Acórdão nº 106552. Conselho Especial. Rel. Nívio Geraldo Gonçalves, 28.4.1998. *DJU*, 29 jul. 1998: Constitucional. Servidor Público. Acumulação. Exercício de cargo de magistério e de técnico judiciário, categoria de assistente de taquigrafia. Possibilidade. Permissão constitucional (Art. 37, XVI, Letra "B"). Ordem Concedida".

constitucional, constante da exigência de cargo técnico ou científico, não se alterou com a mudança na escolaridade exigida para ingresso no cargo público hipotético.

Em realidade, a acumulação de cargos de professor com outro científico ou técnico não prescinde da análise criteriosa das atribuições do cargo a ser acumulado, sob pena de malferir o sentido da norma constitucional. Relembre-se, sempre, que é na análise do caso concreto, também, que se comprova a compatibilidade horária, outro requisito indissociável para acumulação.

A respeito dessa matéria, o Tribunal de Contas do Distrito Federal analisou a acumulação de cargos, em duas oportunidades, observando exatamente as circunstâncias do caso concreto.

Em um deles, uma servidora acumulava os cargos de professora no Distrito Federal com o de técnica legislativa no Senado Federal. Aparentemente, o caso era de acumulação ilícita, porque o segundo cargo não seria, a princípio, técnico.

Nada obstante, aquele Tribunal entendeu que as atividades desenvolvidas pela servidora no Senado Federal revelavam a necessidade de conhecimento técnico, mormente porque desenvolvia atividades de elaboração de relatórios e pesquisas relacionas à tramitação de matérias e proposições legislativas, as quais não poderiam ser efetivadas por pessoa sem qualquer conhecimento técnico.

Entendeu a Corte de Contas que não seria arrazoado supor que uma pessoa sem conhecimento técnico pudesse exercer a coordenação de atividades que dão provimento às informações pertinentes ao processo legislativo. Assim, no caso concreto, a acumulação foi permitida.

No segundo caso, novamente, havia a acumulação de um cargo de professor no Distrito Federal com outro de técnico do Banco Central. Entendia-se, de plano, que a acumulação seria indevida, porque o cargo no Banco Central não seria técnico.

Entrementes, no exame do caso, reconheceu-se que a atividade no Banco Central exigia conhecimentos técnicos como: operação de equipamentos eletrônicos e programas bancários específicos; elaboração e preparação de mapas, gráficos e relatórios bancários; efetuação de cálculos diversos referentes às operações, programas e serviços de caixa e manutenção atualizada de operações, programas e serviços implantados eletronicamente.

Assim, a Corte considerou que restou evidenciada que a atividade de técnico bancário exige conhecimento técnico específico da atividade de banco, não podendo ser desempenhada por qualquer leigo, sem peculiar habilitação.

Um outro olhar, acerca da acumulação de cargos envolvendo o professor, ainda é possível. A ele.

Em verdade, a acumulação de cargos públicos é, por regra, proibida pelo constituinte, que fez questão, por isso mesmo, de eleger restritas situações em que seria tolerada. Uma dessas restrições diz respeito, exatamente, à função do professor, eis que incluído na área da educação, de sensível relevância no texto constitucional.

Não é sem propósito que a Constituição Federal dispõe, em seu art. 205, que a educação é direito de todos e dever do Estado e da família e será promovida com a colaboração da sociedade. É dizer: de tão proeminente, essa área conjuga obrigatoriamente a necessidade de esforços de três distintos eixos: legal (Estado), social (sociedade) e particular (família).

Assim, a não ser quando a ilegalidade é patente, crê-se que a exceção constitucional que privilegia a atuação do professor não pode ser restringida sem ampla fundamentação, sob pena de infringir tamanha diretriz traçada pelo próprio constituinte. Em decorrência dessa premissa, parece tangível que, sob forte possibilidade interpretativa, não se desconsidere a permissividade da acumulação. Veja-se, nesse sentido, julgado do TST que robustece a tese aqui defendida:

> [...] A regra constitucional de 1988 tem de ser lida em harmonia com o conjunto constitucional contemporâneo, em que se privilegia a educação, considerada como "direito de todos e dever do Estado e da família" (art. 5º, caput, CF; grifos acrescidos), devendo ser "promovida e incentivada com a colaboração da sociedade ..." (art. 5º, caput, CF, grifos acrescidos).
>
> A exceção constitucional do art. 37, XVI, b, não pode ser gravemente restringida de maneira a desestimular, desincentivar e deixar de promover a educação - reduzindo, por vias transversas, o manifesto dever do Estado fixado no art. 205, caput, da CF, e o dever de colaboração educacional de todas as entidades sociais existentes, inclusive as empresas estatais [...].[650]

O que se procura demonstrar é o real alcance do instituto da acumulação de cargos, que, antes de interessar ao servidor, deve atender aos anseios do Estado. Tanto assim, que, não de forma aleatória, as possibilidades de acumulação sempre recaem, como salientado, nas áreas de saúde e educação, sensíveis, por natureza, aos interesses da sociedade.

Sobre o tema, brilhante a análise já antiga no tempo, porém jovial na profundidade, realizada por Fernando Henrique Mendes de Almeida, ainda sob o pálio da Constituição de 1946: "[...] atendendo precisamente a que os cargos públicos são criados no interesse do serviço público e não no interesse dos indivíduos que os ocupam, as acumulações devem ser permitidas, quando não firam aquêle primeiro interesse".[651]

A reforma de gestão pública, promovida no país na década de noventa, previa a condição de um Estado brasileiro mais eficiente e mais moderno, que atendesse aos objetivos da sociedade. Por isso depreender-se, pela via de análise ora empreendida, que o instituto da acumulação de cargos seguisse a mesma ótica evidenciada na citação acima trazida à colação, ou seja, atendesse ao interesse estatal.

No que tange à acumulação de dois cargos ou empregos de profissionais de saúde, cabe esclarecer que a previsão constitucional se liga, diretamente, àquelas pessoas que exercem atividade técnica diretamente relacionada com a área de saúde, como os médicos, enfermeiros, odontólogos.

Isso implica dizer, portanto, que a acumulação permitida pela Carta Magna não envolve os servidores com funções administrativas, ainda que trabalhem em hospitais, casas de saúde ou similares. A propósito, cumpre trazer à colação a Resolução nº 287/1998, do Ministério da Saúde, na qual se encontra relação de cargos afeitos à área de saúde:

---

650 BRASIL. Tribunal Superior do Trabalho. AIRR nº 6737620115090019. Terceira Turma. Rel. Maurício Godinho Delgado, 17.2.2016. *DEJT*, 19 fev. 2016: "Agravo de Instrumento. Recurso de Revista. 1. Preliminar de nulidade processual por negativa de prestação jurisdicional. 2. Acumulação de cargos públicos. Técnico bancário e professor da rede estadual de ensino. Possibilidade. Permissão constitucional para acumulação de um cargo de professor com outro técnico ou científico (art. 37, XVI, cf). Decisão denegatória. Manutenção".

651 *Apud* OLIVEIRA, J. E. Abreu. *Aposentadoria no serviço público*. Rio de Janeiro: Freitas Bastos, 1970. p. 271.

> O Plenário do Conselho Nacional de Saúde em sua Octogésima Primeira Reunião Ordinária, realizada nos dias 07 e 08 de outubro de 1998, no uso de suas competências regimentais e atribuições conferidas pela Lei nº 8.080, de 19 de setembro de 1990, e pela Lei nº 8.142, de 28 de dezembro de 1990, considerando que:
>
> • a 8ª Conferência Nacional de Saúde concebeu a saúde como "direito de todos e dever do Estado" e ampliou a compreensão da relação saúde/doença como decorrência das condições de vida e trabalho, bem como do acesso igualitário de todos aos serviços de promoção, proteção e recuperação da saúde, colocando como uma das questões fundamentais a integralidade da atenção à saúde e a participação social;
>
> • a 10ª CNS reafirmou a necessidade de consolidar o Sistema Único de Saúde, com todos os seus princípios e objetivos;
>
> • a importância da ação interdisciplinar no âmbito da saúde; e
>
> • o reconhecimento da imprescindibilidade das ações realizadas pelos diferentes profissionais de nível superior constitui um avanço no que tange à concepção de saúde e à integralidade da atenção.
>
> RESOLVE:
>
> I - Relacionar as seguintes categorias profissionais de saúde de nível superior para fins de atuação do Conselho:
>
> 1. Assistentes Sociais;
> 2. Biólogos;
> 3. Biomédicos;
> 4. Profissionais de Educação Física;
> 5. Enfermeiros;
> 6. Farmacêuticos;
> 7. Fisioterapeutas;
> 8. Fonoaudiólogos;
> 9. Médicos;
> 10. Médicos Veterinários;
> 11. Nutricionistas;
> 12. Odontólogos;
> 13. Psicólogos; e
> 14. Terapeutas Ocupacionais.
>
> II - Com referência aos itens 1, 2, 3 e 10, a caracterização como profissional de saúde deve ater-se a dispositivos legais e aos Conselhos de Classe dessas categorias.[652]

Cabe enfatizar que a autorização constitucional exige que o cargo seja privativo de profissional de saúde. Nesse sentido, inadmite-se acumulação de cargo, cuja norma instituidora de ingresso estabelece como requisito qualquer nível superior, ainda que o agente público detenha um dos cursos relacionados pelo Conselho Nacional de Saúde.

Veja-se, por exemplo, que o requisito para assumir o cargo de auditor da Receita Federal do Brasil é ter qualquer nível superior. Dessa forma, o fato de um ocupante

---

[652] BRASIL. Ministério da Saúde. Conselho Nacional de Saúde. Categorias Profissionais de Saúde de Nível Superior. Resolução CNS nº 287, de 08 de outubro de 1998. *Boletim do Conselho Nacional de Saúde*, ano 1, n. 1, nov. 1998.

desse cargo ser formado em medicina não autoriza a acumulação de outra função pública de médico.

Cumpre realçar, quanto à matéria, a tese estabelecida pelo STF, por meio do Tema nº 1.081, de repercussão geral:

> As hipóteses excepcionais autorizadoras de acumulação de cargos públicos previstas na Constituição Federal sujeitam-se, unicamente, à existência de compatibilidade de horários, verificada no caso concreto, ainda que haja norma infraconstitucional que limite a jornada semanal.

Lado outro, não se pode conceber a ideia de que somente pode ser considerado cargo técnico de nível superior aquele que exigir habilitação específica. Em outras palavras, um cargo público que condiciona sua ocupação a qualquer curso superior, indistintamente, não seria acumulável.

Essa interpretação levaria a dizer que os cargos de auditor da Receita Federal do Brasil e do Tribunal de Contas da União, por exemplo, por exigirem escolaridade superior indistinta para sua ocupação, não são técnicos, o que seria um absurdo interpretativo, haja vista as funções eminentemente técnicas que os servidores desses órgãos exercem.

Veja-se, nesse sentido:[653]

> [...] a simples exigência de escolaridade de nível secundário para investidura de um determinado cargo público não o configura como cargo técnico para efeitos do dispositivo constitucional referente a acumulações lícitas, sendo irrelevantes a definição do cargo e ser ou não o servidor detentor de diploma de grau superior.

Outra questão interessante nessa análise é verificar, quando do ingresso do servidor no cargo, se a exigência era de ser profissional de saúde. Explica-se.

A carreira de auditor fiscal do trabalho, atualmente, exige qualquer nível superior, contudo, no passado, havia três cargos distintos: fiscal do trabalho, engenheiro do trabalho e médico do trabalho que foram unificados na nova carreira. Ora, se um médico ingressou sob a vigência da lei anterior, inexoravelmente, será considerado profissional de saúde. Nesse sentido há julgado do TCU:

> Pessoal. Aposentadoria. Cargos inacumuláveis. Ilegalidade e negativa de registro. Pedido de reexame. Acumulação de cargo de médico do trabalho transformado em cargo de auditor-fiscal do trabalho, na especialidade "medicina do trabalho", com cargo de médico. Essência das atividades profissionais exercidas privativas de profissionais com formação em medicina. Decisão judicial que reconhece a possibilidade de acumulação dos cargos. Comprovação da compatibilidade de horários. Conhecimento. Provimento. Legalidade e registro. Ciência.[654]

---

[653] BRASIL. Tribunal de Contas da União. *Processo nº 015.483/2001-0*. Acórdão 408/2004. Primeira Câmara. Data da sessão 9.3.2004.

[654] BRASIL. Tribunal de Contas da União. *Acórdão nº 1990/2018*. Primeira Câmara. Rel. Min. Bruno Dantas, 13.3.2018. Disponível em: https://pesquisa.apps.tcu.gov.br/#/redireciona/acordao-completo/%22ACORDAO-COMPLETO-2267381%22. Acesso em: 24 jun. 2020.

Outra reflexão ainda se faz necessária, notadamente a respeito do militar que acumula dois cargos, sendo um civil. Na redação conferida pela EC nº 18/1998, o militar das Forças Armadas, que tomasse posse em cargo ou emprego público civil permanente, deveria ser transferido para a reserva.

No entanto, a EC nº 77/2014 deu nova redação ao inc. II, do §3º, do art. 142 da Carta, dispondo que "o militar em atividade que tomar posse em cargo ou emprego público civil permanente, ressalvada a hipótese prevista no art. 37, inc. XVI, alínea 'c', será transferido para a reserva".[655]

Observe-se que o constituinte abriu uma possibilidade para que o militar das Forças Armadas pudesse acumular o cargo militar com outro cargo privativo de profissional de saúde (art. 37, inc. XVI, "c"). Assim, o que já era tolerado por jurisprudência, passou a viger normativamente, em casos de acumulação de cargo de militares médicos, enfermeiros etc.

Importante realçar, contudo, que o cargo militar também deve ser privativo de profissional de saúde, para que a acumulação seja permitida. Tal restrição impede, pois, que um sargento combatente do Exército, cuja graduação não é privativa de profissional de saúde, exerça também, por exemplo, um cargo civil de enfermeiro.

Note-se que, depois da exceção realizada pela EC nº 77/2014, permitindo a acumulação de cargos militares com outros civis privativos de profissionais de saúde, houve a edição da EC nº 101/2019,[656] cuja intenção era levar a exceção concedida às Forças Armadas também aos policiais militares e bombeiros militares dos estados e do Distrito Federal.

Nada obstante, conscientemente ou não, o constituinte alargou a exceção anterior, ao prever no §3º do art. 42 que se aplica "aos militares dos Estados, do Distrito Federal e dos Territórios o disposto no art. 37, inc. XVI, com prevalência da atividade militar".[657]

Ora, o art. 37, inc. XVI, permite a acumulação, além de dois cargos privativos de profissionais de saúde, também, de um cargo de professor com outro técnico ou científico. Passou-se a entender, pois, que o cargo militar seria o cargo técnico ou científico, de forma que os militares dos estados e do Distrito Federal, agora, podem acumular seu cargo com outro civil de professor.

Nada obstante, essa questão ainda merecerá maior debate. Isso, porque a definição do cargo militar como se fosse científico ou técnico comporta problemas. Lembre-se de que há estados que exigem nível superior para admissão de soldados, por exemplo, enquanto em outros tal exigência não existe. Assim, a atividade das praças pode ser considerada técnica ou somente de caráter operacional?

---

655 BRASIL. [Constituição (1988)]. *Emenda Constitucional nº 77, de 11 de fevereiro de 2014*. Disponível em: http://www.planalto.gov.br/ccivil_03/constituicao/emendas/emc/emc77.htm. Acesso em: 26 jun. 2020.

656 BRASIL. Constituição (1988)]. *Emenda Constitucional nº 101, de 3 de julho de 2019*. Acrescenta §3º ao art. 42 da Constituição Federal para estender aos militares dos Estados, do Distrito Federal e dos Territórios o direito à acumulação de cargos públicos prevista no art. 37, inciso XVI. Disponível em: http://www.planalto.gov.br/ccivil_03/constituicao/Emendas/Emc/emc101.htm. Acesso em: 23 jun. 2020.

657 BRASIL. [Constituição (1988)]. *Constituição da República Federativa do Brasil de 1988*. Brasília: Presidência da República, 1988. Disponível em: http://www.planalto.gov.br/ccivil_03/constituicao/constituicao.htm. Acesso em: 29 jan. 2020.

Será que o simples fato de exigir nível superior autorizaria a acumulação? Se a resposta for afirmativa, pode-se ter uma situação assimétrica, porquanto em certos entes subnacionais estaria autorizada a acumulação e, em outros, não.

Dessa forma, soa razoável que a análise se dê caso a caso, onde se possa extrair, de fato, as condições precípuas para que se confirme a natureza técnica ou científica do cargo militar.

O que se procura demonstrar é o real alcance do instituto da acumulação de cargos, que, antes de interessar ao servidor, deve atender aos anseios do Estado. Tanto assim, que, não de forma aleatória, as possibilidades de acumulação sempre recaem nas áreas de saúde e educação, sensíveis, por natureza, aos interesses da sociedade.

Em todo caso, para o que ora se debate, é importante deixar claro que, mesmo considerando o cargo militar como técnico ou científico, tal condição não possibilita o direito de acumular com outro cargo técnico ou científico. Note-se que a EC nº 101/2019 veio trazer isonomia dos militares dos estados com os civis e não lhes dar mais direitos do que os reconhecidos a estes. Sim, porque ao servidor ocupante de cargo civil não é permitido acumular dois cargos técnicos ou científicos. Tampouco ao militar a citada emenda garantiu tal benesse.

Assim, a acumulação do cargo militar de estado e do DF é permitida em dois casos: com outro civil que seja de professor, desde que, verificadas as atribuições do cargo militar em exame, se possa confirmar sua natureza técnica ou científica; ou, no caso de um cargo militar privativo de profissional de saúde com outro cargo ou emprego civil também privativo de profissional de saúde, com profissões regulamentadas.

Note-se, portanto, que não é possível conceber que um policial militar, por exemplo, de quadro diverso do quadro de saúde, possa exercer função cumulativa com cargo público civil de saúde.

Observe-se, nesse sentido, julgado do TJDFT:[658]

> APELAÇÃO CÍVEL. DIREITO CONSTITUCIONAL E ADMINISTRATIVO. MANDADO DE SEGURANÇA. ACUMULAÇÃO DE CARGOS PÚBLICOS. VEDAÇÃO CONSTITUCIONAL. EXCEÇÕES. CARGOS PRIVATIVOS DE PROFISSIONAIS DA SAÚDE. INTERPRETAÇÃO RESTRITIVA. CARGO CIVIL E MILITAR. TÉCNICO EM ENFERMAGEM E TERCEIRO SARGENTO DO CORPO MILITAR DE BOMBEIROS DO DISTRITO FEDERAL. IMPOSSIBILIDADE. SEM HONORÁRIOS. SENTENÇA MANTIDA.
>
> [...] 3.1 A simples lotação de bombeiro militar na qualificação QBMG em divisão ou departamento de saúde ou a assunção de função de Enfermeiro não é suficiente para considerar ser o impetrante ocupante de cargo de profissional da saúde, circunstância que inviabiliza o enquadramento no permissivo constitucional para a acumulação.
>
> 3.2 Como aponta o §2º do Art. 30 da Lei 8.255/1991, os quadros de oficiais em saúde no âmbito do Corpo de Bombeiros Militar do Distrito Federal são constituídos por aqueles que ingressaram na corporação mediante concurso específico para área da saúde, com exigência de diploma, o que não é a situação dos autos.
>
> 4. Apelação cível conhecida e desprovida. Sem majoração de honorários, com base na súmula 512 do STF.

658 BRASIL. TJDFT 07021768420208070018 DF 0702176-84.2020.8.07.0018. 3ª Turma Cível. Rel. Roberto Freitas, j. 18.8.2021. *DJe*, 3 set. 2021.

Assim, a acumulação será devida apenas para aqueles que, no caso do cargo militar, tenham ingressado na corporação mediante concurso público específico para a área da saúde, inclusive com a exigência de diploma.

A propósito, cumpre registrar que a referência normativa de cargos e empregos privativos de profissionais de saúde de nível superior, para fins de acumulação, deve ser a Resolução nº 287/1998, do Conselho Nacional de Saúde, a qual relaciona as seguintes categorias profissionais, a saber:

1. Assistentes Sociais;
2. Biólogos;
3. Biomédicos;
4. Profissionais de Educação Física;
5. Enfermeiros;
6. Farmacêuticos;
7. Fisioterapeutas;
8. Fonoaudiólogos;
9. Médicos;
10. Médicos Veterinários;
11. Nutricionistas;
12. Odontólogos;
13. Psicólogos; e
14. Terapeutas Ocupacionais.

A propósito do tema em discussão, o Tribunal de Contas do Distrito Federal adotou caminho similar ao ora exposto. Eis a decisão de que se fala:[659]

> DECISÃO Nº 4867/2021
>
> O Tribunal, por unanimidade, de acordo com o voto do Relator, decidiu: I – tomar conhecimento: a) da consulta formulada pelo Comandante-Geral da Polícia Militar do Distrito Federal – PMDF (Ofício n.º 355/2021 – PMDF/GCG/SAD/CH, Peça 28, e anexos, Peças 1/27 e 29), por meio da qual solicita manifestação do Tribunal de Contas do Distrito Federal - TCDF acerca da interpretação a ser dada à Emenda Constitucional n.º 101/2019; b) da Informação n.º 215/2021 – DIFIPE3 (Peça 32); c) do Parecer n.º 767/2021 – G3P/CF (Peça 36), da lavra da Procuradora Cláudia Fernanda de Oliveira Pereira; II – esclarecer àquela Corporação (incluso o Corpo de Bombeiros Militar do Distrito Federal - CBMDF), em resposta aos quesitos por ela formulados na consulta, que: a) com a promulgação da Emenda Constitucional n.º 101/2019, caso haja compatibilidade de horários, o militar pode cumular seu posto/graduação com cargo/emprego/função civil de professor (art. 37, inciso XVI, b), desde que, verificadas as atribuições do cargo militar em exame, seja possível confirmar sua natureza técnica ou científica; b) mesmo considerando o cargo militar, em observação, como técnico ou científico, tal condição não possibilita o direito de acumulação com outro cargo civil técnico ou científico. Isso porque a EC n.º 101/2019 veio trazer isonomia dos militares dos Estados com os civis e não lhes dar mais direitos do que os reconhecidos a esses; c) o militar da área de saúde (ingresso na Corporação em quadro privativo de saúde, com profissões regulamentadas) pode cumular seu posto/graduação com cargo/emprego/

[659] BRASIL. TCDF. *Processo nº 00600-00008243/2021-51-e*, j. 15.12.2021.

função civil privativo da área de saúde, com profissões regulamentadas; d) cabe ao Tribunal de Contas do Distrito Federal o controle externo sobre as acumulações incorridas pelos militares da PMDF e do CBMDF, tendo em vista que as referidas Corporações, apesar de serem organizadas e mantidas pela União (art. 21, inciso XIV, da CF), são instituições/órgãos do Distrito Federal e seus integrantes são militares do Distrito Federal; III – dar conhecimento desta decisão à Polícia Militar do Distrito Federal – PMDF, bem como ao Corpo de Bombeiros Militar do Distrito Federal – CBMDF; IV – autorizar o retorno dos autos à Sefipe/TCDF, para fins de arquivamento.

Em suma, à parte os problemas de interpretação, em regra, os militares das Forças Armadas podem acumular com cargo privativo de profissional de saúde,[660] enquanto os militares dos estados e do Distrito Federal podem tanto acumular seu cargo com outro privativo de profissional de saúde, quanto com um cargo de professor.

Soa estranho, juridicamente, tal cenário, principalmente pelo fato de que, constitucionalmente, apesar de os policiais e bombeiros militares serem forças auxiliares e reserva do Exército, acabam por ter mais direitos do que os militares daquela Força.

Outra questão específica, resolvida pelo STF, diz respeito à confirmação da natureza de função pública do titular de cartório. Assim, ficou vedada a possibilidade de um tabelião acumular a serventia com cargo público, ainda que se encontre afastado sem remuneração. Veja-se:

> 1. Apesar de não ocuparem efetivo cargo público, a função exercida pelos titulares de serventias extrajudiciais possui inegável natureza pública. 2. Dessa forma, aplicável ao caso a vedação prevista no inciso XVII do art. 37 da Constituição Federal, que estende a proibição de cumulação também para as funções públicas. 3. A impossibilidade de acumulação de cargos, empregos e funções se mantém, mesmo tendo sido concedida licença para o servidor. A concessão de qualquer licença, ainda que não remunerada, "não descaracteriza o vínculo jurídico do servidor com a Administração" (RE 382.389-AgR, Segunda Turma, Relª. Minª. Ellen Gracie). 4. Agravo a que se nega provimento por manifesta improcedência, com aplicação de multa de 2 (dois) salários mínimos, ficando a interposição de qualquer recurso condicionada ao prévio depósito do referido valor, em caso de decisão unânime (CPC/2015, art. 1.021, §§4º e 5º, c/c art. 81, §2º).[661]

Cumpre notar que, em caso de acumulação ilícita, a Lei nº 8.112/1990, que estabelece o regime jurídico único dos servidores civis da União, determina que o servidor opte por um dos cargos, para fins de regularização.

Deve-se salientar, contudo, que a acumulação ilícita é aquela definitiva, não adstrita a situações temporárias. Isso, porque podem ocorrer situações em que o servidor, embora ocupe cargos constitucionalmente inacumuláveis em função da incompatibilidade horária, encontra-se em situação de afastamento legal em um deles.

[660] Em um caso concreto, a cumulação de cargos de um militar chegou a ser considerada ilegal pelo TJDF. A EC nº 101/2019, entretanto, como fato novo permitiu que o TCDF considerasse a legalidade da acumulação de cargos (DISTRITO FEDERAL. Tribunal de Contas. *Processo nº 23.435/2013*. Cons. Inácio Magalhães Filho, 21.8.2019. Disponível em: www.tcdf.gov.br. Acesso em: 5 jul. 2020).

[661] BRASIL. Supremo Tribunal Federal. *MS nº 27.955/DF*. Rel. Min. Roberto Barroso, 17.8.2018. Disponível em: http://portal.stf.jus.br/processos/detalhe.asp?incidente=2671230. Acesso em: 24 jun. 2020: "Ementa: Direito Administrativo. Agravo interno em Mandado de Segurança. Ato do CNJ. Cumulação de delegação de serventia extrajudicial com cargo público. Servidor em Licença não remunerada".

Imagine-se, por exemplo, que um professor da rede pública de ensino passe em concurso público para outro cargo técnico, mas com incompatibilidade de horários. Caso ele esteja afastado do primeiro legalmente por interesse particular, não há impedimento para que assuma o segundo cargo, até que, posteriormente, seja novamente verificada a compatibilidade de horários e adotadas as medidas que se fizerem necessárias.

De fato, a análise deve ser feita no momento da admissão no segundo cargo, uma vez que o servidor em questão possui a garantia constitucional da acumulação dos cargos e não ofende também, no momento da admissão, a compatibilidade de horários, pelo motivo claro de que no cargo de origem não está exercendo qualquer carga horária.

Não se pode, portanto, afastar direitos de servidores em virtude de evento futuro e incerto quanto à sua consecução.

LIMITE REMUNERATÓRIO DO SERVIDOR PÚBLICO

Pode-se afirmar que o teto remuneratório dos servidores públicos foi concebido como mais uma ferramenta de interseção entre o Regime Próprio de Previdência Social e o Regime Geral de Previdência Social. Claramente, buscou o legislador equacionar os constantes balanços deficitários daquele primeiro regime, originários, em grande parte, segundo entendimento dominante, de remuneração por vezes desarrazoada paga, sem real limite, ao servidor público.

Pela importância até histórica, convém trazer à colação Exposição de Motivos dos Ministros da Previdência e da Casa Civil sobre a Proposta de Emenda Constitucional nº 40 (PEC nº 40), enviada ao presidente da República em 29.4.2003, que bem demonstra o que se pretendia, à época, com a instituição do teto remuneratório:

> Tal situação determina níveis médios de benefícios bastante discrepantes entre diferentes categorias de servidores ou entre essas categorias e os valores médios dos benefícios pagos pelo Regime Geral. Estes valores médios ocultam o fato de que há pessoas percebendo valores de benefícios extremamente elevados, que constituem uma afronta ética e moral em um país com a heterogeneidade social brasileira, no qual, para milhões de brasileiros, falta até mesmo o alimento básico à mesa diária. Esses benefícios extremamente elevados têm sua origem no fato de que o teto remuneratório geral dos três poderes previsto em texto constitucional até hoje não foi implementado.[662]

O texto original do inc. XI do art. 37 da Carta Política (que cuida do tema) remetia à lei a fixação do teto nos respectivos poderes, mas já fixava como limite máximo de remuneração aquela percebida por membros do Congresso Nacional, ministros do Supremo Tribunal Federal e seus correspondentes nos estados, no Distrito Federal e nos territórios; e, nos municípios, os valores percebidos como remuneração, em espécie, pelo prefeito. Posteriormente, esse dispositivo sofreu duas substanciais alterações.

Num primeiro momento, sob a égide da EC nº 19/1998, o teor do dispositivo passou a fixar, como teto único para os entes federativos, o subsídio mensal, em espécie, dos ministros do Supremo Tribunal Federal.

Depois, com o advento da EC nº 41/2003, a redação daquele dispositivo passou a estabelecer subtetos para os estados, Distrito Federal e municípios.

662 VEJA a íntegra da reforma da Reforma da Previdência. *Câmara dos Deputados*, 2 maio 2003. Disponível em: https://www.camara.leg.br/noticias/28730-veja-a-integra-da-pec-da-reforma-da-previdencia/. Acesso em: 26 jun. 2020.

Finalmente, com o advento do §12 do art. 37 (incluído pela EC nº 47/2005), o constituinte facultou aos estados e ao Distrito Federal fixar, em seu âmbito, mediante emenda às respectivas Constituições e Lei Orgânica, como limite único, o subsídio mensal dos desembargadores do respectivo Tribunal de Justiça, limitado a noventa inteiros e vinte e cinco centésimos por cento do subsídio mensal dos ministros do Supremo Tribunal Federal.

Atualmente, portanto, vigora a seguinte leitura do art. 37, inc. XI, da CF:

> XI - a remuneração e o subsídio dos ocupantes de cargos, funções e empregos públicos da Administração direta, autárquica e fundacional, dos membros de qualquer dos Poderes da União, dos Estados, do Distrito Federal e dos Municípios, dos detentores de mandato eletivo e dos demais agentes políticos e os proventos, pensões ou outra espécie remuneratória, percebidos cumulativamente ou não, incluídas as vantagens pessoais ou de qualquer outra natureza, não poderão exceder o subsídio mensal, em espécie, dos Ministros do Supremo Tribunal Federal, aplicando-se como limite, nos Municípios, o subsídio do Prefeito, e nos Estados e no Distrito Federal, o subsídio mensal do Governador no âmbito do Poder Executivo, o subsídio dos Deputados Estaduais e Distritais no âmbito do Poder Legislativo e o subsídio dos Desembargadores do Tribunal de Justiça, limitado a noventa inteiros e vinte e cinco centésimos por cento do subsídio mensal, em espécie, dos Ministros do Supremo Tribunal Federal, no âmbito do Poder Judiciário, aplicável este limite aos membros do Ministério Público, aos Procuradores e aos Defensores Públicos.[663]

A norma constitucional que cuida do teto remuneratório possui duas eficácias distintas: uma contida, outra plena, segundo a clássica lição de José Afonso da Silva. Assim se entende porque, em realidade, o constituinte prevê no art. 37, inc. XI, a aplicação imediata apenas do valor do teto remuneratório, qual seja, o subsídio percebido pelos ministros do Supremo Tribunal Federal (na órbita federal) e seus correspondentes nos municípios, estados e Distrito Federal.

De fato, acerca de tal valor, a Constituição adota norma de eficácia plena, pois, segundo o conceito de José Afonso da Silva:

> [...] quando essa regulamentação normativa é tal que se pode saber, com precisão, qual a conduta positiva ou negativa a seguir, relativamente ao interesse descrito na norma, é possível afirmar-se que esta é completa e juridicamente dotada de plena eficácia, embora possa não ser socialmente eficaz.[664]

É o que ocorre com o valor do subsídio ou de remuneração/proventos, que não poderá ultrapassar aqueles limites impostos pela Carta Magna. Todavia, outra coisa é saber o que deve ser considerado para compor tal limite. Noutras palavras, se de um lado tem-se o quantitativo o qual não se pode ultrapassar, por outro, não se tem, claramente, quais parcelas remuneratórias devem compor esse limite, quais podem ser

[663] BRASIL. [Constituição (1988)]. *Constituição da República Federativa do Brasil de 1988*. Brasília: Presidência da República, 1988. Disponível em: http://www.planalto.gov.br/ccivil_03/constituicao/constituicao.htm. Acesso em: 29 jan. 2020.

[664] SILVA, José Afonso. *Aplicabilidade das normas constitucionais*. 5. ed. São Paulo: Malheiros, 2001. p. 99.

pagas à deriva de tal ordenamento, por isso a sua eficácia contida, na qual, segundo José Afonso da Silva:

> [...] o legislador constituinte regulou suficientemente os interesses relativos a determinada matéria, mas deixou margem à atuação restritiva por parte da competência discricionária do Poder Público, nos termos que a lei estabelecer ou nos termos de conceitos gerais nelas enunciado.[665]

Ganha relevo a interpretação acerca da eficácia contida de parte da norma, no que tange à composição do teto remuneratório, no fato de haver verdadeira miríade de normas que versam sobre o que deve e o que não deve fazer parte do teto remuneratório aplicável aos servidores públicos.

13.1 Normas que tratam do teto remuneratório dos servidores públicos

Para melhor compreensão do limite remuneratório importa analisar a origem de algumas das normas mais relevantes.

13.1.1 Origem constitucional

> O artigo 37, inciso XI, da CF/1988, na redação original, continha os seguintes preceitos: [...] a lei fixará o limite máximo e a relação de valores entre a maior e a menor remuneração dos servidores públicos, observados, como limites máximos e no âmbito dos respectivos Poderes, os valores percebidos como remuneração, em espécie, a qualquer título, por membros do Congresso Nacional, Ministros de Estado e Ministros do Supremo Tribunal Federal e seus correspondentes nos Estados, no Distrito Federal e nos Territórios, e, nos Municípios, os valores percebidos como remuneração, em espécie, pelo Prefeito; [...].[666]

A seu turno, o art. 17 do Ato das Disposições Constitucionais Transitórias previa:

> Os vencimentos, a remuneração, as vantagens e os adicionais, bem como os proventos de aposentadoria que estejam sendo percebidos em desacordo com a Constituição, serão imediatamente reduzidos aos limites dela decorrentes, não se admitindo, neste caso, invocação de direito adquirido ou percepção de excesso a qualquer título; [...].[667]

Na redação atual, o art. 37, inc. XI, da CF, estabelece:

> [...] a remuneração e o subsídio dos ocupantes de cargos, funções e empregos públicos da Administração direta, autárquica e fundacional, dos membros de qualquer dos Poderes da União, dos Estados, do Distrito Federal e dos Municípios, dos detentores de mandato eletivo

---

[665] SILVA, José Afonso. *Aplicabilidade das normas constitucionais*. 5. ed. São Paulo: Malheiros, 2001. p. 115.

[666] BRASIL. [Constituição (1988)]. *Constituição da República Federativa do Brasil de 1988*. Brasília: Presidência da República, 1988. Disponível em: http://www.planalto.gov.br/ccivil_03/constituicao/constituicao.htm. Acesso em: 29 jan. 2020.

[667] BRASIL. [Constituição (1988)]. *Constituição da República Federativa do Brasil de 1988*. Brasília: Presidência da República, 1988. Disponível em: http://www.planalto.gov.br/ccivil_03/constituicao/constituicao.htm. Acesso em: 29 jan. 2020. ADCT.

e dos demais agentes políticos e os proventos, pensões ou outra espécie remuneratória, percebidos cumulativamente ou não, incluídas as vantagens pessoais ou de qualquer outra natureza, não poderão exceder o subsídio mensal, em espécie, dos Ministros do Supremo Tribunal Federal, aplicando-se como limite, nos Municípios, o subsídio do Prefeito, e nos Estados e no Distrito Federal, o subsídio mensal do Governador no âmbito do Poder Executivo, o subsídio dos Deputados Estaduais e Distritais no âmbito do Poder Legislativo e o subsídio dos Desembargadores do Tribunal de Justiça, limitado a noventa inteiros e vinte e cinco centésimos por cento do subsídio mensal, em espécie, dos Ministros do Supremo Tribunal Federal, no âmbito do Poder Judiciário, aplicável este limite aos membros do Ministério Público, aos Procuradores e aos Defensores Públicos.[668]

O §9º do art. 37 da CF/1988 prevê:

O disposto no inciso XI aplica-se às empresas públicas e às sociedades de economia mista, e suas subsidiárias, que receberem recursos da União, dos Estados, do Distrito Federal ou dos Municípios para pagamento de despesas de pessoal ou de custeio em geral.[669]

O §12 do art. 37 da CF/1988 prevê:

Para os fins do disposto no inciso XI do caput deste artigo, fica facultado aos Estados e ao Distrito Federal fixar, em seu âmbito, mediante emenda às respectivas Constituições e Lei Orgânica, como limite único, o subsídio mensal dos Desembargadores do respectivo Tribunal de Justiça, limitado a noventa inteiros e vinte e cinco centésimos por cento do subsídio mensal dos Ministros do Supremo Tribunal Federal, não se aplicando o disposto neste parágrafo aos subsídios dos Deputados Estaduais e Distritais e dos Vereadores.[670]

O art. 39, §5º da CF/1988 estabelece:

Lei da União, dos Estados, do Distrito Federal e dos Municípios poderá estabelecer a relação entre a maior e a menor remuneração dos servidores públicos, obedecido, em qualquer caso, o disposto no art. 37, XI.[671]

13.1.2 Origem legal

A Lei nº 8.216/1991 prevê, em seu art. 25, o pagamento por vínculo:

---

[668] BRASIL. [Constituição (1988)]. *Constituição da República Federativa do Brasil de 1988*. Brasília: Presidência da República, 1988. Disponível em: http://www.planalto.gov.br/ccivil_03/constituicao/constituicao.htm. Acesso em: 29 jan. 2020. Redação dada pela Emenda Constitucional nº 41, 19.12.2003.

[669] BRASIL. [Constituição (1988)]. *Constituição da República Federativa do Brasil de 1988*. Brasília: Presidência da República, 1988. Disponível em: http://www.planalto.gov.br/ccivil_03/constituicao/constituicao.htm. Acesso em: 29 jan. 2020. Incluído pela EC nº 19/1998.

[670] BRASIL. [Constituição (1988)]. *Constituição da República Federativa do Brasil de 1988*. Brasília: Presidência da República, 1988. Disponível em: http://www.planalto.gov.br/ccivil_03/constituicao/constituicao.htm. Acesso em: 29 jan. 2020. Incluído pela EC nº 47, de 2005.

[671] BRASIL. [Constituição (1988)]. *Constituição da República Federativa do Brasil de 1988*. Brasília: Presidência da República, 1988. Disponível em: http://www.planalto.gov.br/ccivil_03/constituicao/constituicao.htm. Acesso em: 29 jan. 2020. Incluído pela EC nº 19/1998.

Nas hipóteses de acumulação constitucionalmente admitida, o limite máximo de remuneração mensal será observado em relação a cada cargo, emprego e função.[672]

A Lei nº 8.448/1992 prevê, em seu art. 1º:

A remuneração mensal de servidor da Administração Pública direta, autárquica e fundacional, de qualquer dos Poderes da União, terá como limite máximo, no âmbito de cada Poder, os valores percebidos como remuneração no mesmo período, em espécie, a qualquer título, por:

I - membro do Congresso Nacional;

II - Ministro de Estado;

III - Ministro do Supremo Tribunal Federal.[673]

A Lei nº 8.852/1994 dispõe, em seu art. 2º:

Para os fins do inciso XII do art. 37 da Constituição Federal, o maior valor de vencimentos corresponderá, no Poder Executivo, a no máximo 90% (noventa por cento) da remuneração devida a Ministro de Estado.[674]

A Lei nº 9.624/1998 prevê, no art. 10:

O maior valor de vencimentos a que se refere o art. 2º da Lei nº 8.852, de 04 de fevereiro de 1994, passa a corresponder a, no máximo, oitenta por cento da remuneração devida a Ministro de Estado.[675]

13.1.3 Origem no Supremo Tribunal Federal

A ADI nº 14 estabeleceu que as vantagens individuais – também chamadas "vantagens pessoais" – e as vantagens relativas à natureza e local de trabalho deveriam ser excluídas dos limites máximos de remuneração.[676]

O Supremo Tribunal Federal definiu que a gratificação de presença – remuneração devida aos ministros do STF que atuam junto ao TSE – não estaria sujeita à incidência do teto remuneratório. Segundo os ministros do STF, o recebimento de tal gratificação justificar-se-ia pelo fato de tratar-se de acumulação não apenas autorizada, mas determinada pela Constituição Federal. Nessa mesma oportunidade, a Excelsa Corte também definiu que a gratificação por exercício da presidência ficava inserida no teto remuneratório previsto pela EC nº 41/2003. Eis os termos:

---

672 BRASIL. Lei nº 8.216, de 13 de agosto de 1991. Dispõe sobre antecipação a ser compensada quando da revisão geral da remuneração dos servidores públicos, corrige e reestrutura tabelas de vencimentos e dá outras providências. *Diário Oficial da União [da] República Federativa do Brasil*, Brasília, 15 ago. 1991.

673 BRASIL. Lei nº 8.448, de 21 de julho de 1992. Regulamenta os arts. 37, inciso XI e 39, §1º da Constituição Federal e dá outras providências. *Diário Oficial da União [da] República Federativa do Brasil*, Brasília, 22 jul. 1992.

674 BRASIL. Lei nº 8.852, de 04 de fevereiro de 1994. Dispõe sobre a aplicação dos arts. 37, incisos XI e XII, e 39, §1º, da Constituição Federal, e dá outras providências. *Diário Oficial da União [da] República Federativa do Brasil*, Brasília, 5 abr. 1994.

675 BRASIL. *Lei nº 9.624, de 02 de abril de 1998*. Altera dispositivos da Lei nº 8.911, de 11 de julho de 1994, e dá outras providências. Disponível em: http://www.planalto.gov.br/ccivil_03/Leis/L9624.htm. Acesso em: 26 jun. 2020.

676 BRASIL. Supremo Tribunal Federal. ADI nº 14/DF. Tribunal Pleno. Rel. Min. Célio Borja. *Diário da Justiça*, 1º dez. 1989. p. 17759.

4. Nesses termos, cumpre explicitar que o vencimento devido aos Ministros é de R$3.989,81 (três mil, novecentos e oitenta e nove reais e oitenta e um centavos); a representação mensal, de 222% do vencimento básico, que corresponde a R$8.857,38 (oito mil, oitocentos e cinqüenta e sete reais e trinta e oito centavos) (Decreto-Lei 2371/87), o que soma R$12.847,19 (doze mil, oitocentos e quarenta e sete reais e dezenove centavos), valor esse que serve de base para o cálculo do adicional de tempo de serviço, que, observado o patamar de 35%, corresponde a R$4.496,52 (quatro mil, quatrocentos e noventa e seis reais e cinqüenta e dois centavos), totalizando R$17.343,71 (dezessete mil, trezentos e quarenta e três reais e setenta e um centavos).

5. É relevante considerar-se, ainda, que o Decreto-Lei nº 1.525/77, com a redação dada pelo Decreto-Lei nº 1.604/78, manda acrescer à representação mensal devida ao Presidente da Corte o percentual de 20% (vinte por cento), correspondente a R$1.771,48 (um mil, setecentos e setenta e um reais e quarenta e oito centavos).

6. Vê-se, em conseqüência, que hoje, a maior remuneração atribuída a um Ministro em exercício no Tribunal é a do Presidente, que, por possuir também 07 qüinqüênios, recebe, na forma da lei, a título de vencimentos, representação mensal e adicional por tempo de serviço, um total de R$19.115,19 (dezenove mil, cento e quinze reais e dezenove centavos).

7. Colocada a questão nestes exatos termos, não me parece possível se possa emprestar outra exegese ao tema, para que se dê cumprimento à regra de transição do artigo 8º da EC nº 41/2003, com vistas ao estabelecimento do teto.

8. Apresentados estes dados – frise-se, sem cogitar ou levar em conta minha situação pessoal, na medida em que traduziria atitude menor e posicionamento mesquinho incompatível com a minha vida pública –, deixo claro que adoto esse entendimento com base estritamente no direito assegurado pelo texto promulgado, destinado a todos os agentes públicos, de sorte a observar-se para fins de limite remuneratório, o valor da maior remuneração atribuída por lei a Ministro do STF e que hoje corresponde à minha, como Presidente do Tribunal, que perfaz o total, como dito, de R$19.115,19 (dezenove mil, cento e quinze reais e dezenove centavos).

9. Não se pode subtrair dessas pessoas esse direito que, mal ou bem, reflete o novo ordenamento constitucional e conforma, segundo os termos das leis vigentes, o seu comando normativo.

10. Em conclusão, estou em que o valor fixado pela Emenda Constitucional nº 41/03 corresponde a R$19.115,19 (dezenove mil, cento e quinze reais e dezenove centavos), que engloba a "maior remuneração atribuída por lei na data de publicação desta Emenda a Ministro do Supremo Tribunal Federal, a título de vencimento, de representação mensal e da parcela recebida em razão de tempo de serviço".

11. Estabelecido o valor do teto, impõe-se que o Tribunal enfrente, desde logo, a questão afeta à remuneração devida aos Ministros desta Corte que, de igual modo, atuam junto ao Tribunal Superior Eleitoral. Ali a gratificação de presença é devida na forma da Lei nº 8.350/91 e corresponde a 3% do vencimento básico de Ministro do STF por sessão, até o máximo de 08 (oito), que corresponde a R$3.082,52 (três mil, oitenta e dois reais e cinqüenta e dois centavos), limite esse que pode chegar a 15 (quinze) em épocas de eleição, o que totaliza R$5.779,72 (cinco mil, setecentos e setenta e nove reais e setenta e dois centavos).

12. Assim sendo, as remunerações cumuladas podem variar de R$20.426,23 (vinte mil, quatrocentos e vinte e seis reais e vinte e três centavos) a R$23.213,89 (vinte e três mil, duzentos e treze reais e oitenta e nove centavos), considerado o adicional de 35%. Por oportuno, registre-se que nos termos do Decreto-Lei nº 1.525/77, já mencionado, seu Presidente recebe um acréscimo de 15% como verba de representação mensal, o que importa em mais R$1.328,60 (um mil, trezentos e vinte e oitos reais e sessenta centavos).

13. Entendo, em conseqüência, que no caso específico não há falar-se em somatório das remunerações para fins de teto. A Constituição Federal, desde sua redação primitiva, não apenas autorizou, mas determinou, que houvesse a acumulação dos cargos de Ministros do STF e do TSE. A letra "a" do inciso I do artigo 119 estabelece que comporão o Tribunal Superior Eleitoral três Ministros do Supremo Tribunal Federal. Trata-se, assim, de regra permissiva de acumulação e, mais do que isso, imperativo constitucional para que se opere o exercício concomitante dos cargos, daí resultando inviável que outra norma de igual hierarquia impeça, ainda que indiretamente, a incidência e aplicação da previsão constitucional.

14. É fato que a Emenda não está a vedar, de forma direta, a mencionada acumulação. Nos exatos termos em que colocada, porém, o exercício simultâneo de cargos ficará obstado de forma reflexa, a exigir, desde logo, interpretação conforme a Constituição, de modo a harmonizar, efetivamente, seus comandos. Não é possível aceitar que uma norma autorize e determine a acumulação e outra venha a proibi-la, total ou parcialmente. É inadmissível aqui conflito de normas constitucionais que ostentam igual hierarquia, e por isso mesmo reclama se faça uma ponderação simétrica de seus valores.

15. Invoco a práxis da interpretação harmônica e teleológica do texto constitucional para concluir que, na situação particular da acumulação dos cargos de Ministros do Supremo Tribunal Federal e do Tribunal Superior Eleitoral, autorizada e mesmo determinada pelo artigo 119 da Constituição, não se aplica a cumulação das remunerações para fixação do teto ou, em outras palavras, as remunerações respectivas, para fins da aplicação do inciso XI do artigo 37, que deverão, nesse caso específico, ser consideradas isoladamente. Somente estarão sujeitas à redução se, em uma ou outra situação, per se, ultrapassar o limite fixado pela EC nº 41/03.[677]

O STF decidiu que as remunerações acima do teto – subsídio de ministro do STF – quando percebidas legitimamente antes da EC nº 45/2004, não poderiam ser reduzidas nem mesmo por determinação da própria emenda, em função de o princípio da irredutibilidade de vencimentos constituir-se cláusula pétrea da Constituição.[678] Assim, os magistrados que recebiam vantagens pessoais incorporadas acima do teto continuariam a recebê-las até o momento em que o subsídio sofresse um aumento que viesse a absorvê-las.

De forma diversa, porém, há julgados da Corte Suprema[679] em que se afirmou não caber estender o entendimento firmado no MS nº 24.875/DF, porque os magistrados eram beneficiários da ultra-atividade do art. 184 da Lei nº 1.711/1952[680] e também porque, na fixação do subsídio em parcela única, presumem-se incluídas todas as vantagens pecuniárias de cunho remuneratório.

---

677 BRASIL. Supremo Tribunal Federal. *Processo Administrativo nº 319269*. Sessão Administrativa. Min. Maurício Corrêa, Brasília, 5.2.2004. Assunto: Teto – EC nº 41/2003.

678 BRASIL. Supremo Tribunal Federal. MS nº 24.875/DF. Tribunal Pleno. Rel. Min. Sepúlveda Pertence. *Diário da Justiça*, 6 out. 2006. p. 33.

679 *Ex vi* BRASIL. Supremo Tribunal Federal. RE nº 477.447 AgR/MG. Rel. Min. Eros Grau. Segunda Turma. *Diário da Justiça*, 24 nov. 2006, p. 87; BRASIL. Supremo Tribunal Federal. RE nº 537.316/SP. Rel. Min. Cármen Lúcia. *Diário da Justiça*, 14 ago. 2007, p. 100; BRASIL. Supremo Tribunal Federal. RE nº 549.010/MG. Rel. Min. Cármen Lúcia. *Diário da Justiça*, 7 ago. 2007, p. 159; e BRASIL. Supremo Tribunal Federal. AI nº 661.855 ED/RJ. Emb. Decl. no Agravo de Instrumento. Rel. Min. Cármen Lúcia. *Diário da Justiça eletrônico*, 20 fev. 2009.

680 BRASIL. Lei nº 1.711, de 28 de outubro de 1952. Dispõe sôbre o Estatuto dos Funcionários Públicos Civis da União. Diário *Oficial da União [da] República Federativa do Brasil*, Brasília, 1º nov. 1952. Revogada pela Lei nº 8.112/1990.

O STF reconheceu a existência de repercussão geral para o caso em que o TJ-GO não se limitou a excluir as vantagens de caráter pessoal da incidência do teto remuneratório, afastando também, indistintamente, a incidência do limite remuneratório de que trata a EC nº 41/2003. Para o TJ, a situação dos servidores públicos que terão suas remunerações intocáveis "remanescerá transitoriamente", até que haja "absorção em decorrência da fixação de novos limites remuneratórios, preservando os subsídios adquiridos enquanto faziam parte da ativa".[681]

A Excelsa Corte ainda reconheceu a existência de repercussão geral acerca de questões constitucionais relativas: à inclusão de vantagens pessoais no teto remuneratório estadual após a EC nº 41/2003;[682] no que tange à aplicabilidade do teto remuneratório sobre parcelas de aposentadorias percebidas cumulativamente;[683] e referente à aplicabilidade do teto remuneratório à soma das remunerações provenientes da cumulação de dois cargos públicos privativos de médico.[684]

Pois bem. Vejamos as consequências dos procedimentos admitidos pela Suprema Corte, como de repercussão geral.

No caso da exclusão das vantagens de caráter pessoal da incidência do teto remuneratório, oriundo do Tribunal de Justiça do Estado de Goiás, tratado no RE nº 609.381, o STF apresentou o seguinte entendimento:

> 1. O teto de retribuição estabelecido pela Emenda Constitucional 41/03 possui eficácia imediata, submetendo às referências de valor máximo nele discriminadas todas as verbas de natureza remuneratória percebidas pelos servidores públicos da União, Estados, Distrito Federal e Municípios, ainda que adquiridas de acordo com regime legal anterior. 2. A observância da norma de teto de retribuição representa verdadeira condição de legitimidade para o pagamento das remunerações no serviço público. Os valores que ultrapassam os limites pré-estabelecidos para cada nível federativo na Constituição Federal constituem excesso cujo pagamento não pode ser reclamado com amparo na garantia da irredutibilidade de vencimentos. 3. A incidência da garantia constitucional da irredutibilidade exige a presença cumulativa de pelo menos dois requisitos: (a) que o padrão remuneratório nominal tenha sido obtido conforme o direito, e não de maneira ilícita, ainda que por equívoco da Administração Pública; e (b) que o padrão remuneratório nominal esteja compreendido dentro do limite máximo pré-definido pela Constituição Federal. O pagamento de remunerações superiores aos tetos de retribuição de cada um dos níveis federativos traduz exemplo de violação qualificada do texto constitucional. 4. Recurso extraordinário provido.[685]

---

681 BRASIL. Supremo Tribunal Federal. RE nº 609.381 RG/GO. Repercussão Geral no Recurso Extraordinário. Rel. Min. Ayres Britto. *Diário da Justiça eletrônico*, 2 maio 2012.

682 BRASIL. Supremo Tribunal Federal. RE nº 606.358 RG/SP. Repercussão Geral no Recurso Extraordinário.Rel. Min. Ellen Gracie. *Diário da Justiça eletrônico*, 4 jun. 2010.

683 BRASIL. Supremo Tribunal Federal. RE nº 612.975 RG/MT. Repercussão Geral no Recurso Extraordinário. Rel. Min. Marco Aurélio. *Diário da Justiça eletrônico*, 26 abr. 2011.

684 BRASIL. Supremo Tribunal Federal. RE nº 602.043 RG/MT. Repercussão Geral no Recurso Extraordinário. Rel. Min. Marco Aurélio. *Diário da Justiça eletrônico*, 17 maio 2011.

685 BRASIL. Supremo Tribunal Federal. *RE nº 609381*. Tribunal Pleno. Rel. Min. Teori Zavascki, 2.10.2014. Disponível em: https://jurisprudencia.stf.jus.br/pages/search/sjur287677/false. Acesso em: 5 jul. 2020: "Constitucional e Administrativo. Teto de retribuição. Emenda Constitucional 41/03. Eficácia imediata dos limites máximos nela fixados. Excessos. Percepção não respaldada Pela garantia da irredutibilidade".

No que tange à inclusão de vantagens pessoais no teto remuneratório estadual após a EC nº 41/2003, decidiu o STF:

> 1. Computam-se para efeito de observância do teto remuneratório do art. 37, XI, da Constituição da República também os valores percebidos anteriormente à vigência da Emenda Constitucional nº 41/2003 a título de vantagens pessoais pelo servidor público, dispensada a restituição dos valores recebidos em excesso de boa-fé até o dia 18 de novembro de 2015. 2. O âmbito de incidência da garantia de irredutibilidade de vencimentos (art. 37, XV, da Lei Maior) não alcança valores excedentes do limite definido no art. 37, XI, da Constituição da República. 3. Traduz afronta direta ao art. 37, XI e XV, da Constituição da República a exclusão, da base de incidência do teto remuneratório, de valores percebidos, ainda que antes do advento da Emenda Constitucional nº 41/2003, a título de vantagens pessoais. 4. Recurso extraordinário conhecido e provido.[686]

No que diz respeito à aplicabilidade do teto remuneratório sobre parcelas de aposentadorias percebidas cumulativamente, assim se posicionou a Suprema Corte:

> Nas situações jurídicas em que a Constituição Federal autoriza a acumulação de cargos, o teto remuneratório é considerado em relação à remuneração de cada um deles, e não ao somatório do que recebido.[687]

Quanto à aplicabilidade do teto remuneratório à soma das remunerações provenientes da cumulação de dois cargos públicos privativos de médico, decidiu o STF de maneira semelhante ao posicionamento acima citado, ou seja, no sentido de que, nas acumulações constitucionalmente permitidas, "o teto remuneratório é considerado em relação à remuneração de cada um deles, e não ao somatório do que recebido".

A partir de então, passou-se a discutir quando se daria a modificação na prática. É dizer: qual o marco para aplicação do entendimento sufragado pelo STF?

Analisando o tema, o TCU entendeu que seria a contar da data de publicação da ata de julgamento do STF. Eis os termos do acórdão:

> [...] 9.1.5. os pagamentos decorrentes de excessos remuneratórios percebidos além do teto, nos casos de acumulações lícitas de remunerações e proventos, vedada a aplicação retroativa do entendimento ora firmado, devem ter como marco inicial para reposições ao erário a data de 04/05/2017 que corresponde à publicação da Ata de Julgamento dos REs 602.043 e 612.975, pelo STF (Ata n. 14, de 27/04/2017. DJE n. 93, de 04/05/2017), quando a matéria foi definitivamente assentada por aquela Corte Maior, com repercussão geral reconhecida e julgada, devendo ser assegurada aos interessados a instauração de prévio processo administrativo em que seja conferido direito ao contraditório e à ampla defesa, sem que

---

686 BRASIL. Supremo Tribunal Federal. *RE nº 606.358/SP*. Tribunal Pleno. Rel. Min. Rosa Weber, 18.11.2015. Disponível em: https://jurisprudencia.stf.jus.br/pages/search/sjur344473/false. Acesso em: 5 jul. 2020: "Recurso Extraordinário. Direito Administrativo e Constitucional. Servidores públicos. Remuneração. Incidência do teto de retribuição. Vantagens pessoais. Valores percebidos antes do advento da Emenda Constitucional nº 41/2003. Inclusão. Art. 37, XI e XV, da Constituição da República".

687 BRASIL. Supremo Tribunal Federal. *RE nº 612.975 RG/MT*. Repercussão Geral no Recurso Extraordinário. Tribunal Pleno. Rel. Min. Marco Aurélio, 1º.8.2018. Disponível em: https://jurisprudencia.stf.jus.br/pages/search/sjur373104/false. Acesso em: 5 jul. 2020: "Teto Constitucional – Acumulação De Cargos – Alcance".

sejam afastados outros marcos temporais definidos em processos específicos do TCU, com vistas a ressarcimento de verbas recebidas acima do teto vencimental.[688]

Nada obstante a definição dada pela Corte Constitucional brasileira, algumas dúvidas ainda remanesceram na aplicação prática do referido *decisum*. Afinal, o entendimento do STF abarcaria também as situações previstas no §10 do art. 37 da Constituição, que permite, por exceção, a percepção simultânea de proventos de RPPS e de regime de proteção social dos militares com remuneração de cargos acumuláveis, cargos em comissão e mandato eletivo?

O TCU enfrentou o tema ao responder processo de consulta do TST, nos termos a seguir reproduzidos:

> [...] 9.1. com fundamento no art. 1º, inciso XVII, da Lei 8.443/92 (Lei Orgânica do TCU) combinado com o art. 264 do Regimento Interno, conhecer da presente consulta para, no mérito, responder à consulente que, considerando o decidido pelo Supremo Tribunal Federal quando do julgamento do RE 602.043 e do RE 612.975, ambos com repercussão geral reconhecida e ambos da relatoria do Ministro Marco Aurélio, julgados em 27/4/2017, com trânsito em julgado em 21/9/2018 e 2/10/2018, e ainda o decidido pelo TCU nos Acórdãos 501/2018 – Plenário, relator Ministro Benjamin Zymler e 504/2018 – Plenário, relator Ministro-Substituto Marcos Bemquerer Costa:
>
> 9.1.1. no caso de percepção simultânea de proventos do Regime Próprio de Previdência dos Servidores Públicos Federais e do Regime Geral de Previdência Social, o teto constitucional previsto no art. 37, inciso XI, da Constituição Federal deve incidir sobre cada um dos proventos isoladamente;
>
> 9.1.2. na hipótese de acumulação de proventos de aposentadoria com a remuneração decorrente do exercício de cargo em comissão, considera-se, para fins de incidência do teto constitucional previsto no art. 37, inciso XI, da Constituição Federal, cada rendimento isoladamente.[689]

Uma outra questão, ainda, mereceu maior reflexão, no que concerne às situações submetidas ao art. 11 da EC nº 20/1998, o qual afasta a regra geral de vedação de recebimento de proventos com vencimentos/subsídio aos servidores que se encontravam nessa situação em 16.12.1998, data da promulgação da mencionada norma constitucional.

A esse respeito, o STF decidiu:

> 1. O Tribunal de Justiça do Distrito Federal e dos Territórios confirmou o entendimento do Juízo quanto à improcedência do pedido de teto diferenciado, considerada a cumulação de proventos com remuneração de cargo. No extraordinário, os recorrentes alegam a violação dos artigos 37, inciso XI e §10, e 137, inciso XV, da Constituição Federal, 17 do Ato das Disposições Constitucionais Transitórias e 3º, §3º, da Emenda Constitucional nº 20/1998. Dizem incabível o teto unificado, porquanto retornaram e assumiram novos cargos em data anterior à reforma administrativa. Aludem a precedentes do Supremo.

---

[688] BRASIL. Tribunal de Contas da União. *Processo TC nº 001.816/2004*. Acórdão nº 504/2018. Rel. Min. Marcos Bemquerer, 14.3.2018. Disponível em: https://pesquisa.apps.tcu.gov.br/#/redireciona/jurisprudencia-selecionada/%22JURISPRUDENCIA-SELECIONADA-53625%22. Acesso em: 26 jun. 2020.

[689] BRASIL. Tribunal de Contas da União. *Processo TC nº 027.477/2018-5*. Acórdão nº 1092/2019. Plenário. Rel. Min. Raimundo Carrero, 15.5.2019. Disponível em: https://pesquisa.apps.tcu.gov.br/#/redireciona/acordao-completo/%22ACORDAO-COMPLETO-2348860%22. Acesso em: 26 jun. 2020.

> 2. No caso, não se trata de exercício cumulativo de cargos, mas da existência de cumulação lícita entre proventos e remuneração, porquanto os novos ingressos ocorreram, por concurso público, após a inativação nos primeiros e antes da promulgação da Emenda Constitucional nº 20/1998. Estando as situações enquadradas na exceção estabelecida pela Lei Maior, tem-se a pertinência do decidido no recurso extraordinário nº 612.975, de minha relatoria, julgado no Pleno sob a óptica da repercussão geral.
>
> Confiram com a seguinte ementa:
>
> TETO CONSTITUCIONAL ACUMULAÇÃO DE CARGOS ALCANCE. Nas situações jurídicas em que a Constituição Federal autoriza a acumulação de cargos, o teto remuneratório é considerado em relação à remuneração de cada um deles, e não ao somatório do que recebido.
>
> 3. Ante o precedente, dou provimento ao recurso extraordinário interposto por Jorge Caetano e outros para, reformando o acórdão recorrido, julgar improcedentes os pedidos.
>
> 4. Publiquem.[690]

Ainda sobre o tema, convém destacar decisão adotada pelo STF, em sede de repercussão geral, na qual se impediu a aplicação do teto, após o abatimento dos descontos compulsórios. Veja-se:

> O Tribunal, apreciando o tema 639 da repercussão geral, por unanimidade e nos termos do voto da Relatora, negou provimento ao recurso extraordinário, fixando-se a tese de que, subtraído o montante que exceder o teto e o subteto previsto no art. 37, inciso XI, da Constituição, tem-se o valor para base de cálculo para a incidência do imposto de renda e da contribuição previdenciária.[691]

Enfim, questão que sempre foi objeto de debates é saber se o servidor público, aposentado pelo RPPS, poderia assumir um novo cargo ou emprego público e acumular proventos com o valor da remuneração da nova função, posto que as situações jurídicas não são autorizadas constitucionalmente. Há situações que demandam atenção mais amiúde. Veja-se.

Necessário se faz destacar que aqui não se está a tratar de acumulações de cargos públicos e sim de percepção cumulativa de benefício de aposentadoria com remuneração de funções públicas efetivas.

Pois bem. A leitura do dispositivo constitucional citado é precisa ao indicar que a proibição somente é aplicável quando os proventos derivarem do art. 40, ou dos arts. 42 e 142 da CF, ou seja, não alcança os valores percebidos em função do art. 201, oriundos do INSS, e os do art. 202, referentes à previdência complementar.

Note-se, assim, que, no caso de o servidor já perceber proventos de RPPS, a proibição de percepção concomitante com remuneração de outro cargo é absoluta e objetiva.

Contudo, é preciso deixar claro que inexiste óbice para a assunção do novel cargo, desde que o servidor aposentado solicite a suspensão do pagamento de seus proventos

---

690 BRASIL. Supremo Tribunal Federal. *RE nº 1243441/DF*. Rel. Min. Marco Aurélio, 19.11.2019. Disponível em: www.stf.jus.br. Acesso em: 26 jun. 2020: "Decisão. Servidor público – Acumulação – Teto – Repercussão Geral Julgada – Recurso Extraordinário – Provimento".

691 BRASIL. Supremo Tribunal Federal. *Recurso Extraordinário nº 675978*. Rel. Min. Cármen Lúcia, 15.4.2015. Disponível em: www.stf.jus.br. Acesso em: 26 jun. 2020.

e não a renúncia. Dessa forma, a previsão constante da ON nº 02/2009/MPS (§3º do art. 76), no sentido de que "o servidor inativo para ser investido em cargo público efetivo não acumulável com aquele que gerou a aposentadoria deverá renunciar aos proventos", deve ser entendida em seus devidos limites.

Isso porque a hipótese constitucional é de vedação de acumulação de proventos com vencimentos e não de que tal situação não possa porventura existir, até porque aposentadoria é forma de vacância de cargo público. Portanto, aposentado não ocupa vaga e também deixa de deter titularidade da função pública.

Esse entendimento encontra eco em acórdão publicado pelo TCU. Observe-se:

> Sumário: REPRESENTAÇÃO. EMBARGOS DE DECLARAÇÃO. REQUISITOS DE ADMISSIBILIDADE PREENCHIDOS. CONHECIMENTO. AUSÊNCIA DE OMISSÃO, CONTRADIÇÃO OU OBSCURIDADE. AUSÊNCIA DE ERROR IN PROCEDENDO. REJEIÇÃO. [...]. 4. Ocorre a vacância do cargo público com a aposentadoria do servidor, podendo o cargo vago ser preenchido imediatamente pelo seu novo titular (Lei 8.112/1990, art. 33, inciso VII). 5. Não incide na acumulação indevida de cargos públicos de que trata o art. 37, inciso XVI e §10, da Constituição Federal no caso em que inativo passe a ocupar novo cargo público, desde que haja a abdicação expressa pelo inativo dos proventos da sua aposentadoria.[692]

13.1.4 Origem no Conselho Nacional de Justiça

O Conselho Nacional de Justiça foi inserido no ordenamento jurídico-constitucional, por força da EC nº 45/2004, que estabeleceu no art. 103-B, §4º, sua competência para controle da ação administrativa e financeira do Poder Judiciário e do cumprimento dos deveres funcionais dos juízes. Nesse sentido, a Resolução CNJ nº 13, de 21.3.2006, tratou do teto remuneratório, nos seguintes termos:

> Art. 1º No âmbito do Poder Judiciário da União, o valor do teto remuneratório, nos termos do art. 37, inciso XI, da Constituição Federal, combinado com o seu art. 93, inciso V, é o subsídio de Ministro do Supremo Tribunal Federal e corresponde a R$24.500,00 (vinte e quatro mil e quinhentos reais).
>
> Art. 2º Nos órgãos do Poder Judiciário dos Estados, o teto remuneratório constitucional é o valor do subsídio de Desembargador do Tribunal de Justiça, que não pode exceder a 90,25% (noventa inteiros e vinte e cinco centésimos por cento) do subsídio mensal de Ministro do Supremo Tribunal Federal. (eficácia suspensa pela ADI 3854)
>
> Art. 3º O subsídio mensal dos magistrados constitui-se exclusivamente de parcela única, vedado o acréscimo de qualquer gratificação, adicional, abono, prêmio, verba de representação ou outra espécie remuneratória, de qualquer origem.
>
> Art. 4º Estão compreendidas no subsídio dos magistrados e por ele extintas as seguintes verbas do regime remuneratório anterior:
>
> I - vencimentos:
>
> a) no Poder Judiciário da União, os previstos na Lei nº 10.474/02 e na Resolução STF nº 257/03;
>
> b) no Poder Judiciário dos Estados, os fixados nas tabelas das leis estaduais respectivas.
>
> II - gratificações de:

---

[692] BRASIL. Tribunal de Contas da União. *Acórdão nº 959/2008*. Processo 030.947/2007-4. Plenário. Rel. Ubiratan Aguiar. Representação. Data da sessão: 28.5.2008.

a) Vice-Corregedor de Tribunal;

b) Membros dos Conselhos de Administração ou de Magistratura dos Tribunais;

c) Presidente de Câmara, Seção ou Turma;

d) Juiz Regional de Menores;

e) exercício de Juizado Especial Adjunto;

f) Vice-Diretor de Escola;

g) Ouvidor;

h) grupos de trabalho e comissões;

i) plantão;

j) Juiz Orientador do Disque Judiciário;

k) Decanato;

l) Trabalho extraordinário;

m) Gratificação de função.

III - adicionais:

a) no Poder Judiciário da União, o Adicional por Tempo de Serviço previsto na Lei Complementar nº 35/79 (LOMAN), art. 65, inciso VIII;

b) no Poder Judiciário dos Estados, os adicionais por tempo de serviço em suas diversas formas, tais como: anuênio, biênio, triênio, sexta-parte, "cascatinha", 15% e 25%, e trintenário.

IV - abonos;

V - prêmios;

VI - verbas de representação;

VII - vantagens de qualquer natureza, tais como:

a) gratificação por exercício de mandato (Presidente, Vice-Presidente, Corregedor, Diretor de Foro e outros encargos de direção e confiança);

b) parcela de isonomia ou equivalência;

c) vantagens pessoais e as nominalmente identificadas (VPNI);

d) diferenças individuais para compensar decréscimo remuneratório;

e) gratificação de permanência em serviço mantida nos proventos e nas pensões estatutárias;

f) quintos; e

g) ajuda de custo para capacitação profissional.

VIII - outras verbas, de qualquer origem, que não estejam explicitamente excluídas pelo art. 5º.

Art. 5º As seguintes verbas não estão abrangidas pelo subsídio e não são por ele extintas:

I - de caráter permanente: retribuição pelo exercício, enquanto este perdurar, em comarca de difícil provimento;

II - de caráter eventual ou temporário:

a) exercício da Presidência de Tribunal e de Conselho de Magistratura, da Vice-Presidência e do encargo de Corregedor;

b) investidura como Diretor de Foro;

c) exercício cumulativo de atribuições, como nos casos de atuação em comarcas integradas, varas distintas na mesma Comarca ou circunscrição, distintas jurisdições e juizados especiais;

d) substituições;

e) diferença de entrância;

f) coordenação de Juizados;

g) direção de escola;

h) valores pagos em atraso, sujeitos ao cotejo com o teto junto com a remuneração do mês de competência;

i) exercício como Juiz Auxiliar na Presidência, na Vice-Presidência, na Corregedoria e no Segundo Grau de Jurisdição;

j) participação em Turma Recursal dos Juizados Especiais.

Parágrafo único. A soma das verbas previstas neste artigo com o subsídio mensal não poderá exceder os tetos referidos nos artigos 1º e 2º, ressalvado o disposto na alínea "h" deste artigo.

Art. 6º Para efeito de percepção cumulativa de subsídios, remuneração ou proventos, juntamente com pensão decorrente de falecimento de cônjuge ou companheira(o), observar-se-á o limite fixado na Constituição Federal como teto remuneratório, hipótese em que deverão ser considerados individualmente.

Art. 7º Não podem exceder o valor do teto remuneratório, embora não se somem entre si e nem com a remuneração do mês em que se der o pagamento:

I - adiantamento de férias;

II - décimo terceiro salário;

III - terço constitucional de férias.

Art. 8º Ficam excluídas da incidência do teto remuneratório constitucional as seguintes verbas:

I - de caráter indenizatório, previstas em lei:

a) ajuda de custo para mudança e transporte;

b) auxílio-moradia;

c) diárias;

d) auxílio-funeral;

e) indenização de férias não gozadas; (revogada pela Resolução nº 27, de 18.12.06);

f) indenização de transporte;

g) outras parcelas indenizatórias previstas na Lei Orgânica da Magistratura Nacional de que trata o art. 93 da Constituição Federal.

II - de caráter permanente:

a) remuneração ou provento decorrente do exercício do magistério, nos termos do art. 95, parágrafo único, inciso I, da Constituição Federal; e

b) benefícios percebidos de planos de previdência instituídos por entidades fechadas, ainda que extintas.

III - de caráter eventual ou temporário:

a) auxílio pré-escolar;

b) benefícios de plano de assistência médico-social;

c) devolução de valores tributários e/ou contribuições previdenciárias indevidamente recolhidos;

d) gratificação pelo exercício da função eleitoral, prevista nos art. 1º e 2º da Lei nº 8.350, de 28 de dezembro de 1991, na redação dada pela Lei nº 11.143, de 26 de julho de 2005;

e) gratificação de magistério por hora-aula proferida no âmbito do Poder Público;

f) bolsa de estudo que tenha caráter remuneratório.

IV - abono de permanência em serviço, no mesmo valor da contribuição previdenciária, conforme previsto no art. 40, §19, da Constituição Federal, incluído pela Emenda Constitucional nº 41, de 31 de dezembro de 2003.

Parágrafo único. É vedada, no cotejo com o teto remuneratório, a exclusão de verbas que não estejam arroladas nos incisos e alíneas deste artigo.

Art. 9º As retribuições referidas no artigo 5º mantêm a mesma base de cálculo anteriormente estabelecida, ficando seus valores sujeitos apenas aos índices gerais de reajuste, vedada, até que sobrevenha lei específica de iniciativa do Poder Judiciário, a adoção do subsídio como base de cálculo.

Art. 10. Até que se edite o novo Estatuto da Magistratura, fica vedada a concessão de adicionais ou vantagens pecuniárias não previstas na Lei Complementar nº 35/79 (LOMAN), bem como em bases e limites superiores aos nela fixados.

Art. 11. Os Tribunais publicarão, no Diário Oficial respectivo, até 15 de janeiro de cada ano, os valores do subsídio e da remuneração de seus magistrados, em cumprimento ao disposto no §6º do art. 39 da Constituição Federal.

Art. 12. Os Tribunais ajustar-se-ão, a partir do mês de junho de 2006, inclusive, aos termos desta Resolução.

Parágrafo único. Os Presidentes dos tribunais enviarão ao Conselho Nacional de Justiça, no mês de julho de 2006, relatório circunstanciado das medidas efetivadas, constando os subsídios dos membros do Poder Judiciário e os vencimentos de seus servidores.

Art. 13. O Conselho Nacional de Justiça editará resolução específica para os servidores do Poder Judiciário e para a magistratura dos Estados que não adotam o subsídio.

Art. 14. Esta Resolução entra em vigor na data de sua publicação.[693]

Na mesma data, foi publicada a Resolução nº 14, de 21.3.2006, que trata do teto remuneratório para os servidores do Poder Judiciário e Magistratura dos estados:

Art. 1º O teto remuneratório para os servidores do Poder Judiciário da União, nos termos do inciso XI do art. 37 da Constituição Federal, é o subsídio de Ministro do Supremo Tribunal Federal e corresponde a R$24.500,00 (vinte e quatro mil e quinhentos reais).

Parágrafo único. Enquanto não editadas as leis estaduais referidas no art. 93, inciso V, da Constituição Federal, o limite remuneratório dos magistrados e servidores dos Tribunais de Justiça corresponde a 90,25% (noventa inteiros e vinte e cinco centésimos por cento) do teto remuneratório constitucional referido no caput, nos termos do disposto no art. 8º da Emenda Constitucional nº 41/2003. (eficácia suspensa pela ADI 3854)

Art. 2º Estão sujeitas aos tetos remuneratórios previstos no art. 1º as seguintes verbas:

I - de caráter permanente:

a) vencimentos fixados nas tabelas respectivas;

b) verbas de representação;

c) parcelas de equivalência ou isonomia;

d) abonos;

e) prêmios;

f) adicionais, inclusive anuênios, biênios, triênios, qüinqüênios, sexta-parte, "cascatinha", 15% e 25%, trintenário e quaisquer outros referentes a tempo de serviço;

g) gratificações;

h) vantagens de qualquer natureza, tais como:

---

693 BRASIL. Conselho Nacional de Justiça. Resolução nº 13 de 21 março de 2006. Dispõe sobre a aplicação do teto remuneratório constitucional e do subsídio mensal dos membros da magistratura *DJ*, n. 62, p. 145, 30 mar. 2006. Disponível em: https://atos.cnj.jus.br/atos/detalhar/atos-normativos?documento=177. Acesso em: 5 jul. 2020. Atualizada até a Resolução nº 42 de 11.9.2007.

1. gratificação por exercício de mandato (Presidente, Vice-Presidente, Corregedor, Diretor de Foro e outros encargos de direção e confiança);

2. diferenças individuais para compensar decréscimo remuneratório;

3. verba de permanência em serviço mantida nos proventos e nas pensões estatutárias;

4. quintos;

5. vantagens pessoais e as nominalmente identificadas – VPNI;

6. ajuda de custo para capacitação profissional.

i) retribuição pelo exercício, enquanto este perdurar, em comarca de difícil provimento;

j) proventos e pensões estatutárias;

k) percepção cumulativa de remuneração, proventos e pensões, de qualquer origem, nos termos do art. 37, inciso XI da Constituição Federal, ressalvado o disposto no art. 4º desta Resolução. (revogado pela Resolução nº 42, de 11.09.07)

l - outras verbas remuneratórias, de qualquer origem;

II - de caráter eventual ou temporário:

a) gratificação pelo exercício de encargos de direção: Presidente de Tribunal e de Conselho, Vice-Presidente, Corregedor e Vice-Corregedor, Conselheiro, Presidente de Câmara, Seção ou Turma, Diretor de Foro, Coordenador de Juizados Especiais, Diretor e Vice-Diretor de Escola e outros;

b) exercício cumulativo de atribuições, como nos casos de atuação em comarcas integradas, varas distintas na mesma Comarca ou circunscrição, distintas jurisdições e juizados especiais;

c) substituições;

d) diferença de entrância;

e) gratificação por outros encargos na magistratura, tais como: Juiz Auxiliar na Presidência, na Vice-Presidência, na Corregedoria, e no segundo grau de jurisdição, Ouvidor, Grupos de Trabalho e Comissões, Plantão, Juiz Regional de Menores, Juizado Especial Adjunto, Juiz Orientador do Disque Judiciário, e Turma Recursal;

f) remuneração pelo exercício de função comissionada ou cargo em comissão;

g) abono, verba de representação e qualquer outra espécie remuneratória referente à remuneração do cargo e à de seu ocupante;

h) valores pagos em atraso, sujeitos ao cotejo com o teto junto com a remuneração do mês de competência;

III - outras verbas, de qualquer origem, que não estejam explicitamente excluídas pelo art. 4º.

Parágrafo único: Para efeito de percepção cumulativa de subsídios, remuneração ou proventos, juntamente com pensão decorrente de falecimento de cônjuge ou companheira(o), observar-se-á o limite fixado na Constituição Federal como teto remuneratório, hipótese em que deverão ser considerados individualmente. (Incluído pela Resolução nº 42, de 11.09.07)

Art. 3º Não podem exceder o valor do teto remuneratório, embora não se somem entre si e nem com a remuneração do mês em que se der o pagamento:

I - adiantamento de férias;

II - décimo terceiro salário;

III - terço constitucional de férias;

IV - trabalho extraordinário de servidores.

Art. 4º Ficam excluídas da incidência do teto remuneratório constitucional as seguintes verbas:

I - de caráter indenizatório, previstas em lei:

a) ajuda de custo para mudança e transporte;

b) auxílio-alimentação;

c) auxílio-moradia;

d) diárias;

e) auxílio-funeral;

f) auxílio-reclusão;

g) auxílio-transporte;

h) indenização de férias não gozadas;

i) indenização de transporte;

j) licença-prêmio convertida em pecúnia;

k) outras parcelas indenizatórias previstas em lei e, para os magistrados, as previstas na Lei Orgânica da Magistratura Nacional de que trata o art. 93 da Constituição Federal.

II - de caráter permanente:

a) remuneração ou provento de magistrado decorrente do exercício do magistério, nos termos do art. 95, parágrafo único, inciso I, da Constituição Federal.

b) benefícios percebidos de planos de previdência instituídos por entidades fechadas, ainda que extintas.

III - de caráter eventual ou temporário:

a) auxílio pré-escolar;

b) benefícios de plano de assistência médico-social;

c) devolução de valores tributários e/ou contribuições previdenciárias indevidamente recolhidos;

d) gratificação do magistrado pelo exercício da função eleitoral, prevista nos art. 1º e 2º da Lei nº 8.350, de 28 de dezembro de 1991, na redação dada pela Lei nº 11.143, de 26 de julho de 2005;

e) gratificação de magistério por hora-aula proferida no âmbito do Poder Público;

f) bolsa de estudo que tenha caráter remuneratório.

IV - abono de permanência em serviço, no mesmo valor da contribuição previdenciária, conforme previsto no art. 40, §19, da Constituição Federal, incluído pela Emenda Constitucional nº 41, de 31 de dezembro de 2003.

Parágrafo único. É vedada, no cotejo com o teto remuneratório, a exclusão de verbas que não estejam arroladas nos incisos e alíneas deste artigo.

Art. 5º É vedado ao Poder Judiciário dos Estados:

I - conceder adicionais ou vantagens pecuniárias não previstas na Lei Complementar nº 35/79 (LOMAN), bem como em bases e limites superiores aos nela fixados;

II - propor alteração nas leis que dispõem sobre verbas remuneratórias dos magistrados, salvo para reestruturação das carreiras com fixação do subsídio.

III - conceder, após a vigência do teto remuneratório fixado no parágrafo único do art. 1º desta Resolução, vantagens pecuniárias automáticas em razão da alteração do subsídio de Ministro do Supremo Tribunal Federal.

Art. 6º Os Tribunais publicação, no Diário Oficial respectivo, até 15 de janeiro de cada ano, os valores da remuneração de seus magistrados e dos cargos e empregos públicos de seus servidores, em cumprimento ao disposto no §6º do art. 39 da Constituição Federal.

Art. 7º Os Tribunais ajustar-se-ão, a partir do mês de junho de 2006, inclusive, aos termos desta Resolução.

> Parágrafo único. Os Presidentes dos Tribunais enviarão ao Conselho Nacional de Justiça, no mês de julho de 2006, relatório circunstanciado das medidas efetivadas, constando a remuneração dos membros do Poder Judiciário e a de seus servidores.
>
> Art. 8º Esta Resolução entra em vigor na data de sua publicação.[694]

13.1.5 Origem no Conselho Nacional do Ministério Público

O Conselho Nacional do Ministério Público foi inserido no ordenamento jurídico-constitucional, por força da EC nº 45/2004, que estabeleceu no art. 103-A, §2º, sua competência para controle da ação administrativa e financeira do Ministério Público. Nesse sentido, a Resolução CNMP nº 9, de 5.6.2006, tratou do teto remuneratório, nos seguintes termos:

> Art. 1º No Ministério Público da União, compreendidos o Ministério Público Federal, o do Trabalho, o Militar e o do Distrito Federal e Territórios, e no Ministério Público dos Estados o valor do teto remuneratório, nos termos do art. 37, inciso XI, da Constituição Federal, é o subsídio de Ministro do Supremo Tribunal Federal.
>
> Art. 2º No Ministério Público dos Estados, o valor do subsídio não poderá exceder a 90,25% (noventa inteiros e vinte e cinco centésimos por cento) do subsídio do Ministro do Supremo Tribunal Federal.
>
> Art. 3º O subsídio mensal dos membros do Ministério Público da União e dos Estados constitui-se exclusivamente de parcela única, vedado o acréscimo de qualquer gratificação, adicional, abono, prêmio, verba de representação ou outra espécie remuneratória.
>
> Art. 4º Estão compreendidas no subsídio de que trata o artigo anterior e são por esse extintas todas as parcelas do regime remuneratório anterior, exceto as decorrentes de:
>
> I - diferença de entrância ou substituição ou exercício cumulativo de atribuições;
>
> II - gratificação pelo exercício da função de Procurador-Geral, Vice Procurador-Geral ou equivalente e Corregedor-Geral, quando não houver a fixação de subsídio próprio para as referidas funções;
>
> III - gratificação pelo exercício de função de direção, chefia ou assessoramento nos gabinetes do Procurador-Geral, Vice Procurador-Geral ou equivalente, Corregedor-Geral ou em outros órgãos do respectivo Ministério Público, do Conselho Nacional do Ministério Público e do Conselho Nacional de Justiça, na forma prevista no inciso V do art. 37 da Constituição Federal;
>
> IV - exercício em local de difícil provimento;
>
> V - incorporação de vantagens pessoais decorrentes de exercício de função de direção, chefia ou assessoramento e da aplicação do parágrafo único do art. 232 da Lei Complementar nº 75 de 1993, ou equivalente nos Estados, aos que preencheram os seus requisitos até a publicação da Emenda Constitucional nº 20, em 16 de dezembro de 1998;
>
> VI - direção de escola do Ministério Público;
>
> VII - gratificação pelo exercício de função em conselhos ou em órgãos colegiados externos cuja participação do membro do Ministério Público decorra de lei.
>
> Parágrafo único. A soma das verbas previstas neste artigo com o subsídio mensal não poderá exceder o teto remuneratório constitucional.

---

694 BRASIL. Conselho Nacional de Justiça. *Resolução nº 14 de 21 de março de 2006*. Dispõe sobre a aplicação do teto remuneratório constitucional para os servidores do Poder Judiciário e para a magistratura dos Estados. Disponível em: https://atos.cnj.jus.br/atos/detalhar/atos-normativos?documento=178. Acesso em: 26 jun. 2020. Atualizada até a Resolução nº 42 de 11.9.2007.

Art. 5º Está sujeita ao teto remuneratório a percepção cumulativa de subsídios, remuneração e proventos, de qualquer origem, nos termos do art. 37, inciso XI, da Constituição Federal, ressalvado o disposto no art. 7º desta Resolução.

Art. 6º Estão sujeitas ao teto constitucional todas as parcelas remuneratórias, inclusive as vantagens pessoais, exceto as seguintes verbas:

I - de caráter indenizatório:

a) ajuda de custo para mudança e transporte;

b) auxílio-alimentação;

c) auxílio-moradia;

d) diárias;

e) auxílio-funeral;

f) indenização de férias não gozadas;

g) indenização de transporte;

h) licença-prêmio convertida em pecúnia;

i) outras parcelas indenizatórias previstas em lei.

II - de caráter permanente:

a) benefícios percebidos de planos de previdência instituídos por entidades fechadas, ainda que extintas;

b) benefícios percebidos do Instituto Nacional do Seguro Social – INSS em decorrência de recolhimento de contribuição previdenciária oriunda de rendimentos de atividade exclusivamente privada.

III - de caráter eventual ou temporário:

a) auxílio pré-escolar;

b) benefícios de plano de assistência médico-social;

c) bolsa de estudo que tenha caráter remuneratório;

d) devolução de valores tributários e/ou contribuições previdenciárias indevidamente recolhidas.

Parágrafo único. É vedada, no cotejo com o teto remuneratório, a exclusão de parcelas que não estejam arroladas nos incisos e alíneas deste artigo.

Art. 7º Não podem exceder o valor do teto remuneratório, embora não sejam somados entre si, nem com a remuneração do mês em que se der o pagamento:

I - adiantamento de férias;

II - gratificação natalina;

III - adicional constitucional de férias;

IV - remuneração ou provento decorrente do magistério, nos termos do art. 128;

V - gratificação pela prestação de serviço à Justiça Eleitoral de que trata o art. 50, VI, da Lei nº 8.625/93 e a Lei nº 8.350/91;

VI - gratificação pela participação, como membro, em sessão do Conselho Nacional do Ministério Público ou do Conselho Nacional de Justiça;

VII - gratificação de magistério por hora-aula proferida no âmbito do Poder Público;

VIII - abono de permanência em serviço, no mesmo valor da contribuição previdenciária, conforme previsto no art. 40, §19, da Constituição Federal, incluído pela Emenda Constitucional nº 41, de 31 de dezembro de 2003;

IX - pensão por morte.

> Parágrafo único. O adiantamento de férias previsto no inciso I fica sujeito ao cotejo com o teto do mês de competência da remuneração antecipada.
>
> Art. 8º Os valores nominais pagos em atraso ficam sujeitos, juntamente com a remuneração do mês de competência, ao cotejo com o teto, observadas as regras estabelecidas pela legislação vigente ao tempo em que deveriam ter sido satisfeitos.
>
> Art. 9º As retribuições de que trata o art. 4º mantêm a mesma base de cálculo anteriormente estabelecida, ficando seus valores sujeitos apenas aos índices gerais de reajuste, vedada, até que sobrevenha lei específica de iniciativa do Ministério Público, a adoção do subsídio como base de cálculo.
>
> Art. 10. O Ministério Público da União e dos Estados publicarão, no Diário Oficial respectivo, até o dia 15 de janeiro de cada ano, os valores do subsídio e da remuneração dos cargos e empregos públicos de seus servidores, em cumprimento ao disposto no §6º do art. 39 da Constituição Federal.
>
> Art. 11. Os atos necessários ao cumprimento integral desta Resolução deverão ser adotados no prazo de 90 (noventa) dias.
>
> Parágrafo único. Os Procuradores-Gerais encaminharão ao Conselho Nacional do Ministério Público, no prazo de 120 (cento e vinte) dias, relatório circunstanciado sobre as medidas adotadas, no qual deverá estar informado o valor dos subsídios de seus membros e da remuneração de seus servidores.
>
> Art. 12. Esta Resolução entra em vigor na data de sua publicação.[695]

Para os servidores do Ministério Público da União foi publicada a Resolução nº 10, de 19.6.2006, que trata do teto remuneratório nos seguintes termos:

> Art. 1º O teto remuneratório para os servidores do Ministério Público da União, nos termos do inciso XI do art. 37 da Constituição Federal, é o subsídio de Ministro do Supremo Tribunal Federal e corresponde a R$24.500,00 (vinte e quatro mil e quinhentos reais).
>
> Art. 2º No Ministério Público dos Estados, o valor do teto remuneratório constitucional corresponde ao subsídio do Ministro do Supremo Tribunal Federal.
>
> Art. 3º Está sujeita ao teto remuneratório a percepção cumulativa de subsídios, remuneração e proventos, de qualquer origem, nos termos do art. 37, inciso XI, da Constituição Federal, ressalvado o disposto no art. 5º desta Resolução.
>
> Art. 4º Estão sujeitas ao teto constitucional todas as parcelas remuneratórias, inclusive as vantagens pessoais, exceto as seguintes verbas:
>
> I - de caráter indenizatório:
>
> a) ajuda de custo para mudança e transporte;
>
> b) auxílio-alimentação;
>
> c) auxílio-moradia;
>
> d) diárias;
>
> e) auxílio-funeral;
>
> f) auxílio-transporte;
>
> g) indenização de férias não gozadas;
>
> h) indenização de transporte;

[695] BRASIL. Conselho Nacional do Ministério Público. *Resolução nº 9 de 5 junho de 2006*. Dispõe sobre a aplicação do teto remuneratório constitucional e do subsídio mensal dos membros do Ministério Público. Disponível em: https://www.cnmp.mp.br/portal/images/Resolucoes/Resolu%C3%A7%C3%A3o-0091.pdf. Acesso em: 27 jun. 2020.

i) licença-prêmio convertida em pecúnia;

j) outras parcelas indenizatórias previstas em lei.

II - de caráter permanente:

a) benefícios percebidos de planos de previdência instituídos por entidades fechadas, ainda que extintas;

b) benefícios percebidos do Instituto Nacional do Seguro Social – INSS em decorrência de recolhimento de contribuição previdenciária oriunda de rendimentos de atividade exclusivamente privada.

III - de caráter eventual ou temporário:

a) auxílio pré-escolar;

b) benefícios de plano de assistência médico-social;

c) bolsa de estudo que tenha caráter remuneratório;

d) devolução de valores tributários e/ou contribuições previdenciárias indevidamente recolhidas.

Parágrafo único. É vedada, no cotejo com o teto remuneratório, a exclusão de parcelas que não estejam arroladas nos incisos e alíneas deste artigo.

Art. 5º Não podem exceder o valor do teto remuneratório, embora não se somem entre si nem com a remuneração do mês em que se der o pagamento:

I - adiantamento de férias;

II - gratificação natalina;

III - adicional constitucional de férias;

IV - remuneração ou provento decorrente do magistério, nos termos do art. 128, inciso II, alínea d, da Constituição Federal;

V - gratificação pela prestação de serviço à Justiça Eleitoral de que trata o art. 50, VI, da Lei nº 8.625/93 e a Lei nº 8.350/91;

VI - gratificação pela participação, como membro, em sessão do Conselho Nacional do Ministério Público ou do Conselho Nacional de Justiça;

VII - gratificação de magistério por hora-aula proferida no âmbito do Poder Público;

VIII - abono de permanência em serviço, no mesmo valor da contribuição previdenciária, conforme previsto no art. 40, §19, da Constituição Federal, incluído pela Emenda Constitucional nº 41, de 31 de dezembro de 2003;

IX - pensão por morte.

Parágrafo único. O adiantamento de férias previsto no inciso I fica sujeito ao cotejo com o teto do mês de competência da remuneração antecipada.

Art. 6º Os valores nominais pagos em atraso ficam sujeitos, juntamente com a remuneração do mês de competência, ao cotejo com o teto, observadas as regras estabelecidas pela legislação vigente ao tempo em que deveriam ter sido satisfeitos.

Art. 7º É vedada a apresentação de proposta de alteração das leis que disponham sobre verbas remuneratórias dos membros do Ministério Público dos Estados, exceto quando se tratar de projeto de fixação de subsídio.

Art. 8º Os Ministério Público da União e dos Estados publicarão, no Diário Oficial respectivo, até o dia 15 de janeiro de cada ano, os valores da remuneração de seus membros e dos cargos e empregos públicos de seus servidores, em cumprimento ao disposto no §6º do art. 39 da Constituição Federal.

Art. 9º Os atos necessários ao cumprimento integral desta Resolução deverão ser adotados no prazo de 90 (noventa) dias.

> Parágrafo único. Os Procuradores-Gerais encaminharão ao Conselho Nacional do Ministério Público, no prazo de 120 (cento e vinte) dias, relatório circunstanciado sobre as medidas adotadas, no qual deverá estar informado o valor da remuneração de seus membros e de seus servidores.
>
> Art. 10 Esta Resolução entra em vigor na data de sua publicação.[696]

13.1.6 Origem no Tribunal de Contas da União

No Processo TC nº 016.165/2009-5, a Corte de Contas, em sede de consulta do Senado Federal, acerca de parcelas a serem consideradas na composição do teto remuneratório, decidiu:

> 9.2. Esclarecer à Presidência do Senado Federal que:
>
> 9.2.1. As rubricas que compõem o teto remuneratório constitucional e que são excepcionadas de sua incidência são as definidas na Resolução STF nº 318/2006 e das Resoluções CNJ nºs 13/2006 e 14/2006, nos termos dos Acórdãos nºs 1.199/2009 e 2.274/2009 – TCU – Plenário;
>
> 9.2.2. As parcelas identificadas nas Resoluções indicadas no item anterior são aplicáveis aos demais poderes da União;
>
> 9.2.3. A remuneração pelo exercício de função comissionada ou cargo em comissão está sujeita ao teto remuneratório constitucional em qualquer situação, e não apenas se superar, por si só, aquele limite.[697]

No Processo TCU nº 009.585/2004-9, aquela Corte decidiu:

> [...] pelo caráter contributivo dos benefícios (art. 40, caput, da Constituição Federal), o teto constitucional aplica-se à soma dos valores percebidos pelos instituidores individualmente, mas não para a soma de valores percebidos de instituidores distintos, portanto não incide o teto constitucional sobre o montante resultante da acumulação de benefício de pensão com remuneração de cargo efetivo ou em comissão, e sobre o montante resultante da acumulação do benefício de pensão com proventos da inatividade, por serem decorrentes de fatos geradores distintos, em face do que dispõem os arts. 37, XI (redação dada pela Emenda Constitucional nº 41/2003), e 40, §11, da Constituição Federal (redação dada pela Emenda Constitucional nº 20/1998).[698]

O Tribunal de Contas da União, analisando os precedentes do STF, acerca da aplicação do teto remuneratório em caso de acumulação de cargos, proferiu o seguinte entendimento:

> Representação. Extrapolação do teto constitucional. Conhecimento. Novo entendimento fixado pelo Supremo Tribunal Federal no âmbito dos Recursos Extraordinários 602.043 e 612.975, submetidos à sistemática de repercussão geral. Nos casos autorizados de acumulação

---

696 BRASIL. Conselho Nacional do Ministério Público. *Resolução nº 10 de 19 junho de 2006*. Dispõe sobre a aplicação do teto remuneratório constitucional e do subsídio mensal dos membros do Ministério Público. Disponível em: https://www.cnmp.mp.br/portal/images/Resolucoes/Resolu%C3%A7%C3%A3o-0101.pdf Acesso em: 27 jun. 2020.

697 BRASIL. Tribunal de Contas da União. *Processo TC nº 016.165/2009-5*. Disponível em: www.tcu.gov.br. Acesso em: 5 jul. 2020.

698 BRASIL. Tribunal de Contas da União. Consulta. *Processo nº 009.585/2004-9*. Rel. Min. Walton Alencar. Disponível em: https://pesquisa.apps.tcu.gov.br/#/redireciona/processo/958520049. Acesso em: 5 jul. 2020.

de cargos, empregos e funções, a incidência do art. 37, inciso XI, da Constituição Federal, pressupõe consideração de cada um dos vínculos formalizados, afastada a observância do teto remuneratório quanto ao somatório dos ganhos do agente público.[699]

13.1.7 Origem em ações civis públicas

Tramitam no Tribunal Regional Federal da 1ª Região duas ações civis públicas: uma contra a Câmara dos Deputados, e outra contra o Senado Federal, em função de extrapolação do teto remuneratório pelos servidores daquelas casas legislativas.[700] Após a concessão de liminares nas duas ações, o TRF da 1ª Região suspendeu-lhes a execução. Assim, o exame do mérito tanto de uma quanto de outra ação ainda pende de apreciação definitiva pelo Poder Judiciário.

13.1.8 Origem no Ministério do Planejamento, Orçamento e Gestão

A Secretaria de Recursos Humanos do antigo Ministério do Planejamento, Orçamento e Gestão editou a Portaria Normativa nº 2, de 8.11.2011, estabelecendo procedimentos para aplicação do limite remuneratório nos casos de servidores que recebam salários de outras fontes. Eis o teor da portaria:

> Art. 1º Os servidores, ativos e aposentados, incluídos os agentes políticos, e os empregados públicos dos poderes da União, dos Estados, dos Municípios e do Distrito Federal, nomeados para o exercício de cargo efetivo, cargo em comissão ou função comissionada em órgãos e entidades integrantes do SIPEC, deverão fornecer à unidade de recursos humanos do órgão ou entidade onde se dará o exercício, comprovante(s) de rendimentos (contracheque) recebido(s) de outros entes da Federação:
>
> I - no ato da posse;
>
> II - semestralmente, nos meses de abril e outubro; e
>
> III - sempre que houver alteração no valor da remuneração.
>
> §1º Aplica-se o disposto no caput aos empregados das empresas públicas, sociedades de economia mista, suas subsidiárias e sociedades controladas, direta ou indiretamente pelo Poder Público, e que recebam recursos da União, dos Estados, dos Municípios, ou do Distrito Federal, para fins de pagamento de despesas com pessoal ou custeio em geral.
>
> §2º Aplica-se o disposto no caput aos beneficiários de pensão vinculados à União, aos Estados, aos Municípios, e ao Distrito Federal, quando da habilitação da pensão.
>
> §3º No caso de acumulação de cargos, empregos públicos, pensões ou funções, o servidor, o empregado e o beneficiário de pensão fornecerão os comprovantes de rendimentos (contracheque) de todos os vínculos.
>
> §4º O disposto no caput não se aplica aos servidores ativos e aposentados e aos empregados públicos oriundos de órgãos ou entidades que integram a base de dados do Sistema Integrado de Administração de Recursos Humanos – SIAPE.
>
> Art. 2º Estão sujeitas ao limite remuneratório de que trata o caput do art. 1º, as seguintes parcelas:

---

699 BRASIL. Tribunal de Contas da União. *Acórdão nº 2.138/2018*. Plenário. Rel. Min. Aroldo Cedraz, 12.9.2018. Disponível em: https://pesquisa.apps.tcu.gov.br/#/redireciona/acordao-completo/%22ACORDAO-COMPLETO-2307573%22. Acesso em: 5 jul. 2020.

700 MP entra com ação contra salários na Câmara e no Senado. *Conjur*, 11 nov. 2005. Disponível em: https://www.conjur.com.br/2005-nov-11/mp_entra_acao_salarios_camara_senado. Acesso em: 16 jul. 2020.

I - vencimentos ou subsídios;

II - verbas de representação;

III - parcelas de equivalência ou isonomia;

IV - abonos;

V - prêmios;

VI - adicionais, inclusive anuênios, biênios, triênios, quinquênios, sexta parte, "cascatinha", 15% e 25%, trintenário, quintos, décimos e quaisquer outros referentes a tempo de serviço;

VII - gratificações de qualquer natureza e denominação;

VIII - diferenças individuais para compensar decréscimo remuneratório;

IX - vantagens pessoais e as nominalmente identificadas – VPNI;

X - verba de permanência em serviço mantida nos proventos e nas pensões estatutárias;

XI - ajuda de custo para capacitação profissional;

XII - retribuição pelo exercício em local de difícil provimento;

XIII - gratificação ou adicional de localidade especial;

XIV - proventos e pensões estatutárias ou militares;

XV - valores decorrentes do exercício de cargo em comissão ou função de confiança, independentemente da denominação recebida ou da atribuição dada;

XVI - valores decorrentes do exercício cumulativo de atribuições;

XVII - substituições;

XVIII - gratificação por assumir outros encargos;

XIX - remuneração ou gratificação decorrente do exercício de mandato;

XX - abono, verba de representação e qualquer outra espécie remuneratória referente à remuneração do cargo e à de seu ocupante;

XXI - adicional de insalubridade, adicional de periculosidade e adicional de penosidade;

XXII - adicional de radiação ionizante;

XXIII - gratificação de raios-X;

XXIV - horas extras;

XXV - adicional de sobreaviso;

XXVI - hora repouso e hora alimentação;

XXVII - adicional de plantão;

XXVIII - adicional noturno;

XXIX - gratificação por encargo de curso ou concurso;

XXX - valores decorrentes de complementação de aposentadoria ou pensão;

XXXI - bolsa de estudos de natureza remuneratória;

XXXII - auxílio-moradia concedido sem necessidade de comprovação da despesa;

XXXIII - gratificação pelo exercício de atribuições transitórias, inclusive gratificação pela participação em comissões;

XXXIV - valores recebidos pela prestação de serviços extraordinários;

XXXV - aviso prévio, férias, adicional de férias e décimo terceiro salário;

XXXVI - aposentadorias e pensões pagas pelo RGPS na hipótese de o benefício decorrer de contribuição recolhida por empresas públicas, sociedades de economia mista, suas subsidiárias e sociedades controladas, direta ou indiretamente pelo Poder Público, e que recebam recursos da União, dos Estados, dos Municípios, ou do Distrito Federal, para fins de pagamento de despesas com pessoal ou custeio em geral; e

XXXVII - outras verbas de caráter remuneratório não expressamente relacionadas neste artigo, excluídas as de caráter indenizatório.

Art. 3º Os servidores ativos e aposentados, os empregados públicos e os beneficiários de pensão da União, nomeados para o exercício de cargo efetivo, cargo em comissão ou função comissionada nos Estados, Municípios ou no Distrito Federal fornecerão comprovante(s) de rendimentos (contracheque) à unidade de recursos humanos do órgão ou entidade de origem.

Art. 4º Para efeito de cumprimento do disposto nesta Portaria Normativa, o servidor deverá assinar termo de responsabilidade na forma do Anexo, comprometendo-se a fornecer o(s) comprovante(s) de rendimentos (contracheque) nos prazos e períodos previstos nos incisos I a III, do art. 1º, e em todas as ocasiões em que for solicitado.

Parágrafo único. Aplica-se o disposto no caput ao beneficiário de pensão.

Art. 5º O cumprimento das disposições constantes desta Portaria Normativa é condição essencial e indispensável para a posse, o exercício e a permanência do servidor no cargo efetivo, no cargo em comissão ou na função comissionada.

Parágrafo único. Aplica-se o disposto no caput ao beneficiário de pensão para fins de habilitação.

Art. 6º Para fins de cumprimento do disposto nesta Portaria Normativa, a Secretaria de Recursos Humanos baixará instruções operacionais via COMUNICA aos órgãos e entidades do SIPEC.

Art. 7º Cabe aos dirigentes de recursos humanos, aos servidores ativos e aposentados, incluídos os agentes políticos, aos empregados públicos, e aos beneficiários de pensão observar a aplicação e o cumprimento do disposto nesta Portaria Normativa, sob pena de responsabilização administrativa, civil e criminal.

Art. 8º Para fins de cumprimento do disposto nesta Portaria Normativa, os servidores ativos e aposentados, incluídos os agentes políticos, os empregados públicos e os beneficiários de pensão, de que trata o art. 1º, deverão, no prazo de (30) trinta dias, a contar de sua publicação, comparecer às unidades de recursos humanos dos órgãos e entidades para assinar o termo de responsabilidade na forma do Anexo, e fornecer comprovante(s) de rendimentos (contracheque) recebido(s) de outros entes da Federação.

Art. 9º Esta Portaria Normativa entra em vigor na data de sua publicação.[701]

Como se pode observar, embora haja grande quantidade e variedade de regras em nosso ordenamento jurídico sobre o teto remuneratório, nem sempre as disposições normativas são congruentes. Apenas como supedâneo ao que se aponta, vejam-se as seguintes controvérsias:

a) o art. 4º, inc. II, alínea "b" da Portaria nº 10 do Conselho Nacional do Ministério Público assegura que estão fora do teto constitucional aplicável aos servidores do Ministério Público da União os benefícios percebidos do Instituto Nacional do Seguro Social (INSS) em decorrência de recolhimento de contribuição previdenciária oriunda de rendimentos de atividade exclusivamente privada. Todavia,

[701] MINISTÉRIO DO PLANEJAMENTO, ORÇAMENTO E GESTÃO. *Portaria Normativa nº 2, de 08 de novembro de 2011.* Disponível em: http://pesquisa.in.gov.br/imprensa/jsp/visualiza/index.jsp?jornal=1&pagina=45&data=09/11/2011. Acesso em: 27 jun. 2020.

os servidores do Poder Judiciário não contam com tal benesse, porquanto não há essa previsão normativa na Resolução nº 14 do Conselho Nacional de Justiça;

b) a Portaria Normativa nº 2, de 8.11.2011, da Secretaria de Recursos Humanos, do Ministério do Planejamento, Orçamento e Gestão, em seu art. 2º, sujeita a parcela referente ao "abono de permanência" ao limite constitucional. Entretanto, tal parcela é expressamente excluída do teto remuneratório previsto na Resolução nº 14, do Conselho Nacional de Justiça (art. 4º, inc. IV);
c) a Resolução nº 13 do Conselho Nacional de Justiça, aplicável aos membros da magistratura, determina, em seu art. 8º, inc. II, "a", a exclusão, do teto remuneratório, da remuneração ou provento decorrente do exercício de magistério. Contudo, a mesma previsão não consta da Resolução nº 14 do próprio CNJ, que é aplicável aos servidores do Poder Judiciário.

É possível verificar que as divergências ocorrem tanto no cotejamento de normas entre poderes, quanto naquelas originárias dentro de um mesmo órgão. Tal fato ocorre em função da particularidade de diversas parcelas remuneratórias díspares, as quais proveem de fundamentos jurídicos que, não raro, não guardam qualquer semelhança entre si.

Nada obstante, convém relembrar que potenciais incoerências acabaram superadas ante as decisões do STF, em repercussão geral, bem como do TCU, elencadas anteriormente.

Todavia, tendo em vista que ainda não existe, no plano normativo,[702] um rol dessas parcelas que devem ser submetidas ao teto constitucional, evitando-se, assim, tantas incongruências, mister se faz analisar diversas delas, segundo o enfeixamento jurídico que se acredita pertinente para cada parcela.

13.2 Diversas parcelas remuneratórias e sua subsunção ou não ao limite constitucional

O exame acerca da vantagem pessoal deve recair não em sua natureza jurídica em si, mas, sim, na disposição expressa do legislador constitucional em submetê-la ao teto constitucional.

13.2.1 Vantagens pessoais

De fato, as vantagens pessoais são espécies do gênero dos direitos e garantias individuais (cláusulas pétreas), cuja abolição é vedada por meio de emenda, conforme previsão do §4º do art. 60 da Constituição Federal.

Assim, incorporada ao patrimônio jurídico do servidor, ali permanece constante e intangível. Contudo, quis o constituinte que o *valor* da vantagem pessoal fosse incluído no teto remuneratório de forma expressa, conforme se observa pela dicção do art. 37, inc. XI. Em consequência, ao incorporá-lo ao teto, não se está retirando tal parcela da gama de direitos do servidor, mas, apenas, conformando-a a um limite.

[702] Está em tramitação na Câmara dos Deputados o PLP nº 6.726/2016, visando regular o tema nacionalmente.

Essa diferenciação parece importante, no momento em que certos argumentos desdobram-se no simples fato de a vantagem pessoal ser irredutível, eis que derivada de cláusula pétrea. O que parece correto afirmar é que sua exclusão do patrimônio jurídico do servidor realmente não é possível, mas a adequação de seu valor à regra limitatória constitucional é perfeitamente aderente ao modelo sugerido pela Lei Maior. Dessa forma, entende-se que a vantagem pessoal deve ser incluída no teto remuneratório.

13.2.2 Cargo em comissão/função comissionada

As parcelas remuneratórias correspondentes ao exercício de cargo em comissão ou função comissionada devem estar sujeitas ao teto remuneratório. Isso, porque não há fundamento jurídico para apartar tal situação daquele servidor que recebe remuneração por cargo efetivo. Ora, se esta deve submeter-se ao teto, aquela não pode refugir à mesma lógica.

A questão se prende, então, na percepção cumulativa de ambos, ou seja, o caso do servidor público efetivo que ocupa cargo ou função comissionada. Ora, se individualmente são passíveis de teto, não tem por que não sê-los, quando percebidos de forma acumulada. Note-se que aqui não se está falando em cargos efetivos acumulados. A situação é diferente.

Isso, porque o servidor que ocupa cargo efetivo e exerce cargo em comissão mantém com o órgão em que está lotado um único vínculo, por isso dizer que tal acumulação é, na verdade, imprópria. O servidor que exerce cargo ou função comissionada está, por assim dizer, apenas afastado de suas funções precípuas, com o propósito de desempenhar atividades que merecem mais importância que as triviais e ordinárias, merecendo, pois, ser remuneradas com acréscimos. Entrementes, o vínculo anterior e único permanece rijo, sem alteração. Logo, entende-se que não há por que afastar tal parcela do teto remuneratório.

13.2.3 Acumulação de cargos

Esse tema, certamente, é um dos que mais propiciam dificuldade no exame. Para melhor consecução, é necessário, fundamentalmente, verificar o sentido do termo *cumulativamente*, contido na expressão "proventos, pensões ou outra espécie remuneratória, percebidos cumulativamente" (art. 37, XI, da CF).

A Constituição Federal estabelece dois tipos de acumulações de cargos: as permitidas e as obrigatórias. Nessas últimas, como o próprio nome indica, não há o elemento optativo, mas sim uma atribuição conferida pelo próprio constituinte. Veja-se o exemplo, já citado alhures, do caso dos ministros do STF que estão em exercício concomitante no Tribunal Superior Eleitoral. A explicação do Supremo basta:

> [...] o exercício simultâneo de cargos ficará obstado de forma reflexa, a exigir, desde logo, interpretação conforme a Constituição, de modo a harmonizar, efetivamente, seus comandos. Não é possível aceitar que uma norma autorize e determine a acumulação e outra venha a proibi-la, total ou parcialmente. [...] na situação particular da acumulação dos cargos de Ministros do Supremo Tribunal Federal e do Tribunal Superior Eleitoral, autorizada e mesmo determinada pelo artigo 119 da Constituição, não se aplica a cumulação das

remunerações para fixação do teto ou, em outras palavras, as remunerações respectivas, para fins da aplicação do inciso XI do artigo 37, que deverão, nesse caso específico, ser consideradas isoladamente.

As acumulações permitidas pela Constituição, a seu turno, podem ser originárias de vínculo único ou duplo vínculo. As acumulações de vínculo único ocorrem, por exemplo, no caso do servidor efetivo que exerce cargo comissionado (acumulação imprópria). Nesse caso o servidor percebe a remuneração do cargo efetivo *acumulada* com aquela decorrente do cargo em comissão. Encaixa-se perfeitamente, pois, na restrição do comando normativo do limite remuneratório.

Diferentemente, entretanto, é a situação do servidor que acumula cargos com duplo vínculo. Tal acumulação é permitida pela CF/1988:

> Art. 37. [...]
>
> XVI - é vedada a acumulação remunerada de cargos públicos, exceto, quando houver compatibilidade de horários, observado em qualquer caso o disposto no inciso XI.
>
> a) a de dois cargos de professor;
>
> b) a de um cargo de professor com outro técnico ou científico;
>
> c) a de dois cargos ou empregos privativos de profissionais de saúde, com profissões regulamentadas.[703]

Veja-se que, à primeira vista, a Carta Magna manda aplicar o limite remuneratório a qualquer espécie de remuneração, percebida cumulativamente ou não. Todavia, como consabido, a norma de índole constitucional não pode guardar em seu âmago antinomias. Não há norma mais constitucional do que outra. Assim, a permissão dada pela própria Constituição de acumular cargos legitima o servidor a perceber toda remuneração a que tiver direito, em cada cargo isoladamente, porquanto, ao ocupar legalmente um cargo público, o servidor adquire a plenitude de direitos e deveres próprios que a ordem jurídica impõe àquele cargo. Entre os direitos, certamente, está o de receber a remuneração integral, não dependente de outro cargo que possua outro complexo de direitos e deveres também preestabelecido pelo ordenamento jurídico. Interpretação diferente levaria a um "meio direito", inconcebível no regime constitucional, em cujo seio as normas possuem igual quilate.

A leitura que se apresenta viável é aquela que submete, de fato, a remuneração do cargo público a um teto remuneratório e que, entrementes, obedeça às condições singulares da acumulação. Não parece crível que o complexo jurídico imponha a totalidade de deveres ao servidor e ampute-lhe parte dos direitos. Trata-se de harmonizar as regras aparentemente dissonantes, pela aplicação do princípio da proporcionalidade, em que se busca a otimização entre os direitos e valores em jogo, para que se possa estabelecer uma concordância capaz de resultar na premissa de que não há direito com prevalência absoluta sobre outro. Assim, concebe-se a aplicação simultânea e compatibilizada de normas, mesmo que no caso concreto atenue-se uma delas. A proporcionalidade, nas

[703] BRASIL. [Constituição (1988)]. *Constituição da República Federativa do Brasil de 1988*. Brasília: Presidência da República, 1988. Disponível em: http://www.planalto.gov.br/ccivil_03/constituicao/constituicao.htm. Acesso em: 29 jan. 2020.

palavras do Ministro Gilmar Mendes, assumiria um papel de "controle de sintonia fina" (*Stimmigkeitskontrolle*), indicando a justeza da solução a ser encontrada para cada tipo de problema.

Assim, entende-se que no caso de acumulação de cargos com duplo vínculo, o limite remuneratório deve ser aplicado individualmente.

Em tempo, como já salientado alhures, o Supremo Tribunal Federal referendou esse entendimento. Com razão o Ministro Luís Roberto Barroso, quando afirma, portanto, que "impedir que alguém que acumule legitimamente duas funções, dois cargos, receba adequadamente por elas significa violar um direito fundamental, que é o do trabalho remunerado".[704]

Esclarecedoras as palavras do Ministro Gilmar Mendes, no mesmo recurso extraordinário:

> [...] o encaminhamento há de se fazer no sentido de uma interpretação teleológica que compatibilize essa faculdade, esse direito assegurado no Texto Constitucional, com a discussão que se trava quanto ao limite. [...] Em relação àqueles que ocupam dois cargos – aí se falou muito no cargo de médicos e coisas assim –, há possibilidade de que resulte ou uma ablação praticamente do seu segundo salário, o que será um brutal desestímulo, às vezes, para funções que foram obtidas mediante concurso público, ou aqueles casos, em que já se está no teto, coloca-se a possibilidade até de um trabalho gratuito.[705]

Note-se que a extensão do posicionamento do STF deve recair, à evidência, sobre os casos em que há acumulação permitida constitucionalmente. É dizer: fora das regras próprias permitidas pelo constituinte, não se mostra possível adotar tal entendimento ora examinado, sob pena de violação de normas constitucionais.

Situação relevante é no caso de empregado público de empresa estatal independente – que não recebe transferências do orçamento para custeio e pessoal – ser cedido para ocupar cargo na Administração Pública com ônus de ressarcimento do ente cessionário. O entendimento prevalente, hoje, é no sentido da aplicação do limite remuneratório tanto no valor do reembolso quanto no cargo em comissão, na forma do Decreto Federal nº 9.144/2017, que foi editado em atenção à decisão do TCU a seguir reproduzida:

> 9.1. conhecer da Representação formulada pelo Ministério Público junto a este Tribunal (MPTCU), com fulcro no art. 237, inciso I, do RI/TCU, para, no mérito, considera-la parcialmente procedente;
>
> 9.2. determinar ao Ministério de Minas e Energia que nos casos de cessão de empregados públicos a órgãos e entidades da Administração Pública Federal direta, faça incidir o teto remuneratório estabelecido no art. 37, inciso XI, da Constituição Federal, sobre o valor total custeado com recursos do Tesouro Nacional, incluindo o reembolso de que trata o Decreto 4.050/2001 e a retribuição do exercício do cargo em comissão;
>
> 9.3. determinar ao Ministério do Planejamento, Desenvolvimento e Gestão que oriente os órgãos e entidades da Administração Pública Federal, de que, nos casos de cessão de

---

704 BRASIL. Supremo Tribunal Federal. *Recurso Extraordinário nº 602.043*. Disponível em: https://jurisprudencia.stf.jus.br/pages/search/sjur373106/false. Acesso em: 27 jun. 2020.

705 BRASIL. Supremo Tribunal Federal. *Recurso Extraordinário nº 602.043*. Disponível em: https://jurisprudencia.stf.jus.br/pages/search/sjur373106/false. Acesso em: 27 jun. 2020.

> empregados públicos a órgãos e entidades da aludida Administração Pública Federal direta, a que se refere o art. 93 da Lei 8.112/1990, regulamentado pelo Decreto 4.050/2001, o órgão ou entidade cessionário faça incidir, o teto remuneratório estabelecido no art. 37, inciso XI, da Constituição Federal sobre o valor total custeado com recursos do Tesouro Nacional, incluindo o reembolso de que trata o Decreto 4.050/2001 e a retribuição pelo exercício do cargo em comissão.[706]

Nada obstante toda essa argumentação, o Supremo Tribunal Federal vem de decidir que o teto remuneratório será aplicado sobre o somatório de remuneração ou provento e pensão percebida por servidor. Eis a tese aprovada, em sede de repercussão geral:

> Ocorrida a morte do instituidor da pensão em momento posterior ao da Emenda Constitucional nº 19/1998, o teto constitucional previsto no inciso XI do artigo 37 da Constituição Federal incide sobre o somatório de remuneração ou provento e pensão percebida por servidor.[707]

Com a devida vênia, em que pese a autoridade da Corte Suprema, não se pode coadunar com tal raciocínio jurídico, mormente porque, como apresentado antes, o STF decidiu que, acumulando dois proventos ou remunerações de cargos acumuláveis, o teto remuneratório do servidor deve ser aplicado individualmente.

Ora, a pensão é benefício previdenciário que, embora derive da remuneração ou provento que percebia outro servidor, quando materializada no espectro de direitos do pensionista que porventura receba proventos de aposentadoria ou remuneração de cargo público, origina acumulação com a mesma conotação jurídica daquela referendada pelo STF. Afinal, em ambos os casos, uma única pessoa vai receber dois benefícios previdenciários, ou um benefício previdenciário e uma remuneração de cargo público.

A respeito da decisão do STF, aduz o Ministro Luís Roberto Barroso[708] que foi o "ambiente de crise fiscal e déficit crônico do sistema" que o levou a acompanhar o Ministro Marco Aurélio que proferiu o voto vencedor. Com toda reverência que mereça o ilustre doutrinador, entende-se que a interpretação a ser dada deveria restringir-se à seara previdenciária, sob pena de malferir direitos em nome de questões alheias a esse ramo especializado do direito.

13.2.4 Abono de permanência

O abono de permanência constitui-se em um estímulo para que os servidores públicos continuem trabalhando, mesmo após cumprirem os requisitos para aposentadoria. Dessa forma, está em sua essência a base jurídica para excluí-lo do teto remuneratório. Afinal, não haveria estímulo algum para o servidor se o valor do abono ficasse retido no teto.

---

[706] BRASIL. Tribunal de Contas da União. *Acórdão nº 3.195/2016*. Plenário. Rel. Min. Raimundo Carrero, 7.12.2016. Disponível em: https://pesquisa.apps.tcu.gov.br/#/redireciona/acordao-completo/%22ACORDAO-COMPLETO-1561949%22. Acesso em: 27 jun. 2020.

[707] BRASIL. Supremo Tribunal Federal. Recurso Extraordinário nº 602.584. Rel. Min. Marco Aurélio, 6.8.2020. Disponível em: http://portal.stf.jus.br/processos/detalhe.asp?incidente=12088. Acesso em: 13 ago. 2020.

[708] POMPEU, Ana. STF: teto constitucional incide sobre cumulação de benefícios diferentes. *Jota*, 6 ago. 2020. Disponível em: https://www.jota.info/paywall?redirect_to=//www.jota.info/stf/do-supremo/stf-teto-constitucional-incide-sobre-cumulacao-de-beneficios-diferentes-06082020. Acesso em: 13 ago. 2020.

Conforme já salientado em tópicos passados, o Conselho Nacional de Justiça – CNJ, por intermédio da Resolução nº 13/2006, normatizou a exclusão do abono de permanência do abate-teto constitucional, nestes termos:

> Art. 8º Ficam excluídas da incidência do teto remuneratório constitucional as seguintes verbas: [...]
>
> IV - abono de permanência em serviço, no mesmo valor da contribuição previdenciária, conforme previsto no art. 40, §19, da Constituição Federal, incluído pela Emenda Constitucional nº 41, de 31 de dezembro de 2003.

Semelhantemente, o Conselho Nacional do Ministério Público – CNMP, por meio da Resolução nº 9/2006, retirou do teto remuneratório o valor referente ao abono de permanência.

Conforme salientado alhures, reconhece-se a natureza indenizatória do abono para fins de limite remuneratório, sob a perspectiva da Lei de Responsabilidade Fiscal, conquanto o entendimento do STJ seja de que tal parcela seja de origem remuneratória para fins de imposto de renda.

Malgrado tal contradição, há que se salientar que no projeto que trata do limite remuneratório, em tramitação no Congresso Nacional (já com aprovação do Senado Federal), há expressa previsão da exclusão do abono de permanência do teto remuneratório.

13.2.5 Benefícios oriundos do Regime Geral de Previdência Social

Os benefícios porventura recebidos do RGPS (aposentadorias e pensões, por exemplo) não devem fazer parte do limite constitucional, em função do direito subjetivo do indivíduo que se materializa quando se complementa a filiação àquele regime. Trata-se de direito indisponível do segurado, sobre o qual a Constituição não impõe qualquer vedação à percepção cumulativa com benefícios originários do Regime Próprio de Previdência.

Carlos Alberto Pereira de Castro e João Batista Lazzari explicam bem essa individualização de direitos:

> A relação do seguro social é direito indisponível para o indivíduo, seja ele segurado ou dependente. Já para o ente responsável pela obrigação de conceder os benefícios e serviços, a natureza é de um múnus público, como o é toda atividade prestada pela Administração Pública na consecução das finalidades da atividade estatal.[709]

A lógica para a percepção fora do teto assemelha-se, portanto, ao caso daquelas acumulações obrigatórias ou voluntárias de duplo vínculo.

---

[709] CASTRO, Carlos Alberto Pereira; LAZZARI, João Batista. *Manual de direito previdenciário*. 5. ed. Rio de Janeiro: Forense, 2004. p. 144.

13.2.6 Pensão especial

Como o próprio *nomem juris* indica, a pensão especial não é afeita a situações do cotidiano, como na concessão de pensão ordinária. Caracteriza-se, pois, por ser derivada de leis de efeitos concretos, concebidas para salvaguardar situações em que a sociedade requer a atuação estatal como garantidora de direitos sociais e previdenciários.

A propósito, salienta Roberto Luis Luchi Demo:

> [...] os benefícios especiais a esses regimes de previdência [...] foram criados para atender a demandas sociais ou individuais de projeção social geradas por fatos extraordinários de repercussão nacional, sendo que, neste caso, o benefício tem caráter indenizatório ou assistencial.[710]

Como exemplos de leis que criaram pensões especiais, podem-se citar:

a) Lei nº 7.070/1982 – criou uma pensão especial aos portadores de deficiência física conhecida como "Síndrome da Talidomida";[711]
b) Lei nº 9.422/1996 – instituiu pensão especial, no valor de um salário mínimo, aos beneficiários das vítimas fatais de hepatite tóxica, por contaminação em processo de hemodiálise no Instituto de Doenças Renais, sediado em Caruaru/PE, no período compreendido entre fevereiro e março de 1996;[712]
c) Lei nº 9.422/1996 – em decorrência do acidente com o Césio 137 ocorrido em Goiânia-GO;[713]
d) Lei nº 11.520/2007 – dispõe sobe a concessão de pensão especial às pessoas atingidas pela hanseníase, que foram submetidas a isolamento e internação compulsórios;[714]
e) Lei nº 13.985/2020 – institui pensão especial destinada a crianças com Síndrome Congênita do Zika Vírus, nascidas entre 1º.1.2015 e 31.12.2019.[715]

A situação especialíssima, que possibilita a concessão de pensão especial, afasta a possibilidade de acumulação desse benefício com qualquer outro benefício previdenciário. Entretanto, cumpre salientar que a Lei nº 7.070/1982 prevê a acumulação da pensão especial de que cuida com outros benefícios, conforme estipula:

---

[710] DEMO, Roberto Luis Luchi. Pensões especiais no país do futebol. *Portal de Publicações do CEJ*. Disponível em: http://www2.cjf.jus.br/ojs2/index.php/cej/article/viewFile/1068/1210. Acesso em: 10 maio 2012.

[711] BRASIL. *Lei nº 7.070, de 20 de dezembro de 1982*. Dispõe sobre pensão especial para os deficientes físicos que especifica e dá outras providencias. Disponível em: http://www.planalto.gov.br/ccivil_03/Leis/1980-1988/L7070.htm. Acesso em: 27 jun. 2020.

[712] BRASIL. *Lei nº 9.422, de 24 de dezembro de 1966*. Disponível em: http://www.planalto.gov.br/ccivil_03/Leis/L9422.htm. Acesso em: 27 jun. 2020.

[713] BRASIL. *Lei nº 9.422, de 24 de dezembro de 1966*. Disponível em: http://www.planalto.gov.br/ccivil_03/Leis/L9422.htm. Acesso em: 27 jun. 2020.

[714] BRASIL. *Lei nº 11.520, de 18 de setembro de 2007*. Disponível em: http://www.planalto.gov.br/ccivil_03/_Ato2007-2010/2007/Lei/L11520.htm. Acesso em: 27 jun. 2020.

[715] BRASIL. *Lei nº 13.985, de 7 de abril de 2020*. Disponível em: http://www.planalto.gov.br/ccivil_03/_Ato2019-2022/2020/Lei/L13985.htm. Acesso em: 27 jun. 2020.

> Art. 3º [...]
> §1º O benefício de que trata esta Lei é de natureza indenizatória, não prejudicando eventuais benefícios de natureza previdenciária, e não poderá ser reduzido em razão de eventual aquisição de capacidade laborativa ou de redução de incapacidade para o trabalho, ocorridas após a sua concessão.[716]

Em todo caso, por sua essência, ainda que ocorra a acumulação, não há que se falar em incidência da pensão especial a teto remuneratório, ante sua natureza de índole indenizatória.

13.2.7 Benefícios de previdência complementar fechada

De maneira sucinta, pode-se estabelecer que a previdência complementar fechada, como era o caso do Instituto de Previdência dos Congressistas (IPC), extinto pela Lei nº 9.506/1997,[717] constitui-se em um plano de previdência facultativo, patrocinado por uma empresa para seus empregados, ou instituído por uma entidade de classe para seus associados, com o intuito de instituir benefícios previdenciários complementares ao regime geral de previdência.

Apenas para comentar, a Lei nº 9.506/1997[718] veda a percepção simultânea de aposentadoria decorrente do PSSC com a aposentadoria decorrente do regime de previdência social do servidor público civil ou militar. Ainda que a acumulação fosse permitida, a incidência do teto remuneratório dar-se-ia por vínculo, porquanto tais benefícios são oriundos de fontes de custeio diversas, tal e qual ocorre com os benefícios do RGPS.

Nesse sentido, o TCU se manifestou:

> [...] 3. Os benefícios advindos do Instituto de Previdência dos Congressistas, atualmente custeados pela Câmara dos Deputados e pelo Senado Federal, não estão submetidos às regras do teto remuneratório; porém incidem as regras referentes a critérios e normas de acumulação de cargos e teto constitucional nos benefícios que tenham sido constituídos após a edição Lei n. 9.506, de 30/10/1997, sob a égide do Plano de Seguridade Social dos Congressistas.[719]

---

716 BRASIL. *Lei nº 7.070, de 20 de dezembro de 1982*. Dispõe sobre pensão especial para os deficientes físicos que especifica e dá outras providencias. Disponível em: http://www.planalto.gov.br/ccivil_03/Leis/1980-1988/L7070.htm. Acesso em: 27 jun. 2020.

717 BRASIL. Lei nº 9.506, de 30 de outubro de 1997. Extingue o Instituto de Previdência dos Congressistas – IPC, e dá outras providências. *Diário Oficial da União [da] República Federativa do Brasil*, Brasília, 31 out. 1997.

718 A mesma lei que extinguiu o IPC criou o Plano de Seguridade Social dos Congressistas – PSSC. Q. crf. BRASIL. Lei nº 9.506, de 30 de outubro de 1997. Extingue o Instituto de Previdência dos Congressistas – IPC, e dá outras providências. *Diário Oficial da União [da] República Federativa do Brasil*, Brasília, 31 out. 1997: "Art. 1º [...] §3º Os atuais segurados obrigatórios do IPC, ao término do exercício do presente mandato, poderão se inscrever como segurados do Plano de Seguridade Social dos Congressistas, independentemente de idade e de exame de saúde".

719 BRASIL. Tribunal de Contas da União. *Processo TC nº 001.816/2004*. Acórdão nº 504/2018. Rel. Min. Marcos Bemquerer, 14.3.2018. Disponível em: https://pesquisa.apps.tcu.gov.br/#/redireciona/jurisprudencia-selecionada/%22JURISPRUDENCIA-SELECIONADA-53625%22. Acesso em: 26 jun. 2020.

13.2.8 Hora extra

A natureza jurídica da hora extra impede sua subsunção ao teto remuneratório, sob pena de descaracterizá-la por inteiro. Pela solidez dos argumentos, traz-se excerto de decisão emanada do Tribunal de Justiça do Espírito Santo, que se coaduna com o que se defende:

> [...] Ao se interpretar sistematicamente o Texto Magno, apreende-se que a regra do teto remuneratório não é absoluta, de modo que não deve prevalecer sobre todas as demais prescrições constitucionais. 3. O art. 39, 3º, estende aos servidores públicos o direito à remuneração do serviço extraordinário (CR, art. 7º, XVII). 4. *O fato de o servidor já receber ordinariamente seus vencimentos ou subsídio no teto não pode servir de justificativa para que o Estado lhe imponha serviços extraordinários sem a imprescindível contrapartida remuneratória, e conclusão diversa levaria à chancela do enriquecimento sem causa do ente público.* 5. Ao tempo em que é facultativa a acumulação remunerada de cargos pelo servidor – que preenche os respectivos requisitos –, o exercício de serviço extraordinário é obrigatório, pois decorre de ordem do Poder Público que, em razão de motivado interesse público, compele o servidor a trabalhar extraordinariamente. A diferença entre as situações autoriza que se trace justificável distinção de tratamento, de modo que na acumulação o teto deve ser respeitado, enquanto que na hora extra não.[720]

A respeito desse tema, cabe um comentário de caráter prático-processual. Muitas vezes a liberdade catedrática é ultrapassada pela plenitude da aplicação de princípios caros ao sistema republicano, como é o caso do princípio da uniformidade de decisões oriundas de um tribunal colegiado.

Assim, não se presta à estranheza o fato de este autor, no dia a dia do trabalho no Controle Externo, por vezes submeter-se ao colegiado de que faz parte, quanto ao tema, ainda que em sentido diverso ao ora exposto.

Por vezes, o próprio conceito de hora extra acaba superado e o montante percebido pelo servidor acaba jungido ao teto remuneratório. Observe-se, nesse sentido, decisão do STF reproduzida na notícia a seguir:

> Negado MS contra ato do TCU sobre regularização de remuneração de servidores do Senado.
>
> O ministro Dias Toffoli, do Supremo Tribunal Federal (STF), negou o Mandado de Segurança (MS) 32492, impetrado pelo Sindicato dos Servidores do Poder Legislativo Federal e do Tribunal de Contas da União (Sindilegis) contra ato do TCU que determinou ao Senado Federal a regularização das remunerações que superam o teto previsto na Constituição Federal e a devolução de valores pagos indevidamente nos últimos cinco anos.
>
> De acordo com o sindicato, a atuação da Corte de Contas violou os postulados do contraditório e da ampla defesa, uma vez que os servidores atingidos pelo ato questionado não foram chamados para participar do processo administrativo. Também sustenta que os valores pagos a título de horas extras e de exercício de funções comissionadas estariam excluídos do teto constitucional. Para o Sindilegis, por se tratar de verba de natureza alimentar, sua supressão afrontaria o princípio da irredutibilidade salarial.

[720] ESPÍRITO SANTO. Tribunal de Justiça do Espírito Santo. *AI nº 24100914472 ES 24100914472*. Rel. Des. Carlos Simões Fonseca. Espírito Santo, 7.6.2011.

Em dezembro de 2013, o relator negou liminar que pedia a suspensão dos efeitos do acórdão do TCU.

Decisão

Ao analisar o mérito do mandado de segurança, o ministro explicou que a deliberação do TCU determinou que o Senado se abstivesse de considerar como extras as horas trabalhadas dentro da jornada de oito horas diárias, por violação a dispositivos da Lei 8.112/1990. *Para o relator, as alegadas horas trabalhadas além da jornada dos servidores do Senado não se revestem de natureza extraordinária. Ao contrário, integram a jornada diária habitual daqueles servidores, como bem destacado pelo TCU, frisou o ministro, concluindo que não se pode falar em horas extras de natureza indenizatória a serem desvinculadas do cálculo para efeito de teto remuneratório.*

O ministro Dias Toffoli salientou, ainda, que as deliberações do TCU, em sede de procedimento fiscalizatório, não precisam observar os postulados do contraditório e da ampla defesa, uma vez que não existem litigantes. De acordo com o relator, "está-se diante de determinação para que o Senado Federal identifique os servidores que incorreram nos casos das irregularidades constatadas, e apontadas na deliberação ora impugnada a título de exemplo, com o intuito de que sejam promovidas medidas corretivas".

Além disso, o ato questionado pelo sindicato encontra-se alinhado à jurisprudência do Supremo, frisou o relator, lembrando da decisão no Recurso Extraordinário 606358 (com repercussão geral) quando se afirmou que a exclusão, para efeito de cálculo do teto remuneratório, de valores correspondentes a vantagens de caráter pessoal, ainda que percebidos antes da Emenda Constitucional 41/2003, representa ofensa à Constituição, e que os cortes dos valores que ultrapassam o limite previsto na Carta da República não implica violação a princípios constitucionais, em especial ao da garantia da irredutibilidade de vencimentos.[721]

Cumpre asseverar que no projeto[722] que trata do limite remuneratório, em tramitação no Congresso Nacional (já com aprovação do Senado Federal), há expressa previsão da exclusão dessa parcela do teto remuneratório.

13.2.9 Adicionais de insalubridade, periculosidade e noturno

Esses adicionais representam situações anômalas, que possibilitam expor a saúde do servidor a risco. Assim, o procedimento de pagar tais adicionais e, depois, incluí-los no limite constitucional fere a própria essência jurídica desses institutos.

Nesse sentido o pensamento de Celso Antônio Bandeira de Mello:

> Com efeito, o art. 39, §3º, determina que se aplicará aos titulares de cargos o disposto em numerosos incisos do art. 7º, relativo aos direitos básicos do trabalhador (os ocupantes de emprego já os têm assegurados pela própria natureza da relação trabalhista). Entre estes incisos a que se reporta o art. 39 estão [...] o IX, que garante "remuneração do trabalho noturno" [...].

[721] NEGADO MS contra ato do TCU sobre regularização de remuneração de servidores do Senado. *STF*, 10 mar. 2017. Disponível em: http://stf.jus.br/portal/cms/verNoticiaDetalhe.asp?idConteudo=338050. Acesso em: 5 jul. 2020.

[722] CÂMARA DOS DEPUTADOS. *Projeto de Lei nº 6726/2016*. Disponível em: https://www.camara.leg.br/proposicoesWeb/fichadetramitacao?idProposicao=2121442. Acesso em: 27 jun. 2020. Orginário do Senado Federal.

Parece razoável entender-se que o teto fixado no art. 37, XI, não poderia se aplicar em tais casos.[723]

O tema merece o mesmo comentário prático-processual do item anterior.

13.2.10 Hora-aula, gratificação por encargo de curso ou concurso

Essas parcelas, que se equiparam quanto à essência jurídica, são temporárias, por trabalho desempenhado, em regra, fora da jornada comum do servidor, não se incorporando à sua remuneração. Como são decorrência de trabalho extra, a incidência do teto remuneratório não me parece consentânea com a boa prática interpretativa.

Nesse sentido, caminhou o Superior Tribunal Militar, ao editar a Resolução nº 181, de 6.12.2011, que estabeleceu no art. 8º, inc. III que "a Gratificação por Encargo de Curso ou Concurso: [...] não está sujeita ao teto remuneratório constitucional".

O Conselho da Justiça Federal possui normativo com o mesmo teor: "Art. 7º [...] III - a gratificação por encargo de curso ou concurso [...] não está sujeito ao teto remuneratório constitucional".[724]

No mesmo sentido, o art. 7º, inc. III de norma do Conselho Nacional de Justiça: "A Gratificação por encargo de curso: [...] não está sujeita ao teto remuneratório constitucional".

O tema merece o mesmo comentário prático-processual do item anterior.

Lembre-se, ainda, de que o relator do PLP que cuida do tema, na Câmara dos Deputados, entendeu por incluir essa verba no limite remuneratório, com o argumento de que uma possível exclusão poderia levar a pagamentos vultosos acima do teto.

13.2.11 Benefícios de previdência complementar fechada oriundos de emprego público

Segundo definição encontrada no sítio do Banco Central do Brasil:

> [...] as entidades fechadas de previdência complementar (fundos de pensão) são organizadas sob a forma de fundação ou sociedade civil, sem fins lucrativos e são acessíveis, exclusivamente, aos empregados de uma empresa ou grupo de empresas ou aos servidores da União, dos Estados, do Distrito Federal e dos Municípios, entes denominados patrocinadores ou aos associados ou membros de pessoas jurídicas de caráter profissional, classista ou setorial, denominadas instituidores.[725]

Quanto à incidência do teto constitucional, entendo que a lógica é a mesma defendida alhures para as demais entidades de previdência complementar fechada, no sentido da inaplicabilidade.

---

[723] BANDEIRA DE MELLO, Celso. *Curso de direito administrativo*. 16. ed. rev. e atual. São Paulo: Malheiros, 2003. p. 249-53.

[724] BRASIL. Conselho da Justiça Federal. *Resolução nº 40/2008*. Disponível em: https://www.cjf.jus.br/cjf/. Acesso em: 10 maio 2020.

[725] COMPOSIÇÃO. *Bacen*. Disponível em: http://www.bcb.gov.br/pre/composicao/efpp.asp. Acesso em: 10 maio 2012.

A respeito dessa matéria, cumpre ressaltar, ainda, que, no âmbito federal, a Lei nº 12.618, de 30.4.2012, instituiu o regime de previdência complementar para os servidores públicos federais titulares de cargo efetivo, abrangendo os membros do Poder Judiciário, do Ministério Público e do Tribunal de Contas da União.

13.2.12 Jeton por participação em órgão deliberativo

O jeton é um pagamento feito ao agente público por participação em sessões de órgão deliberativo, como o Conselho de Administração do Banco Nacional de Desenvolvimento Econômico e Social (BNDES) e a Petrobras. Veja-se que, nesse caso, não há vínculo efetivo entre o servidor e o órgão que paga o jeton.

Em função dessa característica, por analogia, pode ser equiparado ao cargo em comissão. Sim, porque, embora compareça às sessões do órgão deliberativo, o servidor não é exonerado de seu cargo efetivo, tampouco acumula dois cargos públicos. Em realidade, portanto, há pagamento por um exercício de uma função estatal que não se confunde com o cargo público originário.

Assim, permanece um único vínculo, devendo incidir, portanto, o teto constitucional, sob pena de tratarmos situações análogas com medidas diferentes. Dessa forma, se sobre o jeton não incidir o limite constitucional, por que incidiria sobre o cargo em comissão?

Nada obstante, é forçoso reconhecer que, atualmente, tem prevalecido a exclusão dessa verba no limite remuneratório. De fato, na ADI nº 1.485, o STF decidiu que tal parcela não está sujeita ao teto do funcionalismo público, por caracterizar-se como um rendimento privado.

13.2.13 Benefício especial criado pela Lei nº 12.618/2012

A citada Lei nº 12.618/2012, como forma de compensação financeira, ao instituir o regime de previdência complementar no âmbito da União, estabeleceu o chamado benefício especial, o qual, segundo a norma:

> [...] será equivalente à diferença entre a média aritmética simples das maiores remunerações anteriores à data de mudança do regime, utilizadas como base para as contribuições do servidor ao regime de previdência da União, dos Estados, do Distrito Federal ou dos Municípios, atualizadas pelo Índice Nacional de Preços ao Consumidor Amplo (IPCA), divulgado pela Fundação Instituto Brasileiro de Geografia e Estatística (IBGE), ou outro índice que venha a substituí-lo, correspondentes a 80% (oitenta por cento) de todo o período contributivo desde a competência julho de 1994 ou desde a do início da contribuição, se posterior àquela competência, e o limite máximo a que se refere o caput deste artigo, na forma regulamentada pelo Poder Executivo, multiplicada pelo fator de conversão.[726]

---

[726] BRASIL. *Lei nº 12.618, de 30 de abril de 2012*. Institui o regime de previdência complementar para os servidores públicos federais titulares de cargo efetivo, inclusive os membros dos órgãos que menciona; fixa o limite máximo para a concessão de aposentadorias e pensões pelo regime de previdência de que trata o art. 40 da Constituição Federal; autoriza a criação de 3 (três) entidades fechadas de previdência complementar, denominadas Fundação de Previdência Complementar do Servidor Público Federal do Poder Executivo (Funpresp-Exe), Fundação de Previdência Complementar do Servidor Público Federal do Poder Legislativo (Funpresp-Leg) e Fundação de Previdência Complementar do Servidor Público Federal do Poder Judiciário (Funpresp-Jud); altera dispositivos da Lei nº 10.887, de 18 de junho de 2004; e dá outras providências. Disponível em: http://www.planalto.gov.br/ccivil_03/_ato2011-2014/2012/lei/l12618.htm. Acesso em: 22 fev. 2020.

Observe-se que, como será pago pelo órgão competente da União, por ocasião da concessão de aposentadoria ou de pensão por morte, tem natureza de despesas de pessoal, portanto, deve ser considerado para fins de teto.

Note-se que o benefício especial criado pelo art. 3º, §1º, da Lei nº 12.618/2012, estabeleceu, no âmbito da União, uma compensação para reparar as contribuições previdenciárias realizadas para o Regime Próprio de Previdência Social pelos servidores públicos que fizeram a opção de que trata o §16 do art. 40 da Constituição Federal, ou seja, optaram pela Previdência Complementar.

Isso porque, para aquele que fez essa opção, como consabido, os valores dos benefícios previdenciários pagos pelo RPPS serão necessariamente limitados ao teto dos benefícios pagos pelo Regime Geral de Previdência Social.

O tema, até pela novidade, ensejou diversos debates, tendo sido detidamente analisado pela AGU, cujos entendimentos foram aprovados pela Presidência da República.[727] Ei-los:

> [...] 2. Consolide-se, por conseguinte, o entendimento no sentido de que o Benefício Especial, de que cuida o art. 3º da Lei nº 12.618, de 2012, possui natureza estritamente compensatória, voltando-se para reparar as contribuições previdenciárias realizadas para o Regime Próprio de Previdência Social/RPPS pelos servidores públicos que fizeram a opção de que trata o §16 do art. 40 da Constituição Federal, uma vez que esta opção enseja a percepção de benefícios previdenciários pelo RPPS em valores necessariamente limitados ao teto dos benefícios pagos no âmbito do Regime Geral de Previdência Social/RGPS.
> 3. O caráter compensatório do Benefício Especial também se deduz da sua fórmula de cálculo, que se constitui, essencialmente, pela diferença entre as remunerações anteriores à mudança do regime previdenciário, que foram utilizadas como base de cálculo para as contribuições previdenciárias pagas pelo servidor público para o RPPS, e o teto dos valores dos benefícios pagos pelo RGPS, multiplicando-se pelo Fator de Conversão (FC), cujo valor é encontrado a partir da quantidade de contribuições mensais efetivamente recolhidas para o RPPS até a data da opção. A atenta apreciação dos critérios adotados para a metodologia de cálculo do Benefício Especial revela que o legislador buscou estabelecer equânime reparação em favor do servidor que ingressou no Regime de Previdência Complementar, considerando que, a partir da migração de regime, os benefícios previdenciários serão limitados ao teto do RGPS.
> 4. Fixada a natureza compensatória (e não previdenciária) do Benefício Especial de que cuida o art. 3º da Lei nº 12.618, de 2012, resta inequívoco que a sua fórmula de cálculo é aquela vigente ao tempo da migração do RPPS para o Regime de Previdência Complementar de que trata o §16 do art. 40 da Constituição Federal, ou seja, a natureza compensatória do benefício especial enseja necessariamente a conclusão de que não há respaldo jurídico para superveniente modificação das regras que delimitam seu valor, vigentes ao tempo da migração.
> 5. A natureza sinalagmática da opção de que cuida o §16 do art. 40 da Constituição Federal, associada aos preceitos da segurança jurídica, da proteção constitucional ao ato jurídico perfeito e ao brocardo jurídico do *tempus regit actum* determinam que a fórmula de cálculo

[727] Disponível em: https://www.in.gov.br/en/web/dou/-/despacho-do-presidente-da-republica-258706397. Acesso em: 5 maio 2022.

vigente ao tempo da opção (migração do regime previdenciário) deve ser preservada para fins de pagamento do Benefício Especial.
6. Por fim, quanto às demais questões relacionadas ao Benefício Especial, e na esteira das robustas razões jurídicas postas no Parecer ora acolhido, conclui-se que:
a) é devido o Benefício Especial para aqueles que tenham ingressado no serviço público até a data anterior ao início da vigência do regime de previdência complementar de que trata a Lei nº 12.618, de 2012 (3 de fevereiro de 2013), e, que nele permaneceram sem perda do vínculo efetivo e optaram pelo referido regime de previdência na forma do §16 do art. 40 da Constituição Federal (inciso II do art. 3º da Lei nº 12.618, de 2012);
b) o valor do Benefício Especial será equivalente a diferença entre a média aritmética simples das maiores remunerações anteriores à data da mudança do regime, utilizadas como base para as contribuições efetuadas no âmbito do RPPS da União, dos Estados, do Distrito Federal ou dos Municípios, atualizadas pelo Índice Nacional de Preços ao Consumidor Amplo (IPCA), e o limite máximo estabelecido para os valores dos benefícios pagos no âmbito do RGPS, multiplicada pelo Fator de Conversão (§§2º e 3º do art. 3º da Lei nº 12.218, de 2012);
c) para fins de cálculo do Benefício Especial, o numerador da fração a que se refere a fórmula posta no §3º do art. 3º da Lei nº 12.618, de 2010, correspondente ao "Tc", pode compreender as contribuições realizadas pelos regimes próprios dos demais entes subnacionais, considerando, precipuamente, que, ao conceder o benefício, está a União autorizada a promover a compensação financeira entre os regimes próprios, na forma do §9º do art. 201 da Constituição Federal. Nestes termos, entendimento contrário ensejaria a possibilidade de enriquecimento sem causa por parte da União. Isto é, haverá locupletamento ilícito caso a União promova a compensação financeira entre os regimes próprios e concomitantemente desconsidere no cálculo do Benefício Especial as contribuições previdenciárias revertidas para os regimes próprios dos demais entes federados;
d) o valor do Benefício Especial será atualizado pelo mesmo índice aplicável ao benefício de aposentadoria ou pensão mantido pelo RGPS (§6º do art. 3º da Lei nº 12.618, de 2012);
e) para fins de cálculo do Benefício Especial, devem ser consideradas as contribuições previdenciárias efetivamente pagas a partir de julho de 1994 (§2º do art. 3º da Lei nº 12.618, de 2012);
f) o Benefício Especial é pago pela União, e não pelo Regime Próprio de Previdência dos servidores federais (§5º do art. 3º da Lei nº 12.618, de 2012);
g) o Benefício Especial será pago por ocasião da concessão da aposentadoria, inclusive por invalidez, ou pensão por morte de que cuida o art. 40 da Constituição Federal, e será devido enquanto perdurar o pagamento dos mencionados benefícios (§5º do art. 3º da Lei nº 12.618, de 2012);
h) por não possuir natureza previdência, não incide a contribuição de que cuida o §18 do art. 40 da Constituição Federal sobre o Benefício Especial previsto no §3º do art. 3º da Lei nº 12.618, de 2012, uma vez que a exação referenciada se aplica sobre benefícios de ordem previdenciária, percebidos por aposentados e pensionistas do RPPS;
i) o Benefício Especial não se confunde com o direito acumulado de que cuida o art. 15 e 17 da Lei Complementar nº 109, de 2001;
j) é devido o pagamento do Benefício Especial junto com o percebimento da gratificação natalina das aposentadorias ou pensões, na esteira do que é explicitamente posto no §5º do art. 3º da Lei nº 10.618, de 2012;
k) para fins de cálculo do Benefício Especial, a contribuição incidente sobre a remuneração percebida na ativa a título de gratificação natalina deve ser considerada como contribuição

autônoma para fins de fixação do "Tc" a que se refere à sua fórmula de cálculo, de que cuida o §3º do art. 3º da Lei nº 12.618, de 2012; e
l) o cálculo do Benefício Especial deve considerar as contribuições recolhidas para o Regime Próprio de Previdência da União, dos Estados, do Distrito Federal e dos Municípios, não incluindo as contribuições destinadas ao regime de previdência dos militares.

Podem-se destacar alguns pontos dessa normatização para debate.

De fato, não sendo da mesma natureza que a pensão civil, indaga-se: ocorrendo óbito de servidor público da União que tenha migrado para o regime novo e com direito ao Benefício Especial, quais serão as regras aplicáveis para o cálculo da pensão? Quais serão os critérios para definir os eventuais beneficiários do referido benefício?

Entende-se que não se pode utilizar o art. 23 da EC nº 103/2019 para aferir o valor da pensão decorrente do Benefício Especial. A uma, porque não é tema previdenciário e, a duas, porque, sendo de natureza compensatória, deve ser o valor concedido integralmente para a família.

A propósito, quais familiares teriam direito ao benefício? Como seria feito o cálculo?

Penso que devemos utilizar a regra da divisão plena do direito, ou seja, deve-se pegar o valor total do Benefício Especial, no momento do óbito, e dividir igualmente pelos familiares que comprovem a condição de dependentes, segundo as leis civis, porquanto não se pode utilizar, para tanto, leis previdenciárias.

13.2.14 Acumulação de jurisdição dos magistrados e membros do Ministério Público

A Lei nº 13.093, de 12.1.2015, instituiu a gratificação por exercício cumulativo de jurisdição aos membros da Justiça Federal.

A norma é expressa em conceber tal gratificação como remuneratória,[728] não podendo o seu acréscimo ao subsídio mensal do magistrado implicar valor superior ao subsídio mensal dos ministros do Supremo Tribunal Federal.

De igual teor, a Lei nº 13.024, de 26.8.2014, que prevê a mesma gratificação para os membros do Ministério Público da União, não dispõe de artigo semelhante; contudo, como a natureza da parcela não muda, deve ser submetida ao teto.[729]

13.2.15 Honorários advocatícios

Primeiramente, convém que se diferenciem as espécies de honorários advocatícios, para melhor conceituação. Em realidade, existem dois tipos de honorários advocatícios: os de sucumbência, disciplinados pelo art. 85 do Código de Processo Civil, que são aqueles valores repassados pela parte vencida de um processo ao advogado da parte vencedora; por outro lado, há também os honorários contratados, que são aqueles que

---

[728] BRASIL. *Lei nº 13.093, de 12 de janeiro de 2015*. Institui a gratificação por exercício cumulativo de jurisdição aos membros da Justiça Federal e dá outras providências. Disponível em: http://www.planalto.gov.br/ccivil_03/_Ato2015-2018/2015/Lei/L13093.htm#:~:text=LEI%20N%C2%BA%2013.093%2C%20DE%2012,Art. Acesso em: 27 jun. 2020. Art. 4º, parágrafo único.

[729] BRASIL. *Lei nº 13.024, de 26 de agosto de 2014*. Institui a gratificação por exercício cumulativo de ofícios dos membros do Ministério Público da União e dá outras providências. Disponível em: http://www.planalto.gov.br/CCIVIL_03/_Ato2011-2014/2014/Lei/L13024.htm. Acesso em: 27 jun. 2020.

se referem à relação privada entre o advogado e o cliente, sem nenhuma interferência do ente estatal sobre seus valores, a título, evidentemente, de limite remuneratório.

Pois bem. No que tange aos honorários de sucumbência percebidos pelos procuradores e advogados públicos, cumpre ressaltar que no ARE nº 1.177.768 o Ministro Luiz Fux negou o direito, aos procuradores do Estado de São Paulo, de receber os honorários de sucumbência acima do teto remuneratório.[730]

Convém informar, ainda, que, no caso da União, há restrição ao pagamento de honorários que superem o subsídio, a teor do contido no art. 102-A da Lei de Diretrizes Orçamentárias para o ano de 2020:

> Art. 102-A. Para fins de incidência do limite de que trata o inciso XI do art. 37 da Constituição, serão considerados os pagamentos efetuados a título de honorários advocatícios de sucumbência.[731]

Por fim, o STF, em decisão conjunta em quatro ADIs (nºs 6.165, 6.178, 6.181 e 6.197), proferiu o entendimento de que é constitucional a percepção de honorários de sucumbência pelos advogados públicos, porém, com a ressalva de que a somatória dos subsídios e dos referidos honorários mensais não poderá exceder o teto dos ministros do Supremo.[732]

13.2.16 Adicional de férias cuja remuneração base supera o limite remuneratório

O adicional de férias corresponde a um valor extra correspondente a 1/3 (um terço) do período de férias, calculado sobre a remuneração do servidor.

Pode ocorrer, no entanto, que a remuneração base ultrapasse o teto remuneratório. Nesse caso, o adicional deve ser calculado apenas sobre a base que representa o limite remuneratório. Noutras palavras, a base de cálculo para conversão de um terço das férias não pode ser superior ao teto remuneratório.

Previsão nesse sentido é encontrada na Lei Complementar nº 840, do Distrito Federal, por exemplo, que dispõe que "a base para o cálculo do adicional de férias não pode ser superior ao teto de remuneração ou subsídio, salvo em relação ao abono pecuniário".[733]

A submissão da base de cálculo do adicional ao teto encontra guarida também na Lei Federal nº 8.852, de 4.2.1994.[734]

---

730 BRASIL. Supremo Tribunal Federal. *ARE nº 1177768*. Rel. Min. Luiz Fux, 17.12.2018. Disponível em: https://jurisprudencia.stf.jus.br/pages/search/despacho938751/false. Acesso em: 27 jun. 2020.

731 BRASIL. *Lei nº 13.898, de 11 de novembro de 2019*. Dispõe sobre as diretrizes para a elaboração e a execução da Lei Orçamentária de 2020 e dá outras providências. Disponível em: http://www.planalto.gov.br/ccivil_03/_ato2019-2022/2019/lei/L13898.htm. Acesso em: 5 jul. 2020.

732 BRASIL. Supremo Tribunal Federal *ADI nº 6165, 6178, 6181*. Rel. Min. Alexandre de Moraes. Disponível em: http://portal.stf.jus.br/processos/detalhe.asp?incidente=5721550. Acesso em: 27 jun. 2020.

733 DISTRITO FEDERAL. *Lei Complementar nº 840*. Dispõe sobre o regime jurídicos dos servidores públicos civis do Distrito Federal, das autarquias e das fundações públicas distritais. Disponível em: http://www.fazenda.df.gov.br/aplicacoes/legislacao/legislacao/TelaSaidaDocumento.cfm?txtNumero=840&txtAno=2011&txtTipo=4&txtParte=. Acesso em: 5 jul. 2020. Art. 91, §3º.

734 BRASIL. *Lei nº 8.852, de 4 de fevereiro de 1994*. Dispõe sobre a aplicação dos arts. 37, incisos XI e XII, e 39, §1º, da Constituição Federal, e dá outras providências. Disponível em: http://www.planalto.gov.br/ccivil_03/LEIS/L8852.htm. Acesso em: 13 mar. 2019. Art. 4º.

13.2.17 Conversão em pecúnia de licença-prêmio não usufruída

O Supremo Tribunal Federal, na Suspensão de Segurança nº 4.727, definiu que a base de cálculo para conversão da licença-prêmio, em pecúnia, deve observar o teto remuneratório. Eis a decisão de que se fala:

> [...] No caso da licença-prêmio não usufruída, paga em pecúnia ao servidor aposentado, a conclusão pela natureza indenizatória é válida apenas no que se refere ao seu valor total (§11 do art. 37 da Constituição, na redação da EC 47/2005). O caráter indenizatório da parcela não se estende à remuneração do servidor, ainda que para o fim específico de cálculo da licença-prêmio, sob pena de violação inc. XI do art. 37 da Constituição, na redação da EC 41/2003. Entendimento deste Supremo Tribunal Federal no sentido de que afronta a ordem pública a decisão que afasta a aplicação do teto constitucional. Agravo regimental ao qual se nega provimento, com a manutenção da decisão da Presidência que deferiu a suspensão da execução até o trânsito em julgado da sentença de mérito proferida no processo de origem.[735]

Dessa forma, ainda que individualmente a pecúnia decorrente da não utilização da licença-prêmio tenha caráter indenizatório, a conversão deve ter por base o limite do teto remuneratório a que esteja submetido o beneficiado, noutras palavras, deve corresponder ao valor da remuneração a que tem direito o servidor.

Nada obstante, deve-se aclarar que tal questão está em repercussão geral no STF,[736] o que pode ensejar modificações interpretativas quanto à matéria.

13.2.18 O limite remuneratório em relação aos valores percebidos a título de pensão: o alcance em relação a benefícios do RGPS e os procedimentos que devem ser seguidos

A questão envolvendo a percepção simultânea de subsídios/vencimentos/proventos com pensão previdenciária, para fins de limite remuneratório constitucional, a princípio, seguiu o entendimento quanto à acumulação de dois proventos, ou seja, a incidência do teto se dava isoladamente. Nesse sentido, tem-se a Resolução nº 13 do CNJ, com redação dada pela Resolução nº 42/2007, com o seguinte teor:

> Art. 6º Para efeito de percepção cumulativa de subsídios, remuneração ou proventos, juntamente com pensão decorrente de falecimento de cônjuge ou companheira(o), observar-se-á o limite fixado na Constituição Federal como teto remuneratório, hipótese em que deverão ser considerados individualmente.[737]

---

[735] BRASIL. Supremo Tribunal Federal. *Suspensão de Segurança nº 4.727*. Rel. Min. Disponível em: http://portal.stf.jus.br/processos/detalhe.asp?incidente=4350635. Acesso em: 5 jul. 2020: "Teto Constitucional. Licença-Prêmio Indenizada. Agente Fiscal de Rendas do Estado de São Paulo. Suspensão da Execução de Decisão que Deferiu o Levantamento da Indenização até o Trânsito em Julgado da Sentença de Mérito. Agravo Regimental ao qual se Nega Provimento".

[736] BRASIL. Supremo Tribunal Federal. *Recurso Extraordinário nº 1.167.842*. Rel. Min. Gilmar Mendes. Disponível em: http://portal.stf.jus.br/processos/detalhe.asp?incidente=5564187. Acesso em: 5 jul. 2020.

[737] CNJ. *Resolução nº 13* [com a redação dada pela Resolução n.º 42, de 11.09.07]. Disponível em: https://atos.cnj.jus.br/atos/detalhar/atos-normativos?documento=177. Acesso em: 5 jul. 2020.

No entanto, submetida a questão ao descortino do STF, no Tema nº 359, houve outro entendimento, com a seguinte tese de repercussão geral:

> Ocorrida a morte do instituidor da pensão em momento posterior ao da Emenda Constitucional nº 19/1998, o teto constitucional previsto no inciso XI do artigo 37 da Constituição Federal incide sobre o somatório de remuneração ou provento e pensão percebida por servidor.

Portanto, a Suprema Corte se posicionou, por maioria, pela soma das remunerações para efeito de teto, sob o argumento central de que a situação jurídica da pensão é diversa daquela concernente ao acúmulo de proventos de aposentadoria. Interessante notar que, apesar da aparente similitude nos dois casos (acúmulo de proventos de aposentadoria e acúmulo de proventos de aposentadoria e de pensão), não é de todo desarrazoado conceber que o efeito fiscal foi observado como *distinguishing* na decisão da Suprema Corte.

Pois bem. A partir dessa decisão cabe tecer comentários sobre outros efeitos periféricos. Veja-se.

Como a situação anterior permitia que o teto remuneratório fosse aplicado individualmente, cabe perquirir a partir de quando a nova decisão do STF valerá. Noutras palavras, a partir de que momento o somatório de proventos de aposentadoria ou vencimentos, com proventos de pensão, deverá ser levado em conta para fins de aplicação do teto?

O Tribunal de Contas da União vem mantendo o entendimento de que o marco seria a partir da publicação do acórdão.[738].Discorda-se, no entanto, desse posicionamento.

Como primazia da segurança jurídica, entende-se que, com relação à incidência do quanto decidido pelo STF no julgamento do RE nº 602.584/DF, no caso de servidores que acumulam estipêndios pensionais com remuneração ou proventos, o marco temporal deve ser a partir de 26.3.2021, data em que ocorreu o trânsito em julgado daquele julgamento no STF.

Outras questões operacionais ainda se impõem verificar. Por exemplo, havendo o acúmulo superior ao teto constitucional, em qual fonte deve haver o limitador (abate-teto)?

Defende-se a ideia de que a glosa deva ocorrer no benefício pensional, porquanto a remuneração deve ser paga integralmente sob pena de prestação de serviço de forma graciosa, gerando enriquecimento sem causa da Administração.

O raciocínio não muda no caso de acúmulo de proventos. Entende-se que a glosa deva ocorrer no valor da pensão, em função dos argumentos que levaram à decisão do STF, no sentido de que é possível acumular remuneração ou proventos com pensão, mas é o valor desta última que deve ser submetido ao limite remuneratório, por decorrer de outro vínculo jurídico.

Outro ponto de interesse diz respeito ao acúmulo de remuneração/proventos com pensão oriunda do RGPS. Pela lógica do instituto, somente se mostra admissível o limitador quando decorrer de relação jurídica com empresa estatal dependente. Isso porque as empresas independentes, por expressa disposição constitucional, não se submetem ao limite remuneratório. Por outro lado, não se pode aplicar às pensões

---

[738] BRASIL. TCU. *Proc. TC nº 035.975/2020-2*.

derivadas de relação privada o limitador, uma vez que tal permissão não encontra guarida no texto do art. 37, inc. XI, da Constituição Federal.

Finalmente, convém detalhar a situação em que é possível o acúmulo de pensão com mais de um cargo, emprego, posto ou graduação militar acumuláveis. Onde se daria o corte? Coaduna-se, nesse ponto, com a orientação advinda da Portaria SGP/SEDGG/ME nº 4.975, de 29.4.2021, cujo art. 6º dispõe que, "no caso de percepção simultânea de pensão com mais de um cargo, emprego, posto ou graduação militar acumuláveis, o limite remuneratório deverá incidir sobre a soma da pensão com a remuneração de vínculo mais antigo".

13.3 Teto constitucional aplicável aos servidores dos Tribunais de Contas estaduais

Diferentemente de seus membros, os Tribunais de Contas, como órgão, não possuem teto remuneratório específico para seus servidores, tendo em vista que não foram explicitamente mencionados na norma constitucional que cuida do tema (art. 37, inc. XI).

Ocorre que os conselheiros das Cortes de Contas estaduais têm sua remuneração vinculada aos magistrados de segundo grau do Poder Judiciário, em função da aplicação simétrica do art. 73, §3º, da Lei Maior, segundo o qual:

> [...] os Ministros do Tribunal de Contas da União terão as mesmas garantias, prerrogativas, impedimentos, vencimentos e vantagens dos Ministros do Superior Tribunal de Justiça, aplicando-se-lhes, quanto à aposentadoria e pensão, as normas constantes do art. 40.[739]

A questão que se coloca, então, é saber-se qual seria o teto aplicável aos servidores dos Tribunais de Contas estaduais: a remuneração dos conselheiros ou a dos deputados estaduais?

O Supremo Tribunal Federal, na Suspensão de Segurança nº 2.995,[740] afastou a aplicação do teto remuneratório aos servidores ativos e inativos do Tribunal de Contas estadual com base no subsídio dos próprios conselheiros.

Nada obstante, posteriormente,[741] o Supremo entendeu que a limitação do padrão remuneratório dos auditores dos Tribunais de Contas, tendo por base o subsídio percebido pelo conselheiro – cargo de maior hierarquia dentro do Tribunal –, não ofende a Constituição. Isso, porque da autonomia e da independência asseguradas aos Tribunais de Contas pela Constituição Federal resulta a inexistência de subordinação à estrutura administrativa do Poder Legislativo.

---

[739] BRASIL. [Constituição (1988)]. *Constituição da República Federativa do Brasil de 1988*. Brasília: Presidência da República, 1988. Disponível em: http://www.planalto.gov.br/ccivil_03/constituicao/constituicao.htm. Acesso em: 29 jan. 2020. Art. 73, §3º.

[740] BRASIL. Supremo Tribunal Federal. SS nº 2.995/ES. Rel. Min. Presidente Ellen Gracie. *Diário da Justiça*, 13 nov. 2006.

[741] BRASIL. Supremo Tribunal Federal. *ADI nº 3977*. Rel. Min. Marco Aurélio, 12.2.2020. Disponível em: http://portal.stf.jus.br/processos/detalhe.asp?incidente=2568167. Acesso em: 5 jul. 2020: "Ação Direta de Inconstitucionalidade ajuizada pelo Partido Comunista do Brasil (PCdoB) contra ato normativo do Tribunal de Contas do Estado da Bahia (TC-BA) que disciplinou o estabelecimento do teto aos seus servidores como sendo o subsídio de conselheiro do tribunal, e não o de deputado estadual".

Note-se, por importante, que a situação retratada, todavia, não se confunde com a possibilidade de os estados e o Distrito Federal estabelecerem teto único para o conjunto de seus servidores, como estipulado na CF/1988, *in verbis*:

> Art. 37. [...]
>
> §12. Para os fins do disposto no inciso XI do caput deste artigo, fica facultado aos Estados e ao Distrito Federal fixar, em seu âmbito, mediante emenda às respectivas Constituições e Lei Orgânica, como limite único, o subsídio mensal dos Desembargadores do respectivo Tribunal de Justiça, limitado a noventa inteiros e vinte e cinco centésimos por cento do subsídio mensal dos Ministros do Supremo Tribunal Federal, não se aplicando o disposto neste parágrafo aos subsídios dos Deputados Estaduais e Distritais e dos Vereadores.[742]

13.4 Possíveis conclusões sobre o teto constitucional aplicável aos servidores públicos

O trabalho de prospecção de normas, acerca do teto remuneratório constitucional, conduz o intérprete não a um arcabouço jurídico bem delineado, mas, sim, a um verdadeiro calabouço de regras que, como em um balé tortuoso, ora se abraçam, ora se apartam. São incongruências que, se aplicadas ao alvedrio de cada gestor, possibilitam malferir o princípio da isonomia, porquanto diversas parcelas remuneratórias são subsumidas ao limite constitucional para uns, enquanto para outros, não.

Como salientado alhures, não pode a Constituição Federal conter antinomias que permitam prosperar tamanhas interpretações acerca de parcelas que compõem ou não o teto remuneratório. Tal fato demonstra que, em realidade, a norma contida no art. 37, inc. XI, não é de toda autoaplicável, exatamente porque, se de um lado tem-se o quantitativo sobre o qual não se pode ultrapassar (o valor do subsídio dos ministros do STF e seus correspondentes nos municípios, estados e Distrito Federal), por outro, não se tem claramente quais parcelas remuneratórias devem compor esse limite, quais podem ser pagas à deriva de tal ordenamento.

Note-se que, em reforço ao defendido, o próprio constituinte determina que "não serão computadas, para efeito dos limites remuneratórios de que trata o inciso XI do *caput* deste artigo, as parcelas de caráter indenizatório previstas em lei".[743]

Veja-se que, se a lei pode e deve especificar sobre quais parcelas de caráter indenizatório não deve incidir o teto remuneratório, pode, também, determinar, por outro viés, quais parcelas devem compor o limite constitucional. Afinal, entende-se que a *mens legislatoris* é exatamente não permitir que os servidores públicos recebam remunerações afrontosas à ética e à moral de um país com a heterogeneidade social bastante elevada, na qual, para milhões de brasileiros, faltam até mesmo condições básicas de cidadania. Noutras palavras, a norma contida no art. 37, inc. XI, da Constituição é autoaplicável quanto ao valor do teto, mas não quanto à sua composição.

---

[742] BRASIL. [Constituição (1988)]. *Constituição da República Federativa do Brasil de 1988*. Brasília: Presidência da República, 1988. Disponível em: http://www.planalto.gov.br/ccivil_03/constituicao/constituicao.htm. Acesso em: 29 jan. 2020.

[743] BRASIL. [Constituição (1988)]. *Constituição da República Federativa do Brasil de 1988*. Brasília: Presidência da República, 1988. Disponível em: http://www.planalto.gov.br/ccivil_03/constituicao/constituicao.htm. Acesso em: 29 jan. 2020. Art. 37, §11.

Entende-se, portanto, caber à lei estabelecer quais parcelas devem ou não compor o limite constitucional. Lei de caráter nacional, assim concebida aquela que regula matéria expressa pela Constituição Federal e deita raios de influência sobre todos os entes da Federação.

Em todo caso, ainda que lei não haja, no mínimo há que ser concebido, de maneira inescapável, posicionamento conclusivo da Excelsa Corte sobre o tema, o que ainda não ocorreu. Dessa forma, ainda não construído o caminho jurídico a ser percorrido, a singela análise aqui empreendida guarda pretensão de apenas colaborar com o debate, sem qualquer condão de taxatividade.

13.5 Cálculo de pensões, cuja remuneração ou proventos do instituidor superam o limite remuneratório

Questão controvertida diz respeito à forma de cálculo das pensões, cujo valor da remuneração ou proventos do instituidor superem o teto constitucional. Há corrente doutrinária que defende que a parte excedente do teto deve ser excluída da base de cálculo. Entretanto, defende-se aqui posição contrária, segundo a qual o valor excedente ao teto deve fazer parte da base de cálculo das pensões. De fato, dispõe a Lei nº 10.887/2004:

> Art. 2º Aos dependentes dos servidores titulares de cargo efetivo e dos aposentados de qualquer dos Poderes da União, dos Estados, do Distrito Federal e dos Municípios, incluídas suas autarquias e fundações, falecidos a partir da data de publicação desta Lei, será concedido o benefício de pensão por morte, que será igual:
>
> I - à totalidade dos proventos percebidos pelo aposentado na data anterior à do óbito, até o limite máximo estabelecido para os benefícios do Regime Geral de Previdência Social, acrescida de 70% (setenta por cento) da parcela excedente a este limite; ou
>
> II - à totalidade da remuneração do servidor no cargo efetivo na data anterior à do óbito, até o limite máximo estabelecido para os benefícios do Regime Geral de Previdência Social, acrescida de 70% (setenta por cento) da parcela excedente a este limite, se o falecimento ocorrer quando o servidor ainda estiver em atividade.[744]

Veja-se que a lei de regência determina que o valor da pensão corresponda à totalidade dos proventos ou da remuneração. Logo, se do valor total utilizado como base de cálculo da pensão se exclui o valor excedente ao teto, esse valor não será exatamente o total. Haveria uma contrariedade insuperável no próprio comando legal.

Ocorre que, em verdade, o limitador remuneratório deve ser verificado no momento da concessão da pensão e não como uma metodologia de cálculo. De fato, em caso similar, o Tribunal de Contas da União adotou o seguinte posicionamento:

> [...] 6. Todavia, a partir da prolação do Acórdão nº 2.212/2008 – TCU – Plenário, a orientação desta Corte passou a ser no sentido de que apenas a média das remunerações, calculada na forma da Lei nº 10.887/2004, está sujeita à proporcionalização, e de que o limite máximo do benefício corresponderá ao valor integral da última remuneração, uma vez que o art. 40, §2º,

---

744 BRASIL. *Lei nº 10.887, de 18 de junho de 2004*. Dispõe sobre a aplicação de disposições da Emenda Constitucional nº 41, de 19 de dezembro de 2003, altera dispositivos das Leis nºs 9.717, de 27 de novembro de 1998, 8.213, de 24 de julho de 1991, 9.532, de 10 de dezembro de 1997, e dá outras providências. Disponível em: http://www.planalto.gov.br/ccivil_03/_Ato2004-2006/2004/Lei/L10.887compilado.htm. Acesso em: 23 fev. 2020.

da Constituição Federal contempla expressamente esse parâmetro, sem distinguir entre as hipóteses de aposentadoria com proventos integrais ou proporcionais. É o que se extrai do Voto proferido pelo Relator, Ministro Benjamin Zymler, que ora transcrevo parcialmente:

[...] O §2º do art. 40 da Constituição Federal instituiu um limite para a percepção de proventos da inatividade, a ser verificado no momento da aposentadoria, e não uma metodologia de cálculo desses proventos. A estipulação desse limite decorre do princípio da solidariedade, insculpido no caput do art. 40. Desse princípio também resulta a instituição da contribuição previdenciária de inativos e pensionistas.

O princípio da solidariedade mitiga, mas não afasta, o caráter contributivo do RPPS, que opera tanto em favor como em desfavor do servidor.

A imposição de restrições que afastam o caráter contributivo – como a limitação do valor de proventos – somente pode decorrer de comando constitucional. Por conseguinte, a norma contida no §2º do art. 40 não deve ser interpretada de forma extensiva, sob pena de infirmar o princípio da contributividade.

Não é lícito, portanto, que Orientação Normativa do Ministério da Previdência, altere a forma de cálculo estabelecida em lei para ampliar a limitação do texto constitucional.

Proponho, pois, seja dado provimento ao recurso da servidora. E, considerando que o limite determinado pela Constituição Federal para o cálculo dos proventos deve ser verificado no momento da inativação, os efeitos da deliberação a ser proferida devem retroagir àquela data, mormente porque não ocorreu a prescrição de nenhuma parcela.

7. Por conseguinte, no subitem 9.2 da referida deliberação, determinou-se à Secretaria-Geral de Administração deste Tribunal que, na aplicação do §2º do art. 40 da Constituição Federal, observe o limite ali estabelecido, a saber, o valor da remuneração do cargo efetivo em que se der a inativação, independentemente de ser a aposentadoria deferida com proventos integrais ou proporcionais ao tempo de contribuição.[745]

Convém salientar que esse entendimento restou solidificado pelo STF, conforme bem detalhado na notícia a seguir:

Ministro cassa decisão do TJ-RJ sobre cálculo de benefício previdenciário

Segundo o ministro Ricardo Lewandowski, houve equívoco na aplicação de teses de repercussão geral.

O ministro Ricardo Lewandowski, do Supremo Tribunal Federal (STF), cassou decisão do Tribunal de Justiça do Estado do Rio de Janeiro (TJ-RJ) e deu prosseguimento ao Recurso Extraordinário, por equívoco na aplicação de teses de repercussão geral fixadas pela Corte a respeito da metodologia do cálculo do benefício previdenciário. Segundo o ministro, relator da Reclamação (RCL) 38028, em casos excepcionais, é cabível reclamação para corrigir inobservância ao conteúdo de decisão do Supremo dotada de eficácia para todos.

Caso

O órgão especial do TJ-RJ, ao julgar agravo interno de uma pensionista de servidor estadual, manteve decisão monocrática que havia negado seguimento a recurso extraordinário, ao argumento de que a base de cálculo para o benefício previdenciário deve ser o teto remuneratório constitucional (artigo 37, inciso XI, da Constituição Federal), nos termos de teses de repercussão geral fixadas pelo STF.

---

745 BRASIL. Tribunal de Contas da União. *Processo TC nº 015.757/2008-3*. Acórdão nº 571/2009. Rel. Marcos Bemquerer, 17.2.2009. Disponível em: https://pesquisa.apps.tcu.gov.br/#/redireciona/acordao-completo/%22ACORDAO-COMPLETO-2137838%22. Acesso em: 3 jul. 2020.

No STF, a pensionista alegou erro do tribunal estadual na aplicação de teses firmadas pelo STF no julgamento de mérito dos Recursos Extraordinários 609381 e 675978 (Temas 480 e 639 de repercussão geral). Segundo ela, o teto remuneratório do funcionalismo público não integra a base de cálculo do benefício previdenciário, mas serve apenas como limitador, caso o valor final da pensão ultrapasse o limite estipulado. O benefício, dessa forma, deveria ser calculado mediante a aplicação do artigo 40, parágrafos 7º e 8º, para somente depois ser adequado ao teto.

Repercussão geral

O ministro Ricardo Lewandowski observou que a jurisprudência pacífica do Supremo é de que, em princípio, não cabe reclamação para corrigir supostos equívocos na aplicação do instituto da repercussão geral pelos Tribunais. Ele ressaltou, no entanto, a existência de precedentes em que se admite a possibilidade de afastamento dessa regra em casos excepcionais, não por usurpação de competência do STF, mas por inobservância ao conteúdo de decisão dotada de eficácia para todos os magistrados e tribunais (efeito vinculante).

No caso concreto, para Lewandowski, a interpretação do TJ-RJ ultrapassou os limites das teses firmadas pelo Supremo no julgamento dos temas 480 e 639, ficando configurada a situação excepcional. "Em nenhum dos dois precedentes citados existem argumentos que sustentem a conclusão de que o cálculo da pensão deve ter como base o teto remuneratório do artigo 37, IX, da Constituição", disse.

O ministro explicou que, no julgamento do Tema 480, foi discutida a autoaplicabilidade do teto remuneratório, matéria que não foi levantada pela pensionista na origem. Já na apreciação do Tema 639, o STF firmou que a base de cálculo para aplicação do teto remuneratório é o valor bruto percebido pelo servidor ou pensionista. "É equivocada, portanto, a noção adotada pelo TJ-RJ de que a base de cálculo da pensão se confunde com o teto remuneratório".

Mérito

O ministro julgou procedente a reclamação para cassar o acórdão do TJ-RJ e, em observância à razoável duração do processo, deu provimento ao recurso extraordinário da pensionista.[746]

[746] MINISTRO cassa decisão do TJ-RJ sobre cálculo de benefício previdenciário. *STF*, 8 maio 2020. Disponível em: http://portal.stf.jus.br/noticias/verNoticiaDetalhe.asp?idConteudo=442984&ori=1. Acesso em: 12 maio 2019.

FISCALIZAÇÃO DOS ATOS DE CONCESSÃO DE APOSENTADORIA E DE PENSÃO PELOS TRIBUNAIS DE CONTAS

Os Tribunais de Contas no Brasil foram integrados, no ordenamento jurídico, no segmento normativo que disciplina o Poder Legislativo, porquanto é esse poder o legitimado para exercer o controle externo, possuindo como órgão auxiliar, para tal fim, exatamente o respectivo Tribunal de Contas de cada unidade federada.

Da combinação dos comandos normativos dos arts. 70 e 71 da Constituição Federal, extrai-se que a fiscalização contábil, financeira, orçamentária, operacional e patrimonial da União e das entidades da Administração direta e indireta, quanto à legalidade, legitimidade, economicidade, aplicação das subvenções e renúncia de receitas, é exercida pelo Congresso Nacional, mediante controle externo realizado com auxílio do Tribunal de Contas.

Nada obstante o enquadramento dos Tribunais de Contas brasileiros na parte relativa ao Legislativo, como auxiliares do controle externo, foram-lhe dirigidas, no que couberem, atribuições previstas privativamente aos órgãos do Poder Judiciário, descritas no art. 96 da Constituição, concernentes à sua organização, funcionamento, provimento de cargos, entre outros. Além disso, foi estabelecida a competência para julgarem as contas dos responsáveis por dinheiros, bens e valores públicos e daqueles que derem causa à perda, extravio ou outra irregularidade de que resulte prejuízo ao erário público, o que é considerado por muitos doutrinadores uma função jurisdicional típica.

Marcello Caetano,[747] sinteticamente, ao analisar o texto da Constituição brasileira de 1967, já sinalizava que os Tribunais de Contas são auxiliares, quanto ao exercício do controle externo, mas dotados de poder jurisdicional no tocante ao julgamento de contas:

> O Tribunal de Contas da União [...] é, pois, um órgão auxiliar do Poder Legislativo, colaborando com este no desempenho das atribuições tradicionais de fiscalização financeira e orçamentária. Só exerce autoridade jurisdicional própria quando julga contas de responsáveis por dinheiros públicos.

[747] CAETANO, Marcelo. *Direito constitucional*. 2. ed. Rio de Janeiro: Forense, 1987. v. 2. p. 238.

Não restam dúvidas, pela clareza do Texto Constitucional, de que os Tribunais de Contas possuem assento constitucional vinculado ao Poder Legislativo, porque são seus auxiliares no exercício do controle externo, mas possuem atribuições e competências próprias, que lhes garantem independência e autonomia para o controle da Administração Pública brasileira, além de feição orgânica típica dos tribunais.

Esse enquadramento constitucional está, expressamente, previsto para o Tribunal de Contas da União no art. 71 da Constituição Federal e, por simetria, estendido aos demais Tribunais de Contas dos estados, dos municípios e do Distrito Federal, por força do art. 75 da mesma Lei Magna.

14.1 O controle da legalidade dos atos concessórios de aposentadoria e de pensão

A Constituição Federal, expressamente, atribui aos Tribunais de Contas as seguintes funções:

a) apreciar, para fins de registro, a legalidade dos atos de admissão de pessoal, a qualquer título, na Administração direta e indireta, incluídas as fundações instituídas e mantidas pelo Poder Público, excetuadas as nomeações para cargo de provimento em comissão;
b) apreciar, para fins de registro, as concessões de aposentadorias, reformas e pensões, ressalvadas as melhorias posteriores que não alterem o fundamento legal do ato concessório.

Os atos de concessão ou de admissão de pessoal são analisados, preliminar e tecnicamente, pelo órgão de controle interno que emitirá um parecer sobre a legalidade do ato e, somente então, haverá remessa ao respectivo Tribunal de Contas para apreciação da legalidade.

Os atos admissionais ou concessivos podem ser considerados legais, ilegais ou demandar a realização de alguma diligência prévia, de caráter saneador, para que o tribunal possa exarar decisão sobre o mérito do exame que faz. Se o ato for considerado legal, corolário lógico é uma deliberação colegiada, determinando o registro do ato e o arquivamento do processo. Ao contrário, se for considerado ilegal, os tribunais devem assinar prazo para que os órgãos ou entidades adotem as providências necessárias ao exato cumprimento da lei, inclusive podendo resultar na suspensão dos pagamentos de remunerações ou proventos de aposentadoria, reforma, pensão ou a exclusão de parcelas que os componham.

A determinação dos tribunais deve ser cumprida sob pena de responsabilidade solidária da autoridade que for omissa. Essa omissão pode resultar na conversão dos autos em tomada de contas especial para que os responsáveis restituam ao erário as quantias recebidas indevidamente e, ainda, há possibilidade de haver remessa de informações ao Ministério Público ordinário para que ajuíze a respectiva ação por improbidade administrativa.

Os Tribunais de Contas realizam, por iniciativa própria, ou por intermédio de solicitação dos órgãos dos poderes legislativos, inspeções e auditorias de natureza contábil, financeira, orçamentária, operacional e patrimonial nas unidades administrativas dos três poderes, quer seja Legislativo, Executivo ou Judiciário.

O poder-dever de se utilizar dos instrumentos de controle – inspeções e auditorias – para fiscalizar as diversas unidades administrativas dos poderes da República concede aos Tribunais de Contas um matiz constitucional que os distingue dos órgãos do Poder Judiciário e proporciona agilidade de atuação.

As auditorias obedecem a plano específico e são utilizadas na obtenção de dados de natureza contábil, financeira, orçamentária e patrimonial; para conhecer a organização e o funcionamento dos órgãos e entidades, avaliar, do ponto de vista do desempenho operacional, suas atividades e sistemas; e para aferir os resultados alcançados pelos programas e projetos governamentais.

As inspeções são utilizadas para suprir omissões e lacunas de informações, esclarecer dúvidas ou apurar denúncias quanto à legalidade e à legitimidade de atos e fatos administrativos praticados por responsáveis sujeitos à jurisdição do tribunal. Já as fiscalizações de natureza operacional têm como objetivo definir padrões de desempenho e avaliar os resultados da gestão à luz de parâmetros de eficiência, eficácia e economicidade. Como as decisões do administrador, respeitadas as normas legais, situam-se no campo da discricionariedade, as conclusões atingidas por essa modalidade de fiscalização dão origem a recomendações, que são encaminhadas ao órgão ou entidade fiscalizada.

Renato Jorge Brown Ribeiro anota que a função fiscalizadora dos Tribunais de Contas nacionais muito se parece com o exercício de atividades de controladoria:

> [...] o modelo de Tribunal de Contas desenvolvido e implementado no País é único no mundo. Não corresponde ao Modelo Tradicional de Tribunal de Contas, uma vez que assume funções fiscalizadoras que seriam típicas de controladorias, bem como procura exercer papel de ouvidoria e órgão consultivo. As suas estruturas organizacionais e seus processos decisórios são um misto dos processos e forma de decidir do Legislativo e do Judiciário. Esse hibridismo e adaptabilidade são características bem típicas do Brasil e das instituições brasileiras [...].[748]

De fato, o modelo adotado no país, conforme bem pontua Lucas Rocha Furtado,[749] é bem peculiar. Afinal, no Brasil, as Cortes de Contas, além da prerrogativa de fiscalização, possuem também atribuições corretivas e sancionadoras, como se verá adiante. Nada obstante, suas decisões têm natureza administrativa, sujeitas ao controle jurisdicional, portanto. Diferente, realmente.

14.2 A função corretiva dos Tribunais de Contas

A função corretiva das Cortes de Contas brasileiras está positivada na Constituição, que estabelece as atribuições de assinar prazo para que o órgão ou entidade adote as providências necessárias ao exato cumprimento da lei, se verificada ilegalidade, e de

---

748 RIBEIRO, Renato Jorge Brown. *Controle externo da Administração Pública federal no Brasil*. Rio de Janeiro: América Jurídica, 2002. p. 94.

749 FURTADO, Lucas Rocha. *Curso de direito administrativo*. 3. ed. Belo Horizonte: Fórum, 2012. p. 888.

sustar, se não atendido, a execução do ato impugnado, comunicando a decisão ao órgão legislativo da respectiva esfera de governo.

Essas duas atribuições constam da Constituição como dirigidas ao Tribunal de Contas da União, mas são simetricamente adotadas pelos demais tribunais, por força da obrigatória assimilação do modelo federal nos estados, Distrito Federal e municípios.[750] Ives Gandra Martins apregoa que fixar um lapso temporal para que determinado órgão ou entidade corrija uma irregularidade nada mais é do que um "processo anterior à sanção".[751] Mesmo autor registra que, para tanto, os tribunais deverão indicar, com precisão, o que foi violado e o que precisa ser feito para a adoção das providências necessárias ao exato cumprimento da lei.

Quando o renomado constitucionalista brasileiro se referiu a "processo anterior à sanção", presume-se que tenha vislumbrado a hipótese de não adoção pelo jurisdicionado das providências demandadas para sanar a irregularidade apontada pelo Tribunal, caso em que a respectiva Corte de Contas poderá, ao exercer sua função sancionadora, aplicar multa ao responsável, bem como condená-lo ao ressarcimento do dano, se houver.

O constitucionalista brasileiro Manoel Gonçalves Ferreira Filho,[752] no mesmo sentido, anota que o Tribunal deve fixar prazo razoável e privilegiar a boa-fé ao dar oportunidade para que o responsável corrija a irregularidade; se, contudo, assim não proceder, deve imputar sanção.

Sustar, se não atendido, a execução do ato impugnado, comunicando a decisão às duas casas do Poder Legislativo é dispositivo que se dirige, expressamente, ao Tribunal de Contas da União, porquanto dará notícia de sua deliberação à Câmara dos Deputados e ao Senado Federal. Nos Tribunais de Contas dos demais entes federativos, visto que os legislativos locais são unicamerais, caberá, tão somente, comunicação à assembleia legislativa estadual, à Câmara Legislativa do Distrito Federal e às assembleias municipais.

Questão interessante, nos casos de aposentadorias e pensões, é saber se a Corte de Contas pode dar registro a tais concessões, cuja fundamentação legal estiver escorreita, mas o demonstrativo financeiro (abono provisório/título de pensão) não esteja corretamente calculado.

A pergunta que se coloca, então, diz respeito à possibilidade de o Tribunal de Contas determinar diligência ao órgão de origem, para saneamento de falhas que são posteriores à apreciação da legalidade dos atos da concessão. Em que pese à prática disseminada em diversas cortes de contas de determinação de correções posteriores, entende-se que tal procedimento não corresponde à melhor técnica.

Isso, porque a competência das cortes de contas abrange quaisquer atos que importem em alteração das bases ou do critério adotados na concessão inicial. Por conseguinte, os Tribunais de Contas não devem analisar, como já dito alhures, apenas

---

[750] BRASIL. [Constituição (1988)]. *Constituição da República Federativa do Brasil de 1988*. Brasília: Presidência da República, 1988. Disponível em: http://www.planalto.gov.br/ccivil_03/constituicao/constituicao.htm. Acesso em: 29 jan. 2020. Art. 75.

[751] BASTOS, Celso Ribeiro; MARTINS, Ives. *Comentários à Constituição do Brasil*: promulgada em 05 de outubro de 1988. São Paulo: Saraiva, 2018. p. 59.

[752] FERREIRA FILHO, Manoel Gonçalves. *Comentários à Constituição brasileira de 1988*. São Paulo: Saraiva, 1992. v. 2. p. 130.

o ato concessório, mas também as demais peças que compõem o processo de concessão, como o demonstrativo de tempo de contribuição, o abono provisório ou o título de pensão.

De fato, o ato concessório, seja da aposentadoria, seja da pensão, só é legal porque tanto o direito por ele abarcado, quanto o tempo de contribuição e o *quantum* remuneratório (previsto tanto no abono provisório quanto no título de pensão) estão devidamente consignados.

Entrementes, nem sempre na prática processual a melhor técnica pode conviver em sua forma pura, tendo em vista a crescente demanda a que vêm se submetendo as Cortes de Contas. A cada dia, mais e mais atribuições são destinadas àqueles tribunais, o que demonstra, a um só tempo, um duplo vértice: o esgotamento do Judiciário e a necessidade de adaptação dessas cortes para não sucumbirem ao peso da demanda. Daí, pois, aceitar-se, por exemplo, medidas como as correções posteriores no exame de concessões, como forma de impulsionar o fluxo processual.

14.3 A decadência em processos dos Tribunais de Contas

A utilização do instituto da decadência vem se tornando cada vez mais frequente no âmbito de atuação dos Tribunais de Contas, mormente pelas características peculiares dos processos que tramitam nessas cortes especializadas.

Identificar claramente a ocorrência de decadência não é tarefa das mais simples, principalmente em função das semelhanças com a prescrição, outro instituto jurídico que sobreleva a ação do tempo sobre os processos. Todavia, o presente momento destina-se a verificar se a Lei nº 9.784/1999, mais precisamente, se o art. 54[753] dessa norma aplica-se aos processos afeitos às cortes de contas.

Assim, tendo em vista que a jurisprudência pátria já adotou o entendimento pacificado[754] de que o citado art. 54 trata mesmo de decadência, não faz sentido, para o aqui pretendido, procurar diferenciar a decadência da prescrição.

Dessa forma, convém verificar se é aplicável a decadência aos Tribunais de Contas, em seus diversos tipos de processos: concessões, auditorias e inspeções e admissões de pessoal.

No que tange às concessões, depois de sucessivos julgados, o STF consolidou o entendimento de considerar o prazo de cinco anos como limite para que o Tribunal

---

753 BRASIL. *Lei nº 9.784, de 29 de janeiro de 1999*. Regula o processo administrativo no âmbito da Administração Pública Federal. Disponível em: http://www.planalto.gov.br/ccivil_03/Leis/L9784.htm. Acesso em: 18 mar. 2020: "Art. 54. O direito da Administração de anular os atos administrativos de que decorram efeitos favoráveis para os destinatários decai em cinco anos, contados da data em que foram praticados, salvo comprovada má-fé. §1º No caso de efeitos patrimoniais contínuos, o prazo de decadência contar-se-á da percepção do primeiro pagamento. §2º Considera-se exercício do direito de anular qualquer medida de autoridade administrativa que importe impugnação à validade do ato".

754 BRASIL. Superior Tribunal de Justiça. AgRg no REsp nº 1198317/SC. Agravo Regimental no Recurso Especial. 2010/0112177-9. Primeira Turma. Rel. Min. Arnaldo Esteves Lima. *Diário da Justiça eletrônico*, 18 nov. 2010; AgRg no REsp nº 1145613/RS. Agravo Regimental no Recurso Especial 2009/0117552-7. Sexta Turma. Rel. Min. Haroldo Rodrigues (Desembargador convocado do TJ/CE). *Diário da Justiça eletrônico*, 11 out. 2010; AgRg no AgRg no REsp nº 1156093/SC. Agravo Regimental no Agravo Regimental no Recurso Especial 2009/0172777-6. Quinta Turma. Rel. Min. Felix Fischer. *Diário da Justiça eletrônico*, 4 out. 2010; AgRg no REsp nº 1168805/RS. Agravo Regimental no Recurso Especial 2009/0230174-7. Quinta Turma. Rel. Min. Jorge Mussi. *Diário da Justiça eletrônico*, 7 jun. 2010; REsp nº 1109455/PR. Recurso Especial 2008/0279582-4. Quinta Turma. Rel. Min. Jorge Mussi. *Diário da Justiça eletrônico*, 19 out. 2009; e AgRg no AgRg no REsp nº 1059164/PR. Agravo Regimental no Agravo Regimental no Recurso Especial 2008/0111662-9. Quinta Turma. Rel. Min. Laurita Vaz. *Diário da Justiça eletrônico*, 20 abr. 2009.

de Contas possa apreciar a legalidade de tais atos, sem a participação do interessado. Assim, "transcorrido *in albis* o interregno quinquenal, é de se convocar os particulares para participar do processo de seu interesse, a fim de desfrutar das garantias do contraditório e da ampla defesa".[755]

Segundo o entendimento da Excelsa Corte, o prazo quinquenal denota a proteção objetiva do princípio da dignidade da pessoa humana, presente no Estado de Direito. Casos há em que a Corte de Contas, inclusive, apreciou definitivamente o ato de concessão. Nessa hipótese, não há necessidade sequer de se estabelecer o contraditório, pois o decurso de tempo torna o ato rígido e inquebrantável. Nesse sentido:

> SERVIDOR PÚBLICO.
>
> Funcionário. Aposentadoria. Cumulação de gratificações. Anulação pelo Tribunal de Contas da União – TCU. Inadmissibilidade. Ato julgado legal pelo TCU há mais de cinco (5) anos. Anulação do julgamento. Inadmissibilidade. *Decadência administrativa.* Consumação reconhecida. Ofensa a direito líquido e certo. Respeito ao princípio da confiança e segurança jurídica. Cassação do acórdão. Segurança concedida para esse fim. Aplicação do art. 5º, inc. LV, da CF, e art. 54 da Lei federal nº 9.784/99. *Não pode o Tribunal de Contas da União, sob fundamento ou pretexto algum, anular aposentadoria que julgou legal há mais de 5 (cinco) anos.*[756]

Entende-se que o início da contagem de tempo, para caracterização da decadência, deve ser a partir do momento em que o ato de concessão deu entrada no Tribunal de Contas. Sim, porque, dessa forma, estariam preservadas as competências constitucionais daqueles tribunais. Não em outro sentido, decidiu o Supremo:

> Mandado de Segurança
>
> [...] 3. Controle externo de legalidade dos atos concessivos de aposentadorias, reformas e pensões. Inaplicabilidade ao caso da decadência prevista no art. 54 da Lei nº 9.784/99.
>
> 4. Negativa de registro de aposentadoria julgada ilegal pelo TCU. Decisão proferida após mais de 5 (cinco) anos da chegada do processo administrativo ao TCU e após mais de 10 (dez) anos da concessão da aposentadoria pelo órgão de origem. Princípio da segurança jurídica (confiança legítima). Garantias constitucionais do contraditório e da ampla defesa. Exigência.
>
> 5. Concessão parcial da segurança. I - Nos termos dos precedentes firmados pelo Plenário desta Corte, não se opera a decadência prevista no art. 54 da Lei nº 9.784/99 no período compreendido entre o ato administrativo concessivo de aposentadoria ou pensão e o posterior julgamento de sua legalidade e registro pelo Tribunal de Contas da União – que consubstancia o exercício da competência constitucional de controle externo (art. 71, III, CF). II - A recente jurisprudência consolidada do STF passou a se manifestar no sentido de exigir que o TCU assegure a ampla defesa e o contraditório nos casos em que o controle externo de legalidade exercido pela Corte de Contas, para registro de aposentadorias e pensões, ultrapassar o prazo de cinco anos, sob pena de ofensa ao princípio da confiança –

---

[755] BRASIL. Supremo Tribunal Federal. MS nº 24.448/DF. Mandado de Segurança. Tribunal Pleno. Rel. Min. Carlos Britto. *Diário da Justiça eletrônico,* 14 nov. 2007. No mesmo sentido: MS nº 26.405/DF. Mandado de Segurança. Tribunal Pleno. Rel. Min. Cezar Peluso. *Diário da Justiça eletrônico,* 22 fev. 2008; MS nº 26.353/DF. Mandado de Segurança. Tribunal Pleno. Rel. Min. Marco Aurélio. *Diário da Justiça eletrônico,* 7 mar. 2008; MS nº 25.116/DF. Mandado de Segurança. Tribunal Pleno. Rel. Min. Ayres Britto. *Diário da Justiça eletrônico,* 10 fev. 2011; e MS nº 25.403/DF. Mandado de Segurança. Tribunal Pleno. Rel. Min. Ayres Britto. *Diário da Justiça eletrônico,* 10 fev. 2011.

[756] BRASIL. Supremo Tribunal Federal. MS nº 25.963/DF. Mandado de Segurança. Tribunal Pleno. Rel. Min. Cezar Peluso. *Diário da Justiça eletrônico,* 21 nov. 2008.

face subjetiva do princípio da segurança jurídica. Precedentes. III - *Nesses casos, conforme o entendimento fixado no presente julgado, o prazo de 5 (cinco) anos deve ser contado a partir da data de chegada ao TCU do processo administrativo de aposentadoria ou pensão encaminhado pelo órgão de origem para julgamento da legalidade do ato concessivo de aposentadoria ou pensão e posterior registro pela Corte de Contas.* IV - Concessão parcial da segurança para anular o acórdão impugnado e determinar ao TCU que assegure ao impetrante o direito ao contraditório e à ampla defesa no processo administrativo de julgamento da legalidade e registro de sua aposentadoria, assim como para determinar a não devolução das quantias já recebidas. V - Vencidas (i) a tese que concedia integralmente a segurança (por reconhecer a decadência) e (ii) a tese que concedia parcialmente a segurança apenas para dispensar a devolução das importâncias pretéritas recebidas, na forma do que dispõe a Súmula nº 106 do TCU.[757]

Mais recentemente, o Supremo Tribunal Federal,[758] em sede de repercussão geral, deu contornos definitivos a tal questão, ao decidir o Tema nº 445, oportunidade em que fixou a seguinte tese:

> Em atenção aos princípios da segurança jurídica e da confiança legítima, os Tribunais de Contas estão sujeitos ao prazo de 5 anos para o julgamento da legalidade do ato de concessão inicial de aposentadoria, reforma ou pensão, a contar da chegada do processo à respectiva Corte de Contas.[759]

Diga-se, por precaução, todavia, que há exceção à regra da aplicabilidade da decadência, prevista no art. 54 da Lei nº 9.784/1999. De fato, provada a má-fé do interessado, mister se faz afastá-la. Sim, porque, se de um lado o aplicador do direito precisa voltar sua atenção à efetiva proteção do cidadão, por outro, não pode quedar inerte ante suas maledicências.

Em certas ocasiões, a ocorrência de irregularidades é verificada no curso de processos específicos de auditoria ou inspeção das Cortes de Contas nos órgãos jurisdicionados, em pagamentos de servidores ainda na atividade. Pegue-se o exemplo de parcelas remuneratórias indevidas ou cálculos de valores incorretos. Nessa hipótese, ultrapassados os cinco anos em que foi observada qualquer irregularidade, surge o obstáculo intransponível para a Administração perpetrado pela decadência. Sim, porque é estreme de dúvidas que o gestor público não pode anular qualquer ato administrativo que já tenha ultrapassado o lapso quinquenal.

Certo, também, que não há que cogitar, nesse exercício hipotético, da aplicação da Súmula Vinculante nº 3, porquanto não afeita a essa situação. Questão interessante é verificar, então, como se dá a atuação das Cortes de Contas em casos assemelhados.

Ora, não sendo facultado à própria Administração rever o ato eivado de vício, por já ter operado a decadência, falecerá competência também para o Tribunal de Contas fazê-lo. Isso, porque não há permissivo legal que retire daquelas cortes a obrigatoriedade

---

757 BRASIL. Supremo Tribunal Federal. Mandado de Segurança nº 24.781/DF. Tribunal Pleno. Rel. Min. Ellen Gracie. Rel. p/ acórdão Min. Gilmar Mendes. *Diário da Justiça eletrônico*, 9 jun. 2011.

758 BRASIL. Supremo Tribunal Federal. *Recurso Extraordinário nº 636553*. Rel. Min. Gilmar Mendes, 19.2.2020. Disponível em: https://jurisprudencia.stf.jus.br/pages/search/sjur425435/false. Acesso em: 29 jun. 2020.

759 BRASIL. Supremo Tribunal Federal. *Recurso Extraordinário nº 636553*. Rel. Min. Gilmar Mendes, 19.2.2020. Disponível em: https://jurisprudencia.stf.jus.br/pages/search/sjur425435/false. Acesso em: 29 jun. 2020.

de aplicação do art. 54 da Lei nº 9.784/1999 para tais casos. Ocorre, portanto, espécie de decadência reflexa para os Tribunais de Contas.

O STF, ao analisar tal questão, reforçou esse entendimento:

> TCU: auditoria e decadência
>
> O disposto no art. 54 da Lei nº 9.784/99 ("Art. 54. O direito da Administração de anular os atos administrativos de que decorram efeitos favoráveis para os destinatários decai em cinco anos, contados da data em que foram praticados, salvo comprovada má-fé") aplica-se às hipóteses de auditorias realizadas pelo TCU em âmbito de controle de legalidade administrativa. Com base nesse entendimento, a 1ª Turma reconheceu a decadência e, por conseguinte, concedeu mandado de segurança para afastar a exigibilidade da devolução de certas parcelas. Tratava-se de *writ* impetrado contra ato do TCU que, em auditoria realizada no Tribunal Regional Eleitoral do Piauí, em 2005, determinara o ressarcimento de valores pagos em duplicidade a servidores no ano de 1996. *Salientou-se a natureza simplesmente administrativa do ato. Dessa forma, a atuação do TCU estaria submetida à Lei nº 9.784/99, sob o ângulo da decadência e presentes relações jurídicas específicas, a envolver a Corte tomadora dos serviços e os prestadores destes. Consignou-se que a autoridade impetrada glosara situação jurídica já constituída no tempo. Aduziu-se que conclusão em sentido diverso implicaria o estabelecimento de distinção onde a norma não o fizera, conforme o órgão a praticar o ato administrativo. Destacou-se, por fim, que o caso não se confundiria com aquele atinente a ato complexo, a exemplo da aposentadoria, no que inexistente situação aperfeiçoada.* Leia o inteiro teor do voto condutor na seção "Transcrições" deste Informativo.[760]

A situação se diferencia, entretanto, daquela em que a Corte de Contas verifica qualquer irregularidade, mas na sua competência constitucional de apreciar, para fins de registro, a legalidade dos atos de admissão de pessoal, bem como a das concessões de aposentadorias, reformas e pensões (art. 71, inc. III, CF/88).

Ocorre que na competência constitucional específica de apreciar a legalidade de atos de admissão de pessoal, bem como a de concessões, qualquer que seja sua espécie, os Tribunais de Contas têm autonomia para determinar a correção de parcelas remuneratórias indevidamente deferidas ao servidor, desde que, por evidente, o próprio ato de aposentadoria, pensão ou reforma não tenha ultrapassado o quinquênio decadencial.

A propósito dos atos de admissão de pessoal, cabe indagar-se: a decadência também operaria efeitos nesse caso? A resposta não é tão simples. Isso porque a Súmula Vinculante nº 3 do STF não tratou desse tema. E não se tratou de simples descuido do Pretório Excelso. Observe-se o seguinte excerto da discussão que deu origem à súmula:

> O SR. MINISTRO CEZAR PELUSO – Senhora Presidente, ponderaria que, talvez, essa introdução não tenha sido objeto dos precedentes.
>
> O SR. MINISTRO GILMAR MENDES – Ministra Ellen Gracie, Vossa Excelência poderia ler novamente?
>
> A SRA. MINISTRA ELLEN GRACIE (PRESIDENTE E RELATORA) – Sim. Esta é a proposta alternativa: "Nos processos perante o Tribunal de Contas da União asseguram-se o contraditório e a ampla defesa quando da decisão puder resultar, total ou parcialmente, anulação ou revogação de ato administrativo já anteriormente registrado que beneficie o

[760] BRASIL. Supremo Tribunal Federal. Matéria referente ao MS nº 31.344/DF. Mandado de Segurança. Primeira Turma. Rel. Min. Marco Aurélio. *Informativo STF*, Brasília, n. 703, 22/26 abr. 2013; *Diário da Justiça eletrônico*, 14 maio 2013.

interessado, exigência que não se aplica na apreciação inicial da legalidade dos atos de admissão de pessoal e de concessão de aposentadorias, reformas e pensões e suas alterações de fundamento legal."

O SR. MINISTRO CEZAR PELUSO – Acho que nenhum dos precedentes tratou de ato de admissão.

A SRA. MINISTRA ELLEN GRACIE (PRESIDENTE E RELATORA) – Vossa Excelência prefere a redação original, que eu também li?

O SR. MINISTRO CEZAR PELUSO – A redação original.

O SR. MINISTRO CARLOS BRITTO – Não obstante atender bem à vontade da Constituição, não foi objeto.

O SR. MINISTRO CEZAR PELUSO – Sim, mas o problema é que estamos consolidando a jurisprudência da Corte, ou seja, estamos consolidando as decisões que a Corte tomou em casos concretos.

O SR. MINISTRO CARLOS BRITTO – Reiteradamente.

O SR. MINISTRO CEZAR PELUSO – E nenhum desses precedentes cuida disso.

O SR. MINISTRO CARLOS BRITTO – Há de haver fidedignidade a esses precedentes.

A SRA. MINISTRA ELLEN GRACIE (PRESIDENTE E RELATORA) – A redação original, volto a relembrar, é a seguinte: "Nos processos perante o Tribunal de Contas da União asseguram-se o contraditório e a ampla defesa quando da decisão puder resultar anulação ou revogação de ato administrativo que beneficie o interessado, excetuada a apreciação da legalidade do ato de concessão inicial de aposentadoria, reforma e pensão."

O SR. MINISTRO GILMAR MENDES – Que era a nossa preocupação inicial.

O SR. MINISTRO CEZAR PELUSO – Era a nossa preocupação inicial e também foi objeto de vários precedentes, nos quais, aliás, fiquei vencido. Estou de acordo com essa redação.

A SRA. MINISTRA ELLEN GRACIE (PRESIDENTE E RELATORA) – Vossa Excelência adota essa redação?

O SR. MINISTRO CEZAR PELUSO – A redação original.

A SRA. MINISTRA ELLEN GRACIE (PRESIDENTE E RELATORA) – Ministro Gilmar Mendes.

O SR. MINISTRO GILMAR MENDES – Senhora Presidente, até entendo a preocupação desta última proposta, tendo em vista a admissão de servidores. O TCU certamente tem experiência nesse sentido e tem censurado muitos casos, determinando que a Administração faça a correção e realize os concursos, ou ainda que proceda à exoneração. Mas, de qualquer sorte, ainda que aplicado aqui o contraditório e a ampla defesa, não haveria graves prejuízos, uma vez que ele poderia pedir até a eventual notificação coletiva. Eu ficaria com a redação proposta inicialmente.

A SRA. MINISTRA CÁRMEN LÚCIA – Vossa Excelência me permite?

A SRA. MINISTRA ELLEN GRACIE (PRESIDENTE E RELATORA) – Pois não, Ministra Cármen.

A SRA. MINISTRA CÁRMEN LÚCIA – Retifico para aceitar a ponderação agora posta pelos Ministros Cezar Peluso e Gilmar Mendes.

A SRA. MINISTRA ELLEN GRACIE (PRESIDENTE E RELATORA) – Ministro Joaquim Barbosa.

O SR. MINISTRO JOAQUIM BARBOSA – Eu também. E já havia feito essa ponderação aqui com o Ministro Cezar Peluso.

A SRA. MINISTRA ELLEN GRACIE (PRESIDENTE E RELATORA) – Ministro Eros Grau.

O SR. MINISTRO EROS GRAU – Senhora Presidente, também retifico o voto.

A SRA. MINISTRA ELLEN GRACIE (PRESIDENTE E RELATORA) – Ministro Lewandowski.

> O SR. MINISTRO RICARDO LEWANDOWSKI – Senhora Presidente, acompanho as ponderações do Ministro Cezar Peluso, porque, realmente, se Sua Excelência atesta que a nova redação não está estritamente consentânea com os precedentes, prefiro adotar aquela que aprovamos na sessão administrativa. [...]
>
> O SR. MINISTRO CELSO DE MELLO – Senhora Presidente, peço vênia para adotar a redação original.
>
> A SRA. MINISTRA ELLEN GRACIE (PRESIDENTE E RELATORA) – Embora tenha sido eu mesma a propor uma redação alternativa e mais abrangente, curvo-me à sabedoria reconhecida da maioria para retroceder e também adotar a redação original.

Como se percebe, a admissão de pessoal não fez parte do texto da súmula vinculante porque não constava dos precedentes que lhe deram origem. Entretanto, uma questão interessante demanda maior reflexão, qual seja, a possibilidade de aplicar-se o instituto da decadência em processo de aposentadoria analisado pelos Tribunais de Contas, quando houve alguma mácula na admissão do servidor, proveniente de posse em cargo acumulável, mas sem a comprovação da compatibilidade de horários.

Realmente, em regra, a CF/1988 proíbe a acumulação de cargos públicos. Em consequência, a exceção prevista no art. 37, inc. XVI, deve ser interpretada restritivamente. Assim, quando o constituinte exige a compatibilidade de horários para que seja possível a acumulação, não basta saber o total de horas trabalhadas, mas também a grade horária de cada cargo acumulado, conforme já delineado anteriormente nesta obra.

Nesse sentido, bem elucida Alexandre de Moraes: "[...] a previsão constitucional é excepcional e taxativa [...] Igualmente, a incompatibilidade de horários na acumulação dos cargos públicos autorizados pela Carta Magna configura requisito proibitivo".[761]

Todavia, casos há em que o servidor acumulou os cargos durante muito tempo, por uma década, por exemplo, vindo a aposentar-se em um deles. Nesse caso, quando da análise da segunda aposentadoria, não faz mais sentido perquirir-se sobre a compatibilidade horária havida nos cargos, cuja acumulação era possível, pois opera em favor do interessado o princípio da segurança jurídica. Há, contudo, falhas de tal monta que, a princípio, os amanheceres não são capazes de elidir. A propósito, a Constituição Federal determina que a inobservância do princípio do concurso público implica a nulidade do ato de investidura no cargo público. Assim, ainda que decorridos longos anos, tal nulidade não se abrandaria, não se quedaria ineficiente.

Entrementes, a situação abarcada pela Carta Magna não pode ser levada a ferro e fogo. Ainda que não seja possível aplicar-se a decadência, quer parecer que a ilegalidade decorrente da ausência de concurso público é presumida e não absoluta. Requer, em última análise, o exame de cada caso concreto.

De fato, o princípio da legalidade pode ser relativizado por outro de igual consistência, consubstanciado na segurança jurídica. Imagine-se o caso de um servidor que já trabalha por muito tempo, já perto de aposentar-se compulsoriamente, ancorado por decisão judicial precária. Ora, a revogação da medida liminar, em tese, poderia caracterizar sua inapetência para o exercício do cargo público, eis que ausente a condição impositiva da Constituição, referente à obrigatoriedade do concurso público.

---

761 MORAES, Alexandre. *Constituição do Brasil interpretada e legislação constitucional*. São Paulo: Atlas, 2003. p. 877.

De se questionar: quem iria arcar com os sérios prejuízos que o servidor teria? Quem seria o responsável pela sua quase impossível reentrada no mercado de trabalho? Ele próprio, ou o Estado que demorou tanto para resolver sua pendência?

Entende-se que nesses casos devem-se sopesar os princípios constitucionais, dando a um, em detrimento de outro, maior relevância na aplicação do direito. Realmente, não se podem fechar os olhos às vicissitudes da vida, aplicando-se as regras como se fossem armaduras de ferro, quando o próprio ordenamento jurídico permite ao aplicador do direito um caminho mais consentâneo com a ideia de justiça. Nesse ponto, com razão Ronald Dworkin, quando sinaliza: "[...] se duas regras entram em conflito, uma delas não pode ser válida. A decisão de saber qual delas é válida e qual deve ser abandonada ou reformulada, deve ser tomada recorrendo-se a considerações que estão além das próprias regras".[762]

O Ministro Gilmar Mendes, do STF, também já pôde destacar:

> Desde sempre a melhor doutrina destacou, especialmente a partir das experiências europeias, que, em razão das exigências axiológicas antes referidas – e, também, do devido processo legal –, na anulação do ato administrativo devem ser considerados, como parte do problema jurídico a equacionar, a existência, de um lado, da possibilidade de haver-se como legítimo ato nulo ou anulável, em determinadas e especialíssimas circunstâncias, bem como a constituição, em tais casos, de direitos adquiridos, e, de outro lado, considerando-se exaurido poder revisional *ex officio* da Administração, após um prazo razoável.[763]

Conclui-se, portanto, que há possibilidade de, no caso concreto, utilizar-se do princípio da segurança jurídica, relativizando a presunção de ilegalidade decorrente da ausência do concurso público, sem que isso implique, todavia, decadência.

Cumpre realçar, nesse sentido, que o Superior Tribunal de Justiça, examinando caso concreto, entendeu que uma servidora que havia tomado posse no cargo de auditora fiscal do trabalho mediante liminar judicial, de natureza precária, portanto, muito tempo depois cassada, tinha direito à aposentadoria.

Em sua apreciação, o Ministro Herman Benjamin reconheceu o entendimento tanto do STJ quanto do STF de que o candidato nomeado com amparo em medida judicial precária não tem direito a permanecer no cargo se a decisão final lhe é desfavorável. No entanto, no caso concreto, reconheceu o ministro que o fato de a servidora ter se aposentado mudou completamente o exame. São suas palavras:

> [...] Embora o vínculo de trabalho fosse precário, o vínculo previdenciário, após as contribuições previdenciárias ao regime próprio, consolidou-se com a reunião dos requisitos para a concessão de aposentadoria.[764]

Note-se que a Corte Superior reconheceu a situação excepcional da servidora no caso concreto, validando sua situação fático-jurídica.

---

762 DWORKIN, Ronald. *Levando os direitos a sério*. São Paulo: Martins Fontes, 2002. p. 43.

763 BRASIL. Supremo Tribunal Federal. RE nº 217.141 AgR/SP. Segunda Turma. Rel. Min. Gilmar Mendes. *Diário da Justiça*, 4 ago. 2006. p. 00070.

764 BRASIL. Superior Tribunal de Justiça. *Mandado de Segurança nº 20.558/DF*. Rel. Min. Hermam Benjamin, 22.2.2017.

Um último ponto merece comentários. Trata da impossibilidade de aplicação da decadência em relação à situação manifestamente inconstitucional. É dizer: não se pode usar o limite temporal de cinco anos para afastar regra constitucional.

Essa matéria foi discutida pelo Supremo Tribunal Federal sob o Tema nº 839 de repercussão geral, no qual se avaliava a possibilidade de um ato administrativo, caso evidenciada a violação direta ao texto constitucional, ser anulado pela Administração Pública quando decorrido o prazo decadencial previsto na Lei nº 9.784/1999.

A tese foi fixada nos seguintes termos:

> No exercício do seu poder de autotutela, poderá a Administração Pública rever os atos de concessão de anistia a cabos da Aeronáutica com fundamento na Portaria nº 1.104/1964, quando se comprovar a ausência de ato com motivação exclusivamente política, assegurando-se ao anistiado, em procedimento administrativo, o devido processo legal e a não devolução das verbas já recebidas.[765]

---

[765] BRASIL. Supremo Tribunal Federal. *Recurso Extraordinário nº 817338*. Rel. Min. Dias Toffoli. Disponível em: http://www.stf.jus.br/portal/jurisprudenciaRepercussao/verAndamentoProcesso.asp?incidente=4585518&numeroProcesso=817338&classeProcesso=RE&numeroTema=839#. Acesso em: 29 jun. 2020.

CAPÍTULO 15

CÁLCULOS HIPOTÉTICOS DE PROVENTOS

É chegada a hora de, na prática, apresentar os cálculos do valor inicial dos proventos de aposentadoria. Este capítulo será dividido em duas partes.

Na primeira serão tratados os cálculos anteriores à Emenda Constitucional nº 103/2019 e, na segunda parte, os cálculos a partir da EC nº 103/2019. A eles.

PRIMEIRA PARTE

CÁLCULOS ANTERIORES À EMENDA CONSTITUCIONAL Nº 103/2019

Nessa parte do Capítulo 15 serão trazidas as diversas possibilidades de aposentadoria, o embasamento legal e exemplos que servirão para a apresentação dos cálculos do benefício inicial.

15.1 Aposentadoria compulsória por implemento de idade, com proventos proporcionais ao tempo de contribuição

Legislação aplicável

> *Constituição Federal de 1988*
>
> Art. 40. Aos servidores titulares de cargos efetivos da União, dos Estados, do Distrito Federal e dos Municípios, incluídas suas autarquias e fundações, é assegurado regime de previdência de caráter contributivo e solidário, mediante contribuição do respectivo ente público, dos servidores ativos e inativos e dos pensionistas, observados critérios que preservem o equilíbrio financeiro e atuarial e o disposto neste artigo.[766]
>
> §1º Os servidores abrangidos pelo regime de previdência de que trata este artigo serão aposentados, calculados os seus proventos a partir dos valores fixados na forma dos §§3º e 17:[767] [...]
>
> II - compulsoriamente, aos setenta anos de idade, com proventos proporcionais ao tempo de contribuição.

Exemplo

Servidor público nascido em 1º.10.1949, aposentado compulsoriamente ao completar 70 anos de idade. O seu tempo de contribuição em 1º.10.2019 era de 9.566 dias (26 anos, 2 meses e 16 dias).

Calcularemos o valor inicial dos proventos de aposentadoria e indicaremos os critérios de reajuste a eles aplicáveis.

Dados

O valor da última remuneração do servidor na atividade foi de R$16.000,00, assim discriminado:

---

766 BRASIL. [Constituição (1988)]. *Constituição da República Federativa do Brasil de 1988*. Brasília: Presidência da República, 1988. Disponível em: http://www.planalto.gov.br/ccivil_03/constituicao/constituicao.htm. Acesso em: 29 jan. 2020. Redação da EC nº 20/1998.

767 BRASIL. [Constituição (1988)]. *Constituição da República Federativa do Brasil de 1988*. Brasília: Presidência da República, 1988. Disponível em: http://www.planalto.gov.br/ccivil_03/constituicao/constituicao.htm. Acesso em: 29 jan. 2020. Redação da EC nº 41/2003.

Vencimento	R$14.000,00
Gratificação permanente	R$2.000,00
Total	R$16.000,00

O valor da média aritmética simples de suas maiores remunerações, calculado conforme o art. 1º da Lei nº 10.887/2004, é de R$15.000,00.

Cálculos

Número de anos trabalhados: 26.

Valor dos proventos: $\frac{26}{35}$ × R$15.000,00 = R$11.142,86, que é menor que R$16.000,00, valor da última remuneração do servidor no cargo efetivo em que se deu a aposentadoria.

Assim, o valor inicial dos proventos do servidor será de R$11.142,86.

Reajuste: de acordo com a Lei nº 10.887/2004.

15.2 Aposentadoria por invalidez permanente decorrente de doença prevista em lei

Legislação aplicável

Constituição Federal de 1988, com redação da EC nº 41/2003

Art. 40. Aos servidores titulares de cargos efetivos da União, dos Estados, do Distrito Federal e dos Municípios, incluídas suas autarquias e fundações, é assegurado regime de previdência de caráter contributivo e solidário, mediante contribuição do respectivo ente público, dos servidores ativos e inativos e dos pensionistas, observados critérios que preservem o equilíbrio financeiro e atuarial e o disposto neste artigo.

§1º Os servidores abrangidos pelo regime de previdência de que trata este artigo serão aposentados, calculados os seus proventos a partir dos valores fixados na forma dos §§3º e 17:

I - por invalidez permanente, sendo os proventos proporcionais ao tempo de contribuição, exceto se decorrente de acidente em serviço, moléstia profissional ou doença grave, contagiosa ou incurável, na forma da lei.[768]

Exemplo

Em 25.06.2019, o servidor foi aposentado por invalidez permanente, decorrente de moléstia especificada em lei. À época, o seu tempo de contribuição era de 2.352 dias (6 anos, 5 meses e 12 dias).

Calcularemos o valor inicial dos proventos de aposentadoria e indicaremos os critérios de reajuste a eles aplicáveis.

---

768 BRASIL. [Constituição (1988)]. *Constituição da República Federativa do Brasil de 1988*. Brasília: Presidência da República, 1988. Disponível em: http://www.planalto.gov.br/ccivil_03/constituicao/constituicao.htm. Acesso em: 29 jan. 2020. Redação da EC nº 41/2003.

Dados

O valor da última remuneração do servidor na atividade foi de R$8.500,00, discriminado da seguinte forma:

Vencimento	R$7.000,00
Gratificação permanente	R$1.500,00
Total	R$8.500,00

O valor da média aritmética simples, calculada conforme o art. 1º da Lei nº 10.887/2004, é de R$6.000,0.

Cálculos

Como a invalidez decorreu de moléstia especificada em lei, o valor dos proventos iniciais independe do tempo de contribuição do servidor e será o valor integral da média aritmética simples, calculado conforme o art. 1º da Lei nº 10.887/2004, limitado ao valor de sua última remuneração no cargo efetivo em que se deu a aposentadoria.

Assim, o valor inicial dos proventos será de R$6.000,00, que é menor que R$8.500,00.

Observe-se que, se a aposentadoria por invalidez permanente decorresse de acidente em serviço ou moléstia profissional, o cálculo seria o mesmo.

Reajuste: de acordo com a Lei nº 10.887/2004.

15.3 Aposentadoria por invalidez permanente decorrente de moléstia não especificada em lei

Legislação aplicável

Constituição Federal de 1988

Art. 40. Aos servidores titulares de cargos efetivos da União, dos Estados, do Distrito Federal e dos Municípios, incluídas suas autarquias e fundações, é assegurado regime de previdência de caráter contributivo e solidário, mediante contribuição do respectivo ente público, dos servidores ativos e inativos e dos pensionistas, observados critérios que preservem o equilíbrio financeiro e atuarial e o disposto neste artigo.

§1º Os servidores abrangidos pelo regime de previdência de que trata este artigo serão aposentados, calculados os seus proventos a partir dos valores fixados na forma dos §§3º e 17:

I - por invalidez permanente, sendo os proventos proporcionais ao tempo de contribuição, exceto se decorrente de acidente em serviço, moléstia profissional ou doença grave, contagiosa ou incurável, na forma da lei.[769]

[769] BRASIL. [Constituição (1988)]. *Constituição da República Federativa do Brasil de 1988*. Brasília: Presidência da República, 1988. Disponível em: http://www.planalto.gov.br/ccivil_03/constituicao/constituicao.htm. Acesso em: 29 jan. 2020. Redação da EC nº 41/2003.

Exemplo

Em 25.6.2019 o servidor foi aposentado por invalidez permanente decorrente de moléstia não especificada em lei. À época, o seu tempo de contribuição era de 6.687 dias (18 anos, 3 meses e 27 dias).

Calcularemos o valor inicial dos proventos de aposentadoria e indicaremos os critérios de reajuste a eles aplicáveis.

Dados

O valor da última remuneração do servidor na atividade foi de R$6.000,00, assim discriminado:

Vencimento	R$5.000,00
Quintos incorporados	R$1.000,00
Total	R$6.000,00

O valor da média aritmética simples, calculado conforme o art. 1º da Lei nº 10.887/2004, é de R$4.000,00.

Cálculos

Número de anos trabalhados: 18.

Valor dos proventos: $\frac{18}{35}$ × R$6.000,00 = R$3.085,71, que é menor que R$6.000,00, valor da última remuneração do servidor no cargo em que se deu a aposentadoria.

Assim, o valor inicial dos proventos do servidor será de R$3.085,71.

Reajuste: de acordo com a Lei nº 10.887/2004.

15.4 Aposentadoria de policial federal pelas regras da Lei Complementar nº 51/1985

Legislação aplicável

Constituição Federal de 1988

Art. 40. Aos servidores titulares de cargos efetivos da União, dos Estados, do Distrito Federal e dos Municípios, incluídas suas autarquias e fundações, é assegurado regime de previdência de caráter contributivo e solidário, mediante contribuição do respectivo ente público, dos servidores ativos e inativos e dos pensionistas, observados critérios que preservem o equilíbrio financeiro e atuarial e o disposto neste artigo. [...]

§3º Para o cálculo dos proventos de aposentadoria, por ocasião da sua concessão, serão consideradas as remunerações utilizadas como base para as contribuições do servidor aos regimes de previdência de que tratam este artigo e o art. 201, na forma da lei. (Redação dada pela Emenda Constitucional nº 41, 19.12.2003)

§4º É vedada a adoção de requisitos e critérios diferenciados para a concessão de aposentadoria aos abrangidos pelo regime de que trata este artigo, ressalvados, nos termos definidos em leis complementares, os casos de servidores:

I - portadores de deficiência; (Incluído pela Emenda Constitucional nº 47, de 2005)

II - que exerçam atividades de risco; (Incluído pela Emenda Constitucional nº 47, de 2005)

III - cujas atividades sejam exercidas sob condições especiais que prejudiquem a saúde ou a integridade física. (Incluído pela Emenda Constitucional nº 47, de 2005) [...]

§8º É assegurado o reajustamento dos benefícios para preservar-lhes, em caráter permanente, o valor real, conforme critérios estabelecidos em lei. [...]

§17. Todos os valores de remuneração considerados para o cálculo do benefício previsto no §3º serão devidamente atualizados, na forma da lei.[770]

Lei nº 10.887/2004

Art. 1º No cálculo dos proventos de aposentadoria dos servidores titulares de cargo efetivo de qualquer dos Poderes da União, dos Estados, do Distrito Federal e dos Municípios, incluídas suas autarquias e fundações, previsto no §3º do art. 40 da Constituição Federal e no art. 2º da Emenda Constitucional nº 41, de 19 de dezembro de 2003, será considerada a média aritmética simples das maiores remunerações, utilizadas como base para as contribuições do servidor aos regimes de previdência a que esteve vinculado, correspondentes a 80% (oitenta por cento) de todo o período contributivo desde a competência julho de 1994 ou desde a do início da contribuição, se posterior àquela competência.

[...]

Art. 15. Os proventos de aposentadoria e as pensões de que tratam os arts. 1º e 2º desta Lei serão reajustados, a partir de janeiro de 2008, na mesma data e índice em que se der o reajuste dos benefícios do Regime Geral de Previdência Social, ressalvados os beneficiados pela garantia de paridade de revisão de proventos de aposentadoria e pensões de acordo com a legislação vigente.[771]

Lei Complementar nº 51/1985

Art. 1º O funcionário policial será aposentado:

I - voluntariamente, com proveitos integrais, após 30 (trinta) anos de serviço, desde que conte, pelo menos 20 (vinte) anos de exercício em cargo de natureza estritamente policial.[772]

Exemplo

Em 25.6.2019, servidor da Polícia Federal aposentou-se no cargo de agente de Polícia Federal. À época, o seu tempo de contribuição era de 10.976 dias (30 anos e 26

---

770 BRASIL. [Constituição (1988)]. *Constituição da República Federativa do Brasil de 1988*. Brasília: Presidência da República, 1988. Disponível em: http://www.planalto.gov.br/ccivil_03/constituicao/constituicao.htm. Acesso em: 29 jan. 2020. Art. 40 e §3º com redação da EC nº 41/2003; §4º e incisos; §§8º e 17 com redação da EC nº 47/2005.

771 BRASIL. *Lei nº 10.887, de 18 de junho de 2004*. Dispõe sobre a aplicação de disposições da Emenda Constitucional nº 41, de 19 de dezembro de 2003, altera dispositivos das Leis nºs 9.717, de 27 de novembro de 1998, 8.213, de 24 de julho de 1991, 9.532, de 10 de dezembro de 1997, e dá outras providências. Disponível em: http://www.planalto.gov.br/ccivil_03/_Ato2004-2006/2004/Lei/L10.887compilado.htm. Acesso em: 23 fev. 2020.

772 BRASIL. *Lei Complementar nº 51, de 20 de dezembro de 1985*. Dispõe sobre a aposentadoria do funcionário policial, nos termos do art. 103, da Constituição Federal. Disponível em: http://www.planalto.gov.br/ccivil_03/ Leis/LCP/Lcp51.htm. Acesso em: 28 mar. 2020. Redação anterior à LC nº 144/2014.

dias), entre os quais, 7.343 dias (20 anos, 1 mês e 13 dias) exercidos em cargo de natureza estritamente policial.

Calcularemos o valor inicial dos proventos de aposentadoria.

Dados

O valor da última remuneração do servidor na atividade foi de R$20.000,00, assim discriminado:

Subsídio	R$18.000,00
Função comissionada	R$2.000,00
Total	R$20.000,00

O valor da média aritmética simples, calculado conforme o art. 1º da Lei nº 10.887/2004, é de R$15.000,00.

Cálculos

No caso, para obtermos o valor da última remuneração do servidor no cargo efetivo em que se deu a aposentadoria, devemos excluir o valor da função comissionada por ele exercida quando de sua aposentadoria, R$2.000,00. Obtemos, assim, R$18.000,00.

De acordo com o inc. I do art. 1º da Lei Complementar nº 51/1985, o servidor policial será aposentado voluntariamente com proventos integrais, após 30 (trinta) anos de serviço, desde que conte pelo menos 20 (vinte) anos de exercício em cargo de natureza estritamente policial.

Assim, no caso, o valor inicial dos proventos será de R$15.000,00, que é menor que R$18.000,00, valor da última remuneração do servidor no cargo efetivo em que se deu a aposentadoria.

Reajuste: de acordo com a Lei nº 10.887/2004.

Comentários

A análise da matéria, em questão, dá margem a interpretações diversas. A aplicação da Lei Complementar nº 51/1985 tem sido usada por policiais para requerer aposentadorias com valores mais altos, vetadas a servidores de outras áreas a partir de 2004. Com isso, servidores que ingressaram no serviço público em períodos iguais vêm recebendo benefícios sob regras diferentes.

O cerne da controvérsia está na interpretação do que seja "provento integral". Para uns, o termo indica o valor integral da última remuneração do servidor na atividade, independentemente da data do ingresso no serviço público. Para outros, a integralidade da última remuneração deixou de ser concedida a servidores que ingressaram após 31.12.2003, quando a base de cálculo dos proventos passou a ser a média das remunerações, em conformidade com a Lei nº 10.887/2004. Há, ainda, o entendimento de que "integral" está em oposição a "proporcional", não se referindo à regra de cálculo do benefício.

O TCU, ao enfrentar a matéria, mudou o seu entendimento, nos termos a seguir reproduzidos:

> 1. Conforme entendimento firmado por esta Corte no Acórdão n. 379/2009 - Plenário, a Lei Complementar n. 51/1985 foi recepcionada pela Constituição Federal de 1988 e pelas Emendas Constitucionais ns. 20/1998, 41/2003 e 47/2005, subsistindo a regra de previsão de aposentadoria especial do servidor policial com 30 (trinta) anos de serviço, 20 (vinte) dos quais prestados em atividade exclusivamente policial. 2. A vigência da Lei Complementar n. 51/1985 não afasta a forma de cálculo dos benefícios previdenciários prevista na Constituição Federal decorrente da interpretação conjunta do art. 40, caput, §1º, com os §§3º e 17 do mesmo artigo, porquanto o tema (cálculo de proventos) estatuído pela nova ordem constitucional vigente encontra-se exaurido e definido nesses dispositivos, atualmente regulamentados pela Lei n. 10.887/2004, não se confundindo com a parte final do §4º do art. 40 CF/1988, que trata do estabelecimento de requisitos e critérios diferenciados, por lei complementar, para casos de atividades exercidas exclusivamente sob condições especiais que prejudiquem a saúde ou a integridade física, que, por sua vez, não se refere à forma de cálculo de proventos, tampouco autoriza a não-incidência dos preceitos contemplados nos §§3º e 17 do art. 40 retrocitados, disciplinadores únicos da matéria, abrangendo tanto as aposentadorias comuns quanto as aposentadorias especiais. 3. Não há fundamento jurídico para assegurar o reajuste de proventos pela regra da paridade plena aos policiais que reuniram os requisitos para aposentadoria na vigência da EC n. 41/2003. 4. Inexiste, por parte dos servidores policiais, o direito à contagem ficta do tempo de serviço prestado sob a égide das Leis ns. 3.313/1957 e 4.878/1965, por ausência de previsão legal desse benefício. 5. A Lei Complementar n. 51/1985 não obstaculiza o cômputo de tempo de serviço incentivado em decorrência do exercício de atividades insalubres, penosas ou periculosas, anterior à atividade policial, desde que tal vantagem tenha sido assegurada por diplomas legais específicos e averbada pelo órgão competente.
>
> *Acórdão*
>
> VISTOS, relatados e discutidos estes autos referentes a aposentadorias deferidas pelo Departamento de Polícia Rodoviária Federal.
>
> ACORDAM os Ministros do Tribunal de Contas da União, reunidos em sessão do Plenário, diante das razões expostas pelo redator, em:
>
> 9.1. tornar insubsistente o item 9.1.3 do Acórdão nº 582/2009-TCU-Plenário;
>
> 9.2. firmar os seguintes entendimentos:
>
> 9.2.1. a Lei Complementar nº 51/1985, recepcionada pela Constituição Federal de 1988 e pelas Emendas Constitucionais nºs 20/1998, 41/2003 e 47/2005 – conforme reconhecido pelo TCU, mediante o Acórdão nº 379/2009-Plenário, e pelo STF, por meio da ADI nº 3.817 –, estabelece os requisitos e os critérios diferenciados para a aposentadoria especial dos policiais, garantidos pelo §4º do art. 40 da Constituição Federal, com a redação dada pela EC nº 47/2005, devendo ser entendidas como requisitos as condicionantes para a existência do direito, e compreendida como critério a forma de cálculo do valor devido;
>
> 9.2.2. a aposentadoria fundamentada na Lei Complementar nº 51/1985 não sofre a incidência da regra geral prevista no §3º do art. 40 da Constituição Federal, com a redação dada pela EC nº 41/2003, regulamentada pela Lei nº 10.887/2004, que é norma de caráter geral (cálculo dos proventos pela média das remunerações);
>
> 9.2.3. prevalece na espécie a Lei Complementar nº 51/1985, que é norma de natureza especial, regulamentadora do §4º do art. 40 da CF, devendo ser adotado, para fins de aplicação da aludida LC nº 51/1985, o sentido que sempre teve o termo "com proventos integrais", nela contido (art. 1º, inciso I), significando que os proventos corresponderão à totalidade da remuneração do servidor no cargo efetivo em que se der a aposentadoria, conceito que vem

sendo preservado pelo legislador desde a Constituição Federal de 1946 (art. 191, §2º) até hoje, passando por outros 14 dispositivos constitucionais ou infraconstitucionais, a saber: art. 178 da Lei 1.711/1952; art. 1º, inciso II, da Lei 3.313/1957; art. 101, inciso I, da CF/1967; art. 102, inciso I, da EC nº 1/1969; art. 1º, inciso I, da Lei Complementar nº 51/1985; art. 40, incisos I e III – "a" e "b" (redação original), art. 93, inciso VI (redação original), e art. 53 do ADCT, todos da CF/1988; arts. 186, 189 e 195 da Lei nº 8.112/1990; art. 40, §3º, com a redação dada pela EC nº 20/1998, da CF/1988; art. 6º da EC nº 41/2003; e art. 3º da EC nº 47/2005, respeitado o disposto no inciso XI do art. 37 da Constituição Federal;

9.2.4. ante o reconhecimento da vigência do art. 38 do estatuto jurídico dos policiais civis da União e do Distrito Federal – a Lei especial nº 4.878/1965, que prevalece sobre a Lei geral nº 10.887/2004 –, está legalmente assegurada a paridade plena entre os proventos dos inativos e a remuneração dos policiais em atividade, existindo o direito a que seja estendida aos aposentados toda revisão promovida na remuneração dos ativos, inclusive quaisquer benefícios ou vantagens que lhes forem posteriormente concedidas, mesmo quando decorrentes da reclassificação do cargo em que se deu a aposentadoria;

9.3. considerar *legais*, com base no art. 71, inciso III, da Constituição Federal, c/c os arts. 1º, inciso V, e 39, inciso II, da Lei nº 8.443, de 16 de julho de 1992, e os arts. 1º, inciso VIII, 259, inciso II, e 260, §1º, do Regimento Interno/TCU, as aposentadorias em favor de [...]e autorizar o *registro* dos respectivos atos;

9.4. considerar ilegais, com fundamento no art. 71, inciso III, da Constituição Federal, c/c os arts. 1º, inciso V, e 39, inciso II, da Lei nº 8.443, de 16 de julho de 1992, e os arts. 1º, inciso VIII, 259, inciso II, e 260, §1º, do Regimento Interno/TCU, as aposentadorias em favor de [...], e negar o registro dos atos correspondentes, *em razão exclusivamente da contagem ponderada de tempo de serviço sem previsão legal*;

9.5. dispensar o ressarcimento das quantias indevidamente recebidas de boa-fé (Súmula 106 do TCU);

9.6. determinar ao Departamento de Polícia Rodoviária Federal que, no prazo de 15 (quinze) dias:

9.6.1. dê ciência do inteiro teor desta deliberação, bem como do relatório e voto que a fundamentam, aos interessados cujos atos foram considerados ilegais;

9.6.2. faça cessar os pagamentos decorrentes dos atos considerados ilegais, sob pena de responsabilidade solidária da autoridade administrativa omissa;

9.6.3. dê conhecimento aos interessados cujos atos foram considerados ilegais de que o efeito suspensivo proveniente da eventual interposição de recurso não os exime da devolução dos valores percebidos indevidamente após a notificação sobre o presente acórdão, em caso de não provimento do recurso porventura impetrado;

9.7. determinar à Secretaria de Fiscalização de Pessoal – Sefip que adote medidas para que seja monitorado o cumprimento da determinação relativa à cessação de pagamentos decorrentes das concessões ora consideradas ilegais, representando ao Tribunal se necessário;

9.8. enviar cópia deste acórdão, bem como do voto revisor que o fundamenta, ao Ministério da Justiça, à Controladoria-Geral da União, ao Departamento de Polícia Rodoviária Federal, ao Departamento de Polícia Federal e aos interessados que se manifestaram nos autos;

9.9. encaminhar cópia das mesmas peças (voto revisor e acórdão) à Procuradoria da República no Estado do Piauí, à 3ª Vara da Seção Judiciária da Justiça Federal no Estado do Piauí e à Presidência da Comissão de Segurança Pública e Combate ao Crime Organizado da Câmara dos Deputados, autora da consulta que resultou no Acórdão nº 582/2009-TCU-Plenário, cujo item 9.1.3 está sendo tornado insubsistente pela presente deliberação.[773]

Examinando o tema, o Supremo Tribunal Federal reputou constitucional a questão, reconhecendo a existência de repercussão geral na discussão sobre o direito de servidor que exerça atividades de risco de obter, independentemente da observância das regras de transição das emendas constitucionais nºs 41/2003 e 47/2005, aposentadoria especial com proventos calculados com base na integralidade e na paridade, como se vê na ementa:

> Servidor Público. Atividades de risco. Aposentadoria. Proventos. Integralidade e paridade remuneratória. Regras de transição das emendas constitucionais nºs 41/03 e 47/05. Presença de repercussão geral.[774]

15.5 Aposentadoria com base no art. 8º da Emenda Constitucional nº 20/1998

Legislação aplicável

> *Emenda Constitucional nº 20, de 15 de dezembro de 1998*
>
> Art. 8º Observado o disposto no art. 4º desta Emenda e ressalvado o direito de opção a aposentadoria pelas normas por ela estabelecidas, é assegurado o direito à aposentadoria voluntária com proventos calculados de acordo com o art. 40, §3º, da Constituição Federal, àquele que tenha ingressado regularmente em cargo efetivo na Administração Pública, direta, autárquica e fundacional, até a data de publicação desta Emenda, quando o servidor, cumulativamente:
>
> I - tiver cinqüenta e três anos de idade, se homem, e quarenta e oito anos de idade, se mulher;
>
> II - tiver cinco anos de efetivo exercício no cargo em que se dará a aposentadoria;
>
> III - contar tempo de contribuição igual, no mínimo, à soma de:
>
> a) trinta e cinco anos, se homem, e trinta anos, se mulher; e
>
> b) um período adicional de contribuição equivalente a vinte por cento do tempo que, na data da publicação desta Emenda, faltaria para atingir o limite de tempo constante da alínea anterior.
>
> §1º O servidor de que trata este artigo, desde que atendido o disposto em seus incisos I e II, e observado o disposto no art. 4º desta Emenda, pode aposentar-se com proventos proporcionais ao tempo de contribuição, quando atendidas as seguintes condições:
>
> I - contar tempo de contribuição igual, no mínimo, à soma de:

---

773 BRASIL. Tribunal de Contas da União. *Processo TC nº 020320/2007-4*. Plenário. Rel. Min. Marcos Bemquerer, 27.10.2010. Disponível em: https://pesquisa.apps.tcu.gov.br/#/redireciona/acordao-completo/%22ACORDAO-COMPLETO-1158352%22. Acesso em: 2 jul. 2020: "Pessoal. Aposentadorias conferidas com fundamento na Lei Complementar N. 51/1985. 1) Nova interpretação desta corte sobre o requisito do tempo de serviço. 2) Cálculo dos proventos com base na integralidade em dissonância com a sistemática prevista na constituição federal. Fixação de entendimento. 3) Contagem ficta de tempo de serviço. 3.1. Inexistência de direito relativamente à atividade exercida sob a égide das leis ns. 3.313/1957 e 4.878/1965. 3.2. Possibilidade de cômputo do acréscimo decorrente do exercício de atividades insalubres, penosas ou periculosas, anteriores à atividade policial, contempladas por legislação específica. Legalidade de alguns atos. Ilegalidade dos demais".

774 BRASIL. Supremo Tribunal Federal. *Recurso Extraordinário nº 1.162.672/SP*. Rel. Min. Dias Toffoli, 22.11.2018. Disponível em: https://jurisprudencia.stf.jus.br/pages/search/repercussao-geral10183/false. Acesso em: 2 jul. 2020.

a) trinta anos, se homem, e vinte e cinco anos, se mulher; e

b) um período adicional de contribuição equivalente a quarenta por cento do tempo que, na data da publicação desta Emenda, faltaria para atingir o limite de tempo constante da alínea anterior;

II - os proventos da aposentadoria proporcional serão equivalentes a setenta por cento do valor máximo que o servidor poderia obter de acordo com o *caput*, acrescido de cinco por cento por ano de contribuição que supere a soma a que se refere o inciso anterior, até o limite de cem por cento.[775]

Exemplo

Aposentadoria de servidora nascida em 19.1.1954 e que ingressou no serviço público em 15.2.1993 no cargo de técnica em Administração Pública, por ela exercido até a sua aposentadoria. Antes de ingressar no serviço público, esteve vinculada ao Regime Geral de Previdência Social por 7.677 dias (21 anos e 12 dias). Aposentou-se em 25.9.2002.

Verificaremos se em 25.9.2002 a servidora satisfazia aos requisitos para a aposentadoria com base no art. 8º da EC nº 20/1998.

Em seguida, calcularemos o valor inicial dos proventos de aposentadoria e indicaremos os critérios de reajuste a eles aplicáveis.

Dados

O valor da última remuneração da servidora na atividade foi de R$8.000,00, assim discriminado:

Vencimento	R$6.000,00
Gratificação permanente	R$1.000,00
Quintos incorporados	R$1.000,00
Total	R$8.000,00

Cálculos

Tempo de contribuição no serviço público até 16.12.1998 (15.2.1993 a 16.12.1998): 2.131 dias.

Tempo de contribuição ao Regime Geral da Previdência Social: 7.677 dias.

Tempo total de contribuição até 16.12.1998: 9.808 dias.

Cálculo do período adicional de contribuição equivalente a vinte por cento do tempo que em 16.12.1998 faltaria para atingir 30 anos de serviço (10.950 dias): 10.950 dias – 9.808 dias = 1.142 dias.

Período adicional: 1.142 dias × 1,2 = 1.370,4 dias, que serão arredondados para 1.371 dias.

---

[775] BRASIL. [Constituição (1988)]. *Emenda Constitucional nº 20, de 15 de dezembro de 1998*. Modifica o sistema de previdência social, estabelece normas de transição e dá outras providências. Disponível em: http://www.planalto.gov.br/ccivil_03/Constituicao/Emendas/Emc/emc20.htm#art1. Acesso em: 23 fev. 2020. Dispositivo revogado pela EC nº 41/2003.

Assim, a servidora precisará cumprir um período de contribuição de 1.371 dias a começar de 17.12.1998, o que ocorrerá em 18.9.2002, data anterior à da aposentadoria, 25.9.2002.

Os demais requisitos do art. 8º da EC nº 20/1998 estarão cumpridos em 18.9.2002:

Idade: 48 anos.

Tempo no cargo, de 15.2.1993 a 25.9.2002: 3.510 dias (9 anos, 7 meses e 15 dias).

Cálculo do valor inicial dos proventos: o valor dos proventos é igual ao da última remuneração da atividade, ou seja, R$8.000,00.

Reajuste: paridade.

15.6 Aposentadoria com base no art. 8º, §1º, da Emenda Constitucional nº 20/1998

Legislação aplicável

> *Emenda Constitucional nº 20, de 15 de dezembro de 1998*
>
> Art. 8º Observado o disposto no art. 4º desta Emenda e ressalvado o direito de opção a aposentadoria pelas normas por ela estabelecidas, é assegurado o direito à aposentadoria voluntária com proventos calculados de acordo com o art. 40, §3º, da Constituição Federal, àquele que tenha ingressado regularmente em cargo efetivo na Administração Pública, direta, autárquica e fundacional, até a data de publicação desta Emenda, quando o servidor, cumulativamente:
>
> I - tiver cinqüenta e três anos de idade, se homem, e quarenta e oito anos de idade, se mulher;
>
> II - tiver cinco anos de efetivo exercício no cargo em que se dará a aposentadoria;
>
> III - contar tempo de contribuição igual, no mínimo, à soma de:
>
> a) trinta e cinco anos, se homem, e trinta anos, se mulher; e
>
> b) um período adicional de contribuição equivalente a vinte por cento do tempo que, na data da publicação desta Emenda, faltaria para atingir o limite de tempo constante da alínea anterior.
>
> §1º O servidor de que trata este artigo, desde que atendido o disposto em seus incisos I e II, e observado o disposto no art. 4º desta Emenda, pode aposentar-se com proventos proporcionais ao tempo de contribuição, quando atendidas as seguintes condições:
>
> I - contar tempo de contribuição igual, no mínimo, à soma de:
>
> a) trinta anos, se homem, e vinte e cinco anos, se mulher; e
>
> b) um período adicional de contribuição equivalente a quarenta por cento do tempo que, na data da publicação desta Emenda, faltaria para atingir o limite de tempo constante da alínea anterior;
>
> II - os proventos da aposentadoria proporcional serão equivalentes a setenta por cento do valor máximo que o servidor poderia obter de acordo com o caput, acrescido de cinco por cento por ano de contribuição que supere a soma a que se refere o inciso anterior, até o limite de cem por cento.[776]

[776] BRASIL. [Constituição (1988)]. *Emenda Constitucional nº 20, de 15 de dezembro de 1998*. Modifica o sistema de previdência social, estabelece normas de transição e dá outras providências. Disponível em: http://www.planalto.gov.br/ccivil_03/Constituicao/Emendas/Emc/emc20.htm#art1. Acesso em: 23 fev. 2020. Dispositivo revogado pela EC nº 41/2003.

Exemplo

Aposentadoria de servidor nascido em 19.1.1950. Ingressou no serviço público em 15.5.1997 no cargo de técnico em Administração Pública, por ele exercido até a sua aposentadoria. Antes de ingressar no serviço público, esteve vinculado ao Regime Geral de Previdência Social por 10.105 dias (27 anos, 8 meses e 10 dias). O ato de sua aposentadoria foi publicado em 26.1.2003.

Calcularemos o valor inicial do benefício e indicaremos os critérios de reajuste a ele aplicáveis.

Dados

O valor da última remuneração do servidor na atividade foi de R$6.000,00, discriminado da seguinte forma:

Vencimento	R$5.000,00
Gratificação permanente	R$1.000,00
Total	R$6.000,00

Cálculos

Cálculo do tempo de contribuição do servidor em 16.12.98:

Regime Geral da Previdência Social: 10.105 dias.

Regime Próprio de Previdência (15.05.1997 a 16.12.1998): 581 dias.

Tempo de contribuição até a EC nº 20/1998: 10.686 dias.

Cálculo do tempo que, na data da publicação da EC nº 20/1998 (16.12.1998), faltava para atingir 30 anos de contribuição (10.950 dias): 10.950 dias – 10.686 dias = 264 dias.

Pedágio: 264 dias × 1,4 = 369,6 dias, que serão arredondados para 370 dias. Assim, o servidor precisará cumprir um período de contribuição de 10.686 dias + 370 dias = 11.056 dias, o que ocorrerá em 22.12.1999.

Aposentou-se em 26.1.2003, quando contava com:

I - 53 anos de idade;

II - 15.5.1997 a 26.1.2003 = 2.083 dias (5 anos, 8 meses e 18 dias) no cargo de técnico de Administração Pública;

III - 12.188 dias de contribuição (33 anos, 4 meses e 23 dias).

Cálculo dos proventos de aposentadoria:

Tempo mínimo de contribuição exigido: 11.056 dias.

Número de anos de contribuição do servidor que supera o mínimo: 12.188 dias – 11.056 dias = 1.132 dias (3 anos, 1 mês e 7 dias).

Cálculo do acréscimo de cinco por cento por ano de contribuição que supere o mínimo: 70% + 3 × 5% = 85%.

Cálculo do valor inicial dos proventos: 85% × valor da última remuneração = 0,85 × R$6.000,00 = R$5.100,00.

Reajuste: paridade.

15.7 Pensão. Redutor de 30%. Emenda Constitucional nº 41/2003

Legislação aplicável

Constituição Federal de 1988

Art. 40. Aos servidores titulares de cargos efetivos da União, dos Estados, do Distrito Federal e dos Municípios, incluídas suas autarquias e fundações, é assegurado regime de previdência de caráter contributivo e solidário, mediante contribuição do respectivo ente público, dos servidores ativos e inativos e dos pensionistas, observados critérios que preservem o equilíbrio [...]

§7º Lei disporá sobre a concessão do benefício de pensão por morte, que será igual:

I - ao valor da totalidade dos proventos do servidor falecido, até o limite máximo estabelecido para os benefícios do Regime Geral de Previdência Social de que trata o art. 201, acrescido de setenta por cento da parcela excedente a este limite, caso aposentado à data do óbito; ou

II - ao valor da totalidade da remuneração do servidor no cargo efetivo em que se deu o falecimento, até o limite máximo estabelecido para os benefícios do Regime Geral de Previdência Social de que trata o art. 201, acrescido de setenta por cento da parcela excedente a este limite, caso em atividade na data do óbito.[777]

Lei nº 10.887, de 18 de junho de 2004

Art. 2º Aos dependentes dos servidores titulares de cargo efetivo e dos aposentados de qualquer dos Poderes da União, dos Estados, do Distrito Federal e dos Municípios, incluídas suas autarquias e fundações, falecidos a partir da data de publicação desta Lei, será concedido o benefício de pensão por morte, que será igual:

I - à totalidade dos proventos percebidos pelo aposentado na data anterior à do óbito, até o limite máximo estabelecido para os benefícios do Regime Geral de Previdência Social, acrescida de 70% (setenta por cento) da parcela excedente a este limite; ou

II - à totalidade da remuneração do servidor no cargo efetivo na data anterior à do óbito, até o limite máximo estabelecido para os benefícios do Regime Geral de Previdência Social, acrescida de 70% (setenta por cento) da parcela excedente a este limite, se o falecimento ocorrer quando o servidor ainda estiver em atividade.

Parágrafo único. Aplica-se ao valor das pensões o limite previsto no art. 40, §2º, da Constituição Federal.[778]

Exemplo

Servidor aposentado falecido em 2.8.2019.

Cálculo do valor inicial do benefício pensional e indicação dos critérios de reajuste a ele aplicáveis.

---

[777] BRASIL. [Constituição (1988)]. *Constituição da República Federativa do Brasil de 1988*. Brasília: Presidência da República, 1988. Disponível em: http://www.planalto.gov.br/ccivil_03/constituicao/constituicao.htm. Acesso em: 29 jan. 2020. §7º incluído pela EC nº 41/2003 e revogado pela EC nº 103/2019.

[778] BRASIL. *Lei nº 10.887, de 18 de junho de 2004*. Dispõe sobre a aplicação de disposições da Emenda Constitucional nº 41, de 19 de dezembro de 2003, altera dispositivos das Leis nºs 9.717, de 27 de novembro de 1998, 8.213, de 24 de julho de 1991, 9.532, de 10 de dezembro de 1997, e dá outras providências. Disponível em: http://www.planalto.gov.br/ccivil_03/_Ato2004-2006/2004/Lei/L10.887compilado.htm. Acesso em: 23 fev. 2020.

Dados

R$13.000,00 foi o valor do último provento de aposentadoria pago ao servidor, no mês de julho de 2019, assim discriminado:

Vencimento	R$10.000,00
Gratificação permanente	R$2.000,00
Quintos incorporados	R$1.000,00
Total	R$13.000,00

Em 2.2.2019, o limite máximo estabelecido para os benefícios do Regime Geral de Previdência Social era de R$5.839,45.

Cálculos

Cálculo do valor dos proventos que excede o limite máximo estabelecido para os benefícios do RGPS: R$13.000,00 – R$5.839,45 = R$7.160,55.

Calculando os 70% da parcela excedente, encontramos: 70% × R$7.160,55 = R$5.012,39.

Valor inicial do benefício pensional: R$5.839,45 + 5.012,39 = R$10.851,84.

Reajuste: de acordo com a Lei nº 10.887/2004.

15.8 Aposentadoria com base no art. 8º, §4º, da Emenda Constitucional nº 20/1998

Legislação aplicável

Emenda Constitucional nº 20, de 15 de dezembro de 1998

Art. 8º Observado o disposto no art. 4º desta Emenda e ressalvado o direito de opção a aposentadoria pelas normas por ela estabelecidas, é assegurado o direito à aposentadoria voluntária com proventos calculados de acordo com o art. 40, §3º, da Constituição Federal, àquele que tenha ingressado regularmente em cargo efetivo na Administração Pública, direta, autárquica e fundacional, até a data de publicação desta Emenda, quando o servidor, cumulativamente:

I - tiver cinqüenta e três anos de idade, se homem, e quarenta e oito anos de idade, se mulher;

II - tiver cinco anos de efetivo exercício no cargo em que se dará a aposentadoria;

III - contar tempo de contribuição igual, no mínimo, à soma de:

a) trinta e cinco anos, se homem, e trinta anos, se mulher; e

b) um período adicional de contribuição equivalente a vinte por cento do tempo que, na data da publicação desta Emenda, faltaria para atingir o limite de tempo constante da alínea anterior. [...]

§4º O professor, servidor da União, dos Estados, do Distrito Federal e dos Municípios, incluídas suas autarquias e fundações, que, até a data da publicação desta Emenda, tenha ingressado, regularmente, em cargo efetivo de magistério e que opte por aposentar-se na forma do disposto no *caput*, terá o tempo de serviço exercido até a publicação desta

Emenda contado com o acréscimo de dezessete por cento, se homem, e de vinte por cento, se mulher, desde que se aposente, exclusivamente, com tempo de efetivo exercício das funções de magistério.[779]

Exemplo

Servidor público federal nascido em 11.1.1944, ingressou no cargo de professor, em escola pública federal, em 5.11.1969, por ele exercido até a data de sua aposentadoria. O ato concessório da aposentadoria foi publicado em 5.5.2000.

Verificar-se-á se, à data de sua aposentadoria, o servidor atendia aos requisitos do art. 8º, §4º, da Emenda Constitucional nº 20/1998.

Dados

Data de nascimento: 11.1.1944.
Data de ingresso no cargo: 5.11.1969.
Data da aposentadoria: 5.5.2000.

Cálculos

Idade na data da aposentadoria: 56 anos.

Período de contribuição de 5.11.1969 (posse no cargo) a 16.12.1998 (EC nº 20/1998) = 10.634 dias (29 anos, 1 mês e 19 dias).

Tempo de contribuição até 16.12.1998 com acréscimo 17% (dezessete por cento – §4º, art. 8º, EC nº 20/1998): 10.634 dias × 1,17 = 12.441,78 dias.

Cálculo do período adicional de contribuição equivalente a vinte por cento do tempo que em 16.12.1998 faltava para atingir 35 anos de serviço: 35 × 365 dias = 12.775 dias.

12.775 dias – 12.441,78 dias = 333,22 dias.

Período adicional: 333,22 × 1,2 = 399,86, arredondados para cima = 400 dias, que é o tempo mínimo que falta para aposentadoria integral (1 ano, 1 mês e 5 dias), a começar de 17.12.1998.

Os 400 dias de acréscimo cumprir-se-ão em 21.1.2000.

Verifica-se, assim, que o servidor atendia às prescrições do §4º do art. 8º da EC nº 20/1998 à data de sua aposentadoria, sendo de se observar que também atendia aos requisitos de idade e tempo de efetivo serviço no cargo em que se deu a aposentadoria, constantes do mesmo artigo.

Base de cálculo: última remuneração.

Reajuste: paridade.

---

[779] BRASIL. [Constituição (1988)]. *Emenda Constitucional nº 20, de 15 de dezembro de 1998*. Modifica o sistema de previdência social, estabelece normas de transição e dá outras providências. Disponível em: http://www.planalto.gov.br/ccivil_03/Constituicao/Emendas/Emc/emc20.htm#art1. Acesso em: 23 fev. 2020. Dispositivo revogado pela EC nº 41/2003.

15.9 Aposentadoria com base no art. 6º da Emenda Constitucional nº 41/2003

Legislação aplicável

Emenda Constitucional nº 41, de 19 de dezembro de 2003

Art. 6º Ressalvado o direito de opção à aposentadoria pelas normas estabelecidas pelo art. 40 da Constituição Federal ou pelas regras estabelecidas pelo art. 2º desta Emenda, o servidor da União, dos Estados, do Distrito Federal e dos Municípios, incluídas suas autarquias e fundações, que tenha ingressado no serviço público até a data de publicação desta Emenda poderá aposentar-se com proventos integrais, que corresponderão à totalidade da remuneração do servidor no cargo efetivo em que se der a aposentadoria, na forma da lei, quando, observadas as reduções de idade e tempo de contribuição contidas no §5º do art. 40 da Constituição Federal, vier a preencher, cumulativamente, as seguintes condições:

I - sessenta anos de idade, se homem, e cinqüenta e cinco anos de idade, se mulher;

II - trinta e cinco anos de contribuição, se homem, e trinta anos de contribuição, se mulher;

III - vinte anos de efetivo exercício no serviço público; e

IV - dez anos de carreira e cinco anos de efetivo exercício no cargo em que se der a aposentadoria.

Parágrafo único. Os proventos das aposentadorias concedidas conforme este artigo serão revistos na mesma proporção e na mesma data, sempre que se modificar a remuneração dos servidores em atividade, na forma da lei, observado o disposto no art. 37, XI, da Constituição Federal.[780]

Exemplo

Servidor público federal, nascido em 30.8.1958, tomou posse em cargo público no dia 20.5.2000. O ato de concessão da aposentadoria foi publicado em 2.2.2019.

O servidor conta com 7.791 dias de tempo de serviço averbados oriundos de empresa pública federal.

Verificar-se-á se à data da aposentadoria o servidor atendia aos requisitos do art. 6º de EC nº 41/2003 para cálculo do valor inicial dos proventos de aposentadoria.

Dados

O valor da última remuneração do servidor na atividade foi de R$16.000,00, assim discriminado:

Vencimento	R$14.000,00
Gratificação permanente	R$2.000,00
Total	R$16.000,00

[780] BRASIL. [Constituição (1988)]. Emenda Constitucional nº 41, de 19 de dezembro de 2003. Modifica os arts. 37, 40, 42, 48, 96, 149 e 201 da Constituição Federal, revoga o inciso IX do §3º do art. 142 da Constituição Federal e dispositivos da Emenda Constitucional nº 20, de 15 de dezembro de 1998, e dá outras providências. *Diário Oficial da União [da] República Federativa do Brasil*, Brasília, 31 dez. 2003.

Cálculos

Idade na data da aposentadoria: 60 anos.

Tempo no cargo até a aposentadoria, contado da data em que tomou posse em cargo público, 20.5.2000, até a data de publicação do ato de concessão da aposentadoria, 2.2.2019, que, no caso, é também o tempo na carreira: 6.833 dias (18 anos, 8 meses e 23 dias).

Acréscimos (setor público): 7.791 dias (21 anos, 4 meses e 6 dias).

Tempo total de contribuição, que, no caso, é também o tempo total de efetivo exercício no serviço público: 14.624 dias (40 anos e 24 dias).

EC nº 41/2003 – *Regra de transição* (art. 6º).

Tempo de contribuição: 40 anos e 24 dias. O mínimo é de 35 anos.

Verifica-se, assim, que o servidor atendia às prescrições do art. 6º de EC nº 41/2003 à data de sua aposentadoria.

O valor inicial dos proventos será o valor da última remuneração do servidor na atividade: R$16.000,00

Reajuste: paridade.

Comentários

O tempo de serviço público exigido pelo inc. III do art. 6º da EC nº 41/2006 (20 anos) foi completado pelo tempo averbado em função do exercício em empresa pública. Essa possibilidade foi admitida pelo Tribunal de Contas da União, ao fundamento de que:

- para fins do art. 40, §1º, inc. III, da CF/88, o conceito de "serviço público" deve ser entendido de forma ampla, para abranger também as empresas públicas e sociedades de economia mista, diferentemente do conceito de "serviço público" contido no *caput* do art. 6º da Emenda Constitucional nº 41/2003 e no *caput* do art. 3º da Emenda Constitucional nº 47/2005, que deve ser tomado de forma restrita, para alcançar apenas a Administração Pública direta autárquica e fundacional;
- por conseguinte, para efeito do inc. III do art. 6º da Emenda Constitucional nº 41/2003, do inc. II do art. 3º da Emenda Constitucional nº 47/2005 e do inc. III do §1º do art. 40 da Constituição Federal, a expressão "tempo de serviço público" contempla tanto os períodos prestados na Administração direta, quanto na indireta, pois o constituinte exigiu apenas a prestação de serviço público, sem quaisquer outras condicionantes ou especificidades;
- no que tange ao *caput* do art. 6º da Emenda Constitucional nº 41/2003 e ao *caput* do art. 3º da Emenda Constitucional nº 47/2005, o conceito de serviço público une-se à exigência de serviço prestado à Administração direta, pois empregados de empresas públicas e de sociedades de economia mista, bem como ocupantes de cargo em comissão, não podem fazer opção pelas regras de aposentadoria previstas no art. 40 da Constituição Federal, como possibilitam os normativos citados, uma vez que são submetidos à aposentadoria pelas regras do RGPS;

- o *caput* do art. 40 da Constituição Federal diz respeito a vínculo jurídico com o RPPS, enquanto o inc. III do §1º do citado artigo assinala requisito para aposentadoria.

15.10 Aposentadoria. Direito adquirido. Aposentadoria compulsória

Exemplo

Servidor manteve-se na atividade até completar 70 anos de idade em 31.7.2005, quando deveria ter sido aposentado compulsoriamente, já sob os efeitos da Lei nº 10.887/2004, que regulamentou a Emenda Constitucional nº 41/2003. À época, contava com tempo de contribuição de 7.040 (19 anos, 3 meses e 15 dias) dias.

Entretanto, quando do advento da EC nº 41/2003, em 31.12.2003, o servidor já fazia jus à aposentadoria por implemento de idade, pois completara 65 anos de idade em 31.7.2000, o que permitia a aplicação da regra da paridade à sua aposentadoria, com base no direito adquirido de que trata o art. 3º da EC nº 41/2003.

Requereu a sua aposentadoria no dia em que completou 70 anos de idade, com fundamento no art. 3º da EC nº 41/2003.

Calcular-se-á o valor inicial dos proventos de aposentadoria.

Dados

O valor da última remuneração do servidor na atividade foi de R$7.000,00, assim discriminado:

Vencimento	R$6.000,00
Gratificação permanente	R$1.000,00
Total	R$7.000,00

Comentários

Tendo requerido sua aposentadoria no dia em que completou 70 anos de idade, 31.7.2005 é a data de vigência de sua aposentadoria. Contudo, o seu tempo de contribuição foi computado somente até 31.12.2003, data da entrada em vigor da EC nº 41/2003, totalizando 6.462 (17 anos, 8 meses e 17 dias), decorrência de sua opção pela aposentadoria com base no direito adquirido, pelo art. 3º da EC nº 41/2003, assegurando-lhe a aplicação aos seus proventos da regra da paridade.

Cálculos

Em 31.7.2005 contava com o tempo de contribuição de 7.040 dias.

Assim, em 31.12.2003 contava com 6.462 dias de contribuição, pois de 1º.1.2004 a 31.7.2005 contam-se 578 dias.

7.040 dias – 578 dias = 6.462 dias, que equivalem a 17 anos, 8 meses e 17 dias.

Número de anos trabalhados: 17.

Como o valor de sua última remuneração na atividade, em julho de 2005, era de R$7.000,00, o valor dos proventos iniciais de sua aposentadoria será: 17/35 × R$7.000,00 = R$3.400,00.

Reajuste: paridade.

15.11 Aposentadoria com base no art. 3º da EC nº 47/2005 (Regra nº 95)

Legislação aplicável

EC nº 47, de 5 de julho de 2005

Art. 3º Ressalvado o direito de opção à aposentadoria pelas normas estabelecidas pelo art. 40 da Constituição Federal ou pelas regras estabelecidas pelos arts. 2º e 6º da Emenda Constitucional nº 41, de 2003, o servidor da União, dos Estados, do Distrito Federal e dos Municípios, incluídas suas autarquias e fundações, que tenha ingressado no serviço público até 16 de dezembro de 1998 poderá aposentar-se com proventos integrais, desde que preencha, cumulativamente, as seguintes condições:

I - trinta e cinco anos de contribuição, se homem, e trinta anos de contribuição, se mulher;

II - vinte e cinco anos de efetivo exercício no serviço público, quinze anos de carreira e cinco anos no cargo em que se der a aposentadoria;

III - idade mínima resultante da redução, relativamente aos limites do art. 40, §1º, inciso III, alínea "a", da Constituição Federal, de um ano de idade para cada ano de contribuição que exceder a condição prevista no inciso I do caput deste artigo.

Parágrafo único. Aplica-se ao valor dos proventos de aposentadorias concedidas com base neste artigo o disposto no art. 7º da Emenda Constitucional nº 41, de 2003, observando-se igual critério de revisão às pensões derivadas dos proventos de servidores falecidos que tenham se aposentado em conformidade com este artigo.[781]

Exemplo

Servidor público federal, nascido em 30.9.1961, ingressou no serviço público federal em 19.9.1994, em que trabalhou até 1º.10.2019, quando foi publicado seu ato concessório de aposentadoria. O servidor conta com 4.403 dias averbados, relativos a tempo de serviço prestado à Administração direta federal.

Verificar-se-á se o servidor satisfazia aos requisitos do art. 3º da EC nº 47/2005 à data de sua aposentadoria.

Dados

Data de nascimento: 30.9.1961.
Data de ingresso no cargo: 19.9.1994.
Data da aposentadoria: 1º.10.2019.
Idade na data da aposentadoria: 58 anos.
Tempo averbado (setor público): 4.403 dias (12 anos e 23 dias).

---

[781] BRASIL. [Constituição (1988)]. Emenda Constitucional nº 47, de 05 de julho de 2005. Altera os arts. 37, 40, 195 e 201 da Constituição Federal, para dispor sobre a previdência social, e dá outras providências. *Diário Oficial da União [da] República Federativa do Brasil*, Brasília, 6 jul. 2005.

Cálculos

Idade na data da aposentadoria: 58 anos.

Tempo no cargo: período de 19.9.1994 (posse no cargo) a 1º.10.2019 (ato de concessão de aposentadoria), que é igual ao tempo na carreira = 9.144 dias (25 anos e 19 dias). O tempo mínimo exigido no cargo é de 5 anos; na carreira, é de 15 anos.

Tempo de contribuição (total), que, no caso, é igual ao tempo no serviço público = 9.144 dias + 4.403 dias (tempo averbado, setor público) = 13.547 dias (37 anos, 1 mês e 12 dias).

O tempo mínimo exigido no serviço público é de 25 anos.

Aposentadoria integral

EC nº 47/2005 – Regra de transição

Idade na data da aposentadoria: 58 anos.

Tempo de contribuição: 37 anos, 1 mês e 12 dias – Mínimo: 35 anos.

Aplicação da Regra nº 95 (58 anos de idade e 37 anos de contribuição) – art. 3º da EC nº 47/2005.

Comentários

A Regra nº 95 para homens resulta da soma da idade com o tempo de contribuição do servidor. Assim, cada ano de contribuição que exceda o mínimo exigido (35 anos) pode ser abatido da idade mínima (60 anos). Exemplos:

– 36 anos de contribuição com 59 anos de idade;
– 37 anos de contribuição com 58 anos de idade;
– 38 anos de contribuição com 57 anos de idade.

A mesma sistemática é garantida às mulheres – Regra nº 85 (30 anos de contribuição e 55 anos de idade).

Base de cálculo: última remuneração.

Reajuste: paridade.

15.12 Revisão de proventos com base no art. 190 da Lei nº 8.112/1990

Legislação aplicável

Lei nº 8.112, de 11 de dezembro de 1990

Art. 190. O servidor aposentado com provento proporcional ao tempo de serviço se acometido de qualquer das moléstias especificadas no §1º do art. 186 desta Lei e, por esse motivo, for considerado inválido por junta médica oficial passará a perceber provento integral, calculado com base no fundamento legal de concessão da aposentadoria.[782]

[782] BRASIL. *Lei nº 8.112, de 11 de dezembro de 1990*. Dispõe sobre o regime jurídico dos servidores públicos civis da União, das autarquias e das fundações públicas federais. Disponível em: http://www.pl4analto.gov.br/ccivil_03/LEIS/L8112cons.htm. Acesso em: 9 mar. 2020. Redação dada pela Lei nº 11.907, de 2.2.2009.

Exemplo

Servidor aposentou-se ao completar 65 anos de idade em 5.8.2017. Seu tempo de contribuição à época era de 10.384 dias (28 anos, 5 meses e 14 dias).

Dados

Valor da sua última remuneração na atividade: R$15.000,00, assim discriminado:

Vencimento	R$12.000,00
Gratificação permanente	R$3.000,00
Total	R$15.000,00

Nesse exemplo, considerar-se-á que nenhum reajuste foi concedido aos servidores em atividade até dezembro de 2019.

Laudo médico expedido em 15.9.2019 atestou que o servidor foi acometido de doença especificada em lei, cardiopatia grave, apontando 6.1.2019 como data de início de sua incapacidade total e definitiva para o trabalho. Assim, requereu a revisão de seus proventos, para integralizá-los, com base no art. 190 da Lei nº 8.112/1990, que lhe foi concedida.

Cálculos

Cálculo do valor inicial dos proventos:

Valor inicial dos proventos de aposentadoria: 28/35 × R$15.000,00 = R$12.000,00.

Cálculo dos proventos após a revisão nos termos do art. 190 da Lei nº 8.112/1990: no caso, sendo 6.1.2019 a data da vigência da revisão, portanto anterior a 15.9.2019, os seus proventos passarão a ser integrais, calculados com base na totalidade da remuneração do cargo efetivo e atualizado de acordo com a regra de paridade entre o provento de aposentadoria e a remuneração do servidor em atividade.

Como não foi concedido reajuste aos servidores em atividade até dezembro de 2019, o novo valor dos proventos do servidor, a contar de 6.1.2019, será de R$15.000,00 (valor integral da remuneração).

Reajuste: paridade.

Comentários

O art. 190 da Lei n º 8.112/1990 assegura a conversão do cálculo dos proventos de proporcional para integral dos servidores já aposentados sob qualquer modalidade, quando do acometimento de moléstias especificadas pelo art. 186, §1º, da Lei nº 8.112/1990. A norma estabelece, assim, que o fato gerador do benefício deve ser a doença, não fazendo qualquer menção à emissão de laudos médicos.

Como regra geral, a vigência da concessão baseada no art. 190 da Lei nº 8.112/1990 dá-se a partir da expedição do laudo médico. Entretanto, deve-se analisar, detalhadamente, caso a caso.

Considerando que há moléstias que, embora já existentes, só vêm a ser diagnosticadas em momento futuro, após longo período de desenvolvimento, bem assim eventual demora na constituição da junta médica oficial e na emissão do correspondente laudo, a aposentadoria por invalidez será concedida com base na legislação vigente na data em que laudo médico-pericial definir como início da incapacidade total e definitiva para o trabalho, evitando, assim, prejuízos aos portadores das doenças especificadas em lei.

Cabe destacar o posicionamento do Tribunal de Contas da União a respeito do tema:

> [...] ACORDAM os Ministros do Tribunal de Contas da União, reunidos em Sessão Plenária, ante as razões expostas pelo Relator, em:
>
> [...] 9.1.1. O art. 190 da Lei 8.112/1990 não perdeu sua eficácia com a promulgação da EC nº 41/2003, não devendo ser observado o que dispõe o art. 1º da Orientação Normativa nº 1, de 05.04.2006, da Secretaria de Recursos Humanos do Ministério do Planejamento, Orçamento e Gestão;
>
> 9.1.2. No caso de conversão do provento proporcional em provento integral na hipótese prevista pelo art. 190 da Lei nº 8.112/1990, o fundamento legal do ato concessório não deverá ser modificado de aposentadoria voluntária, por invalidez ou compulsória, com proventos proporcionais, para aposentadoria por invalidez permanente, com proventos integrais, prevista no art. 186, §1º, da Lei nº 8.112/1990, devendo, contudo, como supedâneo para a integralização do provento, ser incluído o art. 190 da Lei nº 8.112/1990 no ato de alteração da concessão de aposentadoria, o qual deverá ser submetido à apreciação deste Tribunal, nos termos dos arts. 2º e 3º, §1º, da IN/TCU nº 44, de 02.10.2002;
>
> 9.1.3. O servidor aposentado que, com amparo nos arts. 3º e 7º da EC nº 41/2003, percebe provento proporcional calculado com base na totalidade da remuneração do cargo efetivo e atualizado de acordo com a regra de paridade entre o provento de aposentadoria e a remuneração do servidor em atividade, caso venha a ser acometido de doença que justifique a incidência do art. 190 da Lei nº 8.112/1990, em seus termos atuais, fará jus à integralização do provento calculada segundo a mesma sistemática pela qual vinha recebendo o seu provento proporcional, não se aplicando, nesses casos, a metodologia de cálculo de proventos disciplinada na Lei nº 10.887/2004;
>
> 9.1.4. O servidor aposentado com provento proporcional, não alcançado pelo disposto nos arts. 3º e 7º da EC nº 41/2003, que tenha sido acometido até 19.02.2004 de doença que justifique a aplicação do art. 190 da Lei nº 8.112/1990, em seus termos atuais, comprovada por laudo médico oficial emitido até 19.02.2004, tem direito à conversão de seu provento de proporcional para integral segundo a sistemática de cálculo vigente até a publicação da MP nº 167/2004;
>
> 9.1.5. Excepcionalmente, no caso de laudo médico expedido após a data de 19.02.2004, deve haver expressa consignação no referido documento acerca da época do acometimento da moléstia, que, sendo predita ao limite temporal de 19.02.2004, aproveitará ao servidor o direito à conversão de seus proventos nos moldes estipulados no subitem precedente; [...].[783]

Importa ressaltar que o art. 190 da Lei nº 8.112/90 não foi recepcionado pela Emenda Constitucional nº 103/2019 no âmbito da União, ante a inexistência de aposentadoria por invalidez no novo ordenamento jurídico constitucional.

---

[783] BRASIL. Tribunal de Contas da União. *Processo TC nº 010.819/2006-9*. Consulta. Rel. Marcos Bemquerer. Disponível em: https://pesquisa.apps.tcu.gov.br/#/redireciona/processo/1081920069. Acesso em: 5 jul. 2020.

15.13 Aposentadoria voluntária (art. 2º Emenda Constitucional nº 41/2003)

Legislação aplicável

Emenda Constitucional nº 41, de 19 de dezembro de 2003

Art. 2º Observado o disposto no art. 4º da Emenda Constitucional nº 20, de 15 de dezembro de 1998, é assegurado o direito de opção pela aposentadoria voluntária com proventos calculados de acordo com o art. 40, §§3º e 17, da Constituição Federal, àquele que tenha ingressado regularmente em cargo efetivo na Administração Pública direta, autárquica e fundacional, até a data de publicação daquela Emenda, quando o servidor, cumulativamente:

I - tiver cinqüenta e três anos de idade, se homem, e quarenta e oito anos de idade, se mulher;

II - tiver cinco anos de efetivo exercício no cargo em que se der a aposentadoria;

III - contar tempo de contribuição igual, no mínimo, à soma de:

a) trinta e cinco anos, se homem, e trinta anos, se mulher; e

b) um período adicional de contribuição equivalente a vinte por cento do tempo que, na data de publicação daquela Emenda, faltaria para atingir o limite de tempo constante da alínea a deste inciso.

§1º O servidor de que trata este artigo que cumprir as exigências para aposentadoria na forma do caput terá os seus proventos de inatividade reduzidos para cada ano antecipado em relação aos limites de idade estabelecidos pelo art. 40, §1º, III, "a", e §5º da Constituição Federal, na seguinte proporção:

I - três inteiros e cinco décimos por cento, para aquele que completar as exigências para aposentadoria na forma do caput até 31 de dezembro de 2005;

II - cinco por cento, para aquele que completar as exigências para aposentadoria na forma do caput a partir de 1º de janeiro de 2006.[784]

Constituição Federal de 1988

Art. 40. Aos servidores titulares de cargos efetivos da União, dos Estados, do Distrito Federal e dos Municípios, incluídas suas autarquias e fundações, é assegurado regime de previdência de caráter contributivo, observados critérios que preservem o equilíbrio financeiro e atuarial e o disposto neste artigo.

§1º Os servidores abrangidos pelo regime de previdência de que trata este artigo serão aposentados, calculados os seus proventos a partir dos valores fixados na forma do §3º: [...]

III - voluntariamente, desde que cumprido tempo mínimo de dez anos de efetivo exercício no serviço público e cinco anos no cargo efetivo em que se dará a aposentadoria, observadas as seguintes condições: [...]

a) sessenta anos de idade e trinta e cinco de contribuição, se homem, e cinqüenta e cinco anos de idade e trinta de contribuição, se mulher; [...].[785]

---

784 BRASIL. [Constituição (1988)]. Emenda Constitucional nº 41, de 19 de dezembro de 2003. Modifica os arts. 37, 40, 42, 48, 96, 149 e 201 da Constituição Federal, revoga o inciso IX do §3º do art. 142 da Constituição Federal e dispositivos da Emenda Constitucional nº 20, de 15 de dezembro de 1998, e dá outras providências. *Diário Oficial da União [da] República Federativa do Brasil*, Brasília, 31 dez. 2003.

785 BRASIL. [Constituição (1988)]. *Constituição da República Federativa do Brasil de 1988*. Brasília: Presidência da República, 1988. Disponível em: http://www.planalto.gov.br/ccivil_03/constituicao/constituicao.htm. Acesso em: 29 jan. 2020. Redação dada pela EC nº 20, de 15.12.1998.

Exemplo

Servidor titular de cargo efetivo da União, nascido em 29.10.1949, que ingressou em cargo efetivo em 2.2.1998 (data anterior à entrada em vigor da Emenda Constitucional nº 20/1998). Conta com 10.500 dias de serviço averbados, prestados à Administração direta federal.

Calcular-se-á a data na qual o servidor poderá aposentar-se de acordo com as regras do art. 2º de EC nº 41/2003, bem como o valor inicial dos proventos, e será feita a indicação dos critérios de reajuste a eles aplicáveis.

Dados

O valor da última remuneração do servidor na atividade foi de R$6.000,00, assim discriminado:

Vencimento	R$5.000,00
Gratificação permanente	R$1.000,00
Total	R$6.000,00

O valor da média aritmética simples, calculado conforme o art. 1º da Lei nº 10.887/2004, é de R$5.000,00.

Cálculos

Em 16.12.1998 o servidor completou 10.818 dias de serviço (29 anos, 7 meses e 23 dias), pois de 2.2.1998 a 16.12.1998 contam-se 318 dias.

Tempo que faltava, em 16.12.1998, para completar 35 anos de serviço:

35 × 365 dias – 10.818 dias = 12.775 dias – 10.818 dias = 1.957 dias.

Cálculo do período adicional de contribuição equivalente a vinte por cento do tempo que, na data de publicação da EC nº 20/1998, faltava para atingir 35 anos de serviço: 1.957 dias × 1,2 = 2.348,4 dias, que serão arredondados para 2.349 dias.

Assim, a contar de 17.12.1998, deverá trabalhar mais 2.349 dias (6 anos, 5 meses e 9 dias), podendo aposentar-se já a partir de 23.5.2005.

Número de anos no cargo efetivo em 23.5.2005: de 2.2.1998 a 23.5.2005, 2.668 dias ou 7 anos, 3 meses e 23 dias.

Cálculo do valor inicial dos proventos:

Como o servidor completou as exigências do *caput* do art. 2º da EC nº 41/2003 antes de 31.12.2005, terá os seus proventos de inatividade reduzidos na proporção de 3,5% (três inteiros e cinco décimos por cento) para cada ano antecipado, em relação aos limites de idade estabelecidos pelo art. 40, §1º, inc. III, da CF/1988.

Idade do servidor em 23.5.2005: 55 anos.

No caso, contando o servidor em 23.5.2005 com 55 anos de idade, serão cinco anos de antecipação e o redutor aplicado aos proventos será de: 5 × 3,5% = 17,5%.

Cálculo do valor inicial dos proventos:

R$5.000,00 – 17,5% × R$5.000,00 = R$4.125,00, menor que R$6.000,00, valor da última remuneração do servidor no cargo efetivo em que se deu a aposentadoria.

Reajuste: de acordo com a Lei nº 10.887/2004.

15.14 Vantagens pessoais. Aumento de proporcionalidade. Direito adquirido

Legislação aplicável

Emenda Constitucional nº 20, de 15 de dezembro de 1998

Art. 3º É assegurada a concessão de aposentadoria e pensão, a qualquer tempo, aos servidores públicos e aos segurados do Regime Geral de Previdência Social, bem como aos seus dependentes, que, até a data da publicação desta Emenda, tenham cumprido os requisitos para a obtenção destes benefícios, com base nos critérios da legislação então vigente.[786]

Exemplo

Em 13.12.1998 o servidor completou 30 anos de serviço (10.950 dias), podendo, assim, aposentar-se voluntariamente com proventos proporcionais ao seu tempo de serviço. À época, a sua remuneração era composta das seguintes parcelas:

Vencimento	R$1.350,00
Quintos incorporados	R$360,00
Anuênios (28%)	R$378,00
Total	R$2.088,00

Beneficiando-se da regra do art. 3º da Emenda Constitucional nº 20/1998, aposentou-se em 12.12.2002 ao completar 34 anos de serviço (12.410 dias). À data de sua aposentadoria, a sua remuneração era composta das seguintes parcelas:

Vencimento	R$2.000,00
Quintos incorporados	R$500,00
Anuênios (32%)	R$640,00
Total	R$3.140,00

Cálculos

Cálculo dos proventos iniciais:

---

786 BRASIL. [Constituição (1988)]. *Emenda Constitucional nº 20, de 15 de dezembro de 1998*. Modifica o sistema de previdência social, estabelece normas de transição e dá outras providências. Disponível em: http://www.planalto.gov.br/ccivil_03/Constituicao/Emendas/Emc/emc20.htm#art1. Acesso em: 23 fev. 2020. Dispositivo revogado pela EC nº 41/2003.

Vencimento (proporcional ao tempo de serviço contado até 16.12.98): 30/35 × R$2.000,00 = R$1.714,29.

Quintos incorporados (integral): R$500,00.

Anuênios, no percentual de 32% (integral): R$640,00.

Total: R$2.854,29

Reajuste: paridade.

Comentários

De acordo com entendimento adotado pelo Tribunal de Contas da União, vantagens pessoais incorporam-se, integralmente, aos proventos:

> Com efeito, antes da edição da Lei nº 8.112/90, este Tribunal, mediante fundamentado VOTO do eminente Ministro Homero dos Santos, em processo administrativo TC 000.323/89 tendo em vista a nova ordem jurídica promanada da Constituição de 1988, notadamente o seu art. 40, item III, letra "c", e as disposições da Lei nº 1.711/52, em especial a do art. 180, decidiu que à exceção das vantagens em que os pressupostos tenham sido atendidos na atividade, tais como adicional por tempo de serviço e a vantagem pessoal dos quintos, as demais, na aposentadoria, teriam que acompanhar a proporcionalidade dos proventos.
>
> Entretanto, esta Câmara, ao apreciar, posteriormente, em 14.07.94, aposentadoria sob os fundamentos da proporcionalidade, no TC 008.834/91-1, então, sob a égide da Lei nº 8.112/90, acolhendo as ponderações do eminente Ministro Fernando Gonçalves, admitiu a integralidade da vantagem do art. 193 da citada lei, editando a Decisão nº 179/94 – Ata nº 23/94.
>
> Assim se manifestou em seu VOTO o ilustre par: Com o advento do novo Regime Jurídico dos Servidores Públicos Civis da União, através da Lei nº 8.112, de 11 de dezembro de 1990, as vantagens consignadas nos arts. 184 e 180 da Lei nº 1.711/52 foram reproduzidas no novo Estatuto, nos seus arts. 192 e 193 respectivamente.
>
> No primeiro caso, o legislador repetiu a norma antiga quanto à exigibilidade de que a aposentadoria seja com proventos integrais, sendo irrelevante a modalidade de inativação.
>
> Quanto ao art. 193, observa-se que não há a exigência da integralidade dos proventos para o deferimento da vantagem. As condições fixadas exigem tão-somente que o servidor, ao aposentar-se, tenha permanecido no exercício de função de direção, chefia, assessoramento, assistência ou cargo em comissão, por período de 5 (cinco) anos consecutivos, ou 10 (dez) anos interpolados.
>
> Nesta hipótese, é importante frisar, os pressupostos para o deferimento da vantagem em comento são atendidos na atividade, devendo merecer o mesmo tratamento dado à Vantagem Pessoal dos Quintos, por sua similaridade. Em caso contrário, penso que se estaria criando uma restrição à aplicação da norma, não contida no texto legal.
>
> Assim, os proventos do funcionário que satisfez os requisitos para inativar-se ainda que com proventos não integrais devem ser proporcionais ao tempo de serviço prestado, exceto para aquelas vantagens em que os pressupostos tenham sido atendidos na atividade, para depois serem transferidos para a inatividade. São elas: a Gratificação Adicional por Tempo de Serviço, a Vantagem Pessoal dos Quintos, e a vantagem consignada no art. 193 da Lei nº 8.112/90.
>
> Pelo exposto, e tendo em vista que a jurisprudência firmada na aplicação do art. 180 da Lei nº 1.711/52 não pode ser recepcionada na aplicação do art. 193 da citada Lei nº 8.112/90, por

conterem as aludidas disposições legais pressupostos diversos à aferição da vantagem ali estipulada, VOTO porque este Colegiado adote a decisão que ora submeto à sua deliberação.[787]

Cabe enfatizar também o entendimento do TCU a respeito da impossibilidade de aumento de proporcionalidade de proventos, para os casos de concessões de aposentadorias com base na regra do direito adquirido (art. 3º da EC nº 20/1998). Veja-se, a propósito, excerto retirado do acórdão:

> É importante observar que a EC nº 20/1998, ao introduzir novos critérios para a aposentadoria do servidor público, fixou as regras a serem consideradas para os servidores que na data da publicação da referida emenda já preenchiam os requisitos para a aposentação:
>
> Estabelece o seu art. 3º:
>
> 'Art. 3º É assegurada a concessão de aposentadoria e pensão, a qualquer tempo, aos servidores públicos e aos segurados do Regime Geral de Previdência Social, bem como aos seus dependentes, que, até a data da publicação desta Emenda, tenham cumprido os requisitos para a obtenção destes benefícios, com base nos critérios da legislação então vigente.
>
> §1º O servidor de que trata este artigo, que tenha completado as exigências para aposentadoria integral e que opte por permanecer em atividade fará jus à isenção da contribuição previdenciária até completar as exigências para aposentadoria contidas no art. 40, §1º, III, 'a', da Constituição Federal.
>
> §2º Os proventos da aposentadoria a ser concedida aos servidores públicos referidos no caput, em termos integrais ou proporcionais ao tempo de serviço já exercido até a data de publicação desta Emenda, bem como as pensões de seus dependentes, serão calculados de acordo com a legislação em vigor à época em que foram atendidas as prescrições nela estabelecidas para a concessão destes benefícios ou nas condições da legislação vigente.
>
> §3º São mantidos todos os direitos e garantias assegurados nas disposições constitucionais vigentes à data de publicação desta Emenda aos servidores e militares, inativos e pensionistas, aos anistiados e aos ex-combatentes, assim como àqueles que já cumpriram, até aquela data, os requisitos para usufruírem tais direitos, observado o disposto no art. 37, XI, da Constituição Federal'.
>
> Como se vê, esse artigo procurou resguardar os direitos incorporados ao patrimônio do servidor até o advento do novo comando constitucional e, nesse sentido, os dispositivos guardam plena harmonia.
>
> O texto é claro ao referir-se no §2º ao tempo de serviço já exercido até a data de publicação da Emenda.
>
> Além disso, ao assegurar a concessão a qualquer tempo, quis o legislador constituinte tão-somente sinalizar ao servidor que a permanência em atividade não lhe extrairia o direito adquirido. Não há como se inferir, do referido artigo, que foi mantida a aplicação de critérios estabelecidos por disposições que não mais existem no ordenamento jurídico.
>
> Observe-se que a Constituição preservou os direitos adquiridos, e todo direito adquirido possui um fato gerador. Não resguardou a Carta Magna um pretenso direito adquirido a "critério de contagem", abstrato e sem correspondência fática. Nesse sentido, não há direito à aposentadoria proporcional, mas à aposentadoria com proventos proporcionais a X/Y, o que pressupõe o fato gerador, que é o tempo. Se o legislador constituinte quisesse preservar o direito a um critério de contagem, tê-lo-ia feito expressamente.

---

[787] BRASIL. Tribunal de Contas da União. *Processo TC nº 001.935/92-5*. Decisão nº 210/1994. 2ª Câmara. Rel. Min. Adhemar Padini Ghish, 8.9.1994. Disponível em: http://www.tcu.gov.br/Consultas/Juris/Docs/judoc%5CDec%5C19940809%5CGERADO_TC-16205.pdf. Acesso em: 3 jul. 2020. No mesmo sentido: TC nº 009.616/90-0.

Ademais, entender que o critério de contagem anterior subsiste à Emenda significa burlar essa mesma Emenda, que pretendeu ter aplicação imediata. O contrário seria a permanência do regime anterior. A redação da Emenda é clara no sentido de submeter todos os servidores ao novo regime, preservando as situações jurídicas já constituídas. E não pode ser tido por constituído aquilo que ainda não havia ocorrido.

Nesses termos, a partir da Emenda, aplicar-se-ão as regras de transição insculpidas em seu art. 8º, in verbis:

'Art. 8º Observado o disposto no art. 4º desta Emenda e ressalvado o direito de opção a aposentadoria pelas normas por ela estabelecidas, é assegurado o direito à aposentadoria voluntária com proventos calculados de acordo com o art. 40, §3º, da Constituição Federal, àquele que tenha ingressado regularmente em cargo efetivo na Administração Pública, direta, autárquica e fundacional, até a data de publicação desta Emenda, quando o servidor, cumulativamente:

I - tiver cinqüenta e três anos de idade, se homem, e quarenta e oito anos de idade, se mulher;

II - tiver cinco anos de efetivo exercício no cargo em que se dará a aposentadoria;

III - contar tempo de contribuição igual, no mínimo, à soma de:

a) trinta e cinco anos, se homem, e trinta anos, se mulher; e

b) um período adicional de contribuição equivalente a vinte por cento do tempo que, na data da publicação desta Emenda, faltaria para atingir o limite de tempo constante da alínea anterior.

§1º O servidor de que trata este artigo, desde que atendido o disposto em seus incisos I e II, e observado o disposto no art. 4º desta Emenda, pode aposentar-se com proventos proporcionais ao tempo de contribuição, quando atendidas as seguintes condições:

I - contar tempo de contribuição igual, no mínimo, à soma de:

a) trinta anos, se homem, e vinte e cinco anos, se mulher; e

b) um período adicional de contribuição equivalente a quarenta por cento do tempo que, na data da publicação desta Emenda, faltaria para atingir o limite de tempo constante da alínea anterior;

II - os proventos da aposentadoria proporcional serão equivalentes a setenta por cento do valor máximo que o servidor poderia obter de acordo com o caput, acrescido de cinco por cento por ano de contribuição que supere a soma a que se refere o inciso anterior, até o limite de cem por cento'.

Verifica-se que, para o servidor que já havia implementado o tempo de contribuição para a aposentadoria proporcional, o período adicional de contribuição a ser contabilizado é nulo (§1º, alínea "b", inciso I), uma vez que na data da publicação da Emenda não lhe faltaria tempo para atingir o limite mínimo estabelecido.

Os proventos, por sua vez, serão aqueles já assegurados pelas regras anteriores, sendo facultado ao servidor, desde que preenchidos os requisitos da transição, optar entre esse valor e aquele fixado na emenda, ou seja, 70% da remuneração acrescido de 5% a cada novo ano de contribuição.

Entendo, ademais, que tal procedimento não implica aposentadoria em massa, até porque o tempo posterior traz, sim, benefícios ao servidor, quais sejam: proventos mais elevados em período de tempo relativamente curto e possibilidade de isenção tributária quando do preenchimento dos requisitos para aposentadoria integral, caso pretenda permanecer em atividade.

Cumpre ressaltar, por fim, que esse também é o entendimento que vem sendo adotado administrativamente nesta Casa.

Nesse sentido, na mesma linha da Unidade Técnica, considero que o direito resguardado ao servidor que na data anterior à da publicação da EC nº 20/1998 detinha tempo de serviço suficiente para aposentar-se com proventos proporcionais é a fração de tempo já exercido na referida data, sendo-lhe facultada a opção pela aposentadoria sob o manto da nova disciplina constitucional. (destaque acrescido)

Nessa mesma linha de entendimento, cumpre mencionar como exemplos os recentes Acórdãos nºs 1.119 e 1.120/2006 da 2ª Câmara, ambos sob a relatoria do Ministro Augusto Sherman Cavalcanti. Por conseguinte, assiste razão ao Ministério Público ao apontar esta segunda causa de ilegalidade dos atos de concessão de aposentadoria das servidoras *** (fls. 29/33) e *** (fls. 47/53), cabendo, em relação a estas parcelas recebidas indevidamente, a aplicação da Súmula nº 106 desta Corte.[788]

15.15 Aposentadoria de magistrados, membros do Ministério Público e ministros do Tribunal de Contas da União, de acordo com a regra de transição prevista no art. 8º, *caput*, §§2º e 3º da EC nº 20/1998

Legislação aplicável

Emenda Constitucional nº 20, de 15 de dezembro de 1998

Art. 8º Observado o disposto no art. 4º desta Emenda e ressalvado o direito de opção a aposentadoria pelas normas por ela estabelecidas, é assegurado o direito à aposentadoria voluntária com proventos calculados de acordo com o art. 40, §3º, da Constituição Federal, àquele que tenha ingressado regularmente em cargo efetivo na Administração Pública, direta, autárquica e fundacional, até a data de publicação desta Emenda, quando o servidor, cumulativamente:

I - tiver cinqüenta e três anos de idade, se homem, e quarenta e oito anos de idade, se mulher;

II - tiver cinco anos de efetivo exercício no cargo em que se dará a aposentadoria;

III - contar tempo de contribuição igual, no mínimo, à soma de:

a) trinta e cinco anos, se homem, e trinta anos, se mulher; e

b) um período adicional de contribuição equivalente a vinte por cento do tempo que, na data da publicação desta Emenda, faltaria para atingir o limite de tempo constante da alínea anterior. [...]

§2º Aplica-se ao magistrado e ao membro do Ministério Público e de Tribunal de Contas o disposto neste artigo.

§3º Na aplicação do disposto no parágrafo anterior, o magistrado ou o membro do Ministério Público ou de Tribunal de Contas, se homem, terá o tempo de serviço exercido até a publicação desta Emenda contado com o acréscimo de dezessete por cento.[789]

---

788 BRASIL. Tribunal de Contas da União. *Processo TC nº 026.614/2006-2*. Acórdão nº 166/2007. Primeira Câmara. Rel. Min. Marcos Bemquerer, 6.2.2007. Disponível em: https://pesquisa.apps.tcu.gov.br/#/redireciona/acordao-completo/%22ACORDAO-COMPLETO-27115%22. Acesso em: 3 jul. 2020.

789 BRASIL. [Constituição (1988)]. *Emenda Constitucional nº 20, de 15 de dezembro de 1998*. Modifica o sistema de previdência social, estabelece normas de transição e dá outras providências. Disponível em: http://www.planalto.gov.br/ccivil_03/Constituicao/Emendas/Emc/emc20.htm#art1. Acesso em: 23 fev. 2020. Dispositivo revogado pela EC nº 41/2003.

Exemplo

Fulano de Tal, nascido em 7.6.1941, ingressou na magistratura em 7.2.1969. O ato de aposentadoria foi publicado em 25.1.1999.

Verificar-se-á se o servidor satisfazia os requisitos do art. 8º, *caput*, §§2º e 3º da EC nº 20/1998 à data da aposentadoria.

Dados

O valor da sua última remuneração na atividade foi de R$9.000,00, assim discriminado:

Vencimento	R$6.500,00
Gratificação permanente	R$2.000,00
Quintos incorporados	R$500,00
Total	R$9.000,00

Cálculos

Idade na data da aposentadoria: 57 anos.

Tempo no cargo até a EC nº 20/1998, que é o tempo de contribuição até a EC nº 20/1998 (período de 7.2.1969 a 16.12.1998): 10.905 dias, que equivalem a 29 anos, 10 meses e 20 dias.

Tempo de contribuição até a EC nº 20/1998 com ponderação (10.905 dias, com acréscimo de 17%, de acordo com os §§2º e 3º do art. 8º da EC nº 20/1998): 10.905 dias × 1,17 = 12.758,85 dias.

Cálculo do pedágio (20%, de acordo com o inc. III, alínea "b" do art. 8º da EC nº 20/1998):

12.775 dias (35 anos, tempo necessário à regra de transição da EC nº 20/1998) – 12.758,85 dias (tempo de contribuição até a EC nº 20/1998 com ponderação) = 16,15 × 1,2 = 19,38 dias, arredondados para cima, 20 dias, que é o total do pedágio.

O servidor deverá trabalhar ao menos 20 dias a começar de 17.12.1998 para que possa se aposentar.

Tempo de contribuição no período de 17.12.1998 até 25.1.1999 (data da aposentadoria): 40 dias.

Portanto, os requisitos do art. 8º, *caput*, §§2º e 3º da EC nº 20/1998 estavam satisfeitos à data da aposentadoria.

O valor inicial dos proventos da aposentadoria será o da última remuneração da atividade, R$9.000,00.

Reajuste: paridade.

15.16 Aposentadoria por idade e tempo de contribuição, de acordo com a regra prevista no art. 40, §1º, inc. III, "a", da CF, com a redação da EC nº 41/2003

Legislação aplicável

Constituição Federal de 1988

Art. 40. Aos servidores titulares de cargos efetivos da União, dos Estados, do Distrito Federal e dos Municípios, incluídas suas autarquias e fundações, é assegurado regime de previdência de caráter contributivo e solidário, mediante contribuição do respectivo ente público, dos servidores ativos e inativos e dos pensionistas, observados critérios que preservem o equilíbrio financeiro e atuarial e o disposto neste artigo.

§1º Os servidores abrangidos pelo regime de previdência de que trata este artigo serão aposentados, calculados os seus proventos a partir dos valores fixados na forma dos §§3º e 17. [...]

III - voluntariamente, desde que cumprido tempo mínimo de dez anos de efetivo exercício no serviço público e cinco anos no cargo efetivo em que se dará a aposentadoria, observadas as seguintes condições:

a) sessenta anos de idade e trinta e cinco de contribuição, se homem, e cinqüenta e cinco anos de idade e trinta de contribuição, se mulher.[790]

Exemplo

Fulano de Tal, nascido em 6.9.1957, ingressou no serviço público em 1º.10.2009, tendo averbado no órgão em que ingressou 9.491 dias de serviço, relativos ao período de 7.10.1982 a 30.9.2008. Ato de concessão da aposentadoria publicado em 7.10.2019.

Verificar-se-á se, à data da aposentadoria, o servidor satisfazia às exigências do art. 40, §1º, inc. III, alínea "a", da CF/1988, com a redação dada pela EC nº 41/2003, e será calculado o valor inicial dos proventos de aposentadoria, indicando os critérios de reajuste a ele aplicáveis.

Dados

O valor da última remuneração do servidor na atividade foi de R$15.000,00, assim discriminado:

Vencimento	R$13.000,00
Gratificação permanente	R$2.000,00
Total	R$15.000,00

790 BRASIL. [Constituição (1988)]. *Constituição da República Federativa do Brasil de 1988*. Brasília: Presidência da República, 1988. Disponível em: http://www.planalto.gov.br/ccivil_03/constituicao/constituicao.htm. Acesso em: 29 jan. 2020. Redação do *caput* e §1º dada pela EC nº 41/2003; redação do inc. III, alínea "a" dada pela EC nº 20/1998.

O valor da média aritmética simples de suas maiores remunerações, calculado conforme o art. 1º da Lei nº 10.887/2004, é de R$13.000,00.

Cálculos

Idade na data da aposentadoria: 62 anos.

Tempo de efetivo exercício no serviço público, que, no caso, é igual ao tempo no cargo efetivo em que se deu a aposentadoria: período de 1º.10.2009 a 7.10.2019 = 3.659 dias (10 anos e 9 dias).

Tempo de contribuição (total): 3.659 dias + 9.491 dias (acréscimo setor privado) = 13.150 dias (36 anos e 10 dias).

Verificamos que à data da aposentadoria o servidor satisfazia às exigências do art. 40, §1º, inc. III, alínea "a" da CF/1988, com a redação dada pela EC nº 41/2003.

O valor inicial dos proventos será o da média aritmética simples de suas maiores remunerações, calculado conforme o art. 1º da Lei nº 10.887/2004, R$13.000,00, que é menor que o de sua última remuneração, R$15.000,00.

Reajuste: de acordo com a Lei nº 10.887/2004.

15.17 Pensão instituída por servidor falecido entre 1º.1.2004 e 19.2.2004 (data da regulamentação da EC nº 41/2003)

Comentário

Às pensões instituídas por servidores falecidos até 19.2.2004, ativos ou aposentados, mesmo que ainda não requeridas, aplicam-se as regras de integralidade e paridade.

Legislação aplicável

Emenda Constitucional nº 41, de 19 de dezembro de 2003

Art. 7º Observado o disposto no art. 37, XI, da Constituição Federal, os proventos de aposentadoria dos servidores públicos titulares de cargo efetivo e as pensões dos seus dependentes pagos pela União, Estados, Distrito Federal e Municípios, incluídas suas autarquias e fundações, em fruição na data de publicação desta Emenda, bem como os proventos de aposentadoria dos servidores e as pensões dos dependentes abrangidos pelo art. 3º desta Emenda, serão revistos na mesma proporção e na mesma data, sempre que se modificar a remuneração dos servidores em atividade, sendo também estendidos aos aposentados e pensionistas quaisquer benefícios ou vantagens posteriormente concedidos aos servidores em atividade, inclusive quando decorrentes da transformação ou reclassificação do cargo ou função em que se deu a aposentadoria ou que serviu de referência para a concessão da pensão, na forma da lei.[791]

Lei nº 10.887, de 18 de junho de 2004

Art. 2º Aos dependentes dos servidores titulares de cargo efetivo e dos aposentados de qualquer dos Poderes da União, dos Estados, do Distrito Federal e dos Municípios,

791 BRASIL. [Constituição (1988)]. Emenda Constitucional nº 41, de 19 de dezembro de 2003. Modifica os arts. 37, 40, 42, 48, 96, 149 e 201 da Constituição Federal, revoga o inciso IX do §3º do art. 142 da Constituição Federal e dispositivos da Emenda Constitucional nº 20, de 15 de dezembro de 1998, e dá outras providências. *Diário Oficial da União [da] República Federativa do Brasil*, Brasília, 31 dez. 2003.

incluídas suas autarquias e fundações, falecidos a partir da data de publicação desta Lei, será concedido o benefício de pensão por morte, que será igual:

I - à totalidade dos proventos percebidos pelo aposentado na data anterior à do óbito, até o limite máximo estabelecido para os benefícios do Regime Geral de Previdência Social, acrescida de 70% (setenta por cento) da parcela excedente a este limite; ou

II - à totalidade da remuneração do servidor no cargo efetivo na data anterior à do óbito, até o limite máximo estabelecido para os benefícios do Regime Geral de Previdência Social, acrescida de 70% (setenta por cento) da parcela excedente a este limite, se o falecimento ocorrer quando o servidor ainda estiver em atividade.

Parágrafo único. Aplica-se ao valor das pensões o limite previsto no art. 40, §2º, da Constituição Federal.[792]

Exemplos

Serão dados dois exemplos para esse caso:

a) no primeiro, o servidor já estava aposentado quando de seu falecimento e recebia parcela relativa a quintos incorporados;
b) o segundo exemplo trata de servidor falecido na atividade, exercendo cargo comissionado.

Calcular-se-á, em ambos, o valor inicial do benefício e serão indicados os critérios de reajuste a ele aplicáveis.

Primeiro exemplo

Servidor já aposentado falecido em 3.2.2004.

Dados

Discriminação dos últimos proventos de aposentadoria recebidos pelo servidor (janeiro de 2004).

Vencimento	R$8.000,00
Quintos incorporados	R$2.000,00
Total	R$10.000,00

Cálculos

No caso, o valor inicial do benefício será o dos últimos proventos de aposentadoria recebidos pelo servidor: R$10.000,00 (integralidade).

Reajuste: art. 7º da EC nº 41/2003 (paridade).

[792] BRASIL. *Lei nº 10.887, de 18 de junho de 2004*. Dispõe sobre a aplicação de disposições da Emenda Constitucional nº 41, de 19 de dezembro de 2003, altera dispositivos das Leis nºs 9.717, de 27 de novembro de 1998, 8.213, de 24 de julho de 1991, 9.532, de 10 de dezembro de 1997, e dá outras providências. Disponível em: http://www.planalto.gov.br/ccivil_03/_Ato2004-2006/2004/Lei/L10.887compilado.htm. Acesso em: 23 fev. 2020.

Segundo exemplo

Pensão instituída por servidor ativo, falecido em 3.2.2004.

Dados

Discriminação da última remuneração recebida pelo servidor (janeiro de 2004):

Vencimento	R$8.000,00
Função comissionada	R$2.000,00
Total	R$10.000,00

Cálculos

Cálculo do valor inicial do benefício: no caso de pensão decorrente do falecimento de servidor em atividade, exclui-se o valor do cargo em comissão por ele exercido à data do óbito, R$2.000,00. Assim, o valor do inicial do benefício será R$8.000,00.

Aplicou-se aqui a regra da integralidade, embora se tenha excluído o valor relativo ao cargo em comissão.

Reajuste: está assegurada a aplicação da regra da paridade aos reajustes do valor dos proventos, em conformidade com o art. 7º da EC nº 41/2003.

15.18 Pensão instituída por servidor falecido na atividade após 3.4.2019

Legislação aplicável

Constitucional Federal de 1988

Art. 40. Aos servidores titulares de cargos efetivos da União, dos Estados, do Distrito Federal e dos Municípios, incluídas suas autarquias e fundações, é assegurado regime de previdência de caráter contributivo e solidário, mediante contribuição do respectivo ente público, dos servidores ativos e inativos e dos pensionistas, observados critérios que preservem o equilíbrio financeiro e atuarial e o disposto neste artigo. [...]

§7º Lei disporá sobre a concessão do benefício de pensão por morte, que será igual:

I - ao valor da totalidade dos proventos do servidor falecido, até o limite máximo estabelecido para os benefícios do Regime Geral de Previdência Social de que trata o art. 201, acrescido de setenta por cento da parcela excedente a este limite, caso aposentado à data do óbito; ou

II - ao valor da totalidade da remuneração do servidor no cargo efetivo em que se deu o falecimento, até o limite máximo estabelecido para os benefícios do Regime Geral de Previdência Social de que trata o art. 201, acrescido de setenta por cento da parcela excedente a este limite, caso em atividade na data do óbito.

§8º É assegurado o reajustamento dos benefícios para preservar-lhes, em caráter permanente, o valor real, conforme critérios estabelecidos em lei.[793]

---

[793] BRASIL. [Constituição (1988)]. *Constituição da República Federativa do Brasil de 1988*. Brasília: Presidência da República, 1988. Disponível em: http://www.planalto.gov.br/ccivil_03/constituicao/constituicao.htm. Acesso em: 29 jan. 2020. Art. 40 e §7º com redação dada pela Emenda Constitucional nº 41/2003.

Lei nº 10.887, de 18 de junho de 2004

Art. 2º Aos dependentes dos servidores titulares de cargo efetivo e dos aposentados de qualquer dos Poderes da União, dos Estados, do Distrito Federal e dos Municípios, incluídas suas autarquias e fundações, falecidos a partir da data de publicação desta Lei, será concedido o benefício de pensão por morte, que será igual:

I - à totalidade dos proventos percebidos pelo aposentado na data anterior à do óbito, até o limite máximo estabelecido para os benefícios do Regime Geral de Previdência Social, acrescida de 70% (setenta por cento) da parcela excedente a este limite; ou

II - à totalidade da remuneração do servidor no cargo efetivo na data anterior à do óbito, até o limite máximo estabelecido para os benefícios do Regime Geral de Previdência Social, acrescida de 70% (setenta por cento) da parcela excedente a este limite, se o falecimento ocorrer quando o servidor ainda estiver em atividade.

Parágrafo único. Aplica-se ao valor das pensões o limite previsto no art. 40, §2º, da Constituição Federal.[794]

Exemplo

Pensão instituída por servidor falecido na atividade em 3.4.2019.

Calcular-se-á o valor inicial do benefício e serão indicados os critérios de reajuste a ele aplicáveis.

Dados

O valor da última remuneração recebida pelo servidor, em março de 2019, foi de R$8.000,00, assim discriminado:

Vencimento	R$7.000,00
Gratificação permanente	R$1.000,00
Total	R$8.000,00

Limite máximo estabelecido para os benefícios do RGPS em abril de 2019: R$5.839,45.

Cálculos

Cálculo do valor inicial do benefício:

Inicialmente foi calculado o valor dos proventos que excede o limite máximo estabelecido para os benefícios do RGPS: R$8.000,00 – R$5.839,45 = R$2.160,55.

Calculando os 70% da parcela excedente, encontramos: 70% × R$2.160,55 = R$1.512,39.

Valor inicial do benefício pensional: R$5.839,15 + R$1.512,39 = R$7.351,84.

Reajuste: de acordo com a Lei nº 10.887/2004.

794 BRASIL. *Lei nº 10.887, de 18 de junho de 2004*. Dispõe sobre a aplicação de disposições da Emenda Constitucional nº 41, de 19 de dezembro de 2003, altera dispositivos das Leis nºs 9.717, de 27 de novembro de 1998, 8.213, de 24 de julho de 1991, 9.532, de 10 de dezembro de 1997, e dá outras providências. Disponível em: http://www.planalto.gov.br/ccivil_03/_Ato2004-2006/2004/Lei/L10.887compilado.htm. Acesso em: 23 fev. 2020.

15.19 Pensão instituída por servidor que ao falecer estava aposentado nos termos do art. 3º da Emenda Constitucional nº 47/2005

Pensão calculada nos termos do art. 40, §7º, da Constituição Federal de 1988 (sem integralidade) e com critério de revisão previsto no art. 7º da Emenda Constitucional nº 41/2003, combinado com o parágrafo único do art. 3º da Emenda Constitucional nº 47/2005.

Legislação aplicável

Constituição Federal de 1988

Art. 40. Aos servidores titulares de cargos efetivos da União, dos Estados, do Distrito Federal e dos Municípios, incluídas suas autarquias e fundações, é assegurado regime de previdência de caráter contributivo e solidário, mediante contribuição do respectivo ente público, dos servidores ativos e inativos e dos pensionistas, observados critérios que preservem o equilíbrio financeiro e atuarial e o disposto neste artigo. [...]

§7º Lei disporá sobre a concessão do benefício de pensão por morte, que será igual:

I - ao valor da totalidade dos proventos do servidor falecido, até o limite máximo estabelecido para os benefícios do Regime Geral de Previdência Social de que trata o art. 201, acrescido de setenta por cento da parcela excedente a este limite, caso aposentado à data do óbito; ou

II - ao valor da totalidade da remuneração do servidor no cargo efetivo em que se deu o falecimento, até o limite máximo estabelecido para os benefícios do Regime Geral de Previdência Social de que trata o art. 201, acrescido de setenta por cento da parcela excedente a este limite, caso em atividade na data do óbito.[795]

Emenda Constitucional nº 47 de 5 de julho de 2005

Art. 3º Ressalvado o direito de opção à aposentadoria pelas normas estabelecidas pelo art. 40 da Constituição Federal ou pelas regras estabelecidas pelos arts. 2º e 6º da Emenda Constitucional nº 41, de 2003, o servidor da União, dos Estados, do Distrito Federal e dos Municípios, incluídas suas autarquias e fundações, que tenha ingressado no serviço público até 16 de dezembro de 1998 poderá aposentar-se com proventos integrais, desde que preencha, cumulativamente, as seguintes condições:

I - trinta e cinco anos de contribuição, se homem, e trinta anos de contribuição, se mulher;

II - vinte e cinco anos de efetivo exercício no serviço público, quinze anos de carreira e cinco anos no cargo em que se der a aposentadoria;

III - idade mínima resultante da redução, relativamente aos limites do art. 40, §1º, inciso III, alínea "a", da Constituição Federal, de um ano de idade para cada ano de contribuição que exceder a condição prevista no inciso I do caput deste artigo.

Parágrafo único. Aplica-se ao valor dos proventos de aposentadorias concedidas com base neste artigo o disposto no art. 7º da Emenda Constitucional nº 41, de 2003, observando-se igual critério de revisão às pensões derivadas dos proventos de servidores falecidos que tenham se aposentado em conformidade com este artigo.[796]

---

[795] BRASIL. [Constituição (1988)]. Emenda Constitucional nº 41, de 19 de dezembro de 2003. Modifica os arts. 37, 40, 42, 48, 96, 149 e 201 da Constituição Federal, revoga o inciso IX do §3º do art. 142 da Constituição Federal e dispositivos da Emenda Constitucional nº 20, de 15 de dezembro de 1998, e dá outras providências. *Diário Oficial da União [da] República Federativa do Brasil*, Brasília, 31 dez. 2003.

[796] BRASIL. [Constituição (1988)]. Emenda Constitucional nº 47, de 05 de julho de 2005. Altera os arts. 37, 40, 195 e 201 da Constituição Federal, para dispor sobre a previdência social, e dá outras providências. *Diário Oficial da União [da] República Federativa do Brasil*, Brasília, 6 jul. 2005.

EC nº 41 de 19 de dezembro de 2003

Art. 7º Observado o disposto no art. 37, XI, da Constituição Federal, os proventos de aposentadoria dos servidores públicos titulares de cargo efetivo e as pensões dos seus dependentes pagos pela União, Estados, Distrito Federal e Municípios, incluídas suas autarquias e fundações, em fruição na data de publicação desta Emenda, bem como os proventos de aposentadoria dos servidores e as pensões dos dependentes abrangidos pelo art. 3º desta Emenda, serão revistos na mesma proporção e na mesma data, sempre que se modificar a remuneração dos servidores em atividade, sendo também estendidos aos aposentados e pensionistas quaisquer benefícios ou vantagens posteriormente concedidos aos servidores em atividade, inclusive quando decorrentes da transformação ou reclassificação do cargo ou função em que se deu a aposentadoria ou que serviu de referência para a concessão da pensão, na forma da lei.[797]

Exemplo

Servidor público aposentado pelas regras do art. 3º da Emenda Constitucional nº 47/2005, falecido em 3.4.2019, deixando a viúva como beneficiária da pensão.

Calcular-se-á o valor inicial do benefício e serão indicados os critérios de reajuste a ele aplicáveis.

Dados

O valor dos últimos proventos de aposentadoria recebidos pelo servidor, em março de 2019, foi de R$8.000,00, assim discriminado:

Vencimento	R$7.000,00
Gratificação permanente	R$1.000,00
Total	R$8.000,00

Limite máximo estabelecido para os benefícios do RGPS em fevereiro de 2013: R$5.839,45.

Cálculos

Cálculo do valor inicial do benefício:

Cálculo do valor dos proventos que excede o limite máximo estabelecido para os benefícios do RGPS: R$8.000,00 – R$5.839,45 = R$2.160,55.

Calculando os 70% da parcela excedente, temos: 70% × R$2.160,55 = R$1.512,39.

Valor inicial do benefício pensional: R$5.839,45 + R$1.512,39 = R$7.351,84.

Reajuste: embora ao cálculo do valor inicial da pensão seja aplicado o redutor de que trata o art. 40, §7º, inc. I, da CF/1988, está assegurada a aplicação da regra da paridade aos seus reajustes, em conformidade com o art. 7º da EC nº 41/2003.

[797] BRASIL. [Constituição (1988)]. Emenda Constitucional nº 41, de 19 de dezembro de 2003. Modifica os arts. 37, 40, 42, 48, 96, 149 e 201 da Constituição Federal, revoga o inciso IX do §3º do art. 142 da Constituição Federal e dispositivos da Emenda Constitucional nº 20, de 15 de dezembro de 1998, e dá outras providências. *Diário Oficial da União [da] República Federativa do Brasil*, Brasília, 31 dez. 2003.

15.20 Aposentadoria especial de professor

Legislação aplicável

Constituição Federal de 1988

Art. 40. Aos servidores titulares de cargos efetivos da União, dos Estados, do Distrito Federal e dos Municípios, incluídas suas autarquias e fundações, é assegurado regime de previdência de caráter contributivo e solidário, mediante contribuição do respectivo ente público, dos servidores ativos e inativos e dos pensionistas, observados critérios que preservem o equilíbrio financeiro e atuarial e o disposto neste artigo.

§1º Os servidores abrangidos pelo regime de previdência de que trata este artigo serão aposentados, calculados os seus proventos a partir dos valores fixados na forma dos §§3º e 17: [...]

III - voluntariamente, desde que cumprido tempo mínimo de dez anos de efetivo exercício no serviço público e cinco anos no cargo efetivo em que se dará a aposentadoria, observadas as seguintes condições:

a) sessenta anos de idade e trinta e cinco de contribuição, se homem, e cinqüenta e cinco anos de idade e trinta de contribuição, se mulher; [...]

§5º Os requisitos de idade e de tempo de contribuição serão reduzidos em cinco anos, em relação ao disposto no §1º, III, "a", para o professor que comprove exclusivamente tempo de efetivo exercício das funções de magistério na educação infantil e no ensino fundamental e médio.[798]

Exemplo

Professora, nascida em 2.1.1969, exerceu o magistério no ensino médio na iniciativa privada de 13.1.1994 a 2.1.2008. Ingressou no serviço público em 3.1.2008, como professora do ensino médio. Aposentou-se em 5.1.2019.

Verificar-se-á se os requisitos para a aposentadoria especial de professora foram satisfeitos.

Calcularemos, também, o valor inicial dos proventos de aposentadoria e serão indicados os critérios de reajuste a eles aplicáveis.

Dados

O valor da última remuneração recebida pela servidora foi de R$10.000,00, assim discriminado:

Vencimento	R$9.000,00
Gratificação permanente	R$1.000,00
Total	R$10.000,00

[798] BRASIL. [Constituição (1988)]. *Constituição da República Federativa do Brasil de 1988*. Brasília: Presidência da República, 1988. Disponível em: http://www.planalto.gov.br/ccivil_03/constituicao/constituicao.htm. Acesso em: 29 jan. 2020. Art. 40 e §1º e incisos com redação dada pela Emenda Constitucional nº 41/2003; inc. III, alínea "a" e §5º com redação dada pela Emenda Constitucional nº 20, de 15.12.1998.

Média aritmética simples de suas maiores remunerações, calculada conforme o art. 1º da Lei nº 10.887/2004: R$7.000,00.

Cálculos

Tempo de efetivo exercício em função de magistério no ensino médio: 9.125 dias, que equivalem a 25 anos, assim discriminados:

– na iniciativa privada: 12.1.1994 a 2.1.2008 = 5.104 dias;
– no serviço público: 3.1.2008 a 5.1.2019 = 4.021 dias.

Idade em 5.1.2019, data da aposentadoria = 50 anos.

Tempo no serviço público: 4.021 dias, que equivalem a 11 anos e 6 dias. No caso, é também o tempo no cargo.

Assim, verificamos que todos os requisitos para a obtenção da aposentadoria especial de professora foram atendidos pela servidora.

Cálculo do valor inicial dos proventos:

O valor inicial dos proventos será R$7.000,00 (média aritmética calculada conforme art. 1º da Lei nº 10.887/2004), menor que R$10.000,00, valor da última remuneração da servidora no cargo efetivo em que se deu a aposentadoria.

Reajuste: de acordo com a Lei nº 10.887/2004.

15.21 Aposentadoria voluntária com base no direito adquirido no período de 16.12.1998 a 31.12.2003. Implemento das condições de elegibilidade até 31.12.2003. Proventos integrais

Legislação aplicável

Constituição Federal de 1988

Art. 40. Aos servidores titulares de cargos efetivos da União, dos Estados, do Distrito Federal e dos Municípios, incluídas suas autarquias e fundações, é assegurado regime de previdência de caráter contributivo, observados critérios que preservem o equilíbrio financeiro e atuarial e o disposto neste artigo. [...]

§1º Os servidores abrangidos pelo regime de previdência de que trata este artigo serão aposentados, calculados os seus proventos a partir dos valores fixados na forma do §3º: [...]

III - voluntariamente, desde que cumprido tempo mínimo de dez anos de efetivo exercício no serviço público e cinco anos no cargo efetivo em que se dará a aposentadoria, observadas as seguintes condições: [...]

a) sessenta anos de idade e trinta e cinco de contribuição, se homem, e cinqüenta e cinco anos de idade e trinta de contribuição, se mulher; [...]

§3º Os proventos de aposentadoria, por ocasião da sua concessão, serão calculados com base na remuneração do servidor no cargo efetivo em que se der a aposentadoria e, na forma da lei, corresponderão à totalidade da remuneração. [...]

§8º Observado o disposto no art. 37, XI, os proventos de aposentadoria e as pensões serão revistos na mesma proporção e na mesma data, sempre que se modificar a remuneração dos servidores em atividade, sendo também estendidos aos aposentados e aos pensionistas quaisquer benefícios ou vantagens posteriormente concedidos aos servidores em atividade, inclusive quando decorrentes da transformação ou reclassificação do cargo ou função em que se deu a aposentadoria ou que serviu de referência para a concessão da pensão, na forma da lei.[799]

Emenda Constitucional nº 41, de 19 de dezembro de 2003

Art. 3º É assegurada a concessão, a qualquer tempo, de aposentadoria aos servidores públicos, bem como pensão aos seus dependentes, que, até a data de publicação desta Emenda, tenham cumprido todos os requisitos para obtenção desses benefícios, com base nos critérios da legislação então vigente. [...]

§2º Os proventos da aposentadoria a ser concedida aos servidores públicos referidos no caput, em termos integrais ou proporcionais ao tempo de contribuição já exercido até a data de publicação desta Emenda, bem como as pensões de seus dependentes, serão calculados de acordo com a legislação em vigor à época em que foram atendidos os requisitos nela estabelecidos para a concessão desses benefícios ou nas condições da legislação vigente.[800]

Exemplo

Servidor nascido em 23.11.1942, ingressou no serviço público em 22.11.1967 no cargo de técnico de Administração Pública, que exerceu ininterruptamente até a data de sua aposentadoria, 23.2.2004.

Verificar-se á se o servidor, titular de cargo efetivo, preencheu, até 31.12.2003, todas as condições de elegibilidade estabelecidas pelo art. 40, §1º, inc. III, alínea "a", da CF/1988, com a redação da EC nº 20/1998.

Dados

Ingresso no serviço público: 22.11.1967.
Data de nascimento: 23.11.1942.
Data base da aposentadoria: 23.2.2004.

Cálculos

Tempo de contribuição até a EC nº 41/2003 (período de 22.11.1967 a 31.12.2003): 13.189 dias (36 anos, 1 mês e 19 dias). No caso, é também o tempo no serviço público e o tempo no cargo, ambos até a EC nº 41/2003.

Idade em 31.12.2003, EC nº 41/2003: 61 anos.

Verifica-se, assim, que o servidor preencheu, até 31.12.2003, as condições estabelecidas pelo art. 40, §1º, inc. III, "a" da CF, com redação da EC nº 20/1998.

Base de cálculo dos proventos: última remuneração.

Reajuste: paridade.

---

[799] BRASIL. [Constituição (1988)]. *Constituição da República Federativa do Brasil de 1988*. Brasília: Presidência da República, 1988. Disponível em: http://www.planalto.gov.br/ccivil_03/constituicao/constituicao.htm. Acesso em: 29 jan. 2020. Art. 40, *caput*, §§3º e 8º com redação dada pela Emenda Constitucional nº 20, de 15.12.1998.

[800] BRASIL. [Constituição (1988)]. Emenda Constitucional nº 41, de 19 de dezembro de 2003. Modifica os arts. 37, 40, 42, 48, 96, 149 e 201 da Constituição Federal, revoga o inciso IX do §3º do art. 142 da Constituição Federal e dispositivos da Emenda Constitucional nº 20, de 15 de dezembro de 1998, e dá outras providências. *Diário Oficial da União [da] República Federativa do Brasil*, Brasília, 31 dez. 2003.

15.22 Aposentadoria voluntária com base no direito adquirido no período de 16.12.1998 a 31.12.2003. Implemento das condições de elegibilidade até 31.12.2003. Proventos proporcionais

Legislação aplicável

Constituição Federal de 1988

Art. 40. Aos servidores titulares de cargos efetivos da União, dos Estados, do Distrito Federal e dos Municípios, incluídas suas autarquias e fundações, é assegurado regime de previdência de caráter contributivo, observados critérios que preservem o equilíbrio financeiro e atuarial e o disposto neste artigo.

§1º Os servidores abrangidos pelo regime de previdência de que trata este artigo serão aposentados, calculados os seus proventos a partir dos valores fixados na forma do §3º e 17: [...]

III - voluntariamente, desde que cumprido tempo mínimo de dez anos de efetivo exercício no serviço público e cinco anos no cargo efetivo em que se dará a aposentadoria, observadas as seguintes condições: [...]

b) sessenta e cinco anos de idade, se homem, e sessenta anos de idade, se mulher, com proventos proporcionais ao tempo de contribuição.[801]

Exemplo

Servidor nascido em 4.11.1937 ingressou no serviço público em 14.5.1992, no cargo de auxiliar de Administração Pública, que exerceu ininterruptamente até a data de sua aposentadoria, 23.2.2004. Antes de ingressar no serviço público, contribuiu para o RGPS no período de 2.3.1972 a 13.5.1992.

Verificar-se-á se o servidor, titular de cargo efetivo, preencheu, até 31.12.2003, todas as condições de elegibilidade estabelecidas pelo art. 40, §1º, inc. III, "b", da CF/1988, redação da EC nº 20/1998.

Por fim, calcular-se-á o valor inicial dos proventos de aposentadoria e para indicação dos critérios de reajuste a eles aplicáveis.

Dados

O valor da última remuneração do servidor na atividade foi de R$12.000,00, assim discriminado:

Vencimento	R$10.000,00
Gratificação permanente	R$2.000,00
Total	R$12.000,00

801 BRASIL. [Constituição (1988)]. *Constituição da República Federativa do Brasil de 1988*. Brasília: Presidência da República, 1988. Disponível em: http://www.planalto.gov.br/ccivil_03/constituicao/constituicao.htm. Acesso em: 29 jan. 2020. Art. 40, *caput* com redação da EC nº 41/2003 e inc. III, alínea "b", com redação da EC nº 20/1998.

Cálculos

Idade na data da aposentadoria: 66 anos.

Tempo no serviço público até a EC nº 41/2003: 4.249 dias (11 anos, 7 meses e 24 dias). No caso, é também o tempo no cargo até a EC nº 41/2003.

Verifica-se, assim, que o servidor preencheu, em 31.12.2003, as condições estabelecidas pelo art. 40, §1º, inc. III, "b" da CF, com redação da EC nº 20/1998.

Calcular-se-á, a seguir, o valor dos proventos:

Tempo de contribuição para o RGPS (período de 2.3.1972 a 13.5.1992): 7.378 dias (20 anos, 2 meses e 18 dias).

O tempo de contribuição até a data da aposentadoria foi de 11.681 dias (32 anos e 1 dia), composto das seguintes parcelas:

- GPS: 7.378 dias.
- Regime Próprio de Previdência Social: 4.303 dias, de 14.5.1992 a 23.2.2004.

Cálculo da proporcionalidade dos proventos:

Embora o tempo de contribuição do servidor até a data de sua aposentadoria, 23.2.2004, seja de 32 anos e 1 dia, a contagem do tempo de contribuição para fins de cálculo da proporcionalidade dos proventos encerra-se em 31.12.2003.

Tempo de contribuição até a EC nº 41/2003: 4.249 dias + 7.378 dias = 11.627 dias (31 anos, 10 meses e 12 dias).

Proporcionalidade: 31/35 – congelamento do tempo de contribuição em 31.12.2003.

Cálculo do valor inicial dos proventos de aposentadoria: 31/35 × R$12.000,00 = R$10.628,57.

Reajuste: paridade.

15.23 Aposentadoria com fundamento na Súmula nº 33 do Supremo Tribunal Federal

Exemplo

Servidora do Ministério da Saúde nascida em 6.4.1973, exercendo, desde 20.5.1993, a função de auxiliar de enfermagem, atuando em ambiente insalubre. Reclama que a inexistência de lei complementar, de acordo com o disposto no art. 40, §4º, da Constituição Federal, vem inviabilizando o exercício do direito à aposentadoria, após ter implementado o período condizente com o desgaste provocado pelo contato com agentes nocivos à saúde. Solicitou ao Supremo Tribunal Federal o suprimento de lacuna normativa, asseverando o direito à aposentadoria especial em virtude do trabalho por mais de 25 anos em atividade considerada insalubre, em observância ao Regime Geral de Previdência Social.

Legislação aplicável

Lei nº 8.213, de 24 de julho de 1991

Art. 57. A aposentadoria especial será devida, uma vez cumprida a carência exigida nesta Lei, ao segurado que tiver trabalhado sujeito a condições especiais que prejudiquem a

> saúde ou a integridade física, durante 15 (quinze), 20 (vinte) ou 25 (vinte e cinco) anos, conforme dispuser a lei.
>
> §1º A aposentadoria especial, observado o disposto no art. 33 desta Lei, consistirá numa renda mensal equivalente a 100% (cem por cento) do salário-de-benefício.[802]

Dados

Média aritmética (art. 1º da Lei nº 10.887/2004): R$8.500,00.

Solução

Contando a impetrante com 25 anos de serviços prestados, atendendo ao maior prazo previsto na Lei nº 8.213/1991, o Supremo Tribunal Federal julgou procedente o pedido formulado para de forma mandamental assentar o seu direito à aposentadoria especial de que trata a CF/1988:

> Art. 40. Aos servidores titulares de cargos efetivos da União, dos Estados, do Distrito Federal e dos Municípios, incluídas suas autarquias e fundações, é assegurado regime de previdência de caráter contributivo e solidário, mediante contribuição do respectivo ente público, dos servidores ativos e inativos e dos pensionistas, observados critérios que preservem o equilíbrio financeiro e atuarial e o disposto neste artigo. [...]
>
> §4º É vedada a adoção de requisitos e critérios diferenciados para a concessão de aposentadoria aos abrangidos pelo regime de que trata este artigo, ressalvados, nos termos definidos em leis complementares, os casos de servidores:
>
> I - portadores de deficiência;
>
> II - que exerçam atividades de risco;
>
> III - cujas atividades sejam exercidas sob condições especiais que prejudiquem a saúde ou a integridade física.[803]

A ementa do julgado é a seguinte:

> MANDADO DE INJUNÇÃO – NATUREZA. Conforme disposto no inciso LXXI do artigo 5º da Constituição Federal, conceder-se-á mandado de injunção quando necessário ao exercício dos direitos e liberdades constitucionais e das prerrogativas inerentes à nacionalidade, à soberania e à cidadania. Há ação mandamental e não simplesmente declaratória de omissão. A carga de declaração não é objeto da impetração, mas premissa da ordem a ser formalizada.
>
> MANDADO DE INJUNÇÃO – DECISÃO – BALIZAS. Tratando-se de processo subjetivo, a decisão possui eficácia considerada a relação jurídica nele revelada.
>
> APOSENTADORIA – TRABALHO EM CONDIÇÕES ESPECIAIS – PREJUÍZO À SAÚDE DO SERVIDOR – INEXISTÊNCIA DE LEI COMPLEMENTAR – ARTIGO 40, §4º, DA CONSTITUIÇÃO FEDERAL. Inexistente a disciplina específica da aposentadoria especial do

---

802 BRASIL. *Lei nº 8.213, de 24 de julho de 1991*. Dispõe sobre os Planos de Benefícios da Previdência Social e dá outras providências. Disponível em: http://www.planalto.gov.br/ccivil_03/LEIS/L8213cons.htm. Acesso em: 22 jan. 2020. Redação do art. 57, *caput* e §1º dada pela Lei nº 9.032, de 1995.

803 BRASIL. [Constituição (1988)]. *Constituição da República Federativa do Brasil de 1988*. Brasília: Presidência da República, 1988. Disponível em: http://www.planalto.gov.br/ccivil_03/constituicao/constituicao.htm. Acesso em: 29 jan. 2020. Redação do art. 40, *caput* dada pela Emenda Constitucional nº 41, 19.12.2003; §4º e incisos com redação dada pela EC nº 47, de 5.7.2005.

servidor, impõe-se a adoção, via pronunciamento judicial, daquela própria aos trabalhadores em geral – artigo 57, §1º, da Lei nº 8.213/91.[804]

Ato de aposentadoria publicado no *DOU*, em 3.7.2019.

Idade da servidora na data de sua aposentadoria (3.7.2019): 46 anos.

Tempo total de contribuição, de 20.5.1993 a 2.7.2019: 9.540 dias (26 anos, 1 mês e 20 dias).

No caso, como a aposentadoria decorreu de decisão judicial, não há necessidade de que a interessada satisfaça ao requisito da idade mínima.

Quanto à base de cálculo dos proventos de aposentadoria e aos critérios de reajuste a eles aplicáveis, cabe salientar que, ao cuidar da matéria relativa à vigência da Lei Complementar nº 51/1985 (que trata da aposentadoria especial de policiais) em face da promulgação de Emenda Constitucional nº 20/1998, que alterou a redação do art. 40, §4º, da Constituição Federal, o Tribunal de Contas da União, por meio do Acórdão nº 379/2009 – Plenário, firmou entendimento no sentido de que a LC nº 51/1985 foi recepcionada pela Constituição Federal de 1988, e pelas emendas constitucionais nºs 20/1998, 41/2003 e 47/2005, continuando, por conseguinte, válida e eficaz, enquanto não for ab-rogada, derrogada ou modificada por nova lei complementar. Tal entendimento, ressalte-se, aplica-se, exclusivamente, às aposentadorias especiais de policiais vinculados à União.

Saliente-se que o entendimento do TCU acerca da validade da LC nº 51/1985 não afastou a incidência do §3º do art. 40 da Constituição Federal, com a redação dada pela EC nº 41/2003, não mais se aplicando ao cálculo de proventos, por conseguinte, as regras da integralidade e da paridade.

No caso presente, de aposentadoria especial concedida após a entrada em vigor da EC nº 41/2003, segue-se o mesmo entendimento do Tribunal de Contas da União para o caso das aposentadorias especiais de policiais vinculados à União, aplicando-se ao cálculo dos proventos o prescrito no §3º da EC nº 41/2003.

Valor inicial dos proventos: R$8.500,00 (média aritmética, art. 1º da Lei nº 10.887/2004).

Reajuste: de acordo com a Lei nº 10.887/2004.

15.24 Pensão. Redutor de 30%. Emenda Constitucional nº 41/2003

Caso em que a remuneração ou os proventos do instituidor superam o limite remuneratório estabelecido no art. 37, inc. XI, da Constituição Federal.

Legislação aplicável

Constituição Federal de 1988

Art. 37. A Administração Pública direta e indireta de qualquer dos Poderes da União, dos Estados, do Distrito Federal e dos Municípios obedecerá aos princípios de legalidade, impessoalidade, moralidade, publicidade e eficiência e, também, ao seguinte: [...]

XI - a remuneração e o subsídio dos ocupantes de cargos, funções e empregos públicos da Administração direta, autárquica e fundacional, dos membros de qualquer dos Poderes da União, dos Estados, do Distrito Federal e dos Municípios, dos detentores de mandato eletivo

[804] BRASIL. Supremo Tribunal Federal. *Mandado de Injunção nº 721-DF*. Rel. Min. Marco Aurélio, 30.8.2007. Disponível em: https://jurisprudencia.stf.jus.br/pages/search/sjur90228/false. Acesso em: 3 jul. 2020.

e dos demais agentes políticos e os proventos, pensões ou outra espécie remuneratória, percebidos cumulativamente ou não, incluídas as vantagens pessoais ou de qualquer outra natureza, não poderão exceder o subsídio mensal, em espécie, dos Ministros do Supremo Tribunal Federal, aplicando-se como limite, nos Municípios, o subsídio do Prefeito, e nos Estados e no Distrito Federal, o subsídio mensal do Governador no âmbito do Poder Executivo, o subsídio dos Deputados Estaduais e Distritais no âmbito do Poder Legislativo e o subsídio dos Desembargadores do Tribunal de Justiça, limitado a noventa inteiros e vinte e cinco centésimos por cento do subsídio mensal, em espécie, dos Ministros do Supremo Tribunal Federal, no âmbito do Poder Judiciário, aplicável este limite aos membros do Ministério Público, aos Procuradores e aos Defensores Públicos; [...]

Art. 40. Aos servidores titulares de cargos efetivos da União, dos Estados, do Distrito Federal e dos Municípios, incluídas suas autarquias e fundações, é assegurado regime de previdência de caráter contributivo e solidário, mediante contribuição do respectivo ente público, dos servidores ativos e inativos e dos pensionistas, observados critérios que preservem o equilíbrio financeiro e atuarial e o disposto neste artigo. [...]

§7º Lei disporá sobre a concessão do benefício de pensão por morte, que será igual:

I - ao valor da totalidade dos proventos do servidor falecido, até o limite máximo estabelecido para os benefícios do Regime Geral de Previdência Social de que trata o art. 201, acrescido de setenta por cento da parcela excedente a este limite, caso aposentado à data do óbito; ou

II - ao valor da totalidade da remuneração do servidor no cargo efetivo em que se deu o falecimento, até o limite máximo estabelecido para os benefícios do Regime Geral de Previdência Social de que trata o art. 201, acrescido de setenta por cento da parcela excedente a este limite, caso em atividade na data do óbito.[805]

Lei nº 10.887, de 18 de junho de 2004

Art. 2º Aos dependentes dos servidores titulares de cargo efetivo e dos aposentados de qualquer dos Poderes da União, dos Estados, do Distrito Federal e dos Municípios, incluídas suas autarquias e fundações, falecidos a partir da data de publicação desta Lei, será concedido o benefício de pensão por morte, que será igual:

I - à totalidade dos proventos percebidos pelo aposentado na data anterior à do óbito, até o limite máximo estabelecido para os benefícios do Regime Geral de Previdência Social, acrescida de 70% (setenta por cento) da parcela excedente a este limite; ou

II - à totalidade da remuneração do servidor no cargo efetivo na data anterior à do óbito, até o limite máximo estabelecido para os benefícios do Regime Geral de Previdência Social, acrescida de 70% (setenta por cento) da parcela excedente a este limite, se o falecimento ocorrer quando o servidor ainda estiver em atividade.

Parágrafo único. Aplica-se ao valor das pensões o limite previsto no art. 40, §2º, da Constituição Federal.[806]

---

[805] BRASIL. [Constituição (1988)]. *Constituição da República Federativa do Brasil de 1988*. Brasília: Presidência da República, 1988. Disponível em: http://www.planalto.gov.br/ccivil_03/constituicao/constituicao.htm. Acesso em: 29 jan. 2020. Art. 37, *caput* com redação dada pela Emenda Constitucional nº 19, de 4.6.1998; redação do art. 37, inc. XI e art. 40, *caput*, §7º e incisos dada pela Emenda Constitucional nº 41, 19.12.2003.

[806] BRASIL. *Lei nº 10.887, de 18 de junho de 2004*. Dispõe sobre a aplicação de disposições da Emenda Constitucional nº 41, de 19 de dezembro de 2003, altera dispositivos das Leis nºs 9.717, de 27 de novembro de 1998, 8.213, de 24 de julho de 1991, 9.532, de 10 de dezembro de 1997, e dá outras providências. Disponível em: http://www.planalto.gov.br/ccivil_03/_Ato2004-2006/2004/Lei/L10.887compilado.htm. Acesso em: 23 fev. 2020.

Exemplo

Servidor aposentado, falecido em 5.3.2019.

Calcular-se-á o valor inicial do benefício pensional, para indicação dos critérios de reajuste a ele aplicáveis.

Dados

Valor do teto remuneratório em 5.3.2019 (art. 37, inc. XI, da Constituição Federal): R$39.293,32.

Em 5.3.2019, o limite máximo estabelecido para os benefícios do Regime Geral de Previdência Social era de R$5.839,45.

Valores constantes do último demonstrativo de proventos de aposentadoria do servidor:

Vencimento	R$30.000,00
Gratificação permanente	R$10.000,00
Quintos incorporados	R$15.000,00
Total	R$55.000,00

Cálculos

Cálculo do valor dos proventos que excede o limite máximo estabelecido para os benefícios do RGPS:

R$55.000,00 – R$5.839,45 = R$49.160,55.

Calculando os 70% da parcela excedente, encontramos: 70% × R$49.160,55 = R$34.412,39.

Em princípio, o valor inicial do benefício pensional seria: R$5.839,45 + R$34.412,39 = R$40.251,84.

Contudo, como esse valor supera o do teto remuneratório estabelecido no art. 37, inc. XI, da Constituição Federal, o valor inicial da pensão ficará limitado a R$39.293,32.

Reajuste: de acordo com a Lei nº 10.887/2004.

Comentários

Veja-se que a lei de regência determina que o valor da pensão corresponda à totalidade dos proventos ou da remuneração. Logo, se do valor total utilizado como base de cálculo da pensão se exclui o valor excedente ao teto, esse valor não será exatamente o total. Haveria uma contrariedade insuperável no próprio comando legal.

Ocorre que, em verdade, o limitador remuneratório deve ser verificado no momento da concessão da pensão e não como uma metodologia de cálculo.

Esse entendimento também é mantido pelo Tribunal de Contas da União, conforme se pode comprovar no seguinte excerto:

[...] 6. Todavia, a partir da prolação do Acórdão nº 2.212/2008 – TCU – Plenário, a orientação desta Corte passou a ser no sentido de que apenas a média das remunerações, calculada na forma da Lei nº 10.887/2004, está sujeita à proporcionalização, e de que o limite máximo do benefício corresponderá ao valor integral da última remuneração, uma vez que o art. 40, §2º, da Constituição Federal contempla expressamente esse parâmetro, sem distinguir entre as hipóteses de aposentadoria com proventos integrais ou proporcionais. É o que se extrai do Voto proferido pelo Relator, Ministro Benjamin Zymler, que ora transcrevo parcialmente: [...]

O §2º do art. 40 da Constituição Federal instituiu um limite para a percepção de proventos da inatividade, a ser verificado no momento da aposentadoria, e não uma metodologia de cálculo desses proventos. A estipulação desse limite decorre do princípio da solidariedade, insculpido no caput do art. 40. Desse princípio também resulta a instituição da contribuição previdenciária de inativos e pensionistas.

O princípio da solidariedade mitiga, mas não afasta, o caráter contributivo do RPPS, que opera tanto em favor como em desfavor do servidor.

A imposição de restrições que afastam o caráter contributivo – como a limitação do valor de proventos – somente pode decorrer de comando constitucional. Por conseguinte, a norma contida no §2º do art. 40 não deve ser interpretada de forma extensiva, sob pena de infirmar o princípio da contributividade.

Não é lícito, portanto, que Orientação Normativa do Ministério da Previdência, altere a forma de cálculo estabelecida em lei para ampliar a limitação do texto constitucional.

Proponho, pois, seja dado provimento ao recurso da servidora. E, considerando que o limite determinado pela Constituição Federal para o cálculo dos proventos deve ser verificado no momento da inativação, os efeitos da deliberação a ser proferida devem retroagir àquela data, mormente porque não ocorreu a prescrição de nenhuma parcela.

7. Por conseguinte, no subitem 9.2 da referida deliberação, determinou-se à Secretaria-Geral de Administração deste Tribunal "que, na aplicação do §2º do art. 40 da Constituição Federal, observe o limite ali estabelecido, a saber, o valor da remuneração do cargo efetivo em que se der a inativação, independentemente de ser a aposentadoria deferida com proventos integrais ou proporcionais ao tempo de contribuição".[807]

15.25 Aposentadoria. Inclusão da gratificação natalina no cálculo dos proventos conforme a sistemática estabelecida no art. 1º da Lei nº 10.887/2004

Legislação aplicável

Lei nº 10.887, de 18 de junho de 2004

Art. 1º No cálculo dos proventos de aposentadoria dos servidores titulares de cargo efetivo de qualquer dos Poderes da União, dos Estados, do Distrito Federal e dos Municípios, incluídas suas autarquias e fundações, previsto no §3º do art. 40 da Constituição Federal e no art. 2º da Emenda Constitucional nº 41, de 19 de dezembro de 2003, será considerada a média aritmética simples das maiores remunerações, utilizadas como base para as contribuições do servidor aos regimes de previdência a que esteve vinculado, correspondentes a 80%

[807] BRASIL. Tribunal de Contas da União. *Processo TC nº 015.757/2008-3*. Acórdão nº 571/2009. Rel. Marcos Bemquerer, 17.2.2009. Disponível em: https://pesquisa.apps.tcu.gov.br/#/redireciona/acordao-completo/%22ACORDAO-COMPLETO-2137838%22. Acesso em: 3 jul. 2020.

(oitenta por cento) de todo o período contributivo desde a competência julho de 1994 ou desde a do início da contribuição, se posterior àquela competência.[808]

Exemplo

Aposentadoria compulsória de servidor que passou a exercer cargo público no mês em que completou 67 anos de idade, com remuneração de R$20.000,00.

Antes de ingressar no serviço público, esteve, durante os vinte anos anteriores, vinculado ao Regime Geral de Previdência Social. Em seu caso particular, as remunerações relativas a esse período, consideradas no cálculo dos proventos de aposentadoria, serão iguais a R$5.839,45, limite máximo do salário de contribuição, já atualizado na forma do art. 1º, §1º, da Lei nº 10.887/2004.

Dados

Total de remunerações relativas ao tempo em que esteve vinculado ao Regime Geral de Previdência Social: 240.

Remuneração: R$5.839,45

Total de remunerações relativas ao tempo de serviço público: 39 (36 remunerações mensais + 3 remunerações referentes às gratificações natalinas, calculadas até o servidor completar 70 anos de idade, em 17.8.2019).

Remuneração: R$20.000,00

Cálculo da média

240 + 39 = 279 (80% × 279 = 223).

Assim, serão consideradas no cálculo as 39 remunerações do cargo público e 184 remunerações relativas ao Regime Geral de Previdência Social.

Média = (184 × R$5.839,45 + 39 × R$20.000,00) / 223 = R$8.315,9640.

Comentários

No Regime Geral de Previdência Social, diferentemente do Regime de Previdência dos Servidores Públicos, não há previsão legal para o cômputo do décimo terceiro salário na média.[809]

---

[808] BRASIL. *Lei nº 10.887, de 18 de junho de 2004*. Dispõe sobre a aplicação de disposições da Emenda Constitucional nº 41, de 19 de dezembro de 2003, altera dispositivos das Leis nºs 9.717, de 27 de novembro de 1998, 8.213, de 24 de julho de 1991, 9.532, de 10 de dezembro de 1997, e dá outras providências. Disponível em: http://www.planalto.gov.br/ccivil_03/_Ato2004-2006/2004/Lei/L10.887compilado.htm. Acesso em: 23 fev. 2020.

[809] BRASIL. *Lei nº 8.212, de 24 de julho de 1991*. Dispõe sobre a organização da Seguridade Social, institui Plano de Custeio, e dá outras providências. Disponível em: http://www.planalto.gov.br/ccivil_03/LEIS/L8212cons.htm. Acesso em: 22 jan. 2020: "Art. 28. [...] §7º O décimo-terceiro salário (gratificação natalina) integra o salário de contribuição, exceto para o cálculo de benefício, na forma estabelecida em regulamento".

SEGUNDA PARTE

CÁLCULOS REFERENTES À EMENDA CONSTITUCIONAL Nº 103/2019

15.26 Aposentadoria com direito adquirido

Legislação aplicável

> *Emenda Constitucional nº 103, de 12 de novembro de 2019*
>
> Art. 3º A concessão de aposentadoria ao servidor público federal vinculado a regime próprio de previdência social e ao segurado do Regime Geral de Previdência Social e de pensão por morte aos respectivos dependentes será assegurada, a qualquer tempo, desde que tenham sido cumpridos os requisitos para obtenção desses benefícios até a data de entrada em vigor desta Emenda Constitucional, observados os critérios da legislação vigente na data em que foram atendidos os requisitos para a concessão da aposentadoria ou da pensão por morte.[810]

Exemplo

Servidora pública tomou posse em cargo público em 2000. O ato de concessão da aposentadoria foi publicado em 2020, quando tinha 56 anos de idade.

O tempo de efetivo exercício no cargo até a data da entrada em vigor da EC nº 103/2019, 13.11.2019, é de 19 anos. No caso, este também é o tempo na carreira.

A servidora conta com 11 anos averbados, oriundos da Administração direta federal.

O tempo de efetivo exercício no serviço público é a soma do tempo de efetivo exercício no cargo em que se deu a aposentadoria com o tempo prestado à Administração Pública federal, 30 anos. Esse é também o tempo total de contribuição.

O valor da última remuneração da servidora na atividade foi de R$20.000,00.

Verificar-se-á se até a data de entrada em vigor da EC nº 103/2019, 13.11.2019, a servidora havia adquirido direito à aposentadoria, com base no art. 6º da EC nº 41/2003.

Os requisitos de EC nº 41/2003 são os seguintes:

> Art. 6º [...]
>
> I - sessenta anos de idade, se homem, e cinquenta e cinco anos de idade, se mulher;
>
> II - trinta e cinco anos de contribuição, se homem, e trinta anos de contribuição, se mulher;
>
> III - vinte anos de efetivo exercício no serviço público; e
>
> IV - dez anos de carreira e cinco anos de efetivo exercício no cargo em que se der a aposentadoria.

Assim, à data da entrada em vigor da EC nº 103/2019 a servidora havia adquirido direito à aposentadoria nos moldes do art. 6º da EC nº 41/2003.

---

810 BRASIL. [Constituição (1988)]. *Emenda Constitucional nº 103, de 12 de novembro de 2019*. Altera o sistema de previdência social e estabelece regras de transição e disposições transitórias. Disponível em: http://www.planalto.gov.br/ccivil_03/Constituicao/Emendas/Emc/emc103.htm#art1. Acesso em: 23 fev. 2020.

Com isso, o valor inicial dos seus proventos será o valor de sua última remuneração na atividade, R$20.000,00.

Reajuste: com paridade com o serviço ativo.

15.27 Aposentadoria – Regra de transição do art. 4º, para servidor que ingressou no serviço público antes de 31.12.2003

Legislação aplicável

Emenda Constitucional nº 103, de 12 de novembro de 2019

Art. 4º O servidor público federal que tenha ingressado no serviço público em cargo efetivo até a data de entrada em vigor desta Emenda Constitucional poderá aposentar-se voluntariamente quando preencher, cumulativamente, os seguintes requisitos:

I - 56 (cinquenta e seis) anos de idade, se mulher, e 61 (sessenta e um) anos de idade, se homem, observado o disposto no §1º;

II - 30 (trinta) anos de contribuição, se mulher, e 35 (trinta e cinco) anos de contribuição, se homem;

III - 20 (vinte) anos de efetivo exercício no serviço público;

IV - 5 (cinco) anos no cargo efetivo em que se der a aposentadoria; e

V - somatório da idade e do tempo de contribuição, incluídas as frações, equivalente a 86 (oitenta e seis) pontos, se mulher, e 96 (noventa e seis) pontos, se homem, observado o disposto nos §§2º e 3º.

§1º A partir de 1º de janeiro de 2022, a idade mínima a que se refere o inciso I do caput será de 57 (cinquenta e sete) anos de idade, se mulher, e 62 (sessenta e dois) anos de idade, se homem.

§2º A partir de 1º de janeiro de 2020, a pontuação a que se refere o inciso V do caput será acrescida a cada ano de 1 (um) ponto, até atingir o limite de 100 (cem) pontos, se mulher, e de 105 (cento e cinco) pontos, se homem.

§3º A idade e o tempo de contribuição serão apurados em dias para o cálculo do somatório de pontos a que se referem o inciso V do caput e o §2º.[811]

[...]

§6º Os proventos das aposentadorias concedidas nos termos do disposto neste artigo corresponderão:

I - à totalidade da remuneração do servidor público no cargo efetivo em que se der a aposentadoria, observado o disposto no §8º, para o servidor público que tenha ingressado no serviço público em cargo efetivo até 31 de dezembro de 2003 e que não tenha feito a opção de que trata o §16 do art. 40 da Constituição Federal, desde que tenha, no mínimo, 62 (sessenta e dois) anos de idade, se mulher, e 65 (sessenta e cinco) anos de idade, se homem, ou, para os titulares do cargo de professor de que trata o §4º, 57 (cinquenta e sete) anos de idade, se mulher, e 60 (sessenta) anos de idade, se homem.[812]

---

[811] BRASIL. [Constituição (1988)]. *Emenda Constitucional nº 103, de 12 de novembro de 2019*. Altera o sistema de previdência social e estabelece regras de transição e disposições transitórias. Disponível em: http://www.planalto.gov.br/ccivil_03/Constituicao/Emendas/Emc/emc103.htm#art1. Acesso em: 23 fev. 2020.

[812] BRASIL. [Constituição (1988)]. *Emenda Constitucional nº 103, de 12 de novembro de 2019*. Altera o sistema de previdência social e estabelece regras de transição e disposições transitórias. Disponível em: http://www.planalto.gov.br/ccivil_03/Constituicao/Emendas/Emc/emc103.htm#art1. Acesso em: 23 fev. 2020.

Exemplo

Servidor público ingressou em cargo efetivo antes de 31.12.2003. Permaneceu nessa condição sem interrupção e não optou pelo regime de previdência complementar. Em 2020, tendo completado 65 anos de idade e contando com 36 anos de contribuição, sendo 25 no mesmo cargo efetivo, requereu sua aposentadoria com base na regra de transição do art. 4º da EC nº 103/2019.

O valor de sua remuneração é de R$10.000,00.

No caso, o servidor poderá aposentar-se voluntariamente, pois já preenche, cumulativamente, os requisitos do art. 4º, incs. I, II, III, IV e V, da EC nº 103/2019, que são os seguintes:

I – 61 anos de idade;

II – 35 anos de contribuição;

III – 20 anos de efetivo exercício no serviço público;

IV – 5 anos no cargo; e

V – somatório da idade e do tempo de contribuição, incluídas as frações, equivalente a 96 pontos.

Como o servidor tem 65 anos de idade e ingressou no serviço público em cargo efetivo antes de 31.12.2003, o valor inicial dos proventos corresponderá à totalidade de sua remuneração, de acordo com o art. 4º, §6º, inc. I, da EC nº 103/2019.

Reajuste: com paridade com o serviço ativo.

15.28 Aposentadoria – Regra de transição do art. 4º, para servidor que ingressou no serviço público após 31.12.2003 e antes da EC nº 103/2019

Legislação aplicável

Emenda Constitucional nº 103, de 12 de novembro de 2019

Art. 4º O servidor público federal que tenha ingressado no serviço público em cargo efetivo até a data de entrada em vigor desta Emenda Constitucional poderá aposentar-se voluntariamente quando preencher, cumulativamente, os seguintes requisitos:

I - 56 (cinquenta e seis) anos de idade, se mulher, e 61 (sessenta e um) anos de idade, se homem, observado o disposto no §1º;

II - 30 (trinta) anos de contribuição, se mulher, e 35 (trinta e cinco) anos de contribuição, se homem;

III - 20 (vinte) anos de efetivo exercício no serviço público;

IV - 5 (cinco) anos no cargo efetivo em que se der a aposentadoria; e

V - somatório da idade e do tempo de contribuição, incluídas as frações, equivalente a 86 (oitenta e seis) pontos, se mulher, e 96 (noventa e seis) pontos, se homem, observado o disposto nos §§2º e 3º.

§1º A partir de 1º de janeiro de 2022, a idade mínima a que se refere o inciso I do caput será de 57 (cinquenta e sete) anos de idade, se mulher, e 62 (sessenta e dois) anos de idade, se homem.

§2º A partir de 1º de janeiro de 2020, a pontuação a que se refere o inciso V do caput será acrescida a cada ano de 1 (um) ponto, até atingir o limite de 100 (cem) pontos, se mulher, e de 105 (cento e cinco) pontos, se homem.

§3º A idade e o tempo de contribuição serão apurados em dias para o cálculo do somatório de pontos a que se referem o inciso V do caput e o §2º.

Cálculo

Art. 4º [...]

§6º Os proventos das aposentadorias concedidas nos termos do disposto neste artigo corresponderão: [...]

II - ao valor apurado na forma da lei, para o servidor público não contemplado no inciso I. [...]

Art. 26. Até que lei discipline o cálculo dos benefícios do regime próprio de previdência social da União e do Regime Geral de Previdência Social, será utilizada a média aritmética simples dos salários de contribuição e das remunerações adotados como base para contribuições a regime próprio de previdência social e ao Regime Geral de Previdência Social, ou como base para contribuições decorrentes das atividades militares de que tratam os arts. 42 e 142 da Constituição Federal, atualizados monetariamente, correspondentes a 100% (cem por cento) do período contributivo desde a competência julho de 1994 ou desde o início da contribuição, se posterior àquela competência.

§1º A média a que se refere o caput será limitada ao valor máximo do salário de contribuição do Regime Geral de Previdência Social para os segurados desse regime e para o servidor que ingressou no serviço público em cargo efetivo após a implantação do regime de previdência complementar ou que tenha exercido a opção correspondente, nos termos do disposto nos §§14 a 16 do art. 40 da Constituição Federal.

§2º O valor do benefício de aposentadoria corresponderá a 60% (sessenta por cento) da média aritmética definida na forma prevista no caput e no §1º, com acréscimo de 2 (dois) pontos percentuais para cada ano de contribuição que exceder o tempo de 20 (vinte) anos de contribuição nos casos:

I - do inciso II do §6º do art. 4º, do §4º do art. 15, do §3º do art. 16 e do §2º do art. 18.[813]

Exemplo

Servidor público ingressou em cargo efetivo após 31.12.2003 e antes da entrada em vigor da EC nº 103/2019. Em 2020, tendo completado 61 anos de idade e contando com 36 anos de contribuição e 21 anos de efetivo exercício no serviço público, sendo 15 anos no cargo efetivo e 6 anos em empresa pública, requereu sua aposentadoria com base na regra de transição do art. 4º da EC nº 103/2019.

O valor de sua remuneração é de R$10.000,00.

No caso, o servidor poderá aposentar-se voluntariamente, pois já preenche, cumulativamente, os requisitos do art. 4º, incs. I, II, II, IV e V, da EC nº 103/2019, que são os seguintes:

I – 61 anos de idade;

II – 35 anos de contribuição;

III – 20 anos de efetivo exercício no serviço público;

IV – 5 anos no cargo; e

[813] BRASIL. [Constituição (1988)]. *Emenda Constitucional nº 103, de 12 de novembro de 2019*. Altera o sistema de previdência social e estabelece regras de transição e disposições transitórias. Disponível em: http://www.planalto.gov.br/ccivil_03/Constituicao/Emendas/Emc/emc103.htm#art1. Acesso em: 23 fev. 2020.

V – somatório da idade e do tempo de contribuição, incluídas as frações, equivalente a 96 pontos.

Calcular-se-á o valor inicial dos proventos, de acordo com os arts. 4º, §6º, inc. II, e 26, §§1º e 2º, inc. I, da EC nº 103/2019.

O valor do benefício inicial de aposentadoria será de 60% do valor da média a que se refere o *caput* do art. 26 da EC nº 103/2019, com acréscimo de 2 pontos percentuais para cada ano de contribuição que exceder o tempo de 20 anos de contribuição, no caso 16 anos.

Considerando que o valor da média é de R$7.000,00, os proventos do servidor terão o seguinte valor:

(60% + 2% × 16) × R$7.000,00 = 92% × R$7.000,00 = R$6.440,00.

Reajuste: sem paridade com o serviço ativo, nos termos do estabelecido para o RGPS.

15.29 Aposentadoria de professor – Regra de transição do art. 4º, para servidor que ingressou no serviço público antes de 31.12.2003

Legislação aplicável

Emenda Constitucional nº 103, de 12 de novembro de 2019

Art. 4º [...]

§4º Para o titular do cargo de professor que comprovar exclusivamente tempo de efetivo exercício das funções de magistério na educação infantil e no ensino fundamental e médio, os requisitos de idade e de tempo de contribuição de que tratam os incisos I e II do caput serão:

I - 51 (cinquenta e um) anos de idade, se mulher, e 56 (cinquenta e seis) anos de idade, se homem;

II - 25 (vinte e cinco) anos de contribuição, se mulher, e 30 (trinta) anos de contribuição, se homem; e

III - 52 (cinquenta e dois) anos de idade, se mulher, e 57 (cinquenta e sete) anos de idade, se homem, a partir de 1º de janeiro de 2022. §5º O somatório da idade e do tempo de contribuição de que trata o inciso V do caput para as pessoas a que se refere o §4º, incluídas as frações, será de 81 (oitenta e um) pontos, se mulher, e 91 (noventa e um) pontos, se homem, aos quais serão acrescidos, a partir de 1º de janeiro de 2020, 1 (um) ponto a cada ano, até atingir o limite de 92 (noventa e dois) pontos, se mulher, e de 100 (cem) pontos, se homem.[814]

Cálculo

Art. 4º [...]

§6º [...] Os proventos das aposentadorias concedidas nos termos do disposto neste artigo corresponderão:

I - à totalidade da remuneração do servidor público no cargo efetivo em que se der a aposentadoria, observado o disposto no §8º, para o servidor público que tenha ingressado no serviço público em cargo efetivo até 31 de dezembro de 2003 e que não tenha feito a opção de que trata o §16 do art. 40 da Constituição Federal, desde que tenha, no mínimo, 62

814 BRASIL. [Constituição (1988)]. *Emenda Constitucional nº 103, de 12 de novembro de 2019*. Altera o sistema de previdência social e estabelece regras de transição e disposições transitórias. Disponível em: http://www.planalto.gov.br/ccivil_03/Constituicao/Emendas/Emc/emc103.htm#art1. Acesso em: 23 fev. 2020.

(sessenta e dois) anos de idade, se mulher, e 65 (sessenta e cinco) anos de idade, se homem, ou, para os titulares do cargo de professor de que trata o §4º, 57 (cinquenta e sete) anos de idade, se mulher, e 60 (sessenta) anos de idade, se homem.

Exemplo

Servidora pública ingressou em cargo efetivo de professora do ensino médio antes de 31.12.2003. Permaneceu nessa condição, sem interrupção e não optou pelo regime de previdência complementar. Em 2020, tendo completado 57 anos de idade e contando com 25 anos de contribuição no mesmo cargo efetivo, requereu sua aposentadoria com base na regra de transição do art. 4º da EC nº 103/2019.

No caso, a servidora já poderá aposentar-se voluntariamente, pois preenche, cumulativamente, os requisitos de idade e tempo de contribuição previstos no art. 4º, §§4º e 5º, que são os seguintes:

I – 51 anos de idade;

II – 25 anos de contribuição;

III – 20 anos de efetivo exercício no serviço público;

IV – 5 anos no cargo; e

V – somatório da idade e do tempo de contribuição, incluídas as frações, equivalente a 82 pontos.

Como a servidora tem 57 anos de idade e ingressou no serviço público em cargo efetivo de professor antes de 31.12.2003, o valor inicial dos proventos corresponderá à totalidade de sua remuneração, de acordo com o art. 4º, §6º, inc. I, da EC nº 103/2019.

Nesse exemplo, para o cálculo do valor dos proventos considerar-se-á que, no decorrer dos 25 anos de exercício do cargo de professor, ocorreram variações na carga horária da servidora.

Durante os 20 primeiros anos de serviço, a jornada de trabalho da docente era de 20 horas semanais. O valor da média aritmética de suas remunerações nesse período corresponde a R$5.000,00.

Nos 5 anos anteriores a sua aposentadoria, a servidora passou a cumprir jornada de trabalho de 40 horas semanais, e a média aritmética das remunerações desse período tem o valor de R$10.000,00.

Assim, de acordo com o art. 4º, §8º, inc. I, da EC nº 103/2019, o cálculo do valor dos proventos é feito do seguinte modo: (20 / 25) × R$5.000,00 + (5 / 25) × R$10.000,00 = R$4.000,00 + R$2.000,00 = R$6.000,00

Reajuste: com paridade com o serviço ativo.

15.30 Aposentadoria de professor – Regra de transição do art. 4º, para servidor que ingressou no serviço público após 31.12.2003 e antes da EC nº 103/2019

Legislação aplicável

Emenda Constitucional nº 103, de 12 de novembro de 2019

Art. 4º [...]

§4º Para o titular do cargo de professor que comprovar exclusivamente tempo de efetivo exercício das funções de magistério na educação infantil e no ensino fundamental e médio, os requisitos de idade e de tempo de contribuição de que tratam os incisos I e II do caput serão:

I - 51 (cinquenta e um) anos de idade, se mulher, e 56 (cinquenta e seis) anos de idade, se homem;

II - 25 (vinte e cinco) anos de contribuição, se mulher, e 30 (trinta) anos de contribuição, se homem; e

III - 52 (cinquenta e dois) anos de idade, se mulher, e 57 (cinquenta e sete) anos de idade, se homem, a partir de 1º de janeiro de 2022.

§5º O somatório da idade e do tempo de contribuição de que trata o inciso V do caput para as pessoas a que se refere o §4º, incluídas as frações, será de 81 (oitenta e um) pontos, se mulher, e 91 (noventa e um) pontos, se homem, aos quais serão acrescidos, a partir de 1º de janeiro de 2020, 1 (um) ponto a cada ano, até atingir o limite de 92 (noventa e dois) pontos, se mulher, e de 100 (cem) pontos, se homem.

Cálculo

Art. 4º [...]

§6º Os proventos das aposentadorias concedidas nos termos do disposto neste artigo corresponderão: [...]

II - ao valor apurado na forma da lei, para o servidor público não contemplado no inciso I. [...]

Art. 26. Até que lei discipline o cálculo dos benefícios do regime próprio de previdência social da União e do Regime Geral de Previdência Social, será utilizada a média aritmética simples dos salários de contribuição e das remunerações adotados como base para contribuições a regime próprio de previdência social e ao Regime Geral de Previdência Social, ou como base para contribuições decorrentes das atividades militares de que tratam os arts. 42 e 142 da Constituição Federal, atualizados monetariamente, correspondentes a 100% (cem por cento) do período contributivo desde a competência julho de 1994 ou desde o início da contribuição, se posterior àquela competência.

§1º A média a que se refere o caput será limitada ao valor máximo do salário de contribuição do Regime Geral de Previdência Social para os segurados desse regime e para o servidor que ingressou no serviço público em cargo efetivo após a implantação do regime de previdência complementar ou que tenha exercido a opção correspondente, nos termos do disposto nos §§14 a 16 do art. 40 da Constituição Federal.

§2º O valor do benefício de aposentadoria corresponderá a 60% (sessenta por cento) da média aritmética definida na forma prevista no caput e no §1º, com acréscimo de 2 (dois) pontos percentuais para cada ano de contribuição que exceder o tempo de 20 (vinte) anos de contribuição nos casos:

I - do inciso II do §6º do art. 4º, do §4º do art. 15, do §3º do art. 16 e do §2º do art. 18.[815]

Exemplo

Servidor público ingressou em cargo efetivo de professor após 31.12.2003 e antes da entrada em vigor da EC nº 103/2019. Em 2020, tendo completado 56 anos de idade

[815] BRASIL. [Constituição (1988)]. *Emenda Constitucional nº 103, de 12 de novembro de 2019*. Altera o sistema de previdência social e estabelece regras de transição e disposições transitórias. Disponível em: http://www.planalto.gov.br/ccivil_03/Constituicao/Emendas/Emc/emc103.htm#art1. Acesso em: 23 fev. 2020.

e contando com 36 anos de contribuição, 31 dos quais no efetivo exercício das funções de magistério no ensino médio, 20 anos de efetivo exercício no serviço público, sendo 15 anos no cargo efetivo de professor e 5 anos em empresa pública, requereu sua aposentadoria com base na regra de transição do art. 4º da EC nº 103/2019.

O valor de sua remuneração é de R$10.000,00.

No caso, o servidor poderá aposentar-se voluntariamente pois já preenche, cumulativamente, os requisitos de idade e tempo de contribuição do art. 4º, §§4º e 5º, que são os seguintes:

I – 56 anos de idade;

II – 30 anos de contribuição;

III – 20 anos de efetivo exercício no serviço público;

IV – 5 anos no cargo; e

V – somatório da idade e do tempo de contribuição, incluídas as frações, equivalente a 92 pontos.

Calcular-se-á o valor inicial dos proventos, de acordo com os arts. 4º, §6º, inc. II, e 26, §§1º e 2º, inc. I, da EC nº 103/2019.

O valor do benefício inicial de aposentadoria será 60% do valor da média a que se refere o *caput* do art. 26 da EC nº 103/2019, com acréscimo de 2 pontos percentuais para cada ano de contribuição que exceder o tempo de 20 anos de contribuição, no caso 16 anos.

Considerando que o valor da média é de R$7.000,00, os proventos do servidor terão o seguinte valor: (60% + 2% × 16) × R$7.000,00 = 92% × R$7.000,00 = R$6.440,00.

Reajuste: sem paridade com o serviço ativo, nos termos do estabelecido para o RGPS.

15.31 Aposentadoria do policial e equiparados – Regra geral de transição

Legislação aplicável

Emenda Constitucional nº 103, de 12 de novembro de 2019

Art. 5º O policial civil do órgão a que se refere o inciso XIV do caput do art. 21 da Constituição Federal, o policial dos órgãos a que se referem o inciso IV do caput do art. 51, o inciso XIII do caput do art. 52 e os incisos I a III do caput do art. 144 da Constituição Federal e o ocupante de cargo de agente federal penitenciário ou socioeducativo que tenham ingressado na respectiva carreira até a data de entrada em vigor desta Emenda Constitucional poderão aposentar-se, na forma da Lei Complementar nº 51, de 20 de dezembro de 1985, observada a idade mínima de 55 (cinquenta e cinco) anos para ambos os sexos ou o disposto no §3º.

§1º Serão considerados tempo de exercício em cargo de natureza estritamente policial, para os fins do inciso II do art. 1º da Lei Complementar nº 51, de 20 de dezembro de 1985, o tempo de atividade militar nas Forças Armadas, nas polícias militares e nos corpos de bombeiros militares e o tempo de atividade como agente penitenciário ou socioeducativo. Cálculo: LC 51/85.[816]

[816] BRASIL. [Constituição (1988)]. *Emenda Constitucional nº 103, de 12 de novembro de 2019*. Altera o sistema de previdência social e estabelece regras de transição e disposições transitórias. Disponível em: http://www.planalto.gov.br/ccivil_03/Constituicao/Emendas/Emc/emc103.htm#art1. Acesso em: 23 fev. 2020.

Exemplo

Servidora ingressou na carreira policial, no cargo de agente de polícia, em dezembro 2002, tendo averbado 10 anos de contribuição ao RGPS. Em dezembro de 2019, ao completar 55 anos de idade e 17 anos de exercício em cargo de natureza estritamente policial, requereu aposentadoria voluntária na forma dos arts. 5º, *caput*, da Emenda Constitucional nº 103/2019, e art. 1º, inc. II, alínea "b", da Lei Complementar nº 51/1985.

A sua remuneração é de R$18.000,00.

Verifica-se, inicialmente, que a servidora, com 55 anos de idade, 27 anos de contribuição e 17 anos de exercício em cargo de natureza estritamente policial, preenche os requisitos do art. 1º, inc. II, alínea "b", da Lei Complementar nº 51/1985, fazendo jus, pois, à aposentadoria que requereu.

No caso, de acordo com o art. 20, §2º, inc. I, e §3º, inc. I, da Emenda Constitucional nº 103/2019, os seus proventos iniciais serão integrais, equivalentes à sua última remuneração, R$18.000,00.

Reajuste: com paridade com o serviço ativo.

15.32 Aposentadoria do policial – Regra de transição específica

Legislação aplicável

Emenda Constitucional nº 103, de 12 de novembro de 2019

Art. 5º O policial civil do órgão a que se refere o inciso XIV do caput do art. 21 da Constituição Federal, o policial dos órgãos a que se referem o inciso IV do caput do art. 51, o inciso XIII do caput do art. 52 e os incisos I a III do caput do art. 144 da Constituição Federal e o ocupante de cargo de agente federal penitenciário ou socioeducativo que tenham ingressado na respectiva carreira até a data de entrada em vigor desta Emenda Constitucional poderão aposentar-se, na forma da Lei Complementar nº 51, de 20 de dezembro de 1985, observada a idade mínima de 55 (cinquenta e cinco) anos para ambos os sexos ou o disposto no §3º. [...]

§3º Os servidores de que trata o caput poderão aposentar-se aos 52 (cinquenta e dois) anos de idade, se mulher, e aos 53 (cinquenta e três) anos de idade, se homem, desde que cumprido período adicional de contribuição correspondente ao tempo que, na data de entrada em vigor desta Emenda Constitucional, faltaria para atingir o tempo de contribuição previsto na Lei Complementar nº 51, de 20 de dezembro de 1985.[817]

Exemplo

Servidora ingressou na carreira policial, no cargo de agente de polícia, em 2004, tendo averbado 9 anos de contribuição ao RGPS. Em 13.11.2019, data da entrada em vigor da Emenda Constitucional nº 103/2019, contava com exatos 24 anos e 10 meses de contribuição, 52 anos de idade e 15 anos de exercício em cargo de natureza estritamente policial.

[817] BRASIL. [Constituição (1988)]. *Emenda Constitucional nº 103, de 12 de novembro de 2019*. Altera o sistema de previdência social e estabelece regras de transição e disposições transitórias. Disponível em: http://www.planalto.gov.br/ccivil_03/Constituicao/Emendas/Emc/emc103.htm#art1. Acesso em: 23 fev. 2020.

Para fazer jus à aposentadoria nos termos do art. 5º, §3º, da Emenda Constitucional nº 103/2019, precisava apenas cumprir período adicional de contribuição (pedágio) igual ao tempo que faltaria para atingir 25 anos contribuição, mínimo previsto na LC nº 51/1985, na data da entrada em vigor da Emenda Constitucional nº 103/2019, pois já havia preenchido os requisitos de idade e tempo mínimo de efetivo exercício em cargo de natureza estritamente policial.

A servidora, que em 13.11.2019 contava com 24 anos e 10 meses de contribuição, completou os 25 anos de contribuição em 12.1.2020 e, a partir dessa data, com mais 2 meses de contribuição, em 12.3.2020, aposentou-se pelas regras do art. 5º, §3º, da Emenda Constitucional nº 103/2019.

Sua remuneração era de R$18.000,00.

A média de que trata o *caput* do art. 26 da Emenda Constitucional nº 103/2019 equivalia a R$14.000,00.

Os proventos iniciais, de acordo com o art. 26, §§1º, 3º, da Emenda Constitucional nº 103/2019, equivalentes a 100% da média, eram de R$14.000,00.

Reajuste: sem paridade com o serviço ativo.

Sobre o tema, a AGU editou inicialmente a Nota nº 033/2011 garantindo correta interpretação do conjunto legal/constitucional, no entanto, em 2013, alterou esse entendimento quando expediu o Parecer nº 004/2013/JCBM/CGU/AGU, reafirmado no Parecer nº 00010/2014/ASSE/CGU/AGU, nos quais defende que a Lei Complementar nº 51, de 1985, "assegura o direito a proventos integrais, mas não a integralidade".

Desse modo, posicionou-se pelo reajuste sem paridade com o serviço ativo.

De modo diverso, o STF e o TCU ainda mantêm a decisão de recepcionalidade da LC nº 51/1985 pela ordem constitucional.

No STF, a principal decisão sobre o assunto é a ADI nº 3.817, em que a FenaPRF é coautora. O posicionamento expresso nessa decisão foi reiterado nos termos do RE nº 567.110 – AC-Acre, em repercussão geral.

No TCU, os acórdãos nºs 379/2009 e 2.835/2010 (expedidos no âmbito do TC-020.320/2007/-4), ambos do Plenário, garantiram a especialidade da aposentadoria quanto à forma dos proventos, reconhecendo a intenção do legislador de assegurar a integralidade e a paridade dos vencimentos. A Primeira Câmara do TCU aborda a questão no Processo TC nº 020.315/2007-4, com texto preciso sobre o tema:

> 9.2.1. a Lei Complementar 51/1985, recepcionada pela Constituição Federal de 1988 e pelas Emendas Constitucionais nºs 20/1998, 41/2003 e 47/2005 - conforme reconhecido pelo TCU, mediante o Acórdão 379/2009-Plenário, e pelo STF, por meio da ADI nº 3.817 -, estabelece os requisitos e os critérios diferenciados para a aposentadoria especial dos policiais, garantidos pelo §4º do art. 40 da Constituição Federal, com a redação dada pela EC nº 47/2005, devendo ser entendidas como requisitos as condicionantes para a existência do direito, e compreendida como critério a forma de cálculo do valor devido;
>
> 9.2.2. a aposentadoria fundamentada na Lei Complementar 51/1985 não sofre a incidência da regra geral prevista no §3º do art. 40 da Constituição Federal, com a redação dada pela EC nº 41/2003, regulamentada pela Lei 10.887/2004, que é norma de caráter geral (cálculo dos proventos pela média das remunerações);
>
> 9.2.3. prevalece na espécie a Lei Complementar 51/1985, que é norma de natureza especial, regulamentadora do §4º do art. 40 da CF, devendo ser adotado, para fins de aplicação da

aludida LC nº 51/1985, o sentido que sempre teve o termo 'com proventos integrais', nela contido (art. 1º, inciso I), significando que os proventos corresponderão à totalidade da remuneração do servidor no cargo efetivo em que se der a aposentadoria, conceito que vem sendo preservado pelo legislador desde a Constituição Federal de 1946 (art. 191, §2º) até hoje, passando por outros 14 dispositivos constitucionais ou infraconstitucionais, a saber: art. 178 da Lei 1.711/1952; art. 1º, inciso II, da Lei 3.313/1957; art. 101, inciso I, da CF/1967; art. 102, inciso I, da EC nº 1/1969; art. 1º, inciso I, da Lei Complementar 51/1985; art. 40, incisos I e III - 'a' e 'b' (redação original), art. 93, inciso VI (redação original), e art. 53 do ADCT, todos da CF/1988; arts. 186, 189 e 195 da Lei 8.112/1990; art. 40, §3º, com a redação dada pela EC nº 20/1998, da CF/1988, art. 6º da EC nº 41/2003; e art. 3º da EC nº 47/2005, respeitado o disposto no inciso XI do art. 37 da Constituição Federal; [...].[818]

Assim, com base nas decisões do TCU e do STF, hoje podemos afirmar que os PRFs ingressos após 2004 ainda têm a aposentadoria com integralidade e paridade com os que ingressaram antes da EC nº 41/2003.

Verifica-se, então, que AGU e TCU divergem na interpretação da matéria, pois enquanto para a AGU os proventos são calculados pela média, sem paridade, para o TCU o cálculo leva em conta a última remuneração no cargo efetivo com paridade plena.

15.33 Aposentadoria ordinária – Regra geral do art. 10 da EC nº 103/2019

Legislação aplicável

Emenda Constitucional nº 103, de 12 de novembro de 2019

Art. 10. Até que entre em vigor lei federal que discipline os benefícios do regime próprio de previdência social dos servidores da União, aplica-se o disposto neste artigo.

§1º Os servidores públicos federais serão aposentados:

I - voluntariamente, observados, cumulativamente, os seguintes requisitos:

a) 62 (sessenta e dois) anos de idade, se mulher, e 65 (sessenta e cinco) anos de idade, se homem; e

b) 25 (vinte e cinco) anos de contribuição, desde que cumprido o tempo mínimo de 10 (dez) anos de efetivo exercício no serviço público e de 5 (cinco) anos no cargo efetivo em que for concedida a aposentadoria;

Cálculo

Art. 10 [...]

§4º Os proventos das aposentadorias concedidas nos termos do disposto neste artigo serão apurados na forma da lei. [...]

Art. 26. Até que lei discipline o cálculo dos benefícios do regime próprio de previdência social da União e do Regime Geral de Previdência Social, será utilizada a média aritmética simples dos salários de contribuição e das remunerações adotados como base para contribuições a regime próprio de previdência social e ao Regime Geral de Previdência Social, ou como base para contribuições decorrentes das atividades militares de que tratam os arts. 42 e

[818] BRASIL. Tribunal de Contas da União. *Processo TC nº 020.315/2007-4*. Acórdão nº 1952/2016. Rel. Min. Walto Alencar. Disponível em: https://pesquisa.apps.tcu.gov.br/#/redireciona/processo/2031520074. Acesso em: 5 jul. 2020.

142 da Constituição Federal, atualizados monetariamente, correspondentes a 100% (cem por cento) do período contributivo desde a competência julho de 1994 ou desde o início da contribuição, se posterior àquela competência.

§1º A média a que se refere o caput será limitada ao valor máximo do salário de contribuição do Regime Geral de Previdência Social para os segurados desse regime e para o servidor que ingressou no serviço público em cargo efetivo após a implantação do regime de previdência complementar ou que tenha exercido a opção correspondente, nos termos do disposto nos §§14 a 16 do art. 40 da Constituição Federal.

§2º O valor do benefício de aposentadoria corresponderá a 60% (sessenta por cento) da média aritmética definida na forma prevista no caput e no §1º, com acréscimo de 2 (dois) pontos percentuais para cada ano de contribuição que exceder o tempo de 20 (vinte) anos de contribuição nos casos:

II - do §4º do art. 10, ressalvado o disposto no inciso II do §3º e no §4º deste artigo.[819]

Exemplo 1 – Possibilidade de os proventos corresponderem, em alguns casos, a mais de 100% da média

Servidor público federal, com 65 anos de idade completados em março de 2022, requereu aposentadoria nos termos do art. 10, §1º, inc. I, alíneas "a" e b", da EC nº 103/2019.

O tempo de contribuição do servidor é de 43 anos, sendo 10 anos de serviço público no mesmo cargo.

Inicialmente, verifica-se que o servidor cumpre os requisitos estipulados para a aposentadoria por ele requerida, que são:

a) 65 anos de idade, se homem; e
b) 25 anos de contribuição, desde que cumprido o tempo mínimo de 10 anos de efetivo exercício no serviço público e de 5 anos no cargo efetivo em que for concedida a aposentadoria.

Passamos, então, ao cálculo do valor inicial dos proventos, que no caso equivale a 60% da média a que se refere o *caput* do art. 26 da EC nº 103/2019, com acréscimo de 2 pontos percentuais para cada ano de contribuição que exceder o tempo de 20 anos de contribuição.

Dado: valor da média, R$10.000,00.

Como são 23 anos que excedem o tempo de 20 anos de contribuição, o cálculo do valor inicial dos proventos é feito da seguinte maneira:

$$(60\% + 23 \times 2\%) \times R\$10.000,00 = 106\% \times R\$10.000,00 = R\$10.600,00$$

Assim, o valor inicial dos proventos, R$10.600,00, é maior que o valor da média a que se refere o *caput* do art. 26 da EC nº 103/19, R$10.000,00.

---

[819] BRASIL. [Constituição (1988)]. *Emenda Constitucional nº 103, de 12 de novembro de 2019*. Altera o sistema de previdência social e estabelece regras de transição e disposições transitórias. Disponível em: http://www.planalto.gov.br/ccivil_03/Constituicao/Emendas/Emc/emc103.htm#art1. Acesso em: 23 fev. 2020.

Exemplo 2

Servidor público com 65 anos de idade completados em abril de 2020, requereu aposentadoria nos termos do art. 10, §1º, inc. I, alíneas "a" e b", da EC nº 103/2019.

O tempo de contribuição do servidor é de 29 anos, sendo 21 anos de serviço público no mesmo cargo.

Inicialmente verifica-se que o servidor cumpre os requisitos estipulados para a aposentadoria por ele requerida, que são:

a) 65 anos de idade, se homem; e

b) 25 anos de contribuição, desde que cumprido o tempo mínimo de 10 anos de efetivo exercício no serviço público e de 5 anos no cargo efetivo em que for concedida a aposentadoria.

Passa-se, então, ao cálculo do valor inicial dos proventos, que no caso equivale a 60% da média a que se refere o *caput* do art. 26 da EC nº 103/19 com acréscimo de 2 pontos percentuais para cada ano de contribuição que exceder o tempo de 20 anos de contribuição.

Dado – valor da média: R$10.000,00.

Como são 9 anos que excedem o tempo de 20 anos de contribuição, o cálculo do valor inicial dos proventos é feito da seguinte maneira:

(60% + 9 × 2%) × R$10.000,00 = 78% × R$10.000,00 = R$7.800,00

Assim, o valor inicial dos proventos é de R$7.800,00

Reajuste: sem paridade com o serviço ativo, nos termos do estabelecido para o RGPS.

15.34 Aposentadoria por incapacidade geral

Legislação aplicável

Emenda Constitucional nº 103, de 12 de novembro de 2019

Art. 10. Até que entre em vigor lei federal que discipline os benefícios do regime próprio de previdência social dos servidores da União, aplica-se o disposto neste artigo.

§1º Os servidores públicos federais serão aposentados:

II - por incapacidade permanente para o trabalho, no cargo em que estiverem investidos, quando insuscetíveis de readaptação, hipótese em que será obrigatória a realização de avaliações periódicas para verificação da continuidade das condições que ensejaram a concessão da aposentadoria. [...].

Cálculo

Art. 10. [...]

§4º Os proventos das aposentadorias concedidas nos termos do disposto neste artigo serão apurados na forma da lei. [...]

Art. 26. Até que lei discipline o cálculo dos benefícios do regime próprio de previdência social da União e do Regime Geral de Previdência Social, será utilizada a média aritmética simples dos salários de contribuição e das remunerações adotados como base para contribuições a regime próprio de previdência social e ao Regime Geral de Previdência Social, ou como base para contribuições decorrentes das atividades militares de que tratam os arts. 42 e 142 da Constituição Federal, atualizados monetariamente, correspondentes a 100% (cem por cento) do período contributivo desde a competência julho de 1994 ou desde o início da contribuição, se posterior àquela competência.

§1º A média a que se refere o caput será limitada ao valor máximo do salário de contribuição do Regime Geral de Previdência Social para os segurados desse regime e para o servidor que ingressou no serviço público em cargo efetivo após a implantação do regime de previdência complementar ou que tenha exercido a opção correspondente, nos termos do disposto nos §§14 a 16 do art. 40 da Constituição Federal.

§2º O valor do benefício de aposentadoria corresponderá a 60% (sessenta por cento) da média aritmética definida na forma prevista no caput e no §1º, com acréscimo de 2 (dois) pontos percentuais para cada ano de contribuição que exceder o tempo de 20 (vinte) anos de contribuição nos casos:

II - do §4º do art. 10, ressalvado o disposto no inciso II do §3º e no §4º deste artigo.[820]

Exemplo

Em janeiro de 2020, servidor público foi considerado por junta médica oficial incapacitado permanentemente para o trabalho, insuscetível de readaptação. Sua incapacidade não decorreu de acidente de trabalho, doença profissional ou de doença de trabalho.

O seu tempo de contribuição é de apenas 2 anos.

O valor da média de que trata o *caput* do art. 26 da EC nº 103/2019 é de R$10.000,00.

Calcularemos o valor inicial dos proventos que, no caso, de acordo com o art. 26, §§1º e 2º, inc. II, corresponde a 60% da média, sem o acréscimo de 2% para cada ano que exceder 20 anos de contribuição.

Valor dos proventos: 60% × R$10.000,00 = R$6.000,00.

A propósito, interessante observar que, caso esse servidor tivesse contribuído por 20 anos, seus proventos iniciais seriam os mesmos R$6.000,00.

Reajuste: sem paridade com o serviço ativo, nos termos do estabelecido para o RGPS.

15.35 Aposentadoria por incapacidade decorrente de acidente de trabalho, de doença profissional e de doença do trabalho

Legislação aplicável

Emenda Constitucional nº 103, de 12 de novembro de 2019

Art. 10. Até que entre em vigor lei federal que discipline os benefícios do regime próprio de previdência social dos servidores da União, aplica-se o disposto neste artigo.

§1º Os servidores públicos federais serão aposentados: [...]

II - por incapacidade permanente para o trabalho, no cargo em que estiverem investidos, quando insuscetíveis de readaptação, hipótese em que será obrigatória a realização de

[820] BRASIL. [Constituição (1988)]. *Emenda Constitucional nº 103, de 12 de novembro de 2019*. Altera o sistema de previdência social e estabelece regras de transição e disposições transitórias. Disponível em: http://www.planalto.gov.br/ccivil_03/Constituicao/Emendas/Emc/emc103.htm#art1. Acesso em: 23 fev. 2020.

avaliações periódicas para verificação da continuidade das condições que ensejaram a concessão da aposentadoria.

Cálculo

> Art. 10. [...]
>
> §4º Os proventos das aposentadorias concedidas nos termos do disposto neste artigo serão apurados na forma da lei. [...]
>
> Art. 26. Até que lei discipline o cálculo dos benefícios do regime próprio de previdência social da União e do Regime Geral de Previdência Social, será utilizada a média aritmética simples dos salários de contribuição e das remunerações adotados como base para contribuições a regime próprio de previdência social e ao Regime Geral de Previdência Social, ou como base para contribuições decorrentes das atividades militares de que tratam os arts. 42 e 142 da Constituição Federal, atualizados monetariamente, correspondentes a 100% (cem por cento) do período contributivo desde a competência julho de 1994 ou desde o início da contribuição, se posterior àquela competência.
>
> §1º A média a que se refere o caput será limitada ao valor máximo do salário de contribuição do Regime Geral de Previdência Social para os segurados desse regime e para o servidor que ingressou no serviço público em cargo efetivo após a implantação do regime de previdência complementar ou que tenha exercido a opção correspondente, nos termos do disposto nos §§14 a 16 do art. 40 da Constituição Federal. [...]
>
> §3º O valor do benefício de aposentadoria corresponderá a 100% (cem por cento) da média aritmética definida na forma prevista no caput e no §1º.[821]

Exemplo 1

Em janeiro de 2020, servidor público foi considerado por junta médica oficial incapacitado permanentemente para o trabalho, insuscetível de readaptação, em decorrência de acidente de trabalho.

O seu tempo de contribuição é de apenas 18 anos.

O valor da média de que trata o *caput* do art. 26 da EC nº 103/2019 é de R$10.000,00.

Calcularemos o valor inicial dos proventos que, no caso, de acordo com o art. 26, §§1º e 3º, inc. II, corresponde a 100% da média.

Valor dos proventos: 100% × R$10.000,00 = R$10.000,00.

Reajuste: sem paridade com o serviço ativo, nos termos do estabelecido para o RGPS.

Observe-se que nos casos de aposentadoria por incapacidade permanente, quando decorrer de acidente de trabalho, de doença profissional e de doença do trabalho o valor dos proventos iniciais não depende do tempo de contribuição.

Exemplo 2

Em janeiro de 2022, servidor público que ingressou em cargo efetivo após a implantação do regime de previdência complementar foi considerado por junta médica

---

821 BRASIL. [Constituição (1988)]. *Emenda Constitucional nº 103, de 12 de novembro de 2019*. Altera o sistema de previdência social e estabelece regras de transição e disposições transitórias. Disponível em: http://www.planalto.gov.br/ccivil_03/Constituicao/Emendas/Emc/emc103.htm#art1. Acesso em: 23 fev. 2020.

oficial incapacitado permanentemente para o trabalho, insuscetível de readaptação, em decorrência de acidente de trabalho.

O valor da média de que trata o *caput* do art. 26 da EC nº 103/2019 é de R$10.000,00. Calcularemos o valor inicial dos proventos.

Como o servidor foi aposentado por incapacidade permanente decorrente de acidente de trabalho, o valor inicial dos proventos será de 100% do valor da média calculada de acordo com art. 26, §§1º e 3º, inc. II.

No caso, embora a média aritmética simples de que trata o *caput* do art. 26 da EC nº 103/2019 seja de R$10.000,00, esse montante será limitado ao valor máximo do salário de contribuição do Regime Geral de Previdência Social, R$7.087,22, já que o servidor ingressou no cargo efetivo em que foi aposentado após a implantação do regime de previdência complementar.

Assim, o valor da média a ser utilizado no cálculo dos proventos iniciais será R$7.087,22.

Valor inicial dos proventos: 100% do valor da média calculada de acordo com art. 26, §§1º e 3º, inc. II = R$7.087,22.

O reajustamento será feito sem paridade.

15.36 Aposentadoria – Regra de transição do art. 20, para servidores que ingressaram no serviço público até 31.12.2003 e antes da EC nº 103/2019

Legislação aplicável

Emenda Constitucional nº 103, de 12 de novembro de 2019

Art. 20. O segurado ou o servidor público federal que se tenha filiado ao Regime Geral de Previdência Social ou ingressado no serviço público em cargo efetivo até a data de entrada em vigor desta Emenda Constitucional poderá aposentar-se voluntariamente quando preencher, cumulativamente, os seguintes requisitos:

I - 57 (cinquenta e sete) anos de idade, se mulher, e 60 (sessenta) anos de idade, se homem;

II - 30 (trinta) anos de contribuição, se mulher, e 35 (trinta e cinco) anos de contribuição, se homem;

III - para os servidores públicos, 20 (vinte) anos de efetivo exercício no serviço público e 5 (cinco) anos no cargo efetivo em que se der a aposentadoria;

IV - período adicional de contribuição correspondente ao tempo que, na data de entrada em vigor desta Emenda Constitucional, faltaria para atingir o tempo mínimo de contribuição referido no inciso II.

§1º Para o professor que comprovar exclusivamente tempo de efetivo exercício das funções de magistério na educação infantil e no ensino fundamental e médio serão reduzidos, para ambos os sexos, os requisitos de idade e de tempo de contribuição em 5 (cinco) anos.[822]

---

[822] BRASIL. [Constituição (1988)]. *Emenda Constitucional nº 103, de 12 de novembro de 2019*. Altera o sistema de previdência social e estabelece regras de transição e disposições transitórias. Disponível em: http://www.planalto.gov.br/ccivil_03/Constituicao/Emendas/Emc/emc103.htm#art1. Acesso em: 23 fev. 2020.

Cálculo

§2º O valor das aposentadorias concedidas nos termos do disposto neste artigo corresponderá:

I - em relação ao servidor público que tenha ingressado no serviço público em cargo efetivo até 31 de dezembro de 2003 e que não tenha feito a opção de que trata o §16 do art. 40 da Constituição Federal, à totalidade da remuneração no cargo efetivo em que se der a aposentadoria, observado o disposto no §8º do art. 4º; e [...].[823]

Exemplo

Servidora pública ingressou em cargo efetivo antes de 31.12.2003, permaneceu nessa condição sem interrupção e não optou pelo regime de previdência complementar. Na data da entrada em vigor da EC nº 103/2019, tinha 57 anos de idade, e contava com 28 anos e 2 meses de contribuição, todos no mesmo cargo efetivo.

A sua remuneração é de R$12.000,00.

Tendo cumprido os requisitos de idade, tempos de efetivo exercício no serviço público e no cargo, constantes dos incs. I e III do art. 20 da EC nº 103/2019, a servidora quer saber o tempo de contribuição que falta para que possa se aposentar pelas regras daquele artigo.

Calcular-se-á esse tempo, em conformidade com o art. 20, inc. IV, da EC nº 103/2019.

Na data da entrada em vigor da EC nº 103/2019, a servidora contava com 28 anos e 2 meses de contribuição, faltando-lhe pois 1 anos e 10 meses para completar o mínimo de trinta anos de contribuição. Assim, além desse tempo, terá que cumprir um período adicional (pedágio) de igual duração, 1 ano e 10 meses.

Portanto, o tempo faltante para que possa se aposentar pelas regras do art. 20 da EC nº 103/2019 é de 3 anos e 8 meses a partir da data da vigência da EC nº 103/2019.

O valor inicial de seus proventos, igual ao de sua remuneração, será de R$12.000,00.

Reajuste: com paridade com o serviço ativo.

15.37 Aposentadoria – Regra de transição do art. 20, para servidores que ingressaram no serviço público após 31.12.2003 e antes da EC nº 103/2019

Legislação aplicável

Emenda Constitucional nº 103, de 12 de novembro de 2019

Art. 20. O segurado ou o servidor público federal que se tenha filiado ao Regime Geral de Previdência Social ou ingressado no serviço público em cargo efetivo até a data de entrada em vigor desta Emenda Constitucional poderá aposentar-se voluntariamente quando preencher, cumulativamente, os seguintes requisitos:

I - 57 (cinquenta e sete) anos de idade, se mulher, e 60 (sessenta) anos de idade, se homem;

823 BRASIL. [Constituição (1988)]. *Emenda Constitucional nº 103, de 12 de novembro de 2019*. Altera o sistema de previdência social e estabelece regras de transição e disposições transitórias. Disponível em: http://www.planalto.gov.br/ccivil_03/Constituicao/Emendas/Emc/emc103.htm#art1. Acesso em: 23 fev. 2020.

> II - 30 (trinta) anos de contribuição, se mulher, e 35 (trinta e cinco) anos de contribuição, se homem;
>
> III - para os servidores públicos, 20 (vinte) anos de efetivo exercício no serviço público e 5 (cinco) anos no cargo efetivo em que se der a aposentadoria;
>
> IV - período adicional de contribuição correspondente ao tempo que, na data de entrada em vigor desta Emenda Constitucional, faltaria para atingir o tempo mínimo de contribuição referido no inciso II.
>
> §1º Para o professor que comprovar exclusivamente tempo de efetivo exercício das funções de magistério na educação infantil e no ensino fundamental e médio serão reduzidos, para ambos os sexos, os requisitos de idade e de tempo de contribuição em 5 (cinco) anos.

Cálculo

> Art. 20. [...]
>
> §2º O valor das aposentadorias concedidas nos termos do disposto neste artigo corresponderá:
>
> [...]
>
> II - em relação aos demais servidores públicos e aos segurados do Regime Geral de Previdência Social, ao valor apurado na forma da lei. [...]
>
> Art. 26. Até que lei discipline o cálculo dos benefícios do regime próprio de previdência social da União e do Regime Geral de Previdência Social, será utilizada a média aritmética simples dos salários de contribuição e das remunerações adotados como base para contribuições a regime próprio de previdência social e ao Regime Geral de Previdência Social, ou como base para contribuições decorrentes das atividades militares de que tratam os arts. 42 e 142 da Constituição Federal, atualizados monetariamente, correspondentes a 100% (cem por cento) do período contributivo desde a competência julho de 1994 ou desde o início da contribuição, se posterior àquela competência.
>
> §1º A média a que se refere o caput será limitada ao valor máximo do salário de contribuição do Regime Geral de Previdência Social para os segurados desse regime e para o servidor que ingressou no serviço público em cargo efetivo após a implantação do regime de previdência complementar ou que tenha exercido a opção correspondente, nos termos do disposto nos §§14 a 16 do art. 40 da Constituição Federal. [...]
>
> §3º O valor do benefício de aposentadoria corresponderá a 100% (cem por cento) da média aritmética definida na forma prevista no caput e no §1º.[824]

Exemplo

Servidora pública ingressou em cargo efetivo após 31.12.2003, permaneceu nessa condição sem interrupção e não optou pelo regime de previdência complementar. Na data da entrada em vigor da EC nº 103/2019, a servidora tinha 57 anos de idade e contava com 30 anos de contribuição, sendo 15 anos para o RGPS e 15 anos para o RPPS.

Tendo cumprido os requisitos de idade, tempos de contribuição e no cargo, constantes dos incs. I, II e III do art. 20 da EC nº 103/2019, a servidora precisa ainda

---

[824] BRASIL. [Constituição (1988)]. *Emenda Constitucional nº 103, de 12 de novembro de 2019*. Altera o sistema de previdência social e estabelece regras de transição e disposições transitórias. Disponível em: http://www.planalto.gov.br/ccivil_03/Constituicao/Emendas/Emc/emc103.htm#art1. Acesso em: 23 fev. 2020.

cumprir mais 5 anos de efetivo exercício no serviço público para que possa se aposentar segundo as regras daquele artigo.

O valor inicial de seus proventos, de acordo com o art. 26, §3º, da EC nº 103/2019, será de 100% da média de que trata o *caput* do referido artigo.

Reajuste: sem paridade com o serviço ativo, nos termos do estabelecido para o RGPS.

15.38 Aposentadoria compulsória – Regra geral do art. 10 da EC nº 103/2019

Legislação aplicável

> *Emenda Constitucional nº 103, de 12 de novembro de 2019*
>
> Art. 10. Até que entre em vigor lei federal que discipline os benefícios do regime próprio de previdência social dos servidores da União, aplica-se o disposto neste artigo.
>
> §1º Os servidores públicos federais serão aposentados: [...]
>
> III - compulsoriamente, na forma do disposto no inciso II do §1º do art. 40 da Constituição Federal. [75 anos] [...].

Cálculo

> Art. 26. Até que lei discipline o cálculo dos benefícios do regime próprio de previdência social da União e do Regime Geral de Previdência Social, será utilizada a média aritmética simples dos salários de contribuição e das remunerações adotados como base para contribuições a regime próprio de previdência social e ao Regime Geral de Previdência Social, ou como base para contribuições decorrentes das atividades militares de que tratam os arts. 42 e 142 da Constituição Federal, atualizados monetariamente, correspondentes a 100% (cem por cento) do período contributivo desde a competência julho de 1994 ou desde o início da contribuição, se posterior àquela competência.
>
> §1º A média a que se refere o caput será limitada ao valor máximo do salário de contribuição do Regime Geral de Previdência Social para os segurados desse regime e para o servidor que ingressou no serviço público em cargo efetivo após a implantação do regime de previdência complementar ou que tenha exercido a opção correspondente, nos termos do disposto nos §§14 a 16 do art. 40 da Constituição Federal.
>
> §2º O valor do benefício de aposentadoria corresponderá a 60% (sessenta por cento) da média aritmética definida na forma prevista no caput e no §1º, com acréscimo de 2 (dois) pontos percentuais para cada ano de contribuição que exceder o tempo de 20 (vinte) anos de contribuição nos casos: [...]
>
> §4º O valor do benefício da aposentadoria de que trata o inciso III do §1º do art. 10 corresponderá ao resultado do tempo de contribuição dividido por 20 (vinte) anos, limitado a um inteiro, multiplicado pelo valor apurado na forma do caput do §2º deste artigo, ressalvado o caso de cumprimento de critérios de acesso para aposentadoria voluntária que resulte em situação mais favorável.[825]

[825] BRASIL. [Constituição (1988)]. *Emenda Constitucional nº 103, de 12 de novembro de 2019*. Altera o sistema de previdência social e estabelece regras de transição e disposições transitórias. Disponível em: http://www.planalto.gov.br/ccivil_03/Constituicao/Emendas/Emc/emc103.htm#art1. Acesso em: 23 fev. 2020.

Exemplo

Servidor público aposentado compulsoriamente ao completar 75 anos de idade em janeiro de 2020, nos termos dos art. 10, §1º, inc. III, §4º, da EC nº 103/2019.

O tempo de contribuição do servidor é de 15 anos.

Calcular-se-á o valor inicial dos proventos, que no caso equivale ao resultado de 60% da média a que se refere o *caput* do art. 26 da EC nº 103/2019, com acréscimo de 2 pontos percentuais para cada ano de contribuição que exceder o tempo de 20 anos de contribuição multiplicado pelo tempo de contribuição dividido por 20 anos, limitado a um inteiro.

Dado – valor da média: R$10.000,00.

Como não há tempo excedente a 20 anos de contribuição, calculam-se apenas os 60% da média, sem qualquer acréscimo:

60% × R$10.000,00 = R$6.000,00

Esse valor deverá ser multiplicado pelo resultado da divisão do tempo de contribuição de servidor por 20 anos, limitado a um inteiro. No caso, tendo o servidor 15 anos de contribuição, obtemos 0,75.

Portanto, o valor inicial dos proventos será:

0,75 × R$6.000,00 = R$4.500,00.

Reajuste: sem paridade com o serviço ativo, nos termos do estabelecido para o RGPS.

15.39 Aposentadoria especial – Regra de transição do art. 21 da EC nº 103/2019

Legislação aplicável

Emenda Constitucional nº 103, de 12 de novembro de 2019

Art. 21. O segurado ou o servidor público federal que se tenha filiado ao Regime Geral de Previdência Social ou ingressado no serviço público em cargo efetivo até a data de entrada em vigor desta Emenda Constitucional cujas atividades tenham sido exercidas com efetiva exposição a agentes químicos, físicos e biológicos prejudiciais à saúde, ou associação desses agentes, vedada a caracterização por categoria profissional ou ocupação, desde que cumpridos, no caso do servidor, o tempo mínimo de 20 (vinte) anos de efetivo exercício no serviço público e de 5 (cinco) anos no cargo efetivo em que for concedida a aposentadoria, na forma dos arts. 57 e 58 da Lei nº 8.213, de 24 de julho de 1991, poderão aposentar-se quando o total da soma resultante da sua idade e do tempo de contribuição e o tempo de efetiva exposição forem, respectivamente, de:

I - 66 (sessenta e seis) pontos e 15 (quinze) anos de efetiva exposição;

II - 76 (setenta e seis) pontos e 20 (vinte) anos de efetiva exposição; e

III - 86 (oitenta e seis) pontos e 25 (vinte e cinco) anos de efetiva exposição.

§1º A idade e o tempo de contribuição serão apurados em dias para o cálculo do somatório de pontos a que se refere o caput.

§2º O valor da aposentadoria de que trata este artigo será apurado na forma da lei. [...].

Cálculo

Art. 26. Até que lei discipline o cálculo dos benefícios do regime próprio de previdência social da União e do Regime Geral de Previdência Social, será utilizada a média aritmética simples dos salários de contribuição e das remunerações adotados como base para contribuições a regime próprio de previdência social e ao Regime Geral de Previdência Social, ou como base para contribuições decorrentes das atividades militares de que tratam os arts. 42 e 142 da Constituição Federal, atualizados monetariamente, correspondentes a 100% (cem por cento) do período contributivo desde a competência julho de 1994 ou desde o início da contribuição, se posterior àquela competência.

§1º A média a que se refere o caput será limitada ao valor máximo do salário de contribuição do Regime Geral de Previdência Social para os segurados desse regime e para o servidor que ingressou no serviço público em cargo efetivo após a implantação do regime de previdência complementar ou que tenha exercido a opção correspondente, nos termos do disposto nos §§14 a 16 do art. 40 da Constituição Federal.

§2º O valor do benefício de aposentadoria corresponderá a 60% (sessenta por cento) da média aritmética definida na forma prevista no caput e no §1º, com acréscimo de 2 (dois) pontos percentuais para cada ano de contribuição que exceder o tempo de 20 (vinte) anos de contribuição nos casos: [...]

IV - do §2º do art. 19 e do §2º do art. 21, ressalvado o disposto no §5º deste artigo. [...]

§5º O acréscimo a que se refere o caput do §2º será aplicado para cada ano que exceder 15 (quinze) anos de tempo de contribuição para os segurados de que tratam a alínea "a" do inciso I do §1º do art. 19 e o inciso I do art. 21 e para as mulheres filiadas ao Regime Geral de Previdência Social.[826]

Exemplo

Servidor público ingressou em cargo efetivo até 13.11.2019, permaneceu nessa condição sem interrupção e não optou pelo regime de previdência complementar. Em janeiro de 2020, com 51 anos de idade, 25 anos de contribuição e 20 anos de efetivo exercício no serviço público no mesmo cargo, sendo que 15 deles com efetiva exposição a agentes químicos, o servidor requereu aposentadoria com base na regra de transição do art. 21 da EC nº 103/2019.

Preenchidos os requisitos do art. 21, inc. I, §§1º e 2º, da EC nº 103/2019, a aposentadoria pode ser concedida ao servidor.

A sua remuneração é de R$12.000,00 e o valor da média de que trata o *caput* do art. 26 da EC nº 103/2019 é de R$10.000,00.

Calcular-se-á o valor inicial dos proventos.

De acordo com o art. 26, §§1º, 2º, *caput*, 5º e 7º, da EC nº 103/2019, o valor dos proventos corresponde a 60% da média acrescido de 2% para cada ano que exceder 15 anos de contribuição, no caso 10 anos: (60% + 10 × 2%) × R$10.000,00 = 80% × R$10.000,00 = R$8.000,00.

Assim, o valor inicial dos proventos será de R$8.000,00.

Reajuste: sem paridade com o serviço ativo, nos termos do estabelecido para o RGPS.

[826] BRASIL. [Constituição (1988)]. *Emenda Constitucional nº 103, de 12 de novembro de 2019*. Altera o sistema de previdência social e estabelece regras de transição e disposições transitórias. Disponível em: http://www.planalto.gov.br/ccivil_03/Constituicao/Emendas/Emc/emc103.htm#art1. Acesso em: 23 fev. 2020.

15.40 Pensão civil – Art. 23 da EC nº 103/2019. Servidor aposentado

Legislação aplicável

> *Emenda Constitucional nº 103, de 12 de novembro de 2019*
>
> Art. 23. A pensão por morte concedida a dependente de segurado do Regime Geral de Previdência Social ou de servidor público federal será equivalente a uma cota familiar de 50% (cinquenta por cento) do valor da aposentadoria recebida pelo segurado ou servidor ou daquela a que teria direito se fosse aposentado por incapacidade permanente na data do óbito, acrescida de cotas de 10 (dez) pontos percentuais por dependente, até o máximo de 100% (cem por cento).[827]

Exemplo

Servidor público aposentado que percebia proventos no valor de R$20.000,00 faleceu em 14.2.2020, deixando quatro dependentes.

No caso de pensão legada por servidor público aposentado, a base de cálculo do valor inicial da pensão são os seus proventos à data do óbito.

O valor inicial do benefício pensional será de 90% do valor dos proventos, composto da cota familiar, equivalente a 50% do valor dos proventos, acrescida de 4 cotas de 10% do referido valor.

Valor inicial da pensão = 90% × R$20.000,00 = R$18.000,00

O valor da pensão será dividido em partes iguais entre os quatro beneficiários, cabendo a cada um R$4.500,00.

Reajuste: sem paridade com o serviço ativo.

15.41 Pensão civil – Art. 23 da EC nº 103/2019. Servidor na ativa

Legislação aplicável

> *Emenda Constitucional nº 103, de 12 de novembro de 2019*
>
> Art. 23. A pensão por morte concedida a dependente de segurado do Regime Geral de Previdência Social ou de servidor público federal será equivalente a uma cota familiar de 50% (cinquenta por cento) do valor da aposentadoria recebida pelo segurado ou servidor ou daquela a que teria direito se fosse aposentado por incapacidade permanente na data do óbito, acrescida de cotas de 10 (dez) pontos percentuais por dependente, até o máximo de 100% (cem por cento).[828]

Exemplo

Servidor em atividade, que ingressou no serviço público há 25 anos, faleceu em 14.2.2020, deixando quatro dependentes.

---

[827] BRASIL. [Constituição (1988)]. *Emenda Constitucional nº 103, de 12 de novembro de 2019*. Altera o sistema de previdência social e estabelece regras de transição e disposições transitórias. Disponível em: http://www.planalto.gov.br/ccivil_03/Constituicao/Emendas/Emc/emc103.htm#art1. Acesso em: 23 fev. 2020.

[828] BRASIL. [Constituição (1988)]. *Emenda Constitucional nº 103, de 12 de novembro de 2019*. Altera o sistema de previdência social e estabelece regras de transição e disposições transitórias. Disponível em: http://www.planalto.gov.br/ccivil_03/Constituicao/Emendas/Emc/emc103.htm#art1. Acesso em: 23 fev. 2020.

Por não possuir tempo de contribuição averbado, o seu tempo de contribuição é de 25 anos.

Calcularemos o valor inicial da pensão, que no caso equivale a uma cota familiar de 50% do valor da aposentadoria que o servidor teria direito se fosse aposentado por incapacidade permanente na data do óbito, acrescida de cotas de 10 pontos percentuais por dependente, até o máximo de 100%.

No caso, o valor da referida aposentadoria por incapacidade permanente é, de acordo com o art. 10, §1º, inc. II, e o art. 26, §§1º e 2º, inc. III, da EC nº 103/2019, de 60% da média a que se refere o *caput* do art. 26 da EC nº 103/2019 com acréscimo de 2 pontos percentuais para cada ano de contribuição que exceder o tempo de 20 anos de contribuição.

Dados

Valor da média: R$10.000,00.

Número de dependentes: 4.

Remuneração do servidor em janeiro de 2020: R$15.000,00.

Número de anos que excedem 20 anos de contribuição: 5 anos.

Calcular-se-á, inicialmente, o valor da aposentadoria a que o servidor teria direito se fosse aposentado por incapacidade permanente na data do óbito, que é o seguinte:

(60% + 5 × 2%) × R$10.000,00 = 70% × R$10.000,00 = R$7.000,00

Obtido o valor da aposentadoria por incapacidade permanente, passa-se ao cálculo do valor inicial da pensão, como segue:

Primeiro calcula-se 50% do valor da aposentadoria por incapacidade permanente:

50% × R$7.000,00 = R$3.500,00

Em seguida, calculam-se as 4 cotas de 10% do valor da aposentadoria por incapacidade permanente, já que são 4 os dependentes:

40% × R$7.000,00 = R$2.800,00

Somando as duas parcelas, obtemos o valor inicial do benefício:

R$3.500,00 + R$2.800,00 = R$6.300,00

O valor da pensão será dividido em partes iguais entre os quatro beneficiários, cabendo a cada um R$1.575,00.

Nesse exemplo, interessante comparar o valor da última remuneração do servidor, R$15.000,00, com o valor inicial da pensão por ele legada a seus 4 dependentes, R$6.300,00.

Reajuste: sem paridade com o serviço ativo.

15.42 Pensão civil – Art. 23 da EC nº 103/2019 – Dependente inválido ou com deficiência intelectual, mental ou grave

Legislação aplicável

Emenda Constitucional nº 103, de 12 de novembro de 2019

Art. 23. A pensão por morte concedida a dependente de segurado do Regime Geral de Previdência Social ou de servidor público federal será equivalente a uma cota familiar de 50% (cinquenta por cento) do valor da aposentadoria recebida pelo segurado ou servidor ou daquela a que teria direito se fosse aposentado por incapacidade permanente na data do óbito, acrescida de cotas de 10 (dez) pontos percentuais por dependente, até o máximo de 100% (cem por cento).

§2º Na hipótese de existir dependente inválido ou com deficiência intelectual, mental ou grave, o valor da pensão por morte de que trata o caput será equivalente a:

I - 100% (cem por cento) da aposentadoria recebida pelo segurado ou servidor ou daquela a que teria direito se fosse aposentado por incapacidade permanente na data do óbito, até o limite máximo de benefícios do Regime Geral de Previdência Social; e

II - uma cota familiar de 50% (cinquenta por cento) acrescida de cotas de 10 (dez) pontos percentuais por dependente, até o máximo de 100% (cem por cento), para o valor que supere o limite máximo de benefícios do Regime Geral de Previdência Social.

Reajuste sem paridade com o serviço ativo.[829]

Exemplo

Servidor em atividade, que ingressou no serviço público há 30 anos, faleceu em 14.2.2020, deixando dois dependentes, um deles inválido.

Por não possuir tempo de contribuição averbado, o seu tempo de contribuição é de 30 anos.

Calcular-se-á o valor inicial da pensão.

O valor inicial do benefício equivale a 100% do valor da aposentadoria que teria direito se fosse aposentado por incapacidade permanente na data do óbito, até o limite máximo de benefícios do RGPS; e uma cota familiar de 50% acrescida de cotas de 10 (dez) pontos percentuais por dependente, até o máximo de 100%, para o valor que supere o máximo de benefícios do RGPS.

No caso, o valor da referida aposentadoria por incapacidade permanente é, de acordo com o art. 10, §1º, inc. II, e o art. 26, §§1º e 2º, inc. III, da EC nº 103/2019, de 60% da média a que se refere o *caput* do art. 26 da EC nº 103/2019, com acréscimo de 2 pontos percentuais para cada ano de contribuição que exceder o tempo de 20 anos de contribuição.

Dados

Valor da média: R$10.000,00.
Número de dependentes: 2.
Remuneração do servidor em janeiro de 2020: R$15.000,00.
Número de anos que excedem 20 anos de contribuição: 10 anos.
Limite máximo de benefícios do RGPS: R$6.101,06.

Calcular-se-á, inicialmente, o valor da aposentadoria a que o servidor teria direito se fosse aposentado por incapacidade permanente na data do óbito, que é o seguinte:

(60% + 10 × 2%) × R$10.000,00 = 80% × R$10.000,00 = R$8.000,00

Obtido o valor da aposentadoria por incapacidade permanente, passamos ao cálculo do valor inicial da pensão que, para facilidade de compreensão, será dividido em duas partes.

---

[829] BRASIL. [Constituição (1988)]. *Emenda Constitucional nº 103, de 12 de novembro de 2019*. Altera o sistema de previdência social e estabelece regras de transição e disposições transitórias. Disponível em: http://www.planalto.gov.br/ccivil_03/Constituicao/Emendas/Emc/emc103.htm#art1. Acesso em: 23 fev. 2020.

Primeiro calcula-se a parcela de 100% do valor da aposentadoria que teria direito se fosse aposentado por incapacidade permanente na data do óbito, até o limite máximo de benefícios do RGPS.

Como 100% do valor da aposentadoria por incapacidade permanente, R$8.000,00, é maior que o limite máximo de benefícios do RGPS, R$6.101,06, este último será o adotado no cálculo do valor inicial da pensão.

Em seguida, calcula-se o valor da cota familiar de 50% acrescida de cotas de 10 pontos percentuais por dependente, até o máximo de 100%, para o valor da aposentadoria por incapacidade permanente que supere o máximo de benefícios do RGPS.

No caso, o valor da aposentadoria por incapacidade permanente que supera o valor máximo de benefícios do RGPS é de R$1.898,94.

(50% + 2 × 10%) × R$1.898,94 = 70% × 1.898,94 = R$1.329,26.

Somando as duas parcelas, obtemos o valor inicial do benefício:

R$6.101,06 + 1.329,26 = R$7.430,86.

O valor da pensão será dividido em partes iguais entre os dois beneficiários, cabendo a cada um R$3.715,43.

Nesse exemplo, interessante comparar o valor da última remuneração do servidor, R$15.000,00, com o valor inicial da pensão por ele legada a seus 2 dependentes, R$7.430,86.

Ainda quanto ao exemplo, questiona-se se realmente é correta a divisão equitativa entre os beneficiários.

Nele, um dependente que não é inválido teve aumentado o valor de sua cota individual de pensão em decorrência da condição de invalidez do outro dependente.

Para o caso, ousa-se propor um outro cálculo para a divisão do benefício, mantendo, contudo, o valor total da pensão e respeitando a proteção constitucional para o dependente inválido.

Primeiro, calcula-se o valor da pensão como se não houvesse dependente inválido:

50% × R$8.000,00 + 20% × R$8.000,00 = R$4.000,00 + R$1.600,00 = R$5.600,00

Assim, teríamos cotas de R$2.800,00 por dependente sem invalidez.

Em seguida, deduz-se do valor total da pensão, R$7.430,86, o valor de R$2.800,00, relativo ao dependente que não tem direito ao cálculo diferenciado.

O dependente sem invalidez, então, ficaria com o valor a que realmente faz jus, R$2.800,00, e caberia ao dependente inválido R$4.630,86.

Penso que essa distribuição respeita a proteção constitucional ao dependente inválido de maneira plena, pois o dispositivo teve por objetivo majorar o valor do benefício em função da condição personalíssima, sendo intransferível para outro dependente.

Reajuste: sem paridade com o serviço ativo.

15.43 Acúmulo de pensão. Art. 24 da EC nº 103/2019

Legislação aplicável

Emenda Constitucional nº 103, de 12 de novembro de 2019

Art. 24. É vedada a acumulação de mais de uma pensão por morte deixada por cônjuge ou companheiro, no âmbito do mesmo regime de previdência social, ressalvadas as pensões do mesmo instituidor decorrentes do exercício de cargos acumuláveis na forma do art. 37 da Constituição Federal.

§1º Será admitida, nos termos do §2º, a acumulação de:

I - pensão por morte deixada por cônjuge ou companheiro de um regime de previdência social com pensão por morte concedida por outro regime de previdência social ou com pensões decorrentes das atividades militares de que tratam os arts. 42 e 142 da Constituição Federal;

II - pensão por morte deixada por cônjuge ou companheiro de um regime de previdência social com aposentadoria concedida no âmbito do Regime Geral de Previdência Social ou de regime próprio de previdência social ou com proventos de inatividade decorrentes das atividades militares de que tratam os arts. 42 e 142 da Constituição Federal; ou

III - pensões decorrentes das atividades militares de que tratam os arts. 42 e 142 da Constituição Federal com aposentadoria concedida no âmbito do Regime Geral de Previdência Social ou de regime próprio de previdência

social.

§2º Nas hipóteses das acumulações previstas no §1º, é assegurada a percepção do valor integral do benefício mais vantajoso e de uma parte de cada um dos demais benefícios, apurada cumulativamente de acordo com as seguintes faixas:

I - 60% (sessenta por cento) do valor que exceder 1 (um) salário-mínimo, até o limite de 2 (dois) salários-mínimos;

II - 40% (quarenta por cento) do valor que exceder 2 (dois) salários-mínimos, até o limite de 3 (três) salários-mínimos;

III - 20% (vinte por cento) do valor que exceder 3 (três) salários-mínimos, até o limite de 4 (quatro) salários-mínimos; e

IV - 10% (dez por cento) do valor que exceder 4 (quatro) salários-mínimos.[830]

Portaria INSS nº 450, de 3 de abril de 2020

Subseção IV

Seção III

Acumulação do Valor da Pensão por Morte com Outros Benefícios (art. 24 da EC nº 103, de 2019)

Art. 59. A acumulação da pensão por morte com outro benefício do mesmo titular ensejará a redução do valor do benefício menos vantajoso nas seguintes hipóteses:

I - pensão por morte mantida no RGPS, instituída por cônjuge ou companheiro, acumulada com pensão por morte mantida por outro regime de previdência social, também instituída por cônjuge ou companheiro, inclusive as decorrentes das atividades militares; e

II - pensão por morte instituída por cônjuge ou companheiro, de qualquer regime de previdência social, inclusive as decorrentes das atividades militares, acumuladas com aposentadorias concedidas por qualquer regime de previdência social ou com proventos de inatividade decorrentes das atividades militares.

Parágrafo único. As regras de acumulação previstas neste artigo é aplicável apenas:

I - às pensões instituídas por cônjuge ou companheiro, ex-cônjuge e ex-companheiro; e

[830] BRASIL. [Constituição (1988)]. *Emenda Constitucional nº 103, de 12 de novembro de 2019*. Altera o sistema de previdência social e estabelece regras de transição e disposições transitórias. Disponível em: http://www.planalto.gov.br/ccivil_03/Constituicao/Emendas/Emc/emc103.htm#art1. Acesso em: 23 fev. 2020.

II - nas hipóteses em que o fato gerador ou preenchimento dos requisitos de qualquer dos benefícios seja a partir de 14 de novembro de 2019, independentemente do início dos demais. (NR)

Art. 60. Verificada uma das hipóteses do art. 59, conforme o §2º do art. 24 da EC nº 103, de 2019, será mantido o valor integral do benefício mais vantajoso e, para os demais benefícios, é garantido o valor de um salário mínimo e, caso supere esse valor, será acrescido de:

I - 60% (sessenta por cento) do valor que exceder 1 (um) salário mínimo, até o limite de 2 (dois) salários mínimos;

II - 40% (quarenta por cento) do valor que exceder 2 (dois) salários mínimos, até o limite de 3 (três) salários mínimos;

III - 20% (vinte por cento) do valor que exceder 3 (três) salários mínimos, até o limite de 4 (quatro) salários mínimos; e

IV - 10% (dez por cento) do valor que exceder 4 (quatro) salários mínimos.

Parágrafo único. Quando houver mais de um dependente no mesmo benefício, o valor da pensão por morte a ser considerado em caso de acumulação é o referente somente à cota parte a que o cônjuge ou companheiro, ex-cônjuge ou ex-companheiro, faz jus.[831]

Exemplo

Servidor público percebe a título de proventos R$10.000,00. Sua esposa, também servidora pública, vem a falecer em 2020 deixando pensão no valor de R$18.000,00, a ser dividida entre o viúvo e um filho, cabendo a cada um R$9.000,00.

No caso, é admitida a acumulação dos proventos de aposentadoria do servidor com a pensão legada por sua falecida esposa, conforme art. 24, §1º, II, da EC nº 103/2019.

Embora não possa receber na integralidade os dois benefícios, lhe é assegurada pelo art. 24, §2º, a percepção do valor integral do benefício mais vantajoso e de uma parte do outro, à qual é garantido ao menos o valor de um salário mínimo e, se o benefício superar esse valor, como no caso em apreço, sua apuração será feita de acordo com as seguintes faixas:

I – 60% (sessenta por cento) do valor que exceder 1 (um) salário mínimo, até o limite de 2 (dois) salários mínimos;

II – 40% (quarenta por cento) do valor que exceder 2 (dois) salários mínimos, até o limite de 3 (três) salários mínimos;

III – 20% (vinte por cento) do valor que exceder 3 (três) salários mínimos, até o limite de 4 (quatro) salários mínimos; e

IV – 10% (dez por cento) do valor que exceder 4 (quatro) salários mínimos.

Calcule-se, então, a parte da pensão de R$9.000,00 que caberá ao servidor.

Dado – salário mínimo em 2020: R$1.045,00

[831] BRASIL. Instituto Nacional do Seguro Social. Portaria nº 450, de 3 de abril de 2020. Dispõe sobre as alterações constantes na Emenda Constitucional nº 103, de 12 de novembro de 2019, e na Medida Provisória nº 905, de 11 de novembro de 2019. *Diário Oficial*, 6 abr. 2020. Disponível em: https://www.normasbrasil.com.br/norma/portaria-450-2020_392452.html. Atualizada pela Portaria nº 528 de 22.4.2020.

100% do valor do SM	R$1.045,00
60% do valor que excede 1 SM, até limite de 2 SM, 60% × R$1.045,00	R$627,00
40% do valor que excede 2 SM, até limite de 3 SM, 40% × R$1.045,00	R$418,00
20% do valor que excede 3 SM, até limite de 4 SM, 20% × R$1.045,00	R$209,00
10% do valor que excede 4 SM, 10% × (R$9.000,00 – 4 × R$1.045,00)	R$482,00
Total	R$2.781,00

Portanto, o servidor receberá a pensão no valor de R$2.781,00.
A cota de seu filho, contudo, permanece com o valor de R$9.000,00.
Reajuste: sem paridade com o serviço ativo.

15.44 Cálculo da integralidade em caso de jornada de trabalho diferenciada e vantagens remuneratórias variáveis de natureza permanente – §8º do art. 4º da EC nº 103/2019

Legislação aplicável

Emenda Constitucional nº 103, de 12 de novembro de 2019 [...]

Art. 4º [...]

§8º Considera-se remuneração do servidor público no cargo efetivo, para fins de cálculo dos proventos de aposentadoria com fundamento no disposto no inciso I do §6º ou no inciso I do §2º do art. 20, o valor constituído pelo subsídio, pelo vencimento e pelas vantagens pecuniárias permanentes do cargo, estabelecidos em lei, acrescidos dos adicionais de caráter individual e das vantagens pessoais permanentes, observados os seguintes critérios:

I - se o cargo estiver sujeito a variações na carga horária, o valor das rubricas que refletem essa variação integrará o cálculo do valor da remuneração do servidor público no cargo efetivo em que se deu a aposentadoria, considerando-se a média aritmética simples dessa carga horária proporcional ao número de anos completos de recebimento e contribuição, contínuos ou intercalados, em relação ao tempo total exigido para a aposentadoria;

II - se as vantagens pecuniárias permanentes forem variáveis por estarem vinculadas a indicadores de desempenho, produtividade ou situação similar, o valor dessas vantagens integrará o cálculo da remuneração do servidor público no cargo efetivo mediante a aplicação, sobre o valor atual de referência das vantagens pecuniárias permanentes variáveis, da média aritmética simples do indicador, proporcional ao número de anos completos de recebimento e de respectiva contribuição, contínuos ou intercalados, em relação ao tempo total exigido para a aposentadoria ou, se inferior, ao tempo total de percepção da vantagem.[832]

Como se observa, o constituinte constitucionalizou o conceito de remuneração do servidor público em cargo efetivo com direito à integralidade. Fica claro que somente parcelas de natureza permanente podem ser carreadas aos proventos nessa hipótese.

---

[832] BRASIL. [Constituição (1988)]. *Emenda Constitucional nº 103, de 12 de novembro de 2019*. Altera o sistema de previdência social e estabelece regras de transição e disposições transitórias. Disponível em: http://www.planalto.gov.br/ccivil_03/Constituicao/Emendas/Emc/emc103.htm#art1. Acesso em: 23 fev. 2020.

Nada obstante, houve inovação em relação a duas situações. A primeira, quando houver carga horária variável ao longo da vida funcional do servidor. Nesse caso, deve-se proporcionalizar observando as diretrizes estabelecidas.

Exemplo 1

Imaginemos situação em que servidora pública irá se aposentar nessa regra e possua 15 de anos de trabalho e contribuição com jornada de trabalho de 20 horas e os outros 15 anos com jornada de 40 horas. Nesse caso, a servidora não se aposentará com a remuneração correspondente a 40 horas, porquanto somente laborou nessa carga horária por 15 anos. Assim, deve-se proceder à média aritmética simples da jornada variável, ou seja, fará jus a proventos de 15/30 avos da remuneração de 20 horas, acrescido de 15/30 avos da remuneração de 40 horas.

Tal medida foi adotada para evitar prejuízos aos cofres previdenciários ante prática comum em que se alterava a jornada de trabalho às vésperas da aposentadoria para levar proventos de maior valor sem ter contribuído para tanto. É verdade, todavia, que alguns Tribunais de Contas, como o TCDF e o TCU, vinham fazendo exigência de ter no mínimo 5 anos na jornada de trabalho constante dos proventos.

Exemplo 2

Quando os servidores forem contemplados com vantagens financeiras variáveis e de natureza permanente a título de produtividade, desempenho etc., nesse caso, a vantagem, que é permanente, porém variável, integrará o cálculo da remuneração do servidor público no cargo efetivo, para fins de aposentadoria, mediante a aplicação, sobre o valor atual de referência da vantagem (aquele percebido em atividade), da média aritmética simples desse indicador, proporcional ao número de anos completos de recebimento, em relação ao tempo total exigido para a aposentadoria ou, se inferior, ao tempo total de percepção da vantagem.

Curioso observar que o cálculo da vantagem variável sempre redundará em um valor integral, porquanto permite duas fórmulas de cálculo, seja utilizando-se o tempo total exigido para aposentadoria, seja utilizando o tempo total de percepção da vantagem. Veja-se o porquê.

Imagine-se que um servidor tenha recebido a vantagem por 35 (trinta e cinco anos). Ora, nesse caso, a média será proporcional a 35 (número de anos completos de recebimento) dividido por 35 (tempo total exigido para a aposentadoria), o que perfaz a integralidade.

Mas, se nesse exemplo, o servidor receber a vantagem variável por 20 anos? Ainda nesse caso, manter-se-á a integralidade. Isso porque o comando normativo, nessa situação, possibilita a utilização da segunda fórmula de cálculo. Assim: a média seria proporcional a 20 (número de anos completos de recebimento) dividido por 20 (tempo total de percepção da vantagem).

REFERÊNCIAS

A HISTÓRIA da Previdência. *O Estado*, Fortaleza, 29 jan. 2009. Disponível em: https://www.oestadoce.com.br/nacional/a-historia-da-previdencia. Acesso em: 17 ago. 2009.

ALEMANHA. *Lei Fundamental da República Federal da Alemanha*. 1949. Disponível em: https://www.btg-bestellservice.de/pdf/80208000.pdf. Acesso em: 17 dez. 2019.

ALVARES, Maria Lúcia Miranda. *Regime Próprio de Previdência Social*. São Paulo: NDJ, 2007.

ARAÚJO, Valter Shuenquener de; SILVA, José Afonso da. EC nº 41, teto de remuneração: reduções inconstitucionais em um estado democrático. *In*: TAVARES, Marcelo Leonardo (Coord.). *A reforma da Previdência Social*: temas polêmicos e aspectos controvertidos. Rio de Janeiro: Lumens Juris, 2004.

BAHIA. Tribunal de Contas do Estado. *Resolução nº 31, de 28 de abril de 2016*.

BANDEIRA DE MELLO, Celso. *Curso de direito administrativo*. 16. ed. rev. e atual. São Paulo: Malheiros, 2003.

BASTOS, Celso Ribeiro; MARTINS, Ives. *Comentários à Constituição do Brasil*: promulgada em 05 de outubro de 1988. São Paulo: Saraiva, 2018.

BRASIL. [Constituição (1824)]. *Constituição Política do Império do Brasil de 1824*. Brasília: Presidência da República, 1824. Disponível em: http://www.planalto.gov.br/ccivil_03/Constituicao/Constituicao24.htm. Acesso em: 22 jan. 2020.

BRASIL. [Constituição (1891)]. *Constituição da República dos Estados Unidos do Brasil de 1891*. Disponível em: http://www.planalto.gov.br/ccivil_03/Constituicao/Constituicao91.htm. Acesso em: 3 mar. 2020.

BRASIL. [Constituição (1934)]. *Constituição da República dos Estados Unidos do Brasil de 1934*. Brasília: Presidência da República, 1934. Disponível em: http://www.planalto.gov.br/ccivil_03/constituicao/constituicao34.htm. Acesso em: 20 fev. 2020.

BRASIL. [Constituição (1946)]. *Constituição da República dos Estados Unidos do Brasil de 1946*. Brasília: Presidência da República, 1946. Disponível em: http://www.planalto.gov.br/ccivil_03/constituicao/constituicao46.htm. Acesso em: 18 mar. 2020.

BRASIL. [Constituição (1988) com redação dada pela EC nº 20/1998]. *Constituição da República Federativa do Brasil de 1988*. Brasília: Presidência da República, 1988. Disponível em: http://www.planalto.gov.br/ccivil_03/constituicao/constituicao.htm. Acesso em: 29 jan. 2020.

BRASIL. [Constituição (1988) com redação da EC nº 88/2015]. *Constituição da República Federativa do Brasil de 1988*. Brasília: Presidência da República, 1988. Disponível em: http://www.planalto.gov.br/ccivil_03/constituicao/constituicao.htm. Acesso em: 29 out. 2019.

BRASIL. [Constituição (1988) com redação dada pela EC nº 103/2019]. *Constituição da República Federativa do Brasil de 1988*. Brasília: Presidência da República, 1988. Disponível em: http://www.planalto.gov.br/ccivil_03/constituicao/constituicao.htm. Acesso em: 29 jan. 2020.

BRASIL. [Constituição (1988) com redação dada pela EC nº 90/2015]. *Constituição da República Federativa do Brasil de 1988*. Brasília: Presidência da República, 1988. Disponível em: http://www.planalto.gov.br/ccivil_03/constituicao/constituicao.htm. Acesso em: 29 jan. 2020.

BRASIL. [Constituição (1988)]. *Constituição da República Federativa do Brasil de 1988*. Brasília: Presidência da República, 1988. Disponível em: http://www.planalto.gov.br/ccivil_03/constituicao/constituicao.htm. Acesso em: 29 jan. 2020.

BRASIL. [Constituição (1988)]. Emenda Constitucional nº 03, de 17 de março de 1993. Altera os arts. 40, 42, 102, 103, 155, 156, 160, 167 da Constituição Federal. *Diário Oficial da União [da] República Federativa do Brasil*, Brasília, 18 mar. 1993.

BRASIL. [Constituição (1988)]. *Emenda Constitucional nº 103, de 12 de novembro de 2019*. Altera o sistema de previdência social e estabelece regras de transição e disposições transitórias. Disponível em: http://www.planalto.gov.br/ccivil_03/Constituicao/Emendas/Emc/emc103.htm#art1. Acesso em: 23 fev. 2020.

BRASIL. [Constituição (1988)]. Emenda Constitucional nº 18, de 05 de fevereiro de 1998. Dispõe sobre o regime constitucional dos militares. *Diário Oficial da União [da] República Federativa do Brasil*, Brasília, 6 fev. 1998.

BRASIL. [Constituição (1988)]. Emenda Constitucional nº 19, de 04 de junho de 1998. Modifica o regime e dispõe sobre princípios e normas da Administração Pública, servidores e agentes políticos, controle de despesas e finanças públicas e custeio de atividades a cargo do Distrito Federal, e dá outras providências. *Diário Oficial da União [da] República Federativa do Brasil*, Brasília, 5 jun. 1998.

BRASIL. [Constituição (1988)]. *Emenda Constitucional nº 20, de 15 de dezembro de 1998*. Modifica o sistema de previdência social, estabelece normas de transição e dá outras providências. Disponível em: http://www.planalto.gov.br/ccivil_03/Constituicao/Emendas/Emc/emc20.htm#art1. Acesso em: 23 fev. 2020.

BRASIL. [Constituição (1988)]. Emenda Constitucional nº 41, de 19 de dezembro de 2003. Modifica os arts. 37, 40, 42, 48, 96, 149 e 201 da Constituição Federal, revoga o inciso IX do §3º do art. 142 da Constituição Federal e dispositivos da Emenda Constitucional nº 20, de 15 de dezembro de 1998, e dá outras providências. *Diário Oficial da União [da] República Federativa do Brasil*, Brasília, 31 dez. 2003.

BRASIL. [Constituição (1988)]. Emenda Constitucional nº 47, de 05 de julho de 2005. Altera os arts. 37, 40, 195 e 201 da Constituição Federal, para dispor sobre a previdência social, e dá outras providências. *Diário Oficial da União [da] República Federativa do Brasil*, Brasília, 6 jul. 2005.

BRASIL. [Constituição (1988)]. Emenda Constitucional nº 70, de 29 de março de 2012. Acrescenta art. 6º-A à Emenda Constitucional nº 41, de 2003, para estabelecer critérios para o cálculo e a correção dos proventos da aposentadoria por invalidez dos servidores públicos que ingressaram no serviço público até a data da publicação daquela Emenda Constitucional. *Diário Oficial da União [da] República Federativa do Brasil*, Brasília, 30 mar. 2012.

BRASIL. [Constituição (1988)]. *Emenda Constitucional nº 77, de 11 de fevereiro de 2014*. Disponível em: http://www.planalto.gov.br/ccivil_03/constituicao/emendas/emc/emc77.htm. Acesso em: 26 jun. 2020.

BRASIL. Advocacia-Geral da União. *Parecer GM-30*. Advogado-Geral da União: Gilmar Ferreira Mendes. Brasília, 4 abr. 2002. Disponível em: http://www.agu.gov.br/page/atos/detalhe/idato/8426. Acesso em: 5 jul. 2020.

BRASIL. Conselho Nacional de Justiça. *Consulta nº 0001244-82.2014.2.00.0200*. Disponível em: https://cnj.jusbrasil.com.br/jurisprudencia/697906913/consulta-cons-12448220142000200. Acesso em: 15 jun. 2020.

BRASIL. Conselho Nacional de Justiça. Resolução nº 13 de 21 março de 2006. Dispõe sobre a aplicação do teto remuneratório constitucional e do subsídio mensal dos membros da magistratura *DJ*, n. 62, p. 145, 30 mar. 2006. Disponível em: https://atos.cnj.jus.br/atos/detalhar/atos-normativos?documento=177. Acesso em: 5 jul. 2020.

BRASIL. Conselho Nacional de Justiça. *Resolução nº 14 de 21 de março de 2006*. Dispõe sobre a aplicação do teto remuneratório constitucional para os servidores do Poder Judiciário e para a magistratura dos Estados. Disponível em: https://atos.cnj.jus.br/atos/detalhar/atos-normativos?documento=178. Acesso em: 26 jun. 2020.

BRASIL. Conselho da Justiça Federal. *Resolução nº 40/2008*. Disponível em: https://www.cjf.jus.br/cjf/. Acesso em: 10 maio 2020.

BRASIL. Conselho Nacional de Justiça. *Resolução nº 166, de 19 de dezembro de 2012*. Disponível em: https://amaerj.org.br/noticias/resolucao-do-cnj-indica-criterio-para-aposentadoria-por-tempo-de-servico-para-magistrados/. Acesso em: 1º jun. 2020.

BRASIL. Conselho da Justiça Federal. *Resolução nº 2012/00221*, de 19 de dezembro de 2012. Disponível em: https://www2.cjf.jus.br/jspui/bitstream/handle/1234/46369/Res%20221-2012%20alterada.pdf?sequence=6. Acesso em: 16 mar. 2020.

BRASIL. Conselho da Justiça Federal. *Resolução nº 341/2015*. Disponível em: https://www2.cjf.jus.br/jspui/handle/1234/48404?show=full. Acesso em: 12 jun. 2020.

BRASIL. Conselho Nacional de Justiça. *Pedido de providências nº 0005125-61.2009.2.00.0000*. Rel. Cons. Marcelo Neves. Requerente: Conselho Superior da Justiça do Trabalho. Interessado: José Pedro de Amargo Rodrigues de Souza. Requerido: Tribunal Regional do Trabalho da 15ª Região.

BRASIL. Conselho Nacional do Ministério Público. *Resolução nº 09, de 5 de junho de 2006*. Dispõe sobre a aplicação do teto remuneratório constitucional e do subsídio mensal dos membros do Ministério Público. Disponível em: https://www.cnmp.mp.br/portal/atos-e-normas/norma/407/%26highlight=WyJyZXNvbHV!cdTAwZTdcdTAwZTNvIiwiMDkiLCJyZXNvbHVcdTAwZTdcdTAwZTNvIDA5Il0=. Acesso em: 13 mar. 2020.

BRASIL. Conselho Nacional do Ministério Público. *Resolução nº 10 de 19 junho de 2006*. Dispõe sobre a aplicação do teto remuneratório constitucional e do subsídio mensal dos membros do Ministério Público. Disponível em: https://www.cnmp.mp.br/portal/images/Resolucoes/Resolu%C3%A7%C3%A3o-0101.pdf Acesso em: 27 jun. 2020.

BRASIL. Constituição (1988)]. *Emenda Constitucional nº 101, de 3 de julho de 2019*. Acrescenta § 3º ao art. 42 da Constituição Federal para estender aos militares dos Estados, do Distrito Federal e dos Territórios o direito à acumulação de cargos públicos prevista no art. 37, inciso XVI. Disponível em: http://www.planalto.gov.br/ccivil_03/constituicao/Emendas/Emc/emc101.htm. Acesso em: 23 jun. 2020.

BRASIL. Decreto Legislativo nº 5.109, de 20 de dezembro de 1926. Estende o regimen do Decreto legislativo nº 4.682, de 24 de janeiro de 1923, a outras empresas. *Diário Oficial da União*, Seção 1, p. 24113, 30 dez. 1926.

BRASIL. *Decreto nº 20.465, de 1º de outubro de 1931*. Reforma a legislação das caixas de aposentadoria e pensões. Disponível em: https://www2.camara.leg.br/legin/fed/decret/1930-1939/decreto-20465-1-outubro-1931-500674-publicacaooriginal-1-pe.html. Acesso em: 20 fev. 2020.

BRASIL. *Decreto nº 3.048, de 06 de maio de 1999*. Aprova o Regulamento da Previdência Social, e dá outras providências. Disponível em: http://www.planalto.gov.br/ccivil_03/decreto/D3048.htm. Acesso em: 22 fev. 2020.

BRASIL. *Decreto nº 3.724, de 15 de janeiro de 1919*. Regula as obrigações resultantes dos accidentes no trabalho. Disponível em: https://www2.camara.leg.br/legin/fed/decret/1910-1919/decreto-3724-15-janeiro-1919-571001-publicacaooriginal-94096-pl.html. Acesso em: 20 fev. 2020.

BRASIL. *Decreto nº 4.264, de 19 de junho de 1939*. Aprova o novo regulamento do instituto de aposentadoria e pensões da estiva. Disponível em: https://www2.camara.leg.br/legin/fed/decret/1930-1939/decreto-4264-19-junho-1939-347014-norma-pe.html. Acesso em: 23 jun. 2020.

BRASIL. *Decreto nº 7.808, de 20 de setembro de 2012*. Cria a Fundação de Previdência Complementar do Servidor Público Federal do Poder Executivo – Funpresp-Exe, dispõe sobre sua vinculação no âmbito do Poder Executivo e dá outras providências. Disponível em: http://www.planalto.gov.br/ccivil_03/_Ato2011-2014/2012/Decreto/D7808.htm. Acesso em: 22 fev. 2020.

BRASIL. Decreto nº 77.077, de 24 de janeiro de 1976. Expede a Consolidação das Leis da Previdência Social, nos termos do artigo 6º da Lei nº 6.243/75. *Diário Oficial da União [da] República Federativa do Brasil*, Brasília, 2 fev. 1976.

BRASIL. Decreto-Lei nº 72, de 21 de novembro de 1966. Unifica os Institutos de Aposentadoria e Pensões e cria o Instituto Nacional de Previdência Social. *Diário Oficial da União [da] República Federativa do Brasil*, Brasília, p. 13523, 22 nov. 1966.

BRASIL. *Decreto-Lei nº 399, de abril de 1938*. Aprova o regulamento para execução da Lei nº 185, de 14 de janeiro de 1936, que institue as comissões de salário mínimo. Disponível em: https://legislacao.presidencia.gov.br/atos/?tipo=DEL&numero=399&ano=1938&ato=7930TQE9UNnpXT781. Acesso em: 23 jun. 2020.

BRASIL. *Decreto-Lei nº 1.713, de 28 de outubro de 1939*. Dispõe sobre o Estatuto dos Funcionários Públicos Civis da União. Coleção de Leis do Brasil, 31 dez. 1939.

BRASIL. *Decreto-Lei nº 2.848, de 7 de dezembro de 1940*. Código Penal. Disponível em: http://www.planalto.gov.br/ccivil_03/decreto-lei/del2848compilado.htm. Acesso em: 10 mar. 2020.

BRASIL. *Decreto-Lei nº 4.682, de 24 de janeiro de 1923*. Crea, em cada uma das empresas de estradas de ferro existentes no paiz, uma caixa de aposentadoria e pensões para os respectivos empregados. Disponível em: http://www.planalto.gov.br/ccivil_03/decreto/historicos/dpl/DPL4682-1923.htm. Acesso em: 22 fev. 2020.

BRASIL. *Decreto-Lei nº 5.452, de 1º de maio de 1943*. Aprova a Consolidação das Leis do Trabalho. Disponível em: http://www.planalto.gov.br/ccivil_03/Decreto-Lei/Del5452.htm. Acesso em: 9 mar. 2020.

BRASIL. *Decreto-Lei nº 8.590, de 8 de janeiro de 1946*. Dispõe sôbre a realização de exercícios escolares práticos sob a forma de trabalho industrial nas escolas técnicas e escolas industriais, e dá outras providências. Disponível em: https://legislacao.presidencia.gov.br/atos/?tipo=DEL&numero=8590&ano=1946&ato=8d70TRU9UNrR0T287. Acesso em: 16 jun. 2020.

BRASIL. *Decreto-Lei nº 53.153, de 10 de dezembro de 1963*. Aprova o regulamento do salário-família do trabalhador. Disponível em: http://www.planalto.gov.br/ccivil_03/decreto/1950-1969/D53153.htm. Acesso em: 23 jun. 2020.

BRASIL. Instituto Nacional do Seguro Social. *Instrução Normativa nº 77, de 21.01.2015*. Estabelece rotinas para agilizar e uniformizar o reconhecimento de direitos dos segurados e beneficiários da Previdência Social, com observância dos princípios estabelecidos no art. 37 da Constituição Federal de 1988. Disponível em: https://www.inss.gov.br/wp-content/uploads/2019/09/in77PRESINSSatualizada15082019-mesclado.pdf. Acesso em: 20 jun. 2020.

BRASIL. Instituto Nacional do Seguro Social. *Ofício SEI Circular nº 064/2019/DIRBEN/INSS*. Assunto: Esclarecimentos sobre a Emenda Constitucional nº 103, de 2019 e pela Medida Provisória nº 905, de 2019.

BRASIL. Instituto Nacional do Seguro Social. Portaria nº 450, de 3 de abril de 2020. Dispõe sobre as alterações constantes na Emenda Constitucional nº 103, de 12 de novembro de 2019, e na Medida Provisória nº 905, de 11 de novembro de 2019. *Diário Oficial*, 6 abr. 2020. Disponível em: https://www.normasbrasil.com.br/norma/portaria-450-2020_392452.html. Acesso em: 20 jun. 2020.

BRASIL. Instituto Nacional do Seguro Social. Portaria nº 528 de 22 de abril de 2020. *Diário Oficial*, 24 abr. 2020. Disponível em: https://www.normasbrasil.com.br/norma/portaria-528-2020_393500.html. Acesso em: 1º jul. 2020.

BRASIL. *Instrução Normativa INSS nº 77, de 21.01.2015*. Estabelece rotinas para agilizar e uniformizar o reconhecimento de direitos dos segurados e beneficiários da Previdência Social, com observância dos princípios estabelecidos no art. 37 da Constituição Federal de 1988. Disponível em: https://www.inss.gov.br/wp-content/uploads/2019/09/in77PRESINSSatualizada15082019-mesclado.pdf. Acesso em: 20 jun. 2020.

BRASIL. *Lei Complementar nº 35, de 14 de março de 1979*. Dispõe sobre a Lei Orgânica da Magistratura Nacional. Disponível em: http://www.planalto.gov.br/ccivil_03/Leis/LCP/Lcp35.htm. Acesso em: 18 jun. 2020.

BRASIL. *Lei Complementar nº 51, de 20 de dezembro de 1985*. Dispõe sobre a aposentadoria do funcionário policial, nos termos do art. 103, da Constituição Federal. Disponível em: http://www.planalto.gov.br/ccivil_03/ Leis/LCP/Lcp51.htm. Acesso em: 28 mar. 2020.

BRASIL. *Lei Complementar nº 101, de 4 de maio de 2000*. Estabelece normas de finanças públicas voltadas para a responsabilidade na gestão fiscal e dá outras providências. Disponível em: http://www.planalto.gov.br/ccivil_03/leis/lcp/lcp101.htm. Acesso em: 17 jun. 2020.

BRASIL. *Lei Complementar nº 142, de 8 de maio de 2013*. Regulamenta o §1º do art. 201 da Constituição Federal, no tocante à aposentadoria da pessoa com deficiência segurada do Regime Geral de Previdência Social – RGPS. Disponível em: http://www.planalto.gov.br/ccivil_03/LEIS/LCP/Lcp142.htm. Acesso em: 19 jun. 2020.

BRASIL. *Lei Complementar nº 152, de 3 de dezembro de 2015*. Dispõe sobre a aposentadoria compulsória por idade, com proventos proporcionais, nos termos do inciso II do §1º do art. 40 da Constituição Federal. Disponível em: http://www.planalto.gov.br/CCIVIL_03/LEIS/LCP/ Lcp152.htm. Acesso em: 23 fev. 2020.

BRASIL. *Lei nº 16, de 12 de agosto de 1834*. Faz algumas alterações e addições á Constituição Politica do Imperio, nos termos da Lei de 12 de Outubro de 1832. CLBR, 1834. Disponível em: http://www.planalto.gov.br/ccivil_03/leis/lim/LIM16.htm. Acesso em: 22 jan. 2020.

BRASIL. *Lei nº 185, de 14 de janeiro de 1936*. Institue as commissões de salario mínimo. Disponível em: https://legislacao.presidencia.gov.br/atos/?tipo=LEI&numero=185&ano=1936&ato=2260zZE1UMVpXTa8e. Acesso em: 23 jun. 2020.

BRASIL. Lei nº 1.711, de 28 de outubro de 1952. Dispõe sôbre o Estatuto dos Funcionários Públicos Civis da União. *Diário Oficial da União [da] República Federativa do Brasil*, Brasília, 1º nov. 1952.

BRASIL. *Lei nº 3.552, de 16 e fevereiro de 1959*. Dispõe sobre nova organização escolar e administrativa dos estabelecimentos de ensino industrial do Ministério da Educação e Cultura, e dá outras providências. Disponível em: http://www.planalto.gov.br/ccivil_03/leis/L3552.htm Acesso em: 16 jun. 2020.

BRASIL. Lei nº 3.807, de 26 de agosto de 1960. Dispõe sôbre a Lei Orgânica da Previdência Social. *Diário Oficial da União [da] República Federativa do Brasil*, Brasília, 5 set. 1960.

BRASIL. *Lei nº 4.266, de 03 de outubro de 1963*. Institui o salário família do trabalhador. Disponível em: http://www.planalto.gov.br/ccivil_03/LEIS /L4266.htm. Acesso em: 23 jun. 2020.

BRASIL. Lei nº 5.172, de 25 de outubro de 1966. Dispõe sobre o Sistema Tributário Nacional e institui normas gerais de direito tributário aplicáveis à União, Estados e Municípios. *Diário Oficial da União [da] República Federativa do Brasil*, Brasília, 27 out. 1966.

BRASIL. Lei nº 5.890, de 08 de junho de 1973. Altera a legislação de previdência social e dá outras providências. *Diário Oficial da União [da] República Federativa do Brasil*, Brasília, p. 5586, 11 jun. 1973.

BRASIL. Lei nº 6.439, de 1º de julho de 1977. Institui o sistema Nacional de Previdência e Assistência Social e dá outras providências. *Diário Oficial da União [da] República Federativa do Brasil*, Brasília, 2 set. 1977.

BRASIL. Lei nº 6.858, de 24 de novembro de 1980. Dispõe sobre o pagamento, aos dependentes ou sucessores, de valores não recebidos em vida pelos respectivos titulares. *Diário Oficial da União [da] República Federativa do Brasil*, Brasília, 25 nov. 1980.

BRASIL. *Lei nº 7.070, de 20 de dezembro de 1982*. Dispõe sobre pensão especial para os deficientes físicos que especifica e dá outras providencias. Disponível em: http://www.planalto.gov.br/ccivil_03/Leis/1980-1988/L7070.htm. Acesso em: 27 jun. 2020.

BRASIL. Lei nº 8.029, de 12 de abril de 1990. Dispõe sobre a extinção e dissolução de entidades da Administração Pública Federal, e dá outras providências. *Diário Oficial da União [da] República Federativa do Brasil*, Brasília, 13 abr. 1990.

BRASIL. *Lei nº 8.080, de 19 de setembro de 1990*. Dispõe sobre as condições para a promoção, proteção e recuperação da saúde, a organização e o funcionamento dos serviços correspondentes e dá outras providências. Disponível em: http://www.planalto.gov.br/ccivil_03/Leis/L8080.htm. Acesso em: 22 fev. 2020.

BRASIL. *Lei nº 8.112, de 11 de dezembro de 1990*. Dispõe sobre o regime jurídico dos servidores públicos civis da União, das autarquias e das fundações públicas federais. Disponível em: http://www.pl4analto.gov.br/ccivil_03/LEIS/L8112cons.htm. Acesso em: 9 mar. 2020.

BRASIL. *Lei nº 8.212, de 24 de julho de 1991*. Dispõe sobre a organização da Seguridade Social, institui Plano de Custeio, e dá outras providências. Disponível em: http://www.planalto.gov.br/ccivil_03/LEIS/L8212cons.htm. Acesso em: 22 jan. 2020.

BRASIL. *Lei nº 8.213, de 24 de julho de 1991*. Dispõe sobre os Planos de Benefícios da Previdência Social e dá outras providências. Disponível em: http://www.planalto.gov.br/ccivil_03/LEIS/L8213cons.htm. Acesso em: 22 jan. 2020.

BRASIL. Lei nº 8.216, de 13 de agosto de 1991. Dispõe sobre antecipação a ser compensada quando da revisão geral da remuneração dos servidores públicos, corrige e reestrutura tabelas de vencimentos e dá outras providências. *Diário Oficial da União [da] República Federativa do Brasil*, Brasília, 15 ago. 1991.

BRASIL. *Lei nº 8.429, de 02 de junho de 1992*. Dispõe sobre as sanções aplicáveis aos agentes públicos nos casos de enriquecimento ilícito no exercício de mandato, cargo, emprego ou função na Administração Pública direta, indireta ou fundacional e dá outras providências. Disponível em: http://www.planalto.gov.br/ccivil_03/Leis/L8429.htm. Acesso em: 9 mar. 2020.

BRASIL. Lei nº 8.448, de 21 de julho de 1992. Regulamenta os arts. 37, inciso XI e 39, §1º da Constituição Federal e dá outras providências. *Diário Oficial da União [da] República Federativa do Brasil*, Brasília, 22 jul. 1992.

BRASIL. *Lei nº 8.742, de 07 de dezembro de 1993*. Dispõe sobre a organização da Assistência Social e dá outras providências. Disponível em: https://www.planalto.gov.br/ccivil_03/LEIS/L8742.htm. Acesso em: 22 jan. 2020.

BRASIL. *Lei nº 8.852, de 4 de fevereiro de 1994*. Dispõe sobre a aplicação dos arts. 37, incisos XI e XII, e 39, §1º, da Constituição Federal, e dá outras providências. Disponível em: http://www.planalto.gov.br/ccivil_03/LEIS/L8852.htm. Acesso em: 13 mar. 2019.

BRASIL. *Lei nº 9.422, de 24 de dezembro de 1966*. Disponível em: http://www.planalto.gov.br/ccivil_03/Leis/L9422.htm. Acesso em: 27 jun. 2020.

BRASIL. Lei nº 9.506, de 30 de outubro de 1997. Extingue o Instituto de Previdência dos Congressistas – IPC, e dá outras providências. *Diário Oficial da União [da] República Federativa do Brasil*, Brasília, 31 out. 1997.

BRASIL. *Lei nº 9.624, de 02 de abril de 1998*. Altera dispositivos da Lei nº 8.911, de 11 de julho de 1994, e dá outras providências. Disponível em: http://www.planalto.gov.br/ccivil_03/Leis/L9624.htm. Acesso em: 26 jun. 2020.

BRASIL. *Lei nº 9.784, de 29 de janeiro de 1999*. Regula o processo administrativo no âmbito da Administração Pública Federal. Disponível em: http://www.planalto.gov.br/ccivil_03/Leis/L9784.htm. Acesso em: 18 mar. 2020.

BRASIL. Lei nº 10.666, de 08 de maio de 2003. Dispõe sobre a concessão da aposentadoria especial ao cooperado de cooperativa de trabalho ou de produção e dá outras providências. *Diário Oficial da União [da] República Federativa do Brasil*, Brasília, 9 maio 1998.

BRASIL. *Lei nº 10.887, de 18 de junho de 2004*. Dispõe sobre a aplicação de disposições da Emenda Constitucional nº 41, de 19 de dezembro de 2003, altera dispositivos das Leis nºs 9.717, de 27 de novembro de 1998, 8.213, de 24 de julho de 1991, 9.532, de 10 de dezembro de 1997, e dá outras providências. Disponível em: http://www.planalto.gov.br/ccivil_03/_Ato2004-2006/2004/Lei/L10.887compilado.htm. Acesso em: 23 fev. 2020.

BRASIL. *Lei nº 10.910, de 15 de julho de 2004*. Reestrutura a remuneração dos cargos das carreiras de Auditoria da Receita Federal, Auditoria-Fiscal da Previdência Social, Auditoria-Fiscal do Trabalho, altera o pró-labore, devido aos ocupantes dos cargos efetivos da carreira de Procurador da Fazenda Nacional, e a Gratificação de Desempenho de Atividade Jurídica – GDAJ, devida aos ocupantes dos cargos efetivos das carreiras de Advogados da União, de Procuradores Federais, de Procuradores do Banco Central do Brasil, de Defensores Públicos da União e aos integrantes dos quadros suplementares de que trata o art. 46 da Medida Provisória nº 2.229-43, de 6 de setembro de 2001, e dá outras providências. (Redação da Medida Provisória nº 440, de 29 de agosto de 2008, convertida na Lei nº 11.890, de 24.12.2008). Disponível em: http://www.planalto.gov.br/ccivil_03/_Ato2004-2006/2004/Lei/L10.910.htm#anexoiii. Acesso em: 13 mar. 2020.

BRASIL. Lei nº 11.301, de 10 de maio de 2006. Regulamenta o §5º do art. 40 e o §8º do art. 201 da CF/88. *Diário Oficial da União [da] República Federativa do Brasil*, Brasília, 11 maio 2006.

BRASIL. Lei nº 11.457, de 16 de março de 2007. Dispõe sobre a Administração Tributária Federal; altera as Leis nºs 10.593, de 06 de dezembro de 2002, 10.683, de 28 de maio de 2003, 8.212, de 24 de julho de 1991, 10.910, de 15 de julho de 2004, o Decreto-Lei nº 5.452, de 1º de maio de 1943, e o Decreto nº 70.235, de 06 de março de 1972; revoga dispositivos das Leis nºs 8.212, de 24 de julho de 1991, 10.593, de 06 de dezembro de 2002, 10.910, de 15 de julho de 2004, 11.098, de 13 de janeiro de 2005, e 9.317, de 05 de dezembro de 1996; e dá outras providências. *Diário Oficial da União [da] República Federativa do Brasil*, Brasília, 19 mar. 2007.

BRASIL. *Lei nº 11.520, de 18 de setembro de 2007*. Disponível em: http://www.planalto.gov.br/ccivil_03/_Ato2007-2010/2007/Lei/L11520.htm. Acesso em: 27 jun. 2020.

BRASIL. Lei nº 11.784, de 22 de setembro de 2008. Dispõe sobre a reestruturação do Plano Geral de Cargos do Poder Executivo – PGPE, de que trata a Lei nº 11.357, de 19 de outubro de 2006, do Plano Especial de Cargos da Cultura, de que trata a Lei nº 11.233, de 22 de dezembro de 2005, do Plano de Carreira dos Cargos Técnico-Administrativos em Educação, de que trata a Lei nº 11.091, de 12 de janeiro de 2005, da Carreira de Magistério Superior, de que trata a Lei nº 7.596, de 10 de abril de 1987, do Plano Especial de Cargos do Departamento de Polícia Federal, de que trata a Lei nº 10.682, de 28 de maio de 2003, do Plano de Carreira dos Cargos de Reforma e Desenvolvimento Agrário, de que trata a Lei nº 11.090, de 07 de janeiro de 2005, da Carreira de Perito Federal Agrário, de que trata a Lei nº 10.550, de 13 de novembro de 2002, da Carreira da Previdência, da Saúde e do Trabalho, de que trata a Lei nº 11.355, de 19 de outubro de 2006, da Carreira de Fiscal Federal Agropecuário, de que trata a Medida Provisória nº 2.229-43, de 06 de setembro de 2001, e a Lei nº 10.883, de 16 de junho de 2004, dos Cargos de Agente de Inspeção Sanitária e Industrial de Produtos de Origem Animal, Agente de Atividades Agropecuárias, Técnico de Laboratório e Auxiliar de Laboratório do Quadro de Pessoal do Ministério da Agricultura, Pecuária e Abastecimento, de que tratam respectivamente as Leis nºs 11.090, de 07 de janeiro de 2005, e 11.344, de 08 de setembro de 2006, dos Empregos Públicos de Agentes de Combate às Endemias, de que trata a Lei nº 11.350, de 05 de outubro de 2006, da Carreira de Policial Rodoviário Federal, de que trata a Lei nº 9.654, de 02 de junho de 1998, do Plano Especial de Cargos do Departamento de Polícia Rodoviária Federal, de que trata a Lei nº 11.095, de 13 de janeiro de 2005, da Gratificação de Desempenho de Atividade de Execução e Apoio Técnico à Auditoria no Departamento Nacional de Auditoria do Sistema Único de Saúde – GDASUS, do Plano de Carreiras e Cargos do Hospital das Forças Armadas – PCCHFA, do Plano de Carreira e Cargos de Magistério do Ensino Básico, Técnico e Tecnológico, e do Plano de Carreira do Ensino Básico Federal; fixa o escalonamento vertical e os valores dos soldos dos militares das Forças Armadas; altera a Lei nº 8.745, de 09 de dezembro de 1993, que dispõe sobre a contratação por tempo determinado para atender à necessidade temporária de excepcional interesse público, a Lei nº 8.112, de 11 de dezembro de 1990, que dispõe sobre o regime jurídico dos servidores públicos civis da União, das autarquias e das fundações públicas federais, a Lei nº 10.484, de 03 de julho de 2002, que dispõe sobre a criação da Gratificação de Desempenho de Atividade Técnica de Fiscalização Agropecuária – GDATFA, a Lei nº 11.356, de 19 de outubro de 2006, a Lei nº 11.507, de 20 de julho de 2007; institui sistemática para avaliação de desempenho dos servidores da Administração Pública federal direta, autárquica e fundacional;

revoga dispositivos da Lei nº 8.445, de 20 de julho de 1992, a Lei nº 9.678, de 03 de julho de 1998, dispositivo da Lei nº 8.460, de 17 de setembro de 1992, a Tabela II do Anexo I da Medida Provisória nº 2.215-10, de 31 de agosto de 2001, a Lei nº 11.359, de 19 de outubro de 2006; e dá outras providências. *Diário Oficial da União [da] República Federativa do Brasil*, Brasília, 23 set. 2008.

BRASIL. Lei nº 11.890, de 24 de dezembro de 2008. Dispõe sobre a reestruturação da composição remuneratória das Carreiras de Auditoria da Receita Federal do Brasil e Auditoria-Fiscal do Trabalho, de que trata a Lei nº 10.910, de 15 de julho de 2004, das Carreiras da Área Jurídica, de que trata a Lei nº 11.358, de 19 de outubro de 2006, das Carreiras de Gestão Governamental, de que trata a Medida Provisória nº 2.229-43, de 06 de setembro de 2001; das Carreiras do Banco Central do Brasil – BACEN, de que trata a Lei nº 9.650, de 27 de maio de 1998; e da Carreira de Diplomata, de que trata a Lei nº 11.440, de 29 de dezembro de 2006; cria o Plano de Carreiras e Cargos da Susep, o Plano de Carreiras e Cargos da CVM e o Plano de Carreiras e Cargos do IPEA; dispõe sobre a remuneração dos titulares dos cargos de Técnico de Planejamento P-1501 do Grupo P-1500, de que trata a Lei nº 9.625, de 07 de abril de 1998, e dos integrantes da Carreira Policial Civil dos extintos Territórios Federais do Acre, Amapá, Rondônia e Roraima de que trata a Lei nº 11.358, de 19 de outubro de 2006, sobre a criação de cargos de Defensor Público da União e a criação de cargos de Analista de Planejamento e Orçamento, e sobre o Sistema de Desenvolvimento na Carreira – SIDEC; altera as Leis nºs 10.910, de 15 de julho de 2004, 11.358, de 19 de outubro de 2006, e 9.650, de 27 de maio de 1998, 11.457, de 16 de março de 2007; revoga dispositivos da Medida Provisória nº 2.229-43, de 06 de setembro de 2001, das Leis nºs 9.650, de 27 de maio de 1998, 10.593, de 06 de dezembro de 2002, 10.910, de 15 de julho de 2004, 11.094, de 13 de janeiro de 2005, 11.344, de 08 de setembro de 2006, e 11.356, de 19 de outubro de 2006; e dá outras providências. *Diário Oficial da União [da] República Federativa do Brasil*, Brasília, 26 dez. 2008.

BRASIL. *Lei nº 12.618, de 30 de abril de 2012*. Institui o regime de previdência complementar para os servidores públicos federais titulares de cargo efetivo, inclusive os membros dos órgãos que menciona; fixa o limite máximo para a concessão de aposentadorias e pensões pelo regime de previdência de que trata o art. 40 da Constituição Federal; autoriza a criação de 3 (três) entidades fechadas de previdência complementar, denominadas Fundação de Previdência Complementar do Servidor Público Federal do Poder Executivo (Funpresp-Exe), Fundação de Previdência Complementar do Servidor Público Federal do Poder Legislativo (Funpresp-Leg) e Fundação de Previdência Complementar do Servidor Público Federal do Poder Judiciário (Funpresp-Jud); altera dispositivos da Lei nº 10.887, de 18 de junho de 2004; e dá outras providências. Disponível em: http://www.planalto.gov.br/ccivil_03/_ato2011-2014/2012/lei/l12618.htm. Acesso em: 22 fev. 2020.

BRASIL. *Lei nº 13.024, de 26 de agosto de 2014*. Institui a gratificação por exercício cumulativo de ofícios dos membros do Ministério Público da União e dá outras providências. Disponível em: http://www.planalto.gov.br/CCIVIL_03/_Ato2011-2014/2014/Lei/L13024.htm. Acesso em: 27 jun. 2020.

BRASIL. *Lei nº 13.093, de 12 de janeiro de 2015*. Institui a gratificação por exercício cumulativo de jurisdição aos membros da Justiça Federal e dá outras providências. Disponível em: http://www.planalto.gov.br/ccivil_03/_Ato2015-2018/2015/Lei/L13093.htm#:~:text=LEI%20N%C2%BA%2013.093%2C%20DE%2012,Art. Acesso em: 27 jun. 2020.

BRASIL. *Lei nº 13.135, de 17 de junho de 2015*. Altera as Leis nº 8.213, de 24 de julho de 1991, nº 10.876, de 2 de junho de 2004, nº 8.112, de 11 de dezembro de 1990, e nº 10.666, de 8 de maio de 2003, e dá outras providências. Disponível em: http://www.planalto.gov.br/ccivil_03/_Ato2015-2018/2015/Lei/L13135.htm. Acesso em: 20 jun. 2020.

BRASIL. *Lei nº 13.146, de 6 de julho de 2015*. Institui a Lei Brasileira de Inclusão da Pessoa com Deficiência (Estatuto da Pessoa com Deficiência). Disponível em: http://www.planalto.gov.br/ccivil_03/_ato2015-2018/2015/lei/l13146.htm. Acesso em: 19 jun. 2020.

BRASIL. *Lei nº 13.183, de 4 de novembro de 2015*. Altera as Leis nºs 8.212, de 24 de julho de 1991, e 8.213, de 24 de julho de 1991, para tratar da associação do segurado especial em cooperativa de crédito rural e, ainda essa última, para atualizar o rol de dependentes, estabelecer regra de não incidência do fator previdenciário, regras de pensão por morte e de empréstimo consignado, a Lei nº 10.779, de 25 de novembro de 2003, para assegurar pagamento do seguro-defeso para familiar que exerça atividade de apoio à pesca, a Lei nº 12.618, de 30 de abril de 2012, para estabelecer regra de inscrição no regime de previdência complementar dos servidores públicos federais titulares de cargo efetivo, a Lei nº 10.820, de 17 de dezembro de 2003, para dispor sobre o pagamento de empréstimos realizados por participantes e assistidos com entidades fechadas e abertas de previdência complementar e a Lei nº 7.998, de 11 de janeiro de 1990; e dá outras providências. Disponível em: http://www.planalto.gov.br/ccivil_03/_ato2015-2018/2015/lei/l13183.htm. Acesso em: 11 jun. 2020.

BRASIL. *Lei nº 13.846 de 18 de junho de 2019*. Institui o Programa Especial para Análise de Benefícios com Indícios de Irregularidade, o Programa de Revisão de Benefícios por Incapacidade, o Bônus de Desempenho Institucional por Análise de Benefícios com Indícios de Irregularidade do Monitoramento Operacional de Benefícios e o Bônus de Desempenho Institucional por Perícia Médica em Benefícios por Incapacidade; altera as Leis nºs 6.015/1973 [...]. Disponível em: http://www.planalto.gov.br/ccivil_03/_Ato2019-2022/2019/Lei/L13846.htm#art38. Acesso em: 23 jun. 2020.

BRASIL. *Lei nº 13.898, de 11 de novembro de 2019*. Dispõe sobre as diretrizes para a elaboração e a execução da Lei Orçamentária de 2020 e dá outras providências. Disponível em: http://www.planalto.gov.br/ccivil_03/_ato2019-2022/2019/lei/L13898.htm. Acesso em: 5 jul. 2020.

BRASIL. *Lei nº 13.985, de 7 de abril de 2020*. Disponível em: http://www.planalto.gov.br/ccivil_03/_Ato2019-2022/2020/Lei/L13985.htm. Acesso em: 27 jun. 2020.

BRASIL. Medida Provisória nº 167, de 19 de fevereiro de 2004. Dispõe sobre a aplicação de disposições da Emenda Constitucional nº 41, de 19 de dezembro de 2003, altera dispositivos das Leis nºs 9.717, de 27 de novembro de 1998, 8.213, de 24 de julho de 1991, 9.532, de 10 de dezembro de 1997, e dá outras providências. *Diário Oficial da União [da] República Federativa do Brasil*, Brasília, 20 fev. 2004.

BRASIL. *Medida Provisória nº 905, de 11 de novembro de 2019*. Disponível em: http://www.planalto.gov.br/ccivil_03/_Ato2019-2022/2019/Mpv/mpv905.htm. Acesso em: 8 abr. 2020.

BRASIL. *Medida Provisória nº 922 de 28 de fevereiro de 2020*. Altera a Lei nº 8.745, de 9 de dezembro de 1993, que dispõe sobre a contratação por tempo determinado para atender a necessidade temporária de excepcional interesse público, a Lei nº 10.820, de 17 de dezembro de 2003, que dispõe sobre a autorização para desconto de prestações em folha de pagamento, a Lei nº 13.334, de 13 de setembro de 2016, que cria o Programa de Parcerias de Investimentos - PPI, e a Lei nº 13.844, de 18 de junho de 2019, que estabelece a organização básica dos órgãos da Presidência da República e dos Ministérios. Disponível em: http://www.planalto.gov.br/ccivil_03/_Ato2019-2022/2020/Mpv/mpv922.htm#art1. Acesso em: 9 mar. 2020.

BRASIL. Ministério da Previdência Social. *Instrução Normativa nº 1, de 30 de maio de 2012*. Estabelece orientações para o cálculo e as revisões dos benefícios de aposentadoria por invalidez e das pensões deles decorrentes concedidas pelos regimes próprios de previdência social para fins de cumprimento do disposto na Emenda Constitucional nº 70, de 29 de março de 2012. Disponível em: http://sa.previdencia.gov.br/site/2016/06/ORIENTACAONORMATIVASPPSn01de30mai2012-1.pdf. Acesso em: 15 jun. 2020.

BRASIL. Ministério da Previdência Social. *Orientação Normativa nº 02, de 31 de março de 2009*. Disponível em: http://sa.previdencia.gov.br/site/2016/06/ORIENTACAONORMATIVASPSn02de31mar2009atualizadaate11jul2014-1-1.pdf. Acesso em: 23 mar. 2020.

BRASIL. Ministério da Previdência Social. *Parecer MPS/CJ nº 3.333/2004*. Regime de Previdência dos Servidores Públicos. Interpretação do Parecer nº GM 030/2002, do Advogado-Geral da União. Procurador Federal: Marcelo da Silva Freitas. Disponível em: http://www.usp.br/drh/novo/legislacao/dou2004/mps-parecer3333.html. Acesso em: 5 jul. 2020.

BRASIL. Ministério da Previdência Social. *Portaria nº 4.883, de 16 de dezembro de 1998*. Dispõe sobre a implementação da Emenda Constitucional nº 20, relativos ao Regime Geral de Previdência Social – RGPS. Disponível em: https://www.normasbrasil.com.br/norma/portaria-4883-1998_181060.html. Acesso em: 23 jun. 2020.

BRASIL. Ministério da Previdência Social. SPPS. *Nota Técnica nº 03/2013*. Disponível em: http://sa.previdencia.gov.br/site/2016/06/032013.pdf. Acesso em: 19 maio 2020.

BRASIL. Ministério da Saúde. Conselho Nacional de Saúde. Categorias Profissionais de Saúde de Nível Superior. Resolução CNS nº 287, de 08 de outubro de 1998. *Boletim do Conselho Nacional de Saúde*, ano 1, n. 1, nov. 1998.

BRASIL. Ministério do Planejamento, Orçamento e Gestão. *Orientação Normativa SRH nº 10 de 5 de novembro de 2010*. Estabelece orientação aos órgãos e entidades integrantes do SIPEC quanto à concessão de aposentadoria especial de que trata o art. 57 da Lei nº 8.213, de 24 de julho de 1991 (Regime Geral de Previdência Social), aos servidores públicos federais amparados por Mandados de Injunção. Disponível em: https://www.normasbrasil.com.br/norma/?id=91258. Acesso em: 19 jun. 2020.

BRASIL. Portaria nº 3.659, de 10 de fevereiro de 2020. *Diário Oficial da União*, 11 fev. 2020. Disponível em http://www.in.gov.br/en/web/dou/-/portaria-n-3.659-de-10-de-fevereiro-de-2020-242573505. Acesso em: 23 jun. 2020.

BRASIL. *Revista do TCE-MG*, ano XXVII, v. 72, n. 3, jul./set. 2009.

BRASIL. Superior Tribunal de Justiça. *Ação Rescisória nº 3.593/MT (2006/0130764-9)*. Disponível em: https://scon.stj.jus.br/SCON/jurisprudencia/doc.jsp. Acesso em: 5 jul. 2020.

BRASIL. Superior Tribunal de Justiça. *Ag. Int. no REsp nº 1.773.411*. Rel. Min. Mauro Campbell Marques, 19.2.2019. Disponível em: https://scon.stj.jus.br/SCON/SearchBRS?b=ACOR&livre=@cdoc=%271805939%27. Acesso em: 24 jun. 2020.

BRASIL. Superior Tribunal de Justiça. *Ag. Rg. no Ag 683.975 nº 2005/0090735-7*. Disponível em: www.stj.jus.br. Acesso em: 22 jun. 2020.

BRASIL. Superior Tribunal de Justiça. Ag. Rg. no Ag. Rg. no REsp nº 1059164/PR. Agravo Regimental no Agravo Regimental no Recurso Especial 2008/0111662-9. Quinta Turma. Rel. Min. Laurita Vaz. *Diário da Justiça eletrônico*, 20 abr. 2009.

BRASIL. Superior Tribunal de Justiça. Ag. Rg. no Ag. Rg. no REsp nº 1156093/SC. Agravo Regimental no Agravo Regimental no Recurso Especial 2009/0172777-6. Quinta Turma. Rel. Min. Felix Fischer. *Diário da Justiça eletrônico*, 4 out. 2010.

BRASIL. Superior Tribunal de Justiça. *Ag. Rg. no Recurso em Mandado de Segurança nº 24.121/ES*. Rel. Min. Jorge Mussi, 22.5.2012. Disponível em: https://www.jusbrasil.com.br/diarios/234450195/stj-27-03-2019-pg-3754. Acesso em: 18 jun. 2020.

BRASIL. Superior Tribunal de Justiça. Ag. Rg. no REsp nº 1007557/RJ. Agravo Regimental no Recurso Especial 2007/0270950-1. Quinta Turma. Rel. Min. Jorge Mussi. *Diário da Justiça eletrônico*, 25 ago. 2008.

BRASIL. Superior Tribunal de Justiça. *Ag. Rg.* no REsp nº 1099461/RS. Quinta Turma. Rel. Min. Felix Fischer. *Diário da Justiça eletrônico*, 17 ago. 2009.

BRASIL. Superior Tribunal de Justiça. Ag. Rg. no REsp nº 1145613/RS. Agravo Regimental no Recurso Especial 2009/0117552-7. Sexta Turma. Rel. Min. Haroldo Rodrigues (Desembargador convocado do TJ/CE). *Diário da Justiça eletrônico*, 11 out. 2010.

BRASIL. Superior Tribunal de Justiça. Ag. Rg. no REsp nº 1168805/RS. Agravo Regimental no Recurso Especial 2009/0230174-7. Quinta Turma. Rel. Min. Jorge Mussi. *Diário da Justiça eletrônico*, 7 jun. 2010.

BRASIL. Superior Tribunal de Justiça. Ag. Rg. no REsp nº 1198317/SC. Agravo Regimental no Recurso Especial. 2010/0112177-9. Primeira Turma. Rel. Min. Arnaldo Esteves Lima. *Diário da Justiça eletrônico*, 18 nov. 2010.

BRASIL. Superior Tribunal de Justiça. Ag. Rg. no REsp nº 1510425 RJ 2015/0005000-0. Segunda Turma. Rel. Min. Humberto Martins, 16.4.2015. *DJe*, 22 abr. 2015.

BRASIL. Superior Tribunal de Justiça. *Ag. Rg. no RMS nº 33.569/MA*. 2011/008309-8. Rel. Min. Castro Meira, 28.2.2012. Disponível em: https://scon.stj.jus.br/SCON/jurisprudencia/doc.jsp. Acesso em: 15 jul. 2020.

BRASIL. Superior Tribunal de Justiça. Agravo Regimental no Recurso Especial nº 1005028/RS. Sexta Turma. Rel. Min. Jane Silva. *Diário de Justiça*, 17 nov. 2009.

BRASIL. Superior Tribunal de Justiça. *EDcl no Ag. Rg. no Agravo de Instrumento nº 1.203.675-PE*. Segunda Turma. Rel. Min. Humberto Martins, 14.12.2010. Disponível em: www.stj.gov.br. Acesso em: 5 jul. 2020.

BRASIL. Superior Tribunal de Justiça. *Mandado de Segurança nº 19.300/DF*. Rel. Min. Mauro Campbell Marques, 10.12.2014. Disponível em: https://scon.stj.jus.br/SCON/SearchBRS?b=ACOR&livre=@cdoc=%271405118%27. Acesso em: 24 jun. 2020.

BRASIL. Superior Tribunal de Justiça. *Mandado de Segurança nº 20.558/DF*. Rel. Min. Hermam Benjamin, 22.2.2017.

BRASIL. Superior Tribunal de Justiça. *Recurso Especial nº 1.099.126/RS* (2008/0228693-6). Rel. Min. Jorge Mussi. Disponível em: https://scon.stj.jus.br/SCON/jurisprudencia/doc.jsp. Acesso em: 5 jul. 2020.

BRASIL. Superior Tribunal de Justiça. *Recurso Especial nº 1.192.556/PE*. Primeira Seção. Rel. Min. Mauro Campbell Marques, 25.8.2010. Disponível em: https://ww2.stj.jus.br/processo/revista/documento/mediado/?componente=ITA&sequencial=999570&num_registro=2. Acesso em: 17 jun. 2010.

BRASIL. Superior Tribunal de Justiça. *Recurso Especial nº 203.722/PE*. Rel. Min. Edson Vidigal, 20.5.1999. Disponível em: https://scon.stj.jus.br/SCON/jurisprudencia/doc.jsp. Acesso em: 22 jun. 2020.

BRASIL. Superior Tribunal de Justiça. Recurso Especial nº 666479 - PB 2004/0082261-6. Rel. Min. Hamilton Carvalhido, 17.11.2004. Sexta Turma. *Diário de Justiça*, 1º fev. 2005.

BRASIL. Superior Tribunal de Justiça. Recurso Especial nº 754.908. Processo nº 200500890776. Quinta Turma. Rel. Min. Arnaldo Esteves Lima, 27.9.2007. *Diário da Justiça*, Brasília, 22 out. 2007.

BRASIL. Superior Tribunal de Justiça. Recurso Ordinário em Mandado de Segurança nº 21.142/SP. Processo nº 2006/0010701-0. Quinta Turma. Rel. Min. Félix Fischer, 20.9.2007. *Diário da Justiça*, Brasília, 15 out. 2007.

BRASIL. Superior Tribunal de Justiça. Recurso Ordinário em Mandado de Segurança RMS nº 12352/DF. 2000/0086228-2. Sexta Turma. Rel. Min. Paulo Medina. *Diário da Justiça*, Brasília, 23 out. 2006.

BRASIL. Superior Tribunal de Justiça. Recurso Ordinário em Mandado de Segurança nº 14456/AM. Processo nº 2002/0020741-5. Sexta Turma. Rel. Min. Hamilton Carvalhido, 25.11.2003. *Diário da Justiça*, Brasília, 2 fev. 2004.

BRASIL. Superior Tribunal de Justiça. *REsp nº 1.479.564/SP*. Rel. Min. Napoleão Nunes Maia Filho, 6.11.2014. Disponível em: https://stj.jusbrasil.com.br/jurisprudencia/152379365/recurso-especial-resp-1479564-sp-2014-0193771-0/relatorio-e-voto-152379372. Acesso em: 23 jun. 2020.

BRASIL. Superior Tribunal de Justiça. REsp nº 1109455/PR. Recurso Especial 2008/0279582-4. Quinta Turma. Rel. Min. Jorge Mussi. *Diário da Justiça eletrônico*, 19 out. 2009.

BRASIL. Superior Tribunal de Justiça. *RMS nº 23.689-RS*. Rel. Min. Maria Thereza de Assis Moura, 18.5.2010. Disponível em: http://www.stj.jus.br/docs_internet/informativos/RTF/ Inf0435.rtf. Acesso em: 13 mar. 2020.

BRASIL. Superior Tribunal de Justiça. *Súmula nº 336*. Disponível em: https://ww2.stj.jus.br/docs_internet/revista/eletronica/stj-revista-sumulas-2012_28_capSumula336.pdf. Acesso em: 20 jun. 2020.

BRASIL. Supremo Tribuna Federal. Resolução nº 496, de 26 de outubro de 2012. Cria a Fundação de Previdência Complementar do Servidor Público Federal do Poder Judiciário – Funpresp-Jud, dispõe sobre sua vinculação ao STF e dá outras providências. *DJE/STF*, n. 213, p. 1, 29 out. 2012.

BRASIL. Supremo Tribunal Federal *ADI nº 6165, 6178, 6181*. Rel. Min. Alexandre de Moraes. Disponível em: http://portal.stf.jus.br/processos/detalhe.asp?incidente=5721550. Acesso em: 27 jun. 2020.

BRASIL. Supremo Tribunal Federal. *Ação Direta de Inconstitucionalidade nº 4.582*. Disponível em: http://portal.stf.jus.br/processos/detalhe.asp?incidente =4058623. Acesso em: 23 jun. 2020.

BRASIL. Supremo Tribunal Federal. ADI nº 14/DF. Tribunal Pleno. Rel. Min. Célio Borja. *Diário da Justiça*, 1º dez. 1989.

BRASIL. Supremo Tribunal Federal. *ADI nº 2.135*. Rel. Min. Cármen Lúcia. Disponível em: http://portal.stf.jus.br/processos/detalhe.asp?incidente=11299. Acesso em: 11 jun. 2020.

BRASIL. Supremo Tribunal Federal. *ADI nº 2.602*. Rel. Min. Joaquim Barbosa, 24.11.2005. Disponível em: http://portal.stf.jus.br/processos/detalhe.asp?incidente=1995091. Acesso em: 15 jun. 2020.

BRASIL. Supremo Tribunal Federal. *ADI nº 3.105-8/DF*. Re. último incidente Min. Cezar Peluso, 18.8.2004. Disponível em: http://portal.stf.jus.br/processos/detalhe.asp?incidente=2192089. Acesso em: 25 mar. 2020.

BRASIL. Supremo Tribunal Federal. *ADI nº 3.772/DF*. Rel. p/ acórdão Ricardo Lewandowski, 17.4.2008. Disponível em: http://redir.stf.jus.br/estfvisualizadorpub/jsp/consultarprocessoeletronico/ConsultarProcessoEletronico.jsf?seqobjetoincidente=2399227. Acesso em: 28 mar. 2020.

BRASIL. Supremo Tribunal Federal. *ADI nº 3854 MC/DF*. Tribunal Pleno. Rel. Min. Cezar Peluso, 28.2.2007. Disponível em: https://jurisprudencia.stf.jus.br/pages/search/sjur89664/false. Acesso em: 18 jun. 2020.

BRASIL. Supremo Tribunal Federal. *ADI nº 3977*. Rel. Min. Marco Aurélio, 12.2.2020. Disponível em: http://portal.stf.jus.br/processos/detalhe.asp?incidente=2568167. Acesso em: 5 jul. 2020.

BRASIL. Supremo Tribunal Federal. ADI nº 4190/RJ. Rel. Min. Celso de Mello. *Diário da Justiça*, Brasília, 4 ago. 2009.

BRASIL. Supremo Tribunal Federal. *ADI nº 4277*. Rel. Min. Ayres Brito, 5.5.2011. Disponível em: http://portal.stf.jus.br/processos/detalhe.asp?incidente=11872. Acesso em: 22 jun. 2020.

BRASIL. Supremo Tribunal Federal. *ADI nº 5026*. Rel. Min. Rosa Weber, 3.3.2020. Disponível em: https://jurisprudencia.stf.jus.br/pages/search/sjur420476/false. Acesso em: 18 jun. 2020.

BRASIL. Supremo Tribunal Federal. *Ag. Reg. em Mandado de Segurança nº 34.610 RS*. Rel. Min. Gilmar Mendes, 25.5.2018. Disponível em: http://portal.stf.jus.br/processos/detalhe.asp?incidente=5126202. Acesso em: 24 jun. 2020.

BRASIL. Supremo Tribunal Federal. *Ag. Reg. no RE nº 758.345/SE*. Segunda Turma. Rel. Min. Dias Toffoli, 2.6.2017. Disponível em: https://jurisprudencia.stf.jus.br/pages/search/despacho759731/false. Acesso em: 17 jun. 2020.

BRASIL. Supremo Tribunal Federal. *Ag. Reg. no Recurso Extraordinário com Agravo nº 909.981*. Disponível em: http://redir.stf.jus.br/paginadorpub/paginador.jsp?docTP=TP&docID=9843034. Acesso em: 23 jun. 2020.

BRASIL. Supremo Tribunal Federal. *Ag. Reg. no Recurso Ord. e Mandado de Segurança nº 34.257/DF*. Rel. Min. Ricardo Lewandowski, 1º.2.2018. Disponível em: http://portal.stf.jus.br/processos/detalhe.asp?incidente=5005394. Acesso em: 24 jun. 2020.

BRASIL. Supremo Tribunal Federal. Agravo de Instrumento nº 200120/RS. Rel. Min. Sydney Sanches, 6.2.2002. *Diário da Justiça*, Brasília, 9 abr. 2002.

BRASIL. Supremo Tribunal Federal. Agravo de Instrumento nº 464107/RS. Rel. Min. Carlos Britto. *Diário da Justiça eletrônico*, n. 202, 27 out. 2009.

BRASIL. Supremo Tribunal Federal. *Agravo Regimental no Agravo de Instrumento nº 410.946*. Disponível em: https://scon.stj.jus.br/SCON/jurisprudencia/doc.jsp. Acesso em: 5 jul. 2020.

BRASIL. Supremo Tribunal Federal. AI nº 661.855 ED/RJ. Emb. Decl. no Agravo de Instrumento. Rel. Min. Cármen Lúcia. *Diário da Justiça eletrônico*, 20 fev. 2009.

BRASIL. Supremo Tribunal Federal. *AI nº 767.477*. Primeira Turma. Rel. Min. Ayres Britto, 3.8.2010. Disponível em: https://jurisprudencia.stf.jus.br/pages/search/sjur182020/false. Acesso em: 17 jun. 2020.

BRASIL. Supremo Tribunal Federal. *ARE nº 1177768*. Rel. Min. Luiz Fux, 17.12.2018. Disponível em: https://jurisprudencia.stf.jus.br/pages/search/despacho938751/false. Acesso em: 27 jun. 2020.

BRASIL. Supremo Tribunal Federal. *ARE nº 774289/SC*. Rel. Min. Carmem Lúcia, 18.10.2013. Disponível em: http://www.stf.jus.br/portal/jurisprudencia/listarJurisprudencia.asp?. Acesso em: 11 abr. 2020.

BRASIL. Supremo Tribunal Federal. *ARE nº 788.524/SP-AgR*. Primeira Turma. Rel. Min. Roberto Barroso, 12.8.2014. Disponível em: https://jurisprudencia.stf.jus.br/pages/search/sjur274022/false. Acesso em: 17 jun. 2020.

BRASIL. Supremo Tribunal Federal. *Arguição de Descumprimento de Preceito Fundamental nº 418/DF*. Rel. Min. Alexandre de Moraes, 15.4.2020. Disponível em: https://jurisprudencia.stf.jus.br/pages/search/sjur423024/false Acesso em: 5 jul. 2020.

BRASIL. Supremo Tribunal Federal. Mandado de Injunção nº 1024. Rel. Min. Menezes Direito, 3.8.2009. *Diário da Justiça*, Brasília, 1º set. 2009.

BRASIL. Supremo Tribunal Federal. *Mandado de Injunção nº 2.123/DF*. Rel. Min. Marco Aurélio. Rel. Min. Dias Toffoli, 1º.8.2013. Disponível em: https://jurisprudencia.stf.jus.br/pages/search/sjur237243/false. Acesso em: 5 jul. 2020.

BRASIL. Supremo Tribunal Federal. *Mandado de Injunção nº 5.126*. Rel. Min. Luiz Fux, 27.11.2013. Disponível em: http://portal.stf.jus.br/processos/detalhe.asp?incidente=4320559. Acesso em 9 jun. 2020.

BRASIL. Supremo Tribunal Federal. *Mandado de Injunção nº 721-DF*. Rel. Min. Marco Aurélio, 30.8.2007. Disponível em: https://jurisprudencia.stf.jus.br/pages/search/sjur90228/false. Acesso em: 3 jul. 2020.

BRASIL. Supremo Tribunal Federal. *Mandado de Segurança nº 20.038/DF*. Rel. Min. Moreira Alves.

BRASIL. Supremo Tribunal Federal. *Mandado de Segurança nº 24.728*. Rel. Gilmar Mendes, 3.8.2005. Disponível em: http://portal.stf.jus.br/processos/detalhe.asp?incidente=2185217. Acesso em: 16 mar. 2020.

BRASIL. Supremo Tribunal Federal. *Mandado de Segurança nº 24.754*. Rel. Marco Aurélio, 7.10.2004. Disponível em: http://redir.stf.jus.br/paginadorpub/paginador.jsp?docTP=AC&docID=86182. Acesso em: 16 mar. 2020.

BRASIL. Supremo Tribunal Federal. Mandado de Segurança nº 24.781/DF. Tribunal Pleno. Rel. Min. Ellen Gracie. Rel. p/ acórdão Min. Gilmar Mendes. *Diário da Justiça eletrônico*, 9 jun. 2011.

BRASIL. Supremo Tribunal Federal. *Mandado de Segurança nº 24.875-1*. Rel. Min. Cármen Lúcia. Disponível em: https://jurisprudencia.stf.jus.br/pages/search/sjur7447/false. Acesso em: 5 jul. 2020.

BRASIL. Supremo Tribunal Federal. Mandado de Segurança nº 24.875. Tribunal Pleno. Rel. Min. Sepúlveda Pertence. *Diário da Justiça*, Brasília, 6 out. 2006.

BRASIL. Supremo Tribunal Federal. *Mandado de Segurança nº 25.192/DF*. Rel. Min. Eros Grau, 7.4.2005. Disponível em: http://portal.stf.jus.br/processos/detalhe.asp?incidente=2269792. Acesso em: 24 jun. 2020.

BRASIL. Supremo Tribunal Federal. *Mandado de Segurança nº 25.823/DF*. Disponível em: https://jurisprudencia.stf.jus.br/. Acesso em: 22 jun. 2020.

BRASIL. Supremo Tribunal Federal. *Mandado de Segurança nº 25552/DF*. Rel. Min. Cármen Lúcia, Brasília, 7.4.2008. Disponível em: http://portal.stf.jus.br/processos/detalhe.asp?incidente=2324736. Acesso em: 13 mar. 2020.

BRASIL. Supremo Tribunal Federal. *Mandado de Segurança nº 26.085/DF*. Tribunal Pleno. Rel. Min. Cármen Lúcia, 7.4.2008. Disponível em: http://portal.stf.jus.br/processos/detalhe.asp?incidente=2397200. Acesso em: 24 jun. 2020.

BRASIL. Supremo Tribunal Federal. *Mandado de Segurança nº 27.185*. Rel. Min. Carmen Lúcia. Disponível em: https://jurisprudencia.stf.jus.br/pages/search/sjur174521/false. Acesso em: 16 jun. 2020.

BRASIL. Supremo Tribunal Federal. *Mandado de Segurança nº 28.678*. Rel. Min. Edson Fachin, 24.10.2016. Disponível em: http://portal.stf.jus.br/processos/detalhe.asp?incidente=3849695. Acesso em: 15 jun. 2020.

BRASIL. Supremo Tribunal Federal. *Mandado de Segurança nº 32.833/DF*. Primeira Turma. Rel. Min. Luís Roberto Barroso, 23.9.2016. Disponível em: http://portal.stf.jus.br/processos/detalhe.asp?incidente=4543500. Acesso em: 24 jun. 2020.

BRASIL. Supremo Tribunal Federal. *Mandado de Segurança nº 33.424/DF*. Rel. Min. Marco Aurélio, 26.2.2015. Disponível em: http://portal.stf.jus.br/processos/detalhe.asp?incidente=4699855. Acesso em: 18 jun. 2020.

BRASIL. Supremo Tribunal Federal. *Mandado de Segurança nº 34.424*. Rel. Min. Rosa Weber, 17.10.2016. Disponível em: http://portal.stf.jus.br/processos/detalhe.asp?incidente=5055071. Acesso em: 15 jun. 2020.

BRASIL. Supremo Tribunal Federal. *Mandado de Segurança nº 5.422*. Rel. Min. Luiz Gallotti, 25.7.1956. Disponível em: http://www.stf. jus.br/arquivo/cms/sobreStfConhecaStfJulgamentoHistorico/anexo/MS2264.pdf. Acesso em: 11 abr. 2020.

BRASIL. Supremo Tribunal Federal. Matéria referente ao MS nº 31.344/DF. Mandado de Segurança. Primeira Turma. Rel. Min. Marco Aurélio. *Informativo STF*, Brasília, n. 703, 22/26 abr. 2013; *Diário da Justiça eletrônico*, 14 maio 2013.

BRASIL. Supremo Tribunal Federal. MS nº 24.448/DF. Tribunal Pleno. Rel. Min. Carlos Britto. *Diário da Justiça eletrônico*, 14 nov. 2007.

BRASIL. Supremo Tribunal Federal. MS nº 24.875/DF. Tribunal Pleno. Rel. Min. Sepúlveda Pertence. *Diário da Justiça*, 6 out. 2006.

BRASIL. Supremo Tribunal Federal. MS nº 25.116/DF. Tribunal Pleno. Rel. Min. Ayres Britto. *Diário da Justiça eletrônico*, 10 fev. 2011.

BRASIL. Supremo Tribunal Federal. MS nº 25.403/DF. Tribunal Pleno. Rel. Min. Ayres Britto. *Diário da Justiça eletrônico*, 10 fev. 2011.

BRASIL. Supremo Tribunal Federal. MS nº 25.963/DF. Tribunal Pleno. Rel. Min. Cezar Peluso. *Diário da Justiça eletrônico*, 21 nov. 2008.

BRASIL. Supremo Tribunal Federal. MS nº 26.353/DF. Tribunal Pleno. Rel. Min. Marco Aurélio. *Diário da Justiça eletrônico*, 7 mar. 2008.

BRASIL. Supremo Tribunal Federal. MS nº 26.405/DF. Tribunal Pleno. Rel. Min. Cezar Peluso. *Diário da Justiça eletrônico*, 22 fev. 2008.

BRASIL. Supremo Tribunal Federal. *MS nº 27.955/DF*. Rel. Min. Roberto Barroso, 17.8.2018. Disponível em: http://portal.stf.jus.br/processos/detalhe.asp?incidente=2671230. Acesso em: 24 jun. 2020.

BRASIL. Supremo Tribunal Federal. Pensão por Morte e Rateio entre Esposa e Concubina. *Informativo*, n. 535, Brasília, 9/13 fev. 2009. Disponível em: www.stf.jus.br. Acesso em: 22 jun. 2020.

BRASIL. Supremo Tribunal Federal. *Processo Administrativo nº 319269*. Sessão Administrativa. Min. Maurício Corrêa, Brasília, 5.2.2004.

BRASIL. Supremo Tribunal Federal. Processo nº MS 30.840/DF. Rel. Min. Cármen Lúcia. *Diário de Justiça eletrônico*, 28 mar. 2012. Disponível em: https://jurisprudencia.stf.jus.br/pages/search/despacho358254/false. Acesso em: 18 jun. 2020.

BRASIL. Supremo Tribunal Federal. Processo RE nº 228.977/SP. Segunda Turma. Rel. Min. Néri da Silveira. *Diário da Justiça*, Brasília, 12 abr. 2002.

BRASIL. Supremo Tribunal Federal. Rcl nº 6.702/PR. Rel. Min. Ricardo Lewandowski. *Diário da Justiça*, Brasília, 4 mar. 2009.

BRASIL. Supremo Tribunal Federal. *RE nº 1.050.597*. Rel. Min. Edson Fachin, 31.10.2019. Disponível em: https://jurisprudencia.stf.jus.br/pages/search/repercussao-geral10942/false. Acesso em: 5 jul. 2020.

BRASIL. Supremo Tribunal Federal. *RE nº 1243441/DF*. Rel. Min. Marco Aurélio, 19.11.2019. Disponível em: www.stf.jus.br. Acesso em: 26 jun. 2020.

BRASIL. Supremo Tribunal Federal. RE nº 217.141 AgR/SP. Segunda Turma. Rel. Min. Gilmar Mendes. *Diário da Justiça*, 4 ago. 2006.

BRASIL. Supremo Tribunal Federal. RE nº 477.447 AgR/MG. Rel. Min. Eros Grau. Segunda Turma. *Diário da Justiça*, 24 nov. 2006.

BRASIL. Supremo Tribunal Federal. *RE nº 482411/CE*. Rel. Min. Ricardo Lewandowski. Disponível em: http://portal.stf.jus.br/processos/detalhe.asp?incidente=2392775. Acesso em: 11 abr. 2020.

BRASIL. Supremo Tribunal Federal. RE nº 537.316/SP. Rel. Min. Cármen Lúcia. *Diário da Justiça*, 14 ago. 2007.

BRASIL. Supremo Tribunal Federal. RE nº 549.010/MG. Rel. Min. Cármen Lúcia. *Diário da Justiça*, 7 ago. 2007.

BRASIL. Supremo Tribunal Federal. RE nº 602.043 RG/MT. Repercussão Geral no Recurso Extraordinário. Rel. Min. Marco Aurélio. *Diário da Justiça eletrônico*, 17 maio 2011.

BRASIL. Supremo Tribunal Federal. *RE nº 603.580/RJ*. Tribunal Pleno. Rel. Min. Ricardo Lewandowski, 20.5.2015. Disponível em: https://jurisprudencia.stf.jus.br/pages/search/sjur313772/false. Acesso em: 5 jul. 2020.

BRASIL. Supremo Tribunal Federal. RE nº 606.358 RG/SP. Repercussão Geral no Recurso Extraordinário. Rel. Min. Ellen Gracie. *Diário da Justiça eletrônico*, 4 jun. 2010.

BRASIL. Supremo Tribunal Federal. *RE nº 606.358/SP*. Tribunal Pleno. Rel. Min. Rosa Weber, 18.11.2015. Disponível em: https://jurisprudencia.stf.jus.br/pages/search/sjur344473/false. Acesso em: 5 jul. 2020.

BRASIL. Supremo Tribunal Federal. RE nº 609.381 RG/GO. Repercussão Geral no Recurso Extraordinário. Rel. Min. Ayres Britto. *Diário da Justiça eletrônico*, 2 maio 2012.

BRASIL. Supremo Tribunal Federal. *RE nº 609.381*. Tribunal Pleno. Rel. Min. Teori Zavascki, 2.10.2014. Disponível em: https://jurisprudencia.stf.jus.br/pages/search/sjur287677/false. Acesso em: 5 jul. 2020.

BRASIL. Supremo Tribunal Federal. RE nº 612.975 RG/MT. Repercussão Geral no Recurso Extraordinário. Rel. Min. Marco Aurélio. *Diário da Justiça eletrônico*, 26 abr. 2011.

BRASIL. Supremo Tribunal Federal. *RE nº 612.975 RG/MT*. Repercussão Geral no Recurso Extraordinário. Tribunal Pleno. Rel. Min. Marco Aurélio, 1º.8.2018. Disponível em: https://jurisprudencia.stf.jus.br/pages/search/sjur373104/false. Acesso em: 5 jul. 2020.

BRASIL. Supremo Tribunal Federal. *RE nº 656.860/MT*. Rel. Min. Teori Zavascki, 21.8.2014. Disponível em: http://portal.stf.jus.br/processos/downloadPeca.asp?id=260845728&ext=.pdf. Acesso em: 11 abr. 2020.

BRASIL. Supremo Tribunal Federal. *RE nº 786.540/DF*. Rel. Min. Dias Toffoli, 18.9.2014. Disponível em: http://www.stf.jus.br/portal/processo/verProcessoDetalhe.asp?incidente=4501827. Acesso em: 11 abr. 2019.

BRASIL. Supremo Tribunal Federal. *Reclamação nº 10.823*. Rel. Min. Roberto Barroso, 25.6.2018. Disponível em: http://portal.stf.jus.br/processos/detalhe.asp?incidente=3976483. Acesso em: 18 jun. 2020.

BRASIL. Supremo Tribunal Federal. Recurso em Mandado de Segurança nº 24.557/DF. Segunda Turma. Rel. Min. Carlos Velloso. *Diário da Justiça*, 26 set. 2003.

BRASIL. Supremo Tribunal Federal. *Recurso Extraordinário com Repercussão Geral nº 632.853 – Ceará*. Plenário. Rel. Min. Gilmar Mendes, 23.4.2015. Disponível em: https://jurisprudencia.stf.jus.br/pages/search/sjur310454/false. Acesso em: 5 jul. 2020.

BRASIL. Supremo Tribunal Federal. *Recurso Extraordinário nº 1.014.286*. Tema 942. Rel. Min. Luiz Fux, 20.4.2017. Disponível em: https://jurisprudencia.stf.jus.br/pages/search/repercussao-geral9102/false. Acesso em: 19 jun. 2020.

BRASIL. Supremo Tribunal Federal. *Recurso Extraordinário nº 1.020.354*. Rel. Ricardo Lewandowski, 29.8.2018. Disponível em: http://portal.stf.jus.br/processos/detalhe.asp?incidente=5195318 Acesso em: 23 fev. 2020.

BRASIL. Supremo Tribunal Federal. *Recurso Extraordinário nº 1.045.273*. Rel. Min. Alexandre de Moraes. Disponível em: http://portal.stf.jus.br/processos/detalhe.asp?incidente=5181220. Acesso em: 22 jun. 2020.

BRASIL. Supremo Tribunal Federal. *Recurso Extraordinário nº 1.050.597 RS*. Rel. Min. Edson Fachin, 1º.11.2019. Disponível em: http://portal.stf.jus.br/processos/detalhe.asp?incidente=5195318 Acesso em: 23 fev. 2020.

BRASIL. Supremo Tribunal Federal. *Recurso Extraordinário nº 1.162.672/SP*. Rel. Min. Dias Toffoli, 22.11.2018. Disponível em: https://jurisprudencia.stf.jus.br/pages/search/repercussao-geral10183/false. Acesso em: 2 jul. 2020.

BRASIL. Supremo Tribunal Federal. *Recurso Extraordinário nº 1.167.842*. Rel. Min. Gilmar Mendes. Disponível em: http://portal.stf.jus.br/processos/detalhe.asp?incidente=5564187. Acesso em: 5 jul. 2020.

BRASIL. Supremo Tribunal Federal. *Recurso Extraordinário nº 163.204/SP*. Tribunal Pleno. Rel. Min. Carlos Velloso, 9.11.1994. Disponível em: http://portal.stf.jus.br/processos/detalhe.asp?incidente=1562627. Acesso em: 24 jun. 2020.

BRASIL. Supremo Tribunal Federal. Recurso Extraordinário nº 195861/ES. Rel. Min. Marco Aurélio. 26.8.1997. *Diário da Justiça*, Brasília, 17 out. 1997.

BRASIL. Supremo Tribunal Federal. *Recurso Extraordinário nº 225.827-3/SC*. Primeira Turma. Rel. Min. Eros Grau. Brasília, 25.10.2005.

BRASIL. Supremo Tribunal Federal. *Recurso Extraordinário nº 242740/GO*. Rel. Min. Moreira Alves, 20.3.2001. Disponível em: https://jurisprudencia.stf.jus.br/pages/search/sjur19474/false. Acesso em: 19 jun. 2020.

BRASIL. Supremo Tribunal Federal. *Recurso Extraordinário nº 351.905/RJ*. Segunda Turma. Rel. Min. Ellen Gracie, 24.5.2005. Disponível em: http://portal.stf.jus.br/processos/detalhe.asp?incidente=2041988. Acesso em: 24 jun. 2020.

BRASIL. Supremo Tribunal Federal. *Recurso Extraordinário nº 397.762-8*. Rel. Min. Marco Aurélio, 3.6.2008. Disponível em: http://redir.stf.jus.br/paginadorpub/paginador.jsp?docTP=AC&docID=547259. Acesso em: 11 abr. 2020.

BRASIL. Supremo Tribunal Federal. *Recurso Extraordinário nº 434.708/RS*. Voto do Min. Carlos Britto. Disponível em: https://jurisprudencia.stf.jus.br/pages/search/sjur93766/false. Acesso em: 5 jul. 2020.

BRASIL. Supremo Tribunal Federal. *Recurso Extraordinário nº 463.028/RS*. Segunda Turma. Rel. Min. Ellen Gracie, 14.2.2006. Disponível em: http://portal.stf.jus.br/processos/detalhe.asp?incidente=2309560. Acesso em: 24 jun. 2020.

BRASIL. Supremo Tribunal Federal. *Recurso Extraordinário nº 560.900*. Rel. Min. Joaquim Barbosa, 8.2.2008. Disponível em: https://jurisprudencia.stf.jus.br/pages/search/repercussao-geral20/false. Acesso em: 5 jul. 2002.

BRASIL. Supremo Tribunal Federal. *Recurso Extraordinário nº 567.110/AC*. Rel. Min. Cármen Lúcia. *Informativo STF*, n. 604.

BRASIL. Supremo Tribunal Federal. *Recurso Extraordinário nº 587.365*. Rel. Min. Ricardo Lewandowski, 25.3.2009. Disponível em: http://www.stf.jus.br/portal/jurisprudenciaRepercussao/verAndamentoProcesso.asp?incidente=2619258&numeroProcesso=587365&classeProcesso=RE&numeroTema=89. Acesso em: 13 jul. 2020.

BRASIL. Supremo Tribunal Federal. *Recurso Extraordinário nº 593.068*. Rel. Min. Roberto Barroso, 11.10.2018. Disponível em: https://jurisprudencia.stf.jus.br/pages/search/sjur400263/false. Acesso em: 5 jul. 2020.

BRASIL. Supremo Tribunal Federal. *Recurso Extraordinário nº 598.099*. Tribunal Pleno. Rel. Min. Gilmar Mendes, 12.12.2012. Disponível em: http://www.stf.jus.br/portal/processo/verProcessoDetalhe.asp?incidente=2667158. Acesso em: 15 jul. 2020.

BRASIL. Supremo Tribunal Federal. *Recurso Extraordinário nº 602.043*. Disponível em: https://jurisprudencia.stf.jus.br/pages/search/sjur373106/false. Acesso em: 27 jun. 2020.

BRASIL. Supremo Tribunal Federal. *Recurso Extraordinário nº 602.584/DF*. Disponível em: www.stf.jus.br. Acesso em: 18 jul. 2020.

BRASIL. Supremo Tribunal Federal. *Recurso Extraordinário nº 608.482*. Tribunal Pleno. Brasília, 7.8.2014. Disponível em: https://jurisprudencia.stf.jus.br/pages/search/sjur282425/false. Acesso em: 5 jul. 2020.

BRASIL. Supremo Tribunal Federal. *Recurso Extraordinário nº 609.701*. Primeira Turma. Rel. Min. Ricardo Lewandowski, 19.10.2010. Disponível em: https://jurisprudencia.stf.jus.br/pages/search/sjur184361/false. Acesso em: 5 jul. 2020.

BRASIL. Supremo Tribunal Federal. *Recurso Extraordinário nº 635.739/AL*. Plenário. Rel. Min. Gilmar Mendes, 19.2.2014. Disponível em: http://redir.stf.jus.br/paginadorpub/paginador.jsp?docTP=AC&docID=628215. Acesso em: 10 mar. 2020.

BRASIL. Supremo Tribunal Federal. *Recurso Extraordinário nº 636.553*. Repercussão Geral. Rel. Min. Gilmar Mendes, 19.2.2020. Disponível em: http://portal.stf.jus.br/processos/detalhe.asp?incidente=4043019. Acesso em: 8 abr. 2020.

BRASIL. Supremo Tribunal Federal. Recurso Extraordinário nº 648.727. AgR. Primeira Turma. Rel. Min. Roberto Barroso, 2.6.2017. *DJe*, n. 135, 21 jun. 2017.

BRASIL. Supremo Tribunal Federal. *Recurso Extraordinário nº 650.898/RS*. Red. Min. Roberto Barroso, 1º.2.2017. Disponível em: https://jurisprudencia.stf.jus.br/pages/search/sjur371895/false. Acesso em: 5 jul. 2020.

BRASIL. Supremo Tribunal Federal. *Recurso Extraordinário nº 661.256*. Min. Roberto Barroso, 27.10.2016. Disponível em: http://www.stf.jus.br/portal/jurisprudenciaRepercussao. Acesso em: 17 jul. 2020.

BRASIL. Supremo Tribunal Federal. *Recurso Extraordinário nº 669.465*. Rel. Min. Luiz Fux, 3.2.2020. Disponível em: http://portal.stf.jus.br/processos/downloadPeca.asp?id=15342287545&ext=.pdf. Acesso em: 22 jun. 2020.

BRASIL. Supremo Tribunal Federal. *Recurso Extraordinário nº 675.978*. Rel. Min. Cármen Lúcia, 15.4.2015. Disponível em: www.stf.jus.br. Acesso em: 26 jun. 2020.

BRASIL. Supremo Tribunal Federal. *Recurso Extraordinário nº 817.338*. Rel. Min. Dias Toffoli. Disponível em: http://www.stf.jus.br/portal/jurisprudenciaRepercussao/verAndamentoProcesso.asp?incidente=4585518&numeroProcesso=817338&classeProcesso=RE&numeroTema=839#. Acesso em: 29 jun. 2020.

BRASIL. Supremo Tribunal Federal. *Recurso Extraordinário nº 837.311*. Rel. Min. Luiz Fux, 9.12.2015.

BRASIL. Supremo Tribunal Federal. *Repercussão Geral em Recurso Extraordinário nº 584.388-2/SC*. Rel. Min. Ricardo Lewandowski, 31.8.2011. Disponível em: http://portal.stf.jus.br/processos/detalhe.asp?incidente=2611830. Acesso em: 24 jun. 2020.

BRASIL. Supremo Tribunal Federal. SS nº 2.995/ES. Rel. Min. Presidente Ellen Gracie. *Diário da Justiça*, 13 nov. 2006.

BRASIL. Supremo Tribunal Federal. *Súmula nº 16*. Disponível em: http://www.stf.jus.br/portal/jurisprudencia/menuSumario.asp?sumula=1237. Acesso em: 13 mar. 2020.

BRASIL. Supremo Tribunal Federal. *Súmula nº 726*. Disponível em: http://www.stf.jus.br/portal/jurisprudencia/menuSumarioSumulas.asp?sumula=1498. Acesso em: 28 mar. 2020.

BRASIL. Supremo Tribunal Federal. *Súmula vinculante nº 43*. Disponível em: http://www.stf.jus.br/portal/jurisprudencia/menuSumarioSumulas.asp?sumula=1508. Acesso em: 17 mar. 2020.

BRASIL. Supremo Tribunal Federal. *Suspensão de Segurança nº 4.727*. Rel. Min. Disponível em: http://portal.stf.jus.br/processos/detalhe.asp?incidente=4350635. Acesso em: 5 jul. 2020.

BRASIL. Supremo Tribunal Federal. *Tema nº 888*. Rel. Min. Teori Zavascki, 15.4.2016. Disponível em: http://www.stf.jus.br/portal/jurisprudenciaRepercussao/verAndamentoProcesso.asp?incidente=4943281&numeroProcesso=954408&classeProcesso=ARE&numeroTema=888. Acesso em: 17 jun. 2020.

BRASIL. Tribunal de Contas da União. *Processo TC nº 018.437/2012-5*. Acórdão nº 2094/2012 – TCU – Plenário. Rel. Min. Substituto André Luís de Carvalho, 8.8.2012. Disponível em: https://pesquisa.apps.tcu.gov.br/#/redireciona/acordao-completo/%22ACORDAO-COMPLETO-1241667%22. Acesso em: 5 jul. 2020.

BRASIL. Tribunal de Contas da União. *Acórdão nº 294/2004*. Plenário. Disponível em: https://pesquisa.apps.tcu.gov.br/#/redireciona/acordao-completo/%22ACORDAO-COMPLETO-17518%22. Acesso em: 23 jun. 2020.

BRASIL. Tribunal de Contas da União. *Acórdão nº 582/2009*. Plenário. Rel. Benjamin Zymler, 1.4.2009. Disponível em: https://pesquisa.apps.tcu.gov.br/#/documento/acordao-completo. Acesso em: 19 jun. 2020.

BRASIL. Tribunal de Contas da União. *Acórdão nº 1.006/2004*. Plenário. Rel. Min. Marcos Vincios Vilaça, 21.7.2004. Disponível em: https://pesquisa.apps.tcu.gov.br/#/redireciona/acordao-completo/%22ACORDAO-COMPLETO-18277%22. Acesso em: 22 jun. 2020.

BRASIL. Tribunal de Contas da União. *Acórdão nº 1.056/2010*. Segunda Câmara. Rel. Min. Aroldo Cedraz, 16.3.2010. Disponível em: https://pesquisa.apps.tcu.gov.br/#/redireciona/acordao-completo/%22ACORDAO-COMPLETO-2162274%22. Acesso em 5 jul. 2020.

BRASIL. Tribunal de Contas da União. *Acórdão nº 1.293/2018*. Plenário. Rel. Min. Vital do Rêgo. Disponível em: https://pesquisa.apps.tcu.gov.br/#/redireciona/acordao-completo/%22ACORDAO-COMPLETO-2303437%22. Acesso em: 22 jun. 2020.

BRASIL. Tribunal de Contas da União. *Acórdão nº 1.990/2018*. Primeira Câmara. Rel. Min. Bruno Dantas, 13.3.2018. Disponível em: https://pesquisa.apps.tcu.gov.br/#/redireciona/acordao-completo/%22ACORDAO-COMPLETO-2267381%22. Acesso em: 24 jun. 2020.

BRASIL. Tribunal de Contas da União. *Acórdão nº 2.126/2018*. Plenário. Rel. Min. Vital do Rêgo, 12.9.2018. Disponível em: https://pesquisa.apps.tcu.gov.br/#/redireciona/acordao-completo/%22ACORDAO-COMPLETO-1633067%22. Acesso em: 5 jul. 2020.

BRASIL. Tribunal de Contas da União. *Acórdão nº 2.138/2018*. Plenário. Rel. Min. Aroldo Cedraz, 12.9.2018. Disponível em: https://pesquisa.apps.tcu.gov.br/#/redireciona/acordao-completo/%22ACORDAO-COMPLETO-2307573%22. Acesso em: 5 jul. 2020.

BRASIL. Tribunal de Contas da União. *Acórdão nº 3.195/2016*. Plenário. Rel. Min. Raimundo Carrero, 7.12.2016. Disponível em: https://pesquisa.apps.tcu.gov.br/#/redireciona/acordao-completo/%22ACORDAO-COMPLETO-1561949%22. Acesso em: 27 jun. 2020.

BRASIL. Tribunal de Contas da União. *Acórdão nº 3.344/2015*. Plenário. Rel. Min. Vital do Rêgo, 9.12.2015. Disponível em: https://pesquisa.apps.tcu.gov.br/#/documento/acordao-completo. Acesso em: 18 jun. 2020.

BRASIL. Tribunal de Contas da União. *Acórdão nº 4.705/2014*. Primeira Câmara. Rel. Min. Bruno Dantas, 2.9.2014. Disponível em: https://pesquisa.apps.tcu.gov.br/#/redireciona/acordao-completo/%22ACORDAO-COMPLETO-1300319%22. Acesso em: 5 jul. 2020.

BRASIL. Tribunal de Contas da União. *Acórdão nº 5.365/2014*. 1ª Câmara. Rel. Min. Bruno Dantas, 23.9.2014. Disponível em: https://pesquisa.apps.tcu.gov.br/#/redireciona/acordao-completo/%22ACORDAO-COMPLETO-1325984%22. Acesso em: 15 jun. 2020.

BRASIL. Tribunal de Contas da União. *Acórdão nº 7.065/2019*. 1ª Câmara. Rel. Ana Arraes, 6.8.2019. Disponível em: https://pesquisa.apps.tcu.gov.br/#/redireciona/acordao-completo/%22ACORDAO-COMPLETO-2365019%22. Acesso em: 5 jul. 2020.

BRASIL. Tribunal de Contas da União. Decisão nº 130/1999. 2ª Câmara. Processo TC nº 010.195/1997-1. Aposentadoria. Rel. Min. Adhemar Ghisi, 10.6.1999. *Diário Oficial [da] República Federativa do Brasil*, Brasília, 18 jun. 1999.

BRASIL. Tribunal de Contas da União. Decisão nº 306/1997. 1ª Câmara. Processo TC nº 002.887/95-9. Rel. Min. Marcos Vinicios Vilaça, 18.11.1997. *Diário Oficial [da] República Federativa do Brasil*, Brasília, 28 nov. 1997.

BRASIL. Tribunal de Contas da União. *Processo nº 010.819/2006-9*. Acórdão nº 278/2007. Plenário. Rel. Marcos Bemquerer. Disponível em: https://pesquisa.apps.tcu.gov.br/#/doc. Acesso em: 11 abr. 2020.

BRASIL. Tribunal de Contas da União. *Processo TC nº 001.816/2004*. Acórdão nº 504/2018. Rel. Min. Marcos Bemquerer, 14.3.2018. Disponível em: https://pesquisa.apps.tcu.gov.br/#/redireciona/jurisprudencia-selecionada/%22JURISPRUDENCIA-SELECIONADA-53625%22. Acesso em: 26 jun. 2020.

BRASIL. Tribunal de Contas da União. *Processo TC nº 001.935/92-5*. Decisão nº 210/1994. 2ª Câmara. Rel. Min. Adhemar Padini Ghish, 8.9.1994. Disponível em: http://www.tcu.gov.br/Consultas/Juris/Docs/judoc%5CDec%5C19940809%5CGERADO_TC-16205.pdf. Acesso em: 3 jul. 2020.

BRASIL. Tribunal de Contas da União. Processo TC nº 003.283/2006-7. Acórdão nº 2.636/2008. Plenário. Rel. Min. André Luis de Carvalho, 19.11.2008. *Diário Oficial da União [da] República Federativa do Brasil*, Brasília, 21 nov. 2008.

BRASIL. Tribunal de Contas da União. *Processo TC nº 005.869/2012-9*. Acórdão 5.919/2014. 2ª Câmara. Rel. José Jorge, 21.10.2014. Disponível em: https://pesquisa.apps.tcu.gov.br/#/redireciona/acordao-completo/%22ACORDAO-COMPLETO-1329440%22. Acesso em: 3 jul. 2020.

BRASIL. Tribunal de Contas da União. *Processo TC nº 009.585/2004-9*. Rel. Min. Walton Alencar. Disponível em: https://pesquisa.apps.tcu.gov.br/#/redireciona/processo/958520049. Acesso em: 5 jul. 2020.

BRASIL. Tribunal de Contas da União. Processo TC nº 010.215/2001-6. Decisão nº 1254/2002. Plenário. Rel. Min. Benjamin Zymler, 25.9.2002. *Diário Oficial [da] República Federativa do Brasil*, Brasília, 4 out. 2002.

BRASIL. Tribunal de Contas da União. *Processo TC nº 010.819/2006-9*. Consulta. Rel. Marcos Bemquerer. Disponível em: https://pesquisa.apps.tcu.gov.br/#/redireciona/processo/1081920069. Acesso em: 5 jul. 2020.

BRASIL. Tribunal de Contas da União. *Processo TC nº 011.665/2012-2*. Acórdão nº 1.482/2012. Plenário. Rel. Min. André Carvalho, 13.6.2012. Disponível em: https://pesquisa.apps.tcu.gov.br/#/redireciona/acordao-completo/%22ACORDAO-COMPLETO-1235552%22. Acesso em: 3 jul. 2020.

BRASIL. Tribunal de Contas da União. Processo TC nº 014.222/2004-3. Acórdão nº 5.257/2009. Segunda Câmara. Rel. Min. José Jorge. *Diário Oficial da União [da] República Federativa do Brasil*, Brasília, 9 out. 2009.

BRASIL. Tribunal de Contas da União. *Processo TC nº 015.757/2008-3*. Acórdão nº 571/2009. Rel. Marcos Bemquerer, 17.2.2009. Disponível em: https://pesquisa.apps.tcu.gov.br/#/redireciona/acordao-completo/%22ACORDAO-COMPLETO-2137838%22. Acesso em: 3 jul. 2020.

BRASIL. Tribunal de Contas da União. *Processo TC nº 016.165/2009-5*. Disponível em: www.tcu.gov.br. Acesso em: 5 jul. 2020.

BRASIL. Tribunal de Contas da União. *Processo TC nº 016.271/2003-9*. Acórdão nº 2.024/2005. Rel. Lincoln Magalhães da Rocha, 23.11.2005. Disponível em: https://pesquisa.apps.tcu.gov.br/#/redireciona/acordao-completo/%22ACORDAO-COMPLETO-29544%22.

BRASIL. Tribunal de Contas da União. *Processo TC nº 019.569/2010-6*. Rel. Min. Raimundo Carreiro. Disponível em: https://pesquisa.apps.tcu.gov.br/#/redireciona/processo/1956920106. Acesso em: 5 jul. 2020.

BRASIL. Tribunal de Contas da União. *Processo TC nº 020.315/2007-4*. Acórdão nº 1952/2016. Rel. Min. Walto Alencar. Disponível em: https://pesquisa.apps.tcu.gov.br/#/redireciona/processo/2031520074. Acesso em: 5 jul. 2020.

BRASIL. Tribunal de Contas da União. *Processo TC nº 020.320/2007-4*. Plenário. Rel. Min. Marcos Bemquerer, 27.10.2010. Disponível em: https://pesquisa.apps.tcu.gov.br/#/redireciona/acordao-completo/%22ACORDAO-COMPLETO-1158352%22. Acesso em: 2 jul. 2020.

BRASIL. Tribunal de Contas da União. *Processo TC nº 023.877/2009-4*. Acórdão nº 3129/2010. Rel. Min. Valmir Campelo, 24.11.2010. Disponível em: https://pesquisa.apps.tcu.gov.br/#/d. Acesso em: 20 jun. 2020.

BRASIL. Tribunal de Contas da União. Processo TC nº 025.620/2007-3. Acórdão nº 1.037/2008. Aposentadoria. Plenário. Rel. Min. Benjamin Zymler, 4.6.2008. *Diário Oficial [da] República Federativa do Brasil*, Brasília, 6 jun. 2008.

BRASIL. Tribunal de Contas da União. *Processo TC nº 025.620/2007-3*. Acórdão nº 2752/2004. 1ª Câmara. Rel. Min. Walton Alencar Rodrigues, 9.11.2004. *Diário Oficial [da] República Federativa do Brasil*, Brasília, 17 nov. 2004.

BRASIL. Tribunal de Contas da União. *Processo TC nº 026.614/2006-2*. Acórdão nº 166/2007. Primeira Câmara. Rel. Min. Marcos Bemquerer, 6.2.2007. Disponível em: https://pesquisa.apps.tcu.gov.br/#/redireciona/acordao-completo/%22ACORDAO-COMPLETO-27115%22. Acesso em: 3 jul. 2020.

BRASIL. Tribunal de Contas da União. *Processo TC nº 027.477/2018-5*. Acórdão nº 1.092/2019. Plenário. Rel. Min. Raimundo Carrero, 15.5.2019. Disponível em: https://pesquisa.apps.tcu.gov.br/#/redireciona/acordao-completo/%22ACORDAO-COMPLETO-2348860%22. Acesso em: 26 jun. 2020.

BRASIL. Tribunal de Contas da União. *Resolução nº 36/1995*. Disponível em: https://portal.tcu.gov.br/rol/atos-normativos.html. Acesso em: 17 mar. 2020.

BRASIL. Tribunal de Contas do Distrito Federal. *Processo nº 37818/2015-e*. Decisão nº 5.974/2018. Rel. Conselheiro Márcio Michel Alves de Oliveira. 1º Rev. Conselheiro Inácio Magalhães Filho. Sessão Ordinária nº 5093, de 11.12.2018.

BRASIL. Tribunal de Justiça do Distrito Federal e Territórios. Mandado de Segurança nº 787.097 DF. Acórdão nº 106552. Conselho Especial. Rel. Nívio Geraldo Gonçalves, 28.4.1998. *DJU*, 29 jul. 1998.

BRASIL. Tribunal Regional Federal da 1ª Região. AC nº 0033968-26.2009.4.01.3400/DF. Sétima Turma. Rel. Des. Federal Catão Alves. Rel. p/ Acordão Des. Fed. Luciano Tolentino Amaral. *E-DJF1*, 2 abr. 2013.

BRASIL. Tribunal Regional Federal da 2ª Região. AC nº 1998.51.02.200728-4. 4ª Turma. Rel. Desembargador Federal Rogério Vieira de Carvalho. *Diário da Justiça da União*, 29 jan. 2004.

BRASIL. Tribunal Regional Federal da 4ª Região. *AC nº 5014655-53.2014.4.04.7112*. Sexta Turma, Rel. João Batista Pinto Silveira, 8.8.2019. Disponível em: www.trf4.gov.br. Acesso em: 5 jul. 2020.

BRASIL. Tribunal Regional Federal da Terceira Região. Apelação Cível nº 625.499. Nona Turma. Rel. Des. Federal Marisa Santos. *Diário da Justiça da União*, 14 set. 2006.

BRASIL. Tribunal Superior do Trabalho. AIRR nº 6737620115090019. Terceira Turma. Rel. Maurício Godinho Delgado, 17.2.2016. *DEJT*, 19 fev. 2016.

BRASIL. Tribunal Superior do Trabalho. Recurso de Revista nº 13729720115090009. Sétima Turma. Rel. Cláudio Mascarenhas Brandão, 13.9.2017. *DEJT*, 22 set. 2017.

BRIGUET, Magadar Rosália Costa; VICTORINO, Maria Cristina Lopes; HORVATH JÚNIOR, Miguel. *Previdência social*: aspectos práticos e doutrinários dos regimes jurídicos próprios. São Paulo: Atlas, 2007.

CAETANO, Fabiano de Lima. O juízo final, o servidor público, o Tribunal de Contas e o purgatório. *Jus Navigandi*, jun. 2004. Disponível em: https://jus.com.br/artigos/5352/o-juizo-final-o-servidor-publico-o-tribunal-de-contas-e-o-purgatorio. Acesso em: 16 mar. 2020.

CAETANO, Marcelo. *Direito constitucional*. 2. ed. Rio de Janeiro: Forense, 1987. v. 2.

CÂMARA DOS DEPUTADOS. *Projeto de Lei nº 6726/2016*. Disponível em: https://www.camara.leg.br/proposicoesWeb/fichadetramitacao?idProposicao=2121442. Acesso em: 27 jun. 2020.

CARVALHO FILHO, José dos Santos. *Manual de direito administrativo*. 23. ed. Rio de Janeiro: Lumen Juris, 2010.

CARVALHO FILHO, José dos Santos. *Manual de direito administrativo*. 15. ed. Rio de Janeiro: Lumen Juris, 2005.

CASTRO, Carlos Alberto Pereira; LAZZARI, João Batista. *Manual de direito previdenciário*. 14. ed. Rio de Janeiro: Forense, 2012.

CASTRO, Carlos Alberto Pereira; LAZZARI, João Batista. *Manual de direito previdenciário*. 5. ed. Rio de Janeiro: Forense, 2004.

CAVALIERI FILHO, Sérgio. *Programa de responsabilidade civil*. São Paulo: Malheiros, 2003.

CEARÁ. Tribunal de Contas do Estado. *Processo nº 03875/2007-4*. Resolução nº 2.582/2009. Pleno, 28.12.2009.

COMPOSIÇÃO. *Bacen*. Disponível em: http://www.bcb.gov.br/pre/composicao/efpp.asp. Acesso em: 10 maio 2012.

DARTORA, Cleci Maria. *Aposentadoria dos professores:* aspectos controvertidos. Curitiba: Juruá, [s.d.].

DECLARAÇÃO Universal dos Direitos do Homem. 3. ed. Porto Alegre: Sulinas, 1971.

DEMO, Roberto Luis Luchi. Pensões especiais no país do futebol. *Portal de Publicações do CEJ*. Disponível em: http://www2.cjf.jus.br/ojs2/index.php/cej/article/viewFile/1068/1210. Acesso em: 10 maio 2012.

DI PIETRO, Maria Sylvia Zanella. *Direito administrativo*. 16. ed. Rio de Janeiro: Forense, 2003.

DI PIETRO, Maria Sylvia Zanella. *Direito administrativo*. 24. ed. São Paulo: Atlas, 2011.

DIAS, Maria da Graça Santos. *A Justiça e o imaginário social*. Tese (Doutorado) – Centro de Ciências Jurídicas, Universidade Federal de Santa Catarina, Florianópolis, 2000. Disponível em: https://repositorio.ufsc.br/handle/123456789/78804. Acesso em: 17 abr. 2020.

DISTRITO FEDERAL. *Lei Complementar nº 840*. Dispõe sobre o regime jurídicos dos servidores públicos civis do Distrito Federal, das autarquias e das fundações públicas distritais. Disponível em: http://www.fazenda.df.gov.br/aplicacoes/legislacao/legislacao/TelaSaidaDocumento.cfm?txtNumero=840&txtAno=2011&txtTipo=4&txtParte=. Acesso em: 5 jul. 2020.

DISTRITO FEDERAL. Seção Judiciária. *Processo nº 0055731-54.2007.4.01.3400*. Rel. Juiz Rogério Moreira Alves, 25.4.2012. Disponível em: http://www.radaroficial.com.br/d/2395512. Acesso em: 20 jun. 2020.

DISTRITO FEDERAL. Tribunal de Contas do Distrito Federal. *Processo nº 37.579/2018-e*. Rel. Cons. Inácio Magalhães Filho. Brasília, 18.6.2019. Disponível em: https://www.tc.df.gov.br/4-consultas/consultas/. Acesso em: 23 fev. 2020.

DISTRITO FEDERAL. Tribunal de Contas do Distrito Federal. Súmulas de Jurisprudência. Enunciado nº 79. Sessão Ordinária nº 3.407, de 13 de abril de 1999. *Diário Oficial do Distrito Federal*, 4 maio 1999.

DISTRITO FEDERAL. Tribunal de Contas. Processo nº 10.205/2016-e. Cons. Inácio Magalhaes Filho, 12.2.2020. *TCDF*. Disponível em: www.tcdf.gov.br. Acesso em: 7 jul. 2020.

DISTRITO FEDERAL. Tribunal de Contas. *Processo nº 23.435/2013*. Cons. Inácio Magalhães Filho, 21.8.2019. Disponível em: www.tcdf.gov.br. Acesso em: 5 jul. 2020.

DISTRITO FEDERAL. Tribunal de Contas. *Processo nº 28.185/2015*. Aposentadoria. Rel. Cons. Manual de Andrade. Excerto do voto do Conselheiro Inácio Magalhães. Disponível em: www.tc.df.gov.br. Acesso em: 15 jul. 2020.

DISTRITO FEDERAL. Tribunal de Contas. *Processo nº 3.496/2018-e*. Concurso Público. Rel. Conselheiro Paulo Tadeu. Voto de Vista: Conselheiro Inácio Magalhães, 28.9.2018. Disponível em: www.tcdf.gov.br. Acesso em: 5 jul. 2020.

DISTRITO FEDERAL. Tribunal de Contas. *Processo nº 40.482/2007*. Decisão nº 3.582/2008. Disponível em: https://www.tc.df.gov.br/ice4/ice4_exibir.php?TABELA=VEFCX0VNRU5UQVJJTy5ERUM=&ORDEM=2316. Acesso em: 11 abr. 2020.

DISTRITO FEDERAL. Tribunal de Contas. Processo nº 6.605/2016. *TCDF*. Disponível em: www.tcdf.gov.br. Acesso em: 5 jul. 2020.

DISTRITO FEDERAL. Tribunal de Justiça do Distrito Federal e Territórios. *Apelação Cível nº 20090110100970*. Rel. Waldir Leôncio Lopes Júnior. Disponível em: https://pesquisajuris.tjdft.jus.br/IndexadorAcordaos-web/sistj. Acesso em: 11 abr. 2020.

DWORKIN, Ronald. *Levando os direitos a sério*. São Paulo: Martins Fontes, 2002.

EM 2014, esperança de vida ao nascer era de 75,2 anos. *Agência IBGE Notícias*, 1º dez. 2015. Disponível em: https://agenciadenoticias.ibge.gov.br/agencia-sala-de-imprensa/2013-agencia-de-noticias/releases/9629-em-2014-esperanca-de-vida-ao-nascer-era-de-75-2-anos. Acesso em: 18 mar. 2020.

ESPÍRITO SANTO. Tribunal de Justiça do Espírito Santo. *AI nº 24100914472 ES 24100914472*. Rel. Des. Carlos Simões Fonseca. Espírito Santo, 7.6.2011.

FERRAZ, Luciano. *Controle da Administração Pública*: elementos para a compreensão dos Tribunais de Contas. Belo Horizonte: Mandamentos, 1999.

FERREIRA FILHO, Manoel Gonçalves. *Comentários à Constituição brasileira de 1988*. São Paulo: Saraiva, 1992. v. 2.

FERREIRA, Pinto. *Curso de direito processual civil*. São Paulo: Saraiva, 1998.

FREITAS, Alexandre Câmara. *Lições de direito processual civil* – Teoria geral do direito processual. Módulo processual de conhecimento. 19. ed. Rio de Janeiro: Lumen Juris, 2009. v. 1.

FUHRER, Maximilianus Cláudio Américo; FÜHRER, Maximiliano Roberto Ernesto. *Resumo de direito civil*. São Paulo: Malheiros, 2017.

FURTADO, Lucas Rocha. *Curso de direito administrativo*. 3. ed. Belo Horizonte: Fórum, 2012.

GASPARINI, Diógenes. *Direito administrativo*. 8. ed. São Paulo: Saraiva, 2003.

GOIÁS. Tribunal de Justiça. *ADI nº 313987-19.2014.8.09.0000*. Disponível em: https://tj-go.jusbrasil.com.br/jurisprudencia/416480987/acao-direta-de-inconstitucionalidade-adi-4880502201680900000/inteiro-teor-416480988?ref=juris-tabs. Acesso em: 18 jun. 2020.

HESSE, Konrad. *Escritos de derecho constitucional*. Madrid: Centro de Estudos Constitucionales, 1983 *apud* SOUSA, João Ricardo C. de. *Curso avançado de direito constitucional*. [s.l.]: [s.n.], 2003.

IGREJA CATÓLICA. *Rerum Novarum*: carta encíclica de sua Santidade o Papa Leão XIII sobre a condição dos operários. Tradução de Manuel Alves da Silva. 14. ed. São Paulo: Paulinas, 2004. v. 6. Coleção A Voz do Papa.

INSS. Presidência. *Instrução Normativa nº 77, de 21 de janeiro de 2015*. Estabelece rotinas para agilizar e uniformizar o reconhecimento de direitos dos segurados e beneficiários da Previdência Social, com observância dos princípios estabelecidos no art. 37 da Constituição Federal de 1988. Disponível em: http://www.in.gov.br/materia/-/asset_publisher/Kujrw0TZC2Mb/content/id/32120879/do1-2015-01-22-instrucao-normativa-n-77-de-21-de-janeiro-de-2015-32120750. Acesso em: 15 jun. 2020.

JUSTIÇA Federal concede pensão por morte a menor tutelada pelo avô. *Conjur*, 11 set. 2014. Disponível em: https://www.conjur.com.br/2014-set-11/menor-tutelado-avo-direito-pensao-morte. Acesso em: 23 abr. 2019.

LEITÃO, André Studart; DIAS, Eduardo Rocha; MACÊDO, José Leandro Monteiro de Macêdo. *Nova previdência complementar do servidor público*. São Paulo: Método, 2012.

MARTINEZ, Luciano. *Reforma da Previdência:* entenda o que mudou. São Paulo: Saraiva, 2020. *E-Book*.

MARTINS JUNIOR, Wallace Paiva. Ato administrativo complexo. *Lex*, 11 abr. 2006. Disponível em: http://www.lex.com.br/noticias/artigos/defaut.asp?artigo_id=1. Acesso em: 10 mar. 2010.

MARTINS, Sérgio Pinto. *Direito da seguridade social*. 37. ed. São Paulo: Saraiva, 2018.

MATO GROSSO. Tribunal de Contas do Estado. *Resolução nº 27, de 18 de novembro de 2016 - TP*.

MATO GROSSO. Tribunal de Contas. *Resolução de Consulta nº 51/2010*. Processo nº 5.558-1/2010. Rel. Conselheiro Humberto Bosaipo. Disponível em: https://www.tce.mt.gov.br/protocolo/decisao/num/55581/ano/2010/num_decisao/51/ano_decisao/2010. Acesso em: 16 jun. 2020.

MAXIMILIANO, Carlos. *Hermenêutica e aplicação do direito*. Rio de Janeiro: Forense, 2000.

MEIRELLES, Hely Lopes. *Direito administrativo brasileiro*. 28. ed. São Paulo: Malheiros, 2003.

MENDES, Gilmar Ferreira, COELHO, Inocêncio Mártires, BRANCO, Paulo Gustavo Gonet. *Curso de direito constitucional*. 4. ed. São Paulo: Saraiva, 2009.

MERA exposição a agentes reconhecidos como cancerígenos na LINACH gera contagem de tempo especial. *IEPREV*, 2 abr. 2020. Disponível em: https://www.ieprev.com.br/conteudo/categoria/4/6156/mera_exposicao_a_agentes_reconhecidos_como_cancerigenos_na_linach_gera_contagem_de_tempo_especial. Acesso em: 3 abr. 2020.

MÉXICO. *Constituição Política dos Estados Unidos Mexicanos*. 1917. Disponível em: https://web.archive.org/web/20110724055755/http://constitucion.rediris.es/principal/constituciones-mexico1917_1.htm#t1.

MINISTÉRIO DA ECONOMIA. SEPT. SP. SRPPS. CNAL. CEDN. *Nota Técnica SEI nº 12212/2019/ME*. Análise das regras constitucionais da reforma previdenciária aplicáveis aos regimes próprios de previdência social dos entes federados subnacionais. Disponível em: http://sa.previdencia.gov.br/site/2019/11/SEI_ME-5155534-Nota-Tecnica-12212.pdf. Acesso em 23 abr. 2019.

MINISTÉRIO DA FAZENDA. Secretaria do Tesouro Nacional. COREM/SURIN/STN. *SEI nº 09/2017*.

MINISTÉRIO DA PREVIDÊNCIA E ASSISTÊNCIA SOCIAL. SPS. *Orientação Normativa MPS/SPS nº 2, de 2 de abril de 2009*. Alterada pela Orientação Normativa nº 3, de 4 de maio de 2009. Disponível em: http://www.ageprev.ms.gov.br/wp-content/uploads/2015/02/ORIENTA%C3%87%C3%83O-NORMATIVA-MPS-SPS-N%C2%BA-02-DE-31-DE-MAR%C3%87O-DE-2009.pdf. Acesso em: 16 jun. 2020.

MINISTÉRIO DO PLANEJAMENTO, ORÇAMENTO E GESTÃO. *Portaria Normativa nº 2, de 08 de novembro de 2011*. Disponível em: http://pesquisa.in.gov.br/imprensa/jsp/visualiza/index.jsp?jornal=1&pagina=45&data=09/11/2011. Acesso em: 27 jun. 2020.

MINISTÉRIO DO PLANEJAMENTO, ORÇAMENTO E GESTÃO. *Processo nº 04500.001140/2005-38 apud* DISTRITO FEDERAL. Tribunal de Contas. *Processo nº 9.004/2007*. Rel. Conselheiro Antonio Renato Alves Rainha. Disponível em: https://etcdf.tc.df.gov.br/?a=documento&f=downloadPDF&iddocumento=780923. Acesso em: 31 mar. 2020.

MINISTÉRIO DO PLANEJAMENTO. SRH/COGES/DENOP. *Nota Técnica nº 761 de 9 de agosto de 2010*. Disponível em: http://www.uff.br/sites/default/files/servicos/legislacao/nota_tecnica_no_761-2010-coges-denop-srh-mp.pdf. Acesso em: 22 jun. 2020.

MINISTÉRIO PÚBLICO. CSMPF – GAB/MC. *Processo Administrativo nº 1.00.001.000054/2005-22*. Disponível em: http://csmpf.pgr.mpf.gov.br/votos/ votos/Rel07-054-2005-22.pdf. Acesso em: 13 maio 2009.

MINISTRO cassa decisão do TJ-RJ sobre cálculo de benefício previdenciário. *STF*, 8 maio 2020. Disponível em: http://portal.stf.jus.br/noticias/verNoticiaDetalhe.asp?idConteudo=442984&ori=1. Acesso em: 12 maio 2019.

MODESTO, Paulo. Estágio probatório: questões controversas. *Revista Diálogo Jurídico*, n. 12, mar. 2006.

MORAES, Alexandre. *Constituição do Brasil interpretada e legislação constitucional*. São Paulo: Atlas, 2003.

MP entra com ação contra salários na Câmara e no Senado. *Conjur*, 11 nov. 2005. Disponível em: https://www.conjur.com.br/2005-nov-11/mp_entra_acao_salarios_camara_senado. Acesso em: 16 jul. 2020.

MTPS. CGNAL/DRPSP/SPPS. *Nota Explicativa nº 05, de 2 de fevereiro de 2016*. Disponível em: http://sa.previdencia.gov.br/site/2016/07/ NOTAEXPLICATIVACGNALn05-2016.pdf. Acesso em: 15 jun. 2020.

NEGADO MS contra ato do TCU sobre regularização de remuneração de servidores do Senado. *STF*, 10 mar. 2017. Disponível em: http://stf.jus.br/portal/cms/verNoticiaDetalhe.asp?idConteudo=338050. Acesso em: 5 jul. 2020.

OIT. *História da OIT*. Disponível em: https://www.ilo.org/brasilia/conheca-a-oit/hist%C3%B3ria/lang--pt/index.htm. Acesso em: 17 dez. 2019.

OLIVEIRA, J. E. Abreu. *Aposentadoria no serviço público*. Rio de Janeiro: Freitas Bastos, 1970.

PERNAMBUCO. Tribunal de Contas do Estado. *Decisão TC nº 0408/96*. Disponível em: https://www.tce.pe.gov.br/internet/index.php/jurisprudencia. Acesso em: 5 jul. 2020.

RIBEIRO, Alberto Pavie. Questão de ordem. *AMB*, 2019. Disponível em: https://www.amb.com.br/wp-content/uploads/2019/04/01-AMB-CNJ-00012448220142000200-QO.pdf. Acesso em: 1º jun. 2020.

RIBEIRO, Renato Jorge Brown. *Controle externo da Administração Pública federal no Brasil*. Rio de Janeiro: América Jurídica, 2002.

RIO DE JANEIRO. Tribunal de Contas do Estado. Processo nº 109.896-4/97. Recurso de Reconsideração. Rel. Aluisio Gama de Souza. Rio de Janeiro, 9.12.2004. *Revista do Tribunal de Contas do Estado do Rio de Janeiro*, n. 61, p. 322-343, mar. 2006.

RIO GRANDE DO SUL. Tribunal de Contas do Estado. *Processo nº 003889-02.00/04-9*. Consulta, 21.7.2004.

SANTA CATARINA. Tribunal de Contas do Estado. *Decisão nº 893/2017*. Consulta, 6.12.2017.

SÃO PAULO. Procuradoria-Geral do Estado. *Processo Administrativo nº PAJM-5653*. Disponível em: http://www.recursoshumanos.sp.gov.br/pareceres/pareceres%20aposentadoria/PA%20-%20115%20-%202007.pdf. Acesso em: 17 jun. 2020.

SENADO FEDERAL. Comissão de Constituição, Justiça e Cidadania. *Proposta de Emenda à Constituição nº 133/2019*. Permite que os Estados, o Distrito Federal e os Municípios adotem em seus regimes próprios de previdência social as mesmas regras aplicáveis ao regime próprio da União; modifica renúncias previdenciárias; prevê benefício da Seguridade Social à criança vivendo em situação de pobreza; e dá outras providências. Disponível em: https://www25.senado.leg.br/web/atividade/materias/-/materia/138555. Acesso em: 22 jun. 2020.

SERVIDORES que migraram de estados para o STF não entram no Funpresp. *Conjur*, 30 nov. 2017. Disponível em: https://www.conjur.com.br/2017-nov-30/servidores-migraram-estados-stf-entram-funpresp. Acesso em: 31 mar. 2020.

SILVA, José Afonso. *Aplicabilidade das normas constitucionais*. 5. ed. São Paulo: Malheiros, 2001.

SILVA, José Afonso. *Curso de direito constitucional positivo*. 18. ed. São Paulo: Malheiros, 2000.

SOUSA, João Ricardo C. de. *Curso avançado de direito constitucional*. [s.l.]: [s.n.], 2003.

SOUZA, Lilian Castro de. *Direito previdenciário*. 5. ed. São Paulo: Atlas, 2010.

STF. Repositório de Jurisprudência. *Revista dos Tribunais*, ano 73, v. 588, out. 1984.

STF. Repositório de Jurisprudência. *Revista dos Tribunais*, ano 76, v. 619, maio 1987.

TAVARES, Marcelo Leonardo (Coord.). *A reforma da Previdência Social*: temas polêmicos e aspectos controvertidos. Rio de Janeiro: Lumens Juris, 2004.

TNU define requisitos para reconhecimento da natureza especial de tempo laborado em exposição a agentes biológicos. *CJF*, 31 mar. 2020. Disponível em: https://www.cjf.jus.br/cjf/noticias/2020/03-marco/tnu-define-requisitos-para-reconhecimento-da-natureza-especial-de-tempo-laborado-em-exposicao-a-agentes-biologicos. Acesso em: 20 jun. 2020.

VEJA a íntegra da reforma da Reforma da Previdência. *Câmara dos Deputados*, 2 maio 2003. Disponível em: https://www.camara.leg.br/noticias/28730-veja-a-integra-da-pec-da-reforma-da-previdencia/. Acesso em: 26 jun. 2020.

WAMBIER, Luiz Rodrigues; TALAMINI, Eduardo. *Curso avançado de processo civil* – Teoria geral do processo. 9. ed. São Paulo: RT, [s.d.]. v. 1.

Quadro comparativo

Texto anterior CF/1988 × texto após EC nº 103/2019

(*continua*)

Texto anterior	Texto com alterações da EC nº 103
Art. 1º A Constituição Federal passa a vigorar com as seguintes alterações:	
"Art. 22. [...] XXI - normas gerais de organização, efetivos, material bélico, garantias, convocação e mobilização das polícias militares e corpos de bombeiros militares; [...]".	"Art. 22 [...] XXI - normas gerais de organização, efetivos, material bélico, garantias, convocação, mobilização, *inatividades e pensões* das polícias militares e dos corpos de bombeiros militares; [...]" (NR).
"Art. 37. [...] §13. Inexistente. §14. Inexistente. §15. Inexistente".	"Art. 37. [...] *§13. O servidor público titular de cargo efetivo poderá ser readaptado para exercício de cargo cujas atribuições e responsabilidades sejam compatíveis com a limitação que tenha sofrido em sua capacidade física ou mental, enquanto permanecer nesta condição, desde que possua a habilitação e o nível de escolaridade exigidos para o cargo de destino, mantida a remuneração do cargo de origem.* *§14. A aposentadoria concedida com a utilização de tempo de contribuição decorrente de cargo, emprego ou função pública, inclusive do Regime Geral de Previdência Social, acarretará o rompimento do vínculo que gerou o referido tempo de contribuição.* *§15. É vedada a complementação de aposentadorias de servidores públicos e de pensões por morte a seus dependentes que não seja decorrente do disposto nos §§14 a 16 do art. 40 ou que não seja prevista em lei que extinga regime próprio de previdência social".* (NR)
"Art. 38. [...] V - para efeito de benefício previdenciário, no caso de afastamento, os valores serão determinados como se no exercício estivesse".	"Art. 38. [...] V - *na hipótese de ser segurado de regime próprio de previdência social, permanecerá filiado a esse regime, no ente federativo de origem"* (NR).
"Art. 39. [...] §9º Inexistente".	"Art. 39. [...] *§9º É vedada a incorporação de vantagens de caráter temporário ou vinculadas ao exercício de função de confiança ou de cargo em comissão à remuneração do cargo efetivo"* (NR).

(continua)

Texto anterior	Texto com alterações da EC nº 103
"Art. 40. Aos servidores titulares de cargos efetivos da União, dos Estados, do Distrito Federal e dos Municípios, incluídas suas autarquias e fundações, é assegurado regime de previdência de caráter contributivo e solidário, mediante contribuição do respectivo ente público, dos servidores ativos e inativos e dos pensionistas, observados critérios que preservem o equilíbrio financeiro e atuarial e o disposto neste artigo.	"Art. 40. *O regime próprio de previdência social dos servidores titulares de cargos efetivos terá caráter contributivo e solidário, mediante contribuição do respectivo ente federativo, de servidores ativos, de aposentados e de pensionistas, observados critérios que preservem o equilíbrio financeiro e atuarial.*
§1º Os servidores abrangidos pelo regime de previdência de que trata este artigo serão aposentados, calculados os seus proventos a partir dos valores fixados na forma dos §§3º e 17: I - por invalidez permanente, sendo os proventos proporcionais ao tempo de contribuição, exceto se decorrente de acidente em serviço, moléstia profissional ou doença grave, contagiosa ou incurável, na forma da lei; [...] III - voluntariamente, desde que cumprido tempo mínimo de dez anos de efetivo exercício no serviço público e cinco anos no cargo efetivo em que se dará a aposentadoria, observadas as seguintes condições: a) sessenta anos de idade e trinta e cinco de contribuição, se homem, e cinqüenta e cinco anos de idade e trinta de contribuição, se mulher b) sessenta e cinco anos de idade, se homem, e sessenta anos de idade, se mulher, com proventos proporcionais ao tempo de contribuição	*§1º O servidor abrangido por regime próprio de previdência social será aposentado:* *I - por incapacidade permanente para o trabalho, no cargo em que estiver investido, quando insuscetível de readaptação, hipótese em que será obrigatória a realização de avaliações periódicas para verificação da continuidade das condições que ensejaram a concessão da aposentadoria, na forma de lei do respectivo ente federativo;* [...] *III - no âmbito da União, aos 62 (sessenta e dois) anos de idade, se mulher, e aos 65 (sessenta e cinco) anos de idade, se homem, e, no âmbito dos Estados, do Distrito Federal e dos Municípios, na idade mínima estabelecida mediante emenda às respectivas Constituições e Leis Orgânicas, observados o tempo de contribuição e os demais requisitos estabelecidos em lei complementar do respectivo ente federativo.*
§2º Os proventos de aposentadoria e as pensões, por ocasião de sua concessão, não poderão exceder a remuneração do respectivo servidor, no cargo efetivo em que se deu a aposentadoria ou que serviu de referência para a concessão da pensão. §3º Para o cálculo dos proventos de aposentadoria, por ocasião da sua concessão, serão consideradas as remunerações utilizadas como base para as contribuições do servidor aos regimes de previdência de que tratam este artigo e o art. 201, na forma da lei.	*§2º Os proventos de aposentadoria não poderão ser inferiores ao valor mínimo a que se refere o §2º do art. 201 ou superiores ao limite máximo estabelecido para o Regime Geral de Previdência Social, observado o disposto nos §§14 a 16.* *§3º As regras para cálculo de proventos de aposentadoria serão disciplinadas em lei do respectivo ente federativo.*
§4º É vedada a adoção de requisitos e critérios diferenciados para a concessão de aposentadoria aos abrangidos pelo regime de que trata este artigo, ressalvados, nos termos definidos em leis complementares, os casos de servidores: I - portadores de deficiência; II - que exerçam atividades de risco; III - cujas atividades sejam exercidas sob condições especiais que prejudiquem a saúde ou a integridade física.	§4º É vedada a adoção de requisitos ou critérios diferenciados para concessão *de benefícios em regime próprio de previdência social, ressalvado o disposto nos §§4º-A, 4º-B, 4º-C e 5º.*

(continua)

Texto anterior	Texto com alterações da EC nº 103
§4º-A. Inexistente	*§4º-A. Poderão ser estabelecidos por lei complementar do respectivo ente federativo idade e tempo de contribuição diferenciados para aposentadoria de servidores com deficiência, previamente submetidos a avaliação biopsicossocial realizada por equipe multiprofissional e interdisciplinar.*
§4º-B. Inexistente	*§4º-B. Poderão ser estabelecidos por lei complementar do respectivo ente federativo idade e tempo de contribuição diferenciados para aposentadoria de ocupantes do cargo de agente penitenciário, de agente socioeducativo ou de policial dos órgãos de que tratam o inciso IV do caput do art. 51, o inciso XIII do caput do art. 52 e os incisos I a IV do caput do art. 144.*
§4º-C. Inexistente	*§4º-C. Poderão ser estabelecidos por lei complementar do respectivo ente federativo idade e tempo de contribuição diferenciados para aposentadoria de servidores cujas atividades sejam exercidas com efetiva exposição a agentes químicos, físicos e biológicos prejudiciais à saúde, ou associação desses agentes, vedada a caracterização por categoria profissional ou ocupação.*
§5º Os requisitos de idade e de tempo de contribuição serão reduzidos em cinco anos, em relação ao disposto no §1º, III, "a", para o professor que comprove exclusivamente tempo de efetivo exercício das funções de magistério na educação infantil e no ensino fundamental e médio.	*§5º Os ocupantes do cargo de professor terão idade mínima reduzida em 5 (cinco) anos em relação às idades decorrentes da aplicação do disposto no inciso III do §1º, desde que comprovem tempo de efetivo exercício das funções de magistério na educação infantil e no ensino fundamental e médio fixado em lei complementar do respectivo ente federativo.*
§6º Ressalvadas as aposentadorias decorrentes dos cargos acumuláveis na forma desta Constituição, é vedada a percepção de mais de uma aposentadoria à conta do regime de previdência previsto neste artigo.	§6º Ressalvadas as aposentadorias decorrentes dos cargos acumuláveis na forma desta Constituição, é vedada a percepção de mais de uma aposentadoria à conta de regime próprio de previdência social, *aplicando-se outras vedações, regras e condições para a acumulação de benefícios previdenciários estabelecidas no Regime Geral de Previdência Social.*
§7º Lei disporá sobre a concessão do benefício de pensão por morte, que será igual: I - ao valor da totalidade dos proventos do servidor falecido, até o limite máximo estabelecido para os benefícios do regime geral de previdência social de que trata o art. 201, acrescido de setenta por cento da parcela excedente a este limite, caso aposentado à data do óbito; ou II - ao valor da totalidade da remuneração do servidor no cargo efetivo em que se deu o falecimento, até o limite máximo estabelecido para os benefícios do regime geral de previdência social	*§7º Observado o disposto no §2º do art. 201, quando se tratar da única fonte de renda formal auferida pelo dependente, o benefício de pensão por morte será concedido nos termos de lei do respectivo ente federativo, a qual tratará de forma diferenciada a hipótese de morte dos servidores de que trata o §4º-B decorrente de agressão sofrida no exercício ou em razão da função.* [...]

(*continua*)

Texto anterior	Texto com alterações da EC nº 103
de que trata o art. 201, acrescido de setenta por cento da parcela excedente a este limite, caso em atividade na data do óbito. [...]	
§9º O tempo de contribuição federal, estadual ou municipal será contado para efeito de aposentadoria e o tempo de serviço correspondente para efeito de disponibilidade. [...]	§9º O tempo de contribuição federal, estadual, distrital ou municipal será contado para *fins de* aposentadoria, observado o disposto nos §§9º e 9º-A do art. 201, e o tempo de serviço correspondente será contado para fins de disponibilidade. [...]
§12. Além do disposto neste artigo, o regime de previdência dos servidores públicos titulares de cargo efetivo observará, no que couber, os requisitos e critérios fixados para o regime geral de previdência social.	§12. Além do disposto neste artigo, *serão observados, em regime próprio de previdência social, no que couber, os requisitos e critérios fixados para o Regime Geral de Previdência Social.*
§13. Ao servidor ocupante, exclusivamente, de cargo em comissão declarado em lei de livre nomeação e exoneração bem como de outro cargo temporário ou de emprego público, aplica-se o regime geral de previdência social.	*§13. Aplica-se ao agente público ocupante, exclusivamente, de cargo em comissão declarado em lei de livre nomeação e exoneração, de outro cargo temporário, inclusive mandato eletivo, ou de emprego público, o Regime Geral de Previdência Social.*
§14. A União, os Estados, o Distrito Federal e os Municípios, desde que instituam regime de previdência complementar para os seus respectivos servidores titulares de cargo efetivo, poderão fixar, para o valor das aposentadorias e pensões a serem concedidas pelo regime de que trata este artigo, o limite máximo estabelecido para os benefícios do regime geral de previdência social de que trata o art. 201	§14. A União, os Estados, o Distrito Federal e os Municípios *instituirão, por lei de iniciativa do respectivo Poder Executivo, regime de previdência complementar para servidores públicos ocupantes de cargo efetivo, observado o limite máximo dos benefícios do Regime Geral de Previdência Social para o valor das aposentadorias e das pensões em regime próprio de previdência social, ressalvado o disposto no §16.*
§15. O regime de previdência complementar de que trata o §14 será instituído por lei de iniciativa do respectivo Poder Executivo, observado o disposto no art. 202 e seus parágrafos, no que couber, por intermédio de entidades fechadas de previdência complementar, de natureza pública, que oferecerão aos respectivos participantes planos de benefícios somente na modalidade de contribuição definida. [...]	§15. O regime de previdência complementar de que trata o §14 *oferecerá plano de benefícios somente na modalidade contribuição definida, observará o disposto no art. 202 e será efetivado por intermédio de entidade fechada de previdência complementar ou de entidade aberta de previdência complementar.* [...]
§19. O servidor de que trata este artigo que tenha completado as exigências para aposentadoria voluntária estabelecidas no §1º, III, a, e que opte por permanecer em atividade fará jus a um abono de permanência equivalente ao valor da sua contribuição previdenciária até completar as exigências para aposentadoria compulsória contidas no §1º, II.	*§19. Observados critérios a serem estabelecidos em lei do respectivo ente federativo, o servidor titular de cargo efetivo que tenha completado as exigências para a aposentadoria voluntária e que opte por permanecer em atividade poderá fazer jus a um abono de permanência equivalente, no máximo, ao valor da sua contribuição previdenciária, até completar a idade para aposentadoria compulsória.*
§20. Fica vedada a existência de mais de um regime próprio de previdência social para os servidores titulares de cargos efetivos, e de mais de uma unidade gestora do respectivo regime em cada ente estatal, ressalvado o disposto no art. 142, §3º, X.	§20. É vedada a existência de mais de um regime próprio de previdência social e de mais de um órgão ou entidade gestora desse regime em cada ente federativo, *abrangidos todos os poderes, órgãos e entidades autárquicas e fundacionais, que serão responsáveis pelo*

(continua)

Texto anterior	Texto com alterações da EC nº 103
	seu financiamento, observados os critérios, os parâmetros e a natureza jurídica definidos na lei complementar de que trata o §22.
§21. A contribuição prevista no §18 deste artigo incidirá apenas sobre as parcelas de proventos de aposentadoria e de pensão que superem o dobro do limite máximo estabelecido para os benefícios do regime geral de previdência social de que trata o art. 201 desta Constituição, quando o beneficiário, na forma da lei, for portador de doença incapacitante.	*§21. (Revogado).*
§22. Inexistente.	*§22. Vedada a instituição de novos regimes próprios de previdência social, lei complementar federal estabelecerá, para os que já existam, normas gerais de organização, de funcionamento e de responsabilidade em sua gestão, dispondo, entre outros aspectos, sobre:* *I - requisitos para sua extinção e consequente migração para o Regime Geral de Previdência Social;* *II - modelo de arrecadação, de aplicação e de utilização dos recursos;* *III - fiscalização pela União e controle externo e social;* *IV - definição de equilíbrio financeiro e atuarial;* *V - condições para instituição do fundo com finalidade previdenciária de que trata o art. 249 e para vinculação a ele dos recursos provenientes de contribuições e dos bens, direitos e ativos de qualquer natureza;* *VI - mecanismos de equacionamento do deficit atuarial;* *VII - estruturação do órgão ou entidade gestora do regime, observados os princípios relacionados com governança, controle interno e transparência;* *VIII - condições e hipóteses para responsabilização daqueles que desempenhem atribuições relacionadas, direta ou indiretamente, com a gestão do regime;* *IX - condições para adesão a consórcio público;* *X - parâmetros para apuração da base de cálculo e definição de alíquota de contribuições ordinárias e extraordinárias". (NR)*
"Art. 93. [...] VIII - o ato de remoção, disponibilidade *e aposentadoria* do magistrado, por interesse público, fundar-se-á em decisão por voto da maioria absoluta do respectivo tribunal ou do Conselho Nacional de Justiça, assegurada ampla defesa; [...]".	"Art. 93. [...] VIII - o ato de remoção ou de disponibilidade do magistrado, por interesse público, fundar-se-á em decisão por voto da maioria absoluta do respectivo tribunal ou do Conselho Nacional de Justiça, assegurada ampla defesa; [...]" (NR).

(*continua*)

Texto anterior	Texto com alterações da EC nº 103
"Art. 103-B. [...] §4º [...] III - receber e conhecer das reclamações contra membros ou órgãos do Poder Judiciário, inclusive contra seus serviços auxiliares, serventias e órgãos prestadores de serviços notariais e de registro que atuem por delegação do poder público ou oficializados, sem prejuízo da competência disciplinar e correicional dos tribunais, podendo avocar processos disciplinares em curso e determinar a remoção, a disponibilidade *ou a aposentadoria com subsídios ou proventos proporcionais ao tempo de serviço* e aplicar outras sanções administrativas, assegurada ampla defesa; [...]".	"Art. 103-B. [...] §4º [...] III - receber e conhecer das reclamações contra membros ou órgãos do Poder Judiciário, inclusive contra seus serviços auxiliares, serventias e órgãos prestadores de serviços notariais e de registro que atuem por delegação do poder público ou oficializados, sem prejuízo da competência disciplinar e correicional dos tribunais, podendo avocar processos disciplinares em curso, determinar a remoção ou a disponibilidade e aplicar outras sanções administrativas, assegurada ampla defesa; [...]" (NR).
"Art. 109. [...] §3º Serão processadas e julgadas na justiça estadual, no foro do domicílio dos segurados ou beneficiários, as causas em que forem parte instituição de previdência social e segurado, sempre que a comarca não seja sede de vara do juízo federal, e, se verificada essa condição, a lei poderá permitir que outras causas sejam também processadas e julgadas pela justiça estadual".	"Art. 109. [...] §3º *Lei poderá autorizar que as causas de competência da Justiça Federal em que forem parte instituição de previdência social e segurado possam ser processadas e julgadas na justiça estadual quando a comarca do domicílio do segurado não for sede de vara federal.* [...]" (NR).
"Art. 130-A. [...] §2º [...] III - receber e conhecer das reclamações contra membros ou órgãos do Ministério Público da União ou dos Estados, inclusive contra seus serviços auxiliares, sem prejuízo da competência disciplinar e correicional da instituição, podendo avocar processos disciplinares em curso, determinar a remoção, a disponibilidade *ou a aposentadoria com subsídios ou proventos proporcionais ao tempo de serviço* e aplicar outras sanções administrativas, assegurada ampla defesa; [...]".	"Art. 130-A. [...] §2º [...] III - receber e conhecer das reclamações contra membros ou órgãos do Ministério Público da União ou dos Estados, inclusive contra seus serviços auxiliares, sem prejuízo da competência disciplinar e correicional da instituição, podendo avocar processos disciplinares em curso, determinar a remoção ou a disponibilidade e aplicar outras sanções administrativas, assegurada ampla defesa; [...]" (NR).
"Art. 149. [...] §1º Os Estados, o Distrito Federal e os Municípios instituirão contribuição, cobrada de seus servidores, para o custeio, em benefício destes, do regime previdenciário de que trata o art. 40, cuja alíquota não será inferior à da contribuição dos servidores titulares de cargos efetivos da União. §1º-A Inexistente.	"Art. 149. [...] *§1º A União, os Estados, o Distrito Federal e os Municípios instituirão, por meio de lei, contribuições para custeio de regime próprio de previdência social, cobradas dos servidores ativos, dos aposentados e dos pensionistas, que poderão ter alíquotas progressivas de acordo com o valor da base de contribuição ou dos proventos de aposentadoria e de pensões.* *§1º-A. Quando houver deficit atuarial, a contribuição ordinária dos aposentados e pensionistas poderá incidir sobre o valor dos proventos de aposentadoria e de pensões que supere o salário-mínimo.*

(continua)

Texto anterior	Texto com alterações da EC nº 103
§1º-B Inexistente. §1º-C Inexistente.	*§1º-B. Demonstrada a insuficiência da medida prevista no §1º-A para equacionar o deficit atuarial, é facultada a instituição de contribuição extraordinária, no âmbito da União, dos servidores públicos ativos, dos aposentados e dos pensionistas.* *§1º-C. A contribuição extraordinária de que trata o §1º-B deverá ser instituída simultaneamente com outras medidas para equacionamento do deficit e vigorará por período determinado, contado da data de sua instituição.* [...]" (NR).
"Art. 167. [...] XII - Inexistente. XIII - Inexistente.	"Art. 167. [...] *XII - na forma estabelecida na lei complementar de que trata o §22 do art. 40, a utilização de recursos de regime próprio de previdência social, incluídos os valores integrantes dos fundos previstos no art. 249, para a realização de despesas distintas do pagamento dos benefícios previdenciários do respectivo fundo vinculado àquele regime e das despesas necessárias à sua organização e ao seu funcionamento;* *XIII - a transferência voluntária de recursos, a concessão de avais, as garantias e as subvenções pela União e a concessão de empréstimos e de financiamentos por instituições financeiras federais aos Estados, ao Distrito Federal e aos Municípios na hipótese de descumprimento das regras gerais de organização e de funcionamento de regime próprio de previdência social.* [...] (NR).
"Art. 194. [...] Parágrafo único. [...] VI - diversidade da base de financiamento; [...]".	"Art. 194 [...] Parágrafo único. [...] VI - diversidade da base de financiamento, *identificando-se, em rubricas contábeis específicas para cada área, as receitas e as despesas vinculadas a ações de saúde, previdência e assistência social, preservado o caráter contributivo da previdência social*; [...]" (NR).
"Art. 195. [...] II - do trabalhador e dos demais segurados da previdência social, não incidindo contribuição sobre aposentadoria e pensão concedidas pelo regime geral de previdência social de que trata o art. 201; [...]	"Art. 195. [...] II - do trabalhador e dos demais segurados da previdência social, *podendo ser adotadas alíquotas progressivas de acordo com o valor do salário de contribuição, não incidindo contribuição sobre aposentadoria e pensão concedidas pelo Regime Geral de Previdência Social;* [...]

(*continua*)

Texto anterior	Texto com alterações da EC nº 103
§9º As contribuições sociais previstas no inciso I do caput deste artigo poderão ter alíquotas *ou bases de cálculo* diferenciadas, em razão da atividade econômica, da utilização intensiva de mão-de-obra, do porte da empresa ou da condição estrutural do mercado de trabalho. [...] §11. É vedada a concessão de remissão ou anistia das contribuições sociais de que tratam os incisos I, a, e II deste artigo, para débitos em montante superior ao fixado em lei complementar. [...] §13. Aplica-se o disposto no §12 inclusive na hipótese de substituição gradual, total ou parcial, da contribuição incidente na forma do inciso I, a, pela incidente sobre a receita ou o faturamento. §14. Inexistente".	§9º As contribuições sociais previstas no inciso I do caput deste artigo poderão ter alíquotas diferenciadas em razão da atividade econômica, da utilização intensiva de mão de obra, do porte da empresa ou da condição estrutural do mercado de trabalho, *sendo também autorizada a adoção de bases de cálculo diferenciadas apenas no caso das alíneas "b" e "c" do inciso I do caput.* [...] *§11. São vedados a moratória e o parcelamento em prazo superior a 60 (sessenta) meses e, na forma de lei complementar, a remissão e a anistia das contribuições sociais de que tratam a alínea "a" do inciso I e o inciso II do caput.* [...] §13. (Revogado). *§14. O segurado somente terá reconhecida como tempo de contribuição ao Regime Geral de Previdência Social a competência cuja contribuição seja igual ou superior à contribuição mínima mensal exigida para sua categoria, assegurado o agrupamento de contribuições"* (NR).
"Art. 201. A previdência social será organizada sob a forma de regime geral, de caráter contributivo e de filiação obrigatória, observados critérios que preservem o equilíbrio financeiro e atuarial, e atenderá, nos termos da lei, a: I - cobertura dos eventos de doença, invalidez, *morte* e idade avançada; [...] §1º É vedada a adoção de requisitos e critérios diferenciados para a concessão de aposentadoria aos beneficiários do regime geral de previdência social, ressalvados os casos de atividades exercidas sob condições especiais que prejudiquem a saúde ou a integridade física e quando se tratar de segurados portadores de deficiência, nos termos definidos em lei complementar. [...]	"Art. 201. A previdência social será organizada sob a forma do Regime Geral de Previdência Social, de caráter contributivo e de filiação obrigatória, observados critérios que preservem o equilíbrio financeiro e atuarial, e atenderá, na forma da lei, a: I - cobertura dos eventos de *incapacidade temporária ou permanente para o trabalho* e idade avançada; [...] §1º É vedada a adoção de requisitos ou critérios diferenciados para concessão de benefícios, ressalvada, nos termos de lei complementar, a possibilidade de previsão de idade e tempo de contribuição distintos da regra geral para concessão de aposentadoria exclusivamente em favor dos segurados: *I - com deficiência, previamente submetidos a avaliação biopsicossocial realizada por equipe multiprofissional e interdisciplinar;* *II - cujas atividades sejam exercidas com efetiva exposição a agentes químicos, físicos e biológicos prejudiciais à saúde, ou associação desses agentes, vedada a caracterização por categoria profissional ou ocupação.* [...]

(continua)

Texto anterior	Texto com alterações da EC nº 103
§7º [...] I - trinta e cinco anos de contribuição, se homem, e trinta anos de contribuição, se mulher; II - sessenta e cinco anos de idade, se homem, e sessenta anos de idade, se mulher, reduzido em cinco anos o limite para os trabalhadores rurais de ambos os sexos e para os que exerçam suas atividades em regime de economia familiar, nestes incluídos o produtor rural, o garimpeiro e o pescador artesanal.	*§7º* [...] *I - 65 (sessenta e cinco) anos de idade, se homem, e 62 (sessenta e dois) anos de idade, se mulher, observado tempo mínimo de contribuição;* *II - 60 (sessenta) anos de idade, se homem, e 55 (cinquenta e cinco) anos de idade, se mulher, para os trabalhadores rurais e para os que exerçam suas atividades em regime de economia familiar, nestes incluídos o produtor rural, o garimpeiro e o pescador artesanal.*
§8º Os requisitos a que se refere o inciso I do parágrafo anterior serão reduzidos em cinco anos, para o professor que comprove exclusivamente tempo de efetivo exercício das funções de magistério na educação infantil e no ensino fundamental e médio.	§8º O requisito de idade a que se refere o inciso I do §7º será reduzido em 5 (cinco) anos, para o professor que comprove tempo de efetivo exercício das funções de magistério na educação infantil e no ensino fundamental e médio *fixado em lei complementar.*
§9º Para efeito de aposentadoria, é assegurada a contagem recíproca do tempo de contribuição na administração pública e na atividade privada, rural e urbana, hipótese em que os diversos regimes de previdência social se compensarão financeiramente, segundo critérios estabelecidos em lei.	§9º Para fins de aposentadoria, será assegurada a contagem recíproca do tempo de contribuição *entre o Regime Geral de Previdência Social e os regimes próprios de previdência social, e destes entre si, observada a compensação financeira, de acordo com os critérios* estabelecidos em lei.
§9º-A Inexistente.	*§9º-A. O tempo de serviço militar exercido nas atividades de que tratam os arts. 42, 142 e 143 e o tempo de contribuição ao Regime Geral de Previdência Social ou a regime próprio de previdência social terão contagem recíproca para fins de inativação militar ou aposentadoria, e a compensação financeira será devida entre as receitas de contribuição referentes aos militares e as receitas de contribuição aos demais regimes.*
§10. Lei disciplinará a cobertura do risco de acidente do trabalho, a ser atendida concorrentemente pelo regime geral de previdência social e pelo setor privado. [...]	*§10. Lei complementar poderá disciplinar a cobertura de benefícios não programados, inclusive os decorrentes de acidente do trabalho, a ser atendida concorrentemente pelo Regime Geral de Previdência Social e pelo setor privado.* [...]
§12. Lei disporá sobre sistema especial de inclusão previdenciária para atender a trabalhadores de baixa renda e àqueles sem renda própria que se dediquem exclusivamente ao trabalho doméstico no âmbito de sua residência, desde que pertencentes a famílias de baixa renda, garantindo-lhes acesso a benefícios de valor igual a um salário-mínimo.	§12. Lei instituirá sistema especial de inclusão previdenciária, com alíquotas diferenciadas, para atender aos trabalhadores de baixa renda, *inclusive os que se encontram em situação de informalidade*, e àqueles sem renda própria que se dediquem exclusivamente ao trabalho doméstico no âmbito de sua residência, desde que pertencentes a famílias de baixa renda.
§13. O sistema especial de inclusão previdenciária de que trata o §12 deste artigo terá alíquotas e carências inferiores às vigentes para os demais segurados do regime geral de previdência social.	*§13. A aposentadoria concedida ao segurado de que trata o §12 terá valor de 1 (um) salário mínimo.*

(continua)

Texto anterior	Texto com alterações da EC nº 103
§14. Inexistente. §15. Inexistente. §16. Inexistente".	*§14. É vedada a contagem de tempo de contribuição fictício para efeito de concessão dos benefícios previdenciários e de contagem recíproca.* *§15. Lei complementar estabelecerá vedações, regras e condições para a acumulação de benefícios previdenciários.* *§16. Os empregados dos consórcios públicos, das empresas públicas, das sociedades de economia mista e das suas subsidiárias serão aposentados compulsoriamente, observado o cumprimento do tempo mínimo de contribuição, ao atingir a idade máxima de que trata o inciso II do §1º do art. 40, na forma estabelecida em lei"* (NR).
"Art. 202 [...] §4º Lei complementar disciplinará a relação entre a União, Estados, Distrito Federal ou Municípios, inclusive suas autarquias, fundações, sociedades de economia mista e empresas controladas direta ou indiretamente, enquanto patrocinadoras de entidades fechadas de previdência privada, e suas respectivas entidades fechadas de previdência privada. §5º A lei complementar de que trata o parágrafo anterior aplicar-se-á, no que couber, às empresas privadas permissionárias ou concessionárias de prestação de serviços públicos, quando patrocinadoras de entidades fechadas de previdência privada. §6º A lei complementar a que se refere o §4º deste artigo estabelecerá os requisitos para a designação dos membros das diretorias das entidades fechadas de previdência privada e disciplinará a inserção dos participantes nos colegiados e instâncias de decisão em que seus interesses sejam objeto de discussão e deliberação".	"Art. 202. [...] §4º Lei complementar disciplinará a relação entre a União, Estados, Distrito Federal ou Municípios, inclusive suas autarquias, fundações, sociedades de economia mista e empresas controladas direta ou indiretamente, enquanto patrocinadores *de planos de benefícios previdenciários, e as entidades de previdência complementar.* §5º A lei complementar de que trata o §4º aplicar-se-á, no que couber, às empresas privadas permissionárias ou concessionárias de prestação de serviços públicos, quando patrocinadoras de *planos de benefícios em entidades de previdência complementar.* §6º Lei complementar estabelecerá os requisitos para a designação dos membros das diretorias das entidades fechadas de *previdência complementar instituídas pelos patrocinadores de que trata o §4º* e disciplinará a inserção dos participantes nos colegiados e instâncias de decisão em que seus interesses sejam objeto de discussão e deliberação" (NR).
"Art. 239. A arrecadação decorrente das contribuições para o Programa de Integração Social, criado pela Lei Complementar nº 7, de 7 de setembro de 1970, e para o Programa de Formação do Patrimônio do Servidor Público, criado pela Lei Complementar nº 8, de 3 de dezembro de 1970, passa, a partir da promulgação desta Constituição, a financiar, nos termos que a lei dispuser, o programa do seguro desemprego e o abono de que trata o §3º deste artigo. §1º Dos recursos mencionados no "caput" deste artigo, *pelo menos quarenta por cento* serão destinados a financiar programas de desenvolvimento econômico, através do Banco Nacional de Desenvolvimento Econômico e Social, com critérios de remuneração que lhes preservem o valor. [...]	"Art. 239. A arrecadação decorrente das contribuições para o Programa de Integração Social, criado pela Lei Complementar nº 7, de 7 de setembro de 1970, e para o Programa de Formação do Patrimônio do Servidor Público, criado pela Lei Complementar nº 8, de 3 de dezembro de 1970, passa, a partir da promulgação desta Constituição, a financiar, nos termos que a lei dispuser, o programa do seguro desemprego, outras ações da previdência social e o abono de que trata o §3º deste artigo. §1º Dos recursos mencionados no caput, *no mínimo 28% (vinte e oito por cento)* serão destinados para o financiamento de programas de desenvolvimento econômico, por meio do Banco Nacional de Desenvolvimento Econômico e Social, com critérios de remuneração que preservem o seu valor. [...]

(continua)

Texto anterior	Texto com alterações da EC nº 103
§5º Inexistente.	*§5º Os programas de desenvolvimento econômico financiados na forma do §1º e seus resultados serão anualmente avaliados e divulgados em meio de comunicação social eletrônico e apresentados em reunião da comissão mista permanente de que trata o §1º do art. 166"* (NR).

Art. 2º O art. 76 do Ato das Disposições Constitucionais Transitórias passa a vigorar com a seguinte redação:	
"Art. 76. [...] §4º Inexistente.	"Art. 76 [...] *§4º A desvinculação de que trata o caput não se aplica às receitas das contribuições sociais destinadas ao custeio da seguridade social"* (NR).
REGRAS DE TRANSIÇÃO	
Art. 3º A concessão de aposentadoria ao servidor público federal vinculado a regime próprio de previdência social e ao segurado do Regime Geral de Previdência Social e de pensão por morte aos respectivos dependentes será assegurada, a qualquer tempo, desde que tenham sido cumpridos os requisitos para obtenção desses benefícios até a data de entrada em vigor desta Emenda Constitucional, observados os critérios da legislação vigente na data em que foram atendidos os requisitos para a concessão da aposentadoria ou da pensão por morte. §1º Os proventos de aposentadoria devidos ao servidor público a que se refere o caput e as pensões por morte devidas aos seus dependentes serão calculados e reajustados de acordo com a legislação em vigor à época em que foram atendidos os requisitos nela estabelecidos para a concessão desses benefícios. §2º Os proventos de aposentadoria devidos ao segurado a que se refere o caput e as pensões por morte devidas aos seus dependentes serão apurados de acordo com a legislação em vigor à época em que foram atendidos os requisitos nela estabelecidos para a concessão desses benefícios. §3º Até que entre em vigor lei federal de que trata o §19 do art. 40 da Constituição Federal, o servidor de que trata o caput que tenha cumprido os requisitos para aposentadoria voluntária com base no disposto na alínea "a" do inciso III do §1º do art. 40 da Constituição Federal, na redação vigente até a data de entrada em vigor desta Emenda Constitucional, no art. 2º, no §1º do art. 3º ou no art. 6º da Emenda Constitucional nº 41, de 19 de dezembro de 2003, ou no art. 3º da Emenda Constitucional nº 47, de 5 de julho de 2005, que optar por permanecer em atividade fará jus a um abono de permanência equivalente ao valor da sua contribuição previdenciária, até completar a idade para aposentadoria compulsória.	
Art. 4º O servidor público federal que tenha ingressado no serviço público em cargo efetivo até a data de entrada em vigor desta Emenda Constitucional poderá aposentar-se voluntariamente quando preencher, cumulativamente, os seguintes requisitos: I - 56 (cinquenta e seis) anos de idade, se mulher, e 61 (sessenta e um) anos de idade, se homem, observado o disposto no §1º; II - 30 (trinta) anos de contribuição, se mulher, e 35 (trinta e cinco) anos de contribuição, se homem; III - 20 (vinte) anos de efetivo exercício no serviço público; IV - 5 (cinco) anos no cargo efetivo em que se der a aposentadoria; e V - somatório da idade e do tempo de contribuição, incluídas as frações, equivalente a 86 (oitenta e seis) pontos, se mulher, e 96 (noventa e seis) pontos, se homem, observado o disposto nos §§2º e 3º. §1º A partir de 1º de janeiro de 2022, a idade mínima a que se refere o inciso I do caput será de 57 (cinquenta e sete) anos de idade, se mulher, e 62 (sessenta e dois) anos de idade, se homem. §2º A partir de 1º de janeiro de 2020, a pontuação a que se refere o inciso V do caput será acrescida a cada ano de 1 (um) ponto, até atingir o limite de 100 (cem) pontos, se mulher, e de 105 (cento e cinco) pontos, se homem.	

(continua)

§3º A idade e o tempo de contribuição serão apurados em dias para o cálculo do somatório de pontos a que se referem o inciso V do caput e o §2º.

§4º Para o titular do cargo de professor que comprovar exclusivamente tempo de efetivo exercício das funções de magistério na educação infantil e no ensino fundamental e médio, os requisitos de idade e de tempo de contribuição de que tratam os incisos I e II do caput serão:

I - 51 (cinquenta e um) anos de idade, se mulher, e 56 (cinquenta e seis) anos de idade, se homem;

II - 25 (vinte e cinco) anos de contribuição, se mulher, e 30 (trinta) anos de contribuição, se homem; e

III - 52 (cinquenta e dois) anos de idade, se mulher, e 57 (cinquenta e sete) anos de idade, se homem, a partir de 1º de janeiro de 2022.

§5º O somatório da idade e do tempo de contribuição de que trata o inciso V do caput para as pessoas a que se refere o §4º, incluídas as frações, será de 81 (oitenta e um) pontos, se mulher, e 91 (noventa e um) pontos, se homem, aos quais serão acrescidos, a partir de 1º de janeiro de 2020, 1 (um) ponto a cada ano, até atingir o limite de 92 (noventa e dois) pontos, se mulher, e de 100 (cem) pontos, se homem.

§6º Os proventos das aposentadorias concedidas nos termos do disposto neste artigo corresponderão:

I - à totalidade da remuneração do servidor público no cargo efetivo em que se der a aposentadoria, observado o disposto no §8º, para o servidor público que tenha ingressado no serviço público em cargo efetivo até 31 de dezembro de 2003 e que não tenha feito a opção de que trata o §16 do art. 40 da Constituição Federal, desde que tenha, no mínimo, 62 (sessenta e dois) anos de idade, se mulher , e 65 (sessenta e cinco) anos de idade, se homem, ou, para os titulares do cargo de professor de que trata o §4º, 57 (cinquenta e sete) anos de idade, se mulher, e 60 (sessenta) anos de idade, se homem;

II - ao valor apurado na forma da lei, para o servidor público não contemplado no inciso I.

§7º Os proventos das aposentadorias concedidas nos termos do disposto neste artigo não serão inferiores ao valor a que se refere o §2º do art. 201 da Constituição Federal e serão reajustados:

I - de acordo com o disposto no art. 7º da Emenda Constitucional nº 41, de 19 de dezembro de 2003, se cumpridos os requisitos previstos no inciso I do §6º; ou

II - nos termos estabelecidos para o Regime Geral de Previdência Social, na hipótese prevista no inciso II do §6º.

§8º Considera-se remuneração do servidor público no cargo efetivo, para fins de cálculo dos proventos de aposentadoria com fundamento no disposto no inciso I do §6º ou no inciso I do §2º do art. 20, o valor constituído pelo subsídio, pelo vencimento e pelas vantagens pecuniárias permanentes do cargo, estabelecidos em lei, acrescidos dos adicionais de caráter individual e das vantagens pessoais permanentes, observados os seguintes critérios:

I - se o cargo estiver sujeito a variações na carga horária, o valor das rubricas que refletem essa variação integrará o cálculo do valor da remuneração do servidor público no cargo efetivo em que se deu a aposentadoria, considerando-se a média aritmética simples dessa carga horária proporcional ao número de anos completos de recebimento e contribuição, contínuos ou intercalados, em relação ao tempo total exigido para a aposentadoria;

II - se as vantagens pecuniárias permanentes forem variáveis por estarem vinculadas a indicadores de desempenho, produtividade ou situação similar, o valor dessas vantagens integrará o cálculo da remuneração do servidor público no cargo efetivo mediante a aplicação, sobre o valor atual de referência das vantagens pecuniárias permanentes variáveis, da média aritmética simples do indicador, proporcional ao número de anos completos de recebimento e de respectiva contribuição, contínuos ou intercalados, em relação ao tempo total exigido para a aposentadoria ou, se inferior, ao tempo total de percepção da vantagem.

§9º Aplicam-se às aposentadorias dos servidores dos Estados, do Distrito Federal e dos Municípios as normas constitucionais e infraconstitucionais anteriores à data de entrada em vigor desta Emenda Constitucional, enquanto não promovidas alterações na legislação interna relacionada ao respectivo regime próprio de previdência social.

§10. Estende-se o disposto no §9º às normas sobre aposentadoria de servidores públicos incompatíveis com a redação atribuída por esta Emenda Constitucional aos §§4º, 4º-A, 4º-B e 4º-C do art. 40 da Constituição Federal.

(continua)

Art. 5º O policial civil do órgão a que se refere o inciso XIV do caput do art. 21 da Constituição Federal, o policial dos órgãos a que se referem o inciso IV do caput do art. 51, o inciso XIII do caput do art. 52 e os incisos I a III do caput do art. 144 da Constituição Federal e o ocupante de cargo de agente federal penitenciário ou socioeducativo que tenham ingressado na respectiva carreira até a data de entrada em vigor desta Emenda Constitucional poderão aposentar-se, na forma da Lei Complementar nº 51, de 20 de dezembro de 1985, observada a idade mínima de 55 (cinquenta e cinco) anos para ambos os sexos ou o disposto no §3º. §1º Serão considerados tempo de exercício em cargo de natureza estritamente policial, para os fins do inciso II do art. 1º da Lei Complementar nº 51, de 20 de dezembro de 1985, o tempo de atividade militar nas Forças Armadas, nas polícias militares e nos corpos de bombeiros militares e o tempo de atividade como agente penitenciário ou socioeducativo. §2º Aplicam-se às aposentadorias dos servidores dos Estados de que trata o §4º-B do art. 40 da Constituição Federal as normas constitucionais e infraconstitucionais anteriores à data de entrada em vigor desta Emenda Constitucional, enquanto não promovidas alterações na legislação interna relacionada ao respectivo regime próprio de previdência social. §3º Os servidores de que trata o caput poderão aposentar-se aos 52 (cinquenta e dois) anos de idade, se mulher, e aos 53 (cinquenta e três) anos de idade, se homem, desde que cumprido período adicional de contribuição correspondente ao tempo que, na data de entrada em vigor desta Emenda Constitucional, faltaria para atingir o tempo de contribuição previsto na Lei Complementar nº 51, de 20 de dezembro de 1985.
Art. 6º O disposto no §14 do art. 37 da Constituição Federal não se aplica a aposentadorias concedidas pelo Regime Geral de Previdência Social até a data de entrada em vigor desta Emenda Constitucional.
Art. 7º O disposto no §15 do art. 37 da Constituição Federal não se aplica a complementações de aposentadorias e pensões concedidas até a data de entrada em vigor desta Emenda Constitucional.
Art. 8º Até que entre em vigor lei federal de que trata o §19 do art. 40 da Constituição Federal, o servidor público federal que cumprir as exigências para a concessão da aposentadoria voluntária nos termos do disposto nos arts. 4º, 5º, 20, 21 e 22 e que optar por permanecer em atividade fará jus a um abono de permanência equivalente ao valor da sua contribuição previdenciária, até completar a idade para aposentadoria compulsória.
Art. 9º Até que entre em vigor lei complementar que discipline o §22 do art. 40 da Constituição Federal, aplicam-se aos regimes próprios de previdência social o disposto na Lei nº 9.717, de 27 de novembro de 1998, e o disposto neste artigo. §1º O equilíbrio financeiro e atuarial do regime próprio de previdência social deverá ser comprovado por meio de garantia de equivalência, a valor presente, entre o fluxo das receitas estimadas e das despesas projetadas, apuradas atuarialmente, que, juntamente com os bens, direitos e ativos vinculados, comparados às obrigações assumidas, evidenciem a solvência e a liquidez do plano de benefícios. §2º O rol de benefícios dos regimes próprios de previdência social fica limitado às aposentadorias e à pensão por morte. §3º Os afastamentos por incapacidade temporária para o trabalho e o salário-maternidade serão pagos diretamente pelo ente federativo e não correrão à conta do regime próprio de previdência social ao qual o servidor se vincula. §4º Os Estados, o Distrito Federal e os Municípios não poderão estabelecer alíquota inferior à da contribuição dos servidores da União, exceto se demonstrado que o respectivo regime próprio de previdência social não possui déficit atuarial a ser equacionado, hipótese em que a alíquota não poderá ser inferior às alíquotas aplicáveis ao Regime Geral de Previdência Social. §5º Para fins do disposto no §4º, não será considerada como ausência de déficit a implementação de segregação da massa de segurados ou a previsão em lei de plano de equacionamento de déficit. §6º A instituição do regime de previdência complementar na forma dos §§14 a 16 do art. 40 da Constituição Federal e a adequação do órgão ou entidade gestora do regime próprio de previdência social ao §20 do art. 40 da Constituição Federal deverão ocorrer no prazo máximo de 2 (dois) anos da data de entrada em vigor desta Emenda Constitucional.

(continua)

§7º Os recursos de regime próprio de previdência social poderão ser aplicados na concessão de empréstimos a seus segurados, na modalidade de consignados, observada regulamentação específica estabelecida pelo Conselho Monetário Nacional. §8º Por meio de lei, poderá ser instituída contribuição extraordinária pelo prazo máximo de 20 (vinte) anos, nos termos dos §§1º-B e 1º-C do art. 149 da Constituição Federal. §9º O parcelamento ou a moratória de débitos dos entes federativos com seus regimes próprios de previdência social fica limitado ao prazo a que se refere o §11 do art. 195 da Constituição.
Art. 10. Até que entre em vigor lei federal que discipline os benefícios do regime próprio de previdência social dos servidores da União, aplica-se o disposto neste artigo. §1º Os servidores públicos federais serão aposentados: I - voluntariamente, observados, cumulativamente, os seguintes requisitos: a) 62 (sessenta e dois) anos de idade, se mulher, e 65 (sessenta e cinco) anos de idade, se homem; e b) 25 (vinte e cinco) anos de contribuição, desde que cumprido o tempo mínimo de 10 (dez) anos de efetivo exercício no serviço público e de 5 (cinco) anos no cargo efetivo em que for concedida a aposentadoria; II - por incapacidade permanente para o trabalho, no cargo em que estiverem investidos, quando insuscetíveis de readaptação, hipótese em que será obrigatória a realização de avaliações periódicas para verificação da continuidade das condições que ensejaram a concessão da aposentadoria; ou III - compulsoriamente, na forma do disposto no inciso II do §1º do art. 40 da Constituição Federal. §2º Os servidores públicos federais com direito a idade mínima ou tempo de contribuição distintos da regra geral para concessão de aposentadoria na forma dos §§4º-B, 4º-C e 5º do art. 40 da Constituição Federal poderão aposentar-se, observados os seguintes requisitos: I - o policial civil do órgão a que se refere o inciso XIV do caput do art. 21 da Constituição Federal, o policial dos órgãos a que se referem o inciso IV do caput do art. 51, o inciso XIII do caput do art. 52 e os incisos I a III do caput do art. 144 da Constituição Federal e o ocupante de cargo de agente federal penitenciário ou socioeducativo, aos 55 (cinquenta e cinco) anos de idade, com 30 (trinta) anos de contribuição e 25 (vinte e cinco) anos de efetivo exercício em cargo dessas carreiras, para ambos os sexos; II - o servidor público federal cujas atividades sejam exercidas com efetiva exposição a agentes químicos, físicos e biológicos prejudiciais à saúde, ou associação desses agentes, vedada a caracterização por categoria profissional ou ocupação, aos 60 (sessenta) anos de idade, com 25 (vinte e cinco) anos de efetiva exposição e contribuição, 10 (dez) anos de efetivo exercício de serviço público e 5 (cinco) anos no cargo efetivo em que for concedida a aposentadoria; III - o titular do cargo federal de professor, aos 60 (sessenta) anos de idade, se homem, aos 57 (cinquenta e sete) anos, se mulher, com 25 (vinte e cinco) anos de contribuição exclusivamente em efetivo exercício das funções de magistério na educação infantil e no ensino fundamental e médio, 10 (dez) anos de efetivo exercício de serviço público e 5 (cinco) anos no cargo efetivo em que for concedida a aposentadoria, para ambos os sexos. §3º A aposentadoria a que se refere o §4º-C do art. 40 da Constituição Federal observará adicionalmente as condições e os requisitos estabelecidos para o Regime Geral de Previdência Social, naquilo em que não conflitarem com as regras específicas aplicáveis ao regime próprio de previdência social da União, vedada a conversão de tempo especial em comum. §4º Os proventos das aposentadorias concedidas nos termos do disposto neste artigo serão apurados na forma da lei. §5º Até que entre em vigor lei federal de que trata o §19 do art. 40 da Constituição Federal, o servidor federal que cumprir as exigências para a concessão da aposentadoria voluntária nos termos do disposto neste artigo e que optar por permanecer em atividade fará jus a um abono de permanência equivalente ao valor da sua contribuição previdenciária, até completar a idade para aposentadoria compulsória. §6º A pensão por morte devida aos dependentes do policial civil do órgão a que se refere o inciso XIV do caput do art. 21 da Constituição Federal, do policial dos órgãos a que se referem o inciso IV do caput do art. 51, o inciso XIII do caput do art. 52 e os incisos I a III do caput do art. 144 da Constituição Federal e dos ocupantes dos cargos de agente federal penitenciário ou socioeducativo decorrente de agressão sofrida no exercício ou em razão da função será vitalícia para o cônjuge ou companheiro e equivalente à remuneração do cargo.

(continua)

§7º Aplicam-se às aposentadorias dos servidores dos Estados, do Distrito Federal e dos Municípios as normas constitucionais e infraconstitucionais anteriores à data de entrada em vigor desta Emenda Constitucional, enquanto não promovidas alterações na legislação interna relacionada ao respectivo regime próprio de previdência social.

Art. 11. Até que entre em vigor lei que altere a alíquota da contribuição previdenciária de que tratam os arts. 4º, 5º e 6º da Lei nº 10.887, de 18 de junho de 2004, esta será de 14 (quatorze por cento). (Vigência)
§1º A alíquota prevista no caput será reduzida ou majorada, considerado o valor da base de contribuição ou do benefício recebido, de acordo com os seguintes parâmetros:
I - até 1 (um) salário-mínimo, redução de seis inteiros e cinco décimos pontos percentuais;
II - acima de 1 (um) salário-mínimo até R$2.000,00 (dois mil reais), redução de cinco pontos percentuais;
III - de R$2.000,01 (dois mil reais e um centavo) até R$3.000,00 (três mil reais), redução de dois pontos percentuais;
IV - de R$3.000,01 (três mil reais e um centavo) até R$5.839,45 (cinco mil, oitocentos e trinta e nove reais e quarenta e cinco centavos), sem redução ou acréscimo;
V - de R$5.839,46 (cinco mil, oitocentos e trinta e nove reais e quarenta e seis centavos) até R$10.000,00 (dez mil reais), acréscimo de meio ponto percentual;
VI - de R$10.000,01 (dez mil reais e um centavo) até R$20.000,00 (vinte mil reais), acréscimo de dois inteiros e cinco décimos pontos percentuais;
VII - de R$20.000,01 (vinte mil reais e um centavo) até R$39.000,00 (trinta e nove mil reais), acréscimo de cinco pontos percentuais; e
VIII - acima de R$39.000,00 (trinta e nove mil reais), acréscimo de oito pontos percentuais.
§2º A alíquota, reduzida ou majorada nos termos do disposto no §1º, será aplicada de forma progressiva sobre a base de contribuição do servidor ativo, incidindo cada alíquota sobre a faixa de valores compreendida nos respectivos limites.
§3º Os valores previstos no §1º serão reajustados, a partir da data de entrada em vigor desta Emenda Constitucional, na mesma data e com o mesmo índice em que se der o reajuste dos benefícios do Regime Geral de Previdência Social, ressalvados aqueles vinculados ao salário-mínimo, aos quais se aplica a legislação específica.
§4º A alíquota de contribuição de que trata o caput, com a redução ou a majoração decorrentes do disposto no §1º, será devida pelos aposentados e pensionistas de quaisquer dos Poderes da União, incluídas suas entidades autárquicas e suas fundações, e incidirá sobre o valor da parcela dos proventos de aposentadoria e de pensões que supere o limite máximo estabelecido para os benefícios do Regime Geral de Previdência Social, hipótese em que será considerada a totalidade do valor do benefício para fins de definição das alíquotas aplicáveis.

Art. 12. A União instituirá sistema integrado de dados relativos às remunerações, proventos e pensões dos segurados dos regimes de previdência de que tratam os arts. 40, 201 e 202 da Constituição Federal, aos benefícios dos programas de assistência social de que trata o art. 203 da Constituição Federal e às remunerações, proventos de inatividade e pensão por morte decorrentes das atividades militares de que tratam os arts. 42 e 142 da Constituição Federal, em interação com outras bases de dados, ferramentas e plataformas, para o fortalecimento de sua gestão, governança e transparência e o cumprimento das disposições estabelecidas nos incisos XI e XVI do art. 37 da Constituição Federal.

§1º A União, os Estados, o Distrito Federal e os Municípios e os órgãos e entidades gestoras dos regimes, dos sistemas e dos programas a que se refere o caput disponibilizarão as informações necessárias para a estruturação do sistema integrado de dados e terão acesso ao compartilhamento das referidas informações, na forma da legislação.
§2º É vedada a transmissão das informações de que trata este artigo a qualquer pessoa física ou jurídica para a prática de atividade não relacionada à fiscalização dos regimes, dos sistemas e dos programas a que se refere o caput.

Art. 13. Não se aplica o disposto no §9º do art. 39 da Constituição Federal a parcelas remuneratórias decorrentes de incorporação de vantagens de caráter temporário ou vinculadas ao exercício de função de confiança ou de cargo em comissão efetivada até a data de entrada em vigor desta Emenda Constitucional.

(*continua*)

Art. 14. Vedadas a adesão de novos segurados e a instituição de novos regimes dessa natureza, os atuais segurados de regime de previdência aplicável a titulares de mandato eletivo da União, dos Estados, do Distrito Federal e dos Municípios poderão, por meio de opção expressa formalizada no prazo de 180 (cento e oitenta) dias, contado da data de entrada em vigor desta Emenda Constitucional, retirar-se dos regimes previdenciários aos quais se encontrem vinculados.

§1º Os segurados, atuais e anteriores, do regime de previdência de que trata a Lei nº 9.506, de 30 de outubro de 1997, que fizerem a opção de permanecer nesse regime previdenciário deverão cumprir período adicional correspondente a 30% (trinta por cento) do tempo de contribuição que faltaria para aquisição do direito à aposentadoria na data de entrada em vigor desta Emenda Constitucional e somente poderão aposentar-se a partir dos 62 (sessenta e dois) anos de idade, se mulher, e 65 (sessenta e cinco) anos de idade, se homem.

§2º Se for exercida a opção prevista no caput, será assegurada a contagem do tempo de contribuição vertido para o regime de previdência ao qual o segurado se encontrava vinculado, nos termos do disposto no §9º do art. 201 da Constituição Federal.

§3º A concessão de aposentadoria aos titulares de mandato eletivo e de pensão por morte aos dependentes de titular de mandato eletivo falecido será assegurada, a qualquer tempo, desde que cumpridos os requisitos para obtenção desses benefícios até a data de entrada em vigor desta Emenda Constitucional, observados os critérios da legislação vigente na data em que foram atendidos os requisitos para a concessão da aposentadoria ou da pensão por morte.

§4º Observado o disposto nos §§9º e 9º-A do art. 201 da Constituição Federal, o tempo de contribuição a regime próprio de previdência social e ao Regime Geral de Previdência Social, assim como o tempo de contribuição decorrente das atividades militares de que tratam os arts. 42 e 142 da Constituição Federal, que tenha sido considerado para a concessão de benefício pelos regimes a que se refere o caput não poderá ser utilizado para obtenção de benefício naqueles regimes.

§5º Lei específica do Estado, do Distrito Federal ou do Município deverá disciplinar a regra de transição a ser aplicada aos segurados que, na forma do caput, fizerem a opção de permanecer no regime previdenciário de que trata este artigo.

Art. 15. Ao segurado filiado ao Regime Geral de Previdência Social até a data de entrada em vigor desta Emenda Constitucional, fica assegurado o direito à aposentadoria quando forem preenchidos, cumulativamente, os seguintes requisitos:

I - 30 (trinta) anos de contribuição, se mulher, e 35 (trinta e cinco) anos de contribuição, se homem; e

II - somatório da idade e do tempo de contribuição, incluídas as frações, equivalente a 86 (oitenta e seis) pontos, se mulher, e 96 (noventa e seis) pontos, se homem, observado o disposto nos §§1º e 2º.

§1º A partir de 1º de janeiro de 2020, a pontuação a que se refere o inciso II do caput será acrescida a cada ano de 1 (um) ponto, até atingir o limite de 100 (cem) pontos, se mulher, e de 105 (cento e cinco) pontos, se homem.

§2º A idade e o tempo de contribuição serão apurados em dias para o cálculo do somatório de pontos a que se referem o inciso II do caput e o §1º.

§3º Para o professor que comprovar exclusivamente 25 (vinte e cinco) anos de contribuição, se mulher, e 30 (trinta) anos de contribuição, se homem, em efetivo exercício das funções de magistério na educação infantil e no ensino fundamental e médio, o somatório da idade e do tempo de contribuição, incluídas as frações, será equivalente a 81 (oitenta e um) pontos, se mulher, e 91 (noventa e um) pontos, se homem, aos quais serão acrescidos, a partir de 1º de janeiro de 2020,

1 (um) ponto a cada ano para o homem e para a mulher, até atingir o limite de 92 (noventa e dois) pontos, se mulher, e 100 (cem) pontos, se homem.

§4º O valor da aposentadoria concedida nos termos do disposto neste artigo será apurado na forma da lei.

Art. 16. Ao segurado filiado ao Regime Geral de Previdência Social até a data de entrada em vigor desta Emenda Constitucional fica assegurado o direito à aposentadoria quando preencher, cumulativamente, os seguintes requisitos:

I - 30 (trinta) anos de contribuição, se mulher, e 35 (trinta e cinco) anos de contribuição, se homem; e

II - idade de 56 (cinquenta e seis) anos, se mulher, e 61 (sessenta e um) anos, se homem.

§1º A partir de 1º de janeiro de 2020, a idade a que se refere o inciso II do caput será acrescida de 6 (seis) meses a cada ano, até atingir 62 (sessenta e dois) anos de idade, se mulher, e 65 (sessenta e cinco) anos de idade, se homem.

(continua)

§2º Para o professor que comprovar exclusivamente tempo de efetivo exercício das funções de magistério na educação infantil e no ensino fundamental e médio, o tempo de contribuição e a idade de que tratam os incisos I e II do caput deste artigo serão reduzidos em 5 (cinco) anos, sendo, a partir de 1º de janeiro de 2020, acrescidos 6 (seis) meses, a cada ano, às idades previstas no inciso II do caput, até atingirem 57 (cinquenta e sete) anos, se mulher, e 60 (sessenta) anos, se homem. §3º O valor da aposentadoria concedida nos termos do disposto neste artigo será apurado na forma da lei.
Art. 17. Ao segurado filiado ao Regime Geral de Previdência Social até a data de entrada em vigor desta Emenda Constitucional e que na referida data contar com mais de 28 (vinte e oito) anos de contribuição, se mulher, e 33 (trinta e três) anos de contribuição, se homem, fica assegurado o direito à aposentadoria quando preencher, cumulativamente, os seguintes requisitos: I - 30 (trinta) anos de contribuição, se mulher, e 35 (trinta e cinco) anos de contribuição, se homem; e II - cumprimento de período adicional correspondente a 50% (cinquenta por cento) do tempo que, na data de entrada em vigor desta Emenda Constitucional, faltaria para atingir 30 (trinta) anos de contribuição, se mulher, e 35 (trinta e cinco) anos de contribuição, se homem. Parágrafo único. O benefício concedido nos termos deste artigo terá seu valor apurado de acordo com a média aritmética simples dos salários de contribuição e das remunerações calculada na forma da lei, multiplicada pelo fator previdenciário, calculado na forma do disposto nos §§7º a 9º do art. 29 da Lei nº 8.213, de 24 de julho de 1991.
Art. 18. O segurado de que trata o inciso I do §7º do art. 201 da Constituição Federal filiado ao Regime Geral de Previdência Social até a data de entrada em vigor desta Emenda Constitucional poderá aposentar-se quando preencher, cumulativamente, os seguintes requisitos: I - 60 (sessenta) anos de idade, se mulher, e 65 (sessenta e cinco) anos de idade, se homem; e II - 15 (quinze) anos de contribuição, para ambos os sexos. §1º A partir de 1º de janeiro de 2020, a idade de 60 (sessenta) anos da mulher, prevista no inciso I do caput, será acrescida em 6 (seis) meses a cada ano, até atingir 62 (sessenta e dois) anos de idade. §2º O valor da aposentadoria de que trata este artigo será apurado na forma da lei.
Art. 19. Até que lei disponha sobre o tempo de contribuição a que se refere o inciso I do § 7º do art. 201 da Constituição Federal, o segurado filiado ao Regime Geral de Previdência Social após a data de entrada em vigor desta Emenda Constitucional será aposentado aos 62 (sessenta e dois) anos de idade, se mulher, 65 (sessenta e cinco) anos de idade, se homem, com 15 (quinze) anos de tempo de contribuição, se mulher, e 20 (vinte) anos de tempo de contribuição, se homem. §1º Até que lei complementar disponha sobre a redução de idade mínima ou tempo de contribuição prevista nos §§1º e 8º do art. 201 da Constituição Federal, será concedida aposentadoria: I - aos segurados que comprovem o exercício de atividades com efetiva exposição a agentes químicos, físicos e biológicos prejudiciais à saúde, ou associação desses agentes, vedada a caracterização por categoria profissional ou ocupação, durante, no mínimo, 15 (quinze), 20 (vinte) ou 25 (vinte e cinco) anos, nos termos do disposto nos arts. 57 e 58 da Lei nº 8.213, de 24 de julho de 1991, quando cumpridos: a) 55 (cinquenta e cinco) anos de idade, quando se tratar de atividade especial de 15 (quinze) anos de contribuição; b) 58 (cinquenta e oito) anos de idade, quando se tratar de atividade especial de 20 (vinte) anos de contribuição; ou c) 60 (sessenta) anos de idade, quando se tratar de atividade especial de 25 (vinte e cinco) anos de contribuição; II - ao professor que comprove 25 (vinte e cinco) anos de contribuição exclusivamente em efetivo exercício das funções de magistério na educação infantil e no ensino fundamental e médio e tenha 57 (cinquenta e sete) anos de idade, se mulher, e 60 (sessenta) anos de idade, se homem. §2º O valor das aposentadorias de que trata este artigo será apurado na forma da lei.
Art. 20. O segurado ou o servidor público federal que se tenha filiado ao Regime Geral de Previdência Social ou ingressado no serviço público em cargo efetivo até a data de entrada em vigor desta Emenda Constitucional poderá aposentar-se voluntariamente quando preencher, cumulativamente, os seguintes requisitos: I - 57 (cinquenta e sete) anos de idade, se mulher, e 60 (sessenta) anos de idade, se homem; II - 30 (trinta) anos de contribuição, se mulher, e 35 (trinta e cinco) anos de contribuição, se homem;

(continua)

III - para os servidores públicos, 20 (vinte) anos de efetivo exercício no serviço público e 5 (cinco) anos no cargo efetivo em que se der a aposentadoria; IV - período adicional de contribuição correspondente ao tempo que, na data de entrada em vigor desta Emenda Constitucional, faltaria para atingir o tempo mínimo de contribuição referido no inciso II. §1º Para o professor que comprovar exclusivamente tempo de efetivo exercício das funções de magistério na educação infantil e no ensino fundamental e médio serão reduzidos, para ambos os sexos, os requisitos de idade e de tempo de contribuição em 5 (cinco) anos. §2º O valor das aposentadorias concedidas nos termos do disposto neste artigo corresponderá: I - em relação ao servidor público que tenha ingressado no serviço público em cargo efetivo até 31 de dezembro de 2003 e que não tenha feito a opção de que trata o §16 do art. 40 da Constituição Federal, à totalidade da remuneração no cargo efetivo em que se der a aposentadoria, observado o disposto no §8º do art. 4º; e II - em relação aos demais servidores públicos e aos segurados do Regime Geral de Previdência Social, ao valor apurado na forma da lei. §3º O valor das aposentadorias concedidas nos termos do disposto neste artigo não será inferior ao valor a que se refere o §2º do art. 201 da Constituição Federal e será reajustado: I - de acordo com o disposto no art. 7º da Emenda Constitucional nº 41, de 19 de dezembro de 2003, se cumpridos os requisitos previstos no inciso I do §2º; II - nos termos estabelecidos para o Regime Geral de Previdência Social, na hipótese prevista no inciso II do §2º. §4º Aplicam-se às aposentadorias dos servidores dos Estados, do Distrito Federal e dos Municípios as normas constitucionais e infraconstitucionais anteriores à data de entrada em vigor desta Emenda Constitucional, enquanto não promovidas alterações na legislação interna relacionada ao respectivo regime próprio de previdência social.
Art. 21. O segurado ou o servidor público federal que se tenha filiado ao Regime Geral de Previdência Social ou ingressado no serviço público em cargo efetivo até a data de entrada em vigor desta Emenda Constitucional cujas atividades tenham sido exercidas com efetiva exposição a agentes químicos, físicos e biológicos prejudiciais à saúde, ou associação desses agentes, vedada a caracterização por categoria profissional ou ocupação, desde que cumpridos, no caso do servidor, o tempo mínimo de 20 (vinte) anos de efetivo exercício no serviço público e de 5 (cinco) anos no cargo efetivo em que for concedida a aposentadoria, na forma dos arts. 57 e 58 da Lei nº 8.213, de 24 de julho de 1991, poderão aposentar-se quando o total da soma resultante da sua idade e do tempo de contribuição e o tempo de efetiva exposição forem, respectivamente, de: I - 66 (sessenta e seis) pontos e 15 (quinze) anos de efetiva exposição; II - 76 (setenta e seis) pontos e 20 (vinte) anos de efetiva exposição; e III - 86 (oitenta e seis) pontos e 25 (vinte e cinco) anos de efetiva exposição. §1º A idade e o tempo de contribuição serão apurados em dias para o cálculo do somatório de pontos a que se refere o caput. §2º O valor da aposentadoria de que trata este artigo será apurado na forma da lei. §3º Aplicam-se às aposentadorias dos servidores dos Estados, do Distrito Federal e dos Municípios cujas atividades sejam exercidas com efetiva exposição a agentes químicos, físicos e biológicos prejudiciais à saúde, ou associação desses agentes, vedada a caracterização por categoria profissional ou ocupação, na forma do §4º-C do art. 40 da Constituição Federal, as normas constitucionais e infraconstitucionais anteriores à data de entrada em vigor desta Emenda Constitucional, enquanto não promovidas alterações na legislação interna relacionada ao respectivo regime próprio de previdência social.
Art. 22. Até que lei discipline o §4º-A do art. 40 e o inciso I do §1º do art. 201 da Constituição Federal, a aposentadoria da pessoa com deficiência segurada do Regime Geral de Previdência Social ou do servidor público federal com deficiência vinculado a regime próprio de previdência social, desde que cumpridos, no caso do servidor, o tempo mínimo de 10 (dez) anos de efetivo exercício no serviço público e de 5 (cinco) anos no cargo efetivo em que for concedida a aposentadoria, será concedida na forma da Lei Complementar nº 142, de 8 de maio de 2013, inclusive quanto aos critérios de cálculo dos benefícios. Parágrafo único. Aplicam-se às aposentadorias dos servidores com deficiência dos Estados, do Distrito Federal e dos Municípios as normas constitucionais e infraconstitucionais anteriores à data de entrada em vigor desta Emenda Constitucional, enquanto não promovidas alterações na legislação interna relacionada ao respectivo regime próprio de previdência social.

(continua)

Art. 23. A pensão por morte concedida a dependente de segurado do Regime Geral de Previdência Social ou de servidor público federal será equivalente a uma cota familiar de 50% (cinquenta por cento) do valor da aposentadoria recebida pelo segurado ou servidor ou daquela a que teria direito se fosse aposentado por incapacidade permanente na data do óbito, acrescida de cotas de 10 (dez) pontos percentuais por dependente, até o máximo de 100% (cem por cento). §1º As cotas por dependente cessarão com a perda dessa qualidade e não serão reversíveis aos demais dependentes, preservado o valor de 100% (cem por cento) da pensão por morte quando o número de dependentes remanescente for igual ou superior a 5 (cinco). §2º Na hipótese de existir dependente inválido ou com deficiência intelectual, mental ou grave, o valor da pensão por morte de que trata o caput será equivalente a: I - 100% (cem por cento) da aposentadoria recebida pelo segurado ou servidor ou daquela a que teria direito se fosse aposentado por incapacidade permanente na data do óbito, até o limite máximo de benefícios do Regime Geral de Previdência Social; e II - uma cota familiar de 50% (cinquenta por cento) acrescida de cotas de 10 (dez) pontos percentuais por dependente, até o máximo de 100% (cem por cento), para o valor que supere o limite máximo de benefícios do Regime Geral de Previdência Social. §3º Quando não houver mais dependente inválido ou com deficiência intelectual, mental ou grave, o valor da pensão será recalculado na forma do disposto no caput e no §1º. §4º O tempo de duração da pensão por morte e das cotas individuais por dependente até a perda dessa qualidade, o rol de dependentes e sua qualificação e as condições necessárias para enquadramento serão aqueles estabelecidos na Lei nº 8.213, de 24 de julho de 1991. §5º Para o dependente inválido ou com deficiência intelectual, mental ou grave, sua condição pode ser reconhecida previamente ao óbito do segurado, por meio de avaliação biopsicossocial realizada por equipe multiprofissional e interdisciplinar, observada revisão periódica na forma da legislação. §6º Equiparam-se a filho, para fins de recebimento da pensão por morte, exclusivamente o enteado e o menor tutelado, desde que comprovada a dependência econômica. §7º As regras sobre pensão previstas neste artigo e na legislação vigente na data de entrada em vigor desta Emenda Constitucional poderão ser alteradas na forma da lei para o Regime Geral de Previdência Social e para o regime próprio de previdência social da União. §8º Aplicam-se às pensões concedidas aos dependentes de servidores dos Estados, do Distrito Federal e dos Municípios as normas constitucionais e infraconstitucionais anteriores à data de entrada em vigor desta Emenda Constitucional, enquanto não promovidas alterações na legislação interna relacionada ao respectivo regime próprio de previdência social.
Art. 24. É vedada a acumulação de mais de uma pensão por morte deixada por cônjuge ou companheiro, no âmbito do mesmo regime de previdência social, ressalvadas as pensões do mesmo instituidor decorrentes do exercício de cargos acumuláveis na forma do art. 37 da Constituição Federal. §1º Será admitida, nos termos do §2º, a acumulação de: I - pensão por morte deixada por cônjuge ou companheiro de um regime de previdência social com pensão por morte concedida por outro regime de previdência social ou com pensões decorrentes das atividades militares de que tratam os arts. 42 e 142 da Constituição Federal; II - pensão por morte deixada por cônjuge ou companheiro de um regime de previdência social com aposentadoria concedida no âmbito do Regime Geral de Previdência Social ou de regime próprio de previdência social ou com proventos de inatividade decorrentes das atividades militares de que tratam os arts. 42 e 142 da Constituição Federal; ou III - pensões decorrentes das atividades militares de que tratam os arts. 42 e 142 da Constituição Federal com aposentadoria concedida no âmbito do Regime Geral de Previdência Social ou de regime próprio de previdência social. §2º Nas hipóteses das acumulações previstas no §1º, é assegurada a percepção do valor integral do benefício mais vantajoso e de uma parte de cada um dos demais benefícios, apurada cumulativamente de acordo com as seguintes faixas: I - 60% (sessenta por cento) do valor que exceder 1 (um) salário-mínimo, até o limite de 2 (dois) salários-mínimos; II - 40% (quarenta por cento) do valor que exceder 2 (dois) salários-mínimos, até o limite de 3 (três) salários-mínimos;

(continua)

III - 20% (vinte por cento) do valor que exceder 3 (três) salários-mínimos, até o limite de 4 (quatro) salários-mínimos; e IV - 10% (dez por cento) do valor que exceder 4 (quatro) salários-mínimos. §3º A aplicação do disposto no §2º poderá ser revista a qualquer tempo, a pedido do interessado, em razão de alteração de algum dos benefícios. §4º As restrições previstas neste artigo não serão aplicadas se o direito aos benefícios houver sido adquirido antes da data de entrada em vigor desta Emenda Constitucional. §5º As regras sobre acumulação previstas neste artigo e na legislação vigente na data de entrada em vigor desta Emenda Constitucional poderão ser alteradas na forma do §6º do art. 40 e do §15 do art. 201 da Constituição Federal.
Art. 25. Será assegurada a contagem de tempo de contribuição fictício no Regime Geral de Previdência Social decorrente de hipóteses descritas na legislação vigente até a data de entrada em vigor desta Emenda Constitucional para fins de concessão de aposentadoria, observando-se, a partir da sua entrada em vigor, o disposto no §14 do art. 201 da Constituição Federal. §1º Para fins de comprovação de atividade rural exercida até a data de entrada em vigor desta Emenda Constitucional, o prazo de que tratam os §§1º e 2º do art. 38-B da Lei nº 8.213, de 24 de julho de 1991, será prorrogado até a data em que o Cadastro Nacional de Informações Sociais (CNIS) atingir a cobertura mínima de 50% (cinquenta por cento) dos trabalhadores de que trata o §8º do art. 195 da Constituição Federal, apurada conforme quantitativo da Pesquisa Nacional por Amostra de Domicílios Contínua (Pnad). §2º Será reconhecida a conversão de tempo especial em comum, na forma prevista na Lei nº 8.213, de 24 de julho de 1991, ao segurado do Regime Geral de Previdência Social que comprovar tempo de efetivo exercício de atividade sujeita a condições especiais que efetivamente prejudiquem a saúde, cumprido até a data de entrada em vigor desta Emenda Constitucional, vedada a conversão para o tempo cumprido após esta data. §3º Considera-se nula a aposentadoria que tenha sido concedida ou que venha a ser concedida por regime próprio de previdência social com contagem recíproca do Regime Geral de Previdência Social mediante o cômputo de tempo de serviço sem o recolhimento da respectiva contribuição ou da correspondente indenização pelo segurado obrigatório responsável, à época do exercício da atividade, pelo recolhimento de suas próprias contribuições previdenciárias.
Art. 26. Até que lei discipline o cálculo dos benefícios do regime próprio de previdência social da União e do Regime Geral de Previdência Social, será utilizada a média aritmética simples dos salários de contribuição e das remunerações adotados como base para contribuições a regime próprio de previdência social e ao Regime Geral de Previdência Social, ou como base para contribuições decorrentes das atividades militares de que tratam os arts. 42 e 142 da Constituição Federal, atualizados monetariamente, correspondentes a 100% (cem por cento) do período contributivo desde a competência julho de 1994 ou desde o início da contribuição, se posterior àquela competência. §1º A média a que se refere o caput será limitada ao valor máximo do salário de contribuição do Regime Geral de Previdência Social para os segurados desse regime e para o servidor que ingressou no serviço público em cargo efetivo após a implantação do regime de previdência complementar ou que tenha exercido a opção correspondente, nos termos do disposto nos §§14 a 16 do art. 40 da Constituição Federal. §2º O valor do benefício de aposentadoria corresponderá a 60% (sessenta por cento) da média aritmética definida na forma prevista no caput e no §1º, com acréscimo de 2 (dois) pontos percentuais para cada ano de contribuição que exceder o tempo de 20 (vinte) anos de contribuição nos casos: I - do inciso II do §6º do art. 4º, do §4º do art. 15, do §3º do art. 16 e do §2º do art. 18; II - do §4º do art. 10, ressalvado o disposto no inciso II do §3º e no §4º deste artigo; III - de aposentadoria por incapacidade permanente aos segurados do Regime Geral de Previdência Social, ressalvado o disposto no inciso II do §3º deste artigo; e IV - do §2º do art. 19 e do §2º do art. 21, ressalvado o disposto no §5º deste artigo. §3º O valor do benefício de aposentadoria corresponderá a 100% (cem por cento) da média aritmética definida na forma prevista no caput e no §1º: I - no caso do inciso II do §2º do art. 20; II - no caso de aposentadoria por incapacidade permanente, quando decorrer de acidente de trabalho, de doença profissional e de doença do trabalho.

(continua)

§4º O valor do benefício da aposentadoria de que trata o inciso III do §1º do art. 10 corresponderá ao resultado do tempo de contribuição dividido por 20 (vinte) anos, limitado a um inteiro, multiplicado pelo valor apurado na forma do caput do §2º deste artigo, ressalvado o caso de cumprimento de critérios de acesso para aposentadoria voluntária que resulte em situação mais favorável.
§5º O acréscimo a que se refere o caput do §2º será aplicado para cada ano que exceder 15 (quinze) anos de tempo de contribuição para os segurados de que tratam a alínea "a" do inciso I do §1º do art. 19 e o inciso I do art. 21 e para as mulheres filiadas ao Regime Geral de Previdência Social.
§6º Poderão ser excluídas da média as contribuições que resultem em redução do valor do benefício, desde que mantido o tempo mínimo de contribuição exigido, vedada a utilização do tempo excluído para qualquer finalidade, inclusive para o acréscimo a que se referem os §§2º e 5º, para a averbação em outro regime previdenciário ou para a obtenção dos proventos de inatividade das atividades de que tratam os arts. 42 e 142 da Constituição Federal.
§7º Os benefícios calculados nos termos do disposto neste artigo serão reajustados nos termos estabelecidos para o Regime Geral de Previdência Social.

Art. 27. Até que lei discipline o acesso ao salário-família e ao auxílio-reclusão de que trata o inciso IV do art. 201 da Constituição Federal, esses benefícios serão concedidos apenas àqueles que tenham renda bruta mensal igual ou inferior a R$1.364,43 (mil, trezentos e sessenta e quatro reais e quarenta e três centavos), que serão corrigidos pelos mesmos índices aplicados aos benefícios do Regime Geral de Previdência Social.
§1º Até que lei discipline o valor do auxílio-reclusão, de que trata o inciso IV do art. 201 da Constituição Federal, seu cálculo será realizado na forma daquele aplicável à pensão por morte, não podendo exceder o valor de 1 (um) salário mínimo.
§2º Até que lei discipline o valor do salário-família, de que trata o inciso IV do art. 201 da Constituição Federal, seu valor será de R$46,54 (quarenta e seis reais e cinquenta e quatro centavos).

Art. 28. Até que lei altere as alíquotas da contribuição de que trata a Lei nº 8.212, de 24 de julho de 1991, devidas pelo segurado empregado, inclusive o doméstico, e pelo trabalhador avulso, estas serão de: (Vigência)
I - até 1 (um) salário-mínimo, 7,5% (sete inteiros e cinco décimos por cento);
II - acima de 1 (um) salário-mínimo até R$2.000,00 (dois mil reais), 9% (nove por cento);
III - de R$2.000,01 (dois mil reais e um centavo) até R$3.000,00 (três mil reais), 12% (doze por cento); e
IV - de R$3.000,01 (três mil reais e um centavo) até o limite do salário de contribuição, 14% (quatorze por cento).
§1º As alíquotas previstas no caput serão aplicadas de forma progressiva sobre o salário de contribuição do segurado, incidindo cada alíquota sobre a faixa de valores compreendida nos respectivos limites.
§2º Os valores previstos no caput serão reajustados, a partir da data de entrada em vigor desta Emenda Constitucional, na mesma data e com o mesmo índice em que se der o reajuste dos benefícios do Regime Geral de Previdência Social, ressalvados aqueles vinculados ao salário-mínimo, aos quais se aplica a legislação específica.

Art. 29. Até que entre em vigor lei que disponha sobre o §14 do art. 195 da Constituição Federal, o segurado que, no somatório de remunerações auferidas no período de 1 (um) mês, receber remuneração inferior ao limite mínimo mensal do salário de contribuição poderá:
I - complementar a sua contribuição, de forma a alcançar o limite mínimo exigido;
II - utilizar o valor da contribuição que exceder o limite mínimo de contribuição de uma competência em outra; ou
III - agrupar contribuições inferiores ao limite mínimo de diferentes competências, para aproveitamento em contribuições mínimas mensais.
Parágrafo único. Os ajustes de complementação ou agrupamento de contribuições previstos nos incisos I, II e III do caput somente poderão ser feitos ao longo do mesmo ano civil.

Art. 30. A vedação de diferenciação ou substituição de base de cálculo decorrente do disposto no §9º do art. 195 da Constituição Federal não se aplica a contribuições que substituam a contribuição de que trata a alínea "a" do inciso I do caput do art. 195 da Constituição Federal instituídas antes da data de entrada em vigor desta Emenda Constitucional.

Art. 31. O disposto no §11 do art. 195 da Constituição Federal não se aplica aos parcelamentos previstos na legislação vigente até a data de entrada em vigor desta Emenda Constitucional, sendo vedadas a reabertura ou a prorrogação de prazo para adesão.

(*conclusão*)

Art. 32. Até que entre em vigor lei que disponha sobre a alíquota da contribuição de que trata a Lei nº 7.689, de 15 de dezembro de 1988, esta será de 20% (vinte por cento) no caso das pessoas jurídicas referidas no inciso I do §1º do art. 1º da Lei Complementar nº 105, de 10 de janeiro de 2001.
Art. 33. Até que seja disciplinada a relação entre a União, os Estados, o Distrito Federal e os Municípios e entidades abertas de previdência complementar na forma do disposto nos §§4º e 5º do art. 202 da Constituição Federal, somente entidades fechadas de previdência complementar estão autorizadas a administrar planos de benefícios patrocinados pela União, Estados, Distrito Federal ou Municípios, inclusive suas autarquias, fundações, sociedades de economia mista e empresas controladas direta ou indiretamente.
Art. 34. Na hipótese de extinção por lei de regime previdenciário e migração dos respectivos segurados para o Regime Geral de Previdência Social, serão observados, até que lei federal disponha sobre a matéria, os seguintes requisitos pelo ente federativo: I - assunção integral da responsabilidade pelo pagamento dos benefícios concedidos durante a vigência do regime extinto, bem como daqueles cujos requisitos já tenham sido implementados antes da sua extinção; II - previsão de mecanismo de ressarcimento ou de complementação de benefícios aos que tenham contribuído acima do limite máximo do Regime Geral de Previdência Social; III - vinculação das reservas existentes no momento da extinção, exclusivamente: a) ao pagamento dos benefícios concedidos e a conceder, ao ressarcimento de contribuições ou à complementação de benefícios, na forma dos incisos I e II; e b) à compensação financeira com o Regime Geral de Previdência Social. Parágrafo único. A existência de superávit atuarial não constitui óbice à extinção de regime próprio de previdência social e à consequente migração para o Regime Geral de Previdência Social.
Art. 35. Revogam-se: I - os seguintes dispositivos da Constituição Federal: a) o §21 do art. 40; b) o §13 do art. 195; II - os arts. 9º, 13 e 15 da Emenda Constitucional nº 20, de 15 de dezembro de 1998; III - os arts. 2º, 6º e 6º-A da Emenda Constitucional nº 41, de 19 de dezembro de 2003; IV - o art. 3º da Emenda Constitucional nº 47, de 5 de julho de 2005.
Art. 36. Esta Emenda Constitucional entra em vigor: I - no primeiro dia do quarto mês subsequente ao da data de publicação desta Emenda Constitucional, quanto ao disposto nos arts. 11, 28 e 32; II - para os regimes próprios de previdência social dos Estados, do Distrito Federal e dos Municípios, quanto à alteração promovida pelo art. 1º desta Emenda Constitucional no art. 149 da Constituição Federal e às revogações previstas na alínea "a" do inciso I e nos incisos III e IV do art. 35, na data de publicação de lei de iniciativa privativa do respectivo Poder Executivo que as referende integralmente; III - nos demais casos, na data de sua publicação. Parágrafo único. A lei de que trata o inciso II do caput não produzirá efeitos anteriores à data de sua publicação.

Esta obra foi composta em fonte Palatino Linotype, corpo 10
e impressa em papel Offset 75g (miolo) e Supremo 250g (capa)
pela Gráfica Impress, em Presidente Prudente/SP.